新選明文東洋古典大系

新完譯

周　易

金敬琢　譯著

明文堂

▲ 주역(周易) 백서(帛書). 마왕퇴
(馬王堆) 발견

▲ 복희상(伏羲像) 삼황(三皇) 중 으뜸으로 꼽히는
복희는 역(易)의 팔괘(八卦)를 만들었다.

◀ 비[雨]의 신
뇌신(雷神) ·
풍신(風神)과
더불어 천상
(天上)의 신이
다.

▲ 반고(盤固) 천지를 창조하였다고 한다.

▲ 공자입상(孔子立像) 공자는 《주역》 책을 묶은 가죽끈이 세번 끊어질 정도로 읽었다고 한다.

▼ 용(龍)이 그려진 그릇

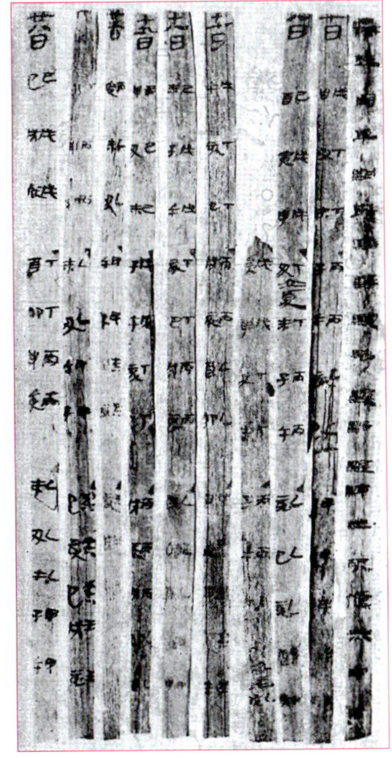

◀ 한대(漢代)의 역(曆)

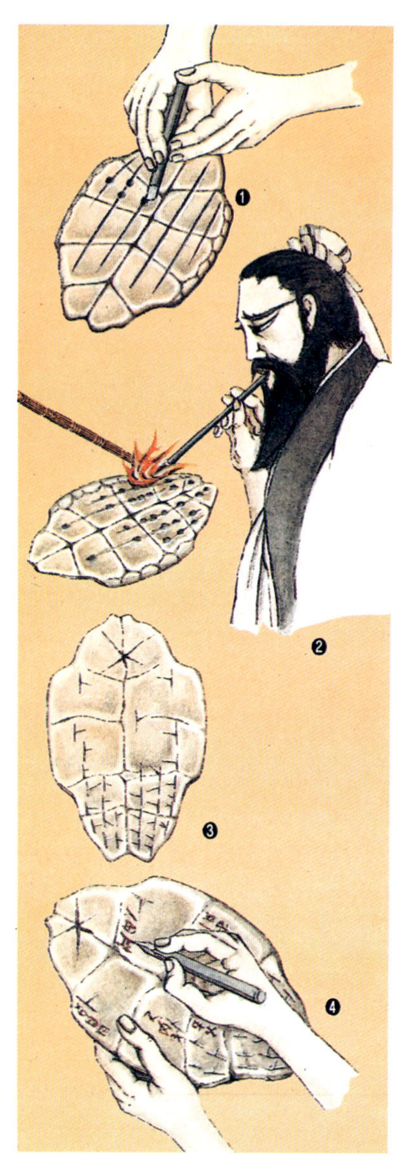

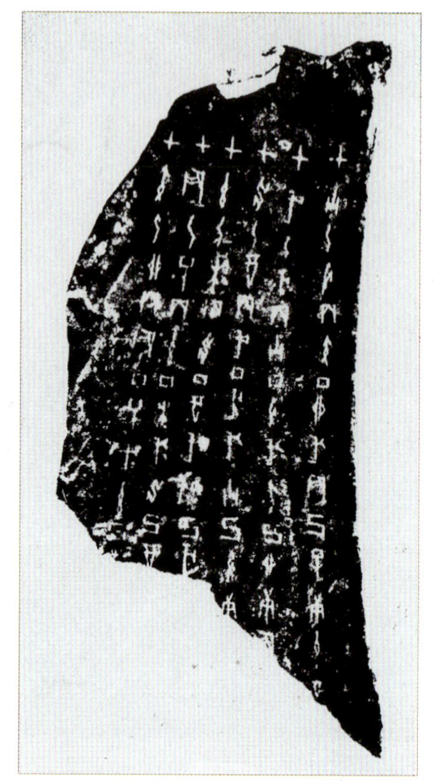

▲ 갑골(甲骨)에 쓰여진 간지표(干支票)

◀ 귀갑점(龜甲占) 거북의 등딱지, 또는 소의 견갑골을 가열하여 그곳에 생기는 금을 보아 길흉을 점쳤다.

▼ 복희(伏羲)와 여와(女媧) 인면사신(人面蛇身)인 두 창조신. 주변의 여러 신도 천상(天上)의 신들이다.

명문동양고전(明文東洋古典) 발간에 서(序)함
— 삼경역주(三經譯註)에 부침 —

　고(故) 김경탁(金敬琢) 박사의 유작인 역경(易經)과 아울러 사학(斯學)의 대가인 차상원(車相轅) 박사의 서경(書經), 의욕적이고도 힘있는 김학주(金學主) 교수의 시경(詩經)을 한데 묶은 삼경(三經)의 역주(譯註)가 나온다는 말을 듣고 경하하는 마음 금할 길이 없어 책머리에 그 의의와 기쁨을 서(序)하게 되었다.

　노익장하던 정력과 동양철학에의 깊은 조예를 지니고 동양철학 내지는 한국철학연구의 여력으로 사서(四書)를 비롯하여 여러 가지 제자백가서(諸子百家書)의 역주를 내시던 김경탁 박사였기에 그분의 급서(急逝)는 충격적이었다. 다행히 그분의 유작으로 역경이 있었다니 그 깊이있는 해설이나 적확(的確)한 번역과 주석(註釋)은 그분 철학연구의 집대성한 면모를 보여 줄 것으로 믿는다. 많은 독서가들이 김박사의 역경을 통하여 심오한 동양철학에 쉽사리 친근해질 수 있게 되기 바란다.

　한편 수십년을 중국문학연구에 종사해 온 노숙한 차상원 박사의 서경과, 그분의 제자로서 수많은 중국고전 역주를 내는 한편 여러 해 동안 서울대학에서 시경을 강의해 온 김학주 교수의 시경은 제각기 특징을 지닌 채 사학 최고의 수준을 과시할 것이다. 삼경에 있어서는 가장 적절하고도 멋진 필진으로 생각되므로 이에 대한 기대가 크다.

　시(詩)·서(書)·역(易)의 세 경전은 흔히 삼경이라 불리어지며 공자(孔子) 이래로 유가(儒家)의 가장 중요한 경전으로 존중되어 왔다.

유가들은 이 삼경을 가장 권위있는 교과서로 모시는 한편, 모든 윤리와 이념의 바탕으로 삼아왔다. 한편 수천년의 역사를 통하여 유가사상이 중국사회의 생활바탕이 되어 왔고, 그런 여건 속에서 성장된 중국문화가 이웃 동양 여러 나라 문화 형성에까지도 적극적인 영향력을 발휘해 왔다면, 삼경은 바로 동양의 성전(聖典)이라고까지 말할 수 있을 것이다.

시경에 담겨 있는 노래들이 지닌 서정이나, 서경에 적혀 있는 정치이상 및 역경에 담겨 있는 인생 내지 우주에 관한 철학들은 바로 우리의 의식과 사고를 형성하는 요인의 하나가 되고 있는 것이다. 따라서 자기를 알고, 동양을 이해하기 위하여 지성인들에게 무엇보다도 먼저 권하고 싶은 책이 이 삼경인 것이다.

중국문화의 한가지 특징은 삼경에서 보는 것 같은 본원적인 사상들이 오랜 역사를 통하여 기본적인 변형없이 연면히 계승되어 왔다는데 있다. 서양의 경우를 보면 그리스나 로마 시대의 사상과, 중세나 근세의 그것은 정치의 경우를 예로 들어 보더라도 본질적으로 지향하는 바가 다르다.

그러나 중국의 경우를 보면 기원전 수세기부터 현대에 이르기까지 정치의 이상이 한가지 방향으로 집약되고 있다. 역사의 흐름에 따른 사회구조의 변화에 따라 정치의 배경은 날로 복잡해졌지만, 인문(人文)의 발전은 언제나 사람의 본성에 따라 잘 살 수 있는 세계에의 추구로 일관되어 온 것이다. 정치뿐만 아니라 경제·철학·문학 등 모든 분야의 학문이 이러한 한가지 지표를 위하여 집약되었다. 따라서 삼경에 바탕을 둔 중국사상에는 수천년을 두고 성현들이 닦아온, 사람들이 잘 살 수 있는 길이 제시되고 있는 것이다.

시경이 중국문학의 조종(祖宗)이라면, 서경은 중국역사의 조종이며, 역경은 중국철학의 조종이라 할 수 있다. 중국의 문학과 역사와 철학은 이 삼경을 바탕으로 하여 연면히 발전되어 온 것이다. 다양한 발전을 거듭하여 온 서양문화는 이제는 그 극에 이르러 혼란과 위기를 얘기하게 되었다. 문학이나 정치·철학이 온갖 방법과 시도를 다하여 보았지만 그 종착점은 날로 흐려져 갈 뿐이다. 이러한 현대적인 혼란과 위기를 극복하기 위하여 우리는 이제 수천년을 두고 닦이어 온 동양의 예지에 귀기울일 때가 왔다고 생각한다.

　이 삼경을 출판하는 명문당에서는 이미 사서를 간행하여 갈채를 받은 바 있고, 삼경에 이어 또 방대한 중국의 명저(名著) 간행을 계획하고 있다는 말을 들었다. 엄선된 저자들의 역작으로서 나오는 이들 명저들은 우리나라 독서계에는 물론, 새로운 우리 문화의 형성에도 크게 공헌할 것을 기대하며 미충(微衷)을 적어 서(序)에 대신한다.

　　　　신해년(辛亥年) 5월 27일

　　　　前 서울대학교 문리과대학 교수　김정록(金正祿)

서문(序文)

서구화·근대화의 물결이 이 땅에 밀려 들어온 지 100여년, 그 동안 자연과학과 민주정치라는 선물로 새로운 시대가 펼쳐진 것은 사실이지만, 동양전래의 우주철학이 서구화·근대화의 맹종 때문에 거의 명맥이 끊어지게 된 것도 사실이다.

문화란 조류(潮流)와 같아서 밀고 밀리는 것이려니 하고 운명의 장난으로 돌린다면 아무것도 아니겠지만, 동양철학을 송두리째 뽑아버리고 서양철학을 우리네 것인양 맹신하고 싶어 애쓰는 이들을 볼 때, 먼저 한심스러운 생각이 앞선다. 그렇다고 해서, 필자는 서구문화의 동점(東漸)을 무턱대고 안타깝게만 생각하는 것은 아니다. 저들의 자연과학은 오히려 우리가 앞을 다투어 우리네 것으로 해야 하겠지만, 철학에 있어서까지 서구 우위의 사상을 지녀야 할 아무런 이유를 발견할 수 없는 것이다.

그런데도 이 땅엔 공맹(孔孟)의 사상이 예수 그리스도나 소크라테스의 사상으로 자리가 바뀌었고, 음양사상은 데카르트나 칸트가 대신하게 되었다. 필자도 또, 동양철학을 그들의 철학보다 높이 평가하고 싶은 생각은 추호도 없다. 서구철학은 그것대로 진(眞)을 추구하는 학문이고 보면, 그 역시 깊은 진리의 학문이 아닐 수 없다.

그러나, 문제는 여기에 있다. 서구인들은 이제 동양철학의 신비성에 눈을 돌리고 있는 이때, 우리는 우리 것을 돌아볼 줄 모르고 서구문화만을 맹신하는 자들이 날로 늘어만 가고 있다는 데에 문제가 있는 것이다. 혹자는 '남녀칠세부동석(男女七歲不同席)'과 같은 유의 전근

대적인 것이 동양철학이 아니냐고 반문할지 모르나, 이런 것은 사회윤리요 도덕일 뿐이지 그 자체가 동양철학일 수는 없지 않은가.

출판사측의 의도도 아마 이런 데에 있었으리라고 본다. 동양 사회에 수천년을 뿌리박아 온, 그리고 우리 반도(半島)가 열릴 때부터 함께 해 온 기본사상을 돌아보는 이가 없기에 영업성을 돌보지 않은 과감한 기획을 했으리라 믿어 의심치 않는다.

이에 필자는 동양고전 사서삼경(四書三經) 중 삼경에 속하는 주역(周易)을 맡기로 했다. 본래 천학(淺學)인 필자가 주역을 맡기까지에는 여러번 망설인 바 없지 않았으나, 동양철학과 더불어 반생을 보낸 터에 거절해야 할 아무런 근거를 발견할 수 없어 감연히 붓을 들게 된 것이다.

여기 수록된 원고는 전부 새로 쓴 것은 아니다. 그 동안 대학에서 강의를 맡아보면서 모아두었던 노트를 기초로 해서 일반 교양인들이 아무 부담없이 읽어 나갈 수 있도록 쉽게 풀이해 보았다. 그러나, 삼경 중에서도 가장 난해한 것으로 알려진 주역의 평이한 주해란 그리 쉬운 것이 아니었다. 동양전래의 우주관을 현대 생활어로 풀이한다는 것도 무리요, 동양철학에 대한 기초사상의 이해가 없는 일반인이 이해할 수 있도록 해석한다는 것은 더구나 불가능에 가까운 일이었다.

그래서, 이 책의 앞부분에 해제를 두어, 입문서의 구실을 하게 하였다. 해제가 이 책 앞부분을 차지하게 된 이유가 이러한즉, 이 책을 읽으려고 하는 일반독자들은 누구나를 막론하고 해제를 재독·삼독하여야 할 것이다.

또, 본문(원문)에는 전래의 관습대로 토(吐)를 달았다. 한문을 읽을 때 토로 읽는 것이 좋은 버릇은 아니지만, 수천년의 관습을 갑자기 고칠 수 없어 전래의 방법에 의한 토를 단 것이다. 따라서, 독자들은 마침점과 토가 서로 맞지 않는 것을 발견하게 될 것이다. 필자의 생각으로는 토를 무시하고 마침점으로 원문을 대해 주기를 바란다.

또 하나 이 책의 특징으로는, 경전(經典)과 십익(十翼)을 따로 떼어서 편집한 것이다. 지금까지의 관습은 경전과 십익(단사·상사·문언전)을 함께 편집해 왔으나, 십익은 경전의 뜻을 보충설명해 놓은 부분이니, 오히려 부록과 같은 성격을 띠고 있기 때문이다.

이 책을 끝까지 읽은 이는 주역이 한낱 점서(占書)에 지나지 않는다는 일반적인 사고가 사라질 것이다. 왜냐하면, 자연의 섭리와 인간관계라고 하는 심오한 진리를 그런 형식으로 표현한 것임을 터득하게 되기 때문이다. 그렇게 되면, 읽는 이의 기본자세가 확립되었다고 볼 수 있을 것이다. 그러나 주역의 본문을 수박 겉핥기로 대한다면, 그 서술형식 때문에 점서로밖에 보이지 않으리라.

졸고(拙稿)를 상재함에 있어, 세간에 나가 부끄러움을 당하지나 않을까 하는 두려움보다는, 주해의 오류로 말미암아 그릇 전해지는 죄를 범하지나 않을까 하는 것이 더 두려울 뿐이다.

끝으로, 일반적으로 출판계가 불황인 이때, 영업성을 저버리고 동양고전을 출판하게 된 명문당에게 동양고전의 한 학도(學徒)로서 심심한 사의를 표함과 동시에, 졸고가 이 위대한 사업에 참여하게 된 것 또한 무한한 광영으로 생각하는 바이다. 선배·동학(同學)·후배들의 질정(叱正)을 바란다.

기유년(己酉年) 6월

역자　김경탁(金敬琢)

범례(凡例)

1. 경문과 단사(彖辭)·상사(象辭)·문언전(文言傳)을 같이 편집한 것이 종래의 전통적인 배열 방법이었으나 여기서는 부록적인 성격을 띤 단사·상사·문언전을 뒤로 돌렸다.

2. 본문은 독자가 읽기 쉽게 문장부호를 넣었으며, 또 예로부터 전해오는 전통을 존중하여 토(吐)도 덧붙여 놓았다.

3. 원문은 이미 출간된 활판본 주석서들과 아울러 중국에서 인행(印行)된 목판본을 일일이 대조하여 바로잡았다.

4. 직역(直譯) 부분도 될 수 있는 한 현대적으로 표현하려고 힘썼다.

5. 주해(註解)는 빠짐없이 넣도록 노력하였다.

차 례

십익(十翼) / 299

● **상사**(象辭) / 368

해 설

1. 역의 이해를 위하여

혼히들 하는 말에, 역은 점치는 책이라고 한다. 그러나 점치는 책이란 말로 역의 본의(本義)를 설명했다고 생각할 수 있을까?

확실히 역은 길흉화복(吉凶禍福)을 미리 알아보려는 염원에서 생겨난 점서(占書)임에는 틀림없지만, 그것이 점서 이상의 철학서적으로서 고전(古典)의 빛을 지니게 된 이유는 무엇일까? 그것은 점(占)의 근본을 우연이나 요행이나 숙명(宿命)에 둔 것이 아니요, 천지자연(天地自然)의 섭리에 입각해서 인간사(人間事)를 풀이한 데에 역이 철학서로서의 가치를 지니는 것이라 할 수 있다.

현대인들은 점이라는 것을 미신시하고 있다. 숙명이니 운명이니 섭리니 하는 말과 '약자(弱者)의 자변(自辯)'이란 말을 동의어시(同意語視)하고 있다. 그것은 그런지도 모른다. 그러므로 현대인에게는 역을 점서로 소개할 수도 없고, 또 그렇게 소개할 필요도 없는 노릇이다. 점을 인정하는 사람이건 부인하는 사람이건, 역을 읽고 역의 원리를 이해함으로써 인간사의 변화도 자연의 변화라는 것을 이해할 수 있고, '마음을 곧고 바르게 가져야 이롭다'는 도덕률을 새삼 발견하게도 될 것이다.

인간은 누구를 막론하고 영생불멸(永生不滅)을 절실하게 원하지만 인간인 이상 정해진 몇몇 해를 고비로 사멸(死滅)하고 만다. 역은 이러한 원리, 즉 항구여일(恒久如一)이란 존재하지 않는다는 원리를 대전제(大前提)로 제시해 놓고 천지자연의 변화현상으로 인간계의 변화현상을 설명하고 있다. 주역에 보면 '우렛소리가 거듭 진동하는 것을 보고 군자는 수양하고 반성한다'느니 '선왕(先王)들은 바람이 못물 위에 부는 것을 본떠 천하의 백성을 감화시키고 종묘를 세워 제사를 지낸다'는 등, 천지자연의 변화현상을 본떠서 인간사를 이해하고 처신했다는 말들이 자주 나온다.

그러나 이러한 글귀를 대하는 자세에 따라 역을 보는 눈이 달라질 것이다. 모든 현상을 자연과학적인 해석으로만 풀이하려는 사람에게는 역의 첫 글귀부터 이해가 가지 않을 것이기 때문이다. '우렛소리를 듣고 반성한다? 우렛소리를 듣고 무서워서 당장 천벌이라도 내릴 것 같은 생각에서겠지. 이 얼마나 우매한 생각이냐!' 이렇게 생각한다면 역뿐 아니라 어떠한 유의 철학서적도 대할 수 없는 사람이다. 왜냐하면 철학이란 자연과학과는 본질적으로 다른 형이상학이기 때문이다.

우렛소리는 공중에 있는 음양(陰陽)의 전기가 방전(放電)하면서 일어나는 소리라는 것쯤은 오늘날 누구나 알고 있는 자연과학의 기초지식이지만, 우렛소리가 인간의 정신면에 미치는 영향이나 결과는 그렇게 간단히 다룰 수 없는 문제이기 때문이다.

이 책을 읽고 역의 원리를 처음 대하는 사람에게는 이러한 의문, 자연과학으로는 이해되지 않는 의문에 자주 부딪치게 될 것이다. 그러나 주역의 기본사상인 음양에 대한 원리를 이해하면서, 또 주역이 지어진 시대배경을 염두에 두면서 읽어 나간다면, '한낱 점서에 지나지 않는다'는 편견은 사라지게 될 것이다.

공자(孔子)께서 '책을 꿴 가죽끈이 세 번이나 끊어지도록 읽은 책'이 바로 이 역경(易經)이다. 그러면 공자께서는 왜 이토록 역경에 대해서 심취하셨을까? 점을 치기 위해서일까? 공자의 사상으로 보아 점을 치기 위해 역경 연구에 그토록 심혈을 기울였다고는 도저히 믿어지지 않는다.

　앞으로도 단계적으로 설명하겠지만 역은 천지자연의 이치를 매우 간결하게, 그리고 질서정연한 체계에 입각해서 기술하고 있다. ‘달도 차면 기운다’는 자연의 섭리를 부인할 사람은 하나도 없을 것이다. 이것은 필연의 법칙이다. 이러한 자연의 법칙은 인간사에도 그대로 적용된다. ‘고생 끝에 즐거움이 있다’는 인생무상의 원리나 ‘달도 차면 기운다’는 자연법칙 사이에서 우리는 동질적(同質的)인 법칙을 찾을 수 있는 것이다.

　역(易)을 보는 눈, 그것은 자연현상을 철학적으로 보는 눈이어야 하고, 인간사를 자연현상으로 보는 눈이어야 하는 것이다.

2. 역(易)과 주역(周易)의 말뜻

　역은 ‘바꾼다’ 또는 ‘바뀐다’는 뜻을 지닌 글자다. 나라와 나라끼리 물건을 교환할 때, 이것을 ‘교역(交易)’이라 하고, 어떤 상태에서 다른 상태로 변하는 것을 ‘변역(變易)’이라 한다. 즉 천지자연의 현상이나 인간의 운명은 일정불변한 것이 아니라 항상 바뀌는데, 이 바뀌는 원리를 설명한 것이 다름아닌 ‘역’이란 책이다.

　봄이 지나면 여름이 되고, 여름이 지나면 가을이 되는 것은 자연의 변역이요, 아이가 자라 어른이 되고, 세도가문(勢道家門)도 10년이 지나면 기운다는 것은 인사(人事)의 변역이다. 따라서 역의 원리는 천지자연의 변역의 원리, 인사의 변역의 원리를 기술한 책이라 보게 되는 것이다.

　그러나 역의 이름을 이와 같이 풀이하는 것이 정설(定說)은 아니다. 이밖에도 일월설(日月說)이니 관측설(觀測說)이니 하는 것들이 있어 아직 정설이라 할 만한 것이 없지만, 그 어느 것이건 천지자연이 변하듯이 인간사도 변한다는 원리에 입각해서 풀이되고 있다.

일월설이란 역이란 글자가 '일(日)'과 '월(月)'의 회의문자(會意文字)에서 비롯되었다는 설이다. 여기서 말하는 '일'은 양(陽)을 뜻하고, '월'은 음(陰)을 뜻한다. 즉 자연계건 인간계건 음과 양이 결합되어 이루어졌으며, 자연계의 변화나 인간계의 변화나 모두 음양의 조화로 이루어진다는 설이다. 자연계에서는 천지가 음양의 으뜸이요, 인간계에서는 남녀가 음양의 으뜸이다. 따지고 보면 자연계의 생성이나 변화는 천지의 조화요, 인사의 생성이나 변화는 남녀의 조화이니, 이러한 설을 무근(無根)하다고만은 말할 수 없다.

관측설(觀測說)이란 역자를 '일(日)'과 '물(勿)'의 회의문자로 풀이하는 설이다. 즉 무슨 일을 할 때에는 '해를 거역하지 말라'는 뜻이라는 설이다. 여기서 말하는 '해'는 자연의 섭리를 이름이니, 자연의 섭리에 역행하지 말라는 뜻이 되겠다.

기독교 성경에 보면 '모래 위에 집을 짓는 자는 어리석다'고 하였다. 바람이 불고 홍수가 지면 집이 무너지기 때문이다. 비바람에 약한 모래 위에 집을 지어서는 안되듯이, 굳은 생활 신조로 세상을 살아가라는 말이다.

이밖에 도마뱀설(說)이라는 것이 있다. 이것은 역자를 도마뱀의 상형문자(象形文字)로 해석한 설이니, 도마뱀이 보호색(保護色)을 자주 바꾸는 것처럼 자연현상이나 인간사도 변화무상하다는 이론에 근거를 둔 설이다.

내가 오늘 처해 있는 현실이 어제의 현실일 수는 없고, 오늘의 현실이 내일의 현실일 수는 없지 않을까? 내일 내가 맞이할 현실은 어떤 것일까? 미래에 내 앞에 전개될 현실은 과연 어떤 것일까? 역경은 이 문제를 뚜렷하게 제시해 주고 있다. 근면하고 성실하고 겸손하게 살면 밝은 내일을 맞이할 수 있다고 가르쳐 주고 있는 것이다.

역은 일반적으로 역경이라 불리기도 하고, 주역이라 불리기도 하는데, 역경은 역을 하나의 경전(經典)으로 일컬은 명칭이요, 주역은 주

(周)나라의 역이라는 뜻이다. 오늘날 전해지는 역은 주역뿐이기 때문에 역과 주역은 동의어로 쓰이지만, 실은 주역이 있기 이전에도 하(夏)나라 때에는 '연산(連山)', 은(殷)나라 때에는 '귀장(歸藏)'이라는 역서가 있었음을 기록으로 알 수 있다.

즉 주례(周禮) 태복(太卜) 삼역(三易)에 보면 '1은 연산이요, 2는 귀장이요, 3은 주역이라'는 대목이 보이고, 정현(鄭玄)이 지은 역찬(易贊)에 보면 '하나라에서는 연산이요, 은나라에서는 귀장이요, 주나라에서는 주역이라'는 기록이 보인다.

우리는 이 기록을 전적으로 받아들일 수는 없다 하더라도, 주역이 완성되기까지에는 이와 유사한 점서들이 있었거나, 아니면 주역을 이루는 기초 이론이 오래 전부터 싹텄다는 것을 짐작할 수는 있다. 그리고 주역은 주나라의 역이란 뜻에서 유래된 명칭이라는 것도 짐작케 한다.

3. 주역의 저자와 연대

주역은 언제 누가 지었을까 하는 문제는 오랜 옛날부터 있어 온 의문이요, 이에 대한 해답을 시도한 학자들도 많이 있었지만, 이에 대한 확실한 해답은 아마도 영원히 얻지 못할지도 모른다.

옛사람들은 이런 위대한 사업에 대한 공로를 막연히 성인들에게 돌리고 있지만, 오늘날 학문하는 태도로 보면 옛사람들의 그런 주장을 덮어놓고 받아들일 수는 없는 것이다.

이를 더 자세히 살펴보면, 팔괘(八卦)와 64괘를 모두 복희씨(伏羲氏)가 창안했다는 설[王弼]에, 복희씨가 팔괘를 창안하고, 문왕(文王)이 64괘와 괘효사(卦爻辭)를 완성했다는 설[司馬遷], 괘사(卦辭)는 문왕이 지었고 효사(爻辭)는 주공(周公)이, 십익(十翼)은 공자가 지은 것이라는 설[馬融] 등이 있어 저자에 대해 정설이 없다.

이러한 잡다한 설 중에서 공통되는 내용만을 추려 보면, 주역의 저자와 문왕과는 직접적이건 간접적이건 어떤 관계를 맺고 있다는 중론(衆論)을 찾아낼 수 있다. 그러나 복희씨가 팔괘를 창안했다는 설은 전혀 근거가 없다. 왜냐하면 복희씨라는 인물 자체가 전설적인 인물인 데다가 주(周)의 전왕조인 은대(殷代)에는 팔괘가 없었기 때문이다.

그러면 주역 이전에는 어떤 수단으로 길흉화복을 점쳤을까? 이런 의문을 해결함으로써 주역의 저자나 기원에 대한 보다 과학적인 실마리를 찾아야 하겠다. 인류의 발생에 대해서는 여기서 논의될 문제가 아니지만, 인류가 돌연히 자연발생하였건, 오랫동안 진화의 과정을 거쳐 생겨났건, 인류는 이 지상에 존재하기 시작했을 때부터 미래에 대해 알고 싶어하는 충동이 있었을 것이고, 그러한 충동은 점복(占卜)이라는 행위로 나타났을 것이다.

그러나 그들의 점복이 구체적으로 어떤 것들이었는지는 자세히 알 수 없으나, 은허(殷墟)에서 발굴된 갑골(甲骨)로 미루어 귀갑(龜甲)을 불에 구워 그 갈라지는 모양을 보고 길흉을 점친 예가 있다는 것을 알 수 있다.

이로 보면 주역 이전에도 점복행위가 있었다는 사실을 알 수 있으니, 주역이 어떤 한 사람의 완전한 독창으로 이루어졌다고는 말하기 어렵다. 설혹 문왕이 주역의 괘효사를 지었다 하더라도, 전대(前代)의 것을 보완한 데에 지나지 않았을까 하는 추론도 가능하고, 문왕은 중국 고대의 으뜸가는 성인으로 추앙되었던 인물이니, 주역 창안의 공적을 근거없이 문왕에게로 돌렸을 가능성도 생각해 볼 만한 일이다.

그러면 주역이 이루어진 시기는 언제로 봄이 타당할까? 주역의 문왕 창안설에 의혹을 둔다면 덮어놓고 주대(周代)의 작이라고 우길 수만은 없다. 그러나 다행히도 역경 본문에는 역경이 지어진 시대를 엿볼 수 있는 단어들이 많이 발견된다.

‘서건육득금시(噬乾肉得金矢 : 마른 고기를 씹다가 구리 화살을 얻
　　　　　　　　　　　　　　　　　　었다)’

‘서건육득황금(噬乾肉得黃金 : 마른 고기를 씹다가 누런 구리를 얻
　　　　　　　　　　　　　　　　　　었다)’

　이것은 서합괘(噬嗑卦)의 구사(九四) 효사(爻辭)와 육오(六五) 효
사다. 이것으로 미루어 보면, 역경이 지어진 시대는 시대는 수렵시대
에 동기시대(銅器時代)라는 것을 짐작케 한다.(金矢, 黃金의 金은 구
리) 그러나 수렵도 매우 유치한 단계에 있었던 것 같다.

　‘호시탐탐기욕축축(虎視眈眈其欲逐逐 : 범이 탐탐히 보고 있다. 달
　　　　　　　　　　　　　　　　아나자, 달아나자)’

　이것은 이괘(頤卦) 육사(六四) 효사다. 이것을 보면, 그 당시의 수
렵은 맹수에게는 아직 미치지 못했음을 짐작할 수 있다.

　또 망(網)이나 고(罟)와 같은 글자가 한 자도 발견되지 않는 것을
보면 아직 그물로 고기 잡는 일이 없었던 것 같고, ‘동우지곡(童牛之
梏 : 송아지의 굴레─大畜卦), 분시지아(豶豕之牙 : 거세한 돼지의 어
금니─大畜卦), 상양우역(喪羊于易 : 역 땅에서 양을 잃어버린다─大
壯卦)’ 등 가축 이름이 발견되는 것을 보면 목축(牧畜)이 행해졌던
것을 알 수 있으며, 물을 건넌다는 말은 많이 나오지만 주(舟)나 즙
(楫)자가 발견되지 않는 것을 보면 배가 없었던 시대요, ‘수우혈출자
혈(需于血出自穴 : 피에 젖어 구멍에서 나온다)’이라는 글로 보아 아
직 혈거생활(穴居生活)을 하고 있던 시대였음을 알 수 있다.

4. 역의 조직

　역은 근본적으로 음(陰 --)과 양(陽 ─)으로 이루어졌다. 태초에 우
주가 생겨날 때에 태극(太極)이 생기더니, 이 태극이 둘로 갈라져 하
나는 음이 되고 하나는 양이 되었다. 그러면 역에서 말하는 음과 양

은 구체적으로 무엇을 말하는 것일까? 자전적(字典的)인 글자 풀이로는 그늘과 햇볕이라고 할 수 있겠지만, 실은 우주를 가득 채우고 있는 삼라만상이 모두 음과 양으로 나뉘어지므로, 그렇게 간단히 정의할 수는 없는 것이다.

이것은 기독교 구약성서(舊約聖書)에 나오는 천지창조(天地創造)의 과정에서 '밝음과 어두움'을 창조했다고 하는 표현과 일맥상통하는 표현이라고 보는 편이 옳다고 하겠다.

그러면 구체적으로 어떤 것을 음이라 하고, 어떤 것을 양이라 하는 것일까? 글자 그대로 그늘진 것을 음이라 하고, 밝은 것을 양이라 함은 두말할 나위도 없지만, 방위로 말하면 아래와 위를 음양으로 표현할 수도 있고, 기온으로 말하면 찬 것과 더운 것을 음양으로 표현할 수도 있으며, 도덕률로 말하면 악(惡)과 선(善)을 음양으로 표현할 수도 있는 것이다.

즉 그 위치나 성질이 상반(相反)될 때 온순하고 나약하고 어둡고 그윽한 것을 음이라 한다면, 활발하고 굳세고 밝고 표면적인 것을 양이라고 하는 것이다. 여하튼 우주 삼라만상은 음과 양 어느 한쪽에든 속하고 있는 것이다.

음과 양은 또 사상(四象)으로 나뉜다. 즉 양은 노양(老陽)과 소음(少陰)으로, 음은 소양(少陽)과 노음(老陰)으로 나뉜다. 이것은 음양 양의(兩儀)가 고정불변한 것이 아니라, 음이 양으로, 양이 음으로 유전화변(流轉化變)하는 원리를 나타낸 것이라고 볼 수 있다. 남자는 여자에 대해서 양이지만 아들은 어버이에 대해서는 음이요, 여자는 음이지만 자식에 대해서는 양이다. 같은 하늘이라도 맑은 하늘은 양이지만 흐린 하늘은 음이다. 이와 같이 음양은 순수절대적인 것이라기보다는 상대적인 성질을 포함하고 있어, 양이 음을 낳기도 하고, 음이 양을 낳기도 하는 것이다.

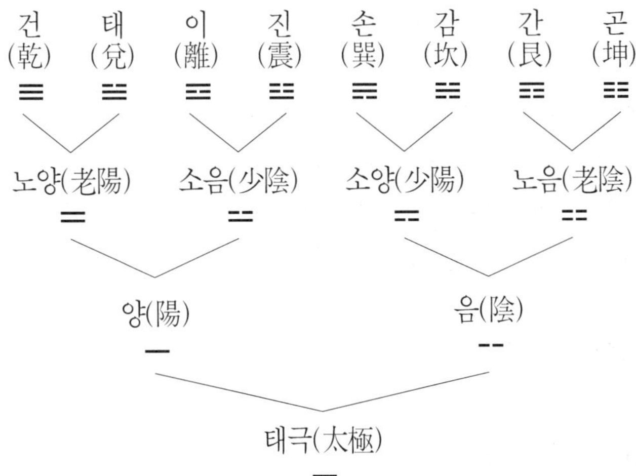

이렇게 해서 생긴 사상은 또 팔괘를 낳았다.

　즉 구체적 자연현상인 하늘〔乾☰〕, 못〔兌☱〕, 불〔離☲〕, 우레〔震☳〕, 바람〔巽☴〕, 물〔坎☵〕, 산〔艮☶〕, 땅〔坤☷〕을 낳았으니, 이렇게 해서 얻은 괘를 소성괘(小成卦)라 한다. 이 팔괘를 사물의 성정이나 가족구성원에 대입(代入)해서 생각할 수도 있다.

　　건(乾 : 父・健),　　태(兌 : 小女・悅),
　　이(離 : 中女・麗),　진(震 : 長男・動),
　　손(巽 : 長女・入),　감(坎 : 中男・陷),
　　간(艮 : 少男・止),　곤(坤 : 母・順)

　그러나 복잡하기 이를 데 없는 자연현상이나 인간사를 이 소성의 괘로써 다 표현할 수는 없는 것이다. 그러므로 팔괘를 거듭해서 64개의 괘를 만들게 된 것이다. 그리고 건괘(乾卦☰☰)로부터 시작해서 화수미제괘(火水未濟卦☲☵)에 이르는 64개의 괘에 각각 괘사와 효사를 붙여 괘의 상(象)을 설명하고 길흉을 논하였으니, 이것이 바로 역의 경문이다.

　주역의 본체는 64괘의 괘사와 효(爻)로 이루어진 경문이지만, 경문의 이해를 돕기 위해 후세 사람들이 보충 기록한 십익(十翼)을 아울러 역경이라 하기도 한다.

이 책에서는 경문과 십익을 따로 수록했다. 십익 중에서 상사(象辭)와 단사(彖辭) 및 문언전(文言傳)을 경문의 괘효사마다 붙여 놓은 것이 지금까지의 일반적인 편집방향이었지만, 이렇게 되면 경문 이해에 오히려 혼동을 가져올 염려가 있고, 또 이 책은 국역(國譯)과 해설을 붙였으므로 십익을 따로 묶어 놓아도 경문 이해에 조금도 불편이 없겠기 때문이다.

5. 십익(十翼)

앞에서도 잠깐 언급했지만 주역 경문(본래는 上下經으로 나뉘어 있음) 이외에 그것을 보충 해석한 십익이 있다. '익(翼)'이란 날개란 뜻이다. 마치 새가 날 때에 날개가 돕는 것과 같이, 경문의 이해를 돕는다는 뜻에서 '익'이요, 이런 날개가 열이 있다 해서 '십익'이란 이름이 붙은 것이다. 이것을 또 '전해 온 것'이란 뜻에서 '십전(十傳)'이라고도 한다.

① 단전(彖傳) 上	② 단전(彖傳) 下
③ 상전(象傳) 上	④ 상전(象傳) 下
⑤ 계사전(繫辭傳) 上	⑥ 계사전(繫辭傳) 下
⑦ 문언전(文言傳)	⑧ 설괘전(說卦傳)
⑨ 서괘전(序卦傳)	⑩ 잡괘전(雜卦傳)

그러면 그 내용을 좀더 구체적으로 살펴보기로 하겠다.

• **단전**(彖傳) : '단'은 단(斷)과 같은 뜻이다. 그러므로 이것은 경문의 괘사를 판단 또는 단정한다는 뜻이다. 이런 의미에서 단전을 '판단한 말' 즉 단사(彖辭)라고도 부른다. 역경 64괘에는 괘마다 단사가 있다.

- **상전**(象傳) : '상'은 본뜬다는 뜻이다. 사물의 모양을 본뜬 것이 아니라, 사물의 동작을 본뜬 것이다. 상전은 대상(大象)과 소상(小象)으로 구성되어 있다. 각 괘의 괘사를 해석한 것은 대상이요, 각 괘의 효사를 해석한 것은 소상이다. 또 그 해석 방법에 있어서 대상은 상괘(上卦)와 하괘(下卦)의 관계를 설명하였고, 소상은 각 효의 관계를 설명하였다. 64괘에 모두 이 상전이 딸려 있다.

- **문언전**(文言傳) : 전통적인 학설로는 공자(孔子)가 지었다고 하지만, 오늘에 와서는 건괘와 곤괘에 관한 제가(諸家)의 학설 중에서 뽑아낸 것이라고들 말하고 있다. 그 내용은 유가(儒家)의 윤리설이 많고, 그 문장은 거의가 좌전(左傳) 양공(襄公) 9년에서 볼 수 있는 목강(穆康)의 말을 가져다 조금씩 수정을 가한 것이다. 문언이라고 하는 말은 수식한 말이란 뜻이다.

- **계사전**(繫辭傳) : '계(繫)'는 묶는다는 뜻이니, 괘사와 효사를 묶어 해석한 것이다. 이것은 어떤 한 사람의 저작이 아니라 전국말(戰國末)부터 한초(漢初)에 걸쳐 여러 학자의 손으로 되어진 것을 총괄한 것이 아닌가 생각된다. 음양 이원(二元)을 태극 일원(一元)으로 끌어올린 것을 보면 노자(老子)의 '도생일(道生一) 일생이(一生二)'의 사상이 영향을 미친 듯하다.

- **설괘전**(說卦傳) : 점치는 사람을 위해 괘를 설명한 것이다. 괘와 효의 변화는 천지신명, 즉 우주정신의 의지가 계시하는 것으로 보았다. 계사전보다 뒤늦게 한대(漢代)에 이르러 편집된 듯하다.

- **서괘전**(序卦傳) : 이것은 64괘의 순서를 계통적으로 의미를 붙인 것이다. 즉 건괘와 곤괘 다음에 둔괘(屯卦)가 오고, 둔괘 다음에 몽괘(蒙卦)가 오고…… 하는 순서에 대해 천지만물 변화의 법칙으로 설명한 것이다. 주역 저자의 본의가 과연 그러했는지는 알 수 없지만, 역의 대의(大義)를 가장 간명(簡明)하게 표현했다고

볼 수 있다.

• **잡괘전**(雜卦傳) : 잡괘전은 64괘를 두 괘씩 모아 가지고 비교·
대조하면서 그 의의와 특징을 설명한 것이다.

6. 주역의 용어

주역에도 일반적으로 잘 쓰이지 않는 특수한 용어들이 많이 나오는
데, 주역을 이해하려면 여기에 쓰이는 용어에 대한 이해가 앞서야 될
것이다.

• **효**(爻) : 음양을 나타낸 최소단위의 부호를 효라 한다. 즉 양은
─로, 음은 --로 나타낸다. 효가 셋 거듭하면 ☰, ☳, ☱, ☷ 등의 소성
괘(小成卦)가 성립되고, 소성괘가 둘 거듭하면☷☷, ☷☷☷, ☷☷☷ 등의
대성괘(大成卦)가 성립된다. 효의 순서는 아래에서 위로 올라간다. 즉
맨 아래 효를 초효(初爻)라 하고, 아래에서 둘째 효를 이효(二爻)라
하며, 맨 위의 효를 상효(上爻)라 한다.

─ 상효(上爻)

─ 5효

─ 4효

─ 3효

─ 2효

─ 초효

또 효의 순서에다 음양의 구별을 붙여 초양(初陽, 또는 初陰), 2양
(二陽, 또는 二陰), 3양(三陽, 또는 三陰) …… 상양(上陽, 또는 上陰)
이라 하기도 하고, 초구(初九, 또는 初六), 구이(九二, 또는 六二), 구
삼(九三, 또는 六三), 상구(上九, 또는 上六)라 하기도 한다. 즉 양은
구, 음은 육으로 대표한다.

(上陽) ― (上九)	(上陰) -- (上六)	(上陽) ― (上九)
(五陽) ― (九五)	(五陰) -- (六五)	(五陰) -- (六五)
(四陽) ― (九四)	(四陰) -- (六四)	(四陽) ― (九四)
(三陽) ― (九三)	(三陰) -- (六三)	(三陰) -- (六三)
(二陽) ― (九二)	(二陰) -- (六二)	(二陽) ― (九二)
(初陽) ― (初九)	(初陰) -- (初六)	(初陰) -- (初六)

이밖에 육효를 사람의 사회적 지위에 맞추어 초효는 서인(庶人), 2효는 사(士), 3효는 대부(大夫), 4효는 공경(公卿), 5효는 군(君), 상효는 황제(皇帝) 또는 은자(隱者)를 나타내기도 하고, 인신(人身)에 맞추어 초효는 하각(下脚), 2효는 정강이〔脛〕, 3효는 허리〔股〕, 4효는 배〔腹〕, 5효는 가슴〔胸〕, 상효는 머리〔頭〕를 나타내기도 한다.

• **괘**(卦) : 효가 셋 거듭한 것이 소성괘요, 소성괘가 둘 거듭한 것이 대성괘라 함은 앞에서도 말한 바와 같지만, 대성괘의 경우는 또 내괘(內卦), 외괘(外卦), 호괘(互卦) 등의 구별이 있다.

즉 대성괘에서 아래에 있는 소성괘를 내괘 또는 하괘(下卦)라 하고, 위에 있는 소성괘를 외괘 또는 상괘(上卦)라 하며, 2효에서 4효까지를 내호괘(內互卦), 3효에서 5효까지를 외호괘(外互卦)라 한다.

대성괘의 상(象)을 해석할 때는 내괘와 외괘의 괘상으로 설명하는 것이 보통이지만, 내외괘의 상만으로 모자랄 때에는 호괘를 가지고 보충한다.

• **중정**(中正)**과 부중정**(不中正) : 2효를 내괘의 '중(中)'이라 하고, 5효를 외괘의 '중'이라 한다. 또 양효가 양위(陽位) 즉 초효, 3효, 5효

에 있고, 음효가 음위(陰位) 즉 2효, 4효, 상효에 있으면 '정(正)'이라 하는데, 특히 내외괘의 중효(中爻)가 정위(正位)에 있을 때 이것을 중정(中正)이라 하여 길한 것을 나타내고, 그렇지 못할 때는 대개 흉한 것을 나타낸다.

중과 정의 가장 이상적인 괘는 수화기제괘(水火旣濟卦☵☲)이다.

• **응(應)과 비(比)** : 육효 상호간의 관계에 대한 용어다. 즉 하괘의 초효와 상괘의 초효, 하괘의 2효와 상괘의 2효, 하괘의 상효와 상괘의 상효는 상응한다 하는데, 상응하는 두 효가 각각 음과 양이면 정응(正應)이라 하지만 둘 다 음이거나 양이면 불응(不應)이라 한다. 이런 의미에서도 수화기제괘는 가장 이상적인 괘형이라 할 수 있다.

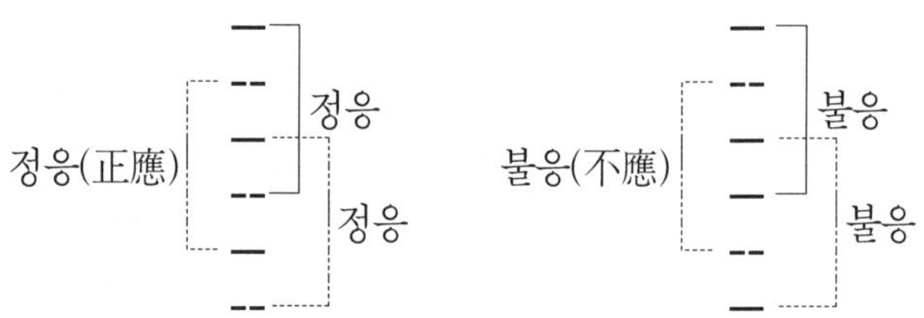

또 서로 이웃하고 있는 두 개의 효가 음양관계에 있을 때, 이것을 '비(比)'라 하여 길한 것으로 본다. 즉 초효와 2효, 2효와 3효, 3효와 4효, 4효와 5효, 5효와 상효가 음양으로 이웃하고 있을 때 비라 한다.

7. 팔괘의 뜻

앞에서 사상(四象)에서 발전한 팔괘가 거듭함으로써 64괘를 이룬다고 하였는데, 팔괘는 구체적으로 어떤 뜻, 어떤 성질을 가지고 있는 것일까? 64개의 대성괘는 결국 여덟 개의 소성괘, 즉 팔괘가 거듭하여 이루어진 것이기 때문에, 대성괘의 뜻을 이해하려면, 먼저 팔괘의 뜻과 성질을 이해하지 않으면 안된다.

	☰ 건(乾)	☱ 태(兌)	☲ 이(離)	☳ 진(震)
형태	하늘	연못	불	우레
성질	건강·굳셈	기쁨·온화함	열·밝음·아름다움	결단·분발
인간	남자·아버지	소녀·친구	가운데 딸	장남
사물	대천(大川)·대평원(大平原)	골짜기·입	문서·편지	나무·수레
계절	늦가을·초겨울	가을	여름	봄
시각	오후 9시~오후 11시	오후 9시	12시	오전 5시
방위	서북쪽	서쪽	남쪽	동쪽
동물	말	양	꿩	용
신체	목	입	눈	발

	☴ 손(巽)	☵ 감(坎)	☶ 간(艮)	☷ 곤(坤)
형태	바람	물	산	땅
성질	들어감·우유부단	정착·지혜	고요함·멎음	온순·고요함
인간	맏딸·장사꾼	젊은 남자	작은아들·소년	어머니·여자
사물	맏딸·장사꾼	술·약	집·성(城)	마루·음식
계절	초목	겨울	이른봄	늦여름·초가을
시각	늦봄·초여름	오후 12시	오전 1시~2시	오후 1시~4시
방위	오전 7시~9시	북쪽	동북쪽	서남쪽
동물	동남쪽	돼지	개	소
신체	닭 넓적다리	귀	손	배

8. 점치는 법

점이란 앞으로 닥칠 운명을 알아보려는 염원에서 생긴 것이다. 하루 앞을 내다볼 수 없는 것이 우리 인간이기에 죽음을 미리 알고, 제 발로 죽을 곳을 찾아간다는 코끼리의 이야기를 부러워하고, 난파(難破)의 위기를 짐작하고 출항 전에 배에서 빠져나온다는 쥐의 영리함에 우리는 놀란다.

그러면 이들은 무엇으로 자기 운명을 판단하는 것일까? 본래 동물에게는 자기 앞을 예지(豫知)하는 능력, 즉 예지본능이 있었다고 한다. 유독 인간만은 그 본능이 퇴화해서 예감이란 것으로 어렴풋이 신변의 위기를 느낄 때가 있을 뿐이다.

점이란 우리 인간이 새로 발명한 예지방법이 아니다. 다만 본능처럼 가지고 있던 예지감각, 오늘날에는 퇴화해 버린 예지본능을 몇 개의 점대에 의지해서 되살려 보려는 것이다.

따라서 점을 치는 자세는 지극히 정성스러워야 한다. 사악한 마음으로 점을 치려 해도 안되고, 장난삼아 점을 쳐도 안되며, 점의 결과가 마음에 들지 않는다 해서 다시 쳐도 안된다.

여하튼 점은 신성하다는 마음가짐이 철저하면 철저할수록 정확성도 높다는 것을 잊어서는 안된다. 그리고 점치려는 내용을 확실히 정해야 한다.

• **본서법**(本筮法) : 십익의 계사전에 쓰여 있는 방법으로, 가장 정통적인 방법이라 할 수 있다.

먼저 점대 50개를 왼손에 잡고 마음을 가라앉힌 다음, 그 중에서 한 개를 뽑아 책상 위에 내놓는다. 이 한 개는 태극을 상징한다. 나머지 49개의 점대를 기도하는 마음으로 둘로 갈라 양손에 쥔다. 이때 왼손에 있는 것을 천책(天策)이라 하고, 오른손에 있는 것을 지책(地

策)이라 한다.(여기까지를 第一營이라 한다)

오른손에 있는 지책을 책상 위에 놓고 그 중에서 한 개를 뽑아, 왼손 새끼손가락 사이에 끼운다. 이것을 인책(人策)이라 한다.(第二營)

다음에는 왼손에 있는 천책을 네 개씩 덜어낸다.(第三營의 전반) 결국 나머지가 남게 마련이다. 천책이 넷으로 완전히 나뉘어졌을 때는 나머지를 넷으로 한다. 나머지를 가운뎃손가락과 무명지 사이에 끼운다.(第四營 전반)

다음에는 지책을 가지고 똑같이 되풀이한다. 즉 책상 위에 놓아두었던 지책에서 네 개씩 덜어내고(第三營 후반) 나머지를 가운뎃손가락과 둘째 손가락 사이에 끼운다.(第四營 후반)

천책의 나머지와 지책의 나머지, 그리고 새끼손가락에 끼워 두었던 인책을 합하면 그 수는 반드시 5 아니면 9가 된다.(第一變)

이렇게 해서 얻은 5 또는 9를 따로 내놓고 나머지 점대로 먼젓번과 똑같이 4영(四營)을 되풀이하면, 손가락 사이에 낀 점대는 4 아니면 8이 된다.(第二變)

제2변에서 얻은 점대를 따로 내놓고 다시 되풀이하면, 이번에도 손가락 사이에 낀 점대는 4나 8이 된다.(第三變)

이렇게 세 번 되풀이하면서 얻어진 점대를 합하면 반드시 25, 21, 17, 13 중 어디에 해당할 것이다. 그것을 태극을 제외한 점대의 수, 즉 49에서 빼면 24, 28, 32, 36 중에 어느 하나가 될 것이다. 이것을 4로 나누어 얻어진 수가 6이면 노음(老陰), 7이면 소양(少陽), 8이면 소음(少陰), 9면 노양(老陽)이라 하여〔四象〕비로소 초효가 결정된다. (노양과 소음은 陽一, 소양과 노음은 陰--) 이렇게 해서 여섯 개의 효를 얻으려면 똑같은 동작을 열여덟 번 되풀이해야 하므로, 본서법을 십팔변법(十八變法)이라고도 한다.

여기서 꼭 알아두어야 할 것은, 이렇게 해서 얻어진 대성괘는 앞으로 어떤 괘로 변할 운명에 있느냐 하는 것이다. 운명은 동적(動的)이다. 지금의 내 운명이 길하다면 앞으로 어떻게 변할까? 이것을 알아보는 것이 변효(變爻)와 지괘(之卦)를 찾는 것이 된다.

변효란 효가 바뀐다는 것이요, 지괘라는 것은 변효로 해서 새로 얻어진 괘를 말한다. 앞에서도 설명한 바가 있지만, 양에는 노양과 소음이 있고, 음에는 소양과 노음이 있는데, 점을 쳐서 얻은 사상 중에 노양과 노음이 있으면 노양은 음으로 바뀌고 노음은 양으로 바뀐다.

예를 들어 6이라는 수를 얻었다면 노음으로, 노음은 음이므로 --부호를 얻었다고 생각되겠지만, 노음은 장차 양으로 변할 운명에 있다는 말이다. 따라서 노음은 양으로 변하고, 노양은 음으로 변한다. 노양과 노음을 변효라 하고, 변효로써 이루어진 괘를 지괘라 한다.

• **중서법**(中筮法) : 본서법(本筮法) 십팔변(十八變)은 너무 복잡하기 때문에, 이보다 간략한 방법인 구변서법(九變筮法), 육변서법(六變筮法) 등이 사용되고 있다. 다음에 설명하는 것은 일반적으로 많이 쓰이고 있는 육변서법이다.

천책으로 한 개를 내놓고 천책과 지책으로 나누며 지책에서 한 개를 뽑아다가 새끼손가락에 끼워 인책을 세우는 것까지는 본서법과 같지만, 천책을 여덟 개씩 덜어내는 것이 다르다. 즉 왼손에 쥔 천책에서 여덟 개씩 덜어내고 난 나머지에 새끼손가락에 끼워 있는 인책 한 개를 더한 수로 효를 삼는 것이다. 만일 천책을 여덟 개씩 덜어내고 나머지가 없을 때는 나머지가 없는 것으로 한다.(본서법과 다르다)

1개-노양	2개-소음	3개-소음	4개-소양
5개-소음	6개-소양	7개-소양	8개-노음

이와 같이 여섯 번을 해서 대성괘를 얻는다. 변효와 지괘는 본서법과 같다.

• **약서법**(略筮法) : 매우 간단한 방법이다. 그러나 방법이 간단하다 해서 신통력이 적다는 것은 아니다. 형식이 간단하면 정성이 약해질 우려가 있으므로, 본서법이나 중서법보다도 더욱 정성을 들여야 한다.

　본서법이나 중서법은 일변(一變)으로 한 효를 얻었지만, 약서법은 일변으로 한 개의 소성괘를 얻는 것이다. 즉 이변만으로 대성괘를 얻는 방법이다.

　즉 중서법과 똑같은 방법으로 해서 남은 수에 의해 다음 팔괘 중 어떤 한 개를 얻는다.

　　1개－건(乾) ☰　　　2개－태(兌) ☱　　　3개－이(離) ☲
　　4개－진(震) ☳　　　5개－손(巽) ☴　　　6개－감(坎) ☵
　　7개－간(艮) ☶　　　8개－곤(坤) ☷

　그러나 약서법에서는 변효를 가려내는 과정을 따로 거쳐야 한다. 본서법이나 중서법에서는 사상을 구하기 때문에 변효가 자동적으로 나타나지만, 약서법에서는 사상을 구하는 중간 과정을 거치지 않고 곧바로 소성괘를 얻었기 때문에 일부러 변효를 찾지 않으면 안된다.

　지금까지와 똑같은 방법으로 태극·천책·인책을 구하고, 천책을 여섯 개씩 덜어낸다. 그리고 그 나머지에 인책을 더하면 1에서 6까지의 수가 얻어진다. 이때 하나를 얻었으면 초효가 변효요, 둘을 얻었으면 2효가 변효요, 여섯을 얻었으면 육효가 변효다.

9. 64괘 해설

1. ☰☰ 건은 하늘이다

　아래위가 모두 하늘[乾☰]이다. 따라서 이 괘의 이름을 '건위천(乾爲天)'이라 한다. 건은 하늘을 뜻하는 것이니, 이 괘는 물론 하늘을 가리킨다. 하늘의 운행은 질서정연하다. 따라서 군자는 하늘의 도를 본받아 질서있는 생활, 노력하는 생활을 영위한다.

　이 괘를 얻은 사람은 내리막길에 들어섰다고도 할 수 있다. 왜냐하면 이 괘는 '너무 올라간 용'이니 앞으로 발전할 여지가 없기 때문이다. 그러므로 자기 행동에 조심하고 경솔한 행동을 삼가야 한다.

2. ☷☷ 곤은 땅이다

아래위가 모두 땅[坤☷]이니 이 괘를 '곤위지(坤爲地)'라 한다. 곤은 땅을 뜻하지만, 온순한 암말에 비유된다. 마치 땅이 만물을 포용하고 기르는 것처럼 군자는 덕을 쌓아 온 백성을 포용하고자 노력한다.

이 괘를 얻은 사람은 암말처럼 온순하게 자기 자신을 지키고 있으면 모든 일이 순조롭게 이루어진다.

3. ☵☳ 물과 우레는 둔이다

윗괘는 물[坎☵]이요, 아랫괘는 우레[震☳]다. 따라서 이 괘를 '수뢰둔(水雷屯)'이라 한다. 위에는 빠지는 물이 있고 아래는 움직이는 천둥이 있으니 일이 순조로울 수가 없다. 군자는 이를 본받아 사회를 바로잡을 뜻을 세운다.

이 괘를 얻은 사람은 고뇌 속에 있을지라도 희망을 갖고 참고 견뎌야 한다. '둔(屯)'의 뜻이 비록 막힌다는 뜻이 있어 사대난괘(四大難卦) 중의 하나라고는 하지만, 신중하게 난국을 돌파하면 전화위복이 될 수도 있다.

4. ☶☵ 산과 물은 몽이다

위는 산[艮☶]이요 아래는 물[坎☵]이니, 이 괘를 '산수몽(山水蒙)'이라 한다. 몽(蒙)은 '어둡다' '어리다'는 뜻을 가지고 있다. 그러나 지금은 비록 어리고 몽매할지라도 앞으로 얼마든지 발전할 여지가 있다. 군자는 이 괘상을 본받아 장래를 바라보고 산처럼 무겁게 덕을 기른다.

이 괘를 얻은 사람은 전도가 양양(洋洋)하다. 지금은 산골짜기에서 흘러나오는 샘처럼 보잘것없지만, 꾸준히 노력하면 강에도 이르고 바다에도 이르게 되는 격이다.

5. ☵☰ 물과 하늘은 수다

위는 물[坎☵]이요 아래는 하늘[乾☰]이니, 이 괘를 '수천수(水天需)'라 한다. 수(需)는 기다린다는 뜻이다. 물이 증발하여 하늘로 올라가 구름이 되었으니 아직 땅에 떨어지기까지에는 조금 기다려야 한다는 뜻이다. 참고 기회를 기다려야 한다. 군자는 이 괘상을 본받아 서두르지 않고 기회를 기다리며 덕을 쌓는다.

이 괘상을 얻은 사람은 유유자적하면서 때를 기다려야 한다. 어떤 목적을 위해 오랫동안 노력해 왔다면 머지않아 좋은 결과가 오게 될 것이고, 양자택일해야 하는 경우라면 조금 더 참았다가 결정을 내려야 한다.

6. ☰☵ 하늘과 물은 송이다

위는 하늘[乾☰]이요 아래는 물[坎☵]이니, 이 괘를 '천수송(天水訟)'이라 한다. 송(訟)은 '재판한다' '싸움한다'는 뜻이다. 하늘은 위에 위치하는 것이요 물은 본래 하늘 아래에 위치하는 것이지만, 제 위치가 너무 다르기 때문에 싸운다는 것이다. 인간사회에서 일어나는 싸움이란 것도 의견이 서로 너무 현저할 때 일어나는 것이다.

군자는 이 괘상을 보고 무슨 일에나 처음부터 신중히 생각하고 일을 시작한다. 싸움은 미리 막는 것이 현명하기 때문이다.

이 괘를 얻은 사람은 남과 다투지 않도록 각별히 조심해야 한다. 비록 자기가 우세한 위치에 놓였다 하더라도 때가 아직 이르지 않았으므로 상대방을 궁지에 몰아넣지 말아야 한다. '개도 빠져나갈 구멍을 남겨놓고 몰라'는 속담은 이런 경우를 이르는 말이다.

7. ☷☵ 땅과 물은 사다

위는 땅[坤☷]이요 아래는 물[坎☵]이니 이 괘를 '지수사(地水師)'

라 한다. 사(師)는 '집단' '군대' 등의 뜻이 있으니, 이 괘는 지휘자의 고충을 뜻한다. 집단의 대소를 막론하고 지휘자란 항상 고충이 따르게 마련이다. 또 지휘자와 부하는 서로 일체가 되어 유기적인 관계에 놓여야 한다. 물이 땅 밑에 있지만 물과 땅이 서로 유리되어 있으면 땅이나 물은 제구실을 하지 못한다. 땅 밑에 있는 물이 땅 위로 스며 땅에 습기를 공급했을 때 비로소 초목이 돋아나게 되는 것과 같다.

군자는 이 괘를 본받아 땅과 같은 넓은 덕으로 아래 백성들을 포섭하기에 힘쓴다.

이 괘를 얻은 사람은 자기 능력에 자만심을 가질 것이 아니라, 부하를 사랑하고 유능한 협력자를 구하도록 힘써야 한다.

8. ☵☷ 물과 땅은 비다

위는 물[坎☵]이요 아래는 땅[坤☷]이니, 이 괘를 '수지비(水地比)'라 한다. 비(比)는 친근하다는 뜻이다. 물과 땅이 서로 친근히 지내므로 풍요로운 수확이 기대된다. 현명한 제왕들은 물이 땅속에 스며들면서 친근히 지내는 것을 본받아 여러 곳에 제후를 봉하고 그들과 친근하게 지냈다.

이 괘를 얻은 사람은 화평한 내일을 기대할 수 있다. 그러나 좋은 일에는 마가 끼는 법이니 인화단결(人和團結)에 더욱 힘을 기울여야 한다.

9. ☴☰ 바람과 하늘은 소축이다

위는 바람[巽☴]이요 아래는 하늘[乾☰]이니, 이 괘를 '풍천소축(風天小畜)'이라 한다. 축(畜)이란 '머물게 한다' '저축한다'는 뜻이요, 소축이란 조금 머물게 한다는 뜻이다. 하늘 위에서 바람이 부니 좀더 기다려야 한 줄기 비가 내릴 것이 아닌가? 군자는 이 괘상을 본받아 때를 기다리면서 자신의 수양에 힘쓴다.

이 괘를 얻은 사람은 때를 기다려야 한다. 뭇 남성(다섯 개의 陽爻) 들 사이에 끼인 연약한 여성(한 개의 陰爻)의 힘만으로는 아무리 바둥거려 봐야 소용이 없다. 곧 큰 뜻이 이루어질 것이니, 때가 올 때까지 참고 견뎌야 한다.

10. ☰☱ 하늘과 못은 이다

위는 하늘[乾☰]이요 아래는 못[兌☱]이니 이 괘를 '천택리(天澤履)'라 한다. 이(履)는 '밟는다' '실천한다'는 뜻이다. 실천이란 위험이 따르는 법. 그래서 '범의 꼬리를 밟는 괘'라고도 한다. 그러나 자기보다 나은 사람의 말을 따르면 무난히 위험을 돌파할 수 있다. 괘의 모양에서도 알 수 있듯이 유순하고 나약한 연못[☱]이 건장한 하늘[☰] 밑에서 순종하니 아무 거리낌없이 잘 조화된다.

이 괘를 얻은 사람은 윗사람의 뜻을 좇아서 난국을 타개하도록 해야 한다. 우리 속담에 '말도 늙은 말을 뒤쫓는다'는 말이 있듯이 어른의 말을 따르면 거의 무슨 일에나 모가 나지 않게 마련이다. 따라서 남의 앞장을 서서는 안된다. 그렇다고 해서 남의 눈치를 보면서 꽁무니를 빼라는 말은 아니다.

11. ☷☰ 땅과 하늘은 태다

위는 땅[坤☷]이요 아래는 하늘[乾☰]이다. 따라서 이 괘를 '지천태(地天泰)'라 한다. 태란 '태평하다'는 뜻이다. 위에 있어야 할 하늘이 아래에 있고, 아래에 있어야 할 땅이 위에 있으므로 언뜻 보기에는 조화가 깨진 것처럼 보이나, 하늘 기운이 위로 올라가고 땅기운이 아래로 내려오는 것이므로 서로 잘 조화되는 상이다.

옛날 제왕들은 이 괘를 본받아 백성과의 사이에 조화를 잃지 않도록 노력했다.

이 괘를 얻은 사람은 순풍에 돛단 격으로 만사가 대통(大通)한다고

하겠다. 이 태괘를 역학에서 이상형(理想形)으로 삼는 것도 이 때문
이요, 점술가(占術家)의 상징으로 애용되는 것도 이 때문이다.

12. ☰☷ 하늘과 땅은 비다

위는 하늘[乾☰]이요 아래는 땅[坤☷]이니, 이 괘를 '천지비(天地
否)'라 한다. 비는 '막힌다'는 뜻이다. 하늘이 위에 있고 땅이 아래에
있으면 정상이 아니겠느냐고 생각하겠지만, 너무 높은 하늘과 너무
낮은 땅은 서로 화합하지 못한다. 따라서 앞의 태괘(泰卦)와는 정반
대라 하겠다.

군자는 이 괘상을 본떠 어지러운 세상에서 멀리 사라진다. 권세와
재물의 유혹을 받는다 하더라도 남몰래 숨어살면서 난을 피한다.

이 괘를 얻은 사람은 절대로 은인자중(隱忍自重)하지 않으면 안된
다. 무엇을 해도 안된다고 보아야 한다. 정치가라면 국민과 뜻이 맞지
않는 때요, 사업가라면 부하 직원들과 도무지 손발이 안 맞는 때다.
그저 너그러운 마음과 신중한 태도만이 이 난국을 넘길 수 있다.

13. ☰☲ 하늘과 불은 동인이다

위는 하늘[乾☰]이요 아래는 불[離☲]이니, 이 괘를 '천화동인(天
火同人)'이라 한다. 동인은 '남과 같이 한다'는 말이다. 다시 말하면
무엇을 혼자 행한다는 뜻이 아니라 동의·찬동·동업과 같이 뜻이 맞
는 사람들끼리 함께 협력관계에 있다는 말이다. 괘의 모양을 보면 아
래에서 하늘로 불길이 타오르고 있다. 하늘은 비록 지극히 높은 곳이
지만 불길은 위로 오르는 성질이 있기 때문에 하늘과 불은 서로 호응
하게 되는 것이다.

군자는 이 괘를 본떠서 널리 뜻이 맞는 동지를 얻고자 노력한다.

이 괘를 얻은 사람은 서로 협력하려고 노력해야 한다. 사업가라면
뜻이 맞는 동지를 얻어 합작해도 좋겠다. 그러나 모든 괘가 다 그렇

듯이, 나쁜 면도 생각해 보지 않을 수 없다. 동지를 얻어 어떤 목적을 향해 협력할 만한 괘라고는 하지만, 쓸데없는 일을 위하여 작당(作黨)해서는 안된다는 것을 잊어서는 안된다.

14. ☰☰☰ 불과 하늘은 대유다

위는 불[離☰]이요 아래는 하늘[乾☰]이니, 이 괘를 '화천대유(火天大有)'라 한다. 대유는 크게 소유한다는 뜻이다. 윗괘의 불이란 태양을 가리키는 것이므로, 중천에 떠있는 태양처럼 기운이 왕성하고 운수가 가장 성한 때임을 말한다. 이 괘의 모양을 보면 여러 남성들의 호위를 받는 여성이다. 그러나 이런 때는 호위받는 여성으로서의 몸가짐이 절실히 요구된다.

군자는 이 괘상을 본떠서 권선징악(勸善懲惡)으로 백성을 다스린다.

이 괘를 얻은 사람은 지금 당도한 좋은 기회를 놓치지 않도록 조심한다. 지금까지 은인자중하면서 기다리던 절호의 기회라고 생각해도 좋다. 중천에 떠있는 태양도 머지않아 기울게 될 것이니, 지금 이 좋은 기회를 놓치지 말아야 한다.

15. ☷☷☶ 땅과 산은 겸이다

위는 땅[坤☷]이요 아래는 산[艮☶]이니, 이 괘를 '지산겸(地山謙)'이라 한다. 겸은 '겸손하다'는 뜻이다. 산은 높은 것이지만 낮은 땅 밑에 들어 있으므로 겸손한 것이다. 산은 이에서 그치지 않고 자신을 헐어내어 낮은 땅을 메워 주기도 한다.

군자는 이 괘상을 본받아 세상사의 균형을 잡기에 노력한다. 즉 많은 것을 덜어내어 모자라는 것을 보충해 주기를 힘쓴다.

이 괘를 얻은 사람은 자기 재능을 너무 믿어서도 안될 것이고, 교만해서도 안된다. 산이 갖는 겸허한 미덕을 본받아 자기보다 못한 사람을 위할 줄 알아야 한다.

16. ䷏ 우레와 땅은 예다

위는 우레[震☳]요 아래는 땅[坤☷]이니, 이 괘를 '뇌지예(雷地豫)'
라 한다. 예는 '기뻐한다'는 뜻이다. 우렛소리가 땅 위에서 울린다는
것은 하늘의 기운[陽]과 땅의 기운[陰]이 화합했다는 징조다. 양기와
음기가 화합했으니 기쁘지 않을 수 있겠는가? 예(豫)는 또 '미리'라는
뜻도 포함하고 있다. 예언이니 예감이니 할 때의 '예'인 것이다.

옛날의 현명한 제왕들은 우렛소리가 진동하는 것을 보고 음악을 발
전시켜 신과 백성들을 즐겁게 하였다.

이 괘를 얻은 사람은 미리 준비하는 태도가 있어야 한다. 또 부하
를 거느린 사람일 경우에는 부하에게 확실한 계획표를 일러주도록 해
야 한다.

17. ䷐ 못과 우레는 수다

위는 못[兌☱]이요 아래는 우레[震☳]니 이 괘를 '택뢰수(澤雷隨)'
라 한다. 수는 '따른다'는 뜻이다. 본래 하늘에서 활동하던 우레가 못
속에 잠겨 있으니 한창 때가 지났다. 계절로 보면 가을에 해당한다.
여름에 기승을 부리던 우레도 그 기운을 잃고 만 계절이니 가을에 해
당하는 것이다. 따라서 주체성을 잃었으니 남의 의견에 따르는 것이
좋을 수밖에 없다.

군자는 이 괘상을 본받아 내일을 위해 조용히 쉴 채비를 한다. 낙
엽이 흩날리면 금년을 청산하고 내년을 위해 몸을 쉬듯이, 날이 저물
면 내일을 위해 집에 돌아와 쉬듯이, 이미 때가 늦었다는 것을 알면
다음 기회를 위해 휴식하는 것이 상책이다.

이 괘를 얻은 사람은 강한 운수에서 약한 운수로 옮아가고 있다는
것을 알게 된다. 그리고 지금 하던 일을 서서히 정리하고 다음 기회
를 위해 관망해야 할 때가 온 것이다. 비록 재주가 있는 사람이라 하

더라도 남의 의견에 귀를 기울이고 자신을 반성하고 앞날의 계획을
세워야 할 때이다.

18. ☶☴ 산과 바람은 고다

위는 산[艮☶]이요 아래는 바람[巽☴]이니 이 괘를 '산풍고(山風
蠱)'라 한다. 고(蠱)는 구더기가 뀐 음식이란 뜻이다. 바람이 산 밑으
로 부는 괘상이니 아무래도 평온무사하다 할 수 없다. 눈으로 보기에
는 군침이 넘어가는 접시[皿]의 음식이지만, 자세히 들여다보니 벌레
[虫] 세 마리가 들끓고 있다. 그러나 매사는 변하는 법. 썩을 대로 썩
은 다음에는 새로운 기운이 싹트는 법이다. '겨울이 가까웠으니 어찌
봄이 멀었으리요?'하고 셸리는 노래하지 않았는가.

군자는 이 괘상을 본받아 부패한 사회를 건지려고 노력한다.

이 괘를 얻은 사람은 철저히 자기 반성을 해야 한다. 사업을 하는
사람이라면 자체 내의 갈등과 내분을 철저히 조사 제거해야 한다. 남
보기에는 번창한 사업 같지만 속으로 곪아드는 사업이요, 남보기에는
단란한 가정인 것 같지만 부부간의 미묘한 갈등이 오가는 집안이다.

19. ☷☱ 땅과 못은 임이다

위는 땅[坤☷]이요 아래는 못[兌☱]이니, 이 괘를 '지택림(地澤臨)'
이라 한다. 임은 군림(君臨)의 뜻 외에 임기응변(臨機應變)이란 뜻도
지니고 있는 글자이다. 아래에 있는 두 개의 양기가 점점 위로 자라
올라가서 위의 음기와 가까이 사귄다. 따라서 지배자인 윗괘와 피지
배자인 아랫괘가 잘 호응한다 할 것이다.

군자는 이 괘상을 보고 아래 백성과 가까이하려고 노력한다.

이 괘를 얻은 사람은 결단력이 필요하다. 지금은 처지가 호전되어
가고 있지만, 곧 변화할 운명에 처해 있다. 방심해서는 절대로 안된다.
달콤한 사랑이 언제 식어질지 모르고, 번창일로에 있는 사업이 언제

곤경에 빠질지 모른다. 평소에 방심하지 말 것이며, 위기에 봉착하면
현명한 결단을 내려야 한다.

20. ☴☷ 바람과 땅은 관이다

위는 바람[巽☴]이요 아래는 땅[坤☷]이니, 이 괘를 '풍지관(風地
觀)'이라 한다. 관(觀)은 '관찰한다'는 뜻이다. 바람이 땅 위로 부니 뭔
가 어수선하다. 그러므로 자세히 세상을 관찰해야 한다. 옛날 현명한
제왕들은 이 괘상을 본받아 나라의 형편을 살펴서 백성들의 괴로움을
덜어 주려고 노력하였다.

이 괘를 얻은 사람은 자신의 주변을 잘 관찰하고 반성해야 할 때에
처해 있다. 불안정한 정신을 다시 재정리하고 미적(美的)인 세계, 절
대적인 세계에, 관념적인 세계에 자신의 마음을 의탁해야 할 때에 이
른 것이다. 어수선한 사회에 군중심리에 이끌려 뛰어들 것이 아니라,
냉철한 판단으로 자기가 취할 태도를 깊이 생각해야 한다.

21. ☲☳ 불과 우레는 서합이다

위는 불[離☲]이요 아래는 우레[震☳]니, 이 괘를 '화뢰서합(火雷
噬嗑)'이라 한다. 서합은 '씹는다'는 뜻이다. 괘 모양을 보면 이[--]
사이에 음식물[—]이 들어 있는 것같이 보인다. 무엇을 씹는다는 것
은 윗니와 아랫니가 서로 잘 조화된다는 것을 뜻한다. 아래위의 두
괘는 모두 강한 괘이니, 두 개의 강한 괘가 서로 화합했을 때 생기는
위력은 매우 큰 것이다.

현명한 제왕들은 이 괘상을 본받아, 불처럼 밝고 우레처럼 준엄한
법률을 세워 백성들을 공평하게 다스렸다.

이 괘를 얻은 사람은 운수가 매우 강한 때라 할 수 있다. 몸도 건
강하고 생활력도 왕성하다. 비록 어떤 장애물이 앞을 가로막는다 하
더라도 굳세게 밀고 나가면 목적을 달성할 수 있다. 그러나 잡음이

꼭 따르게 마련이라는 것을 잊지 말아야 하겠다.

22, ☶☲ 산과 불은 비다

위는 산[艮☶]이요 아래는 불[離☲]이니, 이 괘를 '산화비(山火賁)'라 한다. 비(賁)는 아름답게 장식한다는 뜻이다. 불이 산 아래 있다고 하는 것은 해가 서산에 기울었다는 뜻이다. 그리고 온 천지를 붉게 황혼으로 물들였으니 보기에는 퍽 아름답다. 그러나 이미 전성시기는 끝났다. 지난날의 왕성하던 기력은 쇠하고, 다만 퇴폐적인 겉치레만이 사람의 눈을 현혹시킨다.

군자는 이 괘상을 본받아 형벌에 관한 일에서 손을 뗀다. 왜냐하면 서산에 기운 빛이 온 세계를 밝게 비출 수 없는 것과 같이 공평무사한 판결을 내릴 수 없기 때문이다.

이 괘를 얻은 사람은 허례허식에 마음을 두기 쉽다. 냉철한 지성보다도 유행에 눈이 끌려 자기파멸을 초래할 위험도 갖추고 있는 때다. 내일의 파멸을 생각하지 못하고 허황된 이상향만을 그리기 쉬운 때이니, 건전한 생활을 찾도록 힘써야 한다.

23, ☶☷ 산과 땅은 박이다

위는 산[艮☶]이요 아래는 땅[坤☷]이니 이 괘를 '산지박(山地剝)'이라 한다. 박은 '벗긴다' '갉아먹는다'는 뜻이다. 괘의 모양을 보면, 아래의 다섯 음기가 위에 하나밖에 없는 양기를 갉아먹고 있다. 다시 말하면 건전한 양기가 뭇 음기에 쫓기고 있으니, 사회는 극도로 문란해져 멸망 직전에 놓인 것을 말한다.

높은 지위에 앉은 사람은 이 괘상을 본떠 건전한 방향으로 사회 정화에 힘쓴다.

이 괘를 얻은 사람은 하던 일을 포기하고 새로운 각도에서 재출발을 계획하는 것이 현명하다. 이미 기운 짐이요 넘어가는 숨이니, 이

상태를 다시 먼저와 같은 위치로 돌리기란 이미 때가 늦었다 하겠다. 계절로 보면 겨울이다. 새봄 맞을 준비 외에 할 일은 없다.

24. ䷗ 땅과 우레는 복이다

위는 땅[坤☷]이요 아래는 우레[震☳]니, 이 괘를 '지뢰복(地雷復)'이라 한다. 복은 '되돌아온다'는 뜻이다. 괘의 모양을 보면 새로 돋아난 양기가 위를 향해 서서히 그 기운을 펴고 있다. 전 시대의 퇴폐적인 사회는 무너지고 건전한 새 시대가 막을 연 것이다. 계절로 말하면 해가 차츰 길어지기 시작하는 동지에 해당된다.

현명한 제왕들은 새해가 출발하는 동지에는 일체의 정사에서 손을 떼었다. 이것은 건전한 새 기운이 더 자랄 때까지 기다리기 위한 것이었다.

이 괘를 얻은 사람은 때를 더 기다리면서 준비태세를 갖추어야 한다. 일이 호전될 기미가 보였다 해서 성급히 덤벼들지 말아야 한다. 왜냐하면 아직 기회가 무르익지 않았기 때문이다.

25. ䷘ 하늘과 우레는 무망이다

위는 하늘[乾☰]이요 아래는 우레[震☳]니, 이 괘를 '천뢰무망(天雷无妄)'이라 한다. 무망(无妄)이란 아무 욕망이 없이 자연 법칙에 순응함을 말한다. 우레가 하늘 밑에서 울리니, 지금까지 쇠약했던 기운이 다시 활기를 띤다.

군자는 이 괘상을 본받아 자연 법칙에 순응하면서 천하를 다스렸다.

이 괘를 얻은 사람은 모험을 하려 들거나 새로운 무엇을 계획해 봐야 소용없다. 그렇다고 해서 바람 부는 대로 몸을 내맡기라는 말은 아니다. 이럴 때일수록 경건한 마음으로 자연법칙에 순응하려고 노력해야 한다는 말이다.

26. ☶☰ 산과 하늘은 대축이다

위는 산[艮☶]이요 아래는 하늘[乾☰]이니, 이 괘를 '산천대축(山天大畜)'이라 한다. 대축은 '크게 저축한다'는 뜻이다. 괘의 모양을 보면 아래로 굳센 하늘의 기운이 산으로 옮아가고 있으니, 산에는 온갖 초목이 무성할 것이다.

군자는 이 괘상을 본떠 거룩한 성현들의 도를 자기 몸속에 간직하려 힘쓴다.

이 괘를 얻은 사람은 먼저 자기 실력을 쌓도록 노력해야 한다. 그리고 운수도 매우 좋다. 웬만한 어려움쯤은 그 동안에 길러 놓은 실력으로 능히 극복할 수 있으니, 고생 끝에 낙을 보는 셈이다.

27. ☶☳ 산과 우레는 이다

위는 산[艮☶]이요 아래는 우레[震☳]니, 이 괘를 '산뢰이(山雷頤)'라 한다. 이(頤)는 본래 '턱'이라는 뜻이지만, 기른다는 뜻도 포함하고 있다. 괘의 모양은 입을 상징한 듯하다. 위턱과 아래턱 사이에 이가 즐비하게 늘어서 있으니, 이 괘는 입과 깊은 관련이 있음을 알 수 있다.

군자는 이 괘상을 본떠 말을 조심하고 음식물을 조심한다.

이 괘를 얻은 사람은 입을 조심해야 한다. 입에서 나오는 말도 조심하고, 입으로 들어가는 음식물에도 각별한 조심이 필요하다. '웅변은 은이요 침묵은 금이다'라는 격언을 좌우명으로 삼고, 음식물에서 오는 질병에 조심해야 한다. 위턱과 아래턱처럼 서로 뜻이 맞는 동지가 있다면 공동목표를 향해 함께 뭉쳐 볼 수도 있다.

28. ☱☴ 못과 바람은 대과다

위는 연못[兌☱]이요 아래는 바람[巽☴]이니, 이 괘를 '택풍대과(澤風大過)'라 한다. 대과는 글자 그대로 너무 지나치다는 말이다. 태

(兌)는 홍수, 손(巽)은 나무를 가리키기도 하니, 물이 너무 많아 나무가 괴로움을 당하고 있는 모양이기도 하다.

군자는 이 괘상을 보고 어려움이 닥쳐오더라도 번민하지 않고 오히려 용기를 낸다.

이 괘를 얻은 사람은 대개 괴로움에서 허덕일 때에 처해 있다고 할 수 있다. 지나치게 무거운 책임을 짊어지었다거나 일에 쫓겨 괴로워할 때다. 그러나, 이럴 때일수록 침착하게 행동하면서 이 악운을 넘기도록 힘써야 한다.

29. ䷜ 감은 물이다

위도 물[坎☵]이요 아래도 물이니, 이 괘를 '감위수(坎爲水)', 또는 '습감(習坎)'이라 한다. 여기서 감은 빠진다는 뜻이요, 습(習)은 '거듭'이란 뜻이다. 위에도 물, 아래도 물이니 대단한 위험이다. 그래서 이 괘를 사대난괘(四大難卦) 중의 하나라 한다.

군자는 이 괘상을 보고는 어려움을 극복하기 위하여 덕행을 기르고 백성들을 교화하기에 힘쓴다.

이 괘를 얻은 사람은 겹친 괴로움에 파묻혀 어찌할 바를 모를 때에 있다고 하겠다. 만일 아무 일이 없다 하더라도 신변에 어떤 위험이 다가오고 있다는 것을 잊어서는 안된다. 그러나, 역경을 헤치고 얻은 성공이야말로 값진 것이니, 용기백배하여 현실을 타개하도록 해야 하겠다.

30. ䷝ 이는 불이다

위아래가 모두 불[離☲]이니, 이 괘를 '이위화(離爲火)'라 한다. 불이 두 개 겹쳐 있으니 매우 밝은 태양이라 할 수 있고, 타오르는 정열, 왕성한 의욕을 뜻한다. 그러나 정열이나 의욕이 지나치면 경솔하기 쉬운 법이다.

군자는 이 괘의 모양을 보고 밝은 지혜로 세상을 밝히기에 힘쓴다.
이 괘를 얻은 사람은 자신의 능력을 최대한으로 발휘하여 태양처럼
군림할 때가 온 것이다. 그러나 자칫하면 경솔에 빠질 염려가 있고,
타협을 모르는 외고집에 빠질 염려가 없지 않다.

31. ☱☶ 못과 산은 함이다

위는 못〔兌☱〕이요 아래는 산〔艮☶〕이니, 이 괘를 ‘택산함(澤山咸)’
이라 한다. 함(咸)은 ‘감정’ ‘감각’과 같은 뜻이다. 윗괘 태괘는 온순하
고 아래 간괘는 굳세다. 이것을 인간에 비유하면 나이 어린 남자가
나이 어린 여자 밑에서 사랑을 구하는 것이니, 여기서 어떤 느낌이
서로 오고가는 것이다.

군자는 이 괘의 모양을 보고 백성들의 뜻을 받아들이려고 노력한다.

이 괘를 얻은 사람은 감수성이 가장 강한 때에 처해 있다고 할 수
있다. 너무 센티멘털한 감상에 사로잡혀 이성을 잃을지도 모른다. 그
러나 직관(直觀)에 의해서 움직이면 모든 일이 잘 해결될 것이다.

32. ☳☴ 우레와 바람은 항이다

위는 우레〔震☳〕요 아래는 바람〔巽☴〕이니, 이 괘를 ‘뇌풍항(雷風
恒)’이라 한다. 항(恒)은 ‘한결같다’는 뜻이다. 윗괘 진(震)은 성년이
된 남자요, 아랫괘 손(巽)은 성년이 된 여자다. 안정된 가정생활, 한결
같은 가정생활을 하는 괘다.

군자는 이 괘상을 보고는 확고한 주관 아래 변함없는 태도를 취한다.

이 괘를 얻은 사람은 욕구불만에 사로잡히는 일이 없도록 각별히
주의하지 않으면 안된다. 변함없다는 것은 안정된 상태를 뜻하기도
하지만, 권태를 수반하는 것이 상례다. 중년부부의 안정된 생활 속에
는 부부생활의 권태도 따르게 마련이다. 그러나 감정에 치우쳐서는
안된다.

33. ☰☶ 하늘과 산은 둔이다

위는 하늘[乾☰]이요 아래는 산[艮☶]이니, 이 괘를 '천산둔(天山遯)'이라 한다. 둔(遯)은 본래 돼지를 뜻하지만, (돼지처럼) 달아난다는 뜻도 있다. 밑에 있는 두 개의 음효가 위로 향해 육박하고 있으니, 양효가 밀려나고 있는 모양이다.

군자는 이 괘의 모양을 보고는 버릇없는 소인배와 다투지 않고 엄숙하게 멀리한다.

이 괘를 얻은 사람은 현상에서 멀리 몸을 피하는 것이 좋다. 운수가 쇠했기 때문에 무엇을 해보려 해도 뜻대로 되지 않는다. 비록 자기 주장이 옳다 하더라도 앞장서지 말 것이며, 상대가 약해 보이더라도 겨루어 볼 생각을 가져서는 안된다. 오직 다음 기회를 기다리면서 몸을 피하는 것이 상책이다.

34. ☳☰ 우레와 하늘은 대장이다

위는 우레[震☳]요 아래는 하늘[乾☰]이니, 이 괘를 '뇌천대장(雷天大壯)'이라 한다. 대장은 '크게 왕성한다'는 뜻이다. 건장한 양기가 아래에서 위로 올라가니, 유한 음기가 쇠퇴하는 모습이다. 또 우레가 하늘 위 너무 높은 곳에서 울리기 때문에 비가 내리지 않으니, 아직 결정적인 때는 이르지 못했다고 할 수 있는 괘다.

군자는 이 괘상을 보고 차례에 어긋나는 짓, 예에 벗어나는 행동을 삼간다.

이 괘를 얻은 사람은 사업을 확장해도 좋을 때에 이르렀다고 할 수 있다. 사업뿐 아니라 무엇이든 닥치는 대로 해나갈 수 있는 굳센 운수라 할 수 있지만, 정도를 지나치면 큰 봉변을 당할 위험도 없지 않다. 무엇이든 지나치면 모자라는 것만 못한 법. 자칫하다간 실속은 없고 소문만 낼 수도 있는 위험도 따를 수 있으니, 강한 운수만 믿고 저

돌적으로 돌진하지는 말아야 할 일이다.

35. ䷢ 불과 땅은 진이다

위는 불[離☲]이요 아래는 땅[坤☷]이니, 이 괘를 '화지진(火地晉)'이라 한다. 진(晉)은 '진(進)', 즉 나아간다는 뜻이다. 괘의 모양을 보면 땅 위에 불, 즉 태양이 떠올랐다. 이제 바야흐로 마음놓고 일할 수 있는 때가 된 것이다.

군자는 이 괘상을 보고 자기의 밝은 덕을 온 천하에 널리 펴기를 힘쓴다.

이 괘를 얻은 사람은 개인적으로나 사회적으로 바삐 활동할 때를 맞았다고 보겠다. 사업은 번창일로에 들어섰다고 할 수 있겠고, 사회적인 지위도 올라갈 기회라 할 수 있겠고, 명성도 떨칠 기회에 들어섰다고 할 수 있겠다. 그러나 이런 경우에는 항상 주위의 시기와 질투가 따르는 법. 위만 보고 독주하다가는 라이벌의 방해공작에 부딪칠 경우도 생기게 된다.

36. ䷣ 땅과 불은 명이다

위는 땅[坤☷]이요 아래는 불[離☲]이니, 이 괘를 '지화명이(地火明夷)'라 한다. 명이는 '밝음을 깨뜨린다'는 뜻이다. 괘의 모양을 보면 불, 즉 태양이 땅 밑에 들어 있다. 밝음은 사라지고 암흑이 지배하는 세계가 된 것이다. 사회는 악이 판을 치니 세상 사람들은 옥석(玉石)을 분별할 줄 모른다.

군자는 이 괘상을 보고 덕을 펴려 하지 않는다. 마음속에 밝은 빛을 간직하고 있을 뿐이다.

이 괘를 얻은 사람은 소인배로부터 시기와 모함을 당하는 처지에 놓여 있다. 아무리 정의를 펴려 해도 들어 주는 이는 없고, 아무리 힘써 일해 보려 해도 하는 일마다 뜻대로 되지 않는다. 이럴 때는 하던 일에서 손을 떼고 다음 기회를 위해 실력을 기르고 있는 편이 상책이다. 서산에 진 해는 곧 돌아올 터이니까.

37. ☴☲ 바람과 불은 가인이다

위는 바람〔巽☴〕이요 아래는 불〔離☲〕이니, 이 괘를 '풍화가인(風火家人)'이라 한다. 가인(家人)은 가족이라는 뜻이다. 괘의 모양을 보면 바람 아래에서 붙는 불이다. 처음에는 보잘것없는 불씨에 지나지 않지만, 바람의 힘을 타고 기세 좋게 타오를 수 있는 괘다. 그러나 괘의 이름이 가인이니, 여성다운 괘라 할 수 있다.

군자는 이 괘의 모양을 보고 작은 일에 조심한다. 말을 삼가고 행실을 삼가, 그로 인해 초래되는 화가 미치지 않도록 조심한다.

이 괘를 얻은 사람은 내부를 충실히 다질 때에 처해 있다. 사업가라면 회사 내부에 관한 정비를, 가정을 가지고 있는 사람이면 집안일을 먼저 보살펴야 하겠다. 여성답게 차근차근히, 그리고 불처럼 따뜻하게 주위를 정비하는 것이 급선무다.

38. ☲☱ 불과 못은 규다

위는 불〔離☲〕이요 아래는 연못〔兌☱〕이니, 이 괘를 '화택규(火澤睽)'라 한다. 규(睽)는 불화니 반목이니 하는 뜻이다. 괘의 모양을 보면 불이 연못 위에 있다. 불기운과 물기운이 서로 상충되므로, 서로 적대관계에 있을 수밖에.

군자는 이 괘상을 보고 같으면서도 다른 것을 생각한다.

이 괘를 얻은 사람은 심한 내면갈등에 처해 있다고 볼 수 있다. 가정에서는 가족끼리 뜻을 달리하고, 동업하는 사이에서는 동상이몽(同牀異夢)을 꿈꿀 때. 그러나 '작은 일에는 길하다'고 했으니 생각보다는 희망적인 괘라 할 수 있다. 절대로 큰일에 손을 대서는 안된다고 하겠다.

39. ☵☶ 물과 산은 건이다

위는 물[坎☵]이요 아래는 산[艮☶]이니, 이 괘를 '수산건(水山蹇)'이라 한다. 건(蹇)은 절름발이란 뜻이다. 괘의 모양을 보면 험한 산과 위험한 강이다. 무엇을 하려 하나 산이 앞을 막고 물이 가로놓여 매사가 여의치 못하다. 원전에는 '험한 것을 보고 머물러 있으면 현명하다'고 기록되어 있다.

군자는 이 괘상을 보고 곤란을 당했을 때 사태를 관망하고 자기를 반성한다.

이 괘를 얻은 사람은 조금도 움직여서는 안될 불운에 직면하고 있다. 허겁지겁 험준한 산을 넘으면 앞에 가로놓인 것은 또 큰 강이니, 사사건건이 어려움만 겪게 되는 괘다. 이것도 둔괘(屯卦)·습감괘(習坎卦)·곤괘(困卦)와 더불어 사대난괘(四大難卦)의 하나이니, 악운(惡運) 중의 악운이다. 그러나 우리는 악운을 받아들일 줄도 알아야 된다. 위험에 직면했을 때 그 위험을 피하면 위험이 아니다. 악운에 직면했다 하더라도 슬기롭게 악운을 피하면, 즉 하던 일에서 손을 떼고 시세의 변천을 관망하면 악운을 피할 수 있는 것이다.

40. ☳☵ 우레와 물은 해다

위는 우레[震☳]요 아래는 물[坎☵]이니, 이 괘를 '뇌수해(雷水解)'라 한다. 해는 풀린다는 뜻이다. 괘의 모양을 보면 위에서는 우렛소리가 나고, 아래에서는 물이 흐른다. 지금까지 모두 얼어붙었던 삼라만상이 봄을 맞이한 것이다. 지금까지 겨울잠을 자던 생물들이 깨어날 때요, 화창한 봄날을 맞아 한 해의 사업을 시작할 때다.

군자는 이 괘상을 보고 백성들에게 사랑을 베푼다.

이 괘를 얻은 사람은 이제 활동할 때를 맞이한 것이다. 지금까지 갇혀 있던 우울한 분위기는 사라지고 새로운 일에 자신만만히 손을 대볼 수 있는 희망의 새아침을 맞은 것이다. 어제까지만 해도 시기와 질투, 모략으로 괴롭혔던 사람들도 하나둘 협조하게 되니 무엇을 꺼리겠는가? 그러나 운만 믿고 마음이 풀려서는 안될 일. 꽃 피는 양춘가절(陽春佳節)에도 뒤늦은 서리가 내릴 수도 있으니.

41. ☶☱ 산과 못은 손이다

위는 산[艮☶]이요 아래는 못[兌☱]이니, 이 괘를 '산택손(山澤損)'이라 한다. 손(損)은 언뜻 보기에 손해라는 뜻이 생각나지만 단순한 손해가 아니라 희사·봉사·투자와 같은 뜻을 지니고 있다. 따라서 앞으로 반드시 이익으로 되돌아올 가망이 있는 지출이라고 생각하면 된다. 괘의 모양을 보면 높은 산 밑에 연못이 제 몸을 낮추니, 산의 위엄이 돋보인다. 즉 연못이 산을 위해 희생하고 있는 것이다.

군자는 이 괘상을 보고 원대한 포부를 위해 작은 일에 눈을 돌리지 않는다.

이 괘를 얻은 사람은 남을 위한 봉사로써 정신적인 희열을 맛봄과 동시에 큰 일을 위해 작은 일에 얽매이지 말아야 한다. 이 괘는 결혼에 좋은 괘라고도 한다. 부부가 화목하려면 자기를 희생하고 상대방을 위해 봉사하는 미덕이 첫째이기 때문이다.

42. ☴☳ 바람과 우레는 익이다

위는 바람[巽☴]이요 아래는 우레[震☳]니, 이 괘를 '풍뢰익(風雷益)'이라 한다. 익(益)은 이익이란 뜻이지만 사사로운 이익보다는 공적인 이익, 즉 공익(公益)이란 뜻이다. 괘의 모양을 보면 바람과 우레로 되어 있다. 모두 움직이는 괘이고 보면 매우 적극적이다.

군자는 이 괘를 보고 옳은 일을 보면 지체없이 행하고, 자기에게 잘못이 있으면 곧 시정한다.

이 괘를 얻은 사람은 무슨 일에나 적극성을 띠어야 한다. 특히 공익사업이면 더욱 좋다. 농사에는 풍작이 기대되고 사회생활에서는 지위가 높아질 수 있다. 그러나 졸속(拙速)은 금물이니 맹목적인 저돌을 피하고 계획성 있는 적극성이 바람직하다.

43. ☱☰ 못과 하늘은 쾌다

위는 못〔兌☱〕이요 아래는 하늘〔乾☰〕이니, 이 괘를 '택천쾌(澤天夬)'라 한다. 쾌(夬)는 '결(決)', 즉 결단한다는 뜻과 결렬(決裂)이란 뜻이 있다. 괘의 모양을 보면 맨 위에만 음효가 하나 있을 뿐 모두 양효다. 아래의 굳센 양기가 위로 치받쳐 올라가니 하극상(下剋上)이요, 따라서 위아래에 마찰이 많은 괘다. 이럴 때 윗사람으로서는 어떤 결단이 필요하다. 강압적이요, 독선적인 결단이 아니라 원만한 결단이 필요하다.

군자는 이 괘상을 보고 아래로 낮은 지위에 있는 백성들의 사정을 살피고, 자기의 이익에 눈을 돌리지 않는다.

이 괘를 얻은 사람은 위험한 사태에 직면했다고 할 수 있다. 주위의 핍박이 심해지고 공갈과 협박도 당하게 된다. 또 소송관계가 일어남직도 하다. 이럴 때는 폭력을 삼가고 원만히 사태를 수습하도록 힘써야 한다. 윗사람에게는 공손히, 아랫사람에게는 너그럽게, 그리고 적대관계에 있는 사람에게는 관용의 미를 발휘하는 것이 상지상책(上之上策)이다.

44. ☰☴ 하늘과 바람은 구다

위는 하늘〔乾☰〕이요 아래는 바람〔巽☴〕이니, 이 괘를 '천풍구(天風姤)'라 한다. 구(姤)는 우연히 만난다는 뜻이다. 괘의 모양을 보면, 하늘 아래에서 바람이 분다. 여기저기 흩어졌던 구름을 모이게 하니 가문 들에 단비를 내릴 징조다. 또 하나의 음효가 다섯 개의 양효를 떠받치고 있으니, 음(陰)의 기력이 왕성하다.

옛날의 제왕은 이 괘상을 보고 천하에 널리 영을 선포했다.

이 괘를 얻은 사람은 좋은 의미건 나쁜 의미건 주변에 돌발적인 사건이 일어나기 쉽다. 그러나 우연히 재화(財貨)를 모을 수 있는 기회가 왔다고 보아도 좋다.

45. ☱☷ 못과 땅은 췌다

위는 연못[兌☱]이요 아래는 땅[坤☷]이니, 이 괘를 '택지췌(澤地萃)'라 한다. 췌(萃)는 '모인다' '무성하다'는 뜻이다. 땅 위에 연못이 있어 물을 공급하니 초목이 무성할 수밖에. 인간 사회에서는 사람이 많이 모인다는 뜻이다. 사람이 한곳에 많이 모이면 서로 교제가 이루어져서 사회가 활기를 띠지만, 한편 여러 가지 사건이 일어날 수도 있는 것이다.

군자는 이 괘상을 보고 불의의 사건을 위해 군비를 갖춘다.

이 괘상을 얻은 사람은 어떤 경쟁에 몸을 담고 있다고 볼 수 있다. 그러나 이 괘는 '잉어가 용문(龍門)에 오르는 상'이니 반드시 경쟁에서 이길 수 있다. 경쟁 시험에서는 합격이 무난하고 장사에서는 크게 번창할 수 있으며, 승급의 기쁨도 누릴 수 있는 괘다.

46. ☷☴ 땅과 바람은 승이다

위는 땅[坤☷]이요 아래는 바람[巽☴]이니, 이 괘를 '지풍승(地風升)'이라 한다. 승(升)은 승(昇), 즉 올라간다는 뜻이다. 바람은 오행(五行)으로 볼 때 나무[木]에 해당하니, 땅속에서 움이 돋아나는 나무라고 할 수 있다. 높고 높은 하늘을 향해 무럭무럭 자라나는 나무, 이것이 이 괘의 모양이다.

군자는 이 괘의 모양을 보고, 작은 것을 쌓아 큰 것을 만든다.

이 괘를 얻은 사람은 희망에 부풀어 있다. 그러나 적극성을 펴기에는 아직 이르다. 이제 갓 싹튼 여린 순이니 위험이 따르기 때문이다.

출세의 기미가 보이기는 하지만, 성급히 굴지 말고 자신의 실력 배양에 주력할 일이다. 비바람 몰아치는 폭풍우 앞에서도 건재할 수 있는 거목이 되기 위해서는 어린 싹에 흠을 내서야 되겠는가?

47. ☱☵ 못과 물은 곤이다

위는 연못[兌☱]이요 아래는 물[坎☵]이니, 이 괘를 '택수곤(澤水困)'이라 한다. 곤(困)은 단순히 곤란하다는 뜻을 지닌 말이라 하기보다는 글자 모양대로 무엇에 갇혀 있는 나무라고 보는 편이 더 좋겠다. 뜻은 창공으로 뻗어나가고 싶지만, 옴쭉달싹할 수 없는 절망적인 상태이다. 그래서 이 괘는 사대난괘(四大難卦) 중의 하나가 되어 있다. 괘의 모양을 보면 연못에는 물이 없고 바닥으로 다 스며들고 말았으니 이런 살풍경이 또 어디 있으랴?

군자는 이 괘상을 보고 괴로운 일을 당하더라도 온 정성을 다해 지조를 관철한다.

이 괘를 얻은 사람은 가난에 쪼들리고 있는 때라고 보아도 좋고, 위장을 해친 때라고 보아도 좋다. 여하튼 물질면에서건 정신면에서건 몹시 곤란을 당할 때다. 그러나 하늘이 무너져도 솟아날 구멍이 있다고 하지 않는가? 허황된 꿈을 버리고 현실타개를 위해 배전(倍前)의 노력을 하는 길밖에는 별 도리가 없다. 자포자기로 해결될 것도 아니고, 만용을 부려 해결을 볼 일도 아니다.

48. ☵☴ 물과 바람은 정이다

위는 물[坎☵]이요 아래는 바람[巽☴]이니, 이 괘를 '수풍정(水風井)'이라 한다. 정(井)은 우물이란 뜻이다. 물과 바람이 우물이란 것은 바람은 오행(五行)으로 볼 때 나무에 해당하므로 물속에 나무로 만든 두레박이 있다는 뜻이다. 매우 희망적인 괘이긴 하나, 우물이 우물로서의 구실을 다하자면 때때로 우물을 쳐내야 하고 두레박을 수선해야 한다. 또 우물 속의 물은 길어내야 소용에 닿는 것이니, 긷는 수고도 따라야 한다. 그러나 우리 생활에 필수불가결한 물을 공급해 주는 우물, 지나는 행인에게까지도 혜택을 주는 우물이다.

군자는 이 괘의 모양을 보고 널리 백성을 위로하고 선을 권장한다.

이 괘를 얻은 사람은 건실한 노력으로 일을 해나가되, 남을 위해서도 일할 수 있는 아량을 지녀야 하겠다.

49. ☱☲ 못과 불은 혁이다

위에는 연못[兌☱]이 있고 아래에는 불[離☲]이 있으니, 이 괘를 '택화혁(澤火革)'이라 한다. 혁은 개혁·변혁·혁명 등의 뜻을 지닌 말이다. 괘의 모양은 물과 불이 위아래에서 충돌하는 상이다. 서로 상극되는 두 물질이 충돌하니 여기서 변혁이 생긴다. 그런데 이 괘가 말하는 변혁은 정도(正道)로 옮아가는 변혁이다. 어지러운 정치를 바른 정치로 변혁시키는 혁명, 새것으로 바뀌는 혁신이 모두 이에 속한다.

군자는 이 괘의 모양을 보고 달력을 정리하여 때를 명백히 함으로써 개혁을 시작하였다.

이 괘를 얻은 사람은 일신상의 일이나 환경이 바뀐다. 직장생활에서는 직원의 인사이동이 있을 때요, 가정생활에서는 결혼문제가 있다든지 새 식구가 생겨난다든지 하여 새로운 활기를 찾을 때라 할 수 있겠다.

50. ☲☴ 불과 바람은 정이다

위는 불[離☲]이요 아래는 바람[巽☴]이니, 이 괘를 '화풍정(火風鼎)'이라 한다. 정(鼎)은 세 발 달린 솥이다. 세 발이란 안정(安定)을 뜻하는 것이니, 이 괘는 안정·협력을 의미한다. 괘의 모양을 보면 나무(바람)에 불이 붙었다. 나무와 불은 상생(相生)이니 모든 일이 순조롭다.

군자는 이 괘의 모양을 보고 질서를 세워 주어진 사명을 다한다.

이 괘를 얻은 사람은 동료간에 조화를 이루어 화음이 잘 되는 트리오라 하겠다. 결혼에도 유리하고 동업에도 유리하다. 그러나 셋은 둘보다 단합이 잘 안되는 법이니, 서로 양보하고 서로 도와서 원만한 발전을 기하도록 힘써야 한다.

51. ☳☳ 진은 우레다

아래위가 모두 우레[震☳]니, 이 괘를 '진위뢰(震爲雷)'라 한다. 우렛소리가 연거푸 나는 것이다. 우렛소리는 듣는 사람을 공포의 도가니로 몰아넣는다. 우레는 하늘에서 양전기와 음전기가 방전하는 물리현상이라는 것을 잘 알고 있는 현대인들에게도 우렛소리는 확실히 공포감을 일으키게 한다. 그러나 우레는 그 소리가 굉장할 뿐이지, 그로 인한 피해는 별로 없는 것이 상례다. 우렛소리가 그치면 공포심도 깨끗이 사라지게 마련이다. 따라서 이 괘는 겉만 컸지 실속은 없다는 뜻을 지니고 있다.

군자는 이 괘의 모양을 보고 근신하면서 자기를 반성한다.

이 괘를 얻은 사람은 크게 놀라는 일이 있지만 아무런 피해도 입지 않을 것이며, 큰일을 하겠다고 덤벙대고 돌아다녀 봤자 아무 소득이 없을 것이다. 실천에 옮기기 전에 면밀한 계획과 침착성이 앞서야겠다.

52. ☶☶ 간은 산이다

위아래가 모두 산[艮☶]이니, 이 괘를 '간위산(艮爲山)'이라 한다. 산에 산이 거듭했다. 산이란 움직이지 않는 것, 경솔하지 않은 것인데 이러한 산이 겹쳤으니 매우 중후(重厚)하다 하겠다. 논어(論語)에 보면, '어진 사람은 산을 좋아한다(仁者樂山)'고 했다. 산의 중후함을 배우면 가히 어진 사람이 될 수 있는 것이다.

군자는 이 괘의 모양을 보고 산처럼 무겁게 지조를 지켜 나간다.

이 괘를 얻은 사람은 굳은 신념을 갖고 때를 기다려야 한다. 산은 움직이지 않는 것이므로 능동적으로 나설 수도 없는 것이니, 적극적으로 행동할 때가 아니다. 또 협조해 줄 사람도 아직 나서지 않는다. 그러나 나쁜 괘는 아니다. 산처럼 무겁게, 산처럼 굳세게 꾸준히 일해 가노라면 대성할 날이 다가올 것이기 때문이다.

53. ☰☰ 바람과 산은 점이다

위는 바람[巽☰]이요 아래는 산[艮☶]이니, 이 괘를 '풍산점(風山漸)'이라 한다. 점(漸)은 순서를 밟아 앞으로 나아간다는 뜻이다. 괘의 모양을 보면 산 위에 선 나무(바람)가 눈에 띄지 않는 속도로 천천히 자라고 있다. 본문에는 이 괘를 기러기가 차례대로 날아가는 것으로 나타내었다. 처음에는 물에 있다가 바위로 올라와서는 육지로 날아가고, 다음에는 나뭇가지에 앉았다가 산 위로 해서 구름 속으로 사라지는 것이라고 되어 있다.

군자는 이 괘의 모양을 보고 어진 덕으로 한 나라의 풍속을 고쳐 나가되 점진적으로 고쳐 나간다.

이 괘를 얻은 사람은 순서를 무시하지 말아야 하겠다. 커다란 이익이 눈앞에 보인다 하더라도 결코 덤비지 말고 차례를 밟아 노력해야 한다. 앞에서도 말한 바와 같이 이 괘는 기러기의 생태로 비유되므로 여자에게는 결혼할 운수라고도 할 수 있다. 기러기는 철새다. 계절을 따라 자리를 옮기는 새이니, 여자가 고향을 떠나 멀리 가서 살게 되는 이른바 결혼과 비슷한 것이다. 남자에게는 바람을 피울 염려가 없지 않다 하겠다. 또 객지로 전전할 운명이라고도 할 수 있다.

54. ☳☱ 우레와 못은 귀매다

위는 우레[震☳]요 아래는 연못[兌☱]이니, 이 괘를 '뇌택귀매(雷

澤歸妹)'라 한다. 귀매는 정상적인 절차를 밟지 않고 시집간 젊은 여자를 의미한다. 아랫괘 태(兌)는 젊은 여자요, 윗괘 진(震)은 나이 많은 남자인데, 여자 쪽에서 남자에게 적극적으로 따라붙고 있으니, 상도에 벗어난 것이다. 그리하여 선을 넘게 되어 결혼식도 갖추지 않은 채 살림하는 결과가 된 것이다. 본문에는 나쁜 괘라고 되어 있다.

군자는 이 괘의 모양을 보고 한때의 감정이 영원한 수치를 초래한다는 것을 깨닫고 영원한 길을 택한다.

이 괘를 얻은 사람은 감정에 사로잡히는 일이 없도록 힘써야 하겠다. 만약 여자 쪽의 혼사라면 재취가 되기 쉽고, 남자의 사업이라면 중도에서 포기하기 쉽다. 여하튼 감정의 지배에서 벗어나도록 노력하는 것이 좋다.

55. ☳☲ 우레와 불은 풍이다

위는 우레[震☳]요 아래는 불[離☲]이니, 이 괘를 '뇌화풍(雷火豊)'이라 한다. 풍(豊)은 풍만·풍족의 뜻이 있다. 그러나 오늘의 풍만·풍족이 항상 계속되어 주지는 않는다. 괘의 모양을 보면 우렛소리가 힘차게 울리고 햇빛이 찬란히 비친다. 그러나 언젠가는 우레도 멈추고 해도 기울 때가 올 것이 틀림없다. 지금이 전성기지만 이것을 정점(頂點)으로 해서 내리막길에 가까워 오고 있다고 하는 것을 잊을 수 없다.

군자는 이 괘의 모양을 보고 우레처럼 준엄하게, 태양처럼 밝게 송사(訟事)를 다스린다.

이 괘를 얻은 사람은 다음에 올 사태에 대해 미리 준비해 두어야 한다. 오곡이 무르익는 가을을 구가함과 동시에 겨울 준비도 잊지 말아야 하는 것과 같다. 그리고 어떤 일을 대했을 때는 재빨리 처리하도록 해야 한다.

56. ☲☶ 불과 산은 여다

위는 불[離☲]이요 아래는 산[艮☶]이니, 이 괘를 '화산려(火山旅)'라 한다. 여(旅)는 나그네란 뜻이다. 나그네라는 단어는 한편 낭만적인 이미지가 풍기기는 하지만, 그보다 고달픔이란 뜻이 더 강하다. 예나 이제나 집 떠나면 고생이 따르는 법이기 때문이다. 괘의 모양을 보면 산 위에서 타오르는 불이다. 아무 쓸모없이 바람결 따라 이곳저곳으로 옮겨붙는 불이니, 이것을 인간사에 비유하면 외로이 떠도는 나그네일 수밖에.

군자는 이 괘의 모양을 보고 스스로 경계하면서 밝은 지혜로 신속하게 송사(訟事)를 처리한다.

이 괘를 얻은 사람은 공연히 외롭고 불안한 감정에 싸여 있을 때라 하겠다. 그러나 나그네가 낯선 마을에서 시속(時俗)을 따르면서 조심스럽게 하루하루를 지내듯이, 적극적으로 나서지 말고 때와 장소에 따라 적응해 가도록 힘써야 하겠다.

57. ☴☴ 손은 바람이다

아래위가 모두 바람[巽☴]이니, 이 괘를 '손위풍(巽爲風)'이라 한다. 바람이 가볍게 산들산들 부는 것이다. 그러므로 바람처럼 마음이 흔들릴 수도 있고, 이곳저곳 드나들게도 되고, 주체성을 잃고 남을 따르게도 된다. 이것은 결국 겸손하기 때문이다. 바람은 어떤 물체에 부딪치면 옆으로 돌아간다. 그러나 큰 풍파는 없고 눈에 띄게 향상할 수 있는 괘다.

군자는 이 괘의 모양을 보고 항상 겸손하게 살아간다.

이 괘를 얻은 사람은 겸손이 지나쳐 우유부단한 생활에 빠질 염려가 있다. 본문에 보면 '장사를 하면 3배의 이익을 얻을 수 있다'고 했으니, 이 지방 물건을 저기 갖다 팔고, 또 저 지방 물건을 이리 갖다

파는, 바람처럼 물건을 옮기는 무역업 계통에 크게 좋을 것이다.

58. ☱☱ 태는 못이다

위아래가 모두 연못[兌☱]이니, 이 괘를 '태위택(兌爲澤)'이라 한다. 태(兌)는 기쁨·소녀와 같은 뜻을 지니고 있다. 이러한 태가 두 개 겹쳐 있으니 소녀가 모여서 즐겁게 웃는 모습을 생각할 수 있다. 소녀는 귀엽고 웃음은 즐거움을 가져다 주지만, 소녀들의 웃음이란 대수롭지 않은 일에도 곧잘 터져나온다. 따라서 경솔에 빠지지 않도록 조심해야 하고 말을 삼가야 한다.

군자는 이 괘의 모양을 보고 친구들과 사귀면서 덕을 닦기에 힘쓴다.

이 괘상을 얻은 사람은 말조심을 잊지 말아야 한다. 그러나 말과 관계된 직업을 가진 이는 크게 이롭다고 하겠다.

59. ☴☵ 바람과 물은 환이다

위는 바람[巽☴]이요 아래는 물[坎☵]이니, 이 괘를 '풍수환(風水渙)'이라 한다. 환(渙)은 속의 것을 밖으로 발산(發散)한다는 뜻이다. 괘의 모양은 물 위에 바람이 부는 모습이다. 물에 뜬 가랑잎이 이리저리 바람에 밀려다니는 모습이 연상되고, 울적했던 기분이 상쾌해질 것 같은 기분이 든다.

현명한 임금은 이 괘의 모양을 보고 하느님께 제사를 지내고 종묘(宗廟)를 세워 백성들이 흩어지지 않도록 힘썼다.

이 괘를 얻은 사람은 희망의 나라로 배가 떠나듯이 새로운 전환기를 맞이했다고 할 수 있다. 그러나 항해는 큰 위험이 따르게 마련이다. 거센 파도와 싸워야 할 것을 잊어서는 안된다. 지금까지 침체했던 사업이 만회의 기회를 맞이했고, 높은 관직에 이를 수 있는 기회가 다가왔다.

60. ☵☱ 물과 못은 절이다

위는 물[坎☵]이요 아래는 연못[兌☱]이니, 이 괘를 '수택절(水澤節)'이라 한다. 절(節)은 절제(節制)·절도(節度)라는 말이다. 괘의 모양을 보면 연못에 물이 담겨 있다. 물이 밖으로 넘치지도 않고 바닥이 마르지도 않는 그런 연못이다. 절도가 있는 연못이다. 인간생활에서도 절도를 지키지 않으면 파멸하고 만다. 우리는 누구나 기쁨을 추구하지만, 기쁨을 누리는 것도 정도에 맞게 조절하지 않으면 향락에 빠지고 만다. 그래서 유혹에 빠지기 쉬운 괘라고 한다.

군자는 이 괘의 모양을 보고 절도를 정하며 덕행의 기준을 마련한다.

이 괘를 얻은 사람은 음식을 절제하여 건강에 유의해야 한다. 음식은 우리 육신을 길러 주지만, 절제 없는 음식은 오히려 건강을 해친다. 또 사업에 투자해도 안된다. 이익은커녕 원금도 찾기 힘들 것이다.

61. ☴☱ 바람과 못은 중부다

위는 바람[巽☴]이요 아래는 연못[兌☱]이니, 이 괘를 '풍택중부(風澤中孚)'라 한다. 중부는 성실이란 뜻이다. 괘의 모양을 보면 바람이 연못 위에 불어 잔잔한 물결을 일으킨다. 즉 윗사람의 뜻이 아랫사람에게 미치는 것이다. '부(孚)'자는 발톱이란 글자 조(爪)와 자(子)가 합쳐서 이루어진 글자이니, 마치 새가 발톱 사이에서 새끼를 까는 것을 나타낸다. 즉 지극한 사랑과 정성을 말하는 것이다. 정성이 지극하면 안되는 일이 없다고 한다. 모든 일에 정성을 다하라는 괘이다.

군자는 이 괘의 모양을 보고 사랑으로 송사(訟事)를 다스린다.

이 괘를 얻는 사람은 암탉이 병아리를 깨듯 조심과 정성으로 일을 처리하면 모든 것이 이루어질 것이다.

62. ☳☶ 우레와 산은 소과다

위는 우레[震☳]요 아래는 산[艮☶]이니, 이 괘를 '뇌산소과(雷山小過)'라 한다. 소과(小過)는 조금 지나친다는 뜻이다. 여기서 '소(小)'라는 것은 음효를 가리키는데, 괘의 모양에서도 알 수 있듯이 음효가 양효에 비해 너무 많다. 즉 소인의 무리들이 득세하여 군자의 도가 빛을 발하지 못한다는 뜻이다.

군자는 이 괘의 모양을 보고 행동을 몹시 삼간다. 남을 대할 때 지나칠 정도로 겸손하고, 상을 당했을 때는 지나칠 정도로 애통하며, 물질생활에서는 지나칠 정도로 검소하게 생활한다.

이 괘를 얻은 사람은 소인배들로 말미암아 지극히 곤란을 당하고 있다고 하겠다. 동업하는 두 사람 사이나 부부 사이에도 서로 틈이 생기기 쉬운 때다. 되도록 문제를 크게 벌이지 말고 행동을 삼가며, 양보와 인내로써 위험이 지나갈 때를 기다리는 것이 현명하다 하겠다.

63. ☵☲ 물과 불은 기제다

위는 물[坎☵]이요 아래는 불[離☲]이니, 이 괘를 '수화기제(水火旣濟)'라 한다. 기제(旣濟)는 만사가 이미 이루어졌다는 뜻이다. 괘의 각 효의 위치를 보면 음양이 서로 잘 응하고 있을 뿐 아니라 이상적인 제자리에 놓여 있다. 앞에서 기제괘의 뜻을 '만사가 이미 이루어졌다'고 풀어 보였지만 앞날은 좀 어두운 운이 닥칠 우려가 없지 않다는 뜻이 숨어 있다. 속된 말에 '달도 차면 기운다'고 하는 말이 있으니 만사가 이루어진 대로 영원히 유지될 수만은 없는 것이다.

군자는 이 괘상을 보고 재앙에 대한 예방에 힘쓴다.

이 괘를 얻은 사람은 지금 가장 왕성한 운에 놓여 있다고 하겠다. 그러나 사업이 번창일로에 있다 해도 몸을 도사릴 때다. 현상을 잘 정리해서 확고한 기반을 닦을 때다. 외부로의 번창보다 내부의 충실에 힘을 기울여, 어떤 악조건에도 견딜 수 있는 예방에 노력하는 것이 현명하다.

64. ☲☵ 불과 물은 미제다

위는 불[離☲]이요, 아래는 물[坎☵]이니 이 괘를 '화수미제(火水未濟)'라 한다. 미제(未濟)란 아직 이루어지지 않았다는 뜻이다. 괘의 모양을 보면 음효와 양효가 서로 잘 호응하고 있으나 정당한 제자리에 있지 못하니 아직 완전하지 못하다는 것이다. 그러나 그리 나쁜 괘는 아니다. 아직 이루어지지 않았다는 것은 앞으로 이루어질 때가 있다는 말이니, 현재의 고난을 딛고 일어서면 왕성할 날이 있다는 뜻이다.

군자는 이 괘의 모양을 보고 질서를 바로잡으려 노력한다.

이 괘를 얻은 사람은, 때가 올 때까지 무리하지 말고 기다려야 한다. 그렇다고 두 손 묶고 앉아 운만 기다리란 뜻은 아니다. 가을이 되면 오곡이 무르익지만, 누워서 가을을 기다린 자에게는 풍성한 가을이 약속되지 않는 것과 마찬가지다.

운수는 변한다. 행복한 운이 쇠하면 불행한 운이 찾아오고, 불행한 운이 지난 뒤에는 행운이 따르게 마련인데 이것이 바로 역의 진리다. 이러한 위대한 변화의 진리를 미약한 인간의 힘으로 바꿀 수는 없다. 하지만 노력에 따라 운수의 질(質)을 개선할 수 있으니, 우리가 해야 할 일은 인내와 노력, 겸손과 검약, 사랑과 용기 이외에는 아무것도 없다.

이것이 바로 역을 단순한 점서(占書)에서 인생철학서로 끌어올리게 된 까닭인 것이다.

경문(經文)과 해석

1. ☰☰ (乾下 乾上) 건위천(乾爲天)

原文 │ 乾은 元亨,하니 利貞.하니라

初九 潛龍,이니 勿用.이라

九二 見龍이 在田이니 利見大人.이니라

九三 君子終日乾乾,하여 夕惕若하면 厲하나 无咎.리라

九四 或躍在淵,하면 无咎.리라

九五 飛龍在天,이니 利見大人.이니라

上九 亢龍,이니 有悔.리라

用九 見群龍,하며 无首,하면 吉.하리라

☰☰ (아래도 건, 위도 건) 건은 하늘이다

건(乾)은 크게 통하니, 곧고 발라야 이롭다.

初九 물속에 잠겨 있는 용이니 쓰지 말 것이다.

九二 나타난 용이 논에 있으니, 대인(大人)을 보아야 이롭다.

九三 군자가 종일토록 씩씩한 모습으로 저녁까지 근심하면 위태로우나 허물이 없을 것이다.

九四 연못에서 뛰어놀기도 하니, 허물이 없을 것이다.

九五 나는 용이 하늘에 있다. 대인(大人)을 만나봄이 이롭다.

上九 높은 용이니 뉘우침이 있으리라.

用九 여러 용을 보되, 우두머리 노릇을 하지 않으면 좋을 것이다.

주해

○乾(건)-하늘. 역경 64괘 가운데 제1의 괘 이름. 설괘전(說卦傳)에, '건(乾)은 천(天)이요, 건(健)이다'라 했다. 천은 건의 체(體)요, 건(健)은 그 성질을 말한 것임.

○元(원)-으뜸, 또는 '크다'는 뜻.

○亨(형)-통하다. 트이다.

○利(이)-이롭다. 마땅하다.

○貞(정)-곧다. 바르다.

○元亨利貞(원형리정)-이것을 건괘의 괘사(卦辭), 또는 단사(彖辭)라 함. 정자(程子)는 이것을 건괘의 사덕(四德)이라 했다.

○潛龍(잠룡)-물속에 잠겨 있는 용. 용은 양기(陽氣)의 상징물. 전설에 의하면, 용은 하늘을 날아다니면서 바람을 일으키고 비를 내리게 하는 영험한 동물이라 한다. 그리하여, 인간에 있어서는 임금을 용에 비유하였다.

○勿用(물용)-쓰지 말라. 사용하지 말라. 즉 밖에 나와 활동하지 말라는 뜻.

○見龍(현룡)-나타난 용.

○在田(재전)-논에 있음. 내씨(來氏)는 '전자(田者) 지지유수자야(地之有水者也)'라 했다.

○大人(대인)-큰 덕이 있는 사람.

○君子(군자)-덕을 닦는 사람.

○乾乾(건건)-씩씩하다. 건실한 모습.

○夕惕(석척)-석(夕)은 저녁, 척(惕)은 근심하고 두려워한다는 뜻.

○若(약)-조사(助辭).

○厲(여)-위태하다.

○或(혹)-정의(正義)에는 '의야(疑也)'라 했음. 그러므로, 우리말로 '……이기도 하다'는 뜻.

○亢龍(항룡)-항(亢)은 사원(辭源)에 의하면 '대과야(大過也) 극야(極也) 강야(强也)'라 하였고, 정자는 '구오자(九五者) 위지극중정자(位之極中正者) 득시지극(得時之極) 과차즉항의(過此則亢矣)'라 하였다. 그러므로 항룡은 강강불굴(强剛不屈)의 용이니, 바로 극성(極盛)한 양기(陽氣)의 상징이다.

ㅇ用九(용구)−주자(朱子)는 '범서득양효자(凡筮得陽爻者) 개용구이불용칠(皆用九而不用七) 개제괘백구십이양효지통례야(蓋諸卦百九十二陽爻之通例也)'라 하였고, 왕필(王弼)은 '구(九) 천지덕야(天之德也)'라 하였고, 내씨(來氏)는 '용구자(用九者) 유언처차상구지위야(猶言處此上九之位也)⋯⋯ 상구즉군룡(上九卽羣龍) 용지수야(龍之首也)⋯⋯ 용구(用九) 용륙지도야(用六之道也)'라 하였다. 정자는 '현군룡자(見羣龍者) 잠현약비지룡야(潛見躍飛之龍也)'라 하였고, 정다산(丁茶山)은 '건본륙진(乾本六震) 현군룡야(見羣龍也)'라 했다.

ㅇ首(수)−내씨는 '수자(首者) 두야(頭也) 건위수(乾爲首) 범괘(凡卦) 초위족(初爲足) 상위수(上爲首) 즉상구즉군룡지수야(則上九卽羣龍之首也)'라 했다.

해 설

이 괘는 위아래가 모두 건괘(乾卦)로 구성되었다. 건(乾)은 하늘이므로 이 괘 이름을 건위천(乾爲天)이라 하는 것이다. 본체계(本體界)에 있던 큰 원기가 현상계(現狀界)에 나타날 때에, 맨 처음으로 순수한 양기, 곧 건으로 나타난다. 이 기운의 성질과 동작은 본래 건전하고 씩씩하므로, 이 점괘를 얻은 사람은 그것을 본떠서 마음을 곧게 가지고 기상(氣象)을 광명정대하게 가져야 이롭다.

初九 이 효(爻)의 모양을 살펴보면, 본체계에 있던 큰 원기가 현상계로 나타날 때에, 초구(初九)의 자리에서 싹이 트기 시작한다. 그리고 하늘로 올라가려고 연못 속에 잠복해 있는 용과 같다. 이 점괘를 얻은 사람 가운데서 장차 벼슬을 꿈꾸는 사람은, 아직 세상에 나가지 말고 집에서 덕을 닦고 있을 때요, 장차 사회 혁명을 도모하는 사람은 아직 가만히 동지를 모아 지하조직을 하고 있을 때다.

九二 이 효의 모양을 살펴보면, 사물 속에 잠재해 있던 양기(陽氣)가 제1기에서 제2기에 이르러 사물 앞에 비로소 나타난다. 그

괘상(卦象)은 마치 지금까지 연못 속에 잠복하고 있던 용이 장차 하늘로 날아올라가려 연못 속에서 머리를 들고 겉으로 나타나는 것과 같다. 그러므로 이 점괘를 얻은 사람 가운데 벼슬에 뜻을 둔 사람은 어진 임금을 만나볼 때요, 장차 임금이 되려 하는 사람은 현명한 보조자를 구할 때요, 사회혁명을 꿈꾸는 사람은 역시 유능한 인재를 구할 때다.

예를 들면, 옛날 중국 한(漢)나라 때에 패공(沛公)이 장량(張良)을 만나고, 유비(劉備)가 제갈량(諸葛良)을 만나고, 또 우리나라 조선 때의 세종대왕이 여러 어진 선비를 집현전(集賢殿)에 모아들인 것과 같다.

九三 이 효의 모양은, 하나의 양기(陽氣)가 땅속에서 발생하여 제2기를 지나 제3기에 이르러 어느 정도 성장되었으나 위의 상구(上九) 자리에 있는 대기(大氣)의 압력에 의하여 위축될 험지(險地)에 빠졌다. 그러므로 군자는 이 기상을 본떠서 처음 마음먹은 뜻을 변치 말고 아침부터 저녁까지 근심하고 두려워하는 마음으로 일거일동을 삼가야 한다. 왜냐하면 구시대와 신시대가 막 전환되려는 무렵에 처하여 있기 때문이다. 다시 말하면, 보수세력과 혁명세력이 반반이어서 성패 여부가 가려질 찰나에 있기 때문이다.

九四 이 효의 모양은, 아래에서 위로 치밀고 올라가는 기운이 6분의 4에 해당하고 있다. 이제는 묵은 기운이 새 기운에 어찌할 수 없이 쫓겨가게 되었다. 기상을 살펴보면, 마치 수면에 몸을 나타냈던 용이 이제는 때가 이르러 그 위에서 약동해도 아무 방해할 물건이 없는 것과 같다.

이 점괘를 얻은 사람 가운데 만일 학자라면 자기의 학설을 마음대로 발표하여도 책잡히는 일이 없을 것이요, 실업가라면 무슨 일을 해도 이익만 얻을 것이요, 혁명가라면 천하의 대세는 이미 자기에게로 기울어졌으므로 하는 일마다 성공할 것이다.

九五 이 효의 모양은, 용으로 화신(化身)한 기운이 연못 속에 잠복하고 있는 잠룡시대(潛龍時代)에서 물 위에 나타난 현룡시대(見龍時代)에 이르러 물 위에 뛰노는 약룡(躍龍)이 되었다가, 제5기에 이르러 하늘에서 날아다니는 비룡(飛龍)이 되었다. 이제는 때도 만났고, 자리도 차지했고, 또 덕도 있게 되었다. 마침내는 구름을 타고 천하에 비를 주게 되었다.

이 점괘를 얻은 사람 가운데 학자라면 그 학설이 세계 사람을 경탄케 할 것이며, 실업가라면 한 나라의 경제권을 좌우할 것이요, 정치가라면 한 나라의 정권을 장악할 것이요, 임금이라면 구이(九二) 자리에 있는 대인(大人)과 호응하여 천하의 대사를 경영할 것이요, 마침내는 내성외왕(內聖外王), 곧 철인정치가(哲人政治家)의 최고 인격자를 이룩할 것이다.

上九 이 세계의 모든 사물의 현상은 극도에 도달하면 반드시 되돌아온다〔極則反〕. 그러므로 양기(陽氣)의 상징인 용이란 것도 극에 이르면 쇠퇴하지 않을 수 없다. 그러므로 나는 용〔飛龍〕이 중정(中正)의 위치에서 지나쳐 이미 전진할 줄만 알고 후퇴할 줄을 모르는 항룡(亢龍), 즉 강하고 굳센 용이 되었으니 어찌 뉘우칠 날이 없겠는가.

예를 들면, 오강(烏江)의 항우(項羽)와 세인트헬레나 고도(孤島)의 나폴레옹과 같다.

用九 노자(老子)가 말하기를, '감히 천하의 앞장을 서지 않는다(不敢爲天下先)'고 하였다. 아홉을 쓴다〔用九〕 함은 초구(初九), 구이, 구삼, 구사, 구오, 상구(上九)를 사용한다는 것이니, 이 가운데서 다른 효(爻)는 다 사용하여도 상구, 바로 항룡(亢龍)만은 사용하지 말라는 뜻이다.

왜냐하면, 모든 사물에 있어서 강하고 건실하여 중정의 자리에서 지나쳐 우두머리가 되면 반드시 요절(夭折)되기 때문이다. 그러므로 잠복해 있는 용에서 나타나는 용, 뛰노는 용, 나는 용까지는 괜찮지만, 강하고 굳센 용의 자리는 피해야 한다. 그러므로 여러 용을 사용하되, 우두머리 역할을 하지 않으면 좋다고 한다.

이 점괘를 얻은 사람은 첫째는 자기의 위치가 변하면 쾌괘(夬卦☱☰) 상륙의 흉지(凶地)에 빠진다는 것을 자각할 것이요, 둘째는 내일의 세계는 곤(坤)의 시대라는 것을 알고, 구괘(姤卦☰☴)의 초효를 쓸 것이니, 강하고 굳센 항룡이 변하면 여윈 돼지와 같은 신세가 된다는 것을 자각해야 한다. 예를 들면 세인트헬레나 고도로 쫓겨간 이후의 나폴레옹의 모습과 같다.

2. ☷☷ (坤下 坤上) 곤위지(坤爲地)

原文 │ 坤은 元亨,하고 利牝馬之貞,이니 君子有攸往.이니라 先迷後得,하리니 主利.하니라 西南은 得朋.이요 東北은 喪朋.이니 安貞하여 吉.하리라

初六 履霜하면 堅冰이 至.하니라

六二 直方大.라 不習,이라도 无不利.하니라

六三 含章可貞.이니 或從王事,하여 无成有終.이니라

六四 括囊,이면 无咎며 无譽.리라

六五 黃裳,이면 元吉.하리라

上六 龍戰于野,하니 其血이 玄黃.이로다

用六 利永貞.하니라

≡≡ ≡≡ (아래도 곤, 위도 곤) **곤은 땅이다**

곤(坤)은 크게 통하니, 암말이 곧고 발라야 이롭다. 군자가 갈 곳이 있을 때에 먼저 하면 잃고 뒤에 하면 얻으리니, 이(利)를 주로 한다. 서남쪽에서는 친구를 얻고, 동북쪽에서는 친구를 잃을 것이니 마음을 편안케 하고 곧은 마음을 가져야 길하리라.

初六 서리를 밟고 서서, 장차 굳은 얼음이 얼 것을 안다.

六二 곧고 모나고 크다. 학습하지 않아도 이롭지 않음이 없다.

六三 광명을 내포(內包)하여 마음이 곧고 바를 수 있다. 때로 왕업 (王業)에 종사할지라도 좋은 성과로 끝나지는 않을 것이다.

六四 주머니를 여미듯이 하면, 허물도 없고 칭찬도 없으리라.

六五 누런 치마를 입으면 크게 좋을 것이다.

上六 용(龍)들이 들에서 싸우니, 그 핏빛이 검붉도다.

用六 길이길이 곧고 발라야 이롭다.

주해

ㅇ坤(곤)—64괘 가운데 제2의 괘 이름. 설괘전(說卦傳)에 의하면, '곤(坤)은 지(地)요, 순(順)이다'라고 했다. 즉 지(地)는 곤(坤)의 체(體)요, 순(順)은 그 성질이란 뜻이다.

ㅇ牝馬(빈마)—암말. 빈(牝)은 암컷.

ㅇ君子(군자)—여기서는 문왕(文王)을 가리킴.

ㅇ攸往(유왕)—가는 곳.

ㅇ迷(미)—미혹.

ㅇ西南(서남)—음지(陰地)의 뜻. 곤방(坤方). 즉 문왕이 있던 곳.

ㅇ朋(붕)—친구.

○ 東北(동북)−양지(陽地)의 뜻. 직방(直方). 즉 주왕(紂王)이 있던 곳.

○ 履(이)−밟다. '답(踏)'과 같은 뜻.

○ 直(직)−곧다, 바르다. 정직(正直)의 뜻.

○ 方(방)−모나다, 바르다. 방정(方正)의 뜻.

○ 習(습)−익히다. 학습의 뜻.

○ 含(함)−내포(內包)의 뜻.

○ 章(장)−나타나다. 빛나다.

○ 括囊(괄낭)−주머니를 여미다.

○ 黃裳(황상)−누런 빛깔의 치마.

○ 元(원)−크다.

○ 玄黃(현황)−현(玄)은 하늘빛이요,
　황(黃)은 땅빛이다. 그러므로 현황색은 천지상교(天地相交)의 색이다.

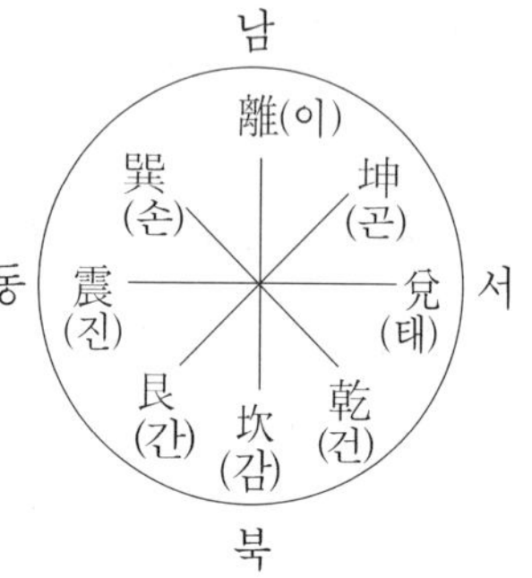

해 설

　이 괘는 위아래가 다 곤괘(坤卦)로 구성되어 있다. 곤은 땅이므로 이 괘의 이름을 곤위지(坤爲地)라 한 것이다. 강하고 굳센 건원(乾元) 의 대기(大氣)가 변하여 유(柔)하고 약한 곤원(坤元)의 기운이 되었 다. 이 곤(坤)의 시대에 있는 사람들은 웅장한 기상을 가지지 말고 유 순한 성질을 가져야 한다. 그러므로 강하고 굳센 용을 본받지 말고 유순하면서도 정조(貞操)가 굳고 곧은 암말을 본받아야 한다.

　이 점괘를 얻은 사람은 겉 행동은 유순하고 속 마음은 곧고 바르게 가져야 한다. 예를 들어, 주(周)나라의 문왕(文王)이 이 점괘를 얻었 다고 할 때, 항룡(亢龍)과 같은 주왕(紂王)보다 행동을 먼저 했다면 반드시 실패했을 것이다. 왜냐하면, 전쟁에는 이익을 주로하기 때문이 다. 그뿐 아니라, 주왕이 있는 동북쪽으로 먼저 진출했다면 전우(戰 友)들을 많이 잃었을 것이요, 주왕이 먼저 문왕이 있는 서남쪽으로 진출해 올 때에 실망하거나 당황하지 말고 마음을 편안케 하고 뜻을 굳게 가져 응전했다면 반드시 승전하여 전우들을 많이 얻었을 것이다.

　　이것으로 보아, 주역(周易)이란 책은 은말(殷末) 주초(周初)에 만들어진 책이 아닐까 한다.

初六　이 효의 모양을 살펴보면, 건괘(乾卦) 초구효(初九爻)에서는 잠긴 용〔潛龍〕이라 하였는데 여기서는 서리를 밟는다〔履霜〕했다. 우리는 건괘에서 잠긴 용, 나타난 용〔見龍〕, 뛰노는 용〔躍龍〕, 나는 용〔飛龍〕, 굳센 용〔亢龍〕 등의 점진적 변화상을 보았거니와, 여기서는 서리가 얼음으로 변화하는 이치를 살필 수 있다. 우리가 한번 서리가 얼음으로 변하는 과정을 살펴 관찰하면, 땅속에서 증발하여 올라오는 수증기가 공중의 찬 공기를 만나 냉각하면 이슬과 서리가 되고, 또 서리가 응결(凝結)하면 얼음이 된다.

　　이러한 점괘를 얻은 군자는 초가을의 서리가 내린 땅을 밟고서 세태(世態)와 사회현상이 변화하는 모습을 취상(取象)하여 윤리법칙을 구상하여 본다. 이런 사람을 우리는 사안(史眼)을 갖춘 사람이라 한다.

六二　육이는 음효(陰爻)가 두 번째에 있는 것을 말한다. 또 음기(陰氣)가 우수(偶數), 즉 음위(陰位)에 있는 것을 중정(中正)의 위치에 있다고 한다. 곤(坤)은 땅을 상징한다. 옛날의 '하늘은 둥글고 땅은 모나다'는 말에 의하여 직방(直方)이라 했다. 직방은 정방형(正方形)이란 말이다. 그러므로 직방대(直方大)는 땅이 정방형으로 광대하다는 말이다. 만일, 한 여성이 이 지도(地道), 즉 땅의 법칙을 본받는다면 때와 자리〔位〕와 덕을 다 갖추어 온 백성을 한가슴 안에 품을 수 있다. 옛날 같으면 여왕이 될 것이다.

　　그러므로, 이 점괘를 얻은 사람이 지도(地道)를 본받으면, 인위적으로 학습하지 않더라도 건괘 구오와 서로 응하여 천지화육(天地化育)에 참여할 수 있다. 예를 들면, 우리나라 신라 때의 선덕여왕(善德女王)과 같다.

六三 육삼은 음기(陰氣)로서 양기의 자리에 있다. 몸으로 말하면 앞으로 나아가야 할 자리에 있지만, 마음으로는 그 자리를 굳게 지키고 있으려 한다.

그러므로, 이 점괘를 얻은 사람으로서 왕업(王業)을 보필하면 공은 이룩함이 없어도 신하로서의 직책을 다하여 유종(有終)의 미(美)를 거둘 것이다. 예를 들면, 중국(中國) 삼국시대의 제갈량(諸葛亮)과 우리나라 조선 때의 이율곡(李栗谷)과 같다.

六四 육사의 음기(陰氣)가 음(陰)의 자리를 차지했으나 위에 있는 육오의 음기에 저지당하고 있다. 이것은 마치 입을 여민 주머니의 모습과 같다.

그러므로, 이 점괘를 얻은 사람은 입을 봉하고 아무 말도 하지 말아야 한다. 그러면 허물 입을 일도 없고, 또 칭찬 받을 일도 없어 무난히 처세하게 될 것이다.

六五 건괘(乾卦)의 구오라면 군왕(君王)의 상이지만, 곤괘(坤卦)의 육오는 비록 높은 자리에 있다 할지라도 자기는 역시 하나의 신하가 된 몸이다. 아무리 올라가 봐야 군왕이 될 수는 없다.

이 점괘를 얻은 사람이 여자라면 황후(皇后)가 될 수 있지만, 남자라면 누런 빛깔의 치마를 두른 남자이므로 역시 신하로서 임금에게 충성을 다하여야 매우 귀한 벼슬자리까지 올라갈 수 있다.

上六 이 효의 모양을 보면, 음기(陰氣)가 극에 달하면 변하여 양기가 된다. 그러므로 두 양기가 서로 충돌하고 서로 마찰하게 된다. 이것은 마치 구괘(姤卦☴) 초효(初爻)의 여윈 돼지가 비대하여 용(龍)이 되어 건괘(乾卦☰) 상구의 항룡(亢龍)과 같이 곤방(坤方) 들에서 싸우는 것과 같다. 그 흘린 핏빛은

검붉다.

이 괘를 얻은 사람은 반드시 나쁠 것이다.

用六 육을 쓴다는 말과 같다. 음기를 운용하는 원리는 변화하는 가운데서도 언제든지 외적으로는 괘도를 유순하게 가지면서 내적으로는 마음이 곧고 발라야 한다는 것이다.

3. ☳☵ (震下 坎上) 수뢰둔(水雷屯)

原文 │ 屯은 元亨,하고 利貞.하니 勿用有攸往,이요 利建侯.하니라

初九 磐桓,이니 利居貞,하며 利建侯.하니라

六二 屯如邅如,하여 乘馬班如,하니 匪寇면 婚媾,리니 女子貞,하여 不字,라가 十年에야 乃字.로다

六三 卽鹿无虞.라 惟入于林中.이니 君子幾하여 不如舍,니 往하면 吝.하리라

六四 乘馬班如,니 求婚媾,하여 往하면 吉하여 无不利.하리라

九五 屯其膏.니 小貞이면 吉,하고 大貞이면 凶.하리라

上六 乘馬班如.하여 泣血漣如.로다

☳☵ (아래는 진, 위는 감) **물과 우레가 둔이다**

둔(屯)은 크게 통하고, 곧고 발라야, (또는 아이를 배어야) 이롭다. 갈 곳이 있어도 가지 말 것이니, 제후를 세워야 이로울 것이다.

初九 머뭇거리는 모습이니, 곧고 바르게 있어야, (또는 아이를 배고

있어야) 이롭고 제후를 세워야 이롭다.

六二 임을 따라 걸어 나아가려다 이웃집 남자에게 끌리어 뒤로 되돌아오는 듯하고, 말을 타고 갈까 말까 망설이는 듯하다. 도둑이 아니요, 구혼(求婚)하는 사람이다. 여자는 정조를 지키려 이웃집 남자에게 허혼(許婚)하지 않고, 10년 후에 사랑하는 임에게 허혼한다.

六三 사냥을 하러 산기슭으로 갔으나 길을 안내하는 산지기가 없다. 홀로 숲속으로 들어간다. 군자는 기회를 보아 일을 하나니, 사냥을 그만두는 것만 못하다. 사냥을 가면 욕을 보리라.

六四 말을 타고 머뭇거리도다. 구혼하러 간다. 길(吉)하여 이롭지 않음이 없을 것이다.

九五 임금의 혜택을 백성에게 널리 베풀기 어렵다. 작게 혜택을 베풀면 좋고, 크게 혜택을 베풀면 나쁘다.

上六 말을 타고 망설인다. 눈물과 피를 흘리는 듯하다.

주해

○屯(둔)—64괘 가운데 제3의 괘 이름. 정현(鄭玄)·왕필(王弼)·정자(程子)·내씨(來氏)는 다 '난(難 : 어렵다)'자로 해석하였다. 그러나 서세대(徐世大)는 '잉(孕 : 아이를 배다)'자로 보았다.(周易闡微 22면) 서괘전(序卦傳)에는, '둔자(屯者) 영야(盈也)'라 했다.

○侯(후)—제후(諸侯).

○磐桓(반환)—머뭇거리다. '반환(盤桓)'과 같다. '난진(難進)'의 뜻.

○屯如(둔여)—어려운 듯하다.

○邅如(전여)—돌아오는 듯하다.

○班如(반여)—전진하지 못하는 듯하다. 또는 머뭇거리는 듯하다.

○匪(비)—아니다. '비(非)'의 뜻.

○婚媾(혼구)—혼인. 내씨(來氏)는 '부가왈혼(婦嫁曰婚) 재가왈구(再嫁曰媾)'라 했다.

○字(자)—잉태, 또는 허혼(許婚).

○十年(십년)—정자는 ‘십(十) 수지종야(數之終也)’라 했다. ‘한 10년 후’의 뜻.

○卽(즉)—나아가다. ‘취(就)’의 뜻.

○鹿(녹)—산기슭. ‘녹(麓)’의 뜻.

○虞(우)—벼슬 이름. 산지기. 우관(虞官). 사원(辭源)에 ‘장산록자(掌山麓者)’라 했다.

○幾(기)—징조. 정현은 ‘기(機)’로 보았다. ‘견기이작(見機而作)’의 ‘기(機)’와 같음.

○舍(사)—버리다. ‘사(捨)’의 뜻.

○吝(인)—탓하다. 욕되다. 사원에 ‘한욕야(恨辱也)’라 했다.

○膏(고)—기름. ‘은덕’ ‘덕택’의 뜻. 정의(正義)에 ‘고위고택은혜지류(膏謂膏澤恩惠之類)’라 했다.

○泣血(읍혈)—눈물과 피.

○漣如(연여)—흘리는 듯하다.

해 설

하나의 양기(陽氣)가 두 개의 음기(陰氣) 아래에서 움직여 차츰 위로 올라가지만, 또 하나의 양기가 두 개의 음기 사이에 빠져서 험난한 곳에 처하여 있다. 그러나 진룡(震龍)이 감수(坎水)를 얻어 마침내는 험난을 극복하고 올라갈 수 있다.

그러므로 이 점괘를 얻은 사람이 남자라면, 밖으로 정벌하러 나아가지 말고 안에서 민심을 얻고, 또 자기편이 될 수 있는 제후의 나라를 세워야 장차 왕업을 이룩할 수 있다. 그러나 여자라면 밖으로 나아가 다른 사나이를 구하지 말고, 집안에서 마음을 바르게 가져 한 남자의 아이를 배어야 이롭다.

이것으로 보아 주역시대는 여권(女權)시대에서 남성사회로 이행되던 때라 할 수 있다.

初九 이 괘의 초구효는 하나의 양기가 물 아래에서 움직여 우렛소리를 내고 있다. 위치[位]와 덕을 얻었으나, 아직 때를 만나

지 못하고 있다. 위로 올라갈 만한 굳세고 지혜로운 능력은 있으나 아직 험난을 이겨 나아갈 때가 오지 않았다. 그러므로 전진하지 못하고 머뭇거리고 있다.

　이 점괘를 얻은 사람이 여자라면 망설이는 태도를 버리고 마음을 곧게 가지고 한 사나이의 아이를 배어야 할 것이요, 남자라면 정벌하러 나아갈까 망설이지 말고 빨리 자기편이 될 제후의 나라를 세워 놓아야 한다.

六二 이 육이의 음기는 구오의 양기와 서로 마음이 맞아 호응한다. 그러나 그 이웃에 있는 초구의 양기는 그 육이의 음기를 짝사랑한다. 그리하여 육이의 음기는 강력한 초구의 힘에 이끌려 먼 데 있는 구오의 양기가 있는 데로 나아가지 못한다. 그러므로 이 점괘를 얻은 처녀는 반드시 자기 이웃집에 자기를 짝사랑하는 강력한 남자가 있을 것이요, 또 먼 곳에는 마음이 맞고 서로 사랑하는 남자가 있을 것이다. 때로는 그 좋아하는 남자에게로 가려 하나 이웃집의 남자가 잡아끌고, 또 말을 타고 달려 가려다가 망설이고 그만 돌아온다. 그러나 이웃집 남자가 자기를 해치는 도둑은 아니다. 다만 청혼(請婚)만 해올 뿐이다. 여기서 이 처녀는 정조를 굳게 지키며 때를 기다리다가, 10년이 경과한 뒤에 그 사랑하는 사람과 결합한다.

六三 육삼의 음기는 양기가 있을 자리에 있으니 정당치 못하고, 또 하괘(下卦)에 있어서 가장 윗자리에 있으니 가운데 자리에서 너무 올라간 자리이다. 그뿐 아니라 이웃에 있는 육이의 음기는 구오의 양기와 서로 좋게 지내고, 또 육사의 음기도 초구의 양기와 서로 좋게 지낸다. 이 육삼의 음기는 상륙의 음기와 서로 좋게 지낼 자리에 있지만, 다 같은 음기이므로 아무 힘이 없다. 그러므로 육삼의 음기는 고독하고 유약하고 덕도 부족하다. 또 전진하려는 생각은 있지만 힘이 없다.

이 점괘를 얻은 사냥꾼은 반드시 산기슭으로 사냥하러 가나 자기를 도와줄 산지기도 없을 것이다. 하는 수 없이 숲속으로 빠져 들어갈 수밖에 없다. 여기서 현명한 사냥꾼이라면 때가 나쁜 줄 알고 사냥을 그만둘 것이다. 왜냐하면 사냥하러 나아가면 짐승은 하나도 잡지 못하고 도리어 곤란한 일만 만나게 되기 때문이다.

이것으로 보아, 주역시대는 수렵 말기와 농업(農業)시대 초기인 것을 알 수 있다.

六四 육사의 음기는 음기가 있을 자리에 있으니 정당하고 지기(志氣)도 좋다. 그러나 윗괘의 아랫자리에 있으니 가운데 자리가 못된다. 위에는 강력한 구오의 양기가 가로막고 있으니, 올라갈 수 없다. 그러나 맨 아래 초구의 양기와 서로 호응하여 결합할 수 있다.

이 점괘를 얻은 사람이 남자이면 임금을 가까이하여 벼슬할 생각을 하지 말고 밑으로 내려가서 현명한 보조자(補助者)를 얻어 민심을 얻어 세상을 구제할 것이요, 여자이면 비록 공주라도 망설이지 말고 말을 타고 가서 서민 가운데 현명한 사나이를 얻어 구혼하면 매우 좋을 것이다. 예를 들면, 우리나라 고구려 때 온달(溫達)의 아내 평강(平康)공주와 같다.

九五 이 구오의 양기는 양기가 있을 자리에 있으니 정당한 자리요, 또 상괘(上卦)에서 가운데 있으니 이것은 중정(中正)의 자리다. 그러나 구사의 음기와 상륙의 음기 사이에 빠져 있어 때가 불리하다. 다만 육이의 음기와 서로 호응하고 있으나 그것은 멀리 있어 힘이 아주 부족하다. 또 상륙의 음기와 가까이 있으나 그것은 초구의 양기와 좋아하므로 자기를 배반하고 있다.

이 점괘를 얻은 임금은 온 백성에게 혜택을 널리 베풀어 주려면 도리어 나쁜 결과를 얻게 된다. 차라리 민심을 얻고 있는 서민 출신의 현명한 지도자 한 사람을 등용한 뒤에 그 사람을 통하여 백성에게 혜택을 베풀어 주는 것이 도리어 좋은 결과를 얻게 된다.

上六 상륙의 음기는 있을 자리에 있다. 그러나 너무 높은 자리에 있다. 그러므로 힘을 쓰지 못한다. 육삼의 음기와 서로 좋아할 수 있지만, 다 같은 음성(陰性)이요 여성이므로, 아무 도움이 되지 못한다. 그뿐 아니라 둔(屯)의 시대는 험난한 때이므로 더욱 곤란하다.

이 점괘를 얻은 사람의 지위는 비록 임금의 아버지라도 아무 실력이 없는 임금의 아버지이다. 그러므로 무(無)의 존재와 같고, 또 아무 권력도 없는 은군자(隱君子)와 같다.

이렇게 무력한 임금 아버지의 운명은 바람 앞의 등불과 같다. 그렇지 않아도 지금 민중 속에 뿌리를 박고, 또 민망(民望)이 두터운 한 혁명가가 강대한 세력으로 치밀고 올라온다. 여기서 어찌할 수 없이 그 무력한 임금과 임금의 아버지는 수백년 동안 지켜 오던 나라를 그 혁명가에게 넘겨주지 않을 수 없다. 예를 들면, 중국 청(清)나라의 선통황제(宣統皇帝)와 손문(孫文)의 관계와 같다.

4. ☵☶ (坎下 艮上) 산수몽(山水蒙)

原文 │ 蒙은 亨.하니 匪我求童蒙.이라 童蒙이 求我.니 初筮어든 告,하고 再三이면 瀆.이라 瀆則不告,이니 利貞.하니라

初六 發蒙.하되 利用刑人,하여 用說桎梏,이니 以往이면 吝.

하니라

九二 包蒙,이면 吉.하고 納婦,면 吉.하리니 子克家.로다

六三 勿用取女.니 見金夫,하고 不有躬,하니 无攸利.하니라

六四 困蒙,이니 吝.하도다

六五 童蒙,이니 吉.하니라

上九 擊蒙.이니 不利爲寇,요 利禦寇.하니라

☵☶ (아래는 감, 위는 간) **산과 물이 몽이다**

몽(蒙)은 막혔던 것이 터지는 괘다. 내가 몽매한 사람에게 가르침을 구하는 것이 아니요, 몽매한 사람이 나에게 가르침을 구하는 것이다. 처음 무꾸리할(점칠) 때에는 좋고 나쁜 것을 일러주지만, 여러번 무꾸리하면 어지러워진다. 어지러워지면 좋고 나쁜 것을 일러주지 않는다.

初六 백성들의 몽매함을 일깨워 주는 데 있어서 처음에는 형벌 주는 사람〔刑人〕으로 규율을 바로잡고, 그 다음에는 형벌을 사용하지 않으면, 백성들이 형벌 받기를 부끄러워할 것이다.

九二 어리석은 백성들을 포섭하여 가르쳐도 좋고, 며느리를 맞아도 좋으니 아들이 집안을 잘 다스릴 것이다.

六三 행실이 좋지 못한 여자에게 장가들지 말라. 금(金)을 가진 남자를 보고 따라가니, 네 몸을 지니고 있지 못할 것이다. 이로울 것이 없으리라.

六四 몽매함으로 곤란을 받으니 부끄러운 일이다.

六五 어린아이의 몽매함이니 좋다.

上九 어린아이의 몽매함을 일깨워 주는 데는, 그 몽매함을 원수나

도둑같이 여기면 이롭지 못하고, 그 원수나 도둑을 막는 것이
이롭다.

주해

○童蒙(동몽)—어린아이.
○告(곡)—이르다.
○瀆(독)—어지럽다.
○發蒙(발몽)—계몽.
○說(탈)—벗다. 내씨(來氏)는 '탈(脫)'자로 보았다.
○桎梏(질곡)—고랑. 형틀. 구속. 왕필은 '재족왈질(在足曰桎) 재수왈곡(在手
　日梏)'이라 했다.
○吝(인)—인색하다.
○包(포)—싸다. '포용' '포섭'의 뜻.
○納婦(납부)—며느리를 맞이하다.
○克家(극가)—집을 다스리다.
○取(취)—장가들다. '취(娶)'의 뜻.
○金夫(금부)—금을 가진 남자.
○有(유)—지니고 있다. '보유' '보존' '소유'의 뜻.
○擊(격)—치다.

해 설

이 괘의 괘상(卦象)은 산 밑에서 흐르는 물이다. 또 하괘(下卦)에
있어서 구이의 양기가 초륙의 음기와 육삼의 음기 사이에 가리워 있다
가 움직여 위로 올라가려 하고, 상괘(上卦)에 있어서 상구의 양기가
육사의 음기와 육오의 음기를 뚫고 올라가서 위에서 움직이고 있다.

그러므로 이 점괘를 얻은 몽매한 사람이나 아직 지혜가 발달되지
못한 어린이는, 옛날 원시시대에 있어서 식자계급(識者階級)에 속하
였던 무당에게 의뢰하여 점을 치지 않으면 안되었다. 그러나 점칠 때
에 처음에는 성실성을 다하므로 천지신명이 길흉화복을 잘 일러주지

만, 나중에는 불성실한 태도로 두 번 세 번 연거푸 점을 칠 때에는 그 마음이 어지럽게 되므로 그것을 잘 일러주지 않는다. 다시 말하면 점이 잘 맞지 않는다.

그러므로, 점을 칠 때에는 무엇보다도 마음을 곧게 가지고 태도를 성실성 있게 가져야 이롭다. 그래야만 마치 검은 음기에 가리웠던 양기가 위로 올라오고, 산 밑에 눌려 있던 물이 위로 터져 올라오는 것과 같이 몽매하였던 마음이 탁 트이게 된다.

이것으로 보아 주역시대의 백성들은 모르는 것이 있을 때에는 무당한테 가서 무꾸리를 해왔던 풍습이 있었던 것을 짐작할 수 있다.

初六 이 몽괘(蒙卦)는 본래 두 개의 양기와 네 개의 음기로 되어 있다. 초륙의 음기는 최하위(最下位)에 있다. 그러므로 혼암성(昏暗性)을 띠고 있다. 그러나 강하고, 또 가운데 자리에 있는 구이의 양기와 이웃하고 있다. 그러므로 그 혼암성이 명랑성으로 변할 수 있다.

　이 원리를 정치에 이용하려면, 몽매한 백성을 다스리려 할 때에 처음에는 형법으로 다스리고, 나중에는 예법(禮法)으로 다스려 백성을 명랑하게 해야 한다.

九二 이 효의 기운을 관상(觀象)하면, 구이의 양기는 그 성질이 굳세고 밝고, 또 하괘(下卦)의 가운데 자리를 차지하고 있어 중용(中庸)의 덕이 있다. 그리하여 이 괘에서 주동적 역할을 하고 있다. 그 다음 상괘 육오의 음기는 성질이 부드럽고 비록 명랑하지는 못하나 가운데 자리를 차지하고 있어 역시 중용의 덕이 있고, 또 구이의 양기와 서로 응하여 사랑하는 사이다.

　이 효의 원리를 인간사회에 응용하면, 비록 총명하지는 못하지만 덕성(德性)있는 여왕은 현명하고 충성이 지극한 재상을 얻어 온 백성을 한가슴 안에 포용하여 지도해 나아갈 수 있다. 또 한 가정에 있어서는 집이 비록 가난하나 덕성있는 며느리를 맞아들이면 아들과 금슬이 좋아서 집안이 잘 될 것이다. 이것으로 보면, 주역시대에 가족제도가 형성되기 시작한 것을 알 수 있다.

六三 이 효의 기운을 관상하면, 육삼의 음기는 힘이 약하고 또 음침하다. 그뿐 아니라, 양기가 있을 자리에 음기가 있으니 정당하지 못한 자리다. 상구의 양기와 서로 응하고 있지만 이웃에 있는 강한 구이의 양기에 끌리어 있다.

　이 효의 원리로 괘상을 설명하면, 자기가 사랑하는 한 여성이 돈있는 이웃집의 사나이〔金夫〕에게 이끌려 간다. 그 사나이와 한번 싸워 원풀이하려다가는 도리어 해를 당하여 몸이 부지되지 못할는지도 모른다. 그러므로, 그런 여자에게는 장가들지 않는 것이 유리하다.

　여기서 금부(金夫)라는 것은 황금을 가진 남자가 아니요, 구리쇠〔銅〕를 가진 남자다. 그러므로 주역시대는 동기시대(銅器時代)인 것을 알 수 있다.

六四 이 효의 기상을 살펴보면, 육사의 음기는 그 성질이 유하고 여성적이고 힘이 약하다. 상괘(上卦)의 아랫자리에 있기 때문에 가운데 자리를 차지하지 못하고 있다. 이 효와 서로 응할 수 있는 것은 초륙이지만 역시 음기이기 때문에 서로 응할 수 없다. 또 그 이웃에 있는 육삼의 음기와 육오의 음기도 다같이 여성적이기 때문에 역시 친근히 지낼 수 없다. 구이와 상구의 두 양기가 있지만, 구이는 육오의 음기와 좋아하고, 상구는 초륙의 음기와 좋게 지낸다. 그러므로, 이 육사의 음기는 저 혼자 고적하게 지낼 수밖에 없다.

　이 효를 사람에게 비유하면, 나면서부터 성질이 몽매할 뿐 아니라 자기를 가르쳐 깨우쳐 줄 지도자도 없는 경우와 같으니, 참으로 곤란한 일이요, 또 부끄러운 일이다.

六五 이 효의 기상을 보면 구이의 강하고 밝은 양기와 서로 감응 (感應)하여 사이좋게 지낼 수 있다. 음기로서 양기가 있을 자리에 있어서 정당한 자리라 할 수 없지만, 상괘(上卦) 가운데 자리를 차지하고 있기 때문에 덕기(德氣)를 가지고 있다.

이것을 사람에 비유하면, 육오의 음기는 천진난만하고 장래성 있는 어린이다. 현명한 스승이나 지도자나 보필자를 얻어서 나이가 차면 반드시 이상적 인물이 될 가능성이 풍부하다. 그러므로, 어찌 좋지 않다고 하겠는가? 예를 들면, 중국 주(周)나라의 성왕(成王)과 주공(周公)의 관계와 같다.

上九 이 상구의 양기는 성질이 밝고 힘이 강하여, 다른 네 개의 음기를 주도해 나아갈 힘이 있다. 그러나 힘이 너무 지나치게 강하기 때문에 도리어 따라오지 않는다. 마침내는 서로 대립되어 반항하게 된다.

이것을 사람에 비유하면, 하나의 엄격하고 강직한 교육자가 철모르는 어린이를 가르칠 때에 채찍으로 초달을 쳐서 어린아이가 반감을 품게 하는 것과 같다. 그러므로, 도둑같이 보는 것은 이롭지 못하고, 밖에서 도둑같이 들어오는 유혹과 물욕을 방어하는 것이 교육상 이롭다.

5. ≡≡ (乾下 坎上) 수천수(水天需)

原文 | 需는 有孚,하면 光亨,하고 貞吉.하니 利涉大川.하니라

初九 需于郊.라 利用恒,이니 无咎.리라

九二 需于沙.라 小有言,하나 終吉.하리라

九三 需于泥,니 致寇至.하리라

六四 需于血.이니 出自穴.이로다

九五 需于酒食.이니 貞하고 吉.하리라

上六 入于穴.이니 有不速之客, 三人이 來.하리니 敬之,면
終吉.하리라

☵☰ (아래는 건, 위는 감) **물과 하늘이 수다**

성실하게 기다리면 크게 통하게 되니, 마음이 곧고 발라야 좋다. 큰
냇물을 건너면 이롭다.

初九 교외(郊外)에서 기다린다. 항구(恒久)한 태도를 가지는 것이
이로우니, 허물이 없으리라.

九二 모래밭에서 기다리고 있다. 조금은 말썽이 있지만 마침내는
좋게 될 것이다.

九三 진흙밭에서 기다리니, 도둑들을 오게 한다.

六四 피밭에서 기다리다가 구멍에서 나온다.

九五 술과 밥을 차려 놓고 기다린다. 마음을 곧고 바르게 가져야
좋으리라.

上六 움집으로 들어간다. 청하지 않은 손님 셋이 오리니, 그를 존
경하면 마침내는 좋으리라.

〔주해〕

ㅇ需(수)─기다리다. 또는 필수품의 뜻.

ㅇ孚(부)─믿다. 성실의 뜻.

ㅇ光(광)─빛나다. 또는 크다. 즉 '대(大)'.

ㅇ涉(섭)─건너다.

ㅇ郊(교)─들. 교외(郊外).

ㅇ恒(항)─항상. '상(常)'이니, 불변(不變)의 뜻.

ㅇ泥(이)−진흙탕.
ㅇ致(치)− … 하게 하다.
ㅇ穴(혈)−움집. '혈거(穴居)'의 뜻.
ㅇ不速之客(불속지객)−부르지 않은 손님. 즉 불청객(不請客).

해 설

이 괘는 하늘 위의 물이니, 하늘 위의 물은 수증기, 안개, 구름, 비를 뜻한다. 이런 것들은 어느 것이나 다 유약(柔弱)하고 완만하고, 또 유동적이면서 진취성이 있다. 그러나 자연법칙에 따라 움직이므로 신실성(信實性)이 있고, 또 수증기가 안개가 되고, 안개가 구름이 되고, 구름이 비가 되어 땅 위에 떨어지는 데는 갑자기 그렇게 되는 것이 아니요, 천천히 때를 기다려야 한다. 기다린다는 원리는 이 괘에 있어서 전체의 뜻이다. 그러므로 성실성 있게 기다리면 크게 통한다. 또 물은 다른 장애물이 없는 한 곧고 똑바르게 흐르려 한다. 그러므로, 곧고 바르면 크게 통한다 한다.

이 원리를 사람의 생활에 응용하면, 마음은 곧고 바르게 가져야 하고, 또 냇물을 건널 때에는 완만한 태도로 천천히 건너가야 이롭다. 주역시대에는 아직 배가 없었으므로 그들의 생활에 있어서 어디로 갈 때에 큰 물을 건너간다는 것이 가장 큰 문제요, 또 위험을 느끼는 일이었다.

初九 이 효를 관찰하면, 상괘 밑에 있는 육사의 음기가 밖에서 하괘 밑에 있는 초구의 양기를 불러내고 있는 상이다. 그러나, 초구의 양기는 자기가 있을 자리에 있으므로 갑자기 나아가지 않고 불변의 태도로 때를 기다리고 있다.

이 원리를 생활에 적용하면, 앞에 있는 위험한 물을 건너가려 할 때에 무모하게 갑자기 건너가려 하지 말고, 물이 줄 때까지 오랫동안 기다리고 있다가 건너가면 아무 탈이 없을 것이다.

九二 이 효의 기상을 살펴보면, 그 성질이 굳세고 힘이 강하다. 하괘 가운데에 있으므로 기덕(氣德)을 가지고 있다. 그러나, 이 효는 음기가 있을 자리에 있으므로 정당치 못하다. 구이의 양기는 초구의 양기보다 위험한 물에 조금 가까이 있다. 또 구이와 초구는 다 같은 양기이므로 약간의 충돌이 있지만, 다덕이 있으므로 마침내는 화합하게 된다.

이 원리를 큰 냇물을 건너가는 사람에게 적용하면, 그 사람들은 강력한 힘이 있으므로 빨리 물을 건너가려 하지만, 파도가 매우 세므로 물결이 잔잔해질 때까지 가까운 모래밭에서 기다려야 한다. 빨리 건너가려는 사람과 천천히 때를 기다리자는 사람과 서로 의견이 충돌되어 약간의 말썽이 있겠지만, 때를 기다려서 건너가자는 편이 대다수이므로 물에 빠지는 위험을 모면하여 마침내는 무사하게 된다.

이것으로 보면, 주역시대의 사람들은 정착성(定着性)이 없고 유동적이었으므로, 아직 배를 발명하지 못한 그들에게 있어서는 큰 물을 건너간다는 것이 가장 큰 어려움이었다는 것을 알 수 있다.

九三 이 효의 기상을 살펴보면, 위험한 물로 더 가까이 전진해 간 것이다. 구삼의 양기는 구이의 양기보다 더 위험한 곳에 있다. 구삼의 양기는 건괘(乾卦)의 상효(上爻)이므로 가운데 자리에 있지 않고 너무 강하여 어디까지나 앞으로 움직이려 한다. 마침내는 위험한 물에 접근하게 되었다. 더 전진하지 못하고 거기서 기다리고 있게 된다. 이때에 이웃에 있던 육사의 음기가 반항한다.

이것을 큰 냇물을 건너가는 사람들에게 비유하면, 처음에는 교외에서 기다리다가 조금 전진하여 교외도 아니요 진흙도 아닌 모래밭에서 기다렸고, 그 다음에는 물도 아니요 모래밭도 아닌 진흙밭에서 더 전진하지 못하고 뭉개고 있다. 이때에 이 틈을 타서 맞은편에서 도둑떼가 몰려오게 된다.

六四 이 효는 구삼과 구오의 두 양기 사이에 끼어 있다. 구오의 양기에 가까이하려면 구삼의 양기가 끌어당기고, 구삼의 양기와 가까이하려면 구오의 양기가 끌어당기어 진퇴양난의 위험한 골짜기에 빠지게 된다. 그러나, 초구(양기)의 응원을 받아 마침내는 그 위험한 골짜기에서 벗어나게 된다.

이것을 또 큰 물을 건너가는 사람들에게 비유하면, 진흙밭에서 헤매고 있을 때에 어둠을 틈타서 몰려드는 도둑들과 육박전(肉迫戰)을 벌여 진흙밭이 피밭이 되도록 피를 흘리고 있을 때에, 후방에서 강력한 응원군의 도움을 받아 그 피구덩이에서 탈출하게 되는 것이다.

九五 이 효는 감괘(坎卦)의 가운데에 있으므로 기덕(氣德)과 정당한 자리를 차지하고 있다. 육사의 음기와 상륙의 음기도 다 친근한 사이다. 다만 하나의 결점은 이 효와 서로 응할 수 있는 구이의 효가 음기가 아닌 것이니, 기덕으로 그것을 용납할 수밖에 없다.

이것을 또 물을 건너가는 사람들에게 비유하면, 지도자 되는 사람이 싸우다가 돌아온 부하들과 응원군을 모아놓고 음식을 차려 승리의 축배를 올린다. 그러나 승리의 기쁨에 도취하지 말고 아직 귀화하지 않은 대적을 곧고 바른 마음으로 포섭해야 한다. 그래야 후환이 없어 길(吉)하게 된다.

上六 이 효의 기상은 그 성질이 여성적이요, 힘도 약하다. 음기가 있을 자리에 있지만, 매우 위험한 자리에 처해 있다. 그러므로 변하지 않을 수 없다. 여기서 자연히 힘이 강한 구삼의 응원을 기다려 위험을 모면하게 된다.

이것으로 큰 물을 건너간 사람들을 비추어보면, 그들은 지금 험난한 물을 극복하고 자기 움집에서 승리의 축배를 올리고 있을 때다. 초대에 잘 응하지 않던 두 손님(초구와 구이를 가리킴)도 먼저 초대에 응하였던 손님(구삼을 가리킴)의 뒤를 따라온다. 그러므로 부르지 않은 손님이 세 사람이라 한 것이다. 무능력한 주인은 그들을 잘 대접해야 화가 복으로 될 수 있다.

이것으로 보아 주역시대의 사람들은 아직 혈거생활에서 완전히 벗어나지 못하였던 것을 알 수 있다.

6. ☵☰ (坎下 乾上) 천수송(天水訟)

原文│ 訟은 有孚,나 窒.하여 惕하니 中은 吉,하고 終은 凶.하니 利見大人,이요 不利涉大川.하니라

初六 不永所事,면 小有言,하나 終吉.이리라

九二 不克訟.이니 歸而逋,하여 其邑人,이 三百戶,면 无眚.하리라

六三 食舊德.하여 貞하면 厲,하나 終吉.이리니 或從王事,하여 无成.이로다

九四 不克訟.이라 復卽命,하며 渝하여 安貞하면 吉.하리라

九五 訟,에 元吉.이라

上九 或錫之鞶帶,라도 終朝三褫之.리라

☰ ☵ (아래는 간, 위는 건) **하늘과 물이 송이다**

소송(訴訟)에는 성실성도 있으나 막히는 일도 있다. 두려워하여 중도(中道)를 얻으면 좋으나, 마침내는 나쁘다. 대인(大人)을 보는 것은 이롭고, 큰 물을 건너는 것은 이롭지 못하다.

初六 오랫동안 송사(訟事)를 끝내지 못할 때는 조금 말썽이 있으나, 마침내는 좋게 되리라.

九二 소송할 수 없다. 돌아와 숨으니, 그 마을 사람들이 사는 3백 호도 무사했다.

六三 옛날 녹(祿)을 그대로 먹는다. 마음을 곧고 바르게 가지더라도 위태로울 때가 있다. 그러나 마침내는 좋으리라. 임금의 사업에 종사해도 이룩함이 없을지도 모른다.

九四 소송할 수 없다. 자기 자신으로 돌아와서 그것을 다만 천명에 맡기어 다툴 생각을 버리고 마음을 편안히, 곧고 바르게 가지면 좋으리라.

九五 소송에 크게 좋으리라.

上九 임금이 그에게 큰 띠를 줄는지 모르나, 하루아침에 세 번씩 그것을 빼앗길 것이다.

〔주해〕

ㅇ訟(송)ㅡ소송. '쟁변(爭辯)'의 뜻.

ㅇ窒(질)ㅡ막다. 막히다.

ㅇ惕(척)ㅡ두려워하다.

ㅇ事(사)ㅡ송사(訟事).

ㅇ克(극)ㅡ ～할 수 있다. '능(能)'의 뜻.

ㅇ逋(포)ㅡ도망하다.

ㅇ三百戶(삼백호)ㅡ소읍(小邑)을 가리킴.

ㅇ眚(생)ㅡ허물. 과오(過誤).

ㅇ食(식) ─먹다.

ㅇ舊德(구덕) ─구록(舊祿).

ㅇ厲(여) ─위태하다.

ㅇ復(복) ─돌아오다.

ㅇ卽(즉) ─나아가다. '취(就)'의 뜻.

ㅇ渝(투) ─변하다. '변(變)'의 뜻.

ㅇ元(원) ─크다. '대(大)'의 뜻.

ㅇ錫(석) ─주다. '하사(下賜)'의 뜻.

ㅇ鞶帶(반대) ─큰 띠. '대대(大帶)'의 뜻. 명복(命服)의 장식이니, 남자는 반
  대(鞶帶), 여자는 반계(鞶系)라 함.

ㅇ終朝(종조) ─종일.

ㅇ褫(치) ─빼앗다. '투(奪)'의 뜻.

해 설

이 괘는 하늘 아래 물이다. 물은 만물을 이롭게 한다. 그리고 백성
들과 밀접한 관계가 있는 농산물을 성장케 한다. 농산물이 풍부하면
의식(衣食)이 넉넉하게 된다. 의식이 넉넉하면 다른 욕망도 많아지게
된다. 사람의 욕망은 본래 무한하고 물질은 항상 모자란다. 여기서 자
연히 백성들이 다투게 되고, 소송 사건도 일어나게 된다.

소송에는 신실성도 있지만 서로 사리가 통하지 않는 일을 주장하기
도 한다. 그러므로 항상 소송을 두려워하는 가운데서 공정한 중도(中
道)를 취해 나아가면 좋지만, 결국 소송이란 것은 결과로 보아 나쁘
게 된다. 그러므로 공정하고 덕이 있는 사람에게 의뢰하여 판단을 구
해야 한다. 그러나 이러한 소송을 좋아하는 백성으로서는 마음과 힘
을 합하여 큰 냇물을 같이 건너갈 수 있는 큰일은 해나갈 수 없다.

初六 이 효의 기상을 보면 육삼과 함께 양기가 있을 자리에 있으니
　　　정당한 자리가 아니요, 또 둘 다 유약하다. 또 구이와 구사는
　　　그 성질이 강하지만, 음기가 제자리에 있으니 역시 자기 힘을

다 발휘할 수 없다. 그러므로 양쪽이 다 다툴 힘이 부족하다. 이에 반하여 구오는 공정 중립의 위치에 처해 있다. 또 상구는 비록 강한 힘을 가지고 있지만 너무 지나친 자리에 있으므로 장차 꺾일 위치에 처해 있다.

이 괘의 기상으로 백성들의 송사하는 일을 살펴보면, 양편이 송사를 오랫동안 계속할 수 없고, 또 양편이 다 약간의 불평불만이 있지만 나중에는 총명하고 공명정대한 재판관의 판결에 의하여 사건은 원만히 해결될 것이다.

九二 이 양기는 음기가 있을 자리에 있으니 정당치 못하다. 그러나 하괘의 가운데 자리에 있으므로 덕기(德氣)가 있다. 그러므로 끝까지 추진할 힘을 가지고 있지 못하다. 그뿐 아니라, 구오의 양기는 상괘(上卦) 가운데 자리를 차지하고 있으므로 덕기도 있고, 또 양기가 있을 자리에 있으므로 정당한 자리다. 그러므로 무엇으로 보든지 구이의 양기가 구오의 양기와 서로 다툴 수 없다. 여기서 어찌할 수 없이 다투기를 그만두고 숨어 버린다.

이 효의 기상(氣象)으로 아랫사람이 윗사람과 소송하는 일을 살펴보면, 그 아랫사람이 비록 조그만 마을의 읍주(邑主)이기는 하지만 도저히 높은 자리에 앉아 있는 현군(賢君)을 상대로 소송할 수는 없다. 그는 마침내 양심의 가책을 받고, 또 힘도 부족함을 깨닫고서 자기가 살던 고을로 돌아가서 숨어 버린다. 그 임금도 본래 덕(德)이 있으므로 더이상 죄를 묻지 않고 내버려둔다. 그가 살고 있는 마을 사람들도 다 아무 화가 없게 된다.

예를 들면, 옛날 중국 춘추시대(春秋時代) 때에 위(衛)나라 대부 원훤(元咺)이 임금 성공(成公)을 진(晉)나라 임금 문공(文公)에게 소송한 일과 같다.

六三 이 음기는 양기가 있을 자리에 있어서 정당치 못하다. 그러
　　 므로 안정이 안된다. 그러나 유순하여 다른 기운과 다투기를
　　 좋아하지 않는다. 다만, 구오의 양기를 도와 공을 그것에 돌
　　 린다.

　　　　이것을 임금을 돕는 신하에 비유하면, 자기의 위치가 안정
　　 되지 못하여 임금에게 약간 불만을 가진다. 그러나, 본래 성
　　 질이 유순하여 사람과 다투거나 소송 같은 일을 싫어한다. 남
　　 에게 굽히는 것을 그렇게 부끄럽게 여기지 않고 잘 참는다.
　　 그러므로 옛날부터 받아오던 녹(祿)을 그대로 유지하게 된다.
　　 본래 성질이 유순하여 마음을 곧고 바르게 가지나, 다만 대부
　　 (大夫) 노릇 하는 위치가 안정되지 못하여 위태할 때가 있다.
　　 그러나 임금에게 잘 복종하므로 마침내는 아무 일이 없어서
　　 좋게 된다. 임금을 도와 정치를 하더라도 그 공을 임금에게
　　 돌리니, 자기에게는 아무 성취해 놓는 일이 없게 된다.

九四 이 효를 살펴보면, 음위(陰位)에 있는 초륙의 음기와 서로 응
　　 하여 구오의 양기에 반발하려 한다. 그러나, 음위에 있는 초
　　 륙의 음기는 구사의 양기와 서로 좋아하여 다투려 하지 않는
　　 다. 그러므로, 구사의 양기도 구오의 양기에 적극적으로 반항
　　 할 기세를 포기하게 된다.

　　　　이 구사의 효상으로 아랫사람이 윗사람을 걸어 소송하는
　　 일을 살펴보면, 음모(陰謀)를 잘 꾸미는 소인(小人)들이 힘을
　　 합하여 현명하고 덕있고 힘도 강하고 때도 얻은 임금을 걸어
　　 소송을 하더라도 도저히 승소(勝訴)할 수 없다. 다만, 천명에
　　 맡기고 자기 자신으로 돌아와서 불순한 생각을 버리고 마음
　　 을 곧고 바르게 가지면 도리어 복을 받게 된다.

九五 이 효를 살펴보면, 위(位)와 덕(德)과 때를 다 얻어 주기(主
　　 氣)가 되어 있다. 비록 구이의 양기가 약간 반발을 하더라도

마침내는 이기어 크게 좋게 된다.

　　이 효상으로 소송하는 일을 살펴보면, 현명한 재판관이 강력한 힘으로 공정하게 일을 처리하니 민원(民怨)이 해소되어 국가가 편안할 것이다.

上九 이 상구의 효를 살펴보면, 가장 높은 자리에 있어서 매우 강건한 힘을 가지고 있으면서 조금 진취적인 육삼의 음기와 서로 응하고 있다.

　　이 효상으로 소송하는 일을 살펴보면, 재판장이 소송을 처리하는 데 있어서 그 태도가 겉으로는 매우 강직한 것 같지만 이면에 있어서는 남성적인 한 여성의 말을 듣게 된다. 비록 임금에게 공로상을 받더라도 백성들한테 하룻동안에 세번씩 그것을 빼앗기게 된다.

7. ䷆ (坎下 坤上) 지수사(地水師)

原文｜ 師는 貞.이니 丈人이라도 吉,하고 无咎.하리라

初六 師出以律.이니 否면 臧이라도 凶.하니라

九二 在師하여 中.할새 吉하고 无咎.하니 王三錫命.이로다

六三 師或輿尸.면 凶.하리라

六四 師左次.니 无咎.로다

六五 田有禽,이어든 利執言,하니 无咎.리라 長子帥師.니 弟子輿尸,하면 貞이라도 凶.하리라

上六 大君이 有命.이니 開國承家.에 小人勿用.이니라

☵ ☷ (아래는 감, 위는 곤) **땅과 물은 사다**

군사를 동원하는 명분은 올바라야 한다. 덕이 있는 어른이라야 좋고 허물이 없으리라.

初六 군사는 일정한 규율 밑에서 동원해야 한다. 그렇지 않으면 좋은 일도 나쁘게 된다.

九二 군사를 동원하는 데 있어서 중도를 지키면 좋게 되어 허물이 없어진다. 그러므로, 임금이 세 번씩 명령을 내리시리라.

六三 군사가 시체를 수레에 싣고 돌아올는지도 모른다. 나쁘리라.

六四 군사가 물러와서 병사(兵舍)에서 잠잔다. 허물이 없으리라.

六五 논에 새가 있으니, 말씀을 받들어 잡아도 허물이 없다. 맏아들에게 군사를 거느리게 할 것이다. 작은아들에게 시키면 군사의 시체를 싣고 돌아오게 된다. 마음이 곧고 발라도 나쁘리라.

上六 천자(天子)의 명령이 있다. 제후를 봉하고 경대부(卿大夫) 벼슬을 주는 데, 소인(小人)을 써서는 안된다.

〔주해〕

ｏ師(사)−군사. '병사(兵師)'의 뜻.

ｏ丈人(장인)−어르신네. '장로(長老)'의 뜻. 또는 '존경'의 뜻.

ｏ律(율)−법. 규율·율령(律令)·호령(號令)·절도(節度)의 뜻이 있음.

ｏ否(부)−아니하다. '불(不)'의 뜻. 내씨(來氏)는 '색(塞)'의 뜻이라 하였다.

ｏ臧(장)−착하다. '선(善)'의 뜻. 주자(朱子)는 '부장(否臧)'을 '불선(不善)'의 뜻이라 했다.

ｏ中(중)−구이의 자리를 가리킴. 중도(中道)의 뜻.

ｏ錫(석)−주다. 하사(下賜)의 뜻.

ｏ或(혹)− ……일는지 모른다.

ｏ輿尸(여시)−시체를 수레에 싣다. 정자(程子)는 '중주야(衆主也)'라 했고, 주자는 '위사도요패(謂師徒撓敗) 여시이귀야(輿尸而歸也)'라 했으며, 내씨

는 ‘여자(輿者) 다야(多也) 중인지의(衆人之意) 즉금여론지여(卽今輿論之
興) …… 시자주야(尸者主也) 언위장자(言爲將者) 부주(不主) 이중인주지
야(而衆人主之也)’라 했다.

ㅇ左次(좌차)—물러와 머물다. 주자는 ‘퇴사야(退舍也)’라 했고, 정의(正義)
에는 ‘사재고험지좌(師在高險之左) 이차지즉원흉구야(以次止則元凶咎也)’
라 했으며, 내씨는 ‘사삼숙위차(師三宿爲次) 우위전(右爲前) 좌위후(左爲
後) 건우곤좌(乾右坤左)’라 했다.

ㅇ田(전)—논. 내씨는 ‘지지유수자(地之有水者)’라 했다.

ㅇ執言(집언)—말씀을 받들다. ‘봉사(奉辭)’의 뜻.

ㅇ帥(솔)—거느리다.

ㅇ弟子(제자)—아들의 동생. 즉 작은아들.

해 설

이 괘의 기상을 살펴보면, 구이의 한 양기가 뭇 음기를 통솔하고
있다. 구이는 비록 음기가 있을 자리에 있으나 하괘의 가운데 자리를
차지하고 있어 덕기가 있다. 덕기가 있으므로 뭇 음기들에 반발을 일
으키지 않고 잘 순종한다.

이 괘기(卦氣)를 군사를 거느리고 전쟁에 나아가는 대장(大將)에게
맞추어 보면, 군사를 동원시키는 명분이 바르고 또 덕성이 있어서 여
러 병정들에게 인심을 얻는다. 그러므로, 나아가 싸우면 승전할 것이
니, 무슨 허물이 있겠는가.

初六 이 효를 살펴보면, 구이의 양기와 서로 가까이하여 다른 음기
들의 시기로 자칫하면 법칙을 문란케 할 우려가 있다.

군사를 동원하는 장군에 비유하면, 한 여성을 가까이함으
로써 군율(軍律)이 문란해져 적과 싸워 패전하게 될 것이다.

九二 이 효기(爻氣)를 살펴보면, 음기가 있을 자리에 양기가 있으
므로 제자리를 얻지 못했다. 그러나 하괘(下卦)의 가운데 자
리를 차지하였고, 또 육오의 음기와 서로 응하여 좋아하므로

아무 허물을 범하지 않게 된다.

　이 효기로 군사를 동원시키는 일을 살펴보면, 군사를 동원하는 대장이 여왕의 총애를 받으므로 여러 병졸들이 더욱 복종하고, 또 세 번씩 훈장을 내려주게 된다. 그러므로, 군신(君臣)이 일체가 되고 또 군사들이 다 열복(悅服)하니, 아무 허물이 없게 된다.

六三 이 효를 살펴보면, 하괘 위에 있고 또 양기가 있을 자리에 있다. 그러므로 기덕도 없고, 또 정당한 자리에 있지 못하다. 또, 상륙은 음기이므로 서로 응하지 못한다.

　이것을 출전하는 장군에게 비추어 보면, 신망도 없고 재간도 없어 대장의 자격이 없는 사람이 대장 자리에 있으니, 군사를 몰고 나가도 응해 주는 사람이 없다. 그러므로 이러한 대장이 전장에 나아갔다가는 반드시 패하여 병졸들의 시체를 수레에 싣고 돌아올 것이다. 어찌 흉사(凶事)가 아니겠는가. 이런 것을 '나아가면 응하는 사람이 없고, 돌아오면 지킬 곳이 없다'고 할 것이다.

　예를 들면, 제2차 세계대전 때의 일본의 수상 도죠(東條)의 신세와 같다고 할 것이다.

六四 이 효를 보면, 음기가 있을 자리에 있으니 제자리를 얻었다. 그러나 상괘(上卦)의 아래에 있으므로 덕도 없고, 또 유약하여 도무지 진취성이 없다. 그러나 정당한 자리를 얻어 매우 유순하다.

　이 효기(爻氣)로 출전하는 형편을 비추어 보면, 대장이 진취성이 없으나 덕이 있고, 또 자기가 있을 자리에 있으니 군사를 거느리고 돌아와서 병사(兵舍)에서 묵게 되면 손해는 없을 것이다.

　예를 들면, 위화도(威化島)에서 철수하는 이성계(李成桂)

와 같다.

六五 이 효를 보면, 양기가 있을 자리에 음기가 있다. 그러나, 구이
의 양기와 서로 응하고 있다. 이것으로 전쟁의 형편을 보면,
비록 여왕이지만 지혜가 있고, 힘이 있고 또 충성이 극진한
맏아들로 군사를 거느리게 하면 반드시 승전할 것이다. 비록
금수와 같은 적병이 와서 영토를 침범하더라도 그 맏아들이
여왕인 어머니 말씀을 잘 받들어 실행하면 아무 일도 없다.
이때에 만일 맏아들에게 군사를 거느리게 하지 않고 덕도 없
고 지혜도 없고 힘도 약한 작은아들에게 군사를 거느리어 싸
우게 한다면 반드시 전쟁에 패하여 군사의 시체를 싣고 돌아
올 것이다. 그 작은아들의 마음이 아무리 곧고 발라도 화를
당할 것이다.

上六 이 효를 살펴보면, 비록 상괘의 윗자리에 있으나, 음기가 있을
자리에 있다. 그러나, 육삼의 음기가 서로 응하지 않아 반발
한다.

　　이 효상(爻象)으로 보면, 비록 여왕은 되지 못하였다 해도
여왕의 어머니, 즉 황태후가 되어 새로운 나라를 세우고, 개
국공신들에게 벼슬자리를 맡기는 일에 있어서 많은 도움이
된다. 그러나 소인의 무리들을 조심해야 한다.

8. ☷☵ (坤下 坎上) 수지비(水地比)

原文│ 比는 吉.하니 原筮하되 元永貞,이면 无咎.리라 不寧이어야
方來.니 後면 夫라도 凶.이리라

初六 有孚比之,라야 无咎.리니 有孚盈缶,면 終에 來有他

吉.하리라

六二 比之自內.니 貞하여 吉.하도다

六三 比之匪人.이라

六四 外比之.하니 貞하여 吉.하도다

九五 顯比.니 王用三驅,에 失前禽.하며 邑人不誡.니 吉.하도다

上六 比之无首.니 凶.하니라

☵☷ (아래는 곤, 위는 감) **물과 땅은 비다**

서로 친근하게 지내는 것은 좋은 일이다. 다시 무꾸리하여 크고 길고 곧은 징조이면 허물이 없으리라. 편안치 않아야 비로소 온다. 뒤늦으면 군세더라도 나쁘리라.

初六 성실성 있게 사람과 친근히 지내면 허물이 없으리라. 성실성을 가지되 물이 항아리에 차듯이 하면, 마침내 사람이 와서 다른 좋은 일이 있으리라.

六二 사람과 친근하려면 속마음에서부터 해야 한다. 마음을 곧고 바르게 가지면 좋을 것이다.

六三 사람을 친근히 하려 하나, 자기가 뜻하는 사람이 아니다.

六四 바깥에서 사람과 친근히 하려 한다. 마음을 곧고 바르게 가지면 좋으리라.

九五 친근성을 나타낸다. 임금이 새 사냥할 때에 삼면에서 몰아 가고 일면을 터 놓으시니, 앞으로 날아가는 새를 다 잃어버리신다. 그 나라 서울 사람들도 새를 잡으리라 기대하지 않는다. 좋으리라.

上六 사람들을 친근히 하나 우두머리 노릇을 할 수 없으니 나쁘리라.

주해

○比(비)―사원(辭源)에 의하면 '친야(親也) 보야(輔也) 종야(從也)'라 했다. '상친(相親)' '상보(相輔)' '상종(相從)'의 뜻.

○原筮(원서)―다시 점치다. 다시 무꾸리하다.

○永(영)―항상. '항(恒)'의 뜻.

○不寧(불녕)―임금에게 조회(朝會)하러 오지 않는다. 내씨는 '불황(不遑)'의 뜻이라 했다.

○後(후)―뒤늦다.

○夫(부)―굳세다.

○孚(부)―믿음. 성실.

○缶(부)―항아리. 독. 질그릇.

○匪(비)―아니다. '비(非)'의 뜻.

○三驅(삼구)―삼면으로 몰다. 완전히 포위하지 않고, 일면을 남겨 놓고 몬다는 뜻.

○前禽(전금)―앞으로 날아가는 새.

○邑人(읍인)―서울 사람. 옛날에는 '국도(國都)'를 읍이라 했다.

○誡(계)―기약하다. 경계하다. 정자는 '기약', 내씨는 '경계'의 뜻이라 했다.

○无首(무수)―수령(首領)이 못 된다는 뜻.

해 설

이 괘의 괘상을 살펴보면 구오의 양기가 여러 음기와 같이 친근성을 가지고 있다.

사람에 비유하면, 덕이 있고 때를 만난 임금이 정당한 자리에 앉아서 여러 신민(臣民)과 함께 즐겁게 지내는 것이다. 그러므로 이 때에 있어서 사람들이 서로 친근히 지내고, 서로 도와주고, 서로 따르는 것은 좋은 일이다. 임금은 다시 점치는 사람을 불러서 새로운 점괘를 얻어 백성들의 심정을 잘 살펴본다. 점괘에 크고 길고 곧다는 징조가 나타나면 아무 일도 없다. 조회하러 오지 않던 제후들도 비로소 임금에게 온다. 그러나 뒤늦게 오는 제후는 아무리 힘이 강하더라도 나쁜 일을 당할 것이다.

初六 이 초륙의 효기(爻氣)를 관찰하면, 하괘 아래에 있으므로 양기(陽氣)가 있어야 할 자리에 있다. 그러므로 비록 음기이지만 위로 올라가서 다른 음기들과 함께 구오의 양기와 친근히 하려는 성실성이 있다.

이것을 인사(人事)에 맞추어 보면, 비록 낮은 자리에 있지만 겸손하고 성실성 있는 마음으로 윗사람들과 친근하면 별로 허물이 없다. 그 방법에 있어서 마치 물이 항아리 밑에서 차올라가듯이 차츰 올라가면 윗사람의 마음을 감동시키어 뜻하지 않았던 여러 가지 좋은 일이 생기게 된다.

六二 이 효의 모양을 살펴보면, 구오의 양기와 서로 호응하여 친근히 지내려 한다.

이것을 인사에 비추어 보면, 마땅히 여성이 있을 자리에 있고 덕성이 임금의 아내가 될 만하다. 그러므로 왕비가 되려면 속마음에서 우러나는 성실을 다해야 하고, 또 마음을 곧고 바르게 가져야 좋다.

六三 이 음효는 양기가 있을 자리에 처해 있다. 그리고 자기 위에 있는 육사의 음기는 성질이 음하고 유하여 뜻에 맞지 않고, 육이의 음기는 초륙의 음기와 가까이 지낼 뿐 아니라 구오의 양기와 서로 사랑하는 사이다. 그러므로 친근히 지낼 대상자는 하나도 없다.

이 육삼의 기상으로 인사 관계를 비추어 보면, 한 여성이 친구나 애인을 구해 보려 하나 한 사람도 없다. 다시 말하면 자기가 존경할 사람도 없고, 자기를 사랑해 줄 사람도 없는 고독한 여성이다.

六四 이 효는 음기가 있을 자리에 올바르게 자리 잡고 있다. 그러나, 가운데 자리를 차지하지 못하고 있다. 서로 응할 수 있는 것은 초효이지만, 같은 음기이므로 서로 응할 수 없고, 육삼도 음기이므로 친근히 지낼 수 없다. 다행히 구오의 양기는 높은 자리에서 육이의 음기와 서로 사랑하는 사이지만 하나의 친구로서 서로 친근히 지낼 수는 있다.

　이 점괘를 얻은 여성은 음유부단(陰柔不斷)의 남성을 배우자로 구하는 것보다 현명강직(賢明剛直)한 남성을 친구로서 친근히 지내는 것이 낫다.

九五 이 효는 상괘(上卦)에서 여러 음기 가운데 싸여 있다. 그뿐 아니라, 덕기(德氣)가 있어 모든 음기와 친근성을 가진다. 이 효상(爻象)을 점괘로 나타내면, 높은 자리에 있는 임금은 마음씨가 인자하여 새 사냥을 할 때에도 그물로 사면을 포위하지 않고 한쪽을 터놓아 새가 도망할 자리를 남겨 놓는다. 또 달아나는 새를 쫓아가지 않고 들어오는 놈만 잡으니, 앞으로 달아나는 놈은 다 놓치게 된다. 그러므로 서울에 사는 백성들도 임금이 새 사냥을 하러 갔다가 돌아올 때에 새를 반드시 잡아 오리라고 기대하지 않는다. 이 점괘를 얻은 사람은 반드시 좋을 것이다.

　여기서 왕(王)은 수렵시대의 한 추장(酋長)이요, 현대인이 생각하는 왕과는 그 개념이 멀다. 이것으로 보아, 이미 말한 바 있지만 주역시대는 아직 수렵시대를 완전히 탈피하지 못했다.

上六 이 효를 보면, 비록 최고위(最高位)에 있으나 무력하고, 또 육사와 서로 응하나 같은 음성이므로 아무 도움이 없다. 오직 하나인 구오의 양기와 가까이하려 하나 그것은 육이의 음기와 서로 화합한다.

이 효기로 인사(人事) 관계를 설명하면, 이미 왕위를 아들에게 내놓은 왕과 같다. 그러므로 우두머리 노릇을 할 수는 없는 것이다.

9. ☰☴ (乾下 巽上) 풍천소축(風天小畜)

原文 | 小畜은 亨.하니 密雲不雨.는 自我西郊.로다
初九 復이 自道.이니 何其咎.리요 吉.하니라
九二 牽復.이니 吉.하니라
九三 輿說輻.이며 夫妻反目.이로다
六四 有孚.면 血去하고 惕出.하여 无咎.리라
九五 有孚라 攣如.하며 富以其鄰.이로다
上九 旣雨旣處.는 尙德하여 載하니 婦貞이면 厲.하리라 月幾
望.이니 君子征이면 凶.하리라

☴☰ (아래는 건, 위는 손) **바람과 하늘은 소축이다**

조금 모아 놓으면 통한다. 된구름이 일지만 비가 내리지 않는다. 우리의 서쪽 교외(郊外)에서 시작하리라.

初九 법칙에 따라 돌아온다. 어떻게 허물할 것이냐? 좋으리라.

九二 뜻이 같은 사람을 이끌고 돌아온다. 좋으리라.

九三 수레바퀴 살이 벗겨졌다. 부부가 서로 눈을 흘긴다.

六四 성실성이 있으면 상처가 아물어 가고 위험한 데서 뛰쳐나온

다. 과오가 없으리라.

九五 사람을 성실성 있게 끈다. 그 이웃집과 함께 부유하다.

上九 이미 비가 내리어 땅에 괴어 있다. 덕(德)을 숭상하여 몸에
　　　차 있다. 부인의 마음이 곧고 바르나 위험하리라. 달이 보름
　　　에 가까웠으니, 군자(君子)가 싸움하러 나가면 나쁜 일이 있
　　　으리라.

주해

ㅇ小畜(소축)－조금 모아 놓다. 또는 조금 머물러 놓다.

ㅇ西郊(서교)－서쪽 교외. 바로 문왕(文王)이 있던 곳.

ㅇ復(복)－돌아오다. 회복하다.

ㅇ自(자)－따라서. '유(由)'의 뜻.

ㅇ牽(견)－끌다. '견인(牽引)'의 뜻.

ㅇ說(탈)－벗다. '탈(脫)'의 뜻.

ㅇ輻(복)－수레바퀴 살.

ㅇ血去(혈거)－피가 가시다. 상처가 나아간다는 뜻.

ㅇ惕出(척출)－두려움에서 나오다. 위험을 모면한다는 뜻.

ㅇ攣如(연여)－끄는 듯하다. 정자는 '견련상종야(牽連相從也)'라 했고, 다산
　　　(茶山)은 '연자(攣者) 굉절이곡자야(肱折而曲者也) 굉절지인(肱折之人)
　　　일굉수절(一肱雖折) 일굉상구(一肱相救) 차량굉지소이상지상의야(此兩肱
　　　之所以相持相依也)'라 했다.

ㅇ處(처)－머물다. 괴다. '지(止)'의 뜻.

ㅇ尙(상)－높이다. '숭고(崇高)'의 뜻.

ㅇ載(재)－쌓다. 차다. '적만(積滿)'의 뜻.

ㅇ厲(여)－위태하다. '위려(危厲)'의 뜻.

ㅇ幾(기)－거의. 가깝다.

ㅇ望(망)－보름.

ㅇ征(정)－움직이다.

해 설

이 괘상을 살펴보면, 하늘이 구름을 모으는 현상이다. 그러나, 조금 모았기 때문에 비가 내리지 않는다. 바람과 비는 인사(人事)에 비유하면 전쟁을 뜻한다. 아직 전쟁은 터지지 않았지만 장차 전쟁이 주(周)나라 서울 서쪽 교외에서 시작된다는 것이다. 이것은 주나라 사람이 은(殷)나라 포학한 주왕(紂王)을 정벌하게 된다는 것이다.

初九 이 효의 모양을 살펴보면, 양기가 있을 자리에 제대로 있고 육사의 음기와 서로 응해 있으며, 또 위로 올라가려는 기세가 있다. 그러므로 기운을 땅에 저축하지 못하고 공중으로 다시 돌아가려 한다.

　　이것을 인사(人事)에 비유하면, 문왕(文王)이 군사를 일으켜 동쪽으로 주왕을 치러 나아가려다가 아직 때가 되지 않아 되돌아온다는 뜻이다. 때가 되지 않아 돌아오니 무슨 잘못이 있겠느냐? 도리어 결과가 좋다.

九二 이 양기는 음기의 자리에 있으나, 하괘(下卦)의 가운데 자리를 차지하고 있으므로 기덕(氣德)이 있다. 그러므로 무모하게 전진하려 하지 않고 자기 위치에 돌아와서 머물러 있다. 상괘(上卦)의 구오는 육사의 음기가 잡아끌므로 역시 제자리에 머물러 있다. 여기서 구이와 구오는 뜻을 같이하여 서로 이끌고 제자리로 돌아온다.

　　이 효상(爻象)으로 인사(人事)를 살펴보면, 행군하던 장병들이 전진하는 것이 불리할 줄 알고 후퇴하여 본진(本陣)으로 돌아와서 제자리를 지키고 있으므로 좋게 된다.

九三 이 구삼의 양기가 육사의 음기에 가까이하려 하나 도리어 그것의 견제를 당하고 만다.

　　이 효상으로 점쳐 보면, 남편이 무슨 일을 해보려 하나 아내의 반대로 저지 당한다. 여기서 부부 사이는 마치 바퀴살이 벗겨진 수레와 같아져 서로 눈을 흘기게 된다.

六四 이 육사의 음기가 초구의 양기와 서로 응하여 구삼의 양기가 견제함을 뿌리치고 구오의 양기에 가까이하려 한다.

이것으로 인사 관계를 살피면, 성질이 유순하고 정당한 자리에 있는 한 여성이 한 선한 남자의 응원을 얻어 한 악한 남자의 피어린 견제를 뿌리치고 자기가 존경하는 유덕한 군자에게로 가까이 가니, 공포 속에서 해방되어 마침내는 아무 걱정이 없게 된다.

九五 존귀하고 유덕한 군자가 이웃 사람들과 함께 재화를 나누는 것을 보니 소축괘(小畜卦) 구오 효에 해당한다. 이 구오의 효상을 살펴보니 육사와 친근성이 있고 양기가 있을 자리에 있어서 정당한 자리에 있고, 상괘(上卦) 가운데 자리를 차지하고 있으니 기덕(氣德)이 있어 다른 효기(爻氣)를 다 포용하고 있다.

上九 이 상구의 효상(爻象)을 살펴보면, 가장 높은 자리에 있고 또 음기 자리에 있으며, 하괘(下卦)의 구삼과 서로 응하지 못하고 있다. 하나의 육사는 여러 양기에 포위되어 있다.

이 효상으로 자연현상과 인사 관계를 점쳐 보면, 상구의 기운이 이미 위로 올라갈 대로 다 올라갔으니 비가 내릴 징조요, 전쟁이 이미 터진 징조다. 또 전쟁을 지휘하는 임금은 덕이 몸에 너무 차서 넘쳐흐른다. 덕이 넘치면 좋지 못하다. 임금이 싸우러 나가면, 궁중에 있는 왕비와 공주는 정조 관념이 비록 강하나 소인들 농락 때문에 몸이 위험하다. 달은 이미 보름에 가까워 환히 비치니, 전쟁하러 나갈 때가 아니다. 적병에게 발견되기 쉽다. 그러므로 현명한 군자는 이때에 전쟁하러 나가지 않는다. 나가면 반드시 전쟁에 패한다.

10. ☱☰ (兌下 乾上) 천택리(天澤履)

原文| 履虎尾,라도 不咥人.이라 亨.하니라

初九 素履.로 往하면 无咎.리라

九二 履道坦坦.하니 幽人이라야 貞하고 吉.하리라

六三 眇能視,며 跛能履.라 履虎尾하여 咥人.이니 凶.하고 武
人이 爲于大君.이로다

九四 履虎尾.니 愬愬이면 終吉.이리라

九五 夬履.니 貞이라도 厲.하리라

上九 視履하여 考祥.하되 其旋이면 元吉.이리라

☰☱ (아래는 태, 위는 건) **하늘과 못이 이다**

범의 꼬리를 밟아도 사람을 물지 않는다. 모든 일이 다 통하리라.

初九 신을 신고 가면 잘못된 일이 없으리라.

九二 평탄한 길을 밟고 간다. 고독한 사람이여, 마음을 곧고 바르게 가지면 좋은 일이 있으리라.

六三 애꾸눈도 물건을 볼 수 있고, 절뚝발이도 땅을 딛을 수 있다한다. 그러나, 산 범의 꼬리를 밟는 격이니, 사람을 물리라. 나쁘리라. 무인(武人)으로서 제왕이 되려는 것과 같다.

九四 죽은 범의 꼬리를 밟더라도 두려워하는 모습을 가지면 마침내 좋으리라.

九五. 결단코 이행(履行)하고 만다. 마음을 곧고 바르게 가져도 위태하리라.

上九. 이행한 것을 보아 길상(吉祥)과 흉상(凶祥)을 고찰해 본다. 그것이 주밀(周密)하면 크게 좋으리라.

주해

○履(이)―밟다. 정자는 ‘인소리지도야(人所履之道也)’라 했고, 다산(茶山)은 ‘이유이용(履有二用) 일왈천리지공(一曰踐履之功) 이왈림리지계(二曰臨履之戒)……’라 했다.

○咥(질)―씹다. 물다. ‘설(囓)’의 뜻.

○素履(소리)―‘소(素)’는 중용(中庸)에 보이는 ‘소위이행(素位而行)’의 소(素)와 같으니, ‘즉(卽)’의 뜻과 같다. 그러므로 소리(素履)는 이도(履道)에 즉(卽)한다는 뜻이다. 즉 ‘신을 신는다’의 뜻이다.

○往(왕)―가다. ‘진(進)’의 뜻.

○履道(이도)―길을 밟다, 또는 밟는 길. 언해(諺解)에는 ‘이(履)하는 도(道)’라 했다.

○坦坦(탄탄)―매우 넓다. 평탄하다.

○幽人(유인)―고독한 사람. 내씨(來氏)는 ‘유독지인(幽獨之人)’이라 했고, 정자는 ‘유정안염지인야(幽靜安恬之人也)’라 했으며, 다산은 ‘유은지인야(幽隱之人也)’라 했다.

○眇(묘)―애꾸눈. 사원(辭源)에 의하면 ‘일목소야(一目小也) 편맹야(偏盲也)’라 했고, 다산은 ‘허신설문(許愼說文) 일목왈묘(一目曰眇)’라 했다.

○跛(파)―절뚝발이. 다산은 ‘일족폐왈파(一足廢曰跛)’라 했다.

○大君(대군)―제왕.

○虎(호)―이것은 죽은 범이다. 다산은 ‘태호기도(兌虎旣到) 상기미야(上其尾也)’라 했다. 범이 거꾸러졌다는 것은 죽은 범을 가리키는 것이다.

○愬愬(색색)―두려워하다. ‘외구(畏懼)’의 모습.

○夬(쾌)―결단하다. 결정하다. ‘결(決)’의 뜻.

○考祥(고상)―길상(吉祥)과 흉상(凶祥)을 고찰해 보다.

○旋(선)―‘주밀(周密)’ ‘용의주도(用意周到)’의 뜻. 정자는 ‘고선완비무부지

야(固旋完備無不至也)’라 했다.

해 설

이 괘의 배후에 은폐되어 있는 기(氣)의 움직임을 관찰해 보면, 양기가 다섯이요 음기가 하나다. 성질이 유순한 하나의 음기가 순양(純陽)인 세 개의 양기의 뒤를 밟고 있다. 그러나 세 개의 양기는 하나의 음기가 그 뒤를 밟고 있어도 아무 반발을 하지 않는다. 왜냐하면, 상구의 양기가 육삼의 음기와 서로 호응하는 관계에 있기 때문이다.

이 괘상(卦象)으로 사물을 풀이하면, 사람이 죽은 범의 꼬리를 밟으니 물지 않는 것이요, 다산(茶山)의 말을 빌면, 사람이 머리로 하늘을 이고〔戴天〕, 발로 대지를 밟고〔履地〕 공을 세우는 것이다. 그러므로 모든 일이 다 잘 되어 갈 것이다.

初九 이 효는 하괘(下卦) 아래에 있고 또 양기가 있을 자리에 제대로 있다. 그러므로, 앞으로 전진할 기상이 있다. 비록 구사의 양기와 서로 응하지 못하나, 길을 밟는 법칙에 따라 가면 끝까지 올라갈 수 있다.

이것을 인사에 실현하면, 사람이 먼 길을 출발할 때에 맨발로 가지 말고 신을 신고 바른 길을 따라가면 어디든지 갈 수 있다.

九二 이 효상(爻象)을 살펴보면, 음기가 있을 자리에 양기가 있으므로 자연히 위치에 따라 성질이 유(柔)해진다. 그러나, 하괘(下卦) 가운데 자리를 차지하고 있으므로 덕기가 있다. 그러면서도 전진할 생각은 포기하지 않으므로 앞길은 널리 열려 있다. 초구의 양기와 가까이할 수 있으나 다 같은 양기이므로 친근히 지낼 수 없고, 또 구오의 양기와 서로 응할 수 있는 자리에 있으나 역시 다 같은 양기이므로 서로 응할 수 없다. 그러므로 같이할 기운이 하나도 없다.

이 효상으로 사람에게 비유하면, 이 사람은 고독한 군자(君子)다. 사람으로서 누구나 다 마땅히 걸어가야 할 평탄한 길을 걸어가지만, 함께 걸어갈 사람은 한 사람도 없다. 왜냐하면, 세상 사람은 다 좁고 위험한 길을 걸어가기 때문이다. 고독한 사람이여, 걱정 마라. 내일의 세계를 지향하여 마음을 곧고 바르게 가지고 걸어가노라면 좋은 일이 생기리라.

六三 이 효상을 살펴보면, 하나의 음기로서 양기의 자리에 있으니, 유약(柔弱)하면서 진취성만을 가진다. 그러므로, 최고위(最高位)에 있는 상구의 양기와 호응하여 구오의 높은 자리를 빼앗으려 한다.

이 효상으로 어떤 사람의 하는 일을 점쳐 보면, 마치 눈 하나 없는 애꾸눈이 모든 물건을 다 볼 수 있다 하고, 또 다리 하나 없는 절뚝발이가 넓은 땅을 다 밟을 수 있다 하는 것과 같다. 또 힘도 없으면서 허세를 부리며 산 범의 꼬리를 밟는 사람과 같고, 음흉한 무인(武人)이 한 권력자와 결탁하여 자기가 제왕의 자리에 올라 앉으려는 것과 같다.

九四 이 효상을 살펴보면, 음기가 있어야 할 자리에 양기가 있으면서 건원(乾元)의 강대(剛大)한 양기의 뒤를 밟고 있다. 그러나, 이 양기는 이미 태괘(兌卦)의 기운을 만나 좌절된 양기다.

이 효상으로 죽은 범의 꼬리를 밟고 있는 사람의 태도를 볼 때에, 그 사람이 비록 죽은 범의 꼬리를 밟고 있더라도 산 범의 꼬리를 밟고 있을 때와 마찬가지로 두려워하는 모습을 가지면 마침내 좋을 것이요, 만일 그것을 업신여기는 태도를 가진다면 후일에 반드시 범의 코를 다칠 때가 있어 큰 화를 입을 것이다.

九五 이 효상을 살펴보면, 양기가 있을 자리에 있을 뿐 아니라, 또 가운데 자리를 차지하였으니 기덕(氣德)이 있다. 그러나, 마

땅히 응하여야 할 구이가 양기이므로 보조자가 없다.

이 효상으로 인사(人事)를 판단하면, 최고위에 있는 위정자가 비록 현명하고 때도 만났지만, 너무 강직하여 남의 말을 듣지 않고 독단적으로 일을 처리하므로 자기 혼자 아무리 마음이 곧고 바르더라도 마침내는 위태하게 된다.

上九 이 효상을 살펴보면, 너무 높은 자리에 있다. 그러나 다행히 육삼의 음기와 서로 응하여 조화가 된다. 그러므로, 두루 운행하여 크게 통하지 않음이 없다.

이 효상을 인사(人事)에 비추어 보면, 사람이 과거에서 지금까지 자기가 판단하여 실행한 행동을 용의주도하게 반성해 보아 좋은 일은 취하고 나쁜 일은 내버리면 크게 좋은 일이 있을 것이다.

11. ☰☷ (乾下 坤上) 지천태(地天泰)

|原文| 泰,는 小往大來.하니 吉하여 亨.하니라

初九 拔茅茹.라 以其彙.로 征이니 吉.하니라

九二 包荒,하며 用馮河,하며 不遐遺,하며 朋亡,하면 得尙于
中行.하리라

九三 无平不陂,며 无往不復.이니 艱貞이면 无咎.하여 勿恤
이라도 其孚.라 于食에 有福.하리라

六四 翩翩.히 不富以其鄰.하여 不戒以孚.로다

六五 帝乙歸妹.니 以祉며 元吉.이리라

上六 城復于隍.이라 勿用師.요 自邑告命.이니 貞이라도 吝.
　　 하니라

≡≡ ≡≡ (아래는 건, 위는 곤) **땅과 하늘은 태다**

통한다는 것은 음(陰)이 물러가고 양(陽)이 들어오는 것이다. 길하여 형통할 것이다.

初九 잔디뿌리를 뽑으니 서로 엉켜 있다. 동류(同類)들과 정벌하러 가면 좋으리라.

九二 여러 오랑캐 족속을 포섭해서 맨몸으로 황하를 건너간다. 먼 데 남아 있는 사람까지 버리지 않고, 친구를 잃어버리는 일이 있으면 중용(中庸)의 덕행을 숭상함으로 그를 얻는다.

九三 평탄한 것으로 기울어지지 않는 것이 없고, 가는 것으로 돌아오지 않는 것이 없다. 사람이 어려운 가운데서도 마음을 곧고 바르게 가지면 허물됨이 없으리라. 근심하지 않아도 정성이 있으면 식복(食福)이 있으리라.

六四 새가 펄펄 날아 내려오는 모습이다. 자기가 부유하다 생각지 않고 이웃집과 함께 어울린다. 서로 경계하지 않고 진실된 마음으로 가르침을 받는다.

六五 제을(帝乙) 임금이 누이를 시집 보낸다. 행복하게 되니 크게 좋으리라.

上六 성(城)이 무너져 다시 웅덩이가 된다. 군사를 쓰지 말 것이다. 서울에서 명령을 내린다. 말씀이 올바르더라도 부끄러움이 되리라.

주해

ㅇ泰(태)－크다. 통하다. 편안하다.

ㅇ小(소)－음(陰).

○大(대)-양(陽).

○茅茹(모여)-잔디뿌리.

○彙(휘)-모이다. 연결되다. 또는 '동류(同類)'의 뜻.

○包荒(포황)-황예(荒穢)를 포함하다. 다산은 '황예'를 '동이(東夷)' '서융(西戎)' '남만(南蠻)' '북적(北狄)'으로 보았다.

○馮河(빙하)-맨몸으로 황하(黃河)를 건너다.

○遐(하)-멀다.

○遺(유)-버리다. '유기(遺棄)'의 뜻.

○亡(무)-없다. 무(無)의 뜻.

○尙(상)-배합, 또는 숭상의 뜻. 왕인지(王引之)는 '조(助)'의 뜻으로 보았다.

○陂(피)-기울어지다. '경(傾)'의 뜻.

○復(복)-돌아오다.

○恤(휼)-생각하다. 근심하다.

○翩翩(편편)-펄펄 나는 모양.

○帝乙(제을)-임금 이름. 정자는 '제을자(帝乙者) 미지수시(未知誰是) 이효의관지(以爻意觀之) 제을제왕희하가지례법자(帝乙制王姬下嫁之禮法者)'라 했고, 다산은 '진위제을(震爲帝乙) 제출호진(帝出乎震) 우진위을방(又震爲乙方)'이라 하였다.

○歸(귀)-시집가다.

○祉(지)-복. 복지(福祉).

○隍(황)-못. 웅덩이. 자하전(子夏傳)에 '황시성하지야(隍是城下池也)'라 했다.

○自邑告命(자읍고명)-읍에서 명(命)을 고하다.

○吝(인)-뉘우치다. 부끄럽다. 원망하다.

이 괘상을 살펴보면, 건원(乾元)의 양기가 아래로 내려와서 안에 머물러 있고, 곤원(坤元)의 음기가 위로 올라가서 밖에 머물러 있다. 그러므로 천지음양의 두 기운이 화합하여 만물이 생성한다. 그러므로 통[泰]한다 한다.

初九 이 효상을 살펴보면, 양기가 있을 자리에서 육사의 음기와 서로 응하면서 자기의 동류 구이, 구삼의 양기와 함께 상승한다.

　이 효상(爻象)으로 한 사물의 현상을 살펴보니, 그 관계가 마치 잔디를 뽑으면 그 뿌리가 다 함께 연결되어 있는 것과 같고, 군사를 거느리고 다른 나라를 정벌하러 가는 사람을 점쳐 보니 그 군사들의 마음이 마치 잔디 뿌리와 같이 튼튼히 연결되어 있어 전쟁하러 나아가도 아무 장애 없이 다 좋다.

九二 이 효상을 살펴보면, 음기가 있을 자리에 양기가 있지만, 가운데 자리를 차지하고 있으면서 육오의 음기와 서로 응하여 자기와 가까이 지내는 구삼의 양기와 자기를 따르는 초구의 양기를 데리고 그 때를 얻은 육오의 음기에로 돌아간다.

　이 효상으로 효사(爻辭)를 풀어보면, 성질이 온순하면서도 기운이 강하고, 또 중용의 덕이 있는 한 군자가 자기의 친구나 먼 데 있는 사람은 물론이요, 난잡한 오랑캐 족속까지 다 포섭하여 위험한 황하(黃河)를 배나 떼[筏]도 없이 맨몸으로 건너가서 공명정대한 임금에게로 귀화한다.

九三 이 효상을 살펴보면, 상륙의 음기와 서로 응하고 육사의 음기와 가까이 지낸다. 또 양기가 있을 자리에 제대로 있고 하괘의 윗자리에 있다.

　이 효상으로 사물의 현상을 살펴보면, 하괘 건(乾)은 하늘이요 양(陽)이며, 상괘 곤(坤)은 땅이요 음(陰)이다. 이 구삼 효의 양기는 상륙의 음기와 서로 응하여 화합함으로써 변화하는 상(象)이다. 그러므로 변화하지 않을 수 없다. 다시 말하면, 평탄한 물건치고서 기울어지지 않는 물건이 없고, 한 번 앞으로 나아가는 물건치고서 되돌아오지 않는 물건이 없다. 이렇게 변화하는 데 있어서 예를 들면, A가 A 아닌 것으

로 변하는 데는 무한한 괴로움이 있고 어려움이 있다. 그러
나, 이러한 괴로움과 어려움 가운데서도 사람은 항상 마음을
곧고 바르게 가지면 잘못되는 일이 없다. 그렇게 걱정할 것도
없고, 다만 진실한 태도를 가져야 한다. 그러면 모든 문제가
자연히 해결된다.

六四 이 음기를 살펴보면, 음기가 있을 자리에 있으면서 아래로 초
구와 서로 응한다.

　이 효상(爻象)으로 사물의 현상과 인간관계를 살펴보면, 마
치 공중의 새가 펄펄 날아 내려오는 것과 같고, 왕비와 가까
이 있는 공주가 서민층에 있는 현명하고 기운이 강한 사나이
와 좋아하면서 자기의 부유하고 호화로운 생활을 잊어버리고
하층 이웃들과도 함께 어울린다. 그뿐 아니라, 서로 계급이
다르다고 경계하지 않고 도리어 자기를 굽히어 현명한 사람
에게 가르침을 받는다.

六五 이 효상을 살펴보면, 육오의 음기가 가운데 자리를 차지하고
있으니 기덕(氣德)이 있고, 또 구이의 양기와 서로 화합하고
있다.

　이 효상으로 인륜(人倫) 관계를 점쳐 보면, 임금이 자기의
누이동생을 현명한 신하에게 시집 보내는 상(象)이다.

上六 이 효상을 살펴보면, 구삼의 양기와 서로 응하고 있다. 그러
나, 너무 약하고 너무 높은 자리에 있으므로 강한 구삼의 양
기가 아무리 붙잡으려 하여도 비괘(否卦)로 넘어가지 않을
수 없다.

　이 효상으로 사물을 점쳐 보면, 그것은 마치 성이 무너져
본래의 웅덩이로 되돌아가는 것과 같다. 또 국운(國運)을 점
쳐 보면, 임금과 신하와 백성의 의사가 서로 통하지 않으므로
군사의 힘으로 진압시킬 수도 없고, 서울에 있는 임금의 명령

이 아무리 바른 말이라 하여도 그것이 백성에게 시행되지 않으므로 도리어 수치스러운 일만 될 것이다. 그리하여 마침내는 다음 비괘(否卦)의 시대로 넘어가게 된다.

12. ☷☰ (坤下 乾上) 천지비(天地否)

原文 | 否之匪人.이니 不利君子貞.하니 大往小來.하니라

初六 拔茅茹.라 以其彙.로 貞이니 吉하여 亨.하니라

六二 包承.이니 小人은 吉,하고 大人은 否,니 亨.이라

六三 包羞.로다

九四 有命이면 无咎.하여 疇, 離祉.리라

九五 休否.라 大人은 吉.이니 其亡其亡.이라야 繫于苞桑.이리라

上九 傾否.니 先否하고 後喜.로다

☰☷ (아래는 곤, 위는 건) **하늘과 땅은 비다**

통하지 않고 막힌다는 것은 사람의 길이 아니다. 그러므로 군자의 바른 도〔正道〕에 이롭지 못하다. 양기(陽氣)는 이미 쇠퇴하여 물러가고, 음기(陰氣)는 어느덧 성장하여 온다.

初六 잔디의 뿌리를 뽑는다. 그 뿌리가 한데 엉키어 있다. 마음을 곧고 바르게 가지면 좋아져 통할 것이다.

六二 이웃사람에게 포섭되어 그 뜻을 이어받는다. 그러므로, 소인(小人)들은 좋게 되고 대인(大人)들은 나쁘게 되지만 통하게

되리라.

六三 포섭됨은 부끄러운 일이다.

九四 임금의 명령이 내리시니, 허물됨이 없으리라. 친구들이 행복한 것을 떠나지 않으리라.

九五 운이 막혀 가는 때를 휴전(休轉)시킨다. 대인(大人)은 좋으리라. '망할 것이다, 망할 것이다'하여 무더기로 난 뽕나무에 잡아 맨다.

上九 운이 막혀 있는 때를 기울인다. 처음은 나쁘고 나중은 좋으리라.

주해

○否(비)−막히다. 나쁘다. 주자는 '폐색야(閉塞也)'라 했고, 다산은 '차비지불변자야(此否之不變者也)'라 했으며, 서세대(徐世大)는 '태위순운(泰爲順運) 비위역운(否爲逆運)'이라 하였다.

○匪人(비인)−정자(程子)는 '비인도야(非人道也 : 인도가 아니다)'라 했고, 다산은 '소인야(小人也)'라 했다.

○大(대)·小(소)−대는 양(陽), 소는 음(陰).

○包承(포승)−포섭하여 이어받다.

○羞(수)−부끄러움. 수치의 뜻.

○疇(주)−짝. 친구. '동류(同類)'의 뜻.

○離(이)−붙다. 만나다.

○休(휴)−쉬다. 또는 '종지(終止)'의 뜻.

○苞桑(포상)−무더기로 난 뽕나무.

해 설

이 비괘(否卦)의 괘상(卦象)을 살펴보면, 천도(天道)에 있어서는 천지의 운수가 막혀 있고, 인도(人道)에 있어서는 사람으로서 마땅히 걸어가야 할 길이 막혀 있다. 그러므로, 이런 것은 군자가 지켜야 할 정도(正道)가 못된다. 어떻든 천지에 있어서는 양기가 물러가고 음기가 들어오는 때요, 인간사회에 있어서는 군자는 물러가고 소인은 성해 온다. 따라서 적극적이요 약동적이요 진취적인 기상은 쇠퇴해 가고, 소극적이요 위축적(萎縮的)이요 침체적인 분위기만 떠도는 때다.

初六 이 음효는 상구의 양기와 서로 응하고 있다. 자기 이웃에 있는 육이와 육삼의 음기와 함께 위로 올라간다.

이 효상으로 인간 관계를 점쳐 보면, 한 음흉한 소인이 윗자리에 있는 사람에게 등용되면 그 소인은 갑자기 태도를 고치고 마음을 바로잡아 자기와 가까이 지내던 친구들을 데리고 함께 간다. 그러므로 그들이 마음만 곧고 바르게 가지면 앞으로 좋아질 것이요, 모든 일이 다 잘 될 것이다.

六二 이 음효는 구오의 양기와 서로 응하고 있다. 이 효상으로 인사(人事)를 점쳐 보면, 소인들은 임금의 비위를 맞추어 등용되지만, 대인군자(大人君子)들은 물러나와 도를 지키고 있다. 그러므로, 큰 화는 모면하게 된다.

六三 이 음효는 상구의 양기와 서로 응한다. 그러나 상구는 양기의 있을 자리가 아니요, 또 매우 높은 자리에 있으므로 기덕(氣德)도 없다. 또 육삼도 음기의 있을 자리가 아니요, 역시 윗자리에 있으므로 기덕이 없다.

이 효상으로 남녀 관계를 점쳐 보면, 다만 권력만 있고 덕이 없는 한 사나이가 한 음탕한 여자와 서로 좋아 결합한 것이다. 이 어찌 부끄러운 일이 아니겠는가?

九四 이 양효는 구오에 가까이 있으면서 초륙의 음기와 서로 기운이 응하고 있다. 따라서 그것에 가까이 있는 육이와 육삼의 음기에까지 기운이 통하게 된다.

이 효상으로 인사(人事) 관계를 점쳐 보면, 임금 곁에 있는 대신(大臣)이 임금의 명령을 받아 밑에 있는 사람과 그의 친구들을 등용한다. 그러므로 그들도 행복하게 된다.

九五 이 양효는 육이의 음기와 서로 응하고 있다. 구오의 양기는 가운데 자리를 차지하고 있으므로 기덕(氣德)이 있고 또 강하다. 또 육이의 음기도 가운데 자리를 차지하고 있으므로 역시 기덕이 있고 유순하여 구오의 양기와 잘 호응한다. 그러므로 막혀 있는 다른 기운들을 터놓을 수 있다.

이 구오의 효상으로 인사 관계를 점쳐 보면, 오늘이나 내일이나 망할 세상을 뿌리가 깊고 튼튼하게 무더기로 난 뽕나무와 같은 대인의 후한 덕과 강한 힘에 붙잡아 매었다가, 나쁜 운이 다한 뒤에 좋은 시대로 이끌어 나아갈 수 있다.

上九 이 양효는 육삼의 음기와 서로 응하고 있다. 그러나 상구는 매우 높은 자리에 있을 뿐 아니라, 음기의 자리에 있으니 정당치 못한 자리다. 또 육삼의 음기도 높은 자리에 있을 뿐 아니라, 양기가 있을 자리에 있으니 역시 정당치 못한 자리에 있다. 그러므로 그 두 기운이 아무리 서로 응한다 해도 쇠진하지 않을 수 없다.

이 효상으로 사회현상을 점쳐보면, 고난의 시대는 다 가고 안락의 시대가 장차 오게 된다. 그러므로 처음은 나쁘고 나중은 좋다 한다.

이 괘효의 말 가운데서 잔디, 뽕나무 같은 글자가 나온 것으로 보아, 농경 초기에 들어간 것을 알 수 있다.

13. ☰☲ (離下 乾上) 천화동인(天火同人)

原文| 同人于野.면 亨.하리니 利涉大川.이며 利君子의 貞.이라

初九 同人于門.이니 无咎.리라

六二 同人于宗.이니 吝.하도다

九三 伏戎于莽,하고 升其高陵하여 三歲不興.이로다

九四 乘其墉,하되 弗克攻.이니 吉.하니라

九五 同人,이 先號咷, 而後笑.니 大師克이라야 相遇.로다

上九 同人于郊.니 无悔.니라

☰☲ (아래는 이, 위는 건) **하늘과 불은 동인이다**

사람들을 들에 집합시킨다. 모든 일이 잘 되리라. 큰 냇물을 건너는 것이 이롭다. 군자 같은 곧은 마음이 이롭다.

初九 사람을 문밖에서 만나 본다. 허물이 없으리라.

六二 사람과 함께 종주(宗主)에게 만나 뵈니 부끄럽다.

九三 군사를 풀밭에 매복시키고 높은 언덕에 올라가서 본다. 그러나 3년이나 되어도 일으키지 못한다.

九四 도둑이 그 남의 집 담을 타고 있으면서도 쳐들어가지 못하니, 좋으리라.

九五 함께하는 사람들이 처음에는 울다가 나중에는 웃는다. 큰 군사로 이겨야 서로 만나게 되리라.

上九 사람을 교외에서 만났으나 뉘우침이 없으리라.

주해

o同人(동인)―사람들과 함께하다. 사람들을 집합하다. 정자(程子)는 '여인동력(與人同力)'이라 했고, 다산(茶山)은 '동자(同者) 회야(會也) 견야(見也)', 서세대(徐世大)는 '구해여인동(舊解與人同) 금석위합군(今釋爲合群)'이라 했다.

o宗(종)―정자는 '종위종당야(宗謂宗黨也)'라 했고, 왕필(王弼)은 '종주야

(宗主也)’, 내씨(來氏)는 ‘범리변건이응호양자(凡離變乾而應乎陽者) 개위지종(皆謂之宗)’, 다산은 ‘건즉위부(乾則謂父) 부당종야(不黨宗也) 종족상취상견(宗族相聚相見)’이라 했다.

○伏戎(복융) – 군사를 매복시키다.

○莽(망) – 풀밭.

○興(흥) – 일으키다. ‘발(發)’의 뜻.

○墉(용) – 담. ‘원(垣)’의 뜻.

○號咷(호도) – 울부짖다. ‘호곡(號哭)’의 뜻.

해 설

이 동인괘의 괘상을 살펴보면, 구오의 양기는 정당한 위치에서 건괘의 주효(主爻)가 되어 있고, 육이의 음기도 정당한 위치에서 이괘(離卦)의 주효가 되어 있다. 그리하여 위와 아래가 서로 호응하는 관계에 있다.

이 괘상으로 인사를 점쳐보면, 덕도 있고 기운도 세고 때도 타고난 한 현명한 사람이, 위로 하늘의 뜻을 받아 우매한 군중들을 넓은 들판에 집합시켜 놓고 교화하는 상이다. 모든 일이 마음먹은 대로 순조롭게 잘 통한다. 어려운 일 가운데 가장 어려운 일은 배도 뗏목도 없이 큰 물을 건너가는 일이다. 그러나 이 때에 있어서는 그런 냇물을 건너가도 아무 일 없이 건너갈 것이다. 다만 군자와 같이 마음을 곧고 바르게 가지면 이롭지 않은 일은 하나도 없을 것이다.

初九 이 양효의 효상을 살펴보면, 안에 있다가 밖으로 나가 육이의 음기와 가까이하려는 기세가 있다.

이 효상으로 인사를 점쳐보면, 문밖으로 나가 손님을 접대해도 괜찮다.

六二 이 음효를 살펴보면, 육이의 음기가 구삼의 양기와 함께 구오의 양기에 서로 응하고 있다.

이 효상으로 인사 관계를 점쳐보면, 미천한 여성이 시종을 데리고 존귀한 족장(族長)을 만나보는 상이다. 그러므로 부끄러워한다.

이것으로 보아, 주역시대는 씨족(氏族)시대가 이미 형성되고 있는 것을 알 수 있다.

九三 이 양효의 효상을 살펴보면, 서로 응할 만한 음기는 없고, 다만 곁에 육이의 음기가 있을 뿐이다. 그것은 구오와 서로 응하고 있다.

이 효상으로 삼각의 연애 관계를 점쳐보면, 힘만 있고 의젓하지 못한 한 사나이에게 자기를 따르는 여성은 한 사람도 없고, 다만 자기 이웃집에 성질이 유순하고 덕성이 있는 한 여성이 있을 뿐이다. 이 여성을 탐내고 있으나 현명하고 인격도 있고 자기 못지않게 힘이 센 어떤 사나이와 이미 약혼을 하고 있는 사이다. 그리하여 자기 혼자의 힘으로는 어찌할 수 없어 깡패를 숲속에 숨겨 놓고, 자기는 높은 언덕에 올라가서 자기가 사모하는 여성을 감시하고 있다. 그러나 3년이란 세월이 흘러도 착수하지 못하고 있는 형상이다.

九四 이 양효를 살펴보면, 음기가 있을 자리에 양효가 있으므로 자리가 안정치 못하다. 또 초구와 서로 응하고 있으나 다 같은 양기이므로 서로 응할 수 없어 할 수 없이 그 위에 편승하여 육이의 음기와 가까이하려 하나 구오의 양기가 뒤에서 누르고 있다.

이 효상으로 남녀 관계를 점쳐보면, 무도한 악한이 남의 집 담을 타고 올라가 그 집 처녀를 빼앗아오려 하나 군자가 뒤에서 감시하고 있으므로 들어가지 못한다. 그러므로 화를 면하여 좋게 된다.

九五 이 양효를 살펴보면, 육이의 음기와 서로 응하고 있으나 구삼과 구사의 양기가 가로막고 있다. 그러나 결국은 그것들의 세

력을 물리치고 만나게 된다.

이 효상으로 남녀 관계를 점쳐보면, 현명한 군자와 정숙한 숙녀가 서로 의기가 통하여 장차 결합하려 한다. 그러나 힘이 강한 두 사나이가 가로막고 방해한다. 그러므로 대중을 거느리고 가서 그 두 사나이와 싸워서 이긴 다음에야 서로 만나게 된다. 그리하여 처음에는 자기 애인을 남에게 빼앗길까 울고, 애인을 얻은 뒤에는 기뻐서 웃는다.

上九 이 양효의 효상을 살펴보면, 자기와 서로 좋아할 음기는 하나도 없다. 부질없이 구오의 양기와 좋아하는 육이의 음기에 뜻을 두었으나 목적을 이루지 못했다.

이 효상으로 남녀 관계를 점쳐보면, 지위는 매우 높은 자리에 있으나 실력이 없는 한 사나이가 과거에 좋아하던 한 여성을 마을 교외에서 만났다. 그러나 그 여성은 이미 남의 아내요, 아들딸을 둔 어머니다. 사나이는 쓴 입맛만 다실 뿐 후회는 하지 않았다.

주역시대는 모권(母權)시대와 부권(父權)시대가 서로 교체되던 때라, 여성 쟁탈전이 상당히 심했던 것을 알 수 있다. 이 동인괘 초효의 문(門)은 가문이요, 육이의 종(宗)은 종족이요, 구삼의 융(戎)은 군사요, 구사의 용(墉)은 담이요, 구오의 대사(大師)는 대중이요, 상구의 교외는 마을 변두리를 말하는 것이다. 우리는 여기서 어렴풋하나마 당시의 씨족사회 모습을 엿볼 수 있다.

14. ☰☲ (乾下 離上) 화천대유(火天大有)

原文│ 大有는 元亨하니라

初九 无交害.니 匪咎.나 艱則无咎.리라

九二 大車以載.니 有攸往.하여 无咎.리라

九三 公用亨于天子.니 小人은 弗克.이니라

九四 匪其彭.이면 无咎.니라

六五 厥孚交如.니 威如.면 吉.하리라

上九 自天祐之.라 吉, 无不利.로다

☲☰ (아래는 건, 위는 이) **불과 하늘은 대유다**

양기가 존재해 있다. 크게 통하리라.

初九 손해보는 일에 휩쓸리지 않는다. 허물이 있는 것이 아니다. 어려워도 마음을 곧고 바르게 가지면 허물이 없으리라.

九二 갈 곳이 있어 큰 수레로 짐을 싣는다. 아무 잘못이 없으리라.

九三 제후가 천자께 조공을 드리니, 소인이 싸워 이기지 못하리라.

九四 뽐내지 않으면 허물이 없으리라.

六五 싸움터에서 잡혀온 포로가 이쪽 사람들과 사귀어 보려는 듯하다. 위엄을 보여주면 좋으리라.

上九 하늘에서 그를 도와준다. 좋아서 이롭지 않음이 없으리라.

주해

o 大有(대유)—크게 소유하다. 양기가 보존되다. 또는 '풍년'의 뜻. 주자(朱子)는 '소유지대야(所有之大也)'라 했고, 다산은 '대자(大者) 양야(陽也) 유자불망야(有者不亡也) 유존야(有存也)', 서세대(徐世大)는 '풍년(豊年) 역지농업(亦指農業)'이라 했다.

o 艱(간)—'정(貞)'의 뜻. 학포(學圃)는 '간즉당작간정(艱則當作艱貞)'이라 했다.

ㅇ大車(대거)―큰 수레.

ㅇ攸往(유왕)―갈 바. 갈 곳.

ㅇ公(공)―공후(公侯).

ㅇ亨(형)―정자(程子)는 '형통(亨通)'의 뜻으로 보았고, 주자는 '향헌(享獻)'의 뜻으로, 다산은 '향(饗)'의 뜻으로 보았다.

ㅇ彭(팽)―정자는 '성다지모(盛多之貌)'라 했고, 주자는 '팽자(彭字) 음의미상(音義未詳)', 내씨(來氏)는 '팽음방(彭音旁) 팽고성(彭鼓聲) 우성야(又盛也) 언성세지성야(言聲勢之盛也)', 다산은 '팽(彭) 행야(行也) 도야(道也)', 청(淸)나라 만주진(萬澍辰)은 '팽(彭) 성야(盛也) 우씨작왕(虞氏作尫)'이라 했다.

ㅇ厥(궐)―그. '기(其)'의 뜻.

ㅇ孚(부)―정자와 주자는 '신(信)'의 뜻으로 보아 '부신(孚信)'이라 하고, 서세대는 '부노(俘奴)'의 뜻으로 보았다. 바로 포로의 뜻이다.

ㅇ交如(교여)―사귀는 모습.

ㅇ威如(위여)―위엄있는 모습.

ㅇ祐(우)―돕다. '보호'의 뜻.

해 설

이 대유괘의 괘상을 관찰하면, 다섯 양기 가운데 오직 육오의 음기가 구이의 양기와 서로 통하고 있다. 따라서 다른 양기들도 다 여기에 응한다. 이렇게 위아래의 음기와 양기가 서로 통하여 이슬과 비가 내리니, 만물이 생장하고 오곡이 잘 여문다. 크게 부유하게 되는 뜻이 있다.

初九 이 양효를 관찰하면, 가장 밑에 있으며 서로 응하는 음기가 없다. 매우 고독하다. 그러나 제자리에 있어서 기운도 강하므로 위로 올라갈 힘이 있다.

이 효상으로 인사를 점쳐보면, 성질이 강직하여 남과 함께 잘 어울리지 못한다. 따라서 다른 사람으로 인하여 손해보는 일도 없고 허물될 일도 없다. 비록 생활이 좀 가난하겠지만 마음을 곧고 바르게 먹고 살아가면 아무 허물이 없을 것이다.

九二 이 양효를 관찰하면, 육오의 음기와 서로 응하고 있다. 이 양효는 비록 음기가 있을 자리에 있지만, 본래 강한 양기이므로 육오의 앞으로 나아갈 기세를 가지고 있다. 그뿐 아니라 가운데 자리를 차지하고 있으므로 기덕이 있다. 그러므로 앞으로 나아가도 아무 방해되는 물건이 없다.

이 효상으로 사물을 점쳐보면, 덕 있는 군자가 큰 수레에 물건을 가득 싣고 신임을 받는 윗사람에게로 떠나는 상이다. 그러므로 아무 잘못됨이 없을 것이다.

이쪽 마을의 추장이 저쪽 마을의 추장에게로 큰 수레에 가산(家産)을 싣고 항복해 가는 것이다.

九三 이 양효를 관찰하면, 양기가 있을 자리에 있고 또 가운데 자리를 차지했으니, 기덕이 있다. 그러나 자기에게 응할 효기(爻氣)가 없다. 그러므로 상구와 응하지 않고 육오의 음기에 귀화할 수밖에 없다.

이 효상으로 한 제후의 정치행동을 점쳐보면, 그 제후가 정당치 못한 높은 자리에 앉아서 허세만 부리는 한 소인과 절교하고, 유덕한 천자에게 조공을 드릴 때에 그 소인이 그에게 항의할 수 없는 상이다. 이것은 그때 작은 마을의 추장이 다른 작은 마을의 추장을 배반하고 대추장(大酋長)에게 항복하는 현상이다.

九四 이 양효를 관찰하면, 대유의 시대가 이미 쇠퇴기에 들어가서 기운이 한풀 꺾이게 되었고, 또 음기가 있을 자리에 있으므로 성질이 온화하여 높은 자리에 있는 육오의 음기와 가까이하고 있다.

이 효상으로 임금을 섬기는 제후의 상을 점쳐보면, 유약한 임금이라 업신여기지 않고, 항상 겸손하여 세도를 부리지 않으면, 종신토록 허물이 없을 것이다.

六五 이 음효를 관찰하면, 양기가 있을 자리에 있으면서 구이의 양기와 서로 응하고 있다.

이 효상으로 싸움터에서 잡혀온 포로의 모습을 관상하면, 이쪽 여자 추장의 덕에 감화되는 듯하다. 이때 여자 추장은 그 포로에게 조금 위엄을 보여주면 좋은 효과가 있을 것이다.

上九 이 양효를 관찰하면, 대유시대의 종말기에 있다. 최고 지상의 자리에 있으면서 별로 하는 일이 없다. 그러면서 육오의 음기에 가까이한다.

이 효상으로 임금의 배후 인물의 모습을 관상하면, 그는 하늘의 뜻을 받아 임금을 도와준다. 그러므로 좋아서 이롭지 않음이 없다. 이 대유괘 육효 가운데서 나오는 말로 주역시대의 사회상을 짐작할 수 있다. 대유는 풍년이요, 교해(交害)는 교리(交利)의 반대어니 농업 경제적 이해요, 대거(大車)는 큰 수레요, 공(公)은 소추장(小酋長)이요, 천자는 대추장이요, 소인은 서민 또는 농민이요, 부(孚)는 포로요, 천(天)은 하느님을 뜻하는 것이다.

15. ☶☷ (艮下 坤上) 지산겸(地山謙)

原文 │ 謙,은 亨.하니 君子有終.이니라

初六 謙謙君子.니 用涉大川,이라도 吉.하리라

六二 鳴謙.이니 貞하고 吉.하리라

九三 勞謙이니 君子.로다 有終이니 吉.하니라

六四 无不利.라 撝謙.이니라

六五 不富以其鄰.이니 利用侵伐.이니 无不利.하리라

上六 鳴謙.이니 利用行師.하여 征邑國.이니라

☷☶ (아래는 간, 위는 곤) **땅과 산은 겸이다**

사람이 겸손하면 막힘없이 통한다. 그러므로 군자는 유종의 미가 있느니라.

初六 겸손하고 더욱 겸손한 군자로다! 큰 냇물을 건너는 일이 있더라도 괜찮으리라.

六二 남에게 겸손하다는 소문이 난 것이니, 마음을 곧고 바르게 가져야 좋으리라.

九三 공로와 겸양의 덕이 있는 군자로다! 끝까지 좋은 일이 있으리라.

六四 이롭지 않음이 없다. 겸양의 덕을 발휘하리라.

六五 자기는 부유하게 여기지 않음으로써 그 이웃사람의 마음을 얻는다. 적을 침벌하면 이로우리니, 이롭지 않은 일이 없을 것이다.

上六 겸손하다는 소문이 났다. 행군하는 것이 이로우니, 영토 안의 나라를 정벌할 것이다.

주해

ㅇ謙謙(겸겸) - 겸손하고 또 겸손하다.

ㅇ鳴(명) - 울리다. 왕필(王弼)은 '명자(鳴者) 성명문지위야(聲名聞之謂也)'라 했고, 주자는 '이겸유문(以謙有聞)', 내씨(來氏)는 '비조유음지상(飛鳥遺音之象)'이라 하였다.

ㅇ勞謙(노겸) - 공로와 겸양.

o 撝(휘) ─찢다. 발휘하다. '열(裂)' 또는 '휘(揮)'의 뜻. 정자(程子)는 '휘(撝) 시포지상(施布之象) 여인수지휘야(如人手之撝也)'라 했고, 주자는 '발휘기겸(發揮其謙)', 내씨는 '휘자(撝者) 열야(裂也) 양개지의(兩開之意)'라 하였다.

o 行師(행사) ─행군.

o 邑國(읍국) ─자기 영토 안의 나라.

해 설

이 괘의 괘상을 관찰하면, 1양 5음으로 되어 있다. 다섯 개의 음기가 다 하나의 양기에 종속되어 있다.

이 괘상으로 군자의 모습을 점쳐보면, 도덕이 높으면서도 윗사람과 아랫사람에게 항상 겸손한 태도를 가지니, 끝까지 아무 잘못됨이 없을 것이다.

初六 이 음효를 관찰하면, 겸괘에서 가장 밑에 있다. 그러면서도 양기의 자리에 있으므로 앞으로 나아갈 기세를 가지고 있다.

　　　이 효상으로 큰 냇물을 건너가는 유덕군자의 모습을 점쳐 보니, 조심하고 겸손하는 태도로 위험한 물에 임하므로 아무 탈없이 건너가게 되어 좋을 것이다.

六二 이 음효를 관찰하면, 음기가 있을 자리에 있으니 제자리를 얻었고, 또 가운데 자리를 얻었으니 기덕(氣德)이 있다. 구삼의 양기가 가까이하고 있으니 장차 기덕이 겉으로 나타나게 된다.

　　　이 효상으로 유덕군자(有德君子)의 모습을 점쳐 보니, 겸양의 덕이 있다는 소문이 세상에 알려지고 있다. 그러나 군자는 그럴수록 더욱 마음을 곧고 바르게 가져야 좋다.

九三 이 양효를 관찰하면, 상륙의 양기와 서로 응하고 있다. 모든 음기를 잘 통솔하고 있다.

이 효상으로 군자의 기상을 살펴보니, 사람에게 공로가 있을 뿐 아니라 또 겸양의 덕이 겸비되어 있다. 그러므로 끝까지 좋은 일이 있을 것이다.

六四 이 음효를 관찰하면, 구삼의 양기와 서로 가까이하고 있다. 그리고 음기가 있을 정당한 자리에 있고, 상괘의 맨 밑에 있다.

이 효상으로 유덕군자의 모습을 점쳐보니, 더욱 겸손하여 참으로 겸양의 덕을 발휘하게 된다. 무엇을 하든지 이롭지 않은 일이 없다.

六五 이 음효를 관찰하면, 양기가 있을 자리에 있으나 가운데 자리를 차지하고 있으니 기덕이 있다. 높은 자리에 있으면서 자기는 빈약하다고 생각하고 양기가 있을 자리에 있으므로 앞으로 나아갈 기세가 보인다.

이 효상으로 겸양의 덕이 있고 밖으로 나아가려는 뜻이 있는 임금의 모습을 점쳐보면, 자기 개인의 부유함을 자랑하지 않고 자기 나라는 빈약하다 생각하므로 반드시 대적의 마을을 쳐들어가게 된다. 안으로 민심을 얻었으므로 싸워서 이롭지 않은 일이 없다.

上六 이 음기는 지극히 높은 자리에 있다. 음기가 있을 자리에 있으니 정당한 자리다. 그러나 너무 지나치게 유약하므로 다른 음기들이 얕본다.

이 효상으로 너무 지나치게 겸손한 군자의 모습을 점쳐보면, 겸양의 덕이 있다는 소문이 국외에까지 알려졌으나, 도리어 국내의 작은 마을의 추장들이 업신여긴다. 그러므로 군사를 거느려 자기 영토 안의 마을을 정벌하는 것이 유리하다.

우리는 이 겸괘 가운데서 '큰 냇물을 건넌다', '침벌한다', '행군한다', '읍국(邑國)을 정벌한다'는 말이 있음을 보아, 그들이 이런 행사가 있기 전에 미리 점을 쳐보았다는 것을 알 수 있다.

16. ☷☳ (坤下 震上) 뇌지예(雷地豫)

原文ㅣ 豫_예,는 利建侯行師_{이 건 후 행 사}.하니라

初六 鳴豫_{명 예},이니 凶_흉.하니라

六二 介于石_{개 우 석},이라 不終日_{부 종 일},이니 貞_정하고 吉_길.하니라

六三 盱豫_{우 예}.라 悔_회,며 遲_지하여도 有悔_{유 회}.리라

九四 由豫_{유 예},라 大有得_{대 유 득},이니 勿疑_{물 의}.면 朋盍簪_{붕 합 잠}.하리라

六五 貞_정하되 疾_질,하니 恒不死_{항 불 사}.로다

上六 冥豫_{명 예}.니 成_성하나 有渝_{유 투},면 无咎_{무 구}.리라

☷☳ (아래는 곤, 위는 진) **우레와 땅은 예다**

백성과 천하를 편안하게 하는 데는 미리 제후 나라를 세워 주고 군대를 동원함이 이롭다.

初六 미리 기밀을 누설하니 나쁘리라.

六二 기밀을 돌 사이에 끼어 있는 물건과 같이 굳게 지키고 있다. 하루가 못 가서 풀릴 것이니, 그 동안 마음을 곧고 바르게 가지고 있으면 좋으리라.

六三 예비해야 할 것을 미리 걱정하면 후회할 것이요, 또 늦게 예비해도 후회할 일이 있을 것이다.

九四 예정대로 일을 하면 크게 소득이 있을 것이다. 의심하지 말라. 친구가 다 모이리라.

六五 미리 준비하고 마음을 바르게 하고 있으나 병에 걸렸다. 그러
　　나 영원히 죽지 않으리라.

上六 준비해야 할 것을 모르고 있었다. 일은 이미 벌어졌으나 사태
　　가 변하면 허물됨이 없으리라.

주해

o豫(예)—정자는 '안화열락지의(安和悅樂之義)'라 했고, 주자는 '화락야(和
　樂也)', 다산(茶山)은 '예자(豫者) 일야(逸也) 태야(怠也) 조야(무也)'라
　했다. 이것으로 보아 '예(豫)'는 화락, 태만, 예비의 뜻이다. 중용에 '범사
　예즉립(凡事豫則立)'이라 했다. 우리는 여기서 비밀, 기밀의 개념도 끌어
　낼 수 있다. 서세대는 예비의 뜻으로 해석했다.

o鳴(명)—정자는 '명(鳴) 발어성야(發於聲也)'라 했다. 그러나 여기서는 말
　을 입밖에 누설한다는 뜻이다.

o豫(예)—여기서는 비밀 또는 기밀의 뜻.

o介(개)—정자는 '절개(節介)'로 보고, 내씨(來氏)는 '범물분위량간자왈개
　(凡物分爲兩間者曰介)'라 하여 '개입(介入)'의 뜻으로 보고, 다산은 '개자
　(介者) 간측야(間厠也)'라 하여 '사이에 끼어 있다'의 뜻으로 보았다.

o于(우)—'어(於)' 또는 '여(如)'의 뜻.

o不終日(부종일)—하루를 마치지 못한다.

o盱(우)—정자는 '상견야(上見也 : 쳐다보다)'라 했고, 내씨는 '장목야(張目
　也 : 눈을 뜨다)'라 했고, 다산은 '앙시야(仰視也 : 우러러보다)'라 하였다.
　또 사원(辭源)에는 '우야(憂也 : 근심하다)'라 했다.

o盍簪(합잠)—모이다. '합(盍)'은 '합(合)', '잠(簪)'은 '취(聚)'의 뜻.

o貞(정)—정자는 '거득군위(居得君位) 정야(貞也)'라 하여 '정(正)'의 뜻으
　로 보았고, 주자는 '정질(貞疾)'이라 하여 '고(固)'의 뜻으로, 내씨는 '정질
　자(貞疾者) 언비가질(言非假疾)', 다산은 '정질자(貞疾者) 고질야(痼疾也)'
　라 하여 '고(痼)'로 보았다.

o冥(명)—어둡다. '유(幽)' 또는 '암(暗)'의 뜻.

o渝(투)—변하다. '변(變)'의 뜻.

이 예괘의 괘상을 관찰하면, 온화한 봄날이 돌아오기 전에 한 우렛소리가 미리 땅속에서 울려 나온다.

이 괘상으로 백성의 마음을 편안케 하고 천하를 편안케 하려는 임금의 동작을 점쳐보니, 그런 일을 하기에 앞서서 미리 각 지방의 제후 나라를 세워 주고, 또 정의의 이름으로 나쁜 제후를 토벌하는 군사 행동을 개시하는 것이 훨씬 이롭다.

初六 이 음효를 관찰하면, 양기가 있을 자리에 음기가 있으니 정당한 자리가 못되고, 또 밖으로 노출하려는 기상이 있다. 그리고 구사의 양기와 서로 응하고 있다. 이것저것 역시 음기가 있을 자리에 양기가 있으니 정당치 못한 자리다. 여기서 초륙의 음기와 구사의 양기가 서로 응하여 기운을 밖으로 유출하는 기상을 볼 수 있다.

이러한 효상으로 어떤 재상의 모습을 점쳐보니, 그는 나라의 군사기밀을 숨겨두지 못하고, 입밖으로 누설한다. 그러므로 그에게는 나쁜 일이 있을 것이다.

六二 이 음효를 관찰하면, 위로도 서로 응할 양기가 없고 아래로도 서로 가까이할 양기가 없다. 홀로 아래위 두 음기 사이에 끼어 있다. 다만 정당한 자리에서 함축된 기덕을 굳게 지키고 있을 뿐이다.

이 효상으로 어떤 비밀을 지키고 있는 사람의 관상을 점쳐보면, 마치 굳은 돌과 굳은 돌 사이에 끼어 있는 물건과 같다. 그러나 그 비밀을 지키고 있을 날이 앞으로 하루도 못 가서 풀릴 것이니, 그 동안 조금 괴로우나 마음을 곧고 바르게 가지고 있으면 반드시 좋을 것이다.

六三 이 음효는 구사의 양기를 가까이하고 있다. 그러나 구사의 양

기는 또 육오의 음기와 가까이하고 있다.

이 효상으로 권신(權臣)에게 몰래 가까이하고 있는 한 소인의 모습을 점쳐보면, 이 음흉한 소인은 그 권신이 유약하고 아무 세력이 없는 임금에게 충성을 다하고 있는 것을 도리어 근심한다. 그리고 과거에 임금을 모반하려다 이루지 못했던 것을 후회한다. 하루 바삐 그 앙큼한 마음을 버릴 것이니, 만일 하루라도 늦으면 반드시 후회하게 될 것이다.

九四 이 양효는 초륙의 음기와 서로 응하면서 육오의 음기와 가까이하고 있다. 그러나 육이와 상륙의 두 음기가 먼 데 있다.

이 효상으로 유순한 덕이 있는 임금을 보좌하는 현명한 재상의 모습을 점쳐보면, 그가 임금의 뜻을 이어받아 예정한 정책에 따라서 나라를 다스려 나가니 큰 성과를 거둘 것이다. 협조하지 않는 사람이 약간 있으나 그들을 의심하지 말 것이다. 동지들이 다 모여 올 것이다.

六五 이 음효를 보면, 구사의 양기를 타고 있다. 자기의 세력은 모두 구사의 양기에 빼앗기고 있다.

이 효상으로 유순한 덕은 있으나 세력이 없는 임금의 모습을 점쳐보면, 세력은 비록 권신에게 빼앗겨 고통을 받고 있지만, 그래도 백성에게 덕망이 있으므로 임금 자리는 영구히 지니고 있을 것이다.

上六 이 음효를 보면, 음기가 있을 정당한 자리에 있으나 너무 높은 자리에 있다. 그뿐 아니라 자기와 서로 응할 양기도 없다. 그러나 현 상태가 얼마 안가서 바로 변하게 되었으니, 결과적으로 허물이 없게 될 것이다.

이 효상으로 내일의 사태가 어떻게 벌어질 것을 예측하지 못하고 임금의 고문격으로 있던 사람의 모습을 점쳐보니, 비록 위험한 자리에 있지만 시대가 곧 변하여 세상이 편안하게 될 것이니 탈이 없을 것이다.

17. ☳☱ (震下 兌上) 택뢰수(澤雷隨)

原文| 隨,는 元亨.하니 利貞.이라 无咎.리라

初九 官有渝,니 貞이면 吉.하니 出門交면 有功.하리라

六二 係小子,면 失丈夫.하리라

六三 係丈夫,하고 失小子.하니 隨에 有求,를 得하니 利居貞.
하니라

九四 隨에 有獲.이면 貞이라도 凶.하니 有孚,하고 在道하고 以
明,이면 何咎?리요

九五 孚于嘉,니 吉.하리라

上六 拘係之,요 乃從維之,니 王用亨于西山.이로다

☳☱ (아래는 진, 위는 태) **못과 우레는 수다**

때에 따라 일을 하면 크게 통하리니, 마음을 곧고 바르게 가지면
이롭다. 허물이 없으리라.

初九 관직은 때에 따라 변하니, 마음을 곧고 바르게 가지면 좋을
것이다. 밖에 나가서 사람과 교제하면 공이 있을 것이다.

六二 아들에게 매이면 남편을 잃는다.

六三 남편에게 매이면 아들을 잃는다. 때에 따라 사람을 구하면 얻
는다. 마음을 곧고 바르게 가지고 있으면 이롭다.

九四 일반 관리 가운데 전리품을 사사로이 획득해 오는 일이 있다.

그런 관리는 아무리 마음을 곧고 바르게 가져도 반드시 나쁘리라. 포로가 길바닥에 있으니 누가 잡아온 것인지 그 공을 밝힌다면 무슨 허물이 있으랴.

九五 결혼식장에서 전리품을 사용하니 좋으리라.

上六 전쟁에서 얻어온 소·양·돼지를 매어놓고 또 얽어놓고, 문왕(文王)이 기산(岐山)에서 제사를 지낸다.

주해

○隨(수)—좇다. 떨어지다. 또는 '백관(百官)'의 뜻. 정자와 주자는 '종(從)'의 뜻으로 보고, 청(淸)나라 만주진(萬澍辰)은 '수시(隨時)'의 뜻으로, 다산은 '수자(隨者) 타야(墮也) 낙야(落也) 종야(從也)'라 하여 두 가지 뜻으로 보았다. 그리고 서세대(徐世大)는 '백관(百官)'의 뜻으로 보았다.

○官(관)—'관직(官職)' 또는 '백관'. 즉 일반 관리.

○渝(투)—변하다.

○出門(출문)—밖에 나가다.

○係(계)—매이다.

○小子(소자)—어린아이. 또는 아들. 내씨는 '음효칭소자(陰爻稱小子)'라 하였다.

○丈夫(장부)—사나이. 남편. 내씨는 '양효칭장부(陽爻稱丈夫)'라 하였다.

○隨(수)—백관. 일반 관리.

○獲(획)—얻다. 획득의 뜻.

○孚(부)—부로(俘虜). 포로.

○道(도)—길.

○明(명)—밝히다. 공(功)의 유무(有無)를 밝히다.

○孚(부)—서세대는 '군소획야(軍所獲也)'라 했다. 즉 전리품(戰利品).

○嘉(가)—착하다. 아름답다. 정자는 '가(嘉) 선야(善也)', 내씨는 '가(嘉) 미야(美也)', 다산은 '가(嘉) 예지길야(禮之吉也)'라 했다.

○拘係(구계)—얽매다.

○維(유)—매어놓다.

ㅇ亨(향)－주자는 '제향(祭享)'의 '향(享)'으로 보았다.
ㅇ西山(서산)－기산(岐山).

해 설

이 괘는 우레가 때를 따라 못속에서 진동하는 현상이다. 이런 괘상으로 사물의 현상을 관찰하면, 모든 물건은 때를 따라 변화하여 막히지 않고 크게 통한다. 그러나 사람은 이러한 변화 가운데서도 항상 마음을 곧고 바르게 가져야 이롭고, 또 처세상 아무 허물이 없을 것이다.

初九 이 양효는 양기가 있을 자리에 있으니 정당한 자리요, 또 육이의 음기와 가까이하고 있다. 그러므로 현재 있는 자리를 옮기어 밖으로 나아가 음기와 사귀면 보람이 있을 것이다.

　이 효상으로 어떤 관직에 있는 사람의 모습을 점치면, 현재 있는 직위에서 한 급 오를 것이니 마음을 더욱 곧고 바르게 가질 것이요, 또 밖에 나아가 여러 관리와 교제하면 반드시 공이 있을 것이다.

六二 이 음효를 보면 육삼의 음기와 가까이하고 있다. 초구의 양기를 누르고 있다.

　이 효상으로 아들을 사랑하는 여성의 모습을 점쳐보면, 아들을 사랑함으로써 남편의 사랑을 잃게 된다.

六三 이 음효를 보면 구사의 양기와 가까이하고 육이의 음기를 누르고 있다. 그러므로 때에 따라서 구오의 양기 곁에 있는 구사의 양기와 가까이하는 것이 이롭다.

　이 효상으로 아들보다 남편을 더 사랑하는 여인의 모습을 점쳐보면, 때에 따라서는 아들을 잃고서라도 임금에게 충성을 다하는 남편에게 사랑을 구하면 얻을 수 있다. 그러나 다만 마음을 곧고 바르게 가져야 이롭다.

九四 이 양효를 보면, 육이의 음기를 타고서 구오의 양기에 가까이 하려 한다. 그러나 구오의 양기는 육이의 음기와 서로 응하고 있다.

　　이 효상으로 싸움터에서 사사로이 전리품을 얻어 가지고 와서 임금에게 공을 자랑하려는 한 재상의 모습을 점친다면, 아무리 마음을 곧고 바르게 가져도 반드시 나쁠 것이다. 요컨대 지금 포로가 길바닥에 잡혀와 있으니 이것을 누가 잡아왔는지 그 공을 밝히면 판명이 될 것이다. 이렇게 하면 무슨 과오가 있겠는가.

九五 이 양효는 양기가 있을 자리에 있으니 정당한 자리요, 또 가운데 자리를 차지하고 있으니 기덕이 있다. 그뿐 아니라 강한 구사의 양기를 누르고 육이의 음기와 서로 응하고 있다.

　　이 효상으로 전리품을 사용하는 왕의 결혼식을 점쳐보니, 좋은 징조가 있다.

上六 이 음효를 살펴보니, 음기가 있을 자리에 있으니 정당한 자리요, 또 구오의 양기를 타고서 육삼의 음기를 내려 누른다.

　　이 효상으로 소·양·돼지를 매어놓고 백관들과 함께 기산(岐山)의 신령에게 제사를 지내는 문왕의 거동을 점쳐보니, 정성이 지극하여 좋은 일이다.

18. ☴☶ (巽下 艮上) 산풍고(山風蠱)

原文｜ 蠱_고는 元亨_{원형}하니 利涉大川_{이섭대천}이니 先甲三日_{선갑삼일}하며 後甲三日_{후갑삼일}이니라

初六 幹父之蠱_{간부지고}니 有子_{유자}면 考无咎_{고무구}하리니 厲_여하여야 終吉_{종길}이리라

九二 幹母之蠱.니 不可貞.이니라

九三 幹父之蠱.니 小有悔.나 无大咎.리라

六四 裕父之蠱.니 往하면 見吝.하리라

六五 幹父之蠱.니 用譽.리라

上九 不事王侯.하고 高尙其事.로다

☶☴ (아래는 손, 위는 간) **산과 바람은 고다**

큰 변고를 만나 극도에 달한 뒤에는 크게 통하게 된다. 큰 냇물을 건너는 데 이롭다. 갑일(甲日)에서 전 3일에 사고가 생겨, 갑일에서 후 3일에 무사하게 된다.

初六 아버지의 잘못을 바로잡는다. 아들이 있으면 돌아가신 아버지의 허물이 없어진다. 위태하지만 마침내 좋으리라.

九二 어머니의 잘못을 바로잡는다. 마음을 곧게 할 수 없다.

九三 아버지의 잘못을 바로잡는다. 조금 후회하는 일이 있으나, 큰 허물이 없으리라.

六四 아버지의 잘못을 너그럽게 본다. 그러나 찾아가 보면 부끄러움을 당하리라.

六五 아버지의 잘못을 바로잡아 예찬(譽讚)을 받으리라.

上九 임금을 섬기지 않는다. 자기가 하는 일을 고상하게 여긴다.

주해

○蠱(고)―정자는 '사야(事也)' 또는 '괴란야(壞亂也)'라 했고, 내씨는 '고자(蠱者) 물구패괴이고생야(物久敗壞而蠱生也)', 다산은 '춘추전(春秋傳) 진후유고질(晉侯有蠱疾) 의화왈명충위고(醫和曰皿蟲爲蠱) 곡지비역위고(穀之飛亦爲蠱) 여혹남(女惑男) 풍락산(風落山) 위지고(謂之蠱)'라 했다. 그

리고 서세대는 '고본시병지일종(蠱本是病之一種) 이병위일문(而病爲一門) 방체합어인사(方切合於人事)'라 하였다.

o 先甲三日(선갑삼일), 後甲三日(후갑삼일)－주자는 '갑(甲) 일지시(日之始) 사지단야(事之端也) 선갑삼일(先甲三日) 신야(辛也) 후갑삼일(後甲三日) 정야(丁也) 전사(前事) 과중이장괴칙(過中而將壞則) 가자신이위후사지단(可自新以爲後事之端) 이불사지어대괴(而不使至於大壞) 후사방시이상신(後事方始而尙新) 연(然) 갱당치기정녕지의(更當致其丁寧之意) 이감기전사지실(以監其前事之失) 이불사지어속괴(而不使至於速壞) 성인지계심야(聖人之戒深也)'라 했고, 내씨는 '선삼후삼자(先三後三者) 육효야(六爻也) 선삼자(先三者) 하삼효야(下三爻也) 후삼자(後三者) 상삼효야(上三爻也)', 다산은 '유우중상지언왈하괘변건위전삼갑(唯虞仲翔之言曰下卦變乾爲前三甲) 상괘변곤(上卦變坤) 위삼갑(爲三甲) 차위근지(此爲近之)'라 했다. 그리고 서세대는 '선갑삼일(先甲三日) 후갑삼일(後甲三日) 개이시치병지법(皆爾時治病之法)'이라 하였다. 주자설(朱子說)은 천간(天干) 갑을병정무기경신임계(甲乙丙丁戊己庚辛壬癸)의 순서에서 선삼일(先三日)은 신일(辛日)이요, 후삼일(後三日)은 정일(丁日)에 해당한다는 것이다.

o 幹(간)－줄기. 바로잡다.

o 考(고)－돌아가신 아버지.

o 厲(여)－위태하다. '위(危)'의 뜻.

o 裕(유)－넉넉하다. 너그럽다.

해 설

이러한 괘상으로 큰 냇물을 건너가다가 풍랑을 만난 사람들의 모습을 점쳐보면, 바람을 처음 만난 지 3일 만에는 극도에 도달했다가 그 다음 3일 만에는 바람이 잠잠하여 무사하게 된다.

初六 이 음효를 살펴보면, 양기의 자리에 있으니 정당한 자리가 못 된다. 그러나 구이의 양기와 가까이하고 있고, 또 이 효가 이 괘의 주효(主爻)이므로 다른 효기(爻氣)의 부족한 것을 보충할 기세가 있다.

　　이 효상으로 나쁜 아버지를 둔 좋은 아들의 관상을 보면, 과거의 아버지, 즉 돌아가신 아버지가 비록 나쁜 허물이 있더라도 아들이 좋은 일을 하면 처음에는 조금 어렵지만 나중에 가서는 그 나쁜 아버지의 허물이 다 묻히게 되어 좋게 된다. 예를 들면, 곤(鯀)의 아들 우(禹)임금과 같다.

九二 이 양효를 살피면, 음기의 자리에 있으니 정당한 자리가 못된다. 그러나 가운데 자리를 차지하고 있으니 기덕이 있고, 또 육오의 음기와 서로 응하고 있다. 그런데 육오의 음기로 말하면 비교적 성질이 유순하지만, 양기가 있을 자리에 있어서 가만히 있지 못하고 망동(妄動)한다. 그러므로 성질이 강한 구이의 힘으로도 어찌할 수 없다.

　　이 효상으로 나쁜 어머니를 둔 착한 아들의 관상을 보면, 아무리 자기는 마음이 곧고 바르게 가져도 어찌할 수 없다.

九三 이 양효를 보면, 양기가 있을 정당한 자리에 있고, 또 육사의 음기와 서로 가깝게 지낸다. 그러나 마땅히 서로 응해야 할 상구의 양기와는 다 같은 양기이므로 서로 대립된다. 그러나 육사의 음기가 중간에서 조절하므로 큰 충돌은 없게 된다.

　　이 효상으로 아버지의 나쁜 행위를 바로잡으려는 강직하고 현명한 아들의 관상을 점쳐보면, 너무 지나치게 완고하고 오만한 아버지와 서로 맞서서 처음에는 조금 후회도 했지만, 유순한 자기의 아내나 누나의 조정으로 인하여 그렇게 큰 과오를 범하게 되지는 않을 것이다.

六四 이 음효를 보면, 음기의 자리에 정당하게 있고, 성질이 매우 유순하므로 사람에 대하여 관용성이 많다.

　　이 효상으로 나쁜 아버지와 매우 효순한 아들이나 딸의 관계를 점쳐보면, 아버지의 잘못을 널리 용서한다. 그러나 아버지를 찾아가서 허물을 말리다가는 도리어 부끄러움을 당하기 쉽다.

六五 이 음효를 보면, 비록 정당한 자리에 있지 못하나 기덕이 있고 또 가장 높은 자리에 있다. 그뿐 아니라, 구이의 양기와 서로 응하여 보조를 받게 된다.

이 효상으로 위(位)가 높고 덕성 있는 아들과 지나치게 난폭한 아버지의 관계를 점쳐보면, 재덕 있는 부하의 원조를 받아 아버지의 잘못을 넉넉히 바로잡을 수 있다. 그러므로 세상 사람들에게 칭찬을 얻어 들을 수 있으리라.

上九 이 양효를 보면, 매우 높은 자리에 있으나 자기를 받들어 줄 음기가 없다.

이 효상으로 깊은 산속에 처하여 있으면서 임금이 불러도 응하지 않는 선비를 점쳐보면, 오직 자기 수양에만 힘쓰고 천하를 깨알같이 본다. 예를 들면, 전국(戰國)시대의 장자(莊子)와 같은 사람이다.

이 고괘 가운데서 아버지와 어머니, 아들, 왕후와 같은 술어가 나오니, 이때에 가족제도와 국가의 형태가 이미 형성되기 시작한 것을 알 수 있다.

19. ☱☷ (兌下 坤上) 지택림(地澤臨)

原文ㅣ 臨,은 元亨.하고 利貞.하니 至于八月하여는 有凶.하리라

初九 咸臨.이니 貞하여 吉.하니라

九二 咸臨.이니 吉하여 无不利.하리라

六三 甘臨.이라 无攸利.하니 旣憂之,라 无咎.니라

六四 至臨.이니 无咎.하니라

六五 知臨.이니 大君之宜.니 吉.하니라

上六 敦臨.이니 吉하여 无咎.하니라

▆▆ ▆▆ (아래는 태, 위는 곤) **땅과 못은 임이다**

양기가 돌아오니 크게 통하리라. 마음을 곧고 바르게 가져야 이롭다. 8월에는 나쁜 일이 있으리라.

初九 양기가 감동되어 내림(來臨)한다. 마음을 곧고 바르게 가져 좋으리라.

九二 감동되어 내림한다. 좋아서 이롭지 않음이 없으리라.

六三 감언이설로 임하니, 이로울 것이 없다. 그러나 이미 알고 걱정을 하니 허물됨이 없으리라.

六四 지극한 태도로 사람에게 임하니 허물이 없으리라.

六五 지혜롭게 백성에게 임한다. 훌륭한 임금의 마땅한 일이다. 좋으리라.

上六 독실하게 아랫사람에게 임한다. 좋아서 허물이 없으리라.

주해

o 臨(임)－정자는 '사야(事也)'라 했고, 주자는 '임진이릉핍어물야(臨進而凌逼於物也)', 다산은 '임자(臨者) 임연야(臨淵也)', 서세대는 '군림야(君臨也)'라 하였다.

o 八月(팔월)－정자는 '이양(二陽) 방장어하(方長於下) 양도향성지시(陽道嚮盛之時) 성인예위지계왈(聖人豫爲之戒曰) 양수방성(陽雖方盛) 지어팔월즉기도소의(至於八月則其道消矣) 시유흉야(是有凶也)'라 했고, 주자는 '팔월위자복괘일양지월(八月謂自復卦一陽之月) 지우둔괘이음지월(至于遯卦二陰之月) 음장양둔지시야(陰長陽遯之時也)', 다산은 '팔월자(八月者) 주정건미지월야(周正建未之月也)'라 하였다.

o 咸(함)－왕필(王弼)은 '감(感)'으로 보고, 주자는 '개(皆)', 다산은 '감(感)'

으로 보았다.
ㅇ甘(감) -감언(甘言).
ㅇ至(지) -지극하다.
ㅇ知(지) -지혜.

해   설

이 괘상으로 천지의 기상을 관찰하면, 양기가 1월에 발생하여 6월에 왕성했다가 8월에 가서 쇠퇴한다. 그러므로 흉하다고 한다. 기상은 이와 같이 변하지만, 사람은 언제나 마음을 곧고 바르게 가져야 이롭다.

初九 이 양효를 보면, 양기가 있을 자리에서 육사의 음기와 서로 응하여 위로 올라가려는 기상을 가지고 있다.

　　이 효상으로 양기를 받고 있는 사람을 관상하니, 마음을 곧고 바르게 가져 장차 좋을 것이다.

九二 이 양효를 보면 비록 음기가 있을 자리에 있으나 위로 기덕이 있고, 또 위로 육오의 음기와 서로 응하고 있다.

　　이 효상으로 양기에 감응되고 있는 사람의 관상을 점치면, 무엇이든지 다 좋아 이롭지 않음이 없다.

六三 이 효를 보니, 양기가 있을 자리에 있으므로 정당하지 못하고 위로 서로 응할 양기도 없다. 그뿐 아니라 하괘에서 윗자리에 있다.

　　이 효상으로 감언이설로 사람을 꾀는 사람의 관상을 점쳐 보니, 자기에게 이로울 것이 하나도 없다. 그러나 이미 그것이 그른 줄을 알고 결정을 하니 허물이 없을 것이다.

六四 이 음효를 살펴보면, 음효가 있을 정당한 자리에 있고, 또 육오의 음기에 가까이하면서 초구의 양기와 서로 응한다.

　　이 효상으로 정당한 자리에서 덕성이 있는 임금에게 충성을 다하면서 아래 백성에게 임하는 재상의 태도를 점쳐보면,

아무 과오가 없을 것이다.

六五 이 음효를 보니, 지극히 높은 자리에 있다. 비록 정당한 자리가 못되지만 유순한 기덕으로 강한 구이의 양기와 서로 응한다.

　　　이 효상으로 유순한 덕이 있는 임금으로서 성질이 강하고 재주있는 신하의 보필을 얻어 백성에게 하림(下臨)하는 임금을 점쳐보니, 그야말로 훌륭한 임금의 옳은 일이라 할 것이다. 이 점괘를 얻은 사람은 좋을 것이다.

上六 이 음효를 보면, 비록 너무 높은 자리에 있기는 하나 정당한 자리다. 초구와 구이의 양기와 서로 응하지는 않지만, 모든 음기를 거느리고 이에 임하려 한다.

　　　이 효상으로 너무 높은 자리에 있지만 겸손한 마음과 독실한 태도로 백성에게 하림하는 성현의 태도를 점쳐보면, 아무 허물이 없다. 예를 들면, 후세의 공자(孔子)와 같다.

　　　이 괘 육오의 효사에 나오는 대군은 추장 가운데서도 가장 높은 추장을 말한 것이다.

20. ☴☷ (坤下 巽上) 풍지관(風地觀)

原文｜ 觀,은 盥而不薦,이면 有孚하여 顒若.하리라

初六 童觀.이니 小人은 无咎.요 君子는 吝.하리라

六二 闚觀.이니 利女貞.하니라

六三 觀我生하여 進退.로다

六四 觀國之光.이니 利用賓于王.하니라

九五 觀我生.하되 君子면 无咎.리라

上九 觀其生.하되 君子면 无咎.리라

≡≡ ≡≡ (아래는 곤, 위는 손) **바람과 땅은 관이다**

위를 우러러본다는 것은 아직 손만 씻고, 신에게 제사를 하지 않는 다는 뜻이다. 잡혀온 포로가 있으니, 그 모습이 공순한 듯하다.

初六 사물을 유치하게 관찰하는 것은 소인에게 있어서는 별 허물 됨이 없지만, 군자에게 있어서는 부끄러운 일이다.

六二 엿보는 것이니, 여자에게 있어서는 마음을 곧고 바르게 가지 면 이롭다.

六三 내 생애를 관찰하고 난 뒤에, 나아갈 때 나아가고 물러날 때 물러날 것이다.

六四 나라의 형편을 살펴보니, 임금에게 국빈 노릇 하는 것이 이로 우리라.

九五 자기 생애를 관찰하는 임금이니, 군자면 허물이 없으리라.

上九 나 자신의 생애를 관찰하는 것이니, 군자면 허물이 없으리라.

〔주해〕

○觀(관)−관찰하다.

○盥(관)−낯을 씻다, 손씻다. 정자는 '제사지시(祭祀之時) 관수작울창어지 (盥手酌鬱鬯於地) 구신지시야(求神之時也)'라 했고, 다산은 '결수왈관야 (潔手曰盥也)'라 하였다.

○薦(천)−천신(薦神)하다. 물건을 놓고 신께 제사하는 것.

○顒(옹)−우러러보다. 앙망(仰望)의 뜻. 여기서는 온공(溫恭)의 뜻.

○童觀(동관)−어린아이처럼 유치하게 관찰하다.

○闚(규)−엿보다. 정자는 '규첨지관(闚覘之觀) 수소견(雖少見) 이불능심명 야(而不能甚明也)'라 하였다.

해 설

이것은 땅 위의 바람이다. 바람은 항상 땅 위에서 모든 사물을 두루 건드리고 있다. 여기서 관찰의 관념이 나오게 된다. 괘상을 보더라도 위에 있는 두 개의 양기가 아래에 있는 모든 음기를 관찰하는 상이다.

이러한 괘상으로 신에게 제사 지내는 광경을 관찰하니, 제사장은 아직 손만 씻고 제사를 지내지 않는데, 장차 제물이 될 포로는 모든 것을 체념하고 공순한 태도로 있다.

初六 이 음효를 살피면, 정당치 못한 자리에 있는 데다가, 위로는 서로 응할 양기가 없다. 다만 위에 있는 강하고 밝은 구오의 양기를 바라볼 뿐이다.

　　이 효상으로 사물의 현상을 유치하게 관찰하는 어리석은 사람의 태도를 점쳐보면, 매우 멀고 높은 자리에 있는 성군의 모습을 보고 판단하는 것이 백성들에게는 통할는지 모르지만, 현명한 군자에게 있어서는 아주 부끄러운 일이다.

六二 이 음효를 보면, 정당한 자리에서 멀리 구오의 양기와 응하고 있다.

　　이 효상으로 문틈으로 먼 데 있는 성군의 거룩한 모습을 엿보는 여자의 태도를 점쳐보면, 그것이 사나이 대장부에 있어서는 떳떳하지 못한 태도지만, 마음이 곧고 바른 여자의 태도로서는 이로운 일이다.

六三 이 음효를 보면, 양기의 자리에 있으면서 상구의 양기와 서로 응하고 있다. 그러므로 앞으로 나아갈 수도 있고, 제자리로 물러날 수도 있다.

　　이 효상으로 외적 사물에 끌리지 않고 내적으로 자기 생의 현상을 관찰하는 사람의 모습을 점쳐보니, 그는 때에 따라 나아가기도 하고 물러나기도 하는 것을 알 수 있다.

六四 이 음효를 살펴보니, 음기가 있을 적당한 자리에 있으면서 높은 위치에 있는 구오의 양기와 서로 가까이하고 있다.

이 효상으로 덕과 지혜가 있는 임금을 점쳐보니, 임금이 정당한 자리에서 선정을 하고 있어 제후와 신하들은 벼슬도 하고 국민으로 와 있는 것이 이로울 것이다.

九五 이 양효를 관찰하면, 육이의 음기와 서로 응하고 있고, 그밖의 다른 음기들도 다 순응하고 있다.

이런 효상으로 지혜롭고 덕성 있는 임금의 모습을 점쳐보니, 그 밑에 있는 신하와 백성들이 다 우러러본다. 도덕이 있는 군자가 나아가 벼슬을 하여도 아무 허물됨이 없을 것이다.

上九 이 양효를 살펴보면, 비록 정당한 자리에 있지는 못하지만 아래로 육삼의 음기와 서로 응하고 있다.

이 효상으로 무임소(無任所)의 현인군자를 점쳐보면, 그 덕이 성군보다도 더 탁월하여 만민이 다 우러러본다. 그러나 만일 그가 그러한 군자가 아니었다면 허물이 있을 것이다.

21. ☳☲ (震下 離上) 화뢰서합(火雷噬嗑)

原文 │ 噬嗑,은 亨.하니 利用獄.하니라

初九 屨校,하여 滅趾.니 无咎.하니라

六二 噬膚하되 滅鼻.니 无咎.하니라

六三 噬腊肉,하다가 遇毒.이니 小吝이나 无咎.리라

九四 噬乾胏,하여 得金矢.나 利艱貞.하니 吉.하리라

六五 噬乾肉,하여 得黃金.이니 貞厲면 无咎.리라

上九 何校하며 滅耳.니 凶.하도다

☲☳ (아래는 진, 위는 이) **불과 우레는 서합이다**

투쟁을 하면 통하리라. 옥(獄)을 사용하는 것이 이롭다.

初九 발에 고랑을 채워 발꿈치가 잘라져도 괜찮으리라.

六二 살을 물어뜯고 코를 베어도 괜찮으리라.

六三 건육(乾肉)을 씹다가 독한 냄새를 맡았다. 조금 부끄러운 일이나 괜찮으리라.

九四 뼈 있는 건육을 씹다가 쇠로 만든 화살을 얻었다. 힘이 들어도 마음을 곧고 바르게 가지는 것이 이롭다.

六五 건육을 씹다가 황금을 얻었다. 마음을 조심하면 위태하나 괜찮으리라.

上九 포로의 목에 고랑을 채우고 귀를 자른다. 나쁘리라.

주해

○噬嗑(서합) - '서(噬)'는 '씹다', '합(嗑)'은 '먹다'의 뜻. 주자는 '서(噬) 설야(齧也) 합(嗑) 합야(合也) 물유간자(物有間者) 설이합지야(齧而合之也)'라 하였고, 서세대는 '구해위설합(舊解謂齧合) 금해위투쟁(今解謂鬪爭)'이라 했다.

○獄(옥) - 정자는 '옥자(獄者) 소이구치정위(所以究治情僞) 득기정즉지위간지도(得其情則知爲間之道) 연후(然後) 가이설방여치형야(可以設防與致刑也)'라 하였다.

○屨(구) - 신. 신다. 밟다. 채우다.

○校(교) - 고랑, 형틀. 족계(足械).

○滅趾(멸지) - 발꿈치를 자르다. 다산(茶山)은 '멸지자(滅趾者) 월야(刖也)'라 했다.

ㅇ噬(서)—물어뜯다.

ㅇ滅(멸)—없애다. ‘몰(沒)’의 뜻.

ㅇ腊肉(석육)—포, ‘건육(乾肉)’의 뜻.

ㅇ胏(자)—뼈 있는 육포.

ㅇ何(하)—지다. ‘부(負)’ ‘담(擔)’ ‘하(荷)’의 뜻.

해 설

이 괘는 위의 전화(電火)와 아래의 우레가 서로 충돌하는 상이다.

이 괘상으로 적과 투쟁하는 사람의 동작을 점쳐보면, 전쟁에 이기어 모든 일이 다 잘 된다. 잡혀온 적을 다스리는 데는 옥(獄)을 사용하는 것이 이롭다.

初九 이 양효를 살펴보면, 초구의 자리가 정당한 자리에서 육이의 음기와 가까이하여 육삼의 음기를 밀어내고 있고, 구사의 양기가 육오의 음기와 가까이하여 상구의 양기를 밀어내고 있다.

　　이 효상으로 포로를 다스리는 두 옥관이 형벌을 사용하는 것을 살펴보면, 포로의 발을 고랑에 채워놓고 그것을 잡아 비틀어 발가락이 다 없어져도 괜찮은 상이다.

六二 이 음효를 살펴보니, 정당한 자리에서 초구의 강한 기운을 타고 육오의 음기와 서로 응하여 육삼의 음기를 밀어내고 있다.

　　이 효상으로 포로의 살을 물어뜯고, 코를 베어 버리는 옥관을 점쳐보니, 역시 괜찮은 상이다.

六三 이 음효를 보면, 정당치 못한 자리에서 정당치 못한 상구의 양기와 서로 응하고 있다.

　　이 효상으로 포로의 살을 건육으로 만들어 먹다가 독한 냄새를 맡은 사람의 관상을 보니, 처음에는 조금 무안했지만 나중에는 괜찮은 상이다.

九四 이 양효를 보면, 육오의 음기와 가까이하여 상구의 양기를 밀

어낸다.

이 효상으로 포로의 살을 건육으로 만들어 씹어먹다가 쇠로 만든 화살을 얻은 사람의 관상을 점쳐보니, 처음에는 조금 힘이 들지만 조심해서 먹으면 이로울 것이니, 좋을 것이다.

六五 이 음효를 살피면, 비록 정당치 못한 자리에 있으나 덕기(德氣)가 있고, 또 구사의 강한 양기를 타고 있다.

이 효상으로 건육을 씹어먹다가 황금을 얻은 사람의 관상을 보면, 조심해서 먹으면 조금 위태하지만 괜찮으리라.

上九 이 양효를 보니, 정당치 못한 자리에 있을 뿐 아니라, 힘도 없이 너무 높은 자리에서 음침한 육삼의 음기와 서로 응하고 있다.

이 효상으로 목에 고랑을 차고 귀가 잘리는 포로의 관상을 보니, 죽게 될 상이다.

이 서합괘의 괘사와 효사 가운데 나오는 술어로 당시의 사회현상을 살펴보면, 서합은 투쟁생활을 뜻하고, 옥은 포로를 가두어 두던 곳이요, 고랑은 포로에게 사용하던 형틀이다. 그 형벌의 종류는 발꿈치를 자르기도 하고, 살을 물어뜯기도 하고, 코를 자르기도 하고, 건육을 만들어 먹기도 하고, 귀를 자르기도 했다. 또 금시(金矢)와 황금은 구리로 만든 화살과 구리를 뜻하는 것이다. 이것으로 보아, 주역시대는 금석(金石) 또는 청동을 사용하던 시대요, 또 다른 부족과 투쟁이 심했던 시대인 것을 알 수 있다.

22. ☲☶ (離下 艮上) 산화비(山火賁)

原文| 賁,는 亨.하니 小利有攸往.하니라

初九 賁其趾.니 舍車而徒.로다

六二 賁其須.로다

九三 賁如, 濡如.하니 永貞,하면 吉.하리라

六四 賁如, 皤如.하면 白馬翰如.하니 匪寇면 婚媾.리라

六五 賁于丘園.이니 束帛이 戔戔.이면 吝하나 終吉.이리라

上九 白賁.면 无咎.리라

☲☶ (아래는 이, 위는 간) **산과 불은 비다**

꾸미는 것은 통하는 일이다. 갈 데가 있으면 조금 이롭다.

初九 자기의 발걸음을 예모(禮貌)있게 꾸미는 것이니, 수레를 버리고 걸어간다.

六二 자기 수염을 보기 좋게 꾸민다.

九三 모양있게 꾸미는 듯하고, 윤택하게 하는 듯하다. 길이길이 마음을 곧고 바르게 가지면 좋으리라.

六四 수염을 가꾼 듯하고, 머리가 흰 듯하고, 흰말은 빨라서 나는 듯하다. 도둑이 아니요, 청혼을 하는 것이다.

六五 뒷동산에 무덤을 쓴다. 한 묶음의 비단 필이 재단된다. 처음에는 아까웠지만, 나중에는 좋으리라.

上九 꾸미지 않은 무덤이다. 허물이 없으리라.

주해

○賁(비)─꾸미다. 무덤. 서세대는 '영장(營葬)'의 뜻이라 했고, 다산은 '비자(賁者) 반연유문장지모(斑然有文章之貌)'라 했다.

○舍(사)─버리다. '사(捨)'의 뜻.

○徒(도)─도보.

ㅇ須(수) - 수염.

ㅇ濡如(유여) - 윤택있게 하는 듯하다.

ㅇ皤(파) - 희다.

ㅇ白馬(백마) - 다산은 '혼례승백마야(昏禮乘白馬也)'라 했다.

ㅇ翰(한) - 날갯죽지.

ㅇ丘園(구원) - 언덕과 동산.

ㅇ束帛(속백) - 묶어 둔 비단, 또는 한 묶음의 비단 필.

ㅇ戔戔(전전) - 상한 모양. '전재분열(翦裁分裂)'의 뜻.

해 설

이 괘의 괘상은 산과 불이므로, 이 괘상으로 산 아래에서 불을 피워놓고 무덤을 만드는 사람들을 점쳐보면, 모든 일이 다 잘 통할 것이다. 그러므로 갈 데가 있으면 막히지 않고 잘 갈 수 있다.

初九 이 양효를 살펴보면, 양기가 있을 정당한 자리에서 육이의 음기를 버리고 육사의 음기와 서로 응한다.

　　이 효상으로 자기의 발걸음을 아름답게 수식하려는 사람의 관상을 점쳐보면, 때로는 타고 가던 수레를 타지 않고 도보로 걸어갈 때가 있다.

六二 이 음효를 살펴보면, 음기가 있을 자리에서 구삼의 양기를 가까이하여 육오의 음기에 응하려 한다.

　　이 효상으로 아래턱에 난 수염을 꾸미려는 사람의 관상을 점쳐보면, 자기의 턱을 움직임으로써 그것을 모양있게 하려 한다.

九三 이 양효를 살펴보면, 육오의 음기와 서로 응하고 있다.

　　이 효상으로 다만 겉치레로 수염만 모양내고 윤택하게 하려는 사람의 관상을 보니, 그런 사람은 안으로 길이 마음을 곧고 바르게 가져야 좋을 것이다.

六四 이 음효를 보면, 음기가 있을 정당한 자리에서 초구의 양기와 서로 응한다.

　　　이 효상으로 수염도 희고 머리도 흰 늙은이가 흰말을 타고 나는 듯이 여자의 집 앞에 와서 머뭇거리는 모습을 점쳐보니, 그 늙은이는 도둑이 아니요 청혼하러 온 사람이다.

六五 이 음효를 살펴보면, 위로 상구의 양기와 가까이하고 있고, 아래로는 서로 응할 양기가 없다.

　　　이 효상으로 뒷동산에 무덤 쓰는 사람의 모습을 점쳐보면, 비단 필을 재단하여 장례식에 사용하는 것을 처음에는 조금 아까워하는 기색을 보이더니, 나중에는 좋아하였다.

上九 이 양효를 보면, 위로는 더 올라갈 수 없고 아래로는 자기와 응할 음기가 없다.

　　　이 효상으로 산꼭대기에 아무 장식도 하지 않은 한 개의 무덤을 보니, 차라리 그 모습이 괜찮다.

　　　이 비괘의 괘사와 효사 가운데 나오는 술어를 살펴보면, 비는 장식의 뜻이 있지만 무덤의 뜻도 있다. 또 혼구(婚媾)와 비단(帛)이란 글자도 나온다. 이때는 벌써 결혼식과 장례식도 있었고, 농경업도 상당히 발달되었던 것을 알 수 있다.

23. ䷖ (坤下 艮上) 산지박(山地剝)

原文｜ 剝,은 不利有攸往.하니라

初六 剝牀以足.이니 蔑貞.이라 凶.하도다

六二 剝牀以辨.이니 蔑貞.이라 凶.하도다

六三 剝之. 无咎.니라

六四 剝牀以膚.니 凶.하니라
박 상 이 부 흉

六五 貫魚,하여 以宮人寵.이면 无不利.리라
관 어 이 궁 인 총 무 불 리

上九 碩果不食.이니 君子는 得輿,하고 小人은 剝廬.리라
석 과 불 사 군 자 득 여 소 인 박 려

☷ ☶ (아래는 곤, 위는 간) **산과 땅은 박이다**

착취란 행위는 갈 곳이 있으니 이롭지 못하다.

初六 좀벌레가 상을 갉아먹는 데는 그 다리부터 시작한다. 곧고 바른 마음이 없으면 나쁘리라.

六二 좀벌레가 상을 갉아먹는 데는 그 허리에서부터 시작한다. 곧고 바른 마음이 없으면 나쁘리라.

六三 좀벌레가 상을 갉아먹어도 괜찮으리라.

六四 좀벌레가 상을 갉아먹되 껍질부터 시작한다. 나쁘리라.

六五 물고기를 잡아 꿰으로써 궁인(宮人)들의 사랑을 받는다. 이롭지 않음이 없다.

上九 큰 과일이 먹히지 않는다. 군자는 수레를 얻고, 소인은 집을 헐리리라.

주해

o 剝(박) — 긁다. 벗기다. 주자는 '박자(剝者) 낙야(落也)'라 했고, 다산은 '박자(剝者) 박야(撲也)', 서세대는 '박삭(剝削)'의 뜻으로 해석하였다. 바로 착취의 뜻이다.

o 牀(상) — '상(床)'의 뜻.

o 蔑(멸) — 없애다. '멸(滅)'의 뜻.

o 辨(변) — 상허리. 정자는 '변(辨) 분격상하자(分隔上下者) 상지간야(牀之幹也)'라 했고, 주자는 '상간야(牀幹也)', 정현(鄭玄)은 '변위근슬지하(辨謂近膝之下)', 다산은 '변여변동(辨與辨同) 고간야(股間也)'라 하였다.

ㅇ膚(부)－껍질. 피부.
ㅇ宮人(궁인)－후궁(後宮).
ㅇ碩果(석과)－큰 열매.
ㅇ輿(여)－수레. 가마.
ㅇ廬(여)－집. 초가.

해 설

이것은 산 아래 있는 땅이다. 산 아래에 땅이 있으니, 산이 땅을 내려누르고 또 지기(地氣)를 착취하는 상이 있다.

이 괘상으로 인간사회에 있어서 상류계급이 하류계급의 이익을 착취하는 현상을 점쳐보니, 그러한 방법은 어디를 가든지 이로울 것이 없다.

初六 이 음효를 관찰하면, 양기가 있을 자리에 있으니 정당치 못한 자리다. 이와 같이 양기가 있을 자리에 있으므로 위로 먹어 올라가는 상이다.

　이 효상으로 상다리에서부터 먹어 올라가는 좀벌레를 점쳐보니, 마음이 곧지 못하고 꼬부라져 반드시 화가 몸에 미칠 것이다.

六二 이 음효를 보면 하괘의 중간 위치에 있다. 역시 초륙의 음기와 마찬가지로 위로 먹어 올라가는 형상이다.

　이 효상으로 상의 허리에서 먹어 올라가는 좀벌레의 모습을 점쳐보니, 역시 마음이 곧고 바르지 못하여 나쁘리라.

六三 이 음효를 보면, 위로 상구의 양기와 서로 응하고 있다.

　이 효상으로 상을 갉아먹는 좀벌레의 상을 점쳐보면, 힘이 약하여 상을 상하게 할 정도가 못된다.

六四 이 음효를 살피면, 다른 양기와 함께 오직 하나인 상구의 양기를 먹어 들어간다.

　이 효상으로 상의 껍질을 먹어 올라가는 좀벌레의 모습을 점쳐보니, 그 결과가 나쁘리라.

六五 이 음효를 살펴보면, 비록 정당치 못한 높은 자리에 있으나 기덕이 있어 모든 음기를 거느리고 상구의 양기에 가까이하려 한다.

이 효상으로 한 여왕이 여러 궁녀를 거느리고 비록 위(位)는 없지만 도덕이 높은 군자에게 가까이하는 모습을 점쳐보니, 이롭지 않음이 없다.

上九 이 효상을 살펴보면, 비록 너무 높은 자리에 있으나 육삼의 음기와 서로 응하고 있다.

이 효상으로 벌레에 먹히지 않은 과실의 모습을 점쳐보니, 마음 착한 군자가 이 효를 얻으면 타고 가는 수레를 얻을 것이요, 만일 마음 나쁜 소인이면 자기가 사는 집까지 빼앗길 것이다.

무릇 남의 이익을 박탈하는 욕심쟁이는 그칠 줄을 모른다. 그러나 그대로 가면 나중에는 불리하게 된다.

그 박탈의 방법은 밑에서부터 위로 잠식해 올라간다. 마치 좀벌레가 상을 갉아먹을 때에 처음에는 상다리에서 시작하여 점점 올라가서 상허리를 갉아먹고, 그 다음에는 상체(牀體)를 갉아먹는 것과 같다. 그러나 최후에 이르러서는 갉아먹지 못할 것이 있다. 예를 들면 과실 속의 핵(核)과 같은 것이다. 이 핵은 땅에 떨어지면 다시 새 생명을 얻어 새싹이 돋아나는 것과 같다. 우리는 주역시대에 벌써 착취계급과 피착취계급이 형성되었다는 것을 알 수 있다.

24. ䷗ (震下 坤上) 지뢰복(地雷復)

原文 | 復_복,은 亨_형.하여 出入_{출입}에 无疾_{무 질}.하여 朋來_{붕 래}라야 无咎_{무 구}.리라 反_반

復其道,하여 七日에 來復.하니 利有攸往.이니라

初九 不遠復.이라 无祗悔.니 元吉.하니라

六二 休復.이니 吉.하니라

六三 頻復.이니 厲하나 无咎.리라

六四 中行하되 獨復.이로다

六五 敦復.이니 无悔.하니라

上六 迷復,이라 凶.하니 有災眚.하여 用行師,면 終有大敗,하고 以其國君,이면 凶.하여 至于十年,이 不克征.하리라

☷☳ (아래는 진, 위는 곤) **땅과 우레는 복이다**

되돌아오니, 통하리라. 드나들어도 병이 없다. 벗이 와도 허물이 없다. 그 도를 반복하니, 이레 만에 되돌아온다. 갈 데가 있으면 이롭다.

初九 머지않아서 되돌아온다. 후회하는 일이 없을 것이다. 크게 좋으리라.

六二 되돌아오다 쉰다. 좋으리라.

六三 자주 되돌아온다. 위태로우나 허물됨이 없으리라.

六四 가운데로 걸어서 혼자 되돌아온다.

六五 독실하게 되돌아온다. 후회가 없으리라.

上六 되돌아오는 길을 잃었으니 나쁘다. 천재와 인화(人禍)가 있다. 행군하면 마침내 크게 패하리니, 그 나라 임금까지 나쁘리라. 10년이 되어도 정벌할 수 없다.

주해

ㅇ祗(지)-이르다. '지(至)'의 뜻.

o休(휴)-아름답다. '미(美)'의 뜻. 쉬다. '휴식'의 뜻. 정자는 '미(美)'의 뜻으로 보고, 다산은 '휴식'의 뜻으로, 내씨는 '휴이유용야(休而有容也)'라 하였다.

o頻(빈)-자주. 여러번.

o中行(중행)-주자는 '사처군음지중(四處羣陰之中) 이독초응(而獨初應)'이라 했고, 내씨는 '재중행야(在中行也)', 다산은 '기도사통(其道四通) 시중행야(是中行也)', 서씨는 '차중행(此中行) 위진국신삼군지중군(爲晉國新三軍之中軍)'이라 하였다.

o敦(돈)-돈독하다. 독실하다.

o迷(미)-'실(失)'의 뜻.

o災眚(재생)-재앙. 천재와 인화.

o以(이)-까지. '병급(並及)'의 뜻.

해 설

이 괘의 괘상을 살펴보면, 하나의 양기가 다섯 개의 음기 밑에서 다시 움직여 올라오고, 땅속의 우레가 다시 솟아오르는 상이다.

이 괘상으로 사물과 인간의 행위를 점쳐보면, 한 번 갔다가 되돌아온다는 것은 막히지 않고 통한다는 것을 뜻한다. 그러므로 오랫동안 길이 막히어 오지 못하고 있던 친구들도 다시 찾아오게 된다. 사물과 인사(人事)의 변화는 대개 1주일을 한 주기로 한다. 여기서 1주일이라 함은 육효 가운데서 한 효를 하루로 잡은 것이다.

또 한 효를 1개월로 본다면, 처음에 순양(純陽)이었던 건괘가 음력 5월 하지에 1양이 박탈되어 천풍구괘가 되고, 6월에 천산둔괘, 7월에 천지비괘, 8월에 풍지관괘, 9월에 산지박괘, 10월에 순음(純陰)인 곤괘가 되고, 11월 동지에 이 지뢰복괘가 되어 모두 7개월이 걸린다.

이와 같이, 지금의 월요일을 구괘(姤卦)로 본다면, 화요일은 둔괘(遯卦), 수요일은 비괘(否卦), 목요일은 관괘(觀卦), 금요일은 박괘(剝卦), 토요일은 곤괘(坤卦), 일요일은 복괘(復卦)가 되어 모두 6일이 걸린다. 이것은 천지자연의 운행법칙을 반복하는 것이다. 이 점괘를 얻은 사람은 어디를 가든지 이롭지 않음이 없다.

初九 이 양효를 살펴보면, 땅 밑에서 정당한 자리에 있고, 육사의 음기와 서로 응하고 있어, 머지않아 위로 올라가게 된다.

이 효상으로 한 개인의 행위를 점쳐보면, 집을 나갔던 탕자(蕩子)가 머지않아 집으로 되돌아오니, 아무 후회할 일이 없다. 이 점괘를 얻은 사람은 크게 좋을 것이다. 또 수양면(修養面)에 있어서도 물질적인 욕망을 극복하고 도덕적 인간으로 돌아오니〔克己復禮〕, 후회할 일이 없다. 좋은 일이 있을 뿐이다.

六二 이 음효를 보면, 음기가 있을 정당한 자리에 있지만, 위로는 서로 응할 양기가 없어 잠시 쉬고 있으면서 아래로 초구의 양기를 타고 있다.

이 효상으로 어떤 사람의 도덕적 행위를 점쳐보면, 자기보다 위에 있는 사람은 착한 사람이 없어서 할 수 없이 자기보다 아래에 있는 착한 사람과 가까이하는 것이다.

六三 이 음효를 보면, 하괘의 높은 자리에 있어서 위태하므로 안전한 위치에 있는 초구의 양기에로 자주 되돌아오려 한다.

이 효상으로 어떤 사람의 학문하는 태도를 점쳐보니, 실력이 늘지 않아 옛날 은사에게로 때는 조금 늦었으나 자주 되돌아오려 한다. 그러므로 위험성이 있지만 큰 허물은 없을 것이다.

六四 이 음효를 살펴보면, 음기가 있을 정당한 자리에 있고, 또 육이와 육삼, 육오와 상륙의 네 음기 가운데 자리에 처해 있으면서 아래로 초구의 양기와 서로 응하여 되돌아오려 한다.

이 효상으로 옛날 진후(晉侯)가 북쪽 오랑캐〔北狄〕를 막기 위하여 행군하는 모습을 점쳐보니, 좌우 양군의 중군(中軍)이

되어 승전하고 홀로 본국으로 되돌아온다.

六五 이 음효를 살펴보면, 아래와 위로 서로 응하는 양기는 없지만, 가운데 자리에 있어서 기덕이 있으므로 육이의 음기와 함께 초구의 양기로 되돌아오려 한다.

　이 효상으로 좌우 양군의 중군이 되어 본국으로 되돌아오려는 진후의 모습을 점쳐보니, 그 마음이 아주 독실하여 아무 후회하는 기색이 없다.

上六 이 음효를 보면, 비록 음기가 있을 자리에 있으나 너무 높은 자리에 있어 위태할 뿐 아니라, 아래로 서로 응할 양기가 없다.

　이 효상으로 전장에서 행군하여 오는 모습을 점쳐보니, 돌아오는 길을 잃어버려 나쁜 징조다. 그뿐 아니라 천재와 인화가 잇달아 있다. 만일 이때에 행군하면 반드시 크게 패하여 그 나라 임금까지 화를 받게 된다. 그러므로 5년 내지 10년이 되어도 오랑캐를 정벌할 수 없을 것이다.

　이 복괘의 복(復)자를 서세대(徐世大)의 말대로 보복의 뜻으로 본다면, 원수를 보복하는 방법은 앞으로 나아갈 뿐이요 뒤로 물러나는 것은 금물이다. 그러므로 앞으로 나아가면 이롭다. 초구의 불원복(不遠復)은 머지않아 보복한다는 뜻이요, 육이의 휴복(休復)은 복수를 그만둔다는 뜻이요, 육사의 중행독복(中行獨復)은 중군의 뜻이요, 육오의 돈복(敦復)은 독실히 보복하였다는 뜻이요, 상륙의 미복(迷復)은 보복을 잘못하여 전쟁에 패하고 국가와 군주가 다 재앙을 받는다는 뜻이라 할 것이다. 역학을 연구하는 사람이 주의할 점이다.

25. ☳☰ (震下 乾上) **천뢰무망**(天雷无妄)

原文| 　　无妄은 元亨.하고 利貞.하니 其匪正,이면 有眚.할새 不

利有攸往.하니라

初九 无妄.이니 往에 吉.하리라

六二 不耕穫,하며 不菑하여 畬,니 則利有攸往.하니라

六三 无妄之災.니 或繫之牛.하나 行人之得,이 邑人之災.로다

九四 可貞.이니 无咎.리라

九五 无妄之疾.은 勿藥이면 有喜.리라

上九 无妄.의 行이면 有眚.하여 无攸利.리라

≡≡ (아래는 진, 위는 건) **하늘과 우레는 무망이다**

죽음이란 크게 통하는 현상이다. 마음이 곧아야 이롭다. 그것이 바른 죽음이 아니면 재앙이 있다. 그러므로 갈 데가 있는 것이 이롭지 못하다.

初九 성실성 있게 가는 것이 좋으리라.

六二 밭을 갈고도 거둘 생각을 하지 않고, 밭을 개간하고도 3년이 되면 좋은 밭이 되리라 생각지 않는다. 갈 데가 있는 것이 이롭다.

六三 뜻하지 않았던 재앙이다. 어떤 사람이 여기에 소를 매두었다. 길 가던 사람에게는 얻은 것이 되고, 마을 사람들에게는 재앙이 되리라.

九四 마음을 곧고 바르게 가져야 한다. 허물이 없으리라.

九五 예기치 않던 병이다. 약을 쓰지 말라. 기쁨이 있으리라.

上九 예기할 수 없었던 행위이면 재앙이 있다. 이로울 것이 없다.

주해

○无妄(무망)−정자는 '무망자(无妄者) 지성야(至誠也)'라 했고, 주자는 '무망(无妄) 실리자연지위(實理自然之謂)', 서세대는 '구해이위진실불기(舊解以爲眞實不欺) 금정위사(今定爲死)'라 했다.

○耕穫(경확)−밭을 갈아 거두다.

○菑畬(치여)−밭을 개간하여 3년 부치다.

○无妄之災(무망지재)−여기서의 무망은 '무망(無望)'의 뜻.

해 설

이 무망괘의 괘상을 살펴보면, 하늘 아래의 우레다. 초구의 양기가 육이의 음기와 가까이하여 위로 올라가려 하지만, 위에 있는 세 개의 양기가 압력을 가한다.

이 괘상으로 사람이 죽는 현상을 점쳐보니, 그것은 매우 보편적이어서 어느 사람에게나 크게 통할 수 있는 것이다. 그러나 사람은 죽음에 임하여 항상 마음을 곧고 바르게 가져야 한다. 만일 그것이 올바른 죽음이 아니면 반드시 재앙이 있게 된다. 그뿐 아니라 위에서 내리누르고 있으니 어디로 가서는 안된다.

初九 이 양효를 살펴보면, 양기가 있을 정당한 자리에서 육이의 음기와 가까이하여 위로 올라가려 하나 세 개의 양기가 내리누르고 있다.

　이 효상으로 사람의 죽음을 점쳐보니, 죽음이란 보편적 현상이다. 어디를 가서 죽든지 좋으리라.

六二 이 음효를 살펴보면, 가운데 자리에서 초구의 양기를 타고 위로 구오의 양기에로 올라가려 한다.

　이 효상으로 밭을 경작하는 농부의 모습을 점쳐보면, 봄에 밭을 가는 것만 자기의 의무로 생각하고 가을에 가서 추수할 것을 기대하지 않거나, 황무지를 개간하는 것을 자기 의무로 생각하고 3년이 되면 좋은 밭이 된다는 것을 기대하지 않는다. 그러므로 이런 농부는 어디를 가든지 이롭다.

六三 이 음효를 보면, 양기가 있을 자리에 있고 위로는 상구의 양기와 서로 응하고 있다. 그러나 육삼의 음기는 하괘의 위에 있고, 상구의 양기도 너무 높은 자리에 있어서 두 기운이 다 덕을 가지고 있지 못하다.

　이 효상으로 길바닥에 매여 있는 어떤 사람의 소를 점쳐보니, 길 가던 나그네가 이것을 훔쳐갈 것이요, 그 동네 사람들은 공연히 도둑의 누명을 쓰게 될 것이다.

九四 이 양효를 보면, 음기가 있어야 할 자리에 있을 뿐 아니라, 아래로 서로 응할 음기도 없다. 그러므로 자기의 자리를 굳게 지키고 있는 것만 못하다.

　이 효상으로 부정당한 자리에서 장래에 아무 희망이 없는 사람을 점쳐보니, 본래의 타고난 강한 기운을 가지고 마음을 곧고 바르게 가질 수 있으면 그런 대로 허물이 없을 것이다.

九五 이 양효를 살펴보면, 정당한 가운데 자리에 있을 뿐 아니라 아래로 육이의 음기와 서로 응하고 있다.

　이 효상으로 예기치 않았던 병에 걸린 어떤 사람의 모습을 점쳐보니, 약을 쓰지 않아도 저절로 나을 병이다.

上九 이 양효를 살피면, 너무 높고도 정당치 못한 자리에 있다. 육삼의 음기와 서로 응하고 있으나, 이 역시 하괘의 윗자리에 있으므로 안정감이 없다.

　이 효상으로 앞날을 예기할 수 없는 나그네의 모습을 점쳐보니, 가면 반드시 재앙이 있다. 이로울 것이 하나도 없다.

26. ☰☶ (乾下 艮上) 산천대축(山天大畜)

原文│ 大畜은 利貞하니 不家食하면 吉하니 利涉大川하니라

初九 有厲리니 利已리라

九二 輿說輹이로다

九三 良馬逐이니 利艱貞하니 日閑輿衛면 利有攸往하리라

六四 童牛之牿이니 元吉하니라

六五 豶豕之牙니 吉하니라

上九 何天之衢니 亨하니라

☶☰ (아래는 건, 위는 간) **산과 하늘은 대축이다**

크게 목축을 하는 데는 마음을 곧고 바르게 가져야 이롭다. 집에서 먹이지 않으면 좋다. 큰 냇물을 건너는 것이 이롭다.

初九 위태로운 일이 있다. 그만두는 것이 이롭다.

九二 수레의 바퀴살이 벗겨졌다.

九三 좋은 말을 타고 간다. 그러나 일을 어렵게 여기고 마음을 곧고 바르게 가져야 이롭다. 날마다 수레 몰기와 자기 방위를 연습해야 한다. 갈 데가 있으면 이롭다.

六四 외양간에 있는 송아지다. 크게 좋으리라.

六五 거세한 돼지에 이〔牙〕가 났다. 크게 좋으리라.

上九 하늘의 길을 이고 있다. 형통하리라.

주해

○大畜(대축) ─ 크게 목축을 하다. 여기서 '축(畜)'은 목축, 저축, 축산의 뜻

이 있다.

ㅇ已(이) - 그만두다.

ㅇ說(탈) - 벗다. '탈(脫)'의 뜻.

ㅇ輹(복) - 수레바퀴 살.

ㅇ閑(한) - 익히다.

ㅇ衛(위) - 막다. 방위 또는 호위의 뜻.

ㅇ童牛(동우) - 송아지.

ㅇ牿(곡) - 외양간.

ㅇ豶(분) - 거세한 돼지. 또는 거세의 뜻.

ㅇ何(하) - 정자는 '여문지호선생왈(予聞之胡先生曰) 천지구형(天之衢亨) 오가하자(誤加何字)'라 했고, 주자는 '하천지구(何天之衢) 언하기통달지심야(言何其通達之甚也)', 내씨는 '하호가절(何胡可切) 음하(音荷) 담야(擔也) 부야(負也)', 다산도 '시운하(詩云何) 천지용(天之龍) 천하지휴(天何之休) 하하본상통(何荷本相通)'이라 했다. 그리고 만씨(萬氏)는 '간위배(艮爲背) 하자(何者) 배야(背也)'라 하였다.

ㅇ天衢(천구) - 정자는 '천로야(天路也)'라 했고, 내씨는 '이인사론(以人事論) 내조정정사지대도야(乃朝廷政事之大道也)'라 하였다.

해 설

대축괘의 괘상으로 크게 목축업을 하는 사람의 모습을 점쳐보니, 첫째, 목축업자가 사리를 도모하지 말고 마음을 공정하게 가져야 이롭고, 둘째, 가축들을 집에서 먹이지 말고 풀밭에서 먹여야 좋다. 때에 따라 그 가축들을 데리고 큰 냇물을 건너가도 이롭다.

初九 이 양효를 보면, 양기가 있을 정당한 자리에 있고, 또 위로 육사의 음기와 서로 응하고 있어 전진할 기세가 있지만, 육오의 음기를 타고 있는 상구의 양기가 가로막고 있다.

이 효상으로 진취하려 하나 앞에 가로막는 적이 있는 사람의 모습을 점쳐보니, 위험하다. 그러므로 행동을 정지하는 것이 이롭다.

九二 이 양효는 육오의 음기와 서로 응하고 있으나, 역시 상구의 양기가 가로막고 있어 전진할 수 없다. 이 효상으로 수레를 타고 전진하는 사람의 모습을 점쳐보니, 장차 바퀴가 벗겨져 더 나아갈 수 없게 될 것이다.

九三 이 양효는 육사의 음기를 태우고 육오의 음기를 쫓아간다. 그러나 그것은 어려운 일이다.

　　이 효상으로 좋은 말을 타고 가는 사람의 모습을 점쳐보니, 그 일이 그렇게 쉬운 것이 아니다. 반드시 몸을 곧게 가지고 마음을 바르게 가져야 한다. 그렇게 하기 위해서는 매일 수레 타기 연습을 해야 하고, 또 대적을 만날 때에 자기 몸을 방위할 방법을 배워야 한다. 그런 뒤에는 어디를 가든지 다 이롭다.

六四 이 음효는 음기가 있을 정당한 자리에서 초구의 양기와 서로 응하고 있으나, 상구의 양기에 저지된다.

　　이 효상으로 외양간에 있는 송아지의 관상을 보니, 철없이 밖에 나다니는 것보다 도리어 외양간 안에 있는 것이 안전하다.

六五 이 음효는 구삼의 양기와 서로 응하고 있으나, 역시 상구의 양기에 저지 당하고 있다.

　　이 효상으로 이가 난 거세한 돼지의 관상을 보니, 역시 좋다. 왜냐하면 만일 거세하지 않고 이가 났더라면 세력이 왕성하여 분수없이 무엇에나 돌진하다가 코를 다치기 때문이다.

上九 이 양효는 육사, 육오의 두 음기를 타고 매우 높은 자리에 있다.

　　이 효상으로 구만리 장천에 떠가는 대붕(大鵬)의 모습을 점쳐보니, 푸른 하늘을 등에 지고 사면팔방으로 터진 하늘의 거리를 자유자재로 날아간다. 어디로 가든지 통하지 않겠는가.

27. ☳☶ (震下 艮上) 산뢰이(山雷頤)

原文| 頤,는 貞하면 吉.하니 觀頤하며 自求口實.이니라

初九 舍爾靈龜,하고 觀我하여 朶頤.이니 凶.하니라

六二 顚頤,라 拂經.이니 于丘에 頤.하여 征하면 凶.하리라

六三 拂頤. 貞.이라 凶.하여 十年勿用.이라 无攸利.하니라

六四 顚頤나 吉.하니 虎視眈眈,하며 其欲逐逐,하면 无咎.하리라

六五 拂經.이나 居貞하면 吉.하려니와 不可涉大川.이니라

上九 由頤.니 厲하면 吉.하니 利涉大川.하니라

☳☶ (아래는 진, 위는 간) **산과 우레는 이다**

턱을 놀린다. 바르게 놀려야 좋다. 턱 놀리는 것을 살펴보니, 스스로 음식물이 들어오기를 바라고 있다.

初九 너의 신령스러운 거북점의 징조를 버리고는 나를 보고 부러워서 턱을 든다. 나쁘리라.

六二 턱을 거꾸로 들고 있다. 언덕 위에서 목매 죽은 사람의 턱이다. 정벌을 가면 나쁘리라.

六三 턱을 거꾸로 드는 것이다. 마음을 곧고 바르게 가져도 나쁘리라. 10년 동안 쓰지 말라. 이로울 것이 없으리라.

六四 턱을 거꾸로 들고 있으나 좋으리라. 범이 주시하고 있으니, 그 욕심이 다른 것을 추구하면 허물이 없으리라.

六五 목을 높이 들고 있다. 마음을 곧고 바르게 가지고 있으면 좋
　　 으리라. 그러나 큰 냇물을 건너서는 안되리라.
上九 사람의 몸은 턱으로 말미암아 양육된다. 위태하나 좋으리라.
　　 큰 냇물을 건너는 것이 이롭다.

〔주해〕

ㅇ頤(이)－턱. 짜다.
ㅇ口實(구실)－핑계. 언질. 또는 입 안의 음식물.
ㅇ舍(사)－버리다. '사(捨)'의 뜻.
ㅇ靈龜(영귀)－신령스러운 거북. 대귀(大龜). 여기서는 '신령스러운 거북점
　의 징조'.
ㅇ朶(타)－든다. 드리우다. '수(垂)'의 뜻.
ㅇ顚(전)－거꾸로 들다. '도(倒)'의 뜻.
ㅇ拂(불)－높이 들다. 다산은 '고거야(高擧也)'라 하였다.
ㅇ經(경)－다산은 '경항통(經吭通) 우여경통(又與頸通)'이라 하여 '불경자
　(拂頸者) 인경야(引頸也)'라 하고, 또 '불경혹시액사지위(拂頸或是縊死之
　謂)'라 하였다.
ㅇ十年(십년)－주자는 '십(十) 수지종(數之終) 위종불가용(謂終不可用)'이라
　했다.
ㅇ眈眈(탐탐)－내려다보는 모습. 또는 주시하는 모양. 다산은 '탐탐자(眈眈
　者) 시근이지원야(視近而志遠也)'라 했다.

〔해 설〕

이괘의 괘상을 살펴보면, 가만히 있는 산 아래의 움직이는 우렛소
리다. 그뿐 아니라, 밑에 있는 초구의 양기와 위에 있는 상구의 양기
가 육이, 육삼, 육사, 육오의 네 음기를 내부에 봉하고 있다.
　이 괘상으로 사람이 배가 고파서 입을 움직이는 아래턱과 위턱을
점쳐보니, 입 안으로 음식물이 들어오기를 바라고 있다. 그러나 그 턱
을 바르게 잘 씹어 삼켜야 몸의 영양분이 되어 클〔養〕 수 있다.

初九 이 양효를 살펴보면, 강하고 밝고 정당한 자리에 있으면서 위에 있는 상구의 자리를 바라보고 있다.

이 효상으로 자기의 신령스러운 거북점에 나타난 징조를 쓰지 않고 부질없이 자기보다 윗자리에 있는 사람을 부러워하는 사람의 관상을 점쳐보니, 그러한 사람은 반드시 나쁘리라.

六二 이 음효를 관찰하면, 초구의 양기를 타고서 상구의 양기를 가까이하고 있는 육오의 음기를 쳐다보고 있다.

이 효상으로 비록 덕성은 조금 있으나 아무 재질이 없는 한 추녀(醜女)가 부질없이 여왕 자리를 탐내는 것을 점쳐보니, 장차 뒷동산에서 목을 매고 죽을 관상이다. 남자가 만일 이 점괘를 얻으면 군사를 이끌고 정벌하러 나아가다가는 반드시 실패하게 된다.

六三 이 음효는 양기가 있을 자리에 있으면서 너무 높은 자리에 있는 상구의 양기를 쳐다보고 있다.

이 효상으로 비교적 자기 신분이 조금 높은 것을 자랑삼아 성인(聖人)을 사모하는 한 여성의 모습을 점쳐 보니, 그가 아무리 마음을 곧고 바르게 가지더라도 결과적으로 나쁠 것이다. 그런 마음을 평생토록 가지지 말 것이다. 아무 이로울 것이 없다.

六四 이 음효는 음기가 있을 정당한 자리에서 아래로 초구의 양기와 서로 응하고 있다.

이 효상으로 턱을 높이 들고 무엇을 주시하고 있는 호랑이의 모습을 점쳐보면, 그놈이 무엇을 원하든지 반드시 얻을 것이니, 아무 허물이 없을 것이다.

六五 이 음효는 양기가 있을 자리에 있으나 가운데 자리를 차지하고 있으므로 기덕이 있다. 그러나 너무 높은 자리에 있는 상구의 양기와 가까이하여 위로 올라가서는 안된다.

　　이 효상으로 세상을 초월한 여왕이 한 성인을 사모하는 모습을 점쳐보니, 그 여왕이 자기 자리를 지키고 있으면서 그 성인을 사모하는 것까지는 좋지만, 자기의 왕관을 벗고 그 성인을 따라가서는 안된다. 그러므로 이 괘를 얻은 사람은 자기 자리를 지키고 있는 것은 괜찮지만, 앞으로 나아가 큰 냇물을 건너가서는 안된다.

上九 이 양효는 음기가 있을 높은 자리에 있으나 육삼의 음기와 서로 응하고 있어 모든 음기를 초구의 양기와 함께 양육하고 있다.

　　이 효상으로 위턱이 아래턱과 합작하여 음식물을 입 안에 넣고 씹는 모습을 점쳐보니, 때로는 굳은 물건이 있어 조금 위험하지만 괜찮다. 이 괘를 얻은 사람은 큰 냇물을 건너가도 좋다.

28. ≡ ≡ (巽下 兌上) 택풍대과(澤風大過)

原文| 大過,는 棟이 橈.니 利有攸往.하여 亨.하니라

初六 藉用白茅.니 无咎.하니라

九二 枯楊이 生稊,하니 老夫得其女妻.니 无不利.하니라

九三 棟橈.니 凶.하니라

九四 棟隆.이니 吉.하거니와 有它면 吝.하리라

九五 枯楊이 生華,하며 老婦得其士夫.니 无咎나 无譽.리라

上六 過涉滅頂.이라 凶하니 无咎.하니라

☰ ☱ (아래는 손, 위는 태) **못과 바람은 대과다**

너무 지나치다는 것은 마치 집의 대들보가 꺾어지는 것과 같다. 갈 데가 있으면 모든 일이 잘 통하리라.

初六 흰 띠풀을 깔고 있다. 허물이 없으리라.

九二 말라죽은 버드나무에 새 잎이 돋아난다. 늙은 아비가 그 딸을 얻어 아내로 삼는다. 이롭지 않음이 없다.

九三 대들보가 꺾이니 나쁘리라.

九四 대들보가 드높으니 좋으리라. 다른 생각이 있으면 부끄러움을 당하리라.

九五 말라죽은 버드나무에 꽃이 피었다. 늙은 어머니가 젊은 아들을 얻어 남편으로 삼았다. 흉도 없고 칭찬도 없으리라.

上六 너무 깊은 물을 건너다 머리까지 빠졌다. 나쁘지만 허물이 없으리라.

주해

ㅇ橈(요) - 꺾어지다. 약하다.

ㅇ藉(자) - 깔다.

ㅇ稊(제) - 어린 잎. 주자는 '근(根)'의 뜻이라 했고, 다산은 '엽시생왈제(葉始生曰稊)'라 했다.

ㅇ隆(융) - 높이 일다. '융기(隆起)'의 뜻.

ㅇ它(타) - '타(他)'와 같음.

ㅇ華(화) - 꽃. '화(花)'의 뜻.

ㅇ老婦(노부) - 늙은 지어미. 늙은 어머니를 이름.

ㅇ士(사) - 다산은 '하손로부야(下巽老婦也)〔長女卦〕 금배도간(今配倒艮) 득사부야(得士夫也)〔艮少男〕 시운(詩云) 길사유지사자(吉士誘之士者) 미취지칭야(未娶之稱也)'라 하였다. 그러므로 '사(士)'는 젊은 아들의 뜻이다.

ㅇ滅頂(멸정) - 머리까지 빠지다. '정(頂)'은 '수(首)'의 뜻.

해 설

대과괘의 괘상으로 집의 대들보가 꺾어지는 것을 점쳐보니, 그것은 대들보는 약한데 그 위에 실려 있는 것이 지나치게 무겁다. 그러므로 대들보가 꺾이기 전에 먼저 이 집에서 떠나는 것이 좋다.

初六 이 음효를 보면, 정당치 못한 자리에서 구이와 구삼의 양기 밑에 눌려 있으나, 구사의 양기와 서로 응하고 있다.

　　이 효상으로 근신하는 태도로 깨끗하고 흰 띠풀을 깔고 있는 사람의 모습을 점쳐보니, 비교적 안전하여 잘못됨이 없을 것이다.

九二 이 양효를 보니, 정당치 못한 자리에서 초륙의 음기를 타고 있다.

　　이 효상으로 마른 버드나무에서 다시 새로운 뿌리가 나는 모습을 점쳐보니, 마치 인간사회에 있어서 한 늙은 아비가 다 자란 딸로 자기의 새로운 아내로 삼는 것과 같다. 이 점괘를 얻은 사람은 무슨 일을 하든지 이롭지 않음이 없을 것이다.

九三 이 양효를 보니, 양기가 있을 정당한 자리에 있지만, 위로 너무 지나치게 높은 자리에 있는 약한 상륙의 음기와 서로 응하고 있다. 그러므로 도리어 꺾이게 된다.

　　이 효상으로 집의 대들보가 꺾이는 것을 점쳐보니, 약한 밑받침의 나무에 기대고 있다가 그만 그렇게 되는 것이다. 그러므로 이 점괘를 얻은 사람은 반드시 나쁘리라.

九四 이 양효를 보면, 음기가 있을 자리에 있지만, 초륙의 음기와 서로 응하고 있다.

　　이 효상으로 집의 대들보를 점쳐보니, 드높이 가로놓여 있어 제구실을 잘하고 있다. 만일 이 점괘를 얻은 사람이면 현재 있는 자리에서 제구실을 하고 있으니 좋으리라.

九五 이 효상은 양기가 있을 높고도 가운데 자리를 차지하고 있으면서 상륙의 음기를 가까이하고 있다.

　　이 효상으로 늙은 어미가 자기의 젊은 아들을 얻어 남편으로 삼은 꼴을 점쳐보니, 마치 마른 버드나무에 꽃이 핀 것과 같다. 그러나 이것은 혈연결혼 시대에 있어서 그렇게 허물할 것도 못되고 또 칭찬할 것도 못된다.

上六 이 음효를 보니, 너무 지나치게 높은 자리에서 구오의 양기를 타고 있다.

　　이 효상으로 너무 깊은 물을 건너가다가 머리까지 빠진 사람의 모습을 점쳐보니, 비록 나쁘지만 빠져 죽지는 않을 것이다.

　　이 괘 가운데서 구이 효사에서는 '늙은 아비가 딸을 아내로 삼았다'하고, 구오 효사에서는 '늙은 어미가 아들을 남편으로 삼았다' 하였으니, 주역시대에는 혈족끼리 서로 결혼한 사회현상을 알 수 있다.

29. ☵☵ (坎下 坎上) 감위수(坎爲水)

原文 | 習坎은 有孚하며 維心亨이니 行하면 有尙이리라

初六 習坎에 入于坎窞이니 凶하니라

九二 坎에 有險하니 求를 小得하리라

六三 來之에 坎坎하며 險에 且枕하여 入于坎窞이니 勿用이니라

六四 樽酒와 簋貳를 用缶하고 納約自牖면 終无咎하리라

九五 坎不盈이나 祗旣平이니 无咎리라

上六 係用徽纏,하여 寘于叢棘,하여 三歲라도 不得.이니 凶.
하니라

（계용휘전）（치우총극）（삼세）（부득）（흉）

≡≡ ≡≡ (아래도 감, 위도 감) **감은 물이다**

겹겹이 둘러싸인 토굴(土窟, 즉 獄阱) 속에 포로가 있다. 그 마음이
틔었고 행실도 가상하다.

初六 겹겹이 둘러싸인 토굴 속으로 들어간다. 나쁘리라.

九二 험한 토굴 속이다. 그러나 구하면 구원의 길도 조금 얻으리라.

六三 오고가는 북소리로다. 몸이 구속되어 토굴로 들어간다. 쓰지
말라.

六四 한 그릇의 술과 한 대그릇의 안주를 질그릇에 담아 노끈으로
창문에서 들여보낸다. 마침내는 허물이 없으리라.

九五 토굴에 흙이 차지 않았으나, 발꿈치가 이미 잘 놓였으니 허물
이 없으리라.

上六 세 겹 노끈과 두터운 노끈으로 결박하여 가시덤불로 둘러싼
토굴 속에 버려 두니, 3년이 못가서 나쁘리라.

(주해)

○習坎(습감)－주자는 '습(習) 중습야(重習也) 감(坎) 험함야(險陷也)'라 했
고, 서세대는 '습감(習坎) 구해위험함(舊解爲險陷) 금위옥정(今爲獄阱)
단습감위쌍자괘명(但習坎爲雙字卦名)'이라 했다.

○維(유)－'그'의 뜻.

○尙(상)－'가상(嘉尙)'의 뜻.

○坎窞(감담)－험한 토굴〔獄阱〕.

○之(지)－가다. '왕(往)'의 뜻.

○坎坎(감감)－북 치는 소리.

○險且枕(험차침)－구속되다. 다산은 '험고작검(險古作檢) 검자(檢者) 속야

(束也) 침여항동(枕與杭同) 격시지익야(擊豕之枃也)'라 했다.

ㅇ樽酒(준주)－1준(樽)의 술. '준'은 술그릇.

ㅇ簋貳(궤이)－'궤(簋)'는 대그릇. '이(貳)'는 주자는 '익지야(益之也)'라 했다.

ㅇ缶(부)－장구 또는 질그릇.

ㅇ約(약)－노끈.

ㅇ牖(유)－창문. 장문(墻門).

ㅇ祇(지)－'지(趾)', '지(抵)'의 뜻. 또는 '장차'의 뜻. 내씨(來氏)는 '수중소저야(水中小渚也)'라 했다.

ㅇ徽(휘)－세 겹 노끈. 내씨는 '삼고왈휘(三股曰徽)'라 했다.

ㅇ纆(전)－두꺼운 노끈. 내씨는 '이고왈전(二股曰纆)'이라 했다.

ㅇ寘(치)－두다. 버리다. '치(置)', '폐(廢)', '사(舍)'의 뜻.

해　설

이 괘의 괘상을 살펴보니, 두 개의 양기가 다 두 개의 음기 속에 빠져 있다. 그러나 그 두 양기는 다 기덕이 있다.

이 괘상으로 토굴 속에 갇혀 있는 포로의 모습을 점쳐보니, 두 놈의 마음이 다 통하고, 또 행실도 착하여 칭찬할 만하다.

初六 이 음효는 위험한 구이의 양기에로 가까이 간다.

이 효상으로 잡혀온 포로의 모습을 점쳐보니, 험한 토굴 속으로 끌려 들어간다. 그러므로 장차 나쁘리라.

九二 이 양효를 살피면, 초륙과 육삼의 음기 사이에 갇혀 있다. 그러나 가운데 자리를 차지하고 있으므로 기덕이 있다.

이 효상으로 험한 토굴 속을 점쳐보니, 찾아보면 살아 나올 구멍이 약간 있다.

六三 이 음효를 보니, 위로는 서로 응할 양기가 없고, 아래로는 험한 구이의 양기를 타고 있다.

이 효상으로 몸이 구속되어 토굴로 들어가는 포로를 점쳐보니, 오고가는 북소리다. 그러므로 이 괘를 얻은 사람은 아무 공이 없다.

六四 이 음효를 살펴보니, 음기가 있을 정당한 자리에 있으면서 구
오의 양기와 가까이한다.

이 효상으로 옥리가 옥에 갇혀 있는 포로에게 노끈으로 음
식물을 넣어주는 것을 점쳐보니, 끝까지 아무 허물이 없을 것
이다.

九五 이 양효를 살펴보니, 아래로 서로 응할 음기가 없으나 양기가
있을 가운데 자리를 차지하고 있다.

이 효상으로 토굴에 갇혀 있는 포로의 형편을 점쳐보니, 토
굴 밑의 흙이 다 차지는 않았지만 발을 편히 놓을 자리가 있
으니 그런 대로 괜찮을 것이다.

上六 이 음효를 보니, 비록 정당한 자리에 있으나 너무 험한 자리
에 있을 뿐 아니라 아래로는 서로 응할 양기조차 없다.

이 효상으로 튼튼한 노끈에 몸이 묶이어 가시덤불로 둘러
싸인 토굴 속에 내버려둔 포로들의 형편을 점쳐보니, 앞으로
3년도 못가서 죽게 될 것이다.

이 감괘의 괘사와 효사는 포로의 감옥생활을 서술한 것이다.

30. ☲☲ (離下 離上) 이위화(離爲火)

原文 │ 離,는 利貞.하니 亨.하나 畜牝牛.하면 吉.하리라

初九 履, 錯然.하니 敬之면 无咎.리라

六二 黃離,니 元吉.하니라

九三 日昃之離.니 不鼓缶而歌,면 則大耋之嗟.라 凶.하리라

九四 突如其來如.라 焚如,니 死如,며 棄如.니라

六五 出涕沱若.하며 戚嗟若이니 吉.하리라

上九 王用出征.이면 有嘉.니 折首,하고 獲匪其醜,면 无咎.
　　 리라

☲ (아래도 이, 위도 이) **이는 불이다**

모임에는 마음을 곧고 바르게 가지는 것이 이롭다. 제향(祭享)을 지낸다. 암소를 치면 좋으리라.

初九 신발들이 한데 뒤섞였으니 존경하면 허물이 없으리라.

六二 정오의 모임이니 크게 좋으리라.

九三 저녁의 모임이다. 장구를 치지 않고 노래를 부르니 늙은이가
　　 탄식을 한다. 나쁘리라.

九四 갑자기 오는 듯하다. 불사르는 듯하다. 죽이는 듯하다. 버리는
　　 듯하다.

六五 눈물이 비오듯 나온다. 걱정하고 슬퍼하는 듯하다. 좋으리라.

上九 임금이 나아가 정벌을 하면 좋은 일이 있으리라. 우두머리만
　　 베고, 얻은 것이 송사리 도둑만 아니면 허물이 없으리라.

주해

○離(이)—모임. 정자와 주자는 ‘이(離) 여야(麗也)’라 했고, 다산은 ‘일음려
　 어량양지간(一陰麗於兩陽之間) 여조지려기익왈리야(如鳥之麗其翼曰離也)
　 우리(又離) 별야(別也) 변야(辨也)’라 하였다.

○亨(향)—‘향(享)’과 같으니, ‘제향(祭享)’의 뜻.

○履(이)—신. 밟다.

○錯然(착연)—교차.

○黃(황)—중앙. 정오.

○日昃(일측)—오후. 저녁. 측(昃)은 해가 기울어지다.

○缶(부)—장구.

ㅇ耋(질) —80세. '경몰(傾沒)'의 뜻.

ㅇ嗟(차) —탄식하다.

ㅇ突如(돌여) —갑자기. 돌연(突然).

ㅇ如(여) — ······하는 듯하다.

ㅇ涕(체) —눈물.

ㅇ沱(타) —큰비가 오는 모양.

ㅇ戚(척) —걱정하다.

ㅇ若(약) — ······와 같다. '여(如)'의 뜻.

ㅇ有嘉(유가) —아름다운 일이 있다. 가상스러운 일이 있다.

ㅇ醜(추) —추악(醜惡). 여기서는 '송사리 도둑'의 뜻.

해 설

이 괘의 괘상으로 사람들이 제사할 때 한곳에 모이는 현상을 살펴보니, 불과 같이 마음이 밝고 곧고 발라야 이롭다. 제사를 지내는 제물로서 암소를 치는 것이 좋다.

初九 이 양효를 살펴보면, 양기가 있을 정당한 자리에서 육이의 음기와 가까이하고 있다.

　　이 효상으로 제사에 참여한 군중들의 모습을 점쳐보니, 무엇보다도 각자가 존경하는 태도를 가져야 제사가 끝날 때까지 아무 허물이 없을 것이다.

六二 이 음효를 보면, 정당한 가운데 자리를 차지하고 있으므로 기덕이 있다.

　　이 효상으로 군중들이 정오에 모이어 제사 지내는 모습을 점쳐보니, 크게 좋으리라.

九三 이 효상을 보니, 정당한 자리에 있으나 위로 지나친 자리에 있다.

　　이 효상으로 군중들이 오후에 모이어 북도 치지 않고 노래를 부르므로 대추장이 탄식하는 광경을 점쳐보니, 반드시 나뺄 것이다.

九四 이 효상을 살펴보니, 정당치 못한 자리에서 육오의 음기를 침입하고 있다.

이 효상으로 군중들이 갑자기 모여오는 모습을 점쳐보니, 불도 놓는 듯하고, 죽이는 듯도 하고, 시체를 내버리고 가는 듯도 하다.

六五 이 음효를 보면, 정당치 못한 자리에 있으나 가운데 자리를 차지하고 있으면서 구사의 양기를 타고 상구의 양기에 가까이하고 있다.

이 효상으로 덕이 있는 여추장이 겸손한 마음으로 눈물을 비오듯이 흘리며 슬퍼하는 모습을 점쳐보니, 장차 좋으리라.

上九 이 효상을 보면, 육오의 음기를 타고 나아가는 모습이다.

이 효상으로 덕이 높은 여추장의 위염(威焰)을 타고 출정하는 대장군의 모습을 점쳐보니, 반드시 승전할 것이다. 대적의 수령만 죽이고 나머지 송사리 도둑은 다 살려주면 반드시 아무 허물이 없을 것이다.

이 괘의 괘사와 효사는 주로 여추장이 부하를 거느리고 제사하는 것을 묘사한 것이다.

31. ☶☱ (艮下 兌上) 택산함(澤山咸)

原文| 咸,은 亨.하니 利貞.하니 取女면 吉.하리라

初六 咸其拇.라

六二 咸其腓.면 凶.하니 居하면 吉.하리라

九三 咸其股.라 執其隨.니 往하면 吝.하리라

九四 貞이면 吉.하여 悔亡.하리니 憧憧往來.면 朋從爾思.리라

九五 咸其脢.니 无悔.리라

上六 咸其輔頰舌.이라

☱☶ (아래는 간, 위는 태) **못과 산은 함이다**

남녀가 서로 감동하면 잘 통하리라. 마음을 곧고 바르게 가져야 이롭다. 장가들면 좋으리라.

初六 남녀의 애정이 엄지발가락에서 감동된다.

六二 남녀의 애정이 장딴지에서 감동된다. 비록 나쁘나, 가만있으면 좋으리라.

九三 남녀의 애정이 그 넓적다리에서 감동된다. 잡히는 대로 따라갈 것이요, 먼저 가면 부끄러울 것이다.

九四 감정을 바르게 가져야 좋다. 후회함이 없으리라. 밀거니 당기거니 하여 일정치 않다. 여자 친구가 네 뜻대로 좇으리라.

九五 그 등골까지 감동한다. 후회가 없으리라.

上六 그 광대뼈와 볼, 혀끝까지 감동된다.

주해

ㅇ拇(무)—엄지발가락.

ㅇ腓(비)—장딴지. 종아리.

ㅇ股(고)—넓적다리.

ㅇ亡(무)—없다. '무(無)'의 뜻.

ㅇ憧憧(동동)—왔다갔다하는 모양. 왕래의 뜻. 다산은 '동자(憧者) 동심야(童心也) 조요부정(躁擾不定) 여동치지심(如童稚之心) 왈동동야(曰憧憧也)'라 했다. '부정(不定)'의 뜻.

ㅇ脢(매)—등심, 등골.

ㅇ輔(보)—광대뼈.

해 설

이 괘상으로 서로 감정이 통하는 남녀의 모습을 점쳐보면, 모든 일이 다 통할 것이다. 다만 마음을 바르게 가져야 한다. 그렇지 않으면 음탕한 데로 빠지기 쉽다. 이 점괘를 얻은 사람은 결혼하면 좋을 것이다.

初六 이 효상을 살펴보니, 하괘 아랫자리에서 구사의 양기와 서로 응한다.

　　이 효상으로 두 남녀의 애정관계를 점쳐보니, 발가락과 발가락이 서로 맞닿는 데서부터 감동하기 시작한다.

六二 이 효상을 보면, 구삼의 양기와 가까이하면서 구오의 양기와 서로 응한다.

　　이 효상으로 두 다리가 서로 맞닿은 남녀의 애정을 점쳐보면, 장차 대추장의 부인이 될 처녀가 이웃집에 있는 남자와 장딴지를 서로 맞댄다는 것은 나쁜 일이다. 그러므로 정욕을 억제하고 집에 가만히 있어 내일을 기다리고 있는 것이 좋을 것이다.

九三 이 양효를 보면, 정당한 자리에 있으면서 위로 상륙의 음기와 서로 응하고 있다.

　　이 효상으로 남녀의 애정이 넓적다리에서 서로 감동되는 것을 점쳐보니, 남자쪽이 하는 대로 좇아갈 것이요, 만일 여자쪽에서 먼저 선동적으로 나오게 되면 일이 끝난 뒤에 여자가 부끄러움을 면치 못할 것이다.

九四 이 양효를 보면, 아래의 초륙의 음기와 서로 응하고 있다.

　　이 효상으로 두 남녀의 애정관계를 점쳐보면, 두 남녀가 변치 않는 마음을 서로 가지니 좋으리라. 그래서 후회하는 일이 없다. 두 몸이 일체가 되어 요동한다. 여자친구가 네 생각대로 따를 것이다.

九五 이 양효를 보면, 정당한 자리에 있으면서 육이의 음기와 서로 응하고 있다.

　　이 효상으로 두 남녀의 애정관계를 점쳐보면, 흥분이 극도에까지 감동되어도 후회하는 일이 없다.

上六 이 음효를 보면, 아주 높은 정당한 자리에서 구삼의 양기와 서로 응하고 있다.

　　이 효상으로 두 남녀의 애정관계를 점쳐보니, 감정은 아주 극도에까지 북받쳐 올라와서 광대뼈와 볼을 서로 맞대고 비비고, 또 서로 혀를 물고 빤다.

　　이것은 옛날 초기 농경사회인들의 애정관계를 잘 묘사했다. 현대 문명인과 다른 점은, 현대 남녀는 처음에 눈이 서로 맞고 그 다음에 입술에서 유방으로 차츰 아래로 내려가는데, 당시 사람들은 애정관계가 발가락에서 시작하여 차츰 위로 올라가는 것이다. 이것이 동양인의 애정의 특색인지도 모른다.

　　다시 말하면, 서양인은 시각에서 시작하여 촉각으로 끝나지만, 동양인은 촉각에서 시작하여 시각으로 끝났던 것 같다.

32.　☴☳ (巽下 震上) 뇌풍항(雷風恒)

原文┃ 恒은 亨.하여 无咎.하니 利貞.하니 利有攸往.하니라

初六 浚恒.이라 貞하여 凶.하니 无攸利.하니라

九二 悔亡.하리라

九三 不恒其德,이라 或承之羞니 貞이면 吝.하리라

九四 田无禽.이리라

六五 恒其德이면 貞.하니 婦人은 吉.하고 夫子는 凶.하니라

上六 振恒.이니 凶.하니라

▤▤ (아래는 손, 위는 진) **우레와 바람은 항이다**

상도를 지키고 있으면 모든 일이 잘 통하리라. 허물이 없으리라. 마음을 곧고 바르게 가져야 이롭다. 갈 데가 있는 것이 이롭다.

初六 깊은 항구(恒久)의 도(道)다. 마음을 곧고 바르게 가져도 나쁘다. 이로움이 없으리라.

九二 뉘우침이 없어지리라.

九三 그 덕을 항구히 지키고 있지 못한다. 혹은 그에게 부끄러움을 줄는지도 모른다. 마음이 곧고 바르나 욕을 보리라.

九四 사냥을 하나, 새가 없다.

六五 그 덕을 항구히 지키니, 마음이 곧고 바르리라. 부인은 좋고 남편은 나쁘리라.

上六 진동되는 항구의 도다. 나쁘리라.

주해

o 浚(준) − 깊다.

o 承(승) − 잇다. 받들다. 주다. 주자(朱子)는 '봉(奉)'의 뜻이라 했고, 내씨(來氏)는 '진(進)'의 뜻이라 했다.

o 田(전) − 사냥하다. '전렵(田獵)'의 뜻.

o 夫子(부자) − 장부(丈夫). 남편.

해 설

이 괘의 괘상으로 살펴보면, 아래위의 음양 두 기운이 서로 응하고 있다.

이 괘상으로 일반적인 부부생활을 점쳐보면, 변함없이 오래 살아야

모든 일이 다 통할 수 있어 허물됨이 없다. 그뿐 아니라, 서로 마음을 곧고 바르게 가져야 이로우니, 어디를 가든지 다 이롭다.

初六 이 효상은 위로 구사의 양기와 서로 응하고 있으나 안정된 자리에 있지 못하다.

　　　이 효상으로 한 여인이 남편 섬기는 모습을 점쳐보니, 항구히 변하지 않을 줄만 알고 변하지 않는 가운데서 변함이 있는 것을 모르는 아주 깊고 굳은 항구의 도다. 그러므로 비록 마음이 곧고 발라도 나쁘다. 이런 여성은 어떤 사나이를 섬겨도 이로울 것이 없다.

九二 이 효상을 보면, 정당치 못한 자리에 있으면서도 가운데 자리에서 위로 육오의 음기와 서로 응하고 있다.

　　　이 효상으로 지위는 비교적 낮은 자리에 있지만 덕이 있는 한 사나이가 역시 덕성이 있는 한 여추장에게 사랑을 받는 일을 점쳐보니, 음덕과 양덕이 서로 조화되고 마음이 서로 맞아, 결합이 되더라도 나중에 아무 뉘우침이 없을 것이다.

九三 이 양효를 보면, 너무 지나친 자리에 있어서 기덕이 없고, 또 너무 높은 자리에 있는 상륙의 음기와 서로 응하고 있다. 그러므로 항구히 제자리를 지키고 있지 못한다.

　　　이 효상으로 기운만 있고 덕이 없는 한 사나이가 역시 덕성이 없는 한 여추장의 어머니와 서로 정을 통하는 것을 점쳐보니, 그 여자에게 부끄러움을 주는 일밖에 안된다. 그 사나이가 비록 마음을 곧고 바르게 가지더라도 결과적으로는 서로 수치를 받게 되는 것이다.

九四 이 효상을 보면, 음기가 있을 자리에서 역시 양기가 있을 자리에 있는 초륙의 음기와 서로 응하고 있다.

　　　이 효상으로 들에 새 사냥하러 나가는 사람의 동작을 점쳐

보니, 정당치 못한 자리, 즉 새가 없는 곳으로 사냥하러 가니, 결국 한 마리도 잡지 못하게 된다.

六五 이 효상을 살피면, 비록 정당치 못한 자리에 있으나 가운데 자리를 차지하고 있어서 기덕이 있고 아래로 역시 덕기가 있는 구이의 양기와 서로 응하고 있다. 그러나 있는 자리가 다 정당치 못하다.

이 효상으로 한 여추장이 정당치 못한 자리에 있는 한 사나이와 부부의 사랑을 맺은 일을 점쳐보면, 여추장은 덕성을 변치 않고 지키고 있으면 마음이 곧고 발라서 괜찮지만, 그의 남편은 비록 덕은 있으나 본래 낮은 지위에 있는 사람으로 자기 아내에게 신하 노릇을 하지 않으면 안될 신세이므로 그렇게 옳은 일은 못된다.

上六 이 효상을 보면, 비록 정당한 자리에 있고, 또 구삼의 양기와 서로 응하고 있으나, 그 자리가 너무 높아서 동요되기 쉬워 좋지 못하다.

이 효상으로 여추장의 어머니가 여추장의 한 신하인 사나이와 통정하는 것을 점쳐보니, 여왕 어머니의 위치를 항구히 지키지 못하고 있다. 결국 나쁘리라.

33. ☰☶ (艮下 乾上) 천산둔(天山遯)

原文│ 遯,은 亨.하니 小利貞.하니라

初六 遯尾.라 厲.하니 勿用有攸往.이니라

六二 執之用黃牛之革.이라 莫之勝說.이니라

九三 係遯.이라 有疾하여 厲.하니 畜臣妾에는 吉.하리라

九四 好遯.이니 君子는 吉,하고 小人은 否.하니라

九五 嘉遯.이니 貞하여 吉.하니라

上九 肥遯.이니 无不利.하니라

☰☶ (아래는 간, 위는 건) **하늘과 산은 둔이다**

은둔생활을 하면 통한다. 소인은 마음을 곧고 바르게 가져야 이롭다.

初六 최초의 은둔생활이다. 위태롭다. 그 이상 은둔생활을 하러 가지 말라.

六二 이것을 얽어매려면 황소가죽을 써라. 여기서 벗어나지 못하리라.

九三 은둔생활을 하려 하나, 신하와 처자에 매여 있다. 질병이 있어 위태로울 것이다. 신하와 아내를 부양하면 좋으리라.

九四 좋은 은둔생활이다. 군자는 좋지만 소인은 그렇지 못하다.

九五 훌륭하게 숨는 것이니, 곧아서 좋으리라.

上九 풍성한 은둔생활이다. 이롭지 않음이 없다.

주해

ㅇ遯(둔)—숨다.

ㅇ尾(미)—꼬리. 최초.

ㅇ執(집)—얽다. '박(縛)'의 뜻.

ㅇ說(탈)—벗다. '탈(脫)'과 같음.

ㅇ否(부)—그렇지 않다.

ㅇ肥(비)—살찌다. 관대, 여유의 뜻.

해 설

괘상을 살펴보면, 부정부패는 점점 성해가고 정의는 점점 퇴축해

가는 시대다. 그러므로 양심 있는 군자는 물러나와 은둔생활을 해야 몸을 보전할 수 있다. 그러나 소인들도 자기 때를 만났다고 권력을 부리지 말고, 될 수 있으면 마음을 곧고 바르게 가져야 다음 세상에 조금이나마 이로울 수 있다.

初六 이 음효를 보면, 정당치 못한 자리에서 위로 구사의 양기와 서로 응하고 있다.

　　지금은 소인의 시대라고 하여 양식(良識) 있는 군자는 물러나야 한다고 해서, 정의의 이름을 얻으려는 소인들까지도 마지막으로 은둔생활을 하려고 하면 도리어 위태하다. 그러므로 소인들은 은둔생활을 하여서는 안된다.

六二 이 음효를 살피면, 자리가 정당하고 또 가운데 자리를 차지하고 있을 뿐 아니라, 위로 구오의 양기와 서로 응하고 있다.

　　이 효상으로 군자가 마땅히 은둔할 시대에 처해 있으면서도 최후까지 은둔하지 않고 소인의 무리들과 항거하는 모습을 점쳐보니, 마치 굳고 질긴 황소 가죽으로 그 지조를 얽어맨 것과 같다. 예를 들면, 고려 말 두문동(杜門洞)의 72인과 같이 은둔생활을 해야 하겠지만, 그렇게 하지 않고 끝까지 위로 임금과 마음을 합하여 소인들에게 항거한 것과 같다.

九三 이 양효를 살펴보면, 육이의 음기와 서로 가까이하고 있어 위로 올라가지 못한다.

　　이 효상으로 마땅히 은둔생활을 하려 하나 차마 자기 부하들과 처자를 버리고 갈 수 없어 떠나지 못하는 군자의 모습을 점쳐보니, 그는 이러지도 못하고 저러지도 못하여 그만 몸에 병이 나서 위태할 것이다. 그러나 벼슬을 버리고 가만히 집에서 부하와 처자식을 부양하면 좋을 것이다.

九四 이 양효를 보면, 아래로 초륙의 음기와 서로 응하고 있다.

　　이 효상으로 모든 세속적 미련을 끊어버리고 은둔생활을

하는 군자의 모습을 점쳐보니, 그것은 참 좋은 은둔생활이다. 그러나 군자는 그것을 할 수 있어 좋지만, 소인은 그렇게 할 수 없다.

九五 이 양효를 보면, 아래로 육이의 음기와 서로 응하고 있다.

　　이 효상으로 은둔생활을 하러 가는 군자의 모습을 점쳐보니, 그도 가족에 대하여 애착이 없는 것이 아니지만, 그의 어진 아내가 덕이 높은 군자인 자기 남편의 뜻을 가상히 여겨 쾌히 허락한다. 그러므로 그는 마음이 곧고 바르게 되어 좋을 것이다.

上九 이 양효를 살피면, 매우 높고 먼 곳에서 초륙의 음기와 서로 응하고 있다.

　　이 효상으로 모든 세속적인 것을 다 초월하고 먼 곳으로 은둔생활을 하러 가는 훌륭한 군자의 모습을 점쳐보니, 그는 여유작작한 은둔생활이다. 그에게 있어서 무엇인들 이롭지 않음이 있겠는가.

34. ☰☰ (乾下 震上) 뇌천대장(雷天大壯)

原文| 大壯,은 利貞.하니라

初九 壯于趾.니 征하면 凶.이리라 有孚.리라

九二 貞하여 吉.하니라

九三 小人은 用壯,이요 君子는 用罔.이니 貞이면 厲.하니 羝

羊이 觸藩하여 羸其角.이로다

九四 貞이면 吉.하여 悔亡.하리니 藩決不羸,하여 壯于大輿之

　복
輹.이로다

六五　喪羊于易.이면　无悔.리라

上六　羝羊이　觸藩,하여　不能退,하며　不能遂.하여　无攸利.니

艱則吉.하리라

☲☰ (아래는 건, 위는 진) **우레와 하늘은 대장이다**

양기가 장성하는 때다. 마음을 곧고 바르게 가져야 이롭다.

初九 성 밑에서 성장해 간다. 정벌하면 나쁘리라. 포로가 있으리라.

九二 마음을 곧고 바르게 가져야 이롭다.

九三 소인은 성장한 세력을 쓰지만, 군자는 그것을 쓰는 일이 없다.
　　　마음이 곧고 바르지만 위태하다. 양의 수컷이 울타리에 찔려
　　　그 뿔이 휜다.

九四 마음이 곧고 바르면 좋으리라. 뉘우침이 없어지리라. 울타리
　　　가 터져 양의 뿔이 휘지 않으리라. 큰 수레의 바퀴가 튼튼하
　　　여 세력이 있다.

六五 양을 역(易) 땅에서 잃는다. 뉘우침이 없으리라.

上六 양이 뿔로 울타리를 받고는 물러나지도 못하고 나아가지도
　　　못한다. 이로울 것이 없다. 어려움을 참으면 좋으리라.

주해

o 大(대) - 양기.

o 趾(지) - 여기서는 '성지(城趾)'의 뜻.

o 罔(망) - '무(無)'의 뜻.

o 羝(저) - 양의 수컷. '모양(牡羊)'.

o 羸(이) - 파리하다. 병들다.

o 決(결) - 터지다.

○輹(복)-차 둘레. 차 바퀴.

○易(역)-정자는 '화역(和易)'의 뜻으로 보고, 주자는 '용역(容易)' 또는 '강역(疆場)'의 '역(場)', 내씨는 '역(易) 즉역전반지야(卽場田畔地也)', 다산은 '교역(交易)', 청나라 만주진(萬澍辰)은 '변역(變易)', 서세대는 '작자(作者) 위진인이저서지지(爲晋人而著書之地) 위역(爲易)'이라 하여 지명으로 보았다.

○遂(수)-나아가다. '진(進)'의 뜻.

해 설

지금 이때는 양기가 성장해가고 음기가 쇠퇴해 가는 때다.

이 효상으로 성장하는 대혁명의 세력을 점쳐보니, 누구나 다 흥분에 들떴던 마음을 가라앉히고, 누구나 다 마음을 곧고 바르게 가져야 좋은 열매를 맺을 수 있다.

初九 이 양효를 보면, 하괘의 밑이요 또 양기가 있을 정당한 자리에 있지만, 3양에 눌리어 있다.

　　이 효상으로 전쟁하러 나가는 군중의 세력을 점쳐보니, 나쁘다. 왜냐하면 잡혀 왔던 포로들이 성 밑에서 움직이고 있기 때문이다.

九二 이 양효를 보면, 정당한 자리에 있지는 못하지만 가운데 자리를 차지하고 있고, 또 육오의 음기와 서로 응하고 있다.

　　이 효상으로 이 점괘를 얻은 사람을 점쳐보니, 다만 마음을 곧고 바르게 가지면 좋을 것이다.

九三 이 양효를 보면, 정당한 자리에서 상륙의 음기와 서로 응하고 있다.

　　이 효상으로 세력을 믿고 날뛰는 소인의 동작과 그것을 믿지 않는 군자의 모습을 점쳐보니, 그러한 소인은 비록 마음이 곧고 바르나 위태하다. 마치 철모르는 어린 숫양이 튼튼한 울타리에 부딪쳐 그 뿔이 휘어지는 것과 같다.

九四 이 효상을 보면, 정당치 못한 자리에 있으나 육오의 음기와 가까이하고 있다.

　이 효상으로 큰 수레를 타고 가는 군자의 모습을 점쳐보면, 마음이 곧고 발라서 좋다. 지금까지의 뉘우침도 없어지리라. 마치 튼튼한 울타리가 터져서 뿔도 상하지 않고 걸어나가는 모습과 같다.

六五 이 효상을 보면, 정당치 못한 자리지만 가운데 자리에서 구이의 양기와 서로 응하고 있다.

　이 효상으로 역(易) 땅에서 양을 잃어버린 여추장의 관상을 점쳐보니, 그는 뉘우치는 기색이 도무지 없다. 왜냐하면, 양을 잃어버린 대신에 덕이 있고 기운이 강한 한 남성을 얻었기 때문이다.

上六 이 음효를 보면, 정당한 자리에 있으나 너무 높은 자리에 있으면서 구삼의 양기와 서로 응하고 있다.

　이 효상으로 어린 숫양이 자기 힘만 믿고 그 뿔로 굳고 튼튼한 울타리를 받아버리고는 거기에 걸려 물러나지도 못하고 나아가지도 못하는 모습을 점쳐보니, 이로울 것이 없다. 그러나 어려움을 참고 있으면 기운이 센 주인이 와서 구하게 될 것이다.

35. ☷☲ (坤下 離上) 화지진(火地晋)

原文｜ 晉,은 康侯,를 用錫馬蕃庶,하고 晝日三接.이로다

初六 晉如, 摧如.에 貞이면 吉.하고 罔孚,라도 裕면 无咎.리라

六二 晉如, 愁如.나 貞이면 吉하리니 受玆介福于其王母.리라

六三 眔允.이라 悔亡.하니라

九四 晉如鼫鼠.니 貞이면 厲.하리라

六五 悔亡.하는데 失得을 勿恤.이니 往에 吉하여 无不利.리라

上九 晉其角.이니 維用伐邑.이면 厲하니 吉,하고 无咎.어니와

貞에 吝.하리라

≡≡ ≡≡ (아래는 곤, 위는 이) **불과 땅은 진이다**

진취의 시대다. 왕이 강후(康侯)에게 말을 많이 하사하시고, 하루에 세 번씩 교미를 시키었다.

初六 진취하는 듯하고, 좌절하는 듯하다. 마음을 곧고 바르게 가지면 좋으리라. 포로는 없지만, 예물이 풍족하면 허물이 없으리라.

六二 진취하는 듯하고, 수심(愁心)하는 듯하다. 마음을 곧고 바르게 가지면 좋으리라. 이에 큰 복을 여추장에게 받으리라.

六三 무리들이 진실하다. 뉘우침이 없으리라.

九四 진취하는 것이 생쥐와 같으니, 마음을 곧고 바르게 가져도 위태하리라.

六五 뉘우침이 없어지리라. 잃고 얻는 것을 근심하지 말라. 떠나가는 것은 좋으니, 이롭지 않은 것이 없다.

上九 맨 위까지 진취한다. 오직 다른 고을을 치면 위험하나 좋으니, 허물이 없으리라. 마음을 곧고 바르게 가져도 부끄러우리라.

주해

○康侯(강후)—주자는 '강후(康侯) 안국지후야(安國之侯也)'라 하고, 서세대는 '진괘지사수게강후지전명(晉卦之辭首揭康侯之專名) 금인다이위지위강

숙(今人多以爲指衛康叔) 병무가증(並無可證) 진역유강공(秦亦有康公) 이
양마언(以養馬言) 진비연유목민족(秦毗連游牧民族) 수마위급(需馬爲急)
즉강후여지진강공어의위장(則康侯如指秦康公於義爲長) 시대역잉물합(時
代亦仍脗合) 진강공위진생(秦康公爲晉甥) 좌전소위(左傳所謂) 강공아지
자출(康公我之自出) 즉치어진괘(則置於晉卦) 기의의갱현(其意義更顯) 개
시기소종출지지야(蓋示其所從出之地也)'라 하여 진(秦) 강공(康公)으로
보았다.

ㅇ錫(석)-주다. '하사'의 뜻.

ㅇ蕃庶(번서)-많다. 중다(衆多)의 뜻.

ㅇ接(접)-접미(接尾). 즉 '교미(交尾)'의 뜻.

ㅇ摧(최)-주자는 좌절의 뜻으로 보고, 내씨는 최외(崔嵬)의 뜻으로 보았다.

ㅇ罔(망)-없다. '무(無)'의 뜻.

ㅇ裕(유)-넉넉하다.

ㅇ介(개)-크다. 대(大)의 뜻.

ㅇ王母(왕모)-주자는 '조모야(祖母也)'라 하였는데, 아울러 여추장이란 뜻
도 된다.

ㅇ允(윤)-진실하다.

ㅇ鼫(석)-생쥐.

ㅇ恤(휼)-근심하다. '우(憂)'의 뜻.

ㅇ維(유)-오직. '유(唯)'와 같음.

해 설

이 괘의 괘상을 살펴보면, 땅 위의 불이므로 진취 또는 광명의 상
이다.

이 괘상으로 왕이 유목민족의 임금인 강후(康侯)에게 말을 많이 하
사하신 것을 하루에 세 번씩 교미시킨 것을 점쳐보니, 앞으로 진취할
기상이다.

初六 이 음효를 보면, 정당치 못한 자리에서 육이와 육삼의 음기에
     막혀 있다. 그러나 구사의 양기와 서로 응하고 있어 진취의

기상이 있다.

이 효상으로 강후가 왕에게 접견하는 모습을 점쳐보니, 진취하는 듯도 하고 좌절되는 듯도 한 기상이다. 마음을 곧고 바르게 가지면 좋을 것이다. 왕에게 드릴 포로는 없지만 예물이 유족하면 허물이 없을 것이다.

六二 이 음효를 보면, 정당하고 가운데 자리를 차지하여 기덕이 있지만, 위로 서로 응하는 양기가 없다. 그러나 구사의 양기를 타고 있는 육오의 음기로부터 동정을 받는 상이다.

이 효상으로 덕성이 있는 한 여성이 여추장을 만나보려는 모습을 점쳐보니, 가서 만나볼 생각도 있지만 같은 여성이므로 근심하는 듯하다. 그러나 본래 성질이 온순하니 마음을 곧고 바르게 가지면 여추장으로부터 동정을 얻어 큰 복을 받을 것이다.

六三 이 음효를 보면, 육이와 초륙의 음기를 데리고 상구의 양기와 서로 응한다.

이 효상으로 비교적 높은 자리에 있는 한 여성이 자기 부하들을 데리고 여추장의 아버지에게로 나아가는 것을 점쳐보니, 모두가 마음이 진실하므로 뉘우치는 일이 없다.

九四 이 양효를 보면, 정당치 못한 자리에서 초륙의 음기와 같이 서로 응하고 있으므로 앞으로 돌진하는 기상이다.

이 효상으로 생쥐와 같이 맹목적으로 돌진하는 사람의 모습을 점쳐보니, 비록 마음을 곧고 바르게 가져도 마침내는 위태할 것이다.

六五 이 효상을 보면, 정당치 못한 자리에 있고, 아래로는 서로 응하는 양기가 없다. 그러나 높은 자리에서 가운데 자리를 차지하고 있어 기덕이 있다.

이 효상으로 앞으로 나아가는 여추장의 모습을 점쳐보니,

뉘우치는 일도 없고 성패를 염두에 두지도 않는다. 앞으로 나
아가면 나아갈수록 유리하다.

上九 이 양효를 보면, 극단까지 진출하고 있어 위험하다. 그러나
육삼의 음기와 서로 응하고 있어 과히 허물은 없을 것이다.
이 효상으로 국경에까지 진출하는 군대의 모습을 점쳐보니,
전후에 백성들이 호응하여 그렇게 위험하지는 않다. 만일 군
대의 세력을 돌리어 다른 나라의 도읍을 정벌하면 위태하나,
결과적으로 아무 탈이 없을 것이다.

36. ☲☷ (離下 坤上) 지화명이(地火明夷)

原文| 明夷,는 利艱貞.하니라

初九 明夷, 于飛,에 垂其翼.이니 君子于行,에 三日不食.하여
有攸往.에 主人이 有言.이로다

六二 明夷,에 夷于左股.니 用拯馬壯,하면 吉.하리라

九三 明夷, 于南狩,하여 得其大首.니 不可疾貞.이니라

六四 入于左腹,하여 獲明夷之心.하여 于出門庭.이로다

六五 箕子之明夷.니 利貞.하니라

上六 不明하여 晦.니 初登于天,하고 後入于地.로다

☷☲ (아래는 이, 위는 곤) **땅과 불은 명이다**

암흑시대는 괴로우나, 마음을 곧고 바르게 가져야 이롭다.

初九 어두운 때에 새가 날면, 그 날개를 드리운다. 군자가 길을 떠

날 때에 사흘 동안 먹지 않는다. 갈 데가 있으면, 그 집 주인
이 할 말이 있다.

六二 어두운 때다. 왼쪽 다리를 다쳤다. 구원하는 데는 말이 병 없
이 건강하면 좋으리라.

九三 겨울에 남쪽으로 사냥하러 가서 그 나라의 괴수를 잡아온다.
갑자기 마음을 곧고 바르게 할 수는 없다.

六四 왼쪽 배로 들어가 어두운 마음을 얻어 가지고는 문 앞뜰로 나
아간다.

六五 기자(箕子)가 스스로 마음을 어둡게 한 것이다. 마음을 곧고
바르게 해야 이롭다.

上六 밝지 아니하여 어둡다. 처음에 하늘에 오르고, 다음에는 땅으
로 들어간다.

주해

ㅇ明夷(명이) ―어두움. 겨울.
ㅇ拯(증) ―'구원'의 뜻.
ㅇ狩(수) ―'순수(巡狩)'의 뜻.
ㅇ大首(대수) ―'괴수(魁首)'의 뜻.

해 설

이 괘의 괘상을 살펴보면, 불 또는 해가 땅 밑으로 들어간 상이다.
이 괘상으로 시대상을 점쳐보면, 이 때의 사람들은 모두 생활이 곤
란하다. 그러나 각자 자기의 마음을 곧고 바르게 가져야 몸에 이롭다.
初九 이 양효를 보면, 양기가 있을 정당한 자리에서 육사의 음기와
서로 응하고 있다.
이 효상으로 캄캄한 때에 날아가는 새의 모습을 점쳐보니,
날갯죽지를 활짝 펴지 못하고 조심스레 날아간다. 이 점괘를
얻은 군자는 길을 떠날 때에 앞이 캄캄하여 걱정이 많아서

사흘 동안 먹지 못하고 여러 가지로 궁리하다가 겨우 떠난다. 떠날 때에 집 주인은 이 캄캄한 때에 왜 길을 떠나느냐고 말을 한다.

六二 이 음효를 살피면, 정당한 가운데 자리를 차지하고 있으나, 초구와 구삼의 양기 사이에 갇혀 있다.

이 효상으로 캄캄한 밤길을 가다가 왼쪽 다리를 다친 사람의 모습을 점쳐보니, 그를 구원하는 데는 건강한 말이 있으면 좋다.

九三 이 양효를 보면, 정당한 자리에서 상륙의 음기와 서로 응하고 있다.

이 효상으로 겨울에 대적의 나라를 정벌하기 위하여 남쪽으로 순(巡)을 도는 임금의 모습을 점쳐보니, 반드시 그 나라의 우두머리를 잡아올 것이다. 그러나 그 우두머리의 마음을 쉽사리 잡을 수 없다.

六四 이 음효를 보면, 육오의 음기를 가까이하면서 초구의 양기와 서로 응하고 있다.

이 효상으로 은나라 말의 사회상을 점쳐보니, 육사의 음기는 미자(微子)에 해당하고, 초구는 백이(伯夷), 육이는 문왕(文王), 구삼은 무왕(武王), 육오는 기자(箕子), 상륙은 주왕(紂王)에 해당한다. 미자는 주(紂)와 동성(同姓)이니, 좌우복심(左右腹心)의 신하의 상(象)이요, 명이(明夷)는 주의 상이요, 명이심(明夷心)은 주의 마음이요, 문앞 뜰로 나아간다는 것은 미자가 주(周)나라로 돌아가는 상이다.

六五 이 효상을 보면, 정당치 못한 자리에 있으나 가운데 자리를 차지하고 있어 기덕이 있다. 아래로는 서로 응할 양기가 없고, 위로는 혼암성(昏暗性)이 지극한 상륙의 음기와 가까이하고 있으니, 어지럽게 된다.

이 효상으로 거짓 미친 체 하는 기자의 태도를 점쳐보니, 그럴수록 마음만은 곧고 바르게 가져야 몸을 보존할 수 있다.

上六 이 음효를 살펴보면, 아래로 구삼의 양기와 서로 응하고 있으나 매우 높고 어두운 곳에 있다.

이 효상으로 포학한 주왕의 운명을 점쳐보니, 처음에는 비록 높은 자리에 앉았으나 나중에는 백성의 마음을 잃고, 또 어진 신하들이 다 떠나서 결국 그 위엄이 땅에 떨어져 망하고 말 것이다.

37. ☲☴ (離下 巽上) 풍화가인(風火家人)

原文 │ 家人,은 利女貞.하니라

初九 閑有家.면 悔亡.하리라

六二 无攸遂.요 在中饋.면 貞吉.하리라

九三 家人이 嗃嗃,하니 悔厲나 吉.하니 婦子嘻嘻,면 終吝.하리라

六四 富家.니 大吉.하니라

九五 王假有家.니 勿恤,하여 吉.하리라

上九 有孚.하고 威如,면 終吉.하리라

☲☴ (아래는 이, 위는 손) **바람과 불은 가인이다**

한 가정은 여자가 바르고 곧아야 아름답다.

初九 한 집안의 어지러움을 법도로 막으면 뉘우침이 없어지리라.

六二 일을 이룩함이 없다. 안에서 밥을 먹이면 마음이 바르고 곧아

져 좋으리라.

九三 한 집안에서 사나이들이 성이 나서 꽥꽥 소리를 지른다. 뉘우치면 위태로우나 좋으리라. 그러나 부녀자들이 좋다고 호호 소리를 내면 결국에는 부끄러움을 당하리라.

六四 가정을 부유하게 한다. 크게 좋으리라.

九五 왕이 한 가정을 가지게 되었다. 근심하지 말라. 좋으리라.

上九 포로가 있으면 위엄이 있는 듯이 하라. 결국에는 좋으리라.

주해

○ 閑(한)—막다. 정자(程子)는 '방한법도야(防閑法度也)'라 했다.

○ 有(유)—조사. '한', '어떤'의 뜻.

○ 遂(수)—이루다. '성(成)'의 뜻.

○ 中(중)—안. '내(內)'의 뜻.

○ 饋(궤)—먹이다.

○ 嗃嗃(학학)—꽥꽥 소리를 지르다. 순상(荀爽)은 '확확(確確)'이라 했고, 유표(劉表)는 '학학(熇熇)', 정자는 '오오(嗷嗷)', 주자는 '엄려지상(嚴厲之象)', 내씨는 '엄대지성(嚴大之聲)'이라 하였다.

○ 嘻嘻(희희)—호호 웃다. 장번(張璠)은 '희희(嬉嬉)'라 했고, 육적(陸績)은 '희희(喜喜)', 정자는 '소락무절야(笑樂無節也)', 주자는 '학학지반(嗃嗃之反)', 다산은 '학랑희소지성야(謔浪嬉笑之聲也)'라 하였다.

○ 假(가)—이르다. 주자는 '지야(至也)'라 했다.

○ 恤(휼)—근심하다.

해 설

이 괘의 괘기(卦氣)를 살펴보면, 밖에 있는 구오의 양기와 안에 있는 육이의 음기가 각각 정당한 가운데 자리를 차지하고 있어 서로 화합하고 있는 상이다. 이 괘의 기상으로 가정생활을 점쳐보니, 집안이 잘 되어 가려면 우선 그 집의 주부가 마음이 곧고 발라야 이롭다.

初九 이 효상을 보면, 성질이 강하고 밝아 정당한 자리에서 위로

육사의 음기와 서로 응하고 있다. 이 효상으로 한 집안의 가
도(家道)를 점쳐 보면, 엄정한 법도로 집안을 잘 다스려 나아
가면 잘못되어 뉘우치는 일이 없을 것이다.

六二 이 효상을 살펴보면, 정당한 자리에서 위로 구오의 양기와 서
로 응하고 있다.

　　이 효상으로 한 집안의 남편과 아내의 상(象)을 점쳐 보면,
이때에 있어서 유순한 남자면 아무 일도 성공할 수 없을 것
이고, 만일 여자면 재덕(才德)을 갖추고 있어, 성질이 강직한
남편에게 내조의 공이 있어 좋을 것이다.

九三 이 양효를 보면, 성질이 강직할 뿐 아니라 정당한 자리에 있다.

　　이 효상으로 남자 네 사람이 있고 여자 두 사람이 있는 가
정의 형편을 점쳐 보니, 남자는 성이 나서 꽥꽥 소리를 지르
고, 여자는 즐거워서 호호 웃는 소리를 낸다. 남자가 뉘우치
면 위태하나 좋지만, 여자는 부끄러움을 당하게 된다.

六四 이 음효를 살펴보면, 정당한 자리에서 아래로 초구의 양기와
서로 응하고 있다.

　　이 효상으로 한 가정이 부유하게 됨을 점쳐 보니, 장차 크
게 좋으리라.

九五 이 양효를 보면, 지극히 높은 정당한 자리에서 육이의 음기와
서로 응하고 있다.

　　이 효상으로 한 가정을 이룩한 왕의 모습을 점쳐 보니, 부
질없이 걱정할 것이 없다. 장차 행복할 것이다.

上九 이 양효를 보면, 너무 높고 또 정당치 못한 자리에 있으나, 구
오의 양기의 힘을 타고 있다.

　　이 효상으로 추장(酋長)의 아버지 모습을 점쳐 보니, 비록
실권은 없지만 잡혀온 포로에 대하여 위세를 가장하면 마침
내는 좋을 것이다.

38. ☱☲ (兌下 離上) 화택규(火澤睽)

原文│ 睽^규,는 小事^{소 사}는 吉^길.하리라

初九 悔亡^{회 무}.하니 喪馬^{상 마}하고 勿逐^{물 축},하여도 自復^{자 복}.이니 見惡人^{견 악 인},하면 无咎^{무 구}.리라

九二 遇主于巷^{우 주 우 항}.하면 无咎^{무 구}.리라

六三 見輿曳^{견 여 예}.하고 其牛掣^{기 우 체}.며 其人^{기 인}이 天且劓^{천 차 의}.니 无初^{무 초}하고 有終^{유 종}.이리라

九四 睽孤^{규 고}.하여 遇元夫^{우 원 부},하여 交孚^{교 부}.니 厲^여하나 无咎^{무 구}.리라

六五 悔亡^{회 무}.하니 厥宗^{궐 종}이 噬膚^{서 부}.면 往^왕에 何咎^{하 구}.리요

上九 睽孤^{규 고}.하여 見豕負塗^{견 시 부 도},와 載鬼一車^{재 귀 일 거}.라 先張之弧^{선 장 지 호},라가 後說之弧^{후 탈 지 호}하여 匪寇^{비 구}라 婚媾^{혼 구}.니 往遇雨^{왕 우 우}하면 則吉^{즉 길}.하리라

☲☱ (아래는 태, 위는 이) **불과 못은 규다**

서로 어긋난다. 작은 일이면 괜찮으리라.

初九 뉘우침이 없어지리라. 말을 잃어도 쫓아가지 말라. 저절로 돌아오리라. 나쁜 사람을 보면 허물이 없으리라.

九二 임금을 골목에서 만난다. 허물이 없으리라.

六三 수레가 끌리고, 그 소가 멈추고, 그 사람이 머리를 깎고, 또 코가 베어짐을 볼 것이다. 처음 시작은 없고 나중 끝은 있으리라.

九四 서로 의견이 엇갈리어 외롭다. 착한 사람을 만나 포로를 교환
한다. 위태하나 허물이 없으리라.

六五 뉘우침이 없어지리라. 그 종족들이 살[膚]을 서로 합하듯이
친근히 지낸다. 어디를 간들 무슨 허물이 있으랴.

上九 서로 엇갈리어 외롭다. 돼지가 진흙을 등에 진 것과 귀신을
수레에 실은 것을 본다. 처음에는 활을 당겼으나, 나중에는
활을 벗겨 놓는다. 도둑이 아니요, 혼인을 청하는 것이다. 가
다가 비를 만나면 좋으리라.

주 해

○ 睽(규) — 어긋나다. '괴리(乖離)' '괴이(怪異)' 또는 '반목(反目)'의 뜻.

○ 喪(상) — 잃다.

○ 復(복) — 되돌아오다.

○ 巷(항) — 골목.

○ 掣(체) — 막히다. 머물다.

○ 天(천) — 머리 깎다.

○ 劓(의) — 코를 베다.

○ 元夫(원부) — 정자(程子)는 '선사야(善士也)'라 했고, 내씨(來氏)는 '원자
(元者) 대야(大也) 부자(夫者) 인야(人也)'라 했다.

○ 宗(종) — 정자는 '당야(黨也)'라 했고, 내씨는 '친지야(親之也)'라 했다.

○ 塗(도) — 진흙.

○ 弧(호) — 활.

해 설

괘상을 살펴보면 물기운과 불기운이 서로 상충된다. 그러나 물 아
래 불이 있는 것보다 물 위에 불이 있어서 덜 위험하다. 그러므로 큰
일이면 나쁘지만 작은 일이면 도리어 좋을 것이다.

初九 이 양효를 보면, 양기가 있을 정당한 자리에 있어 위로 올라
가려는 기세가 있으나, 구사의 양기에 가로막혀 되돌아온다.

이 효상으로 말을 잃어버린 사람의 관상을 점쳐 보니, 찾으러 가지 않아도 스스로 되돌아온다. 또 비록 악한 사람을 만나도 나를 해치려 하지 않으므로 잘못될 일이 없을 것이다.

九二 이 효상을 보면, 비록 정당치 못한 자리에 있으나 가운데 자리에 있어서 기덕(氣德)이 있어, 위로 역시 기덕이 있고 또 높은 자리에 있는 육오의 음기와 서로 응하고 있다.

이 효상으로 누추한 동네에 사는 유덕한 군자가 재덕이 있는 여자 추장을 만난 일을 점쳐 보니, 아주 잘못되는 일이 없을 것이다.

六三 이 음효를 보면, 정당치 못할 뿐 아니라 너무 지나친 자리에 있고, 또 역시 정당치 못하고 너무 높은 자리에 있는 상구의 양기와 처음에는 잘 맞지 않으나 나중에는 서로 응하고 있다.

이 효상으로 머리를 깎이고, 코가 잘린 죄인이 부리는 수레가 뒤로 끌리는 광경을 점쳐 보니, 처음에는 도와주는 사람이 없었지만 나중에는 매우 높은 자리에 있는 귀인과 서로 마음이 맞아 도움을 받을 것이다.

九四 이 효상을 보면 정당치 못한 자리에 있을 뿐 아니라, 아래위로 서로 응할 양기가 없어 고독하다. 그러나 육삼의 음기를 데리고 높은 자리에 있는 육오의 음기에 가까이하고 있다.

이 효상으로 한 고독한 사나이가 뜻밖에 선한 사람을 만나 여자 추장에게 포로를 교환하는 일을 점쳐 보니, 조금 위태한 것 같지만 아무 잘못됨이 없을 것이다.

六五 이 음효를 보니, 비록 정당치 못하나 높고 가운데 자리에서 역시 가운데 자리를 차지하고 있는 구이의 양기와 서로 응하고 있다.

이 효상으로 자기 친족들과 친근히 지내는 여자 추장의 모

습을 점쳐 보니, 마음이 서로 화합되어 어디를 가서 무슨 일
을 하든지 아무 잘못됨이 없을 것이다.

上九 이 양효를 보면 너무 높고 또 정당치 못한 자리에 있으나, 아
래로 육삼의 음기와 처음에는 잘 맞지 않으나 나중에는 서로
응하고 있다.

　이 효상으로 여자 추장의 아버지가 한 여인이 등에 진흙을
진 돼지를 끌고 또 귀신의 무리를 수레에 가득 싣고서 자기
앞으로 다가오는 것을 활로 쏘려다가 활을 거두는 것을 점쳐
보니, 그 여인은 도둑이 아니요, 예물을 가지고 혼인을 청하
러 오는 것이다. 만일 이때에 비가 올 것 같으면 그 여인이
되돌아가지 못하고 그 여자 추장의 아버지와 서로 화합하게
되기 때문에 행복할 것이다.

39. ☶☵ (艮下 坎上) 수산건(水山蹇)

原文｜ 蹇은 利西南하고 不利東北하며 利見大人하니 貞이면

吉하리라

初六 往하면 蹇하고 來하면 譽리라

六二 王臣蹇蹇이 匪躬之故라

九三 往하면 蹇하고 來하면 反하리라

六四 往하면 蹇하고 來하면 連하리라

九五 大蹇에 朋來로다

上六 往하면 蹇하고 來하면 碩이라 吉하리니 利見大人하니라

☵ ☶ (아래는 간, 위는 감) **물과 산은 건이다**

지금은 험난한 때이다. 서남쪽으로 가면 이롭고, 동북쪽으로 가면 이롭지 못하다. 대인(大人)을 보는 것이 이로우니, 마음이 곧고 바르면 좋으리라.

初六 가면 험하고, 오면 예찬(譽讚)을 받으리라.

六二 왕의 신하가 발을 절뚝거리니 까닭이 자기 몸에 있는 것은 아니다.

九三 앞으로 가면 험하고, 뒤로 오면 되돌아오는 것이다.

六四 가면 험하고, 오면 동지들이 있다.

九五 크게 험난하지만 벗이 온다.

上六 앞으로 가면 험난하고, 돌아오면 크게 이롭다. 좋으리라. 대인을 만나보는 것이 이롭다.

주해

○蹇(건)—절다. 어렵다. 주자(朱子)는 '건(蹇) 난야(難也) 족불능진(足不能進) 행지난야(行之難也)'라 했다.

○連(연)—동류(同類), 동지(同志), 연류(連類).

○碩(석)—크다. '대(大)'의 뜻.

해 설

이 괘의 괘상을 살펴보면, 산 위의 물이요, 또 괘기(卦氣)를 보면 구삼의 양기는 두 개의 음기 위에 있고, 구오의 양기는 두 개의 음기 사이에 빠져 있다.

이 괘상과 효상(爻象)으로 은(殷)나라에서 월형(刖刑 : 발을 자르는 형벌)을 받아 절뚝거리는 주(周)나라 사람을 점쳐 보니, 주나라 사람들이 있는 서남 지방으로 가면 이롭고, 은나라 사람들이 있는 동북 지방으로 가면 이롭지 못하다. 어떻든 문왕(文王)과 같은 대인을 만나면 매우 이롭다. 마음을 곧고 바르게 가져야 좋다.

初六 이 효상을 살펴보면 정당치 못한 자리에서 앞으로 나아가려 하니 구삼의 양기가 가로막고 있고, 또 서로 응할 양기도 없다.

　이 효상으로 절뚝발이가 길을 걷는 모습을 점쳐 보니, 동북쪽으로 가면 적의 화를 받을 것이요, 서남쪽으로 가면 친척들의 예찬을 받을 것이다.

六二 이 음효를 보니, 정당한 가운데 자리를 차지하고 있으나, 구삼의 양기에 가로막혀 있다. 그러나 위로 구오의 양기와 서로 응하고 있다.

　이 효상으로 은나라에서 월형을 받아 다리를 절뚝거리는 주나라 문왕의 신하를 점쳐 보니, 그 원인이 본래 자기 몸에 있는 것은 아니다.

九三 이 양효를 보면, 정당한 자리에서 너무 높은 자리에 있는 상륙의 음기와 서로 응하고 있다.

　이 효상으로 월형을 받은 절뚝발이가 길을 가는 모습을 점쳐 보니, 앞으로 가면 길이 험난하고, 뒤로 오면 자기 고향으로 되돌아오게 된다.

六四 이 음효를 보면, 구오의 양기가 가까이하려 하나 그것은 이미 육이의 음기와 서로 응하고 있다.

　이 효상으로 절뚝발이가 길을 걷는 모습을 점쳐 보니, 앞으로 가면 길이 험하고, 뒤로 오면 동류(同類)들이 있다.

九五 이 효상을 보면 정당하고 높은 가운데 자리에서 육사와 상륙의 음기에 빠져 있으나, 아래로 육이의 음기와 서로 응하고 있다.

　이 효상으로 길을 걷던 절뚝발이를 점쳐 보니, 크게 위험한 가운데 빠져 어찌할 수 없었으나 뜻밖에도 자기의 동지가 뒤에서 와서 구출할 것이다.

上六 이 음효를 보면, 정당한 자리에 있으나 너무 높은 자리에 있

다. 그러나 구삼의 양기와 서로 응하고 있다.

이 효상으로 길을 걷는 절뚝발이를 점쳐 보니, 너무 앞으로 가면 위험하지만 되돌아오면 이익됨이 커서 좋을 것이다. 멀리 갈 생각을 하지 말고 가까이 있는 대인 군자를 만나는 것이 이로울 것이다.

40. ☵☳ (坎下 震上) **뇌수해**(雷水解)

原文| 解,는 利西南.하니 无所往,이라 其來復이 吉.하니 有攸往,이어든 夙하면 吉.하리라

初六 无咎.하니라

九二 田獲三狐,하여 得黃矢.니 貞하여 吉.하도다

六三 負且乘.이라 致寇至.니 貞이라도 吝.이리라

九四 解而拇,면 朋至하여 斯孚.리라

六五 君子維有解.면 吉.하니 有孚于小人.이리라

上六 公用射隼于高墉之上.하여 獲之니 无不利.로다

☵☳ (아래는 감, 위는 진) **우레와 물은 해다**

험난에서 해방되는 것은 서남쪽이 이롭다. 갈 데가 없으면 되돌아오는 것이니, 다시 좋을 것이다. 갈 데가 있으면 빨리 해야 좋으리라.

初六 허물이 없으리라.

九二 사냥에서 세 마리 여우를 잡아 구리 화살을 얻었다. 마음을 곧고 바르게 가지면 좋으리라.

六三 짐을 지고 또 말을 탔다. 도둑이 오게 된다. 마음이 바르고 곧
　　 아도 부끄러움을 당하리라.

九四 너의 엄지발가락을 풀어 놓아라. 친구가 오면 바로 포로도 올
　　 것이다.

六五 군자만이 험난에서 해방된다. 좋으리라. 소인에게 있어서는
　　 포로가 될 것이다.

上六 공작(公爵) 벼슬 하는 사람이 높은 성 위에서 새매를 쏘았다.
　　 이것을 잡았으니 이롭지 않음이 없다.

주해

ㅇ黃矢(황시)－구리로 만든 화살.

ㅇ致(치)－이르다. 되다.

ㅇ而(이)－너. '여(汝)'의 뜻.

ㅇ拇(무)－엄지손가락. 엄지발가락. 다산은 '무여무통(拇與踇 通) 족지장지야
　(足之將至也)'라 했다.

ㅇ維(유)－오직.

ㅇ隼(준)－새매.

ㅇ墉(용)－담. 소성(小城).

해 설

이 괘의 괘상을 살펴보면 우레와 비가 합작하여 어려운 한재(旱災)
가 해산되는 것이요, 음양의 두 기운이 화합하여 자연의 순환운동이
잘 되는 것이다.

이 괘상으로 지금 험난에서 해방된 시대상을 점쳐 보니 우렛소리가
서남쪽에 울려서 동북쪽에서 비가 내린다. 그러므로 주나라 사람이
살고 있는 서남쪽에서는 전쟁을 모면하게 되고, 은나라 사람이 살고
있는 동북쪽은 전화(戰禍)를 입게 된다. 앞으로 갈 데가 없으면 주나
라 본토로 오는 것이 좋을 것이요, 만일 앞으로 갈 데가 있으면 빨리

갔다 오는 것이 좋다.

初六 이 음효를 보면, 정당치 못한 자리에 있으나 구사의 양기와 서로 응하고 있다.

이 효의 점괘를 얻은 사람은 점사(占辭)는 없지만, 험난의 시대는 이미 지나가고 해방의 시대가 들어오기 시작하였으니 앞으로 허물이 없으리라.

九二 이 효상을 보면 비록 정당치 못한 자리에 있으나, 가운데 자리에서 위로 육오의 음기와 서로 응하여 초륙과 육삼의 세 음기를 통솔하고 있다.

이 효상으로 여우 세 마리를 잡아 가죽을 벗기다가 구리로 만든 화살 한 개를 얻은 사냥꾼의 모습을 점쳐 보니, 마음을 곧고 바르게 가지면 좋을 것이다.

六三 이 효상을 보면 비교적 높은 자리에서 구사의 양기를 등에 지고 또 구이의 양기를 타고 있다. 그러므로 다른 음기의 질투를 사게 된다.

이 효상으로 좋은 물건을 등에 지고 좋은 말을 타고 길을 가는 사람의 동작을 점쳐 보니, 반드시 도둑이 탐을 내어 오게 된다. 자기 마음이 아무리 곧고 발라도 결국은 창피를 당할 것이다.

九四 이 효상을 보면 육오의 발 밑에 있으면서 육삼의 음기와 가까이하고 있고, 또 초륙의 음기와 서로 응하고 있다.

이 효상으로 소인과 절교하지 못하는 군자의 모습을 점쳐 보면, 마치 자기 발가락을 끊어 버리지 못하는 것과 같다. 만일 발가락과 같이 더러운 소인과 절교하면 좋은 동지자가 포로를 데리고 함께 올 것이다.

六五 이 효상을 보면 정당치 못한 자리에 있으나 가운데 자리를 차지하고 있어 기덕(氣德)이 있고, 또 구이의 양기와 서로 응하

고 있다. 그러나 구사의 발 밑에 있는 육삼의 음기는 서로 응하는 양기가 없어서 다른 기운에게 잡히고 만다.

이 효상으로 험난에서 해방된 군자의 모습을 점쳐 보면 반드시 행복할 것이다. 그러나 소인은 험난에서 벗어나지 못하고 저쪽의 포로가 되고 말 것이다.

上六 이 효상을 보면 정당한 자리에 있으나 너무 높은 자리에 있다. 그러나 육오의 음기 위에 있다.

이 효상으로 남작 벼슬 하는 사람이 높은 성 위에 앉아 있는 새매를 쏘는 모습을 점쳐 보니, 이것을 잡아서 이롭지 않음이 없다.

41. ䷨ (兌下 艮上) 산택손(山澤損)

原文 | 損,은 有孚,면 元吉.하고 无咎.하여 可貞.이라 利有攸往.하니 曷之用.이리요 二簋可用享.이니라

初九 已事어든 遄往.이라가 无咎.리니 酌損之.니라

九二 利貞.하고 征이면 凶.하니 弗損이라야 益之.리라

六三 三人行,엔 則損一人.하고 一人行,엔 則得其友.로다

六四 損其疾,하되 使遄이면 有喜.하여 无咎.리라

六五 或益之.면 十朋之라 龜,도 弗克違하리니 元吉.하니라

上九 弗損,하고 益之.면 无咎하고 貞吉.하니 利有攸往.이니 得臣이 无家.리라

☷ ☶ (아래는 태, 위는 간) **산과 못은 손이다**

손해가 포로에게 있으면 크게 좋다. 허물이 없으리라. 마음이 바르고 곧아야 한다. 갈 데가 있는 것이 이롭다. 어떻게 이것을 쓰리요? 두 개의 제기(祭器)는 제사에 쓸 수 있다.

初九 일을 그만두고 빨리 간다. 허물이 없으리라. 부어서 이것을 던다.

九二 마음을 곧고 바르게 해야 이롭다. 정벌하러 가면 나쁘다. 빼지 않고 이것을 보탠다.

六三 세 사람이 가면 한 사람을 잃고, 한 사람이 가면 그 벗을 얻는다.

六四 그 질병을 속히 덜하게 하여 기쁨이 있게 한다. 허물이 없으리라.

六五 이것을 유익하게 할는지 모른다. 큰 거북점이라도 어긋날 수 없다. 크게 좋으리라.

上九 손해 보지 않고, 이것을 유익하게 한다. 허물이 없으리라. 마음을 곧고 바르게 가지면 좋으리라. 갈 데가 있는 것이 이롭다. 신하는 얻고 집은 없다.

(주해)

○ 簋(궤) — 제기(祭器).

○ 已(이) — 그만두다. '정지(停止)'의 뜻.

○ 遄(천) — 빠르다. 자주. '질(迭)' '속(速)' '빈(頻)'의 뜻.

○ 十朋(십붕) — 정자는 '중사(衆辭)'라 했고, 다산은 '대보귀야(大寶龜也)'라 했다.

○ 克(극) — ~할 수 있다. '능(能)'의 뜻.

해 설

이 괘의 괘상을 살피면, 못이 깊으면 깊을수록 산은 점점 높아지는 상(象)이다.

이 괘상으로 잡혀온 포로를 점쳐 보면, 포로에게 손해가 많으면 많을수록 이편에서는 이익이 많아서 크게 좋아 허물이 없다. 포로를 잡아올 데가 있으면 가는 것이 이롭다. 잡혀온 포로를 어떻게 사용할까? 포로의 고기〔肉〕를 두 개의 제기에 담아서 제사에 사용하는 것이 좋다.

初九 이 효상을 보면, 정당한 자리에서 육사의 음기와 서로 응하고 있다.

이 효상으로 포로를 잡아 놓고 제사 지내다가 그만두고 빨리 가는 사람의 모습을 점쳐 보니, 제사를 중지하는 것은 손해를 보는 것이지만 나아가서 포로를 또 잡아오면 이익이 되니, 허물이 없을 것이다. 이것은 마치 술을 신(神)에게 부어 없어지지만 제사함으로써 복을 받는 것과 같다.

九二 이 양효를 보면 정당한 자리는 못되지만 가운데 자리를 차지하고 있으면서 역시 가운데 자리를 차지하고 있는 육오의 음기와 서로 응하고 있다.

이 효상으로 정벌하러 가서 이익을 취하려는 사람의 모습을 점쳐 보면, 중용(中庸)의 자리를 견고히 지키지 않고 부질없이 밖으로 나가서 이익을 취하려다가 역시 중용의 덕을 지키고 있는 여자 추장에게 충성을 다하려 하면 도리어 손해를 본다. 그러므로 손해 보지 않는 것이 도리어 보탬이 된다는 것을 알아야 한다.

六三 이 음효를 보면 상구의 양기와 서로 응하여 그것에 좇아가서 양기와 동화하려 한다. 바꾸어 말하면 건괘(乾卦)로 되려 한다. 그러므로 세 양기가 병행하면 하나의 음기를 잃게 된다. 그러나 간괘(艮卦)의 상구가 육삼의 음기와 서로 응하므로 벗을 얻는 상이다. 그러므로 혼자 가면 그 벗을 얻는다고 한다.

이 효상으로 세 사람이 함께 여행하는 것을 점쳐 보니, 세 사람 가운데서 한 사람을 잃게 된다. 또 자기 혼자 여행하는 사람을 점쳐 보니, 도중에 한 여자를 얻어 친구가 될 것이다.

六四 이 효상을 보면 정당한 자리에서 아래로 초구와 서로 응하고 있다.

이 효상으로 병이 조금 나아서 기뻐하는 사람의 모습을 점쳐 보니, 앞으로는 몸에 병이 없을 것이다.

六五 이 효상을 보면 비록 정당치 못한 자리에 있으나 가운데 자리를 차지하고 있어 아래로 구이의 양기와 서로 응하고 있다.

이 효상으로 덕성 있는 한 여자 추장이 현명하고 강직하고 재덕 있는 선비와 결합하는 모습을 점쳐 보니, 크게 유익하다. 비록 큰 거북점을 쳐보더라도 나쁜 징조라 할 수 없다. 그러므로 크게 행복할 것이다.

上九 이 양효를 보면 너무 높고 정당치 못한 자리에 있다. 그러나 육오의 음기와 가까이하고 있을 뿐 아니라, 육삼의 음기와 서로 응하고 있다.

이 효상으로 자기가 손해 보지 않고 백성들에게 이익을 주는 여자 추장의 아버지 정치를 점쳐 보니, 아무 허물이 없다. 그러나 마음을 곧고 바르게 가져야 좋다. 이런 방법으로 딸을 위하여 일을 하면 어디를 가든지 이롭다. 이러한 사람은 천하의 백성을 다 자기 신하로 복종시킴으로써 기쁨을 삼고, 자기 가정과 가족이 있다는 것을 잊어버린다.

42. ☲☳ (震下 巽上) 풍뢰익(風雷益)

原文ㅣ 益,은 利有攸往.하며 利涉大川.하니라

初九 利用爲大作.이니 元吉이라야 无咎.리라

六二 或益之.면 十朋之龜,도 弗克違.나 永貞이면 吉.하니
王用享于帝.라도 吉.하리라

六三 益之用凶事.엔 无咎.어니와 有孚中行이라야 告公用圭.
리라

六四 中行이면 告公從.하리니 利用爲依면 遷國.이니라

九五 有孚惠心.이라 勿問.하여도 元吉.하니 有孚하여 惠我
德.하리라

上九 莫益之.라 或擊之.리니 立心勿恒.이니 凶.하니라

☳☴ (아래는 진, 위는 손) **바람과 우레는 익이다**

사람의 생활에 유익한 것은 앞으로 갈 곳이 유익한 일이요, 또 큰 냇물을 건너가는 데 유익한 일이다.

初九 크게 농사짓는 것이 이롭다. 크게 좋으리라. 허물이 없으리라.

六二 보람이 있을지도 모른다. 큰 거북점의 징조라도 어긋날 수 없을 것이다. 길이 마음이 곧고 바르면 좋으리라. 왕이 하느님께 제향(祭享)을 드릴지라도 좋으리라.

六三 그를 나쁜 일로 유익하게 한다. 허물이 없을 것이다. 중도(中途)를 걷는 포로가 있다. 홀을 가지고 공후(公侯)에게 말을 이른다.

六四 중용의 도를 행하고, 공후에게 일러서 따르게 한다. 진(晉)나라와 정(鄭)나라에 의지하여 나라를 옮긴다.

九五 포로가 고마운 마음을 가진다. 묻지 않아도 크게 좋다. 포로

가 나의 덕을 고맙게 여긴다.

上九 그를 유익하게 하지 말라. 그를 쳐야 할는지도 모른다. 항심
(恒心)을 가지지 말라. 나쁘리라.

주해

○大作(대작)－큰일. 대사(大事). 즉 농사를 이른다.
○帝(제)－천제(天帝). 천신(天神).
○圭(규)－홀.
○依(의)－의지하다. 정자는 ‘위의(爲依) 의부어상야(依附於上也)’라 했고,
　주자는 ‘전왈(傳曰) 주지동천(周之東遷) 진정언의(晋鄭焉依)’라 했다.
○惠(혜)－은혜. 혜택. 고맙다.

해　설

이 괘의 괘상을 보면 우레와 바람이 서로 도와 유익한 상이다.

이 괘상으로 인간생활을 점쳐 보면, 그 시대에 아직 유목생활을 완
전히 탈피하지 못한 부족에 있어서 중요한 것은 자기네의 생활 필수
품이 풍부한 지방으로 이동해 가는 것이요, 또 아직 선박을 발명하지
못한 그 시대에 있어서는 무엇보다도 앞에 가로놓여 있는 큰 냇물을
무사히 건너가는 일이었다.

初九 이 양효를 보면, 정당한 자리에서 위로 육사의 음기와 서로
　　응하고 있다.

　　　이 효상으로 크게 농사짓는 일을 점쳐 보니, 농업시대에 있
　　어서 생활에 가장 유익한 일은 자연계에 있어서는 음기와 양
　　기가 서로 잘 조화되고, 인사(人事)에 있어서는 대농장을 경
　　영하는 것이다. 그러므로 농사를 하는 것이 크게 좋은 일이
　　되어 아무 탈이 없다.

六二 이 음효를 보면 정당한 가운데 자리를 차지하고 있고, 또 구
　　오의 양기와 서로 응하고 있다.

이 효상으로 한 현인이 위에 있는 성군을 섬기는 모습을 점쳐 보니, 온 세상에 덕을 펴서 크게 유익할 것이다. 신령스러운 큰 거북으로 점을 쳐 볼지라도 어김없이 크게 좋은 징조가 나타날 것이다. 영원히 마음을 곧고 바르게 가지면 행복할 것이다. 이러한 사람과 이러한 임금이 마음을 합하여 하느님께 제사를 드리면 하느님이 기뻐하여 반드시 복을 내려 줄 것이다.

六三 이 음효를 보면, 정당치 못한 자리에 있으나 익괘(益卦) 전체에서 보면 가운데 자리를 차지하고 있다. 그뿐 아니라, 상구의 양기와 서로 응하고 있다.

이 효상으로 성질이 너무 비겁하지도 않고 또 너무 과격하지도 않은, 즉 비교적 중용의 도를 지키고 있는 포로를 잡아 왔다고 추장의 아버지에게 일러바치는 일을 점쳐 보니, 포로가 잡혀온 것은 비록 나쁜 일이지만, 추장의 아버지에게 귀여움을 받는 것은 유익된 일이다. 그러므로 나쁜 일로 유익하게 된다고 한다.

六四 이 음효를 보면, 정당한 자리에서 아래로 초구의 양기와 서로 응하고 있다. 이 역시 익괘 전체에서 보면, 육삼과 함께 가운데 자리를 차지하고 있다.

이 효상으로 중용의 도를 행하는 진(晉)나라와 정(鄭)나라의 일을 점쳐 보니, 주(周)나라 임금이 그 두 나라의 힘에 의거하여 서쪽 호경(鎬京)에서 남쪽 낙읍(洛邑)으로 서울을 옮기니, 장차 이로울 것이다.

九五 이 양효를 보면 정당한 가운데 자리를 차지하고 있고, 또 아래로 역시 정당한 가운데 자리를 차지하고 있는 육이의 음기와 서로 응하고 있다.

이 효상으로 성덕 있는 임금에게 충성을 다하는 포로의 모습을 점쳐 보니, 따로 거북점이나 댓개비[筮]로 점을 쳐서 물어보지 않아도 크게 좋을 것은 더 말하지 않아도 알 수 있다.
왜냐하면, 충성스러운 포로가 임금의 덕을 고맙게 여기기 때
문이다.

上九·이 양효를 보면 아래로 육삼의 음기와 서로 응하고 있으나 그
두 기운이 다 너무 높은 자리에 있어 아주 위험하다.

　　이 효상으로 재덕이 부족한 대부(大夫)가 탐욕 많은 임금
의 아버지에게 이익을 주려는 모습을 점쳐 보니, 이익을 주지
말고 차라리 배격하는 것이 좋을는지도 모른다. 항상 그에게
이익을 주겠다는 마음을 가져서는 안된다. 나중에는 자기 몸
에까지 화가 미쳐서 나쁘게 될 것이다.

43. ☰☱ (乾下 兌上) **택천쾌**(澤天夬)

原文│ 夬.는 揚于王庭.이니 孚號有厲.니라 告自邑,이요 不利
卽戎.이며 利有攸往.하니라

初九 壯于前趾.니 往不勝.이면 爲咎.니라

九二 惕號.니 莫夜에 有戎.이라도 勿恤.이로다

九三 壯于頄.하여 有凶.하고 君子는 夬夬.라 獨行遇雨.니
若濡有慍.이면 无咎.리라

九四 臀无膚.며 其行次且.니 牽羊하면 悔亡.하련마는 聞言하
여도 不信.하리로다

九五 莧陸夬夬.면 中行에 无咎.니라

上六 无號_{무호}.니 終有凶_{종유흉}.하니라

≡≡ (아래는 건, 위는 태) **못과 하늘은 쾌다**

조급한 용기를 왕의 조정에서 드러낸다. 포로가 부르짖으니 위험성이 있다. 먼저 자기 영지(領地)의 사람들에게 말을 이른다. 무력에 따르는 것은 이롭지 못하다. 갈 데가 있는 것이 이롭다.

初九 너무 기운차게 전진한다. 가서 이기지 못하면 허물이 된다.

九二 두려워서 부르짖는다. 깊은 밤에 전쟁이 있어도 근심하지 말라.

九三 조급한 용기가 관골(顴骨)에까지 가득 찼다. 나쁜 일이 있으리라. 군자는 과단성이 있다. 혼자 가다가 비를 만나니 젖은 듯하여 노여운 기색이 있다. 허물이 없으리라.

九四 볼기에 살이 없다. 그 가는 모습이 꾸물거린다. 양을 끌면 뉘우침이 없어지리라. 말을 들어도 믿지 않는다.

九五 자리공은 부러지기 쉬운 풀이다. 중도(中道)의 길을 밟으면 허물이 없으리라.

上六 부르짖지 말라. 마침내 나쁜 일이 있으리라.

주해

o 夬(쾌)—조급한 용기, 또는 조급한 용단성.

o 揚(양)—드러내다. '선양(宣揚)'의 뜻.

o 王庭(왕정)—조정(朝廷).

o 邑(읍)—사읍(私邑). 자기의 영지(領地).

o 卽(즉)—나아가다. 좇다. 정자는 '즉(卽) 종야(從也)'라 했다.

o 戎(융)—무력. 정자는 '융병자(戎兵者) 강무지사(强武之事)'라 했다.

o 趾(지)—발가락. 나아가다. '진(進)'의 뜻.

o 惕(척)—근심하다. 두려워하다.

o 莫(모)—저물다. '모(暮)'와 같음.

o 頄(구)—광대뼈. 관골(顴骨). 주자는 '구(頄) 관야(顴也)'라 했다.

ㅇ夬夬(쾌쾌) – 몹시 과단성 있는 모양. 정자는 '쾌쾌(夬夬) 위쾌기쾌(謂夬其夬) 과결기단야(果決其斷也)'라 했다.

ㅇ臀(둔) – 볼기.

ㅇ次且(차차) – 꾸물거리다.

ㅇ莧陸(현륙) – 자리공. 정자는 '마치현(馬齒莧)'이라 했다. 부러지기 쉬운 풀.

ㅇ无(무) – '물(勿)'의 뜻.

해 설

이 괘의 괘상을 보면 오양(五陽)은 더욱더 성해 가고, 오직 하나의 음기가 남아 있다.

이 괘상으로 한 조급한 용사가 왕 앞에 포로를 잡아다 놓고 이놈을 당장에 죽여야 한다고 위엄을 드러내는 모습을 점쳐 보니, 그 포로도 최후의 발악을 하여 위태롭다. 이렇게 무력으로만 해결하려 하지 말고 우선 자기 영지의 백성들을 잘 다스릴 것이다. 무력만 숭상하지 말고 덕으로 다스리면 어디를 가든지 이로울 것이다.

初九 이 양효를 보면, 양기가 있을 정당한 자리에서 위로 올라가려는 기세가 너무 왕성하다. 그러나 서로 응하는 음기가 없다.

　　　이 효상으로 조급하게 전진하는 군사의 행동을 점쳐 보니, 이기지 못하여 과오를 범하게 되는 상이다.

九二 이 효상을 보면, 정당치 못한 자리에 있으나 가운데 자리를 차지하고 있다. 그런데 위로 서로 응할 음기가 없다.

　　　이 효상으로 군사를 거느리고 가던 대장이 도중에서 행진을 멈추고 부하 장졸들에게 두려운 마음으로 호령하는 모습을 점쳐 보니, 그렇게 조심성 깊은 대장은 비록 깊은 밤에 대적과 전쟁이 일어나도 근심할 것이 없다.

九三 이 양효를 보면, 정당하고 비교적 높은 자리에서 위로 상륙의 음기와 서로 응하고 있다.

　　　이 효상으로 노기(怒氣)가 관골에까지 찬 사람의 표정을 점쳐 보니, 반드시 나쁜 일이 있을 것이다. 그러나 과감하고 결단성 있는 군자의 표정을 점쳐 보니, 마치 혼자 가다가 비를 만난 것과 같아서 옷은 조금 젖은 것 같지만 노여운 기운을 겉에 나타내지 않고 속마음으로만 품고 있으니, 결국은 허물이 없을 것이다.

九四 이 양효를 보면, 정당치 못한 자리에 있을 뿐 아니라, 아래로 서로 응할 음기도 없다. 본래 기질이 강하지만 음기의 자리에 있기 때문에 전진할 기력조차 없다.

이 효상으로 볼기에 살이 없어 앉으면 뼈가 아프고 또 음성적인 사나이이기 때문에 다른 사람들과 같이 앞으로 걸어 갈 수도 없는 모습을 점쳐 보니, 이런 사람은 양을 여러 마리 끌고 천천히 가면 뉘우침이 없을 것이다. 그뿐 아니라 남의 말을 듣고도 믿고 잘 따르지 않는 것은 마치 양이 목자(牧者)의 말을 잘 듣지 않는 것과 같다.

九五 이 양효를 보면, 정당한 높은 가운데 자리를 차지하고 있고 또 상륙과 가까이하고 있으나, 아래로 서로 응할 음기가 없다.

이 효상으로 기질도 강하고 덕도 있으나 아래로 보필하는 신하가 없는 임금의 모습을 점쳐 보니, 음흉하고 모략을 잘 꾸미는 어머니에게 그 기질이 꺾이기 쉽다. 그러나 끝까지 중용의 덕을 지켜 나아가면 과오가 없을 것이다.

上六 이 음효를 보면, 정당한 자리에 있으나 너무 높은 자리에 있다. 아래로는 역시 비교적 높은 자리에 있는 구삼의 양기와 서로 응하고 있다. 이와 같이 두 기운이 다 높은 자리에 있으므로 모두 나쁘다.

이 효상으로 음흉한 왕의 어머니가 교만한 대부와 좋아 지내는 모습을 점쳐 보니, 마침내는 다 화를 받아 아무리 구원해 달라고 부르짖으나 여기에 응하는 사람이 하나도 없다.

44. ☰☴ (巽下 乾上) 천풍구(天風姤)

原文| 姤.는 女壯.이니 勿用取女.니라

初六 繫于金柅.면 貞이 吉.하고 有攸往이면 見凶.하리니 羸

豕孚蹢躅.하니라

九二 包有魚.면 无咎.하리니 不利賓.하니라

九三 臀无膚.나 其行은 次且.하니 厲하면 无大咎.리라

九四 包无魚.니 起凶.하리라

九五 以杞包瓜.니 含章.이면 有隕自天.이리라

上九 姤其角.이라 吝.하니 无咎.니라

☴☰ (아래는 손, 위는 건) **하늘과 바람은 구다**

뜻하지 않았던 여자를 만나니, 아주 기운이 억세다. 그런 여자에게 장가들지 말라.

初六 구리로 만든 수레 멈춤대에 매여 있다. 마음이 곧고 바르면 좋고, 갈 데가 있으면 나쁜 일을 당하리라. 여윈 돼지가 사로 잡혀 깡충깡충 뛴다.

九二 부엌에 생선 한 마리가 있으니 괜찮다. 그러나 손님 대접하기 에는 이롭지 못하다.

九三 볼기에 살이 없다. 그 가는 모습이 꾸물거린다. 위태하나 큰 허물은 없으리라.

九四 부엌에 생선이 없으니, 나쁜 일이 일어나리라.

九五. 산버들로 참외를 싼다. 아름다운 맛을 지니고 있으면, 하늘에
　　　서 떨어져 얻은 것이 있으리라.

上九 그 뿔에서 만나게 된다. 부끄럽지만 허물이 없으리라.

주해

○姤(구)－만나다. 꾸짖다.
○金柅(금니)－구리로 만든 수레. 멈춤대.
○贏豕(이시)－여윈 돼지.
○蹢躅(척촉)－깡충깡충 뛰다.
○包(포)－푸주간. 부엌. '포(庖)'와 같음.
○杞(기)－산버들. 기류(杞柳).
○瓜(과)－참외.
○章(장)－문채. 밝다. 아름답다. 주자는 '장미야(章美也)'라 했다.
○隕(운)－떨어지다.

해　설

　이 괘의 괘상을 보면 다섯 개의 양기가 뜻하지 않았던 하나의 음기
를 만나는 상이다.

　이 괘상으로 여러 남성 가운데 한 여성이 나타난 것을 점쳐 보니,
그 여성은 기운이 세어 여러 남성을 통솔하려 한다. 그런 여성에게
장가들었다가는 공처가가 되기 쉽다.

　初六 이 음효를 보니, 정당치 못한 자리에서 구사의 양기와 서로
　　　응하고 있다. 그러나 본래 약한 기운으로 강한 구이와 구삼의
　　　양기에 눌려 있으므로 차라리 밖으로 나가려 하지 말고 본래
　　　제자리에 있는 것이 안전하다.

　　　이 효상으로 어떤 사람이 타고 가던 수레가 수레 멈춤대에
　　　매여 있는 모습을 점쳐 보니, 마음을 굳게 먹고 안정하고 있
　　　는 것이 좋다. 만일 앞으로 나가면 반드시 나쁜 일이 있을 것

이다. 이것은 마치 여위고 약한 돼지가 우리 안에서 밖으로 나가려 깡충깡충 뛰는 것보다 가만히 있는 것이 좋은 것과 같다.

九二 이 양효를 보니, 비록 정당치 못한 자리에 있으나 초륙의 음기와 가까이하고 있으면서 가운데 자리를 차지하고 있다.

　　이 효상으로 부엌에 있는 생선 한 마리를 점쳐 보니, 그렇게 좋은 것이 못된다. 국을 끓이기에는 흠이 없지만, 오래간만에 만나는 귀한 손님을 대접하기에는 적당치 못하다.

九三 이 양효를 보면, 정당한 자리에 있으나 비교적 높은 자리에 있어서 위태하고, 또 위로 서로 응할 음기가 없다.

　　이 효상으로 어떤 사람이 볼기에 살이 없어서 편안히 앉을 수도 없고, 또 그렇다고 해서 앞으로 빨리 걸어갈 힘도 없어 꾸물거리는 행동을 점쳐 보니, 조금 위태는 하지만 그렇게 큰 과오는 저지르지 않을 것이다.

九四 이 양효를 보면, 정당치 못한 자리에서 초륙의 음기와 서로 응하고 있다. 그러므로 결국에는 그 음기를 다른 양기에 빼앗기게 된다.

　　이 효상으로 부엌에 응당 있어야 할 생선이 없어진 것을 점쳐 보니, 반드시 나쁜 일이 일어날 것이다.

九五 이 양효를 보면 매우 높고 정당한 가운데 자리를 차지하고 있으면서 여러 양기를 통솔하고 있다.

　　이 효상으로 하나의 산버드나무에 싸여 있는 여러 개의 참외를 점쳐 보니, 그 속에 아름다운 맛을 머금고 있다. 이것은 하늘이 내려준 덕이다.

上九 이 양효를 보면, 너무 높고 정당치 못한 자리에 있을 뿐 아니라, 아래로 서로 응할 음기도 없다.

　　이 효상으로 뿔에 받치는 사람의 모습을 점쳐 보니, 조금 창피는 하지만 잘못되는 일은 없을 것이다.

45. ䷬ (坤下 兌上) 택지췌(澤地萃)

原文| 萃는 亨.이라 王假有廟.니 利見大人.하니 亨.하니 利貞.

하니라 用大牲이 吉.하니 利有攸往.하니라

初六 有孚나 不終.이면 乃亂乃萃.할새 若號.하면 一握爲笑.

하리니 勿恤.하고 往하면 无咎.리라

六二 引하면 吉.하여 无咎.하리니 孚乃利用禴.이리라

六三 萃如嗟如.라 无攸利.하니 往하면 无咎.어니와 小吝.하

니라

九四 大吉.이라야 无咎.리라

九五 萃有位.하고 无咎.하나 匪孚,어든 元永貞.이면 悔亡.하

리라

上六 齎咨涕洟.니 无咎.니라

䷬ (아래는 곤, 위는 태) **못과 땅은 췌다**

짐승을 잡아놓고 제사를 지낸다. 왕이 사당(祠堂)을 가지게 되었다. 대인(大人)을 보는 것이 이로우니 모든 일이 잘 통하리라. 마음을 곧고 바르게 가져야 이롭다. 큰 제물을 사용하니 좋으리라. 갈 데가 있는 것이 이롭다.

初六 포로들이 그치지 않고 어지럽히며 소와 양과 돼지를 잡는다.

부르짖는 듯하다. 한번 손을 움켜쥐고 웃는다. 근심하지 말라. 가면 허물이 없으리라.

六二 데리고 가면 좋다. 허물이 없으리라. 포로를 바로 여름 제사에 사용하는 것이 이롭다.

六三 제사에 쓸 짐승을 잡는 듯하고, 탄식하는 듯하다. 이로울 것이 없다. 그대로 가면 허물은 없지만 조금 부끄러우리라.

九四 크게 좋아서 허물이 없으리라.

九五 여러 사람이 모이는 데는 자리가 있다. 허물이 없으리라. 포로가 아니니 크게 영원히 좋으리라. 뉘우침이 없어지리라.

上六 슬퍼서 눈물이 눈과 코에서 나온다. 허물이 없으리라.

〔주해〕

ㅇ亨(향) － ‘제향(祭享)’의 뜻.

ㅇ假(가) － 하게 되다. ‘지(至)’의 뜻.

ㅇ大牲(대생) － 큰 희생물. 소와 양과 돼지를 이른다.

ㅇ一握(일악) － 한번 손으로 움켜쥐다. 정자는 ‘일악(一握) 속어(俗語) 일단야(一團也) 위중이위소야(謂衆以爲笑也)’라 했다.

ㅇ禴(약) － 여름 제사.

ㅇ嗟如(차여) － 탄식하는 듯하다.

ㅇ齎咨(재자) － 슬퍼하는 모습. 정자는 ‘재자(齎咨) 자차야(咨嗟也)’라 했다.

해 설

이 괘의 괘상을 보면 땅 위의 모든 물이 한데 모여서 못을 이룬 상이다.

이 괘상으로 임금이 여러 사람을 한데 모아놓고 사당에 제사 지내는 광경을 점쳐 보니, 덕이 높은 제사장(祭祀長)을 만나는 것이 이롭다. 왕은 마음을 곧고 바르게 가져야 이롭다. 소와 양과 돼지 같은 큰 제물로 제사를 잘 지내면 어디를 가서 무슨 일을 하든지 다 이로울 것이다.

初六 이 효상을 보면 정당치 못한 자리에 있으나 구사의 양기와 서로 응하고 있다.

이 효상으로 포로들이 질서없이 제물을 차리느라고 소와 양과 돼지 잡는 광경을 보니, 부르짖는 듯도 하고 손을 움켜쥐고 웃기도 한다. 근심할 것이 없다. 일이 잘 되어 허물이 없으리라.

六二 이 음효를 보면 정당한 가운데 자리를 차지하고 있으면서 위로 구오의 양기와 응하고 있다.

이 효상으로 여름 제사에 이용할 포로들을 점쳐 보니 중정(中正)의 덕이 있는 임금이 그들을 이끌면 좋으리라. 아무 허물이 없을 것이다.

六三 이 효상을 보면 정당치 못한 자리에 있으면서 위로는 서로 응할 양기는 없지만, 구사의 양기와 서로 가까이하고 있다.

이 효상으로 같이 모여 제물을 차릴 친구가 없어 탄식하는 한 여인의 모습을 점쳐 보니, 그렇다고 해서 아무 이로울 것이 없다. 그러나 그대로 참고 해가 가면 한 남성이 도와 줄 것이니, 조금 부끄러울 것이다.

九四 이 양효를 보면 비록 정당치 못한 자리에 있으나 아래로 초륙의 음기와 서로 응하고 있고, 육삼의 음기도 이것에 가까이하고 있다.

이 효상으로 권력도 있고 재능도 있는 한 재상의 모습을 점쳐 보니, 위로는 임금에게 가까이하여 충성을 다하고 아래로는 천하의 모든 백성을 통솔하고 있다. 그러므로 크게 행복되어 아무 허물이 없을 것이다.

九五 이 효상을 보면 매우 높고 정당한 가운데 자리를 차지하고 있으면서 아래로 육이의 음기와 서로 응하고 있다.

이 효상으로 재덕 있는 임금이 여러 신하와 백성을 거느리고 있을 정상을 점쳐 보니, 아무 허물이 없을 뿐 아니라, 그들이 포로들이 아니니 길이 행복할 것이다. 뉘우침이 모두 없어질 것이다.

上六 이 음효를 보면, 정당한 자리에 있으나 너무 높은 자리에 있다.

이 효상으로 너무 슬퍼서 눈과 코에서 눈물을 흘리는 왕의 어머니의 모습을 점쳐 보니, 덕 있는 임금의 세력을 타고 있으므로 허물이 없을 것이다.

46. ☴☷ (巽下 坤上) 지풍승(地風升)

原文 | 升,은 元亨.하니 用見大人.하되 勿恤.하고 南征하면 吉.하리라

初六 允升.이니 大吉.하니라

九二 孚乃利用禴.이니 无咎.리라

九三 升虛邑.이로다

六四 王用亨于岐山.이면 吉하고 无咎.하리라

六五 貞이라야 吉.하리니 升階.로다

上六 冥升.이니 利于不息之貞.하니라

☴☷ (아래는 손, 위는 곤) **땅과 바람은 승이다**

제사를 지내 크게 통하니, 대인을 만나본다. 근심하지 말고 남쪽을 치면 좋으리라.

初六 성실한 마음으로 제사를 올린다. 크게 좋으리라.

九二 포로를 바로 여름 제사에 사용하는 것이 이롭다. 허물이 없으리라.

九三 신(神)이 없는 빈 고을에 제사를 지낸다.

六四 왕이 기산(岐山)에서 제사를 올린다. 행복하고 허물이 없으리라.

六五 마음을 곧고 바르게 가지면 행복하리라. 섬돌에서 제사를 지낸다.

上六 어두운 제사다. 마음을 쉬지 않고 곧고 바르게 가지면 이롭다.

주해

○升(승)−제사.
○虛邑(허읍)−신(神)이 없는 고을.
○亨(향)−제향(祭享).
○階(계)−섬돌. 층계. 계단.
○冥(명)−어둡다. 혼암(昏暗).

해 설

이 괘의 괘상을 보면 바람이 땅 밑에서 위로 올라가고, 또 두 개의 양기가 위로 올라가서 남쪽에서 성하는 상이다.

이 괘상으로 임금이 위로 하늘에 제사를 올리는 모습을 점쳐 보니, 장차 현명한 대인을 만나볼 것이요, 또 남쪽으로 적을 정벌하면 좋을 것이다.

初六 이 음효를 보면 비록 정당치 못한 자리에 있으나 구이의 양기와 가까이하여 위로 올라가는 상이다.

이 효상으로 임금이 진실한 마음으로 하늘에 제사를 올리는 모습을 점쳐 보니, 크게 행복할 것이다.

九二 이 양효를 보면 정당한 자리는 못되나 가운데 자리를 차지하

고 있고, 또 위로 역시 가운데 자리를 차지하고 있는 육오의 음기와 서로 응하고 있다.

이 효상으로 여름 제사에 포로를 사용하는 것을 점쳐 보니, 허물이 없을 것이다.

九三 이 양효를 보면 양기가 있을 정당한 자리에서 위로 너무 높고 허(虛)한 자리에 있는 상륙의 음기와 서로 응하고 있다.

이 효상으로 어떤 사람이 제사하는 모습을 살펴보니, 신도 없는 곳에 제사를 지내고 있다. 그러므로 좋을 것도 없고, 나쁠 것도 없다.

六四 이 음효를 보면, 성질이 유순하고 또 정당한 자리에서 구삼의 양기를 타고 있다.

이 효상으로 주나라 문왕(文王)이 은나라 주(紂)임금의 신하된 신분으로 자기 영토 안에 있는 기산(岐山) 신령에게 제사 지내는 모습을 점쳐 보니, 행복하게 되고 아무 허물이 없을 것이다.

六五 이 효상을 보면 비록 정당치 못한 자리에 있으나 가운데 자리를 차지하고 있고, 또 아래도 역시 가운데 자리를 차지하고 있는 구이의 양기와 서로 응하고 있다.

이 효상으로 문왕이 뜰 계단 위에서 제사 지내는 모습을 점쳐 보니, 마음이 곧고 발라서 행복될 것이다.

上六 이 음효를 보면 정당한 자리에 있지만 본래 어두운 음기로서 너무 높은 자리에 있으므로 위태하다. 그러나 너무 올라가지 말고, 아래로 명랑한 구삼의 양기와 끊임없이 서로 응하면 괜찮다.

이 효상으로 마음이 명랑치 못한 제사를 지내는 문왕의 모습을 점쳐 보니, 마음을 끊임없이 곧고 바르게 가지면 이로울 것이다.

47. ☵☱ (坎下 兌上) 택수곤(澤水困)

原文ㅣ 困^곤,은 亨^형.하고 貞^정.하니 大人^{대인}이라 吉^길,하고 无咎^{무구}.하니 有言^{유언}이면 不信^{불신}.하리라

初六 臀困于株木^{둔곤우주목}.이라 入于幽谷^{입우유곡}.하여 三歲^{삼세}라도 不覿^{부적}.이로다

九二 困于酒食^{곤우주식}.이나 朱紱方來^{주불방래}.하리니 利用亨祀^{이용향사}.니 征^정이면 凶^흉.하니 无咎^{무구}.니라

六三 困于石^{곤우석},하며 據于蒺藜^{거우질려}.라 入于其宮^{입우기궁}이라도 不見其妻^{불견기처}.니 凶^흉.하도다

九四 來徐徐^{내서서}.는 困于金車^{곤우금거}.일새 吝^인.하나 有終^{유종}.이리라

九五 劓刖^{의월},이니 困于赤紱^{곤우적불},하나 乃徐有說^{내서유열}.하리니 利用祭祀^{이용제사}.니라

上六 困于葛藟^{곤우갈류}.라 于臲卼^{우얼올}.이니 曰動悔^{왈동회}.라하여 有悔^{유회}면 征^정하여 吉^길.하리라

☵☱ (아래는 감, 위는 태) **못과 물은 곤이다**

곤(困)하면서도 통하니, 마음을 곧고 바르게 가져야 한다. 대인이니, 좋아서 허물이 없으리라. 말이 있어도 믿지 아니하리라.

初六 엉덩이가 나무 등걸에 곤란을 당하니, 깊은 골짜기로 들어가서 3년 동안 보지 못하리라.

九二 술과 밥을 먹기에 곤란하나, 주홍빛 인끈을 찬 임금이 곧 오

　　려 한다. 제사를 지내는 것이 이롭다. 정벌하면 나쁘나 허물이 없으리라.

六三　돌에 차여 곤란하고, 질려풀에 의지한다. 그 궁에 들어가도 그 아내를 볼 수 없으니, 나쁘도다.

九四　천천히 온다. 쇠수레에 곤란을 당한다. 부끄러움을 당하나 끝이 있으리라.

九五　코를 베고 다리를 잘라서 붉은 인끈을 찬 신하에게 곤란을 받지만, 바로 천천히 기쁨이 있으리니, 제사를 지내는 것이 이롭다.

上六　칡덩굴이 위태로운 데서 곤란하다. 움직이면 뉘우친다고 한다. 뉘우침이 있으면 가서 좋으리라.

주해

ㅇ株木(주목) — 등걸나무.
ㅇ覿(적) — 뵙다. 보다. ‘견(見)’의 뜻.
ㅇ朱紱(주불) — 인끈[印綬].
ㅇ蒺藜(질려) — 질려풀. 풀이름.
ㅇ劓(의) — 코를 베다.
ㅇ刖(월) — 발을 자르다.
ㅇ赤紱(적불) — 붉은 인끈을 맨 신하의 예복.
ㅇ說(열) — 기쁘다. ‘열(悅)’과 같음.
ㅇ葛藟(갈류) — 칡덩굴.
ㅇ臲卼(얼올) — 위태롭다.

해 설

　　이 괘의 괘상을 보면, 상괘에 있어서는 하나의 음기가 두 양기 위에 있고, 하괘에 있어서는 하나의 양기가 두 음기 사이에 빠져 있다.

이 괘상으로 곤궁한 가운데 있으면서도 마음을 곧고 바르게 가지는 대인의 모습을 점쳐 보니, 좋아서 허물이 없을 것이다. 그러나 자기가 곤궁할 때에는 말을 해도 남이 믿어 주지 않는다.

初六 이 효상을 보면 자리가 정당치 못할 뿐 아니라 매우 험악한 밑에 있다. 그러므로 위로 구사의 양기와 서로 응해야 구원을 받을 수 있다.

　이 효상으로 깊은 골짜기로 들어가다가 볼기가 나무 등걸에 걸려 곤란을 당하고 있는 사람의 모습을 보니 3년이 되어도 구원을 받지 못할 것이다.

九二 이 양효를 보면 정당치 못한 자리에서 초륙과 육삼의 음기에 빠져 곤란하지만 구오의 양기에 도움을 받으면 구제된다.

　이 효상으로 노인의 모함에 빠져 술과 밥 먹기에도 곤궁한 현명한 사람의 모습을 점쳐 보니, 얼마 안되어 주홍빛 인끈을 찬 임금께서 몸소 와서 등용할 것이다. 그러므로 지금은 선조(先祖)의 영(靈)에게 제사하는 태도로 마음을 바르게 먹고 공경하는 태도로 때를 기다리고 있는 것이 이롭다. 만일 이쪽에서 먼저 임금에게 가서 구하면 나쁘다. 그냥 있으면 허물이 없을 것이다.

六三 이 효상을 보면 비교적 높고 정당치 못한 자리에서 강한 구사의 양기를 가까이하고 있고, 위로는 서로 응할 양기가 없고, 또 구사와 구오의 양기에 막혀 있다.

　이 효상으로 발이 굳은 돌에 차여 가시가 돋힌 질려나무에 의지하고 있는 사람의 모습을 점쳐 보니, 자기 집에 들어가도 응당 있어야 할 아내조차 보이지 않는다. 반드시 나쁘리라.

九四 이 양효를 보면 정당치 못한 자리에서 구오의 양기에 막혀 있다. 그러나 초륙의 음기와 서로 응하고 있다.

　이 효상으로 수레를 타고 깊은 곳에 빠져 있는 한 소인을

구원해 주러 오다가 수레가 고장나서 천천히 오는 현인의 모
습을 점쳐 보니, 소인이 지금까지 자기의 잘못을 뉘우치고 부
끄러워하지만, 결국 구제를 받을 것이다.

九五 이 효상을 보니, 가운데 자리를 차지하고 있고 아래로 서로
응할 음기가 없으나, 구사의 양기와 응하려 한다.

　　이 효상으로 마치 자기 몸의 코와 다리가 잘린 것과 같이
천하의 신민(臣民)을 다 잃은 임금의 모습을 점쳐 보니, 지금
은 곤란하나 나중에는 한 현명한 신하의 도움을 받을 것이다.
그러므로 지금은 제사할 때와 같이 마음을 곧고 바르게 가지
고 있으면 이롭다.

上六 이 음효를 보면 너무 높고 위태로운 자리에 있다.

　　이 효상으로 칡덩굴과 위태로운 곳에서 곤란을 당하는 사
람의 모습을 점쳐 보면, 움직일 때마다 뉘우치는 상이다. 만
일 뉘우침이 있으면 적국을 정벌하러 가도 좋을 것이다.

48. ☴☵ (巽下 坎上) 수풍정(水風井)

原文|　井,은 改邑하되 不改井.이니 无喪无得.하며 往來井井.
하나니 汔至, 亦未繘井,이니 羸其瓶.이면 凶.하니라

初六　井泥不食.이라 舊井에 无禽.이로다

九二　井谷.이라 射鮒,요 甕敝漏.로다

九三　井渫不食,하여 爲我心惻,하여 可用汲.이니 王明,하면
並受其福.하리라

六四　井甃.면 无咎.리라

九五 井洌, 寒泉食.이로다

上六 井收勿幕.고 有孚.라 元吉.이니라

▤▦ (아래는 손, 위는 감) **물과 바람은 정이다**

정괘(井卦)는 고을을 고치되 우물을 고치지 않는 것이다. 잃은 것도 없고 얻는 것도 없다. 가고 오고 하는데 우물을 우물로 쓴다. 거의 와도 아직 우물물을 길어내지 못한다. 두레박이 깨지면 나쁘리라.

初六 우물이 흐려서 마시지 못한다. 옛 우물에는 새가 없다.

九二 우물 구멍의 물을 붕어에 부어 줄 뿐이다. 큰 두레박도 깨져서 물이 샌다.

九三 우물을 쳐도 먹지 못한다. 나의 마음이 슬프다. 물을 퍼낼 만하다. 왕께서 총명하지만 아울러 그 복을 받으실 것이다.

六四 우물에 돌을 쌓아올린다. 허물이 없으리라.

九五. 우물이 맑다. 차가운 샘물을 먹는다.

上六 우물물을 길어낸다. 덮지 말라. 포로가 있다. 크게 좋으리라.

주해

○井井(정정) – 우물을 우물로 쓴다.

○汔(흘) – 거의. '기(幾)'의 뜻.

○繘(율) – 물을 긷다.

○羸(이) – 깨지다. '파(破)'의 뜻.

○瓶(병) – 두레박. 긷다.

○泥(이) – 진흙. 흐리다.

○井谷(정곡) – 우물 구멍. 우물의 물이 나오는 구멍.

○射(사) – 붓다. '주(注)'의 뜻.

○甕(옹) – 큰 두레박.

○渫(설) – 새다. 치다.

ㅇ甃(추) – 우물을 쌓은 벽돌. 우물에 돌을 쌓아올리다.
ㅇ洌(열) – 맑다. 차다. '한(寒)'의 뜻.
ㅇ收(수) – 거두다. 길어내다. 유염(兪琰)은 '급(汲)'자의 오자라 하였다.
ㅇ幕(막) – 덮다. '복(覆)'의 뜻.

해 설

이 괘의 괘상을 보면 하괘에는 하나의 음기가 두 개의 양기 밑에 있고, 상괘에는 하나의 양기가 두 개의 음기 사이에 있다.

이 괘상으로 마을만 개량하고 우물을 수리하지 않는 모습을 점쳐 보니, 별로 손해도 없고 이익도 없다. 가고오고 하는 사람들이 거의 와서 우물물을 마셔도 다 길어 낼 수 없다. 그러나 만일 두레박이 깨지면 물을 마시지 못하여 나쁠 것이다.

初六 이 음효를 보면 정당치 못한 자리에 구이의 양기와 가까이하고 있으나, 위로는 서로 응할 양기가 없다.

　　이 효상으로 흐린 우물과 옛 우물을 점쳐 보니, 흐린 우물은 사람이 마시지 않고, 옛 우물에는 새도 물을 마시러 오지 않는다.

九二 이 효상을 보면 정당치 못한 자리에서 초륙의 음기와 가까이하고 있다.

　　이 효상으로 물이 적게 나오는 우물을 점쳐 보니, 우물 밑에 있는 작은 붕어 새끼나 먹을 만한 물이다. 그 위에 또 큰 두레박조차 깨져 물이 샌다.

九三 이 효상을 보면 양기로서 정당한 가운데 자리를 차지하고 있으나, 너무 높은 상륙의 음기와 서로 응하고 있다. 그러므로 실제에 있어서는 아무 소용이 없다.

　　우물물을 깨끗이 쳐놓아 물도 잘 나오지만, 높은 곳에 있어서 우리 임금에게 드리지 못하는 것이 마음 아프다. 왕이 만일 총명하시어 이 샘물을 마시기만 하면 영원히 복을 받으실 것이다.

六四 이 효상을 보면 구오의 양기와 서로 가까이하고 있다.

이 효상으로 우물의 돌을 위로 쌓아올리는 것을 점쳐 보니, 아무 허물이 없을 것이다.

九五 이 양효를 보면 정당한 가운데 자리를 차지하고 있다.

이 효상으로 깨끗하고 차가운 우물물을 점쳐 보니, 마음이 정결하고 덕이 높으신 임금께서 마시기에 적당하다.

上六 이 음효를 보면, 너무 높은 자리에 있으나 구삼의 양기와 서로 응하고 있다.

이 효상으로 완성된 우물을 점쳐 보니, 누구나 다 와서 마시도록 덮어놓지 말 것이다. 포로도 이 우물물을 마시고 고맙게 생각한다. 크게 행복할 것이다.

49. ☲☱ (離下 兌上) 택화혁(澤火革)

原文| 革,은 己日이라야 乃孚.하리니 元亨,하고 利貞.하여 悔亡.하니라

初九 鞏用黃牛之革.이니라

六二 己日이어야 乃革之.니 征,이면 吉.하여 无咎.하리라

九三 征이면 凶.하니 貞厲.할지니 革言이 三就,면 有孚.리라

九四 悔亡.하니 有孚.면 改命하여 吉.하리라

九五 大人이 虎變.이니 未占에 有孚.니라

上六 君子는 豹變.이요 小人은 革面.이니 征이면 凶.하고 居
貞이면 吉.하리라

☷☲ (아래는 이, 위는 태) **못과 불은 혁이다**

혁명은 기일(己日)이 되어야 비로소 포로가 잡혀 온다. 크게 통하니, 마음을 곧고 바르게 가져야 이롭다. 뉘우침이 없어지리라.

初九 황소 가죽을 굳게 사용한다.

六二 기일에 가서야 비로소 혁명을 일으킨다. 정벌하러 가면 좋으리라. 허물이 없으리라.

九三 정벌하러 가면 나쁘다. 마음을 곧고 바르게 가져도 위태하다. 그러나 혁명을 일으켜야 한다는 말이 세 번 일치되면 포로를 잡아오리라.

九四 뉘우침이 없어진다. 포로가 있다. 혁명을 일으키면 좋으리라.

九五 대인이 범같이 변한다. 아직 점도 치기 전에 포로가 있다.

上六 군자가 표범같이 변한다. 소인이 얼굴빛을 고친다. 정벌하면 나쁘리라. 마음을 곧게 가지면 좋으리라.

(주해)

○己日(기일)—십간(十干)의 중간 위치에 있는 날. 즉 '6일'을 이른다.

○鞏(공)—굳다. 가죽 테.

○革言(혁언)—혁명의 말.

○三就(삼취)—세 번 성취한다. 여러번 된다. 주자는 '취(就) 성야(成也) 합야(合也)'라 했다.

○改命(개명)—명령을 고침. 혁명.

해 설

이 괘상을 보면, 물 가운데 불이다. 바로 물과 불이 서로 이기는(相

剋〕 상이다.

이 괘상으로 혁명을 일으킨 지 6일 만에 포로가 잡혀온 것을 점쳐 보니, 크게 통한다. 그러나 마음을 곧고 바르게 가져야 한다. 지금까지 뉘우친 일도 없어질 것이다.

初九 이 양효를 살피면 서로 응하는 음기가 없어 정당한 자리에서 확고하게 움직이지 않고 있다.

　　이 효상으로 자기 위치를 확고하게 지키면서 때를 기다리는 혁명가의 모습을 점쳐 보니, 마치 황소 가죽으로 물건의 테두리를 싸고 있는 것과 같다.

六二 이 효기를 살펴보면, 음기가 있을 정당한 자리에서 위로 구오의 양기와 서로 응한다.

　　이 효상으로 기다리던 기일(己日)에 혁명을 일으키는 것을 점쳐 보니, 대적을 정벌하러 가면 좋다. 아무 잘못됨이 없으리라.

九三 이 양효를 살펴보면 비교적 높고 정당한 자리에서 역시 너무 높은 자리에 있는 음기와 서로 응하고 있다.

　　이 효상으로 지금 일어난 혁명군의 형편을 점쳐 보니, 앞으로 정벌하러 나아가면 나쁘다. 비록 마음을 굳게 먹어도 위태하다. 좀더 기다려서 혁명을 일으키지 않으면 안된다는 여러 사람의 의견이 일치된 다음에 정벌하러 가면 반드시 포로를 잡아올 것이다.

九四 이 양효를 보면, 정당치 못한 자리에서 위로 상륙의 음기와 서로 응하고 있다.

　　이 효상으로 혁명운동을 점쳐 보면 좋다. 뉘우침도 없어진다. 반드시 포로를 잡아오리라.

九五 이 양효를 보면, 정당하고 높은 자리에서 가운데를 차지하고 있고, 또 아래로 육이의 음기와 서로 응하고 있다.

　　이 효상으로 대인 군자가 갑자기 변하여 높은 왕이 된 모습을 점쳐 보면, 아직 사관(史官)으로 하여금 점을 치기도 전에 벌써 감화를 받아 항복하러 오는 포로가 있다.

上六　이 음효를 보면 너무 높은 자리에 있고, 또 역시 높은 자리에 있는 구삼의 양기와 서로 응하고 있다.

　　이 효상으로 너무 높은 자리에 있는 군자가 표범같이 갑자기 왕의 아버지가 된 것을 점쳐 보면, 온 천하의 백성들은 다 감화를 받아 복종한다. 그러나 아직 몇 사람의 소인이 있어 혁명을 또 일으킨다. 그러나 그것을 치러 가면 안된다. 다만 마음을 곧고 바르게 가지면 좋을 것이다.

50. ☲☴ (巽下 離上) 화풍정(火風鼎)

原文| 鼎,은 元吉.하니 亨.하니라

初六　鼎,이 顚趾,나 利出否.하니 得妾,하면 以其子. 无咎.리라

九二　鼎有實.이나 我仇有疾.하니 不我能,이면 卽吉.하리라

九三　鼎耳革.하여 其行이 塞.하여 雉膏를 不食.하나 方雨.하여 虧悔, 終吉.이리라

九四　鼎,이 折足.하며 覆公餗,하니 其形이 渥.이라 凶.하도다

六五　鼎黃耳, 金鉉.이니 利貞.하니라

上九　鼎玉鉉.이니 大吉.하여 无不利.니라

☲☴ (아래는 손, 위는 이) **불과 바람은 정이다**

솥은 크게 좋으니, 형통하리라.

初六 솥의 발이 엎어지나 나쁜 것을 빼놓으면 이롭다. 그 아들에게 첩을 얻게 하면 허물이 없으리라.

九二 솥에 실물이 있다. 내 짝에게 질병이 있다. 나에게 가까이할 수 없게 하면 행복하리라.

九三 솥귀가 변혁된다. 그 행위가 막힌다. 꿩의 고기가 맛이 있으나 먹지 못한다. 장차 비가 오려 한다. 뉘우침이 없어져 마침내는 좋으리라.

九四 솥의 다리가 부러진다. 임금의 진찬(珍饌)을 엎지르니, 부끄러워 그 얼굴에 땀이 난다. 나쁘리라.

六五 솥의 누런 귀는 구리로 만든 솥귀다. 마음을 곧고 바르게 가져야 이롭다.

上九 솥에 옥으로 만든 귀가 있다. 크게 좋다. 이롭지 않음이 없다.

〔주해〕

o顚(전)−엎드러지다. 엎어지다.

o趾(지)−발굽. 여기서는 '솥발'.

o否(비)−나쁘다. '악(惡)'의 뜻.

o實(실)−실물(實物).

o仇(구)−원수, 또는 짝.

o卽(즉)−붙다. 가까이하다.

o膏(고)−맛있는 음식.

o餗(속)−좋은 반찬. 즉 진찬(珍饌).

o渥(악)−젖다. 윤택하다. 또는 부끄러워 땀이 난다.

o鉉(현)−솥귀.

해 설

이 괘의 괘상을 보면, 불과 바람이 합작하여 모든 물건을 변화시키는 그릇이다.

이 괘상으로 솥을 점쳐 보니, 크게 좋아서 형통하는 상이다.

初六 이 음효를 보면, 하괘 밑에서 구사의 양기와 서로 응하고 있다.

이 효상으로 물건을 다 끓여낸 뒤에 거꾸로 선 솥의 모양을 점쳐 보니, 그 솥 밑에 깔려 있던 나쁜 찌꺼기를 긁어내면 좋을 것이다. 또 이 점괘를 얻은 사람은 자기 아들에게 첩을 보게 하여 아들을 낳게 하면 아무 허물이 없을 것이다.

九二 이 양효를 보면 가운데 자리에서 초륙의 음기를 가까이하면서 위로 육오의 음기와 서로 응하고 있다.

이 효상으로 물건이 들어 있는 솥을 점쳐 보니, 좋은 상이다. 또 이 점괘를 얻은 사람은 자기에게 가까이하려는 여성을 멀리하고 여왕에게 충성을 다하면 행복할 것이다.

九三 이 양효를 보면 본래 강한 기운으로서 조금 지나친 높은 자리에 있을 뿐 아니라, 육오의 음기와도 서로 응하지 못하고 있다. 그러나 그 자리에서 육오의 음기와 가까이하고 있는 상구의 힘을 빌면 좋아질 수도 있다.

이 효상으로 솥귀에 이상이 있는 것을 점쳐 보니, 그 작용이 막혀 있다. 이 점괘를 얻은 사람은 마치 맛있는 꿩고기가 있으나 먹지 못하는 상이다. 그러나 여왕의 아버지를 통하여 여왕과 서로 마음이 맞게 되면, 마치 하늘에서 비가 내리는 것과 같아서 처음에 뉘우쳤지만 나중에는 행복하게 될 것이다.

九四 이 양효를 보면, 정괘(鼎卦)의 중요한 가운데 자리를 차지하고 있으면서 육오의 음기와 가까이하지 않고 아래로 초륙의 음기와 서로 응하고 있다.

이 효상으로 발이 꺾인 솥을 점쳐 본다. 이 점괘를 얻은 사람은 여왕의 만수(滿羞) 진찬(珍饌)인 요릿상을 받고도 다른 천한 여자와 마음이 맞아 서로 희롱한다. 그러다가 그만 그것을 다 엎질러 놓고는 부끄러워 이마에서 흐르는 땀으로 옷을 적시는 상이다. 반드시 화가 미칠 것이다.

六五 이 음효를 보면 정당치 못한 가운데 자리에서 구이의 양기와 서로 응하고 있다.

이 효상으로 누런 구리로 솥귀를 만든 솥을 점쳐 보니, 이 점괘를 얻은 사람은 마음을 곧고 바르게 가지면 이로울 것이다.

上九 이 양효를 보면 매우 높은 자리에서 육오의 음기와 가까이하고 있다.

이 효상으로 옥(玉)으로 만든 귀가 있는 솥을 점쳐 보니, 이 점괘를 얻은 사람은 크게 좋아서 이롭지 않음이 없으리라.

51. ☳☳ (震下 震上) 진위뢰(震爲雷)

原文| 震은 亨.하니 震來에 虩虩.이면 笑言이 啞啞.리니 震驚

百里.에 不喪匕鬯.하나니라

初九 震來虩虩.이라야 後에 笑言啞啞.이리니 吉.하나라

六二 震來厲.라 億喪貝,하여 躋于九陵.이니 勿逐,하면 七日

得.하리라

六三 震蘇蘇.니 震行하면 无眚.하리라

九四 震,이 遂泥.라

六五 震,이 往來厲.하니 億.하여 无喪有事.니라

上六 震,이 索索,하여 視矍矍.이니 征이면 凶.하니 震不于其

躬,이요 于其鄰,이면 无咎.리니 婚媾는 有言.이리라

☳☳ (아래도 진, 위도 진) **진은 우레다**

우렛소리가 진동하니 형통하리라. 우렛소리가 진동해 오니 두려워한다. 웃는 말소리가 '아아' 한다. 진동하는 소리가 백리까지 놀라게 하더라도 칼과 술을 잃지 아니한다.

初九 우렛소리가 진동해 올 때에 두려워한 뒤라야 웃는 말소리가 '아아' 하게 된다. 좋으리라.

六二 우렛소리가 진동해 오니 위태하다. 재산을 잃을까 미리 생각하고, 지극히 높은 언덕 위에 올라가 본다. 쫓아가지 말라. 이레 만에 다시 얻으리라.

六三 우렛소리가 진동하니, 무서워 떤다. 그대로 진율(震慄)하며 나아가면 재앙이 없으리라.

九四 진동하는 우렛소리가 드디어 침체하게 된다.

六五 진동하는 우렛소리가 가고 오니 위태하다. 생각해 보면 가지고 있는 일을 잃어버리지 않을 것이다.

上六 우렛소리가 계속하여 끊어지지 않으니, 이것을 놀란 얼굴로 본다. 가면 나쁘다. 진동하는 소리를 그 몸에서 느끼지 말고, 그 이웃에서 난다고 생각하면 허물이 없으리라. 친척집에서 말이 있을 것이다.

주해

○ 虩虩(혁혁) ─ 두려워하다. 삼가다.
○ 啞啞(아아) ─ 웃는 소리.
○ 匕鬯(비창) ─ 칼과 술.
○ 億(억) ─ 미리 생각하다.
○ 貝(패) ─ 화폐. 재산.

○蹐(제)-오르다.

○九陵(구릉)-정자는 '구(九) 언기중(言其重) 강릉지중(岡陵之重) 고지지야(高之至也)'라 했다.

○七日(칠일)-한 효(爻)를 하루라 하면, 이레 만에는 다시 제자리에 돌아온다는 뜻이다.

○蘇蘇(소소)-마음이 풀어져 정신이 없는 모양.

○眚(생)-재앙.

○泥(이)-진흙. 진흙에 빠지다. 정자는 '이(泥) 체닉야(滯溺也)'라 했다.

○索索(삭삭)-정자는 '삭삭(索索) 소삭부존지상(消索不存之狀)'이라 했고, 다산은 '삭(索) 승야(繩也) 획야(畫也) 속이부절왈삭야(續而不絶曰索也)'라 했다.

○矍矍(구구)-정자는 '구구(矍矍) 불안정모(不安定貌)'라 했고, 다산은 '구구자(矍矍者) 경시야(驚視也)'라 했다.

해 설

이 괘의 괘상을 보면, 위아래에서 우렛소리가 나는 상이다.

이 괘상으로 우렛소리가 진동하는 것을 점쳐 보니, 모든 일이 다 통할 것이다. 우렛소리가 울리면 사람들은 두려워한다. 조금 있다가 우렛소리가 그치면 사람들이 아아 하고 웃는다. 우레의 진동소리가 백리 밖까지 놀라게 하더라도 신에게 제사 지낼 때에 고기를 베어 내는 칼과, 땅 위에 붓는 술을 잃어버리면 안된다.

初九 이 양효를 보면, 아주 강한 기운으로써 양기가 있을 자리에서 주도 역할을 하고 있다.

이 효상으로 우렛소리가 진동해 올 때에 두려워하는 사람들의 모습을 점쳐 보니, 나중에는 우렛소리가 그쳐 안심하고 아아 웃는 소리가 난다. 아무 일 없이 좋을 것이다.

六二 이 음효를 보면 위로 힘있게 올라가려는 초구의 양기와 가까이하고 있으므로 위태하다.

이 효상으로 진동해 오는 우렛소리를 듣고 두려워하는 사람의 모습을 점쳐 보니, 집의 재산을 잃어버릴까봐 아주 높은 언덕 위에 올라가서 망을 보고 있다. 그러나 그 물건을 가지고 가는 도둑을 따라가지 말 것이다. 가만있어도 이레 되는 날에 그것이 되돌아올 것이다.

六三 이 음효를 보면 양기가 있을 자리에 있으므로 위로 올라가서 구사의 양기와 가까이하려 한다.

이 효상으로 우렛소리를 듣고 무서워 떠는 사람의 모습을 점쳐 보니, 지금같이 두려워하는 마음으로 정당치 못한 자리에서 정당한 자리로 나아가면 재앙이 없어질 것이다.

九四 이 양효를 보면 아래위로 음기 사이에 빠져 있다.

이 효상으로 지금 진동하는 우렛소리를 점쳐 보니, 얼마 안 있다가 침체하게 될 것이다.

六五 이 효기를 보면 정당치 못한 자리에 있으나 가운데 자리에서 구사의 양기와 가까이하고 있다.

이 효상으로 우렛소리가 무서워 꼼짝 못하고 있는 사람의 모습을 점쳐 보면 중용의 덕을 가지고 있으면 나쁜 일이 없을 것이다.

上六 이 음효를 보면 음기로서 너무 높은 자리에 있어서 위태롭다. 여기서 한걸음 올라가면 떨어지고 만다. 그러나 그 진동이 몸에 미치기 전에 다른 음기와 같이 되돌아오면 무사할 것이다.

이 효상으로 우렛소리가 끊임없이 진동하는 소리를 듣고 무서워 떠는 사람의 모습을 점쳐 보니, 그 이상 더 몸에 진율(震慄)을 느끼면 위험하다. 그러므로 웬만큼 진율을 느낄 때에 자중하면 괜찮다. 그뿐 아니라 측근자들도 경계하는 말이 있을 것이다.

52. ☶☶ (艮下 艮上) 간위산(艮爲山)

原文│ 艮其背,면 不獲其身,하며 行其庭,하여도 不見其人.하여
无咎.리라

初六 艮其趾.라 无咎.하니 利永貞.하나라

六二 艮其腓,니 不拯其隨.라 其心不快.로다

九三 艮其限,이라 列其夤.이니 厲薰心.이로다

六四 艮其身.이니 无咎.니라

六五 艮其輔,라 言有序.니 悔亡.하나라

上九 敦艮.이니 吉.하나라

☶☶ (아래도 간, 위도 간) 간은 산이다

시력이 등 뒤에 머물러 있으면 물건을 몸에서 체득할 수 없고, 뜰
에 나아가 걷더라도 사람을 보지 못한다. 잘못됨이 없으리라.

初六 몸의 힘이 그 발가락에 머물러 있다. 허물이 없으리라. 길이
　　 마음을 곧고 바르게 가지면 이롭다.

六二 몸의 힘이 그 종아리에 머물러 있으니, 그 발가락을 들지 못
　　 한다. 그 마음이 유쾌하지 못하리라.

九三 몸의 힘이 넓적다리에 머물러 있으니, 그 등마루 뼈를 못쓰게
　　 한다. 위태하여 마음을 타게 한다.

六四 힘이 몸에 머물러 있다. 허물이 없으리라.

六五 힘이 볼에 머물러 있다. 말에 순서가 있어 뉘우침이 없어지

리라.

上九 힘이 돈독하게 머물러 있다. 좋으리라.

주해

○腓(비) – 장딴지. 종아리.

○拯(증) – 건지다. 구제하다. 들다.

○隨(수) – 정자는 ‘유수야(唯隨也)’라 하여 글자 그대로 해석했고, 왕필은 ‘수(隨) 위지야(謂趾也)’, 다산은 ‘수자(隨者) 타야(墮也)’라 했다.

○限(한) – 왕필은 ‘한(限) 신지중야(身之中也) 삼당량가지중(三當兩家之中) 고왈(故曰) 간기한(艮其限)’이라 했고, 정자는 ‘한(限) 분격야(分隔也)’라 했지만, 역자(譯者)는 ‘넓적다리’라 생각한다.

○夤(인) – 왕필은 ‘인당중척지간야(夤當中脊之間也)’라 했고, 정자는 ‘인(夤) 여야(膂也)’라 했다.

○薰(훈) – 훈하다. 타게 하다.

○身(신) – 왕필은 ‘중상칭신(中上稱身)’이라 했다.

○輔(보) – 볼.

해 설

이 괘의 괘상을 보면 두 개의 산이 앞에 가로막혀 있다. 그뿐 아니라 괘기(卦氣)를 보더라도 두 개의 양기가 다 두 음기 아래에 있다.

이 효상과 효기로 모든 사물과 등지고 있는 사람의 모습을 점쳐 보니, 몸에 듣고 보아 얻는 것도 없다. 심지어는 뜰에서 걸어다녀도 사람조차 보지 못한다. 그러나 외적 사물과 접촉하지 않아 물욕이 없으므로 잘못되는 일은 없을 것이다.

初六 이 음효는 양기가 있을 자리에 있으므로 조금 움직이려 하나, 맨 밑에 있으므로 올라갈 수 없다.

이 효상으로 걸어 나가려는 힘이 발가락에만 머물러 있고 어디를 가려 하나 갈 데가 없는 사람의 모습을 점쳐 보니, 그냥 그대로 그 자리에서 발가락만 움직이고 있으면 아무 잘못됨이 없을 것이다. 그러나 때가 올 때까지 오랫동안 마음을 굳게 가지고 있어야 몸에 이롭다.

六二 이 음효는 정당한 가운데 자리를 차지하고 있으나, 구삼의 양기에 저지 당하고 있다.

이 효상으로 종아리를 쓰지 못하여 그 발가락을 들지 못하는 사람의 모습을 점쳐 보니, 그의 마음이 유쾌하지 못하리라.

九三 이 양효는 정당한 자리에서 간괘(艮卦)의 중간을 차지하고 있다.

이 효상으로 가운데 넓적다리에 힘이 없어 척추를 쓰지 못하는 사람의 모습을 점쳐 보니, 위태하여 그 마음을 태우고 있을 것이다.

六四 이 음효는 정당한 자리에서 간괘의 중간을 차지하고 구삼의 양기를 타고 있다.

이 효상으로 힘이 몸에 머물러 있는 사람의 모습을 점쳐 보니, 머물러 있을 만한 자리에 있으므로 잘못됨이 없으리라.

六五 이 음효는 양기가 있을 자리에서 가운데 자리를 차지하고 있으면서 상구의 양기와 가까이하고 있다.

이 효상으로 두 볼에 힘이 있어 말을 순서있게 하는 사람의 모습을 점쳐 보니, 뉘우침이 없어지리라.

上九 이 양효는 매우 높은 자리에서 육오의 음기를 타고 있다.

이 효상으로 매우 높은 자리에 있지만 끝까지 독실하게 머물러 있는 사람의 모습을 점쳐 보니, 반드시 좋으리라.

53. ☶☴ (艮下 巽上) 풍산점(風山漸)

原文 | 漸_점,은 女歸吉_{여귀길}.하여 利貞_{이정}.이니라

初六 鴻漸于干.이니 小子厲.하여 有言,이나 无咎.니라

六二 鴻漸于磐.이라 飲食,이 衎衎.하니 吉.하니라

九三 鴻漸于陸.이니 夫征이면 不復.하고 婦孕이라도 不育.하여 凶.하니 利禦寇.하니라

六四 鴻漸于木.이니 或得其桷.이면 无咎.리라

九五 鴻漸于陵.이니 婦三歲,를 不孕,하니 終莫之勝.이라 吉.하리라

上九 鴻漸于陸.이니 其羽可用爲儀.니 吉.하니라

≡≡ ≡≡ (아래는 간, 위는 손) **바람과 산은 점이다**

점괘(漸卦)는 여자가 시집가는 것이니 좋다. 마음을 곧고 바르게 가지면 이롭다.

初六 기러기가 점점 물가로 날아간다. 어린아이가 위태하다. 말이 있으나 잘못이 없으리라.

六二 기러기가 차츰 반석 위로 날아간다. 화락한 모습으로 먹고 마시니 행복하리라.

九三 기러기가 차츰 육지로 날아간다. 남편이 정벌하러 가서 돌아오지 못하리라. 또 아내가 아이를 배어도 키우지 못하리라. 나쁘리라. 도둑을 막는 것이 이롭다.

六四 기러기가 차츰 나무 위로 날아간다. 그 평평한 나뭇가지를 얻을는지 모른다. 허물이 없으리라.

九五 기러기가 언덕 위로 날아간다. 며느리가 3년 동안 잉태하지 못하지만, 결국에도 이것을 이길 수 없다. 행복하리라.

上九 기러기가 공중으로 날아간다. 그 털을 의식 때에 사용할 수
있다. 좋으리라.

[주해]

○漸(점)—주자는 '점(漸) 점진야(漸進也)'라 했고, 서세대는 '가(嫁)'로 해석
했다.

○歸(귀)—시집가다.

○干(간)—물가. 수애(水涯).

○磐(반)—반석.

○衎衎(간간)—화락(和樂)하는 모양.

○桷(각)—네모난 나뭇가지. 평평한 나뭇가지.

○勝(승)—왕필은 '색(塞)'으로 해석했다.

○陸(육)—정자는 '규(逵)'로 하고, '규(逵) 운로야(雲路也) 위허공지중(謂虛
空之中)'이라 했다.

○儀(의)—의식(儀式).

해 설

이 괘의 괘상은 바람이 불어 산 위로 점점 올라가는 것이다.

이 괘상으로 시집가는 처녀를 점쳐 보니, 아주 행복하리라. 그러나
마음을 곧고 바르게 가져야 이롭다.

初六 이 음효는 양기가 있을 자리에 음기가 있으므로 위로 차츰 올
라가려는 기세가 있다.

이 효상으로 어린 기러기가 끼럭거리며 차츰 물가로 날아
가는 것을 점쳐 보니, 잘못됨이 없을 것이다. 이 괘를 얻은
어린이는 위태하다. 그러나 사람으로부터 경계하는 말이 있어
도 잘못됨이 없을 것이다.

六二 이 음효를 보면 정당한 가운데 자리에서 구오의 양기와 서로
응하고 있다.

이 효상으로 안전하고 튼튼한 반석 위로 날아가는 기러기

의 모습을 점쳐 보니, 마치 사람들이 안전한 곳에서 화락한 모양으로 함께 마시고 먹고 있는 것과 같다.

九三 이 효기는 조금 지나치게 올라갔고, 또 서로 응할 음기도 없다.

이 효상으로 차츰 멀리 육지로 날아가는 기러기를 점쳐 보니 나쁘다. 남자가 이 점괘를 얻으면 멀리 정벌하러 가서 다시 돌아오지 못할 것이요, 여자가 이 점괘를 얻으면 아이를 배어도 키우지 못할 것이다. 그러므로 남자는 밖으로 멀리 가지 말고 안에서 도둑을 막는 것이 이롭다.

六四 이 효기는 정당한 자리에서 위로 구오의 양기와 서로 응하고 있다.

이 효상으로 기러기가 차츰 나무 위로 날아가는 모양을 점쳐 보니, 네모진 평평한 나뭇가지를 얻어 깃을 들일는지도 모른다. 잘못됨이 없을 것이다.

九五 이 효기는 정당한 가운데 자리를 차지하고 있지만, 구삼의 양기와 육사의 음기에 막히고 있다.

이 효상으로 언덕 위로 날아가는 기러기를 점쳐 보니, 마침내는 좋다. 이 점을 얻은 부인은 자기 남편을 가까이하는 다른 여자와 또 자기와 가까운 다른 남자의 방해로 3년 동안 남편을 못 만나 잉태할 수 없지만, 결국은 그들이 막지 못할 것이다. 행복할 것이다.

上九 이 양효는 매우 높은 자리에 있다.

이 효상으로 공중으로 날아가는 기러기를 점쳐 보니 그 우모(羽毛)를 의식의 장식물로 사용할 수 있다. 이 괘를 얻은 사람은 행복할 것이다.

54. ☱☳ (兌下 震上) 뇌택귀매(雷澤歸妹)

原文| 歸妹,는 征하면 凶.하니 无攸利.하니라

初九 歸妹以娣.니 跛能履.라 征이면 吉.하리라

九二 眇能視.니 利幽人之貞.하니라

六三 歸妹以須.니 反歸以娣.니라

九四 歸妹愆期,니 遲歸有時.니라

六五 帝乙歸妹,니 其君之袂, 不如其娣之袂良.하니 月幾望이면 吉.하리라

上六 女承筐无實.이라 士刲羊无血.이니 无攸利.하니라

☱☳ (아래는 태, 위는 진) **우레와 못은 귀매다**

소녀가 시집가면 나쁘리라. 이로울 것이 없으리라.

初九 누이동생을 시집보내는데, 첩을 딸려 보낸다. 절뚝발이가 신을 신을 수 있다. 가면 좋으리라.

九二 애꾸눈으로 볼 수 있다. 숨어사는 사람의 마음이 곧고 발라야 이롭다.

六三 누이동생을 시집보내는데 기다리고 있다. 돌아와서 첩과 함께 시집을 보낸다.

九四 누이동생 시집보낼 시기를 늦춘다. 시집을 늦게 보내는 것은 때가 있음이다.

六五 은(殷)나라 임금 제을(帝乙)이 누이동생을 시집보낸다. 그 아

가씨 옷소매가 그 첩의 옷소매만큼 좋지 못하다. 달이 거의 보름에 가깝다. 좋으리라.

上六 아내는 실물(實物)이 없는 광주리를 이어받고, 남편은 피 없는 양(羊)을 잡았다. 이로울 것이 없으리라.

주해

○娣(제)―여자 조카, 또는 첩.

○跛(파)―절뚝발이.

○眇(묘)―애꾸눈.

○幽人(유인)―다산은 '유인자(幽人者) 유은지인야(幽隱之人也)'라 했다. 즉 '깊은 곳에 숨어사는 사람'.

○須(수)―기다리다. '대(待)'의 뜻. 시집가기를 기다린다는 뜻.

○愆期(건기)―시기가 지나다.

○帝乙(제을)―은나라의 천자(天子) 고종(高宗)의 이름.

○君(군)―제을의 누이를 가리킴.

○袂(메)―옷소매.

○幾望(기망)―보름에 가깝다.

○女(여)―아내.

○士(사)―남편.

○刲(규)―짐승을 잡다. '할(割)'의 뜻.

해 설

이 괘의 괘상은 소녀가 장남에게로 시집가는 상이다. 그러나 정당치 못한 자리에 있으면서 시집을 가면 나쁘다. 그러므로 이로울 것이 없다.

初九 이 양효는 양기가 있을 정당한 자리에 있으나 위로 서로 응할 음기가 없다. 그러므로 구이의 양기를 데리고 가서 육오의 음기와 서로 응하게 한다.

　　이 효상으로 누이동생을 시집보내는데 첩을 딸려 보내는

것을 점쳐 보니, 행복하다. 마치 절뚝발이라도 신을 신을 수 있으면 길을 걸어가도 괜찮은 것과 같다.

九二 이 양효는 정당치 못한 자리나 가운데를 차지하고 있고, 육삼의 음기와 가까이하면서 위로 정당치 못한 육오의 음기와 서로 응하고 있다.

　이 효상으로 애꾸눈으로 물건을 보는 사람의 모습을 점쳐 보니, 마치 재덕을 겸비한 한 부인이 성질이 음침하고 현명치 못한 남편을 배필로 삼은 것과 같다. 그러나 깊은 곳에서 정조를 굳게 지켜야 이롭다.

六三 이 음효는 위로 서로 응하는 양기가 없고, 구사의 양기와 가까이하여 올라가려 한다.

　이 효상으로 시집갈 때를 기다리고 있는 누이동생을 시집보내려 하나 적당한 사람이 없는 것을 점쳐 보니, 첩과 함께 시집보내면 된다.

九四 이 양효는 정당치 못한 자리에서 아래로 음기와 가까이하고 있다.

　이 효상으로 고귀한 지위에서 현명한 덕이 있으면서 혼기를 지난 한 공주의 모습을 점쳐 보니, 그것은 적당한 때를 기다리고 있는 것이다.

六五 이 음효는 높은 자리에 있으면서 아래로 구이의 양기와 서로 응하고 있다.

　이 효상으로 높은 자리에 있으면서 유순한 덕이 있는 제을(帝乙)의 누이동생이 현명하고 재덕 있는 한 선비에게 하가(下嫁)하는 모습을 점쳐 보니, 덕을 숭상하고 모양을 보지 않는 그 아가씨의 옷소매는 옷맵시를 잘 낸 그 첩의 옷소매만큼 아름답지 못하다. 아직 보름이 차지 않은 달과 같은 아가씨의 모습이니 행복할 것이다.

上六 이 음효를 보면 너무 높은 자리에 있으면서 또 아래로 서로 응할 양기가 없다.

이 효상으로 아내는 선조에게 제사 지낼 제물이 담겨 있지 않은 빈 광주리를 가지고 있고, 남편은 선조에게 이바지할 피가 없는 양을 잡은 것을 점쳐 보니, 아무 이로울 것이 없을 것이다.

55. ☲☳ (離下 震上) 뇌화풍(雷火豐)

原文 | 豊,은 亨.하나 王이 假之,하나니 勿憂할젠 宜日中.이니라

初九 遇其配主.하되 雖旬이나 无咎.하니 往하면 有尙.이니라

六二 豊其蔀.라 日中見斗.니 往하면 得疑疾.하리니 有孚發若.하면 吉.하리라

九三 豊其沛.라 日中見沬.이요 折其右肱.이니 无咎.니라

九四 豊其蔀.라 日中見斗.니 遇其夷主.하면 吉.하리라

六五 來章,이면 有慶譽.하여 吉.하리라

上六 豊其屋,하고 蔀其家.라 闚其戶,하니 闃其无人.하여 三歲,라도 不覿.로소니 凶.하니라

☲☳ (아래는 이, 위는 진) **우레와 불은 풍이다**

풍성하고 형통하리라. 왕이 여기 올 것이다. 근심하지 말라.. 해가 한가운데 오면 마땅하리라.

初九 그 배합되는 임금을 만난다. 비록 같을지라도 허물이 없으리라. 가면 상서로움이 있으리라.

六二 그 장애물을 커 가게 한다. 해 가운데서 북두성(北斗星)을 본다. 가면 의심하는 병을 얻으리라. 포로가 발작하는 듯하다. 좋으리라.

九三 가시덤불이 무성하다. 해 가운데서 흙비를 본다. 그 오른팔을 꺾는다. 허물이 없으리라.

九四 그 가시덤불이 무성하다. 해 속에서 북두(北斗)를 본다. 그 오랑캐 임금을 만나면 좋으리라.

六五 광명을 오게 하면 경사와 예찬이 있으리니, 좋으리라.

上六 그 집을 훌륭하게 하여 그 집을 덮는다. 그 문을 엿보니, 고요하여 사람이 없다. 3년이 되어도 보이지 않는다. 나쁘리라.

주해

o 假(가) – 이르다. '지(至)'의 뜻.

o 配主(배주) – 배합되는 임금.

o 旬(순) – 고르다[均]. 다 같다.

o 蔀(부) – 장애물.

o 斗(두) – 다산은 '두자(斗者) 북두사성야(北斗四星也〔徐其柄〕)'라 했고, 광곽(匡郭)은 '유백일식지상야(猶白日食之象也)'라 했다.

o 沛(패) – 주자는 '일작패(一作旆) 위번번야(謂幡幡也)'라 했고, 다산은 '고본패작불(古本沛作茀) 위폐등(謂蔽滕)', 그리고 '초생수중왈패(草生水中曰沛)'라 했다. 또 공양전(公羊傳)에는 '초극왈패(草棘曰沛)'라 했다.

o 沫(말) – 주자는 '말(沫) 소성야(小星也)'라 했고, 다산은 '말본매(沫本昧) 토우주회(土雨晝晦) 일색엄매야(日色晻昧也) 매자(昧者) 매야(霾也) 내자림운(乃字林云) 매두병후성(昧斗柄後星)'이라 했다.

o 夷主(이주) – 정자는 '등이야(等夷也)'라 했고, 다산은 '진즉위동(震則爲東) 동이지주야(東夷之主也)'라 했다.

o 章(장) – 밝다. '광명'의 뜻.

ㅇ闚(규)-엿보다.
ㅇ閴(격)-고요하다.
ㅇ覿(적)-보다.

해 설

이 괘의 괘상을 보면 풍성하고 성대한 상이다.

이 괘상으로 나라를 풍성케 하고 성대케 한 왕의 모습을 점쳐 보니, 아무 근심할 것이 없다. 태양이 중천에 떠 있는 것과 같이 온 천하가 광명하고 빛난다.

初九 이 양효를 보면 구사가 다 양기지만 밝은 불과 움직이는 우레가 서로 응하여 풍성한 상이다.

이 효상으로 성질이 강하고 명랑한 한 서민이 성질이 강하고 명랑한 제후와 서로 단짝이 되어 빛을 발휘하는 모습을 점쳐 보니, 비록 두 사람이 다 같은 남자이지만 아무 허물이 없을 것이다. 이러한 사람이 제후에게로 나아가면 가상하게 여길 것이다.

六二 이 음효를 보면 음기가 있을 정당한 자리에 있으면서 위로 양기가 있을 부정당한 자리에 있는 육오의 음기와 서로 응하는 자리에 있으나 다 같은 음기이므로 서로 응하지 못하고 만다.

이 효상으로 밝고 덕 있는 한 신하가 어두운 임금을 섬기는 모습을 점쳐 보면, 마치 태양이 일식(日蝕)하는 것을 보는 것과 같다. 이러한 임금에게로 나아가면 더욱 의심만 받게 된다. 그러나 이때 만일 포로가 발작하여 난을 일으키면 그 어두운 임금은 일을 혼자 처리하지 못하고 반드시 현명한 신하에게 의뢰하게 되므로, 그때에 서로 의심하는 마음이 없어져 군신(君臣) 사이가 좋게 될 것이다.

九三 이 양효를 보면 정당한 자리에서 상륙의 음기와 서로 응하고 있다. 또 괘상(卦象)으로 말하면 불, 즉 태양이 우레 속에 가려 있으므로 어두운 상이다. 마치 물을 덮고 있는 가시덤불과 같고, 흙비〔土雨〕에 감추어져 있는 태양과 같고, 임금에게 있어서는 오른팔과 같은 신하를 잃은 것과 같다. 그러나 그 신하가 임금과는 사이가 나쁘지만 임금의 어머니한테는 사랑을 받고 있으니 허물은 없으리라.

九四 이 양효는 양기가 있지 못할 자리에 있고, 또 아래로 서로 응할 음기가 없다. 그뿐 아니라 음침하고 어두운 육오의 음기를 가까이하고 있다. 그러나 초구의 양기와 기운을 같이하면 좋다.

　이 효상으로 시대상을 점쳐 보니, 마치 못〔澤〕에 가시덤불이 무성한 것과 같고, 또 해가 일식하는 것과 같다. 그러나 동쪽에 덕을 좋아하는 오랑캐 왕을 만나게 되면 좋을 것이다.

六五 이 음효는 양기가 있을 자리에 있으나 기덕(氣德)이 있다. 아래로 육이의 음기와 서로 응하지는 못하지만, 광명의 기운을 같이하면 좋다.

　이 효상으로 암흑시대에 있는 임금을 점쳐 보니, 만일 그가 아래에 있는 현명한 신하와 함께 이 세상에 광명을 오게 하면 기쁜 일과 칭찬 받을 일이 있을 것이다.

上六 이 음효는 너무 높으나 정당한 자리에서 역시 높은 자리에 있는 구삼의 양기와 서로 응하고 있다.

　이 효상으로 집은 비록 크고 높은 곳에 우뚝 솟아 있지만 가시덤불이 무성하여 내부를 가리고 있는 모양을 점쳐 보니, 아주 흉가(凶家)이다. 왜냐하면, 그 집 문을 엿보아도 고요하여 3년 동안이나 사람이 보이지 않기 때문이다.

56. ☶☲ (艮下 離上) 화산려(火山旅)

原文| 旅,는 小亨.하고 旅貞.하여 吉.하니라

初六 旅瑣瑣,니 斯其所取災.니라

六二 旅卽次.하여 懷其資,하고 得童僕貞.이로다

九三 旅焚其次.하고 喪其童僕貞.이니 厲.하니라

九四 旅于處.하고 得其資斧하나 我心은 不快.로다

六五 射雉一矢亡.이라 終以譽命.이리라

上九 鳥焚其巢.니 旅人이 先笑, 後號咷.라 喪牛于易.이니

凶.하니라

☶☲ (아래는 간, 위는 이) **불과 산은 여다**

여행하는 일은 조금 통하는 것이다. 여행할 때 마음을 곧고 바르게 가지면 좋을 것이다.

初六 여행할 때 사소한 일에 구속되면 그 불행을 가져오게 된다.

六二 여행하다가 숙소에 들어간다. 그 여비를 가지고 있다. 아이 종을 얻으니, 마음이 곧고 바르리라.

九三 여행하다 들어간 그의 숙소가 불타 버린다. 그 아이 종은 마음이 바르지 못하다. 위태하리라.

九四 여행하다가 한곳에 처해 있다. 그 여비와 도끼를 얻었으나 나의 마음이 불쾌하다.

六五 꿩을 쏘다가 화살 한 개를 잃어버린다. 마침내는 그 때문에

예찬(譽讚)과 복록(福祿)이 있으리라.

上九 새가 그 깃을 불사른다. 나그네가 먼저 웃고 나중에 부르짖는
다. 소를 역(易) 땅에서 잃어버린다. 나쁘리라.

주해

○ 瑣瑣(쇄쇄) - 잘다. 사소(些少).
○ 斯(사) - '즉(則)'의 뜻.
○ 卽(즉) - 나아가다.
○ 次(차) - 다산은 '차자(次者) 여사야(廬舍也)'라 했다.
○ 資(자) - 자산(資産). 노자(路資).
○ 亡(망) - 잃다.
○ 譽(예) - 정자는 '예(譽) 영문야(令聞也)'라 했고, 왕필은 '미예(美譽)'라 하
  였다.
○ 命(명) - 정자는 '명(命) 복록야(福祿也)'라 했고, 왕필은 '작명(爵命)'이라
  하였다.
○ 號咷(호도) - 부르짖다.
○ 易(역) - 정자는 '상우우역(喪牛于易) 위홀역이실기순야(謂忽易以失其順
  也)'라 했고, 다산은 '역자(易者) 교역야(交易也)', 서세대는 '작자저서지지
  재역(作者著書之地在易)'이라 하여 지명으로 보았다.

해 설

이 괘의 괘상은 산은 가만있는데 불은 움직여 옮아가는 것이다.

이 괘상으로 한곳에 가만히 머물러 있지 않고 여행하는 사람의 모
습을 점쳐 보니, 막히지 않고 꽤 통하는 상이다. 여행할 때에 마음을
곧고 바르게 가지면 좋을 것이다.

初六 이 효상은 양기가 있을 부정당한 자리에 있으면서 위로 구사
  의 양기와 서로 응하고 있으나, 너무 밑에 있어서 위로 떠나
  가지 못하고 있다.

  이 효상으로 사소한 일에 얽매여 여행을 떠나지 못하는 사

람의 모습을 점쳐 보니, 반드시 불행을 가져올 것이다.

六二 이 음효를 보면, 정당한 자리에서 가운데 자리를 차지하고 있어 안팎 기운의 도움을 받는다.

이 효상으로 여관에 들어가는 한 나그네의 모습을 점쳐 보니, 성질이 온유하고 겸양의 덕이 있어 여비를 보태 주는 사람도 있고, 또 그에게 시종하는 아이 종들도 다 마음이 곧고 바르다.

九三 이 양효를 보면 기운이 강하여 가운데 자리를 차지하지 못하여 기덕이 없고, 또 하괘의 윗자리에서 상괘 상구의 양기와 한가지로 높은 자리에 처하여 있다.

이 효상으로 인심을 잃어 숙소를 화재 당하는 한 나그네의 모습을 점쳐 보니, 그가 데리고 있는 아이 종에게까지 믿음을 잃어 반드시 위태할 것이다.

九四 이 양효를 보니, 비록 가운데 자리를 차지하지 못하였으나 음기 자리에 있으므로 성질이 유순하고, 또 위로 육오의 음기와 가까이하고 있으면서 아래로 초륙의 음기와 서로 응하고 있다. 그러나 그것이 음기이므로 그렇게 도움은 되지 않는다.

이 효상으로 숙소에 들지 못하고 어떤 한곳에 머물러 있는 나그네의 모습을 점쳐 보니, 그가 비록 여행에 필요한 여비와 도끼를 가지고 있지만 여관에 들지 못하여 마음이 매우 불쾌할 것이다.

六五 이 음효를 보면 가운데 자리를 차지하고 있어 기덕이 있으므로, 아래위의 기운이 서로 화합하고 있다. 그러나 아래로 서로 응할 양기가 없다.

이 효상으로 꿩을 쏘다가 화살 한 개를 잃어버린 임금의 모습을 점쳐 보니, 마침내는 그로 인하여 그에게 예찬과 복록이 있게 될 것이다.

上九 이 양효를 보면 너무 높은 자리에 있어서 처음에는 편안하지 못하고, 또 아래로 서로 응할 음기도 없다.

　이 효상으로 나무 위에 깃을 들인 새와 길 가는 나그네와 소를 끌고 가는 사람의 모습을 점쳐 보니, 새는 그 깃을 불사를 것이요, 나그네는 처음에는 좋아서 웃지만 나중에는 슬퍼서 울부짖을 것이요, 소를 끌고 가던 사람은 역(易) 땅에서 반드시 그것을 잃어버릴 것이다. 그러므로 결과적으로 다 나쁠 것이다.

57. ☴☴ (巽下 巽上) 손위풍(巽爲風)

原文|　巽,은 小亨.하니 利有攸往.하여 利見大人.하니라

初六 進退.니 利武人之貞.이니라

九二 巽在牀下.니 用史巫紛若.하면 吉.하고 无咎.리라

九三 頻巽.이니 吝.하니라

六四 悔亡.하니 田獲三品.이로다

九五 貞이면 吉,하여 悔亡,며 无不利.니 无初有終.이라 先庚三日,하며 後庚三日,하여 吉.하리라

上九 巽在牀下.하여 喪其資斧.니 貞,에 凶.하니라

　☴☴ (아래도 손, 위도 손) 손은 바람이다

무꾸리를 해보니 조금 통한다. 갈 데가 있는 것이 이롭다. 대인을

보는 것이 이롭다.

初六 앞으로 나아가려 하기도 하고, 뒤로 물러나오려 하기도 한다. 마음이 곧고 바른 무인(武人)이 이롭다.

九二 제삿상 아래에서 무꾸리한다. 사관(史官)과 무당을 많이 사용한다. 좋아서 허물이 없으리라.

九三 자주 무꾸리한다. 부끄러우리라.

六四 뉘우침이 없으리라. 새 사냥을 하러 가서 세 가지 물건을 잡아 왔다.

九五 마음을 곧고 바르게 가지면 좋아서 뉘우침이 없어진다. 이롭지 않음이 없다. 시초에는 없고, 나중에는 있다. 경일(庚日)보다 앞선 것이 3일 간이요, 경일보다 뒤가 3일 간이다. 좋으리라.

上九 상 밑에서 무꾸리한다. 그 가지고 있는 도끼를 잃었다. 마음이 바르고 곧아도 나쁘리라.

주해

ㅇ巽(손)－점치다. 무꾸리하다.

ㅇ史(사)－사관(史官). 제문(祭文)을 짓는 사람.

ㅇ巫(무)－무당. 신에게 제사를 지낼 때 노래와 춤을 추는 사람.

ㅇ紛若(분약)－정자는 '분약(紛若) 다야(多也)'라 하였다.

ㅇ田(전)－새 사냥을 하다.

ㅇ三品(삼품)－주자는 '삼품자(三品者) 일위건두(一爲乾豆) 일위빈객(一爲賓客) 일이충포(一以充庖)'라 했다. '건두'는 육포요, '빈객'은 제사에 참여하는 손님들이요, '충포'는 임금의 푸주간에 채운다는 뜻이다.

ㅇ庚(경)－정자는 '갑자(甲者) 사지단야(事之端也) 경자(庚者) 변경지시야(變更之始也) 십간(十干) 무기위중(戊己爲中) 과중즉변(過中則變) 고위지경(故謂之庚) 사지개경(事之改更) 당원시요종(當原始要終) 여선갑후갑지의(如先甲後甲之義)'라 하였고, 주자는 '선경삼일(先庚三日) 정야(丁也) 후경삼일(後庚三日) 계야(癸也)'라 했다.

ㅇ資斧(자부) ─ 정자는 '자(資) 소유야(所有也) 부(斧) 이단야(以斷也)'라 했다.

해 설

이 괘의 괘상을 점쳐 보니, 바람 위의 바람이므로 크게는 통하지 못하지만 조금 통하는 상이다. 바람과 같이 한곳에 가만있지 않고 갈 데가 있는 것이 이롭다. 사람 관계에 있어서는 대인군자를 만나보는 것이 이롭다.

初六 이 음효를 보니, 유(柔)한 음기로서 양기가 있을 자리에 있다. 그러므로 앞으로 나가려 하기도 하고, 뒤로 물러나려 하기도 하여 결단을 내리지 못한다. 그러므로 이 음기가 변하여 건괘(乾卦)로 되면 이롭다.

이 효상으로 전진하려다가 후퇴하는 사람의 모습을 점쳐 보니, 그런 사람은 기운이 씩씩한 무사(武士)의 도움을 받는 것이 이롭다.

九二 이 효상을 보니 음기가 있을 정당치 못한 자리에 있지만, 가운데 자리를 차지하고 있어 기덕이 있다.

이 효상으로 제삿상 아래에서 무꾸리를 해 보니, 신에게 제사할 때 축문(祝文)을 짓는 사관과 노래와 춤을 추는 무당이 많이 있어서 제사가 잘 진행된다. 그러므로 복을 많이 받아 허물이 없을 것이다.

九三 이 양효를 보면 양기로서 가운데 자리를 차지하지 못하여 기덕이 없고, 또 하괘에서 맨 윗자리에 있다. 그러므로 자주 움직이려 하나 상구의 양기가 누르고 있다.

이 효상으로 좋은 점괘가 나올까 하고 자주 무꾸리를 하는 사람의 모습을 점쳐 보니, 부끄러움만 당하게 될 것이다.

六四 이 효상을 보면 하나의 음기로서 상괘에서 맨 아랫자리에 있고, 또 아래로 서로 응할 양기가 없어 할 수 없이 구오의

양기를 위로 이어받고, 또 아래로 구삼의 양기를 타고〔乘〕
있다.

이 효상으로 새 사냥을 나가서 제사에 쓸 날짐승을 잡아온
것을 점쳐 보니, 뉘우치는 일이 없을 것이다.

九五 이 양효를 보면 양기가 있을 정당한 자리에 있고, 또 가운데
자리를 차지하고 있으나, 아래로 서로 응할 음기가 없다.

이 효상으로 경일(庚日)을 중심으로 하여 6일 간 나랏일을
여러 가지로 혁신하는 임금 모습을 점쳐 보니, 매우 좋다. 처
음에는 일이 잘 운영이 안 되었지만, 나중에는 성과가 좋아서
이롭지 않음이 없고, 뉘우침도 없어지고, 마음도 곧고 발라서
모두가 다 좋은 현상이다.

上九 이 양효를 보면, 한 강한 양기로서 너무 높은 자리에 있고, 또
아래로 서로 응할 음기가 끊어졌다.

이 효상으로 도끼를 잃어버린 사람 모습을 상 밑에서 점쳐
보니 나쁘다.

58. ☱☱ (兌下 兌上) 태위택(兌爲澤)

原文│ 兌,는 亨.하니 利貞.하니라

初九 和兌.니 吉.하니라

九二 孚兌,니 吉.하고 悔亡.하니라

六三 來兌.니 凶.하니라

九四 商兌未寧.이니 介疾,이면 有喜.리라

九五 孚于剝,이면 有厲.리라

上六 引兌.라

≡≡ (아래도 태, 위도 태) **태는 못이다**

장사하는 것은 통하는 길이다. 마음을 곧고 바르게 가져야 이롭다.

初九 화목하게 장사한다. 좋으리라.

九二 포로가 장사를 하니 좋다. 뉘우침이 없으리라.

六三 와서 장사를 하니 나쁘리라.

九四 상의하여 장사를 하나, 아직 편안하지 못하다. 지조가 있어
　　　미워하면 기쁘리라.

九五 포로가 박(剝) 땅에서 사로잡히면 위태함이 있으리라.

上六 끌어당기어 장사를 한다.

주해

◦兌(태)—상업. 장사.
◦商(상)—상의(商議).
◦介(개)—개입하다. 절개가 있다.
◦疾(질)—미워하다.
◦剝(박)—긁다. 박탈(剝奪).
◦引(인)—끌다.

해 설

　이 괘의 괘상을 보면, 위에도 물이요, 아래도 물이다. 물과 물이 서
로 만나므로 서로 통하는 상이다. 그뿐 아니라 초구는 양기가 있을
자리에 있고, 구사는 음기가 있을 자리에 있으며, 구이는 음기가 있을
자리에 있고, 구오는 양기가 있을 자리에 있으며, 육삼은 양기가 있을
자리에 있고, 상륙은 음기가 있을 자리에 있어서 각각 그 있는 자리

가 음양이 서로 통하는 상이다.

이 괘상과 효상으로 상업하는 사람의 모습을 점쳐 보니, 서로 통상(通商)하는 상이다. 다만 마음을 곧고 바르게 가지고 장사를 해야 이롭다.

初九 이 양효를 보면, 양기가 있을 자리에 있으면서 음기가 있을 자리에 있는 구사의 양기와 (다 같은 양기이지만) 서로 사이 좋게 지낼 수 있다.

　이 효상으로 상인과 상인이 다 같은 상업을 하는 것을 점쳐 보니, 서로 화목하게 지낸다. 그러므로 서로 행복하다.

九二 이 양효를 보면 음기가 있을 자리에 있으므로 양기가 있을 자리에 있는 구오의 양기와는 서로 덕기가 있어서 사이좋게 지낸다.

　이 효상으로 잡혀 왔던 포로가 장사를 하는 것을 점쳐 보니 서로 좋다. 뉘우치는 마음이 없어질 것이다.

六三 이 음효를 보면 양기가 있을 자리에 있으면서 음기가 있을 자리에 있는 상륙의 음기와 다 같은 음기로서 서로 사이좋게 지내지만, 두 기운이 다 가운데 자리를 차지하지 못하고, 너무 높은 자리에 있어서 위태하다.

　이 효상으로 바깥에서 와서 장사하는 사람의 모습을 점쳐 보니, 너무 이익만 도모하므로 반드시 나쁘리라.

九四 이 효상을 보면 상괘 밑에서 아직 자리가 정당치 못하다. 그러므로 정당한 자리에 있는 초구의 양기를 개입시키면 좋다.

　이 효상으로 상업이 아직 자리가 잡히지 못한 사람의 모습을 점쳐 보니, 지조를 지켜 나쁜 일을 미워하면 반드시 기쁨이 있을 것이다.

九五 이 양효를 보면 상륙의 음기에 가까이하여 박탈을 당하여 위태하다.

이 효상으로 박(剝) 땅에서 사로잡힌 포로의 모습을 점쳐 보니, 위태로운 상이다.

上六 이 음효를 보면 음기로서 매우 높은 자리에 있으면서 아래로 구오와 구사의 두 양기를 끌어당기고 있다.

이 효상으로 임금의 어머니로서 임금과 대신(大臣)의 세력을 이용하여 상업행위를 하는 것을 점쳐 보니, 상서롭지 못하다.

59. ䷺ (坎下 巽上) 풍수환(風水渙)

原文│ 渙,은 亨.하니 王假有廟.며 利涉大川.하니 利貞.하니라

初六 用拯하되 馬壯.하니 吉.하니라

九二 渙,에 奔其机.면 悔亡.하니라

六三 渙,에 其躬.이 无悔.니라

六四 渙,에 其群.이라 元吉.이니 渙,에 有丘, 匪夷所思.리라

九五 渙,에 汗其大號,면 渙,에 王居.니 无咎.리라

上九 渙,에 其血이 去,하며 逖에 出.하면 无咎.리라

䷺ (아래는 감, 위는 손) **바람과 물은 환이다**

옷을 세탁하는 것은 누구에게든지 통하는 일이다. 왕이 묘당(廟堂)에 있게 되었다. 큰 냇물을 건너는 데 이롭다. 마음을 곧고 바르게 가져야 이롭다.

初六 사람을 구제하는데, 말의 힘이 세다. 좋으리라.

九二 상(床)으로 달려가서 씻는다. 뉘우침이 없으리라.

六三 그 몸을 씻으니, 뉘우침이 없으리라.

六四 자기의 군중을 숙청한다. 크게 좋으리라. 숙청하는 공(功)이 언덕같이 높다. 보통사람이 생각할 바가 아니다.

九五 정치적 대호령(大號令)을 땀을 씻어내듯이 속시원하게 하니, 왕의 거처가 씻은 듯이 깨끗하다. 허물이 없으리라.

上九 그 피를 씻는다. 근심을 버리고 나가면 허물이 없으리라.

주해

○假(가)—이르다. '지(至)'의 뜻.

○廟(묘)—묘당(廟堂).

○拯(증)—건지다. 구제하다.

○机(궤)—몸을 기대는 책상. 정자는 '궤자(机者) 부빙이위안자야(俯憑以爲安者也) 부(俯) 건하야(乾下也)'라 했고, 다산은 '궤궤통(机几通) 할생지안야(割牲之案也)'라 하여 '짐승을 잡는 상'의 뜻으로 해석하였다.

○夷(이)—정자는 '이(夷) 평상야(平常也)'라 했고, 다산은 '이자(夷者) 유야(類也)'라 했다.

○大號(대호)—대정령(大政令).

○逖(적)—근심하다. 주자는 '적당작척(逖當作惕)'이라 했다.

해 설

이 괘의 괘상을 보면 물로 물건을 세탁하면 바람이 그 위에 불어 마르게 한다. 또 손(巽)은 나무요, 감은 물이므로 물 위의 나무이다. 물 위의 나무는 바로 떼〔筏〕를 뜻한다.

이 괘상으로 묘당 위에 높이 앉아 있는 왕의 모습을 점쳐 보니, 그가 하는 일이 무엇에든지 통하여 막히지 않는다.

初六 이 음효를 보니, 정당치 못한 자리에 있으나 위로 강하고 기덕이 있는 구이의 양기에 가까이하고 있다.

이 효상으로 기운이 센 말을 타고 사람을 구제하는 사람의 모습을 점쳐 보니, 반드시 좋을 것이다.

九二 이 양효를 보면 두 음기 사이에 있으나 가운데 자리를 차지하여 굳게 기덕을 지키고 있다.

이 효상으로 짐승을 잡는 상으로 달려가서 물로 깨끗이 씻는 모습을 점쳐 보니, 그 하는 일에 대하여 아무 뉘우침이 없을 것이다.

六三 이 음효를 보면 정당치 못한 자리에 있으나 위로 상구의 양기와 서로 응하고 있다.

이 효상으로 몹시 더러운 몸을 깨끗이 목욕하는 사람의 모습을 점쳐 보면, 아무 뉘우침이 없을 것이다.

六四 이 음효를 보니, 정당한 자리에서 구오의 양기를 가까이하여 육삼과 구이의 양기를 가까이하고 있는 초륙의 음기를 깨끗이 씻는다.

이 효상으로 자기 당파의 부정을 숙청하는 모습을 점쳐 보니, 크게 좋은 일이다. 그 숙청하는 공이 언덕같이 높고 커서 보통사람으로서는 상상조차 못할 일이다.

九五 이 양효를 보니, 강한 기운으로 가운데 자리를 차지하여 기덕이 있어, 아래에 있는 더러운 모든 음기를 다 깨끗이 씻는다.

이 효상으로 자기의 거처를 먼저 깨끗이 한 뒤에 정치적 대법령을 내려 온 나라를 숙청하는 왕의 기상을 점쳐 보니, 아무 잘못됨이 없으리라.

上九 이 양효를 보면, 너무 높고 정당치 못한 자리에 있지만, 아래로 육삼의 음기와 서로 응하고 있다.

이 효상으로 자기의 더러운 피를 깨끗이 씻어 근심에서 벗어나는 사람의 모습을 점쳐 보니, 아무 잘못됨이 없을 것이다.

60. ䷻ (兌下 坎上) 수택절(水澤節)

原文| 節,은 亨.하니 苦節,은 不可貞.이니라

初九 不出戶庭.이면 无咎.리라

九二 不出門庭.이라 凶.하니라

六三 不節若,이면 則嗟若.하리니 无咎.니라

六四 安節.이니 亨.하니라

九五 甘節,이라 吉.하니 往하면 有尙.하리라

上六 苦節.이니 貞이면 凶.하고 悔면 亡.하리라

䷻ (아래는 태, 위는 감) **물과 못은 절이다**

절약은 통하는 일이다. 괴로운 절약은 마음을 곧고 바르게 가질 수 없다.

初九 문밖 뜰에 나아가지 않는다. 허물이 없으리라.

九二 문안의 뜰에 나아가지 않는다. 나쁘리라.

六三 절약하지 않으면 슬프리라. 허물이 없다.

六四 절약 생활에 편안히 있다. 통하리라.

九五 절약 생활을 달갑게 여기니 행복할 것이다. 가면 가상(嘉尙)한 일이 있을 것이다.

上六 괴로운 절약 생활이다. 마음이 바르고 곧아도 나쁘다. 뉘우침이 없으리라.

주해

o 戶庭(호정)—문밖의 뜰.
o 門庭(문정)—문안의 뜰.
o 嗟若(차약)—가엾다. 슬프다.

해 설

이 괘의 괘상을 보면 못 위의 물이므로 그 용적이 한정되어 있다.
이 괘상으로 사람의 절약 생활을 점쳐 보니, 너무 지나치거나 모자라는 일이 없는 생활 방법은 언제든지 통하는 것이다. 그러나 고통을 느껴 가며 절약하는 생활은 마음을 곧고 바르게 가질 수 없다.

初九 이 양효를 보면 정당한 밑의 자리에서 육사의 음기와 서로 응하고 있다.

이 효상으로 힘의 범위 안에서 사는 사람의 생활을 점쳐 보니, 마치 문밖 뜰에도 나가지 않고 안에서 사는 사람과 같다. 그러므로 아무 허물이 없으리라.

九二 이 효상을 보니, 비록 강하고 또 가운데 자리에 처해 있지만, 부정당한 자리에 처하여 육삼의 음기를 이어받고 있다. 그러므로 나쁘다.

이 효상으로 문안의 뜰에도 나가지 않고 방안에서 괴로운 절약 생활을 하는 사람의 모습을 점쳐 보니, 나쁘리라.

六三 이 음효를 보면 정당치 못한 자리에서 구이의 강한 기운을 타고 위험한 자리에 있다. 그러나 몰래 하므로 허물이 없을 수 있다. 그렇지 않으면 반드시 나쁜 일이 있어 슬퍼하게 된다.

이 효상으로 절도 없는 생활을 하는 사람의 모습을 점쳐 보니, 나중에 가서 슬퍼하게 될 것이다. 그러나 큰 허물은 없을 것이다.

六四 이 음효를 보면 정당한 자리에서 위로 구오의 양기와 서로 호

응하고 있다.

　　이 효상으로 절약 생활에서 편안히 있는 사람의 태도를 점쳐 보니, 그 생활이 아무 군색함 없이 형통할 것이다.

九五 이 양효를 보면, 높고 가운데 자리를 정당하게 차지하고 있다.

　　이 효상으로 절약 생활을 달게 받는 사람의 생활태도를 점쳐 보니, 행복할 뿐 아니라 또 무엇을 해 가든지 반드시 가상스러운 일이 있을 것이다.

上六 이 음효를 보면, 너무 높은 자리에 있어서 위태하다.

　　이 효상으로 너무 괴로운 절약 생활을 하는 사람의 모습을 점쳐 보니, 마음이 곧고 발라도 나쁘다. 그러나 만일 그런 생활태도에 대하여 뉘우치면 그 괴로움이 없어질 것이다.

61. ☱☴ (兌下 巽上) 풍택중부(風澤中孚)

原文┃ 中孚,는 豚魚,면 吉.하니 利涉大川,하고 利貞.하니라

初九 虞하면 吉.하니 有他,면 不燕.하리라

九二 鳴鶴이 在陰,이어든 其子和之.로다 我有好爵,하여 吾與爾靡之.하노라

六三 得敵.하여 或鼓或罷, 或泣或歌.로다

六四 月幾望.이니 馬匹이 亡,하면 无咎.리라

九五 有孚攣如.이면 无咎.리라

上九 翰音,이 登于天.이니 貞하여 凶.하도다

☰☱ (아래는 태, 위는 손) **바람과 못은 중부다**

포로와 물돼지는 좋다. 큰 냇물을 건너는 것이 이롭고, 마음을 곧고 바르게 가져야 이롭다.

初九 택우(澤虞)란 새는 좋다. 다른 것이 있으면 편안하지 않다.

九二 우는 학이 그늘에 있으니, 그 새끼가 화답한다. 내가 좋아하는 벼슬이 있으니, 내 너와 함께 이것을 한다.

六三 적(敵)을 얻었다. 북을 치기도 하고 그만두기도 하며, 울기도 하고 노래부르기도 한다.

六四 달이 보름에 가깝다. 짝말이 없어졌다. 허물이 없으리라.

九五 구속된 포로가 있다. 허물이 없으리라.

上九 택우가 날개를 치며 우는 소리가 하늘에까지 올라간다. 마음을 곧고 바르게 가지더라도 나쁘리라.

주해

○豚魚(돈어) ─ 돼지와 물고기. 또는 '물돼지'라고도 한다.

○虞(우) ─ 헤아리다. 정자는 '탁(度)'의 뜻으로 보았고, 심기원(沈起元)은 '택우(澤虞)'란 새로 해석했다.

○燕(연) ─ 편안하다. 안유(安裕).

○靡(미) ─ 함께. 같이. 주자는 '미(靡) 여미동(與縻同) 언의덕(言懿德) 인지소호(人之所好) 고호작(故好爵)'이라 했다.

○罷(파) ─ 그만두다.

○幾(기) ─ 가깝다.

○望(망) ─ 보름.

○匹(필) ─ 짝. 옛날에는 말 네 필이 수레를 끌었는데, 바깥쪽에 있는 말을 짝말이라 했다.

○攣(연) ─ 매다. '계(係)'의 뜻. '구속'의 뜻.

○翰音(한음) ─ 닭이 울 때 날개를 치면서 내는 소리.

해 설

이 괘의 괘상을 보면 아래위로 두 개의 양기가 있고 가운데에 두 개의 음기가 있다.

이 괘의 괘상으로 인간사회의 중간 계급에 있는 진실한 노예와 어족사회(魚族社會)의 기후를 미리 헤아리는 물돼지 모습을 점쳐 보니, 다 좋다. 사람들이 큰 냇물을 건너가는 데도 아무 탈없이 이롭고, 또 사람마다 다 마음을 곧고 바르게 가져야 이롭다.

初九 이 양효를 보면, 정당한 자리에서 위로 육사의 음기와 서로 호응하고 있다.

　이 효상으로 공중에 날아다니는 택우(澤虞)란 새의 모습을 점쳐 보니, 좋다. 왜냐하면 기후를 헤아리기 때문이다. 그러나 다른 새를 보면 마음이 편안치 않다.

九二 이 양효를 보면, 강한 기운으로 가운데 자리를 차지하고 있어 기덕이 있다. 그러므로 다른 음기와 화합할 수 있다.

　이 효상으로 우는 학이 그늘에 있는 것을 점쳐 보니, 그 새끼가 그 어미에게 화응(和應)하는 상이다. 이와 같이 내가 벼슬을 좋아하는 마음을 너와 같이 좋아한다.

六三 이 음효를 보면 정당치 못한 자리에 있을 뿐 아니라, 위로 상구의 양기와 서로 호응하고 있다.

　이 효상으로 전쟁터에서 대적을 잡는 일을 점쳐 보니, 모두들 기뻐서 북을 치다가는 그치기도 하고, 울다가는 노래를 부르기도 한다.

六四 이 음효를 보니, 정당한 자리에서 구오의 양기와 가까이하고, 또 위로 올라오려 하는 초구의 양기와 서로 호응하고 있다.

　이 효상으로 14일 달밤에 좌우의 짝말이 없어진 것을 점쳐 보니, 그렇게 큰 허물은 없을 것이다.

九五 이 양효를 보니, 정당한 가운데 자리에서 아래로 구이의 양기
와 서로 응하여 같은 기덕을 가지고 있다.

　　　이 효상으로 구속된 포로의 모습을 점쳐 보니, 무슨 허물을
범할 사람은 아니다.

上九 이 양효를 보니, 너무 높고 위태한 자리에 있다.

　　　이 효상으로 닭이 날개를 치고 우는 소리가 하늘에까지 높
이 들리는 것을 점쳐 보니, 아무리 마음이 곧고 바르더라도
나쁠 것이다.

62. ䷽ (艮下 震上) 뇌산소과(雷山小過)

原文┃ 小過，는 亨.하니 利貞.하니 可小事，요 不可大事.니 飛
鳥遺之音.에 不宜上，이요 宜下.면 大吉.하리라

初六 飛鳥.라 以凶.이니라

六二 過其祖，하여 遇其妣.니 不及其君，이요 遇其臣.이면 无
咎.리라

九三 弗過防之，면 從或戕之.라 凶.하리라

九四 无咎.하니 弗過하여 遇之.니 往이면 厲.라 必戒，며 勿
用，永貞.이니라

六五 密雲不雨.는 自我西郊.니 公이 弋取彼在穴.이로다

上六 弗遇하여 過之.니 飛鳥離之.라 凶.하니 是謂災眚.이라

☶☳ (아래는 간, 위는 진) **우레와 산은 소과다**

조금 미치지 못한다. 형통하리라. 마음을 곧고 바르게 가져야 이롭다. 작은 일 중에서는 할 수 있는 것이 있지만 큰 일은 할 수 없다. 나는 새가 소리를 남겨 놓는다. 올라가는 것은 마땅치 못하고 내려오는 것은 마땅하다. 크게 좋으리라.

初六 나는 새다. 그러므로 나쁘리라.

六二 그 할아버지를 지나 그 할머니를 만난다. 그 임금에게 미치지 못하고 그 신하를 만난다. 허물이 없으리라.

九三 지나치지 않고 막으면 따라서 그것에 해를 입을는지도 모른다. 나쁘리라.

九四 허물이 없으리라. 지나가지 않고 그를 만난다. 가면 위태하다. 반드시 경계해야 한다. 쓰지 말라. 길이 마음을 곧고 바르게 가져라.

六五 된구름이 떠돌아도 비가 오지 않는다. 우리 서쪽 교외에서 그러하다. 임금께서 주살로 굴 속에 있는 그를 취한다.

上六 만나지 않고 지나간다. 나는 새가 떠난다. 나쁘리라. 이것을 재앙이라 한다.

주해

○ 遺(유)−남기다.
○ 戕(장)−죽이다. 무찌르다. 상하다.
○ 弋(익)−주살. 줄을 맨 화살.
○ 眚(생)−재앙.

해 설

이 괘의 괘상을 보면, 네 개의 음기가 밖에 있고 두 개의 양기가 안에 있으니 음기가 양기보다 많다. 그러므로 양기가 음기에게 미치지 못한다.

이 괘상으로 볼 때 무슨 일을 할 때에는 너무 지나치는 것보다는 모자라는 편이 낫다. 그러므로 형통한다고 한다. 그러나 마음을 곧고 바르게 가져야 이롭다. 또 일을 할 때에 처음부터 큰 일을 하려 하지 말고 작은 일부터 하는 것이 좋다. 마치 공중에 나는 새가 소리를 내어 울 때에 너무 올라가려 하지 말고 내려오는 것이 나은 것 같다. 어떻든 이 점괘를 얻은 사람은 크게 좋으리라.

初六 이 음효를 보면, 정당치 못한 자리에서 위로 올라가서 구사의 양기와 서로 호응하고 있다.

　　이 효상으로 나는 새를 점쳐 보니, 너무 위로 올라가려고 한다. 그러므로 나쁘다.

六二 이 음효를 보면, 정당하고 또 가운데 자리를 차지하고 있으면서 위로 육오의 음기와 서로 응하여 구삼과 구사의 양기에 가까이하고 있지 않으려 한다.

　　이 효상으로 할아버지가 있는 데를 지나 할머니를 만나보고, 또 임금에게 가까이하지 않고 그 신하를 만나보는 사람을 점쳐 보니, 반드시 잘못되는 일이 없을 것이다.

九三 이 양효를 보면, 비교적 높은 자리에서 아주 높은 자리에 있는 상륙의 음기와 서로 호응하고 있다.

　　이 효상으로 도둑을 너무 막지 않는 사람을 점쳐 보니, 도리어 그것에 해를 받을는지도 모른다. 그러므로 나쁘다.

九四 이 양효를 보면, 강한 양기로 음기가 있을 자리에 있으므로 아무 탈이 없다. 너무 강하지 않고 올라가지 않는 것이 좋다. 가면 위태하다. 초륙의 음기와 서로 호응하므로 아래로 내려가는 것이 좋다.

　　이 효상으로 임금과 가까이하지 않고 아래로 현명한 백성과 서로 화목하게 지내는 사람의 모습을 점쳐 보니, 잘못됨이

없을 것이다. 그러므로 항상 경계하여 지위가 높은 사람을 만
나지 않도록 노력하면 영원히 마음이 곧고 바를 것이다.

六五 이 음효를 보면 구사의 양기를 타고 있다. 육이의 음기와 서
로 호응하는 자리에 있으나 다 같은 음기이므로 비를 이루지
못한다.

　　이 효상으로 된구름이 공중에 떠 있는 것을 점쳐 보니, 비
가 내리지 못할 상이다. 이와 같이 서쪽에 있는 문왕이 아무
리 풍운을 일으켜도 주(紂)임금과 전쟁을 하지 않는다. 왜냐
하면 문왕은 먼저 아래로 현명한 기질이 있는 보조자를 얻으
려 하기 때문이다.

上六 이 음효를 보면, 음기이지만 괘체(卦體)는 매우 진동하는 상
이다. 그러므로 구삼의 양기와 만나지 못하고 지나간다.

　　이 효상으로 너무 높은 자리에 있는 임금을 점쳐 보니, 응
당 만나야 할 현명한 신하를 만나지 못하여 보조를 얻지 못
한다. 이것은 마치 나는 새가 공중에 떠 있는 것과 같다. 그
러므로 반드시 나쁘다. 이런 것을 다 재앙이라 한다.

63. ☲☵ (離下 坎上) 수화기제(水火旣濟)

原文｜ 旣濟,는 亨이 小.니 利貞.하니 初吉,하고 終亂.하니라

初九 曳其輪,하며 濡其尾.면 无咎.리라

六二 婦喪其茀,이니 勿逐,하면 七日에 得.하리라

九三 高宗이 伐鬼方,하여 三年克之.니 小人勿用.이니라

六四 繻에 有衣袽,하고 終日戒.니라

九五 東隣殺牛, 不如西隣之禴祭. 實受其福.이니라

上六 濡其首.라 厲.하니라

≡≡ (아래는 이, 위는 감) **물과 불은 기제다**

일이 비로소 이루어졌다는 것은 형통한 것이 작다는 것이다. 마음을 곧고 바르게 가져야 이롭다. 처음은 좋고 나중은 어지러울 것이다.

初九 그 수레바퀴를 끈다. 그 꼬리를 적신다. 허물이 없으리라.

六二 부인이 그 면사포를 잃어버렸다. 찾지 말라. 이레 만에 얻으리라.

九三 고종이 북방 나라를 정벌한 지 3년 만에야 그것을 이겼다. 소인을 쓰지 말라.

六四 해진 옷을 깁는다. 종일토록 경계한다.

九五 동쪽 이웃집에서 소를 잡는 것은 서쪽 이웃집에서 지내는 소박한 제사만 못하다. 참으로 그 복을 받으리라.

上六 그 머리를 적신다. 위태하리라.

주해

ㅇ茀(불)—머리의 장식물. 즉 지금의 면사포와 같은 것.

ㅇ高宗(고종)—은(殷)나라 무정(武丁) 왕.

ㅇ鬼方(귀방)—북쪽 나라.

ㅇ繻(수)—새다. 정자와 주자는 '수(繻) 당작유(當作濡) 위삼루야(謂滲漏也)'라 했고, 다산은 '수자(繻者) 봉합야(縫合也)'라 했다.

ㅇ袽(여)—해지다.

ㅇ禴祭(약제)—여름 제사. 정자는 '박제야(薄祭也)'라 했다.

해 설

이 괘의 괘상을 보면, 물과 불이 서로 사귀어야 비로소 이루어지는 상이다.

이 괘상으로 일이 비로소 이루어진 것을 점쳐 보니, 형통한 것이 조금 작다. 그러므로 마음을 곧고 바르게 가져야 한다. 왜냐하면 처음은 좋고 나중에는 어지러워지기 때문이다.

初九 이 양효를 보면 양기로서 아랫자리에 있으면서 위로 구사의 음기와 서로 호응하고 있으나, 앞으로 나가지 않는 상이다.

　　이 효상으로 수레를 뒤에서 끄는 것과 꼬리를 적시는 여우를 점쳐 보니, 위험한 곳으로 나가지 않으므로 잘못됨이 없을 것이다.

六二 이 음효를 보면, 가운데 자리를 차지하고 있으면서 기덕이 있고, 또 위로 정당한 가운데 자리를 차지하고 있는 구오의 양기와 서로 호응하고 있으므로 동기(同氣)인 육사의 음기에 잃어버리게 된다. 그러나 이레가 되는 날에는 다시 찾게 된다.

　　이 효상으로 머리에 쓰는 면사포를 잃어버린 부인의 모습을 점쳐 보니, 그것을 찾지 않아도 1주일 후에는 되찾게 될 것이다.

九三 이 효상을 보면, 지극히 강한 양기로서 위로 너무 높은 자리에 있는 상륙의 음기와 서로 호응하고 있다.

　　이 효상으로 은(殷)나라 고종, 즉 무정(武丁)임금이 북방 나라를 정벌한 지 3년 만에 겨우 이긴 것을 점쳐 보니, 이때에 있어서 무력만 믿는 소인을 써서는 안된다.

六四 이 효상을 보면, 정당한 자리에서 아래로 초구의 양기와 서로 호응하고 있다.

　　이 효상으로 해진 옷을 호고 있는 사람의 모습을 점쳐 보니, 종일토록 경계하고 있는 모양이다.

九五 이 양효를 보면, 정당하고 또 가운데 자리에서 육이의 음기와

서로 대응하고 있다.

이 효상으로 동쪽 은나라의 주(紂)임금이 소와 돼지를 잡아 놓고 성대하지만 정성없이 난잡하게 제사 지내는 것과, 서쪽 주(周)나라 문왕이 소박하지만 정성어린 여름 제사를 지내는 것을 점쳐 보니, 차라리 소박하지만 정성어린 제사에 천신(天神)이 감응하여 복을 내려줄 것이다.

上六 이 음효를 보면, 매우 험한 자리에서 아래로 구삼의 양기와 서로 호응하고 있다.

이 효상으로 물을 건너가다가 머리가 빠져 물에 젖은 여우의 모습을 점쳐 보니, 생명이 위태하다.

64. ☵☲ (坎下 離上) 화수미제(火水未濟)

原文 | 未濟,는 亨.하니 小狐汔濟,하여 濡其尾.니 无攸利.하니라

初六 濡其尾.니 吝.하니라

九二 曳其輪.이면 貞하여 吉.하리라

六三 未濟.에 征이면 凶.하나 利涉大川.하니라

九四 貞이면 吉,하여 悔亡.하리니 震用伐鬼方,하여 三年,에야
有賞于大國.이로다

六五 貞이라 吉.하여 无悔.니 君子之光이 有孚.라 吉.하니라

上九 有孚于飮酒.면 无咎어니와 濡其首,면 有孚에 失是.하리라

☲ ☵ (아래는 감, 위는 이) **불과 물은 미제다**

채 이루지 못한 일은 통하게 된다. 어린 여우가 거의 건너가려 할 때에 그 꼬리를 적시니 이로울 것이 없으리라.

初六 그 꼬리를 적신다. 부끄러우리라.

九二 그 수레바퀴를 끌어당긴다. 마음이 바르고 곧아서 좋다.

六三 아직 채 이루지 못했다. 정벌하러 가면 나쁘다. 큰 냇물을 건너는 것이 이롭다.

九四 마음을 곧고 바르게 가지면 좋으니, 뉘우침이 없으리라. 소리를 진동시킴으로써 북쪽 나라를 정벌한 지 3년 만에야 큰 나라에서 상을 주리라.

六五 마음을 곧고 바르게 가져서 좋다. 뉘우침이 없다. 군자의 덕이 빛나니, 포로가 있게 된다. 좋으리라.

上九 술을 마시는 포로가 있으나 허물이 없으리라. 그 머리를 적시면 실수하는 포로가 있을는지 모른다.

주해

○汔(흘)—물이 잦다. 물이 마르다. 정자는 '흘당작위흘(汔當作爲仡)'이라 했다. '흘(仡)'은 용감하다, 날쌔다. 그러나 다산은 '흘자(汔者) 기야(幾也)'라 했다.

○震(진)—진동하다. 정자는 '진(震) 동지극야(動之極也)'라 했다.

○是(시)—옳은 것. 마땅한 것. 그러므로 '실시(失是)'는 실수.

해 설

이 괘의 괘상을 보니, 불과 물이 서로 사귀지 못하여 쓰임이 되지 못한다.

이 괘상으로 어린 여우가 물을 거의 다 건너갔을 때에 그 꼬리를 적시는 모습을 점쳐 보니, 아무 이로울 것이 없다.

初六 이 음효를 보면 음기로써 양기가 있을 자리에 있으면서 위로
구사의 양기와 서로 응하여 위로 올라가려 한다. 그러나 구이
의 양기가 타고 있다.

　이 효상으로 물을 건너가 그 꼬리를 적시는 여우의 모습을
점쳐 보니, 창피를 당하여 부끄러워하는 상이다.

九二 이 양효를 보면, 정당하고 또 가운데 자리를 차지하고 있는
강한 양기로서 유(柔)하고 기덕 있는 육오의 음기와 서로 응
하고 있다.

　이 효상으로 앞으로 급히 달리려는 수레바퀴를 잡아당기어
천천히 가게 하는 모습을 점쳐 보니, 마음이 곧고 발라서 좋
을 것이다.

六三 이 음효를 보면, 정당치 못하고 또 험한 자리에 있으나, 위로
강한 상구의 양기와 서로 응하고 있다.

　이 효상으로 준비가 아직 다 끝나지 않았는데 대적을 정벌
하러 나가려 하는 군사 행동을 점쳐 보니, 나쁘다. 그러나 밖
에서 응하는 사람이 강한 힘을 가지고 있으니, 큰 냇물을 건
너가는 데는 아무 탈없이 잘 건널 것이다.

九四 이 양효를 보면, 강한 양기로서 기덕이 있고 높은 자리에 있
는 육오의 음기와 서로 가까이하고 있다.

　이 효상으로 소인이 있을 자리에서 강한 권력을 가진 한
충성스러운 대신이 넘치는 힘으로 북방 나라를 정벌하는 것
을 점쳐 보니, 마음을 곧고 바르게 가져야 좋아져서 뉘우침이
없어질 것이요, 또 힘써 싸운 지 3년의 시일이 걸려야 비로소
나라에서 상을 내려줄 것이다.

六五 이 음효를 보니, 비록 정당치 못한 자리에 있으나 지극한 덕
이 있어 아래에 있는 구이의 양기와 서로 응하고 있다.

　이 효상으로 덕 있는 임금의 감화를 받아 강한 포로가 귀

순하는 것을 점쳐 보니, 그 마음이 곧고 발라서 뉘우침이 없어 좋을 것이다.

上九 이 양효를 보면, 정당치 못하고 너무 높은 자리에 있으나 아래로 육삼의 음기와 서로 응하고 있다.

이 효상으로 술 마시는 포로의 행동을 점쳐 보니, 아무 허물을 범하는 일이 없을 것이다. 그러나 술을 너무 많이 마셔 물에 빠진 여우가 머리를 적시는 것과 같이 되면 실수하는 포로가 있을는지도 모른다.

십익(十翼)

단 사(彖辭)

1. 건괘(乾卦 ☰☰)

大哉라 乾元,이여 萬物資始,하나니 乃統天.이로다 雲行雨
施,하여 品物이 流形.하나니라 大明終始,하면 六位時成,하나니
時乘六龍,하여 以御天.하나니라 乾道變化,에 各正性命,하나니
保合大和,하여 乃利貞.하니라 首出庶物,에 萬國이 咸寧.하나니라

건원(乾元)의 양기(陽氣)는 크도다! 만물이 그것에 의하여 시작되
니, 바로 하늘의 도를 포괄한다. 구름이 떠다니고 비가 내리어 온갖
물건의 형상이 유전(流轉)하여 형성된다. 처음이나 나중이나 크게 밝
아서 육효(六爻)의 위치가 제 때에 이루어지니, 때때로 여섯 용(龍:
양기의 상징)을 타고서 하늘을 올라간다. 하늘의 도가 변화하여 각각
물건의 타고난 생명을 바로잡으니, 큰 화기를 보존하고 합치어 바로
이롭고 곧아진다. 먼저 여러 물건을 내놓으니, 온갖 나라가 다 편안
하다.

주해

○乾元(건원)―주자는 '천덕지대시(天德之大始)'라 했고, 다산은 '건원자
(乾元者) 복야(復也)'라 했다.

○資始(자시)―의하여 비롯한다.

○統(통)―주자는 '원위사덕지수(元爲四德之首) 이관호천덕지시종(而貫乎
天德之始終) 고왈통천(故日統天)'이라 했고, 내씨는 '통(統) 포괄야(包

括也)', 다산은 '육양지건(六陽之乾) 차일양위지강기(此一陽爲之綱紀) 내통천야(乃統天也)'라 했다.

ㅇ品物(품물)—내씨는 '품자(品者) 물각분류(物各分類)'라 했다.

ㅇ大明(대명)—내씨는 '묵계야(默契也)'라 했다.

ㅇ六位(육위)—육효의 위치.

ㅇ御天(어천)—내씨는 '승륙룡(乘六龍) 편시어천(便是御天)'이라 하여 '가어(駕馭)'의 뜻으로 보았다.

ㅇ性命(성명)—생명.

ㅇ保合(보합)—다산은 '보자(保者) 전야(全也) 화자(和者) 열야(悅也)'라 했다.

ㅇ大和(대화)—주자는 '음양회합충화지기야(陰陽會合沖和之氣也)'라 했다.

해 설

우주 안에 가득찬 원기(元氣)는 크고도 넓도다. 온갖 물건이 다 그것을 이어받아 비로소 하나하나씩 태어나니, 하늘 아래 어느 물건이든지 다 포괄한다.

원기의 변화로 말미암아 구름이 흘러가고 비가 내려, 모든 사물이 형성되었다가 유전(流轉)한다.

우주의 진리를 체득한 성인은 처음이나 나중이나 하늘의 도에 크게 밝아 육효의 위치가 각각 시공(時空)의 양상을 띠고 이루어짐을 보고, 때때로 여섯 양기를 타고서 천도(天道)를 실현해 나아간다.

자연법칙에 따라서 온갖 물건의 타고난 본성을 바로잡아 주니, 물건마다의 큰 화기(和氣)를 보존하고 합치게 하여 몸과 마음이 곧고 바르게 된다.

자연법칙은 가장 먼저 여러 물건을 생성한다. 이 세상의 임금들이 그것을 본받아 도덕법칙을 만들어 백성에게 시행하면 온 나라가 다 편안하게 될 것이다.

2. 곤괘(坤卦 ☷☷)

至哉!라 坤元,이여 萬物이 資生,하나니 乃順承天.이니 坤厚
載物,이 德合无疆,하며 含弘光大,하여 品物이 咸亨.하나니라
牝馬는 地類,니 行地无疆,하며 柔順利貞,이 君子攸行.이라
先하면 迷하며 失道,하고 後하면 順하여 得常.하리니 西南得朋,
은 乃與類行.이요 東北喪朋,은 乃終有慶.하리니 安貞之吉,이
應地无疆.이니라

    곤원(坤元)의 음기(陰氣)는 지극하도다! 만물이 그것에 의하여 생성하니, 바로 순순히 하늘의 도를 이어받는 것이다. 땅은 두텁고 넓어서 물건을 싣고 있는 덕이 한정없이 합치되고 넓게 포함하고 크게 빛나서 개개 사물에 다 통한다. 암말은 땅에 속하는 종류다. 땅을 한정없이 걷는다. 유순하여 이롭고 곧음은 군자가 행하는 것이다. 먼저 하면 아득하여 도를 잃고 나중에 하면 상도(常道)를 얻는다. 서남쪽에서 벗을 얻는 것은 바로 동류(同類)와 함께하기 때문이요, 동북쪽에서 벗을 잃는 것은 바로 마침내 경사가 있기 때문이다. 몸이 편안하고 마음이 곧은 것은 한정없는 땅에 순응하기 때문이다.

주해

○无疆(무강) – 경계가 없다. '무한(無限)'의 뜻.

해 설

    건원(乾元)의 양기를 양성적이요 약동적이라 하면, 이 곤원(坤元)

의 음기는 음성적이요 침체적이다. 천지 사이의 모든 만물은 이 힘에 따라서 생성된다. 그러나 이것은 단독으로 그렇게 행하는 것이 아니라, 약동적인 건원의 양기와 호응관계를 가지는 것이다.

건원의 기덕은 크고 넓어서 모든 물건을 다 덮어 주지만, 이 곤원의 기덕은 두텁고 넓어서 모든 물건을 제한없이 다 업어 준다. 그러므로 그 생성하는 덕이 무엇이든지 다 넓게 포용하고 크게 빛을 내게 하여 개개 사물에 남김없이 평등하게 다 통하게 된다.

건원의 양기를 하늘에서 날아다니는 용으로 상징한다면, 이 곤원의 음기는 땅에서 걸어다니는 암말에 해당된다. 암말은 하늘에서 날아다니지 못하지만, 다른 동물보다 다리 힘이 세어 무거운 짐을 지고 넓고 넓은 땅을 끝없이 걸어갈 수 있고, 또 성질이 유순하고 몸이 편리하고 마음이 곧다. 이것은 바로 도덕군자가 본받아서 행할 만한 일이다.

이 곤원의 음기는 건원의 양기보다 앞장서서 움직이면 미혹하여 법칙을 잃게 되고, 나중에 움직이면 그것에 순종하여 도리어 변하지 않는 법칙을 얻게 된다.

예를 들면, 문왕이 있는 서남쪽에서 친구를 얻는 것은 역사의 방향을 같이하는 사람과 함께 길을 가는 것이요, 주왕(紂王)이 있는 동북쪽에서 친구를 잃는 것은 역사의 방향을 달리하는 사람과 함께 길을 가는 것이 아니기 때문에, 도리어 나중에 가서는 좋은 일이 있게 되는 것과 같다.

그러므로 군자는 항상 몸을 안전하게 가지고 마음을 곧게 가지되, 한계가 없는 넓은 지도(地道)에 응해서 도덕을 실행해야 한다.

3. 둔괘(屯卦 ☵☳)

屯,은 剛柔始交, 而難生..하며 動乎險中,하니 大亨貞.은 雷

雨之動,이 滿盈.일세라 天造草昧,에는 宜建侯.요 而不寧.이니라

잉태한다는 것은 강한 양기와 유순한 음기가 처음으로 사귀어 어려운 일이 생기는 것이다. 험한 가운데서 움직이니, 크게 통하고 곧다. 우레와 비가 천지 사이에 가득 찼다. 하늘이 우매한 백성을 창조하는 데는 마땅히 후왕(侯王)을 세워야 할 것이지만 편안치 않았다.

주해

○草昧(초매)―정자는 '초(草) 초란무륜서(草亂无倫序) 매(昧) 명매불명(冥昧不明)'이라 하였다. '우매한 백성'을 이른다.

해 설

한 여성이 아이를 밴다는 것은 천지 사이의 강한 양기와 유순한 음기가 서로 합하여 되는 것이지만, 거기서 어려운 일이 생기는 것이다. 태(胎) 속의 어린아이가 모체의 생명이 위험한 가운데서 움직이다가 출생한다. 이것은 크게 통하는 도이다. 또 여자는 마음을 곧고 바르게 가져야 한다.

아이를 낳을 때에 모체 전신에서는 우렛소리가 진동하는 듯하고 또 땀이 비오듯 한다.

이와 같이 하늘이 우매한 백성을 창조한 다음에는 마땅히 그들의 임금을 세워야 했지만, 아직 그 때에는 백성들이 편안히 살지 못했다.

4. 몽괘(蒙卦 ☶☵)

蒙,은 山下有險,하고 險而止蒙.이라 蒙亨,은 以亨行,이니 時中也.요 匪我求童蒙, 童蒙求我,는 志應也.요 初筮告,는

以剛中也.요 再三瀆瀆, 則不告,는 瀆蒙也.일세니 蒙以養正,

이 聖功也.라

몽괘의 괘상은 산 아래에 험한 것이 있는 모습이다. 그리고 험한 것을 만나 발을 멈추는 것이 몽(蒙)이다. 교육하여 마음이 트이게 되는 것은 마음이 트이는 것으로 시행하는 것이니 때에 맞추는 것이다. 내가 몽매한 사람에게 가르침을 구하는 것이 아니요, 몽매한 사람이 나에게 가르침을 구하는 것은 뜻이 응하기 때문이다. 첫 번 점친 것을 일러준 것은 강한 중용(中庸)이요, 여러번 점을 쳐서 흐리멍덩한 말이면 일러주지 않는 것은 교육을 흐리게 하기 때문이다. 교육함으로써 바르게 양성하는 것은 성인(聖人)의 공덕이다.

주해

○瀆(독)-흐리다.

해 설

몽괘의 괘상은 산 아래에 험한 물이 있으니, 험하고 막혀 몽매한 것이다. 인간사회에 있어서 몽매한 사람을 가르치는 것은 막혔던 물을 터놓는 것과 같다. 교육은 막혔던 마음을 터놓는 것을 목적으로 삼는 것이니, 그것은 때에 맞도록 중용의 도를 지키게 하는 것이다. 교육한다는 것은 내가 몽매한 사람에게 지식을 구하는 것이 아니요, 몽매한 사람이 나에게 지식을 구하는 것이다. 이것은 서로 뜻이 응하는 데서 성립되는 것이다.

옛날 교육법은 서법(筮法)으로 사람을 가르치는 것이다. 무릇 점친다는 것은 첫 번째의 말을 귀히 여기는 것이요, 같은 일을 두 번 세 번 점치면 점괘가 흐려지게 된다.

대체로 몽매한 백성을 가르쳐 마음을 바르게 양성한다는 것은 보통

사람이 하는 일이 아니요, 그야말로 성인의 공덕인 것이다.

5. 수괘(需卦 ☵☰)

需,는 須也.니 險이 在前也,니 剛健而不陷,하니 其義不困
窮矣.라 需有孚, 光亨, 貞吉.은 位乎天位,하여 以正中也.
요 利涉大川,은 往有功也.라

수(需)는 유하고 약한 물이 때를 기다리는 것이다. 왜냐하면 험한
것이 앞에 있기 때문이다. 강하고 건전하여 함락되지 않는 것은 그
의의가 곤궁하지 않기 때문이다. 수괘의 괘상은 포로가 있으면 크게
형통하니, 마음을 곧고 바르게 가지면 좋다. 하늘같이 높은 자리에 자
리 잡고 있는 것은 바르고 가운데 자리를 차지하고 있기 때문이다.
큰 냇물을 건너는 데 이로우니, 가면 공이 있을 것이다.

해 설

한 방울 한 방울의 유약한 물이 처음에는 앞으로 나아가지 못하고
때를 기다리는 것은, 그 앞에 험한 길이 있기 때문이다. 그러나 유약
한 물이 모여 힘을 얻게 되면 얼마든지 앞으로 흘러가게 된다. 인사
관계에 있어서 만일 성질이 유한 포로가 있으면 크게 형통할 것이니,
마음을 곧고 바르게 가져야 좋을 것이다. 그 다음에 물이 앞으로 더
흘러가서 한데 모여 하늘에 닿을 정도로 높고 바른 가운데 자리를
차지하게 된다. 이 점괘를 얻은 사람은 큰 냇물을 건너가도 아무 방
해되는 일이 없다. 그러므로 어디를 가든지 반드시 공덕이 있을 것
이다.

6. 송괘(訟卦 ☰☵)

訟,은 上剛下險,하여 險而健이 訟.이라 訟有孚窒, 惕中吉.
은 剛來而得中也.요 終凶,은 訟不可成也.요 利見大人,은 尙
中正也.요 不利涉大川.은 入于淵也.라

송괘의 괘상은 위가 강하고 아래가 험하다. 위험하고도 건실한 것은 소송하는 일이다. 소송에는 포로가 있어 말문이 막히고 두려워하여 중용의 태도를 취하면 좋다고 하는 것은, 강한 기운이 와서 가운데 자리를 차지하기 때문이요, 마침내 나쁘다는 것은 소송이 이루어질 수 없기 때문이요, 대인을 보는 것이 이롭다는 것은 가운데와 바른 자리를 차지하기 때문이요, 큰 냇물을 건너는 것이 이롭지 못하다는 것은 연못에 빠지기 때문이다.

주해

ㅇ窒(질)—막히다.
ㅇ惕(척)—근심하다. 두려워하다.

해 설

송괘의 괘상은 상괘가 건괘(乾卦)요, 하괘가 감괘(坎卦)이므로 위는 강하고 아래는 험하다는 것이다. 사건이 위험하기만 하고 건실하지 않으면 소송이 되지 못하고, 또 건실하기만 하고 위험하지 않아도 소송이 되지 못한다. 그러므로 위험하고 건실해야 비로소 소송이 되는 것이다.

소송할 때에 포로의 태도가 말문이 막히고 두려워하여 한편으로 치우치지 않는 중용을 지키면 좋다고 하는 것은, 바로 강한 양기가 와

서 가운데 자리를 차지하는 것을 말하는 것이다.

　마침내 나쁘다고 하는 것은, 소송이 이루어질 수 없다는 것을 말하는 것이다.

　대인을 보는 것이 이롭다고 하는 것은, 중정(中正)의 태도를 취하는 것을 말하는 것이다.

　큰 냇물을 건너는 것이 이롭지 않다는 것은, 깊은 못에 빠짐을 말하는 것이다.

7. 사괘(師卦 ☵☷)

師,는 衆也.요 貞,은 正也.니 能以衆正,하며 可以王矣.리라
剛中而應,하고 行險而順.하니 以此毒天下, 而民이 從之,하니
吉.하고 又何咎矣.리요

　군사는 대중(大衆)이요, 마음이 곧은 것은 바른 것이다. 대중을 바로잡을 수 있으면 왕노릇을 할 수 있다. 강하고 중립(中立)하여 응하고, 위험한 일을 행하여 순종한다. 이것으로 천하를 해롭게 해도 백성들이 복종하면 좋을 것이니, 또 무엇을 허물하겠는가?

해 설

　군사는 군중을 말하는 것이요, 곧다는 것은 마음이 바른 것을 말하는 것이다. 만일 군중의 마음을 바르게 할 수 있다면, 그 사람은 그 나라의 왕이 될 수 있다.

　한 나라의 왕이 강직하고도 중립적 태도를 취하면 백성들은 응접하고, 생명이 위험한 전쟁을 하여도 군중은 순종한다.

　이런 이치로 천하를 해롭게 하여도 백성들이 따라오면 좋을 것이

니, 또 무엇을 허물하겠는가.

8. 비괘(比卦 ☵☷)

^비比,^{길야}는吉也.^비며 比,^{보야}는輔也,^{하순종야}니 下順從也.^{원서원영정무구}라 原筮元永貞无咎,
는 ^{이강중야}以剛中也.^{불녕방래}요 不寧方來,^{상하응야}는 上下應也.^{후부흉}요 後夫凶,^{기도궁}은 其道窮
^야也.라

징수(徵收)한다는 것은 좋은 일이요, 징수한다는 것은 보조하는 것이니, 아랫사람이 순종하는 것이다. 본래의 무꾸리가 크게 길이 곧고 바르면 허물이 없다는 것은, 강하고 중립을 취하기 때문이다. 편안치 않으면서 널리 온다는 것은 위아래가 응하는 것이요, 뒤에 오는 사나이가 나쁘다는 것은 그 도가 궁한 것이다.

〔주해〕

ㅇ方(방)―널리.

해 설

백성에게 징수한다는 것은 좋은 일이다. 왜냐하면, 징수한다는 것은 윗사람을 도와주는 것이요, 아랫사람이 순종하는 것이기 때문이다.

본래 무꾸리한 것이 크게 길이 곧아서 허물이 없다는 것은 강직하고 중립적 태도를 취하기 때문이다.

백성들이 혼자 살면 편안치 않아서 임금에게로 따라온다는 것은 윗사람과 아랫사람들이 서로 호응관계를 가지기 때문이다.

뒤떨어져 오는 사나이는 나쁘다고 하는 것은 그 살 길이 막히기 때문이다.

9. 소축괘(小畜卦 ☰☴)

小畜,은 柔得位, 而上下應之,할새 曰小畜.이라 健而巽,하며
剛中而志行,하여 乃亨.하니라 密雲不雨,는 尙往也.요 自我西
郊,는 施未行也.라

소축괘는 유하여 자리를 얻고 아래위가 응하니, 이것을 소축이라
한다. 건실하면서 유순하고, 강하고 중립이면서 행하는 데 뜻을 두니,
바로 형통한다. 된구름에 비가 오지 않는 것은 오히려 아직도 가는
것이다. 나의 서쪽 교외에서 시작하는 것은 베푸는 것이 아직 행해지
지 않는 것이다.

주해

○小畜(소축)-흉년의 뜻.

해 설

소축괘의 뜻은 육사의 음기가 유순하여 제자리를 얻었고, 아래위의
양기들이 여기에 응한다. 하나의 음기가 다섯의 양기를 키우는 것이
니, 이것은 넉넉지 못하여 흉년이 든 상이다.

괘기(卦氣)로 말하면 내부는 건실하고, 외부는 유순한 덕을 가지고
있다. 그러므로 건실하면서 유순할 수 있다. 구이, 구오의 양기는 강
하여 가운데 자리를 차지하고 있으니, 위로 올라가는 기상이 있다. 그
리고 행하는 데 뜻을 두므로 바로 어디든지 통할 수 있다.

흉년에는 검은 구름이 떠돌아도 비가 오지 않는 것은, 양기가 음기
와 합하지 않고 아직 더 위로 올라가기 때문이다. 우리 문왕이 있는
서쪽 나라에서 먼저 구름이 떠도는 것은, 아직 비가 내릴 때가 아니

기 때문이다.

10. 이괘(履卦 ☱☰)

履,는 柔履剛也.니 說而應乎乾.이라 是以履虎尾, 不咥人.
亨.이라 剛中正,으로 履帝位,하여 而不疚光明也.라

이괘는 유한 것이 강한 것을 밟는 것이다. 기뻐하여 하늘에 응한다.
그러므로 범의 꼬리를 밟아도 사람을 물지 않는다. 형통하리라. 강하
고 중정(中正)하여 임금 자리를 차지하여 병되지 않으니 광명스럽다.

주해

o 說(열) - 기쁘다. '열(悅)'과 같음.
o 咥(질) - 씹다. 물다.
o 疚(구) - 병들다.

해설

음성적이고 유순한 태괘(兌卦)의 괘기가 아래에서 양성적이고 강한
건괘(乾卦)의 괘기를 이어받는 상이다. 마치 사람이 죽은 범의 꼬리
를 밟아도 물지 않는 것과 같다. 구오의 양기가 양성적이고 강하고
중정의 자리를 차지하고 있는 것은, 마치 임금이 높은 자리에 앉아서
무사히 지내면 그 나라에 광명의 빛이 오는 것과 같다.

11. 태괘(泰卦 ☷☰)

泰, 小往大來, 吉, 亨,은 則是天地交, 而萬物이 通也.며

상하교 이기지동야 내양이외음 내건이외순
上下交, 而其志同也.라 內陽而外陰,하며 內健而外順,하며

내군자이외소인 군자도장 소인도소야
內君子而外小人,하니 君子道長,하고 小人道消也.라

태괘는 작은 것이 가고 큰 것이 들어온다는 것이니, 길하여 형통한다는 것은 천지가 사귀어 만물이 통하고, 아래위가 사귀어 그 뜻이 같은 것이다. 안은 양이요 바깥은 음이며, 안은 건실하고 바깥은 유순하며, 안에는 군자요 바깥에는 소인이며, 군자의 도는 자라나고 소인의 도는 사라지는 것이다.

해 설

작은 것은 음기요 큰 것은 양기를 이름이다. 간다는 것은 밖으로 가는 것이요, 온다는 것은 안으로 온다는 것이다. 바로 위에서 내려오는 양기와 아래에서 올라가는 음기가 서로 화합하여 만물이 생성한다는 뜻이다.

이 괘의 안쪽은 양기가 가득 차 있고, 바깥쪽은 음기가 차 있어, 속으로는 건실하고 겉으로는 유순하다. 한 나라에 비유하면, 안에는 군자가 있고 밖에는 소인들이 있으니, 군자의 도는 날마다 자라가고, 소인의 도는 날마다 소멸해 가는 현상이다.

12. 비괘(否卦 ☰☷)

비지비인 불리군자정 대왕소래 즉시천지불교 이만
否之匪人, 不利君子貞, 大往小來,는 則是天地不交, 而萬

물 불통야 상하불교 이천하무방야 내음이외양
物이 不通也.며 上下不交, 而天下无邦也.라 內陰而外陽,하며

내유이외강 내소인이외군자 소인도장 군자도
內柔而外剛.하며 內小人而外君子.하니 小人道長,하고 君子道

消^소也^야.라

통하지 않고 막힌다는 것은 사람의 길이 아니므로 군자의 바른 도에 이롭지 못하다. 양기는 이미 쇠퇴하여 물러가고, 음기는 어느덧 성장하여 온다고 하는 것은, 천지가 사귀지 아니하여 만물이 통하지 않고, 아래위가 사귀지 아니하여 천하에 나라가 없는 것이다. 안은 음기요 밖은 양기이며, 안은 유하고 밖은 강하며, 안은 소인이요 밖은 군자니, 소인의 도는 자라고 군자의 도는 사라지는 것이다.

해 설

천지의 기운은 막혀 만물이 생성 발전하지 못하고, 인간사회에는 의기가 통하지 못하여 군자는 숨어살고, 소인의 무리는 성하여 날뛴다. 양심이 없는 사람은 부자가 되어 잘살고, 양심이 있는 사람은 가난하게 산다. 부지런히 일하는 사람은 점점 가난해져 가고, 일하지 않고 노는 사람은 점점 부자가 되어 간다. 그러므로 나라의 운명은 점점 멸망의 길을 밟게 된다.

13. 동인괘(同人卦 ☰☲)

同人,은 柔得位,하며 得中而應乎乾,할세 曰同人.이라 同人曰, 同人于野. 亨.하니 利涉大川,은 乾行也.요 文明以健,하며 中正而應,이 君子正也.니 唯君子爲能通天下之志.하나니라

동인괘는 유하여 자리를 얻고, 가운데 자리를 얻어 하늘에 응한다. 이것을 사람과 같이한다고 말한다. 동인괘에 말하기를 '사람들을 들에

집합시켜 형통하니, 큰 냇물을 건너는 것이 이롭다'고 한 것은 공평무사한 하늘의 덕이요, 문명(文明)함으로써 건실하고 중정의 자리에서 호응하는 것은 군자의 바른 도이다. 오직 군자라야 천하 사람의 뜻에 통할 수 있다.

해 설

동인괘의 괘상은 육이의 유한 음기가 가운데 자리를 차지하고 있으면서, 위로 높은 자리에 있는 구오의 양기와 서로 응하고 있는 것이다.

동인괘의 괘사(卦辭)에 이르기를, '사람을 들에 집합하여 형통하니, 큰 냇물을 건너는 것이 이롭다'고 했는데, 이것은 바로 공평무사한 하늘의 덕을 말하는 것이다. 또 육이의 음기가 건실하여 문명의 기덕을 발휘하면서 중정의 자리에서 구오의 양기에 호응하는 것은, 바로 인간사회에 있어서 군자의 바른 도가 되는 것이다. 그러므로 오직 군자만이 하늘의 건실한 법칙을 본받아 도덕법칙을 삼으므로 온 천하 사람의 마음에 통할 수 있다.

14. 대유괘(大有卦 ☲☰)

大有,는 柔得尊位,하고 大中而上下應之,할세 曰大有.니 其
德이 剛健而文明,하고 應乎天而時行,이라 是以元亨.하니라

대유괘는 유하여 높은 자리를 얻고, 크고 가운데 있어서 아래위가 응하고 있다. 이런 것을 크게 소유하고 있다 한다. 그 덕이 강하고 건실하여 문명하고, 하늘에 응하여 때로 운행한다. 그러므로 크게 통한다.

이 괘 가운데 육오의 음기는 유순한 덕으로 지극히 높은 자리를 차지하고 있고, 또 크게 가운데 자리에서 아래위의 뭇 양기에 호응하고 있다. 이런 것을 크게 소유하고 있다 한다. 사람에게 있어서는 풍년의 상과 같다.

육오의 기덕이 안으로 강건하고 밖으로는 찬란해서 하늘의 덕에 호응하여 제 때에 운행하므로, 이런 것을 크게 통하는 것이라 한다.

겸양의 도는 매우 높지만 빛나고, 낮지만 넘어갈 수 없다. 이것은 바로 현명한 군자의 유종의 미인 것이다.

15. 겸괘(謙卦 ☷☶)

謙亨.은 天道下濟而光明,하고 地道卑而上行.이라 天道는 虧盈而益謙,하고 地道는 變盈而流謙.하고 鬼神害盈而福謙. 하고 人道는 惡盈而好謙,하나니 謙은 尊而光,하고 卑而不可 踰,니 君子之終也.라

겸양은 형통하는 것이다. 천도는 아래로 사귀어 광명하고, 지도(地道)는 낮은 데서 위로 올라간다. 천도는 가득 찬 것을 덜어서 겸손한 것을 보태 주고, 지도는 가득 찬 것을 변하여 겸손한 데로 흐르게 하고, 귀신은 가득 찬 것을 방해하고 겸손한 것에 복되게 하고, 인도(人道)는 가득 찬 것을 싫어하고 겸손한 것을 좋아한다. 겸손한 것은 높으면서 빛나고, 낮지만 넘어갈 수 없으니 군자의 끝막음이다.

주해

ㅇ濟(제)—사귀다. '교(交)'의 뜻.

해 설

　겸양의 도는 무엇에든지 통한다. 예를 들면, 천도는 아래로 내려와서 밝게 빛나고, 지도는 본래 낮은 데서 위로 올라가는 것과 같다. 천도는 가득 차 있는 물건을 덜어서 겸손한 물건에 보태준다.

　지도는 가득 차 있는 물건을 변질시켜 겸손한 물건으로 유전(流轉)하게 하고, 귀신은 가득 차 있는 물건을 방해하고, 겸손한 물건을 행복하게 한다.

　인도(人道)는 가득 차 있는 것을 싫어하고 겸손한 것을 좋아한다.

16. 예괘(豫卦 ☲☷)

豫,는 剛應而志行,하고 順以動,이 豫.라 豫順以動.이라 故로
天地도 如之,는 而況建侯行師乎?아 天地以順動.이라 故로 日
月이 不過, 而四時不忒,하고 聖人이 以順動,이라 則刑罰이 淸
而民이 服.하나니 豫之時義大矣哉!라

　예괘의 괘상은 강하게 응하고 뜻이 가며, 유순함으로 동한다. 이것이 바로 미리 하는 일이다. 미리 하는 것은 유순함으로 움직인다. 그러므로 천지도 이러하거늘 하물며 제후 나라를 세우고, 또 행군하는 일이겠느냐?

　천지는 유순함으로 움직인다. 그러므로 해와 달이 잘못되지 아니하여 사시(四時)가 어긋나지 않고, 성인이 유순함으로 움직이면 형벌이

밝아서 백성이 복종하니, 예괘의 때와 뜻이 크도다!

주해

ㅇ 忒(특)-어긋나다.

해 설

구사의 양기는 강하여 여러 음기에 호응한다. 그리고 위로 올라갈 뜻을 가진다. 동하면 위아래의 음기들이 순종하니, 이런 것을 미리 한다고 한다.

예괘는 유순함으로 움직인다. 천지도 이러하거늘 하물며 임금이 제후의 나라를 세워 주고, 싸움터를 향하여 행군하는 일이야 말해 무엇 하겠느냐?

이와 같이 천지도 유순함으로 움직인다. 그러므로 해와 달이 잘못됨 없이 돌아가고, 사시가 어긋나지 않고 순환한다. 성인도 이러한 천지의 법칙을 본떠서 유순함으로 움직이면 형벌이 밝아져 백성들이 복종한다. 이것으로 보면, 예괘의 시간성과 그 의의는 지극히 훌륭한 것이다.

17. 수괘(隨卦 ☱☳)

隨,는 剛來而下柔,하고 動而說이 隨,니 大亨하고 貞,하여 无 咎,하여 而天下隨時.하나니 隨時之義大矣哉!라

수괘는 강한 양기가 유한 음기에로 내려와서 움직여 기뻐하는 것이다. 이것을 수행(隨行)한다고 한다. 크게 형통하고 마음이 바르고 곧으니 허물됨이 없어서 천하의 백성이 따른다.

수괘의 시간성과 의의는 훌륭하도다!

주 해

ㅇ隨時(수시) −시(時)는 '지(之)'.

해 설

수괘는 구오의 강한 양기가 유한 육이의 음기로 내려와 움직여 기뻐하는 것이니, 수(隨)라고 한 것이다.

이와 같이 높은 자리에 있는 임금이 아래로 백성들에게 크게 통하고, 마음이 곧고 바르면 천하가 다 그에게 따르게 된다.

이렇게 보면 수괘의 시간성과 그 의의는 지극히 큰 것이다.

---

18. 고괘(蠱卦 ☶☴)

蠱,는 剛上而柔下,하고 巽而止, 蠱.라 蠱, 元亨,하여 而天下治也.요 利涉大川,은 往有事也.요 先甲三日, 後甲三日,은 終則有始, 天行也.라

고괘는 강한 양기가 올라가고 유한 음기가 내려와서 순종하여 머물러 있는 것이니, 병(病)된 것이라 한다. 병된 것이 크게 통하여 나으면 천하는 다스려진다.

큰 냇물을 건너는 것이 이롭다 함은, 가면 일이 있다는 뜻이다.

갑일(甲日)에 앞서서 사흘이요, 갑일에 뒤서서 사흘이라 함은, 그치면 처음이 있는 것은 천도의 운행이라는 뜻이다.

해 설

고괘는 구이의 강한 양기가 위로 올라가고, 육오의 유한 음기가 아래로 내려와서 순종하여 머물러 있는 현상이니, 병된 일이라 한다.

병된 것이 크게 나으면 천하는 다스려진다.

큰 냇물을 건너는 것이 이롭다 함은, 앞으로 가면 이롭다는 뜻이다.

갑일(甲日)에 앞서서 사흘이요, 갑일에 뒤서서 사흘이라 함은, 끝이 있으면 처음이 있는 것과 마찬가지로 천도는 끊임없이 운행한다는 뜻이다.

19. 임괘(臨卦 ☵☰)

臨,은 剛浸而長,하며 說而順,하고 剛中而應,하여 大亨以正.
하니 天之道也.라 至于八月有凶,은 消不久也.라

임괘의 괘상은 강한 양기가 아래에서 침투하여 위로 자라가고, 기뻐하여 유순하며, 강하고 가운데서 응하여 크게 통함으로 바르니, 하늘의 도이다. 8월에 이르러 나쁜 것이 있다는 것은, 사라져 오래 가지 못한다는 뜻이다.

해 설

이 괘의 괘상은 강한 두 개의 양기가 아래로 침투해 들어와서 위로 차츰 자라서 올라가는 것이다.

육오의 음기는 기뻐서 여기에 순종하고, 또 구이의 강한 양기는 가운데 자리에서 역시 육오의 음기에 호응하여 크게 통하므로 성질이 아주 곧고 바르니, 이것은 바로 자연의 법칙이다.

그러나 양기가 복괘(復卦)에서 생겨 둔괘(遯卦)에 이르는 동안, 8개월 만에는 쇠망하기 시작하여 오래 가지 못한다는 뜻이다.

20. 관괘(觀卦 ☴ ☷)

大觀으로 在上,하여 順而巽,하고 中正으로 以觀天下.니 觀盥
而不薦有孚顒若,은 下觀而化也.라 觀天之神道而四時不忒,
하니 聖人以神道設敎, 而天下服矣.니라

위에서 크게 관찰하니, 유순하고 중정의 태도로 천하를 관찰하는
것이다. 위를 우러러보고, 아직 손만 씻고 신에게 제사를 하지 않는
포로의 모습이 공순하다고 하는 것은, 아랫사람이 우러러보아 감화한
다는 뜻이다.

하늘의 신비로운 도를 관찰하니, 사시가 어긋나지 않는다. 성인이
신비로운 도로 가르침을 베푸니 천하가 복종한다.

주해

○盥(관)－얼굴을 씻다. 손을 씻다.
○薦(천)－천신하다.
○顒(옹)－우러러보다.

해 설

이 괘의 괘상은 구오의 양기가 위에서 아래로 내려다보면 모든 음
기가 순종한다. 또 양기가 있을 정당한 가운데 자리에서 천하를 관찰
하는 상이다.

이와 마찬가지로 중정의 높은 자리에 있는 대군(大君)이 그 아래에
있는 만민을 내려다보면 백성들이 순종한다. 그 가운데는 손만 깨끗
이 씻고 신에게 제사를 지내지 않는 포로의 태도가 공순하다고 하는
것은 바로 아래 백성들이 위의 임금을 우러러보고 감화된다는 뜻이다.

신비스러운 자연법칙을 관찰하면, 사시의 순환이 어긋나지 않고 질서가 정연하다. 이것을 본떠서 성인의 신비로운 도덕으로 백성을 교육하니 천하가 다 감복된다.

21. 서합괘(噬嗑卦 ☲☳)

頤中有物,일세 曰噬嗑.이니 噬嗑하여 而亨.하니라 剛柔分,하고 動而明,하고 雷電合而章,하고 柔得中而上行,하니 雖不當位,나 利用獄也.니라

턱 가운데 물건이 있는 것을 씹어 먹는다 한다. 투쟁을 하면 형통하리라. 강한 것과 유한 것이 나누어지고, 동하여 밝고, 우레와 번개가 합하여 빛나고, 유한 것이 가운데 자리를 얻어 위로 올라가니, 비록 자리는 마땅치 않으나 감옥을 사용하는 것이 이롭다.

주해

○頤(이)－턱, 또는 '양(養)'의 뜻.
○噬嗑(서합)－씹어 먹다, 또는 '투쟁'의 뜻.
○章(장)－빛나다. '창(彰)'의 뜻.

해 설

육오의 음기가 두 양기 사이에 있으니, 위턱과 아래턱 가운데 있는 물건의 상이다. 이런 것을 씹어 먹는 상이라 한다. 그러므로 투쟁을 해야 형통하다.

이 괘는 강한 양기와 유한 음기가 똑같이 반씩 나뉘어 있다. 그러므로 음양 두 기운이 움직일수록 뚜렷하게 나타난다. 따라서 음성적

인 우레와 양성적인 번갯불이 한데 합치면 빛이 번쩍 나타난다.

육오의 음기가 가운데 자리를 얻어 윗자리에 올라가니, 음기로서는 정당치 못한 자리지만 여왕이 죄인을 다스리는 감옥을 잘 사용하면 이롭다.

22. 비괘(賁卦 ☲☶)

賁亨.은 柔來而文剛,이라 故亨.하고 分剛上而文柔,라 故로 小利有攸往,하니 天文也.요 文明以止,하니 人文也니 觀乎天文,하여 以察時變.하며 觀乎人文,하여 以化成天下.하나니라

비괘는 형통하리라. 유한 것이 와서 강한 것을 수식한다. 그러므로 형통한다. 강한 것이 나뉘어 위로 올라가서 유한 것을 수식한다. 그러므로 갈 데가 있으면 조금 이롭다. 이것은 하늘의 무늬다. 무늬가 밝아서 머무니, 사람의 무늬다. 천문을 관찰하여 때의 변화를 살피고, 인문(人文)을 관찰하여 천하를 화(化)하게 한다.

(주해)

o 賁(비) – 꾸미다. 또는 '분(墳)'의 뜻.

해 설

비괘는 형통하는 괘다. 이 괘의 하괘 이괘(離卦)는 본래 강한 건괘(乾卦)이던 것이, 가운데 유한 음효가 들어와서 이괘가 되었으므로 아름답게 빛나게 되었다.

또 이 괘의 상괘 간괘(艮卦)는 본래 곤괘(坤卦)이던 것이, 강한 양효가 위에 옴으로써 간괘가 되어 유한 곤괘를 힘있게 빛나게 하였다.

그러므로 강한 기운과 유한 기운이 서로 화합하여 바로 자연미를 나타내는 문채가 되었다. 또 자연의 문채가 인간사회에 머물러 있는 것을 바로 인문(人文)이라 한다. 그리하여 천문을 관찰함으로써 시대의 변천함을 살펴보고, 또 인문을 관찰함으로써 온 천하를 화육(化育), 또는 육성시키는 것이다.

23. 박괘(剝卦 ☶☷)

剝,은 剝也.니 柔, 變剛也.니 不利有攸往,은 小人長也.일세라 順而止之,는 觀象也.니 君子尙消息盈虛, 天行也.라

박괘는 박탈한다는 것이니, 유한 음기가 강한 양기를 변화하게 하는 것이다. 갈 데가 있는 것이 이롭지 않다는 것은 소인이 자라나기 때문이다. 순종하여 이것에 머무는 것은 상을 관찰한다는 것이요, 군자가 사라지는 것과 자라나는 것, 찼다가 비게 되는 것을 숭상하는 것은 자연의 운행이기 때문이다.

해 설

박(剝)은 박탈한다는 뜻이니, 유한 음기가 강한 양기를 변화시킨다는 것이다. 경문에 앞으로 갈 데가 있는 것이 이롭지 않다는 것은, 이러한 시운(時運)을 당하여서는 인간사회에 있어서도 정의를 위하는 군자는 물러가고, 이욕을 탐하는 소인들이 점점 왕성해 가는 것을 말하는 것이다.

그러므로 군자가 이러한 때를 당하여 세상에 나아가기를 꺼리고 고요히 머물러 있는 것은, 박탈의 상을 관찰할 수 있기 때문이다. 또 군자가 모든 사물이 자라면 사라지고, 가득 차면 텅 비게 된다는 이치

를 알아 시대에 순응하는 것은, 자연법칙 운행에 합치하려 하기 때문
이다.

24. 복괘(復卦 ☳☷)

復亨,은 剛反.이니 動而以順行.이라 是以出入无疾. 朋來无
咎.니라 反復其道, 七日來復,은 天行也.요 利有攸往,은 剛長
也.일세니 復,에 其見天地之心乎!인저

복괘가 형통하다는 것은 강한 양기가 되돌아오기 때문이다. 움직이
되 순종함으로써 간다. 그러므로 나들이하는 데 병됨이 없고, 친구가
와도 허물이 없다. 그 길을 반복하여 이레 만에 되돌아온다는 것은 자
연의 운행이다. 갈 데가 있는 것이 이롭다는 것은 강한 양기가 자라기
때문이다. 되돌아온다는 것은 바로 천지의 마음을 보는 것이로다.

해 설

복괘가 형통하다는 것은, 바로 다 사라져 버렸던 강한 기운이 되돌
아온다는 뜻이다. 되돌아와서 움직이더라도 천지의 이치에 따라 운행
한다. 그렇기 때문에 어디를 나아가든지 들어오든지 할 때에 아무 탈
이 없다. 친구가 찾아오는 것도 자연히 오는 것이요, 무슨 이익을 위
해서 오는 것이 아니기 때문에 아무 허물이 없다. 자연법칙을 되풀이
한 지 이레 만에 다시 되돌아온다는 것은, 바로 자연의 운행이기 때
문이다.

어디든지 가는 것이 이롭다고 한 것은 바로 강한 양기가 점점 자라
기 때문이다. 그러므로 모든 사물이 극에 도달하면 되돌아온다는 것
은 바로 천지의 마음을 보는 것이다.

25. 무망괘(无妄卦 ☰☷)

无妄,은 剛이 自外來, 而爲主於內.하니 動而健,하고 剛中而
應,하여 大亨以正,하니 天之命也.라 其匪正有眚, 不利有攸
往,은 无妄之往,이 何之矣.리요 天命不祐,를 行矣哉?아

죽음이란 강한 기운이 밖에서 와서 안으로 들어와 주체가 된다. 움
직이되 건실하고 강한 기운이 가운데서 응하여 크게 형통함으로써 바
르니, 하늘의 명령이다. 그 바르지 않은 것은 재앙이 있어 갈 데가 있
는 것이 이롭지 않다고 하였는데 죽어가는 것이 어디로 가겠는가? 천
명이 돕지 않는 것을 행하겠는가?

주해

o 无妄(무망) - 죽음, 사망의 뜻.
o 眚(생) - 재앙.

해 설

무망괘는 초구의 강한 양기가 밖에서 몸안으로 들어와 주도역할을
하는 것이다. 또 구오의 양기가 움직이되 건실하고 강하여, 가운데 자
리에서 육이의 음기와 서로 응하니 크고 바르게 통한다. 그것은 사람
의 힘으로 어찌할 수 없는 하늘의 명령이다.

만일, 하늘의 명령인 사람의 죽음을 정당하게 순응하지 않으면 재
앙을 받아 어디로 피해 가든지 면할 수 없다고 하였는데, 죽어서 가
면 어디로 가겠는가? 천명이 돕지 않으면 어디를 가든지 모면할 수
없다는 뜻이다.

26. 대축괘(大畜卦 ☶☰)

大畜,은 剛健하고 篤實,하고 輝光,하여 日新.이라 其德이 剛上
而尙賢,하고 能止健,이 大正也.라 不家食吉,은 養賢也.요 利
涉大川,은 應乎天也.라

대축괘는 강건하고 독실하여 밝은 빛이 날마다 새롭다. 그 덕이 강하게 올라가서 어진이를 숭상하여 건실함에 머물 수 있어 크게 바르게 된다. 집에서 먹지 않으면 좋다고 하였는데, 이것은 어진이를 양하는 것이다. 큰 냇물을 건너는 것이 이롭다고 한 것은 하늘에 응하는 것이다.

해 설

대축괘는 하괘가 건괘(乾卦)이므로 강건하고, 또 상괘가 간괘(艮卦)이므로 독실한 상이다. 사람도 이 괘상을 본떠서 강건 독실하면 함축성이 밖으로 빛을 발하여 날마다 새롭게 된다. 그 덕이 강하고 위로 올라가서 높은 자리에 있는 육오의 임금과 서로 응하면, 그 임금이 어진이를 숭상하여 건실한 데 머물 수 있으니, 크게 바르게 된다.

어진이들이 집에서 먹지 않으면 좋다고 한 것은, 임금이 어진이들을 양한다는 뜻이다.

큰 냇물을 건너는 것이 이롭다고 한 것은, 위에 있는 임금과 아래에 있는 현인이 서로 호응하므로 큰 냇물을 건너는 것과 같이 아무리 어려운 일이라도 극복할 수 있으니, 그것은 하늘의 도에 응하기 때문이다.

27. 이괘(頤卦 ☶☳)

頤貞吉,은 養正則吉也.니 觀頤,는 觀其所養也.요 自求口實,은 觀其自養也.라 天地養萬物,하면 聖人이 養賢,하여 以及萬民,하나니 頤之時, 大矣哉.라

이괘는 마음이 바르고 곧아야 좋다고 한 것은, 양하는 것이 바르면 좋다는 것이다. 입의 턱을 관찰한다는 것은, 그 양하는 것을 관찰하는 것이다. 스스로 구실(口實)을 구한다는 것은, 그 스스로 양하는 것을 관찰하는 것이다. 천지는 만물을 양하고, 성인은 현인을 양하여 만민에게 미친다. 이괘의 시대는 크도다!

해 설

이괘(頤卦) 경문에 '이괘는 마음이 바르고 곧으면 좋다'고 하였는데, 이것은 사람을 바르게 양하면 좋다는 뜻이다. 또 턱을 관찰한다는 것은, 그 양육을 받는 사람을 관찰한다는 뜻이다. 그 다음 스스로 구실을 구한다는 것은, 그 스스로 몸을 양하는 도가 다 바르면 좋다는 뜻이다.

그러므로 천지는 만물을 양하고 성인은 현인을 양하여 일반 백성에게까지 미친다. 이괘의 때야말로 훌륭한 시대이다.

28. 대과괘(大過卦 ☱☴)

大過,는 大者過也.요 棟橈,는 本末이 弱也.라 剛過而中.하고

巽而說行.이라 利有攸往,하여 乃亨.하니 大過之時, 大矣哉!라

대과괘는 큰 것은 지나치다는 것이다. 기둥이 꺾이는 것은 밑동과 끝이 약하기 때문이다. 강한 것이 지나치지만 가운데 있고 유순하여 기쁘게 가는 것이다. 갈 데가 있는 것이 이로우니, 바로 형통하다. 대과괘의 때는 크도다!

(주해)

ㅇ棟橈(동요)－기둥이 꺾어지다.

해 설

대과괘는 큰 것은 지나치다는 뜻이다. 이 괘의 아래위에 있는 초륙과 상륙의 두 음기는 아주 쇠약하다. 마치 기둥이 꺾이는 것은 기둥의 아래위가 약하기 때문이다.

구이와 구오의 두 양기는 비록 지나치게 강하지만, 가운데 자리를 차지하고 있으므로 기덕이 있어 유순한 마음으로 기쁘게 일을 해 간다. 그러므로 무슨 일을 해 가든지 이로워서 막히지 않고 통하게 된다. 그러므로 대과괘의 시대는 참으로 좋은 때이다.

29. 습감괘(習坎卦 ☵☵)

習坎,은 重險也.니 水流而不盈,하며 行險而不失其信.이니 維心亨,은 乃以剛中也.요 行有尙,은 往有功也.라 天險은 不可升也.요 地險,은 山川丘陵也.니 王公이 設險,하여 以守其國,하나니 險之時用,이 大矣哉!라

습감괘는 겹겹이 둘러싸인 험한 곳이란 뜻이다. 물이 흘러도 그것을 채우지 못하고, 험한 일을 행하여도 그 신실성을 잃지 않는다. 그 마음이 형통하다는 것은, 바로 강한 양기가 가운데 자리를 차지하고 있기 때문이다. 행하면 가상스러운 일이 있다는 것은, 가면 공(功)이 있다는 뜻이다.

자연적으로 험한 것은 사람이 오를 수 없고, 땅이 험하다는 것은 산천과 구릉을 이름이다. 왕공(王公)이 험한 것을 시설하여 그 나라를 지킨다. 험한 이치를 때에 따라 사용하는 것은 큰일이로다.

주 해

○習坎(습감) – 험함(險陷), 또는 옥정(獄阱)의 뜻.

해 설

습감괘는 겹겹이 둘러싸인 곳이란 뜻이다. 왜냐하면, 구이와 구오의 두 양기가 음기 가운데 둘러싸여 있어, 괘의 모양이 그러하기 때문이다. 그러므로 음물(陰物)에 속하는 물[水]이 아무리 흘러도 그것을 가득 채우지 못하고, 양기가 험한 음기 가운데서 움직이니 아직 험한 곳을 벗어나지 못하는 상이다. 그러나 험한 물이 충실한 양기를 포함하고 있으므로, 이것은 물이 언제든지 아래로 내려가려는 성질을 잃지 않는 상이다.

물의 마음이 틔어 있다는 것은, 바로 강한 양기가 가운데 자리를 차지하고 있기 때문이다.

물이 흘러가는 데 가상스러운 것이 있다는 것은, 그것이 만물을 이롭게 하는 공효(功效)가 있기 때문이다. 대체로 험한 자연은 사람들이 거기에 잘 올라갈 수 없고, 험한 땅에는 산과 냇물이, 언덕들이 있다. 그러므로 현명한 임금은 자연계의 험한 이치를 본받아서 그 나라 서울에 높은 성을 쌓고, 성안과 바깥에 깊은 못을 파서 나라를 굳게 지킨다.

이렇게 보면, 자연계의 험한 이치를 사람이 때에 맞추어 사용한다는 것은 참으로 큰일이라 할 것이다.

30. 이괘(離卦 ䷝)

離,는 麗也.니 日月이 麗乎天,하며 百穀草木이 麗乎土.하니 重明으로 以麗乎正,하여 乃化成天下.하나니라 柔麗乎中正.이라 故로 亨.하니 是以畜牝牛, 吉也.라

이괘는 붙어 있다는 상이다. 해와 달은 하늘에 붙어 있고, 온갖 곡식과 초목은 땅에 붙어 있는 것과 같다. 중첩된 광경으로 정당한 자리에 속해 있으니, 바로 천하를 화육시킨다.

유한 덕으로 중정의 자리에 속해 있으므로 형통한다. 그러므로 암소를 목축하면 좋다.

주해

ㅇ 麗(여)―붙어 있다. 속해 있다. 주자는 '부려야(附麗也)'라 했다.

해 설

이괘(離卦)는 부속해 있다는 뜻이다. 예를 들면, 해와 달은 하늘에 부속되어 있고, 온갖 곡식과 초목은 땅에 부속되어 있는 것과 같다. 이(離)를 불〔火〕, 또는 해〔日〕라 한다. 이 괘는 상하괘가 다 불이요 해이므로 중첩된 광명이라 한다. 바로 육이와 육오의 두 음기는 정당하고 또 가운데 자리에 처해 있으면서 천하 만물을 화육시키는 상이다. 마치 임금과 신하가 다 밝은 덕이 있어서 천하 만민을 문명하게 하는 상이다.

육이와 육오의 두 음기는 유한 덕이 있어 가운데 자리를 차지하고 있으니, 만사가 형통하는 기상이다. 그러므로 이때에 있어서 일반 백성들은 유순한 암소를 키우는 축산업을 경영하면 잘 될 것이다.

31. 함괘(咸卦 ☱☶)

咸,은 感也.라 柔上而剛下,하여 二氣感應,하고 以相與,하여 止而說,하고 男下女.라 是以亨利貞, 取女吉也.니라 天地感, 而萬物이 化生,하고 聖人이 感人心, 而天下和平.하나니 觀其所感, 而天地萬物之情,을 可見矣.리라

함괘는 감응한다는 뜻이다. 유한 기운은 올라가고, 강한 기운은 내려와서 두 기운이 감응하여 서로 참여하고 머물러서 기뻐하고, 남성이 여성에게로 내려온다. 그러므로 형통하니, 마음을 곧고 바르게 가져야 이롭다. 여자에게 장가들면 좋다.

천지가 감응하여 만물이 화생(化生)하고, 성인이 인심을 감응시켜 천하가 화평하니, 그 감응하는 것을 관찰하면 천지 만물의 정감을 볼 수 있다.

해 설

함괘는 감응하는 상이다. 초륙과 육이의 두 음기는 올라가고, 구사와 구오의 두 양기는 내려오다가 음양 두 기운이 서로 감응되고, 서로 참여하여 한곳에 머물러 기뻐하니, 마치 소남(少男)이 소녀에게 감응되어 가는 것과 같다. 그러므로 모든 일이 잘 형통하고, 또 두 사람의 마음이 바르고 곧아야 이롭다. 그러므로 이 점괘를 얻은 사람은

여자에게 장가들면 반드시 행복할 것이다.

모든 사물이 서로 감응된다는 것은 아주 좋은 현상이다. 하늘과 땅이 서로 감응하면 만물이 변화 생성되고, 성인이 사람의 마음을 감응시키면 온 천하가 화평하게 되는 것과 같다.

그러므로 우리가 사물이 서로 감응하는 이치를 잘 관찰하면, 그 가운데서 천지 만물의 공통된 생명의 정감이 흐르는 것을 알 수 있다.

32. 항괘(恒卦 ☳☴)

恒, 久也.라 剛上而柔下,하고 雷風相與,하고 巽而動,하고 剛柔皆應,이 恒.이니 恒亨. 无咎, 利貞,은 久於其道也.니 天地之道, 恒久而不已也.니라 利有攸往,은 終則有始也.일세니라 日月이 得天而能久照,하며 四時變化而能久成,하며 聖人이 久於其道, 而天下化成.하나니 觀其所恒, 而天地萬物之情,을 可見矣.러라

항괘는 장구하다는 뜻이다. 강한 기운은 올라가고 유한 기운은 내려오며, 우레와 바람이 서로 참여하여 순하게 움직이며 강한 기운과 유한 기운이 다 응한다. 이것은 항구(恒久)의 법칙이다. 항구한 것은 형통한다. 허물이 없고 마음을 곧고 바르게 가져야 이롭다는 것은, 그 도에 영원토록 있기 때문이요, 천지의 도가 항구하여 마지않음이다. 갈 데가 있는 것이 이롭다 함은 끝나면 시작함이 있다는 것이다.

해와 달이 하늘을 얻어 오래 비출 수 있고, 사시가 변화하여 오래 생성할 수 있고, 성인이 그 도에 오래 있으면 천하가 변화 생성한다.

그 항구성을 관찰하면 천지 만물의 정감을 볼 수 있다.

항괘는 장구하다는 뜻이다. 구이와 구삼의 강한 두 양기가 올라가고, 육오와 상륙의 유한 두 기운이 내려와서 서로 호응한다. 이 괘의 하괘 손(巽)은 바람이요, 상괘 진(震)은 우레다. 그러므로 우레와 바람이 서로 참여하여 순하게 움직이니, 이것은 강한 기운과 유한 기운이 다같이 감응되어 항구히 가는 법칙이다.

괘사에 항괘는 형통하여 허물이 없으니 마음을 곧고 바르게 가져야 이롭다고 한 것은 바로 그런 도를 항구히 지키고 있기 때문이요, 천지가 장구하게 있는 것은 이러한 항구의 도에 쉬지 않고 근거하고 있기 때문이다.

또 갈 데가 있는 것이 이롭다고 하는 것은, 천하의 모든 물건이 움직이지 않고 항구하게 존재하는 것은 하나도 없기 때문이다. 움직이면 열이 생기고, 열이 생기면 산다. 또 움직이면 끝이 있고, 끝이 있으면 또다시 시작된다.

그러므로 해와 달은 쉬지 않고 움직이므로 항구히 비출 수 있고, 사시는 끊임없이 변화하므로 항구히 생성할 수 있고, 성인은 움직이면 오래 간다는 도리로 도덕률을 창조하므로 천하 사람의 마음을 감화시켜 착한 사람으로 만든다. 그러므로 움직여야 오래 간다는 법칙을 관찰하면, 천지 사이에 생명의 정감이 흐르는 것을 알 수 있다.

33. 둔괘(遯卦 ☰☶)

遯亨.은 遯而亨也.나 剛當位而應,이라 與時行也.니라 小利貞,은 浸而長也.일세라 遯之時義, 大矣哉!라

둔괘가 형통한다는 것은 은둔생활(隱遁生活)을 하여 형통한다는 뜻이다. 강한 기운이 제자리에 앉아서 호응하여 때와 함께 운행한다. 작은 것은 바르고 곧아야 이롭다는 것은 스며들어 자란다는 것이다. 은둔하는 때와 의의는 크도다.

해 설

둔괘가 형통한다는 것은, 양기가 사라지고 음기가 차츰 자라난다는 뜻이다. 그러나 구오의 강한 양기가 아직 정당하고 또 가운데 자리를 차지하고 있어, 육이의 음기와 서로 호응 관계를 가지고 때를 따라 운행하고 있다. 하괘의 두 음기가 바르고 곧아야 이롭다는 것은 6분의 2에 해당하는 두 음기가 침투해 들어와서 차츰 자란다는 뜻이다.

그러므로 천지 사이의 음양 두 기운이 사라지고 자라나는 이치를 잘 관찰하여 은둔생활을 하는 것은 그 의의가 크다 할 것이다.

34. 대장괘(大壯卦 ☲☰)

大壯은 大者壯也니 剛以動이라 故로 壯하니 大壯利貞은 大者正也니 正大 而天地之情을 可見矣리라

대장괘는 큰 것이 장성한다는 뜻이다. 강하므로 움직인다. 그러므로 장성한 것이다. 크게 장성한 것은 바르고 곧아야 이롭다 하는 것은 큰 것이 바르기 때문이다. 바르고 커서 천지의 정(情)을 볼 수 있다.

해 설

대장괘는 큰 것, 즉 양기가 성장한다는 뜻이다. 네 개의 양기가 큰 세력을 얻는 것이다. 강한 양기들은 가만히 있는 것이 아니요, 힘차게

움직이므로 씩씩하다 하는 것이다.

크게 장성한 것은 바르고 곧아야 하며, 이롭다는 것은 구이의 양기가 육오의 음기와 응하여 바르게 얻었다는 뜻이다. 그러므로 바르고 큰 도는 천지 사이에서 흐르는 생명의 정감을 관찰하면 볼 수 있다.

35. 진괘(晋卦 ䷢)

晋,은 進也.니 明出地上,하여 順而麗乎大明,하고 柔進而上行.이라 是以康侯用錫馬蕃庶, 晝日三接也.라

진괘는 진출한다는 뜻이다. 밝은 빛이 유순하게 땅 위에서 나와 크게 현명한 임금에게 붙고, 유하게 진출하여 올라간다. 그러므로 강후(康侯)가 신하에게 말을 많이 줄 때에 대낮에 세 번씩 만났다.

주해
ㅇ康侯(강후) ─ 임금 이름.
ㅇ錫(석) ─ 하사(下賜)의 뜻.
ㅇ蕃庶(번서) ─ 많다. '번다(繁多)'의 뜻.

해설

진괘의 괘상은 진출한다는 뜻이다. 이 괘는 하괘가 곤괘니, 곤은 땅이다. 또 상괘가 이괘(離卦)니, 이는 해다. 그러므로 햇빛이 지상에서 솟아오르는 상이다.

순하다는 것은 곤괘의 덕을 말하는 것이요, 크게 밝다는 것은 이괘의 덕을 말하는 것이다. 바로 크게 유순하고 크게 밝은 덕을 가진 육오의 자리에 해당하는 임금을 가리키는 것이다. 유하게 진출하여 위로 올라간다는 것은 육이의 신하를 가리키는 것이니, 육오의 임금에

게로 가서 붙는다는 뜻이다.

그러므로 그 당시에 있어서 강후(康侯)란 임금이 지방관리에게 말을 많이 하사할 때에 하루 세 번씩 만나본 것은, 바로 이 진괘의 괘상에 해당하는 것이다.

36. 명이괘(明夷卦 ☷☲)

明入地中,이 明夷.니 內文明, 而外柔順,하여 以蒙大難.이니
文王以之.하니라 利艱貞,은 晦其明也.라 內難而能正其志,니
箕子以之.하니라

밝은 빛이 땅속으로 꺼지는 것이 명이괘의 괘상이다. 안은 문명하고 밖은 유순하지만, 큰 어려움을 입는다. 문왕(文王)이 이것을 사용하였다. 어려워도 마음이 바르고 곧아야 이롭다는 것은, 그 밝은 빛을 어둡게 하는 것이다. 안으로 어려우나 그 뜻을 바르게 할 수 있다. 기자(箕子)가 이것을 사용하였다.

해 설

밝은 빛, 즉 이괘(離卦)의 태양이 곤괘의 땅속으로 꺼져 세계가 어두워지는 것이 바로 명이괘의 괘상이다.

마음에 밝은 덕이 있으면서 위로 어두운 임금을 섬기는 군자는 마침내 큰 환난을 당하게 된다. 예를 들면, 은나라 주왕을 섬기던 문왕과 같다.

어려워도 마음을 곧게 가져야 한다는 것은, 자기의 밝은 덕을 어둡게 한다는 뜻이다.

이러한 사람이 어두운 임금을 섬기는 것은 마음으로 퍽 어렵고 괴

롭지만, 자기의 의지를 바르게 할 수 있다. 예를 들면, 포학한 임금을 섬긴 기자와 같다.

37. 가인괘(家人卦 ☲☴)

家人.은 女가 正位乎內,하고 男이 正位乎外.하니 男女正,이 天地之大義也.라 家人에 有嚴君焉,하니 父母之謂也.라 父父子子, 兄兄弟弟, 夫夫婦婦, 而家道正,하리니 正家而天下定矣.리라

가인괘는 아내는 자리를 안에서 바로잡고 있고, 남편은 자리를 밖에서 바로잡고 있는 것이다. 남편과 아내의 위치가 바른 것은 천지의 큰 의의가 있다. 가인괘에 엄군(嚴君)이 있는 것은 부모를 이름이다. 아버지는 아버지답고, 아들은 아들다우며, 형은 형답고, 동생은 동생다우며, 남편은 남편답고, 아내는 아내다워서 가도(家道)가 바르게 된다. 집안을 바르게 하면 천하가 안정해진다.

해 설

가인괘는 집안을 다스리는 도를 말한 것이다. 아내는 집안에서 바른 길을 지켜 나가고, 남편은 사회에 나가서 바른 길을 지켜나가는 것이다. 이와 같이 한 가정에 있어서 남편과 아내가 다 함께 바른 길을 걸어 나가는 것은 남편은 아내를 땅같이 섬기고, 아내는 남편을 하늘같이 섬긴다는 큰 의의를 가지는 것이다. 또 가인괘에 엄군, 즉 엄격한 아버지가 있다는 것은 바로 한 가정에 부모가 있다는 것을 전제한 말이다.

그러므로 한 집안에 있어서 아버지는 아버지답고, 아들은 아들답

고, 형은 형답고, 동생은 동생답고, 남편은 남편답고, 아내는 아내다워서 가정도덕이 바르게 된다.

그러므로 사회 구성의 한 단위인 가정이 집집마다 올바르게 되면 나라가 잘 다스려지고, 또 세계도 저절로 안정되는 것이다.

38. 규괘(睽卦 ☲☱)

睽,는 火動而上,하고 澤動而下,하며 二女同居,하나 其志不同行.하니라 說而麗乎明,하고 柔進而上行,하여 得中而應乎剛.이라 是以小事吉.이니라 天地睽而其事同也.며 男女睽而其志通也.며 萬物이 睽而其事類也.니 睽之時用,이 大矣哉!라

규괘는 불이 움직여 올라가고, 못이 움직여 내려오며, 두 여자가 함께 있으나 그 뜻이 같이 작용하지 아니하는 것이다. 기뻐서 밝은 데로 붙고, 유하게 진출하여 올라가며, 가운데 자리를 얻어 강한 것에 응한다. 그러므로 작은 일을 하는 것은 좋다.

천지는 달라도 그 일이 같고, 남녀는 달라도 그 뜻이 통하며, 만물은 달라도 그 일이 같으니, 다른 것을 사용하는 때와 효용성이 크도다!

(주해)

○睽(규)─어긋나다. 괴리(乖離) 또는 괴이(怪異)의 뜻.
○麗(여)─부(附)의 뜻.

해 설

규괘의 괘상은 이괘(離卦)가 불이요, 태괘(兌卦)가 못[澤]이다. 그

러므로 불이 움직여 올라가고, 못이 움직여 내려오는 것이다. 또 이괘가 가운데 딸이요, 태괘가 작은딸이다. 그러므로 두 딸이 한집에 있으나 미래에 대한 꿈은 각각 다르다.

이괘의 괘체로 말하면, 유한 육오의 음기가 강한 구이의 양기와 서로 호응한다. 그러므로 육오의 자리에 있는 임금이 기뻐서 구이의 자리에 있는 신하에게 붙닿게 되고, 또 음의 자리에 있는 구이의 신하는 유순한 태도로 위로 임금에게로 나아간다.

또 육오의 자리에 있는 임금은 중용의 덕으로 강한 구이의 자리에 있는 신하에게 응해 준다. 그러기 때문에 이러한 임금과 신하의 관계로는 큰 일을 감당해 나아가지 못하지만, 작은 일을 해 나가는 데는 괜찮다.

이와 같이 이 세계의 모든 사물은 각각 형태가 다르지만, 다른 가운데서 조화를 취해 나가는 것이 자연법칙이요 또 도덕법칙이다. 예를 들면, 하늘과 땅은 형태가 다르지만 그 하는 일의 방향은 같고, 남성과 여성은 형태가 다르지만 서로 사랑하여 마음이 통할 수도 있고, 만물은 형태가 다 다르지만 그 생성 발전하는 일은 공통성이 있다.

이렇게 보면, 형태가 각각 다른 사물의 시간성과 효용성이란 참으로 중대한 일이라 할 것이다.

39. 건괘(蹇卦 ☵☶)

蹇,은 難也.니 險在前也.니 見險而能止,하니 知矣哉!라 蹇利西南,은 往得中也.요 不利東北,은 其道窮也.요 利見大人,은 往有功也.요 當位貞吉,은 以正邦也.니 蹇之時用,이 大矣哉!라

건괘는 어려운 것이다. 위험한 것이 앞에 있다. 위험한 것을 보고 머물 수 있는 것은 지자(知者)로다! 건괘는 서남쪽이 이롭다고 한 것은, 가면 가운데 자리를 얻는다는 뜻이요, 동북쪽이 이롭지 못하다고 한 것은 그 길이 다했다는 뜻이요, 대인을 만나보는 것이 이롭다고 한 것은 가면 공(功)이 있다는 뜻이요, 제자리에서 마음이 곧고 바르면 좋다고 한 것은 그것으로 나라를 바로잡는다는 뜻이다. 어려운 것의 때와 효용은 크도다!

주해

○蹇(건)−어렵다. '난(難)' 또는 '난행(難行)'의 뜻.

해 설

건괘의 괘상은 행하기 어려운 상이다. 위험한 길이 앞에 놓여 있다. 그러나 구오와 육이의 자리에 있는 군자는 앞의 위험한 것을 보고 지금 있는 자리에 머물 수 있으니, 그 사람이야말로 지자라 할 만하다.

건괘의 괘사에 서남쪽이 이롭다고 한 것은 문왕이 있는 데로 가면 가운데 자리를 차지하게 된다는 뜻이다. 또 동북쪽이 이롭지 않다고 한 것은 주왕이 있는 데로 가면 길이 막힌다는 뜻이다.

그 다음, 대인을 만나면 이롭다고 한 것은 문왕이 있는 데로 가면 공덕을 세우게 된다는 뜻이요, 또 제자리에서 마음이 곧고 바르면 좋다는 것은 문왕이 정당한 자리에서 곧은 마음으로 나라를 바로잡는다는 뜻이다.

이렇게 보면, 비록 위험한 시대에 처하여 있을지라도 문왕과 같이 위험한 것을 보고는 머물 줄 알고, 또 시중(時中)의 덕을 가질 수 있으면 그 효용성은 도리어 지극히 큰 것이다.

40. 해괘(解卦 ☵☳)

解,는 險以動,이니 動而免乎險,이 解.라 解利西南,은 往得衆
也.요 其來復吉,은 乃得中也.요 有攸往夙吉,은 往有功也.라
天地解而雷雨作,하고 雷雨作而百果草木,이 皆甲拆,하나니 解
之時, 大矣哉!라

해괘는 험하므로 움직이는 것이니, 움직여 험한 데서 벗어나는 것을 풀린다고 한다.

해괘에 서남쪽이 이롭다고 한 것은 가면 무리를 얻는다는 것이요, 그것이 되돌아오면 좋다고 한 것은 바로 가운데 자리를 얻는다는 것이요, 갈 데가 있으면 빨리 하는 것이 좋다고 한 것은 가면 공이 있다는 것이다. 천지가 풀리고 우레와 비가 일어나니 우레와 비는 온갖 과실과 초목으로 하여금 모두 껍질이 터지고 새싹이 돋아나게 한다. 해의 때는 진실로 크도다.

주해

ㅇ解(해)─풀어지다. 흩어지다. '이산(離散)' 또는 '해구(解救)'의 뜻.

해 설

해괘의 괘상은 위험하게 움직이는 상이니, 움직여 위험한 곳에서 벗어나는 것을 풀린다고 한다.

해괘 괘사에 서남쪽이 이롭다고 한 것은 바로 문왕이 있는 데로 가면 민심을 얻는다는 뜻이다. 그가 되돌아오면 좋다고 한 것은 문왕을 떠나 주왕에게로 갔던 사람이 다시 문왕에게로 되돌아오면 시중의 덕

을 얻게 된다는 뜻이요, 갈 데가 있으면 빨리 가면 좋다고 한 것은 문왕에게로 갈 수 있으면 빨리 가야 공덕을 세운다는 뜻이다.

이 해괘의 괘상으로 천지 만물의 현상을 관찰하면, 천지의 기운이 흩어져 우레와 비가 일어나게 되고, 우레와 비가 일어나면 온갖 과실과 초목은 껍질이 터지고 싹이 돋아서 발생 성장한다.

이렇게 보면, 얼어붙었던 것이 풀어진다는 시간성은 참으로 큰 것이라 할 것이다.

41. 손괘(損卦 ☶☱)

損,은 損下益上,하여 其道上行.이니 損而有孚,면 元吉, 无咎, 可貞, 利有攸往.이니 曷之用, 二簋可用享,은 二簋應有時,며 損剛益柔有時.니 損益盈虛,를 與時偕行.이라

손괘는 아래를 덜어서 위를 보태는 것이니, 그 도가 올라가는 것이다. 아랫사람을 손해 보게 하고 윗사람을 유익케 하는 데는 포로가 있으면 크게 좋고 허물이 없다. 마음을 곧고 바르게 해야 한다. 갈 데가 있으면 이롭다. 어찌 이런 것을 쓰겠는가. 대나무로 만든 두 개의 제기를 사용하여 제향(祭享)을 지낼 수 있다는 것은, 그 두 개의 제기가 응당 때가 있어야 하고, 강한 것을 덜어서 유한 것을 보태는 것이 때가 있어야 한다는 것이다.

덜고 보태고, 채우고 비게 하는 것을 때와 같이 행해야 한다.

(주해)

○損(손)—덜다. '감손(減損)' 또는 '손실(損失)'의 뜻.
○簋(궤)—대로 만든 제기(祭器).

손괘의 괘상은 구이의 양기가 육오의 음기와 서로 응하여 위로 올라가는 것이다. 그러므로 아랫것을 덜어서 윗것을 보태주어, 그 방법이 위로 올라가는 상이라 한다.

인간사회에 있어서 아랫사람의 이익을 덜어서 윗사람에게 보태주는 계급으로는 노예가 있는 것이 가장 좋고 또 허물이 없다. 그러나 그렇게 하는 데는 마음을 곧고 바르게 가져야 좋다. 이 괘는 아랫것이 위로 올라가는 것이니, 갈 데가 있으면 이롭다.

그러나 제사를 지내는 데 어찌 노예로 제물을 삼겠는가. 대나무로 만든 두 개의 제기에 제물을 담아 제사를 지내면 이것이 때에 맞추는 것이다. 경우에 따라서는 강한 것을 덜어서 유한 것을 보태주는 것도 때에 맞추는 것이다. 이와 같이 덜고 보태고, 채우고 비게 하는 것을 때에 따라서 행해야 한다.

42. 익괘(益卦 ☴☳)

益,은 損上益下,하니 民說无疆,이요 自上下下,하니 其道大光.이라 利有攸往,은 中正有慶.이요 利涉大川,은 木道乃行.이라 益,은 動而巽,하여 日進无疆.하며 天施地生,하여 其益이 无方.하니 凡益之道, 與時偕行.하나니라

익괘는 윗것을 덜어서 아랫것을 보태니 백성이 한없이 기뻐한다. 위에서 아래로 내려오니, 그 도가 크게 빛난다.

갈 데가 있어 이롭다고 한 것은 중정(中正)의 자리에 있어 경사가 있다는 것이요, 큰 냇물을 건너는 것이 이롭다고 한 것은 나무로 만

드는 도가 바로 행하는 것이다.

익괘는 움직이되 순하여 날마다 한없이 나아간다. 하늘은 베풀고 땅은 낮으니, 그 유익됨이 일정한 장소가 없다.

대개 익괘의 도는 때와 함께 행해야 한다.

주해

o益(익)-보태다. 증익, 이익의 뜻.

해 설

익괘는 구오의 양기가 육이의 음기와 서로 응하여 아래로 내려오는 상이다. 그러므로 이것은 임금이 아래에 있는 신민에게 이익을 주는 상이니 백성들이 한없이 좋아하고, 또 위에서 아래로 내려오는 상이니 그 도가 크게 세상에 빛난다.

갈 데가 있어 이롭다고 한 것은 구오의 자리에 있는 임금과 육이의 자리에 있는 신민이 각각 중정의 덕이 있어 경사스러운 일이 있다는 뜻이다.

큰 냇물을 건너는 것이 이롭다고 한 것은, 상괘(上卦)의 손괘(巽卦)가 나무이므로 나무로 뗏목을 만들어 사용하는 방법이 바로 실현되었다는 뜻이다.

익괘의 괘상은 하괘 진(震)이 움직이는 것이요, 상괘 손(巽)이 순하므로 유순하게 움직이면 날마다 한없이 나아갈 수 있다는 뜻이다.

자연현상을 보더라도 하늘은 움직여 비와 이슬을 베풀어 주고, 땅은 가만히 있으면서 만물을 생성하게 하니, 그 유익됨이 한정되지 않고 광대하다. 그러므로 유익하게 하는 방법은 항상 때와 함께 행해야 한다.

43. 쾌괘(夬卦 ☱☰)

夬,는 決也.니 剛決, 柔也.니 健而說,하고 決而和.하니라 揚
于王庭,은 柔乘五剛也.요 孚號有厲,는 其危乃光也.요 告自
邑, 不利卽戎,은 所尙이 乃窮也.요 利有攸往,은 剛長乃終也.
리라

쾌는 결단하는 것이다. 강한 것이 유한 것을 결단하는 것이다. 건실
하여 기뻐하고, 결단하여 평화롭다. 왕의 뜰에서 선양(宣揚)한다는 것
은 유한 것이 다섯 개의 강한 것을 탄다는 것이요, 포로가 부르짖어
위태하다는 것은 그 위태로움이 바로 빛난다는 것이다. 읍에서 이르
고 오랑캐에게로 나아가는 것이 이롭지 않다고 하는 것은 숭상하는
것이 바로 다한 것이요, 갈 데가 있어 이롭다고 함은 강한 것이 자라
면 바로 끝난다는 것이다.

주해

○夬(쾌)—결단하다. '결(決)'의 뜻.

해 설

쾌괘는 결단한다는 상이다. 다섯 개의 강한 양기가 하나의 상륙의
유한 음기와 결판을 내는 상이다. 그러나 상륙의 음기와 구삼의 양기
가 서로 응하므로 아래에 있는 구삼의 양기는 건실하고 위에 있는 상
륙의 음기는 기뻐한다. 이와 같이 서로 대결한 뒤에 평화로울 수 있
는 것은 지극히 선한 결단이다.

왕의 조정에서 선양한다 함은, 상륙의 음기가 다섯 개의 강한 양기

의 세력을 타고 있기 때문이다. 마치 매우 높은 자리에 있는 음흉한 황태후가 교활하게 왕과 대신의 세력을 이용하는 것과 같다. 그러나 현명한 신하들은 그 죄를 왕의 조정에서 폭로시킨다는 뜻이다.

포로가 부르짖어 위태로움이 있다 함은, 그것이 최후의 발악이므로 그것이 끝나면 바로 나라가 빛나게 된다는 뜻이다.

임금이 있는 서울에서 오랑캐 나라를 정벌하러 가지 말라는 고시(告示)가 있다 함은, 무력을 숭상하는 때가 바로 이미 지나갔다는 뜻이다.

갈 데가 있어 이롭다 함은, 다섯 개의 강한 양기가 자라면 오래지 않아 여섯 개의 강한 양기가 되어 건괘(乾卦)가 되므로 바로 종말의 때라는 뜻이다.

44. 구괘(姤卦 ☰☴)

구　　　우야　　　유우강야　　　물용취녀　　　불가여장야
姤,는 遇也.니 柔遇剛也.라 勿用取女,는 不可與長也.일세라

천지상우　　　품물　함장야　　　강우중정　　　천하　　대행
天地相遇,하니 品物이 咸章也.요 剛遇中正하니 天下에 大行

야　　구지시의　　대의재
也.니 姤之時義, 大矣哉!라

구괘는 만난다는 것이니, 유한 것이 강한 것을 만난다는 것이다. 여자에게 장가들지 말라 함은, 함께 오래 갈 수 없다는 것이다. 하늘과 땅이 서로 만나니, 품물(品物)이 다 나타나고, 강한 것이 중정의 덕으로 만나니, 천하가 크게 운행된다.

구괘의 때와 의의는 크도다!

주해

○姤(구)—만나다. '우(遇)'의 뜻. 또는 '무절조(無節操)'의 뜻. '후(訴)'의 뜻.

구괘는 서로 만나는 상이니, 초륙의 유한 음기가 처음으로 강한 양기들을 만난다는 뜻이다.

괘사에 여자에게 장가들지 말라 함은, 이 시대에 있어서 여자와 결혼하여 가정을 이루고 오래 살려 하나 여자의 세력이 점점 성해 가서 남자를 누르려 하므로 오래 살 수 없다는 뜻이다.

초륙의 음기가 비로소 양기와 서로 만나니, 마치 하늘과 땅의 기운이 서로 만나서 비와 이슬이 내리면 만물이 자기의 모습을 나타내는 것과 같다.

구오와 구이의 강한 두 양기가 다 중정의 자리에서 만나니 마치 현명한 임금과 현명한 신하가 서로 만나서 천하가 잘 다스려지는 것과 같다.

이렇게 보면, 인간사회에 있어서 좋은 사람들끼리 서로 만날 기회가 있다는 것은 그 의의가 큰 것이다.

45. 췌괘(萃卦 ☱☷)

萃,는 聚也.니 順以說,하고 剛中而應.이라 故로 聚也.니라 王假有廟,는 致孝享也.요 利見大人亨,은 聚以正也.일세요 用大牲吉, 利有攸往,은 順天命也.니 觀其所聚, 而天地萬物之情,으로 可見矣.리라

췌괘는 모이는 상이다. 순함으로 기뻐하고, 강한 것이 가운데서 응한다. 그러므로 모인다. 왕이 종묘에 가 있게 되었다 함은, 효도로 제사를 드린다는 것이다. 대인을 만나보는 것이 이롭다 함은 바른 도로

모인다는 것이다. 큰 희생물을 사용하면 좋으니 갈 데가 있어 이롭다 함은, 천명(天命)에 순종하는 것이다.

그 모이는 것을 관찰하면, 천지 만물의 정(情)을 볼 수 있다.

주해

ㅇ 萃(췌) — 모으다. '취(聚)'의 뜻. 또는 '재생(宰牲)'의 뜻.

해 설

췌괘는 사물이 모이는 상이다. 구오의 강한 양기는 유한 육이의 음 기와 서로 응하고 있다. 그러므로 육이의 음기는 유순함으로 기뻐하 고 구오의 강한 양기는 가운데 자리에서 호응한다. 그러므로 이런 현 상을 한데 모이는 것이라 한다.

괘사에 구오의 자리에 있는 왕이 조상에게 제사를 지내는 사당이 있다고 한 것은, 효도로 조상에게 제사를 지낸다는 뜻이다.

또 대인을 만나보는 것이 이로우니 형통하다고 한 것은, 바로 임금 과 신하들이 정도로 서로 회합한다는 뜻이다.

그 다음 소·양·돼지와 같은 큰 제물로 조상에게 제사를 지내면 좋으니 갈 데가 있어 이롭다고 한 것은, 바로 하늘의 명령에 순종한 다는 뜻이다.

이와 같이 정당한 방법으로 회합하는 이치를 관찰하면, 이 세계의 천지만물의 현상도 다 그러하다는 것을 알 수 있다.

46. 승괘(升卦 ☷☴)

유 이 시 승　　　　　손 이 순　　　　강 중 이 응　　　　시 이 대 형
柔以時升.하여　巽而順,하고　剛中以應,이라　是以大亨.하니라

용 견 대 인　물 휼　　유 경 야　　　남 정 길　　　지 행 야
用見大人, 勿恤,은　有慶也.요　南征吉,은　志行也.라

유한 기운은 때때로 올라간다. 유하여 순하고, 강하여 가운데 자리에서 응한다. 그러므로 크게 형통한다. 그러므로 대인을 만나보아도 걱정하지 말라 함은, 경사가 있다는 것이다.

남쪽으로 정벌하러 가면 좋다 함은, 뜻대로 된다는 것이다.

주해

ㅇ升(승)—오르다. 진상(進上) 또는 제사의 뜻.

해 설

이 괘의 육오의 음기는 때때로 올라가는 상이다. 이것은 유순한 음기이므로 구이의 강한 양기는 가운데 자리에서 호응한다. 그러므로 크게 형통한다 한다.

육오의 자리에 있는 유순한 임금을 구이의 자리에 있는 신하가 만나보아도 근심하지 말라 함은, 두 군신 관계가 서로 만나봄으로써 좋은 일이 있기 때문이다.

구이의 자리에 있는 신하가 임금의 명령을 받들어 남쪽으로 정벌을 가도 좋다고 한 것은, 바로 뜻대로 일이 잘 진행된다는 뜻이다.

47. 곤괘(困卦 ☱☵)

困,은 剛揜也.니 險以說,하여 困而不失其所亨,하니 其唯君子乎!인저 貞大人吉,은 以剛中也.요 有言不信,은 尙口乃窮也.라

곤괘는 강한 기운이 가려 있는 상이다. 험하여도 기뻐하고, 곤궁하여도 그 형통한 것을 잃지 않는 것은 그 오직 군자로다! 마음이 곧고

바르니 대인이 좋다 함은, 강한 가운데 자리이기 때문이다.

믿지 못할 말이 있다 함은, 입으로만 숭상하여도 바로 막힌다는 것이다.

(주해)

ㅇ困(곤)—곤궁하다.

ㅇ揜(엄)—가리다. 엄폐의 뜻.

해 설

곤괘는 구오의 강한 기운이 아래에 서로 호응하는 기가 없기 때문에 가려 있는 상이다. 위험한 때에도 마음을 기쁘게 가지고, 곤궁한 때에도 의리를 잃지 않는 것은 오직 군자만이 그렇게 할 수 있다.

마음을 곧고 바르게 가져 구오의 대인이 좋다고 한 것은, 그가 강직한 모습으로 중도를 지키고 있기 때문이다.

곤궁한 경우에 처해 있는 사람이 아무리 입으로 변명을 하더라도 사람들이 믿지 않는 것은 말문이 막히기 때문이다.

48. 정괘(井卦 ☴☵)

巽乎水而上水井.이니 井,은 養而不窮也.하니라 改邑不改

井,은 乃以剛中也.요 汔至亦未繘井,은 未有功也.요 羸其瓶.

이라 是以凶也.라

두레박을 물속에 넣어서 물을 올리는 것은 우물이다. 우물은 사람을 길러도 다하지 않는다. 마을을 고치면서 우물을 고치지 않는 것은 바로 강중(剛中)이기 때문이다. 거의 이르렀어도 아직 우물물을 긷지 않음은 아직 공이 없다는 것이요, 그 두레박을 깼으므로 나쁘리라.

주 해

o 巽(손)－'입(入)'자의 뜻.
o 井(정)－우물. 수혈(水穴) 또는 읍리(邑里)의 뜻.
o 汔(흘)－거의.
o 繘(율)－물을 긷다.
o 羸(이)－깨지다.
o 瓶(병)－두레박.

해 설

이 괘는 구오의 양기가 두 음기 사이에 있으니, 우물의 상이다. 두 레박을 물속에 넣어서 물을 끌어올리는 것은 우물이다. 우물은 사람에게 물을 공급하여 목마른 자에게 마시게 하고, 밥을 짓게 하고, 물 건을 삶게 하고, 또 빨래도 하게 하니, 그 용도가 한이 없다.

사람이 사는 마을이나 동네는 개조할 수 있지만, 우물은 다른 곳으로 옮길 수 없다. 그것은 구오와 구이의 자리에 있는 우물이 깊고 또 가운데 위치에 있기 때문이다.

구오와 구이의 양기가 서로 호응하지 못하는 것은, 마치 우물을 거의 다 팠어도 아직 물을 길어 올릴 수 없어 소용이 되지 못하는 것과 같다.

또 물긷는 두레박을 깨뜨린 상이다. 그러므로 나쁘다.

49. 혁괘(革卦 ☱☲)

革,은 水火相息,하며 二女同居,하되 其志不相得,이 曰革.이
라 己日乃孚,는 革而信之.라 文明以說,하여 大亨以正,하니 革

而當,할세 其悔乃亡.하니라 天地革而四時成,하며 湯武革命,하

여 順乎天而應乎人,하니 革之時, 大矣哉!라

혁괘는 물과 불이 서로 꺼지고 두 여자가 같이 있어도 그 뜻을 서로 얻지 못한다. 이것을 변혁이라 한다. 기일(己日)에 포로를 잡아온다는 것은, 개혁하여 그를 믿게 한다는 뜻이다. 문명함으로 기뻐하게 하여 크게 형통함으로 바로잡으니, 혁명을 정당하게 일으킬 때 그 뉘우침이 바로 없어진다.

천지가 변혁하여 사시가 이루어지고 탕무(湯武)가 혁명을 일으키어 하늘에 순종하고 사람에게 응하니, 혁명의 때가 크도다!

〔주해〕

○革(혁)―변혁 또는 혁명의 뜻.

해 설

혁괘는 태괘(兌卦)가 물이요, 이괘(離卦)가 불이므로, 물과 불이 서로 이기고 서로 꺼지는 상이다. 또 태괘가 소녀(少女)요 이괘가 중녀(中女)이므로, 그 두 여자가 함께 살아도 물과 불의 관계와 같아 서로 뜻이 맞지 않는다. 이런 것을 변혁 또는 혁명이라 한다.

십간 가운데 기일에 해당하는 날에 바로 포로를 잡아온 것은, 그들에게 혁명 사상을 고취하여 앞으로 혁명파가 성공할 것을 믿게 하기 위함이다.

포로들을 문명시켜 마음으로 기뻐하게 하고, 또 크게 마음을 트이게 함으로 바로잡게 하니, 정당한 혁명운동이라, 그들의 뉘우침이 바로 없어지리라.

이와 같이, 사물이 오래 되면 썩고 썩어서 변혁을 일으키게 되는 이치로 자연계와 인간계를 관찰해보면, 천지가 변혁을 일으켜 사시

(四時)가 이루어지고, 은나라의 탕왕과 주나라의 무왕이 하늘의 뜻에 순종하여 혁명을 일으켰다. 그러므로 혁명을 일으키는 시대성은 매우 큰 의미를 가진다 할 것이다.

50. 정괘(鼎卦 ☴☲)

鼎,은 象也.니 以木巽火, 亨飪也.니 聖人이 亨,하여 以享上
帝,하고 而大亨,하여 以養聖賢.하니라 巽而耳目이 聰明,하며
柔進而上行,하고 得中而應乎剛.이라 是以元亨.하니라

정괘는 솥의 형상이다. 나무를 불에 넣어 물건을 삶고 익힌다. 성인이 제물을 삶아서 하느님께 제사를 드리고 크게 물건을 삶아서 성현을 양한다. 순종하여 귀와 눈이 총명하고, 유(柔)하게 나아가 올라가고, 가운데 자리를 얻어 강한 것에 응한다. 그러므로 크게 형통한다.

주해

o鼎(정)—솥. '팽임(烹飪)' 또는 '귀족(貴族)'의 뜻.
o亨(팽)—'팽(烹)'의 뜻.
o飪(임)—익히다.

해 설

정괘는 솥을 본뜬 상이다. 손괘(巽卦)가 나무요 이괘(離卦)가 불이므로, 나무로 불을 때어 음식을 만드는 상이다. 육오의 자리에 있는 성군은 제물을 괴어 하느님께 제사를 드리고, 또 크게 음식을 차려 구이의 자리에 있는 성현들을 접대한다.

손괘는 귀와 눈이 총명한 상이다. 그러므로 육오의 자리에 있는 임

금은 총명하여 유순한 태도로 위로 하느님에게로 향하고, 또 중용의
덕으로 아래로 구이의 자리에 있는 성현들에게 응한다. 그러므로 나
랏일이 크게 형통하게 된다.

51. 진괘(震卦 ☳☳)

震,은 亨.하니 震來虩虩,은 恐致福也.요 笑言啞啞,는 後有則
也.라 震驚百里,는 驚遠而懼邇也.니 出可以守宗廟社稷,하여
以爲祭主也.리라

진괘는 형통하는 상이다. 우렛소리가 진동해 온다는 것은 두려워하
여 복을 받는다는 것이요, 웃는 말이 아아(啞啞)하다 함은 뒤에 법칙
이 있다는 것이다. 진동하는 소리가 백리 밖에까지 놀라게 한다 함은,
먼 데 있는 사람이 놀라고, 가까운 데 있는 사람이 두려워한다는 것
이다. 나아가면 종묘사직을 지키어 제주(祭主)가 될 수 있다.

(주해)
○震(진)－진동 또는 ‘임산(臨産)’의 뜻.
○虩虩(혁혁)－두려워하다.
○啞啞(아아)－웃는 소리.

해 설

진괘는 형통하는 상이다. 여자가 아이를 낳을 때에 진통의 소리가
우렛소리같이 울려온다 함은, 그 신음하는 소리를 듣고 두려워하지만
나중에는 순산하여 행복을 받게 된다는 것이다. 웃는 소리가 아아 하
고 난다는 것은, 산후에 안심되어 기뻐서 웃는 소리니, 진통을 겪은

뒤에는 쾌락이 온다는 법칙이 있다는 뜻이다.

　인간계에 있어서 여자가 아기를 낳을 때에 진통하는 소리는 마치 자연계에 있어서 진동하는 우렛소리와 같다.

　진동하는 우렛소리가 백리 밖까지 놀라게 한다고 하는 것은, 먼 데 있는 사람을 놀라게 하고 가까운 데 있는 사람을 두려워하게 한다는 뜻이다.

　육오의 자리에 있는 임금이 우렛소리를 들을 때에 두려워하는 몸가짐으로 나랏일을 본다면, 밖에 나아가서는 조상의 종묘사직을 영원히 지키는 제주가 될 수 있을 것이다.

52. 간괘(艮卦 ☶☶)

艮,은 止也.니 時止則止,하고 時行則行,하여 動靜不失其時, 其道光明,이니 艮其止,는 止其所也.일세라 上下敵應,하여 不相 與也.일세 是以不獲其身, 行其庭, 不見其人.이라 无咎也.라

　간괘는 머무는 상이다. 때가 머물 만하면 머물고, 때가 갈 만하면 가니, 때를 잃지 아니하여 그 도가 광명하다. 그 머물 만한데 머무는 것은 제 곳에 머무는 것이다. 아래와 위가 대적으로 대응하여 서로 함께하지 않는다. 그러므로 그 몸을 얻지 못하고, 그 뜰에 다니어도 그 사람을 만나지 못한다. 허물이 없으리라.

(주해)

○艮(간)－머물다. 또는 '금령(禁令)'의 뜻.

해　설

　간은 머무는 괘상이다. 머물되 아무 때나 머무는 것이 아니요, 머물

만한 때 머물고, 갈 만한 때 가서, 동작하고 정지하는 것이 제 때를
잃지 않는다. 그러므로 그의 행하는 도가 날로 빛이 난다. 머물 만한
때에 머문다는 것은 바로 정당한 제자리에 머문다는 뜻이다.

육오의 음기와 육이의 음기가 서로 응하지 않으므로 적대시하여 서
로 관여하지 않는다. 이러하기 때문에 제 몸을 얻지 못하고, 그 뜰을
걸어도 도의(道義)가 있는 사람을 만나지 못한다. 그러므로 머물 만
한 때에 머물면 허물이 없다.

53. 점괘(漸卦 ☴☶)

漸之進也,니 女歸에 吉也.라 進得位,하니 往有功也.요 進
以正,하니 可以正邦也.니 其位,는 剛得中也.라 止而巽,할세
動不窮也.라

점괘는 나아간다는 뜻이니, 여자가 시집가면 좋으리라. 나아가면 자
리가 있으니, 가면 공이 있겠다. 나아감에 올바름으로써 하니, 나라를
바로잡을 수 있다. 그 자리는 강한데, 알맞음을 얻은 것이다. 멈추고
순종하니, 움직임에 궁하지 않을 것이다.

주해

ㅇ漸(점)-'점진' 또는 '가(嫁)'의 뜻.

해 설

점괘는 시집가는 상이다. 그러므로 여자가 시집가면 행복할 것이다.
육이의 음기와 구오의 양기가 서로 응한다. 그러므로 나아가면 제
자리를 얻고, 가면 공덕이 있게 된다. 나아가서 정당한 가정을 이루면

한 나라를 바로잡을 수 있다.

구오의 양기가 강하면서 또 가운데 자리를 차지하여 기덕이 있고 육이의 음기는 유순하게 머물러 있으면서 구오의 양기와 서로 응하니, 한없이 움직이게 된다.

54. 귀매괘(歸妹卦 ☱☳)

歸妹,는 天地之大義也니 天地不交, 而萬物이 不興.하나니 歸妹,는 人之終始也.라 說以動,하여 所歸妹也.니 征凶,은 位 不當也.요 无攸利,는 柔乘剛也.일세라

귀매괘는 천지의 대의(大義)다. 천지가 사귀지 않으면 만물이 흥하지 않는다. 여자가 시집가는 것은 사람의 나중이자 처음이다. 기뻐함으로 움직이니 시집가는 일이다. 가면 나쁘다고 한 것은 자리가 마땅하지 않음이요, 이로울 것이 없다고 한 것은 유한 것이 강한 것을 탔다는 것이다.

주해

○歸妹(귀매)-'가(嫁)' 또는 이별의 뜻.

해 설

귀매괘는 음양이 서로 화합하는 천지의 큰 의의를 간직하고 있다. 왜냐하면 천지의 기운이 서로 교감하지 않으면 만물이 생성할 수 없는 것과 같다.

이와 같이, 인간사회에 있어서 여자가 시집가는 것은 사람이 생긴 이래로 처음이나 나중이나 항상 있지 않으면 안될 일이다.

육오의 음기와 구이의 양기가 서로 기뻐서 응하는 것은, 마치 여자가 남자에게 시집가는 것과 같다.

그러나 정벌하는 것이 나쁘다 한 것은, 육오와 구이의 기운이 각각 정당한 자리에 있지 못하기 때문이다.

또, 이로울 것이 없다 함은, 유한 육오의 음기가 강한 구사의 양기를 타고 있기 때문이다.

55. 풍괘(豐卦 ☲☳)

豐,은 大也,니 明以動.이라 故로 豐.이니 王假之,는 尙大也.요
勿憂宜日中,은 宜照天下也.라 日中則昃,하며 月盈則食,하나니
天地盈虛,도 與時消息이온대 而況於人乎!며 況於鬼神乎!여

풍괘는 성대한 상이다. 밝게 움직인다. 그러므로 성대하다 한다. 왕이 이런 경지에 이른다는 것은 큰 것을 숭상한다는 것이다.

근심하지 말라. 해가 하늘 한가운데 오면 마땅하다는 것은, 마땅히 천하에 비쳐야 한다는 것이다.

해가 하늘 한가운데 오면 기울어지고, 달이 차면 이지러진다. 천지도 차고 비어 때와 함께 자라고 사라지거든, 하물며 사람이겠느냐? 하물며 귀신이겠느냐?

주해

○豐(풍)–‘대(大)’ 또는 우매의 뜻.

해 설

풍괘는 아주 성대한 상이다. 이괘(離卦)는 불 또는 해요, 진괘(震

卦)는 우레요 또는 진동하는 상이다. 그러므로 밝게 움직인다 한다. 밝게 움직이므로 이것을 성대하다 한다.

육오의 자리에 있는 왕이 정치를 잘하여 이러한 광명성대한 경지에 이르려 할 때에 여기에 호응하는 신하가 없다고 근심할 것이 못 된다. 왜냐하면 해가 중천에 이르면 온 천하가 마땅히 밝아지기 때문이다.

해가 정오가 되자 기울어지기 시작하고, 달이 차자 이지러지기 시작한다. 천지자연계의 차고 비고 하는 현상도 시간의 흐름에 따라 자라고 사라지거든, 하물며 인간의 사회현상은 더 말할 것도 없고, 또 귀신의 세계도 더 말할 것이 없다.

56. 여괘(旅卦 ☶☲)

旅小亨,은 柔得中乎外, 而順乎剛,하고 止而麗乎明.이라
是以小亨, 旅貞吉也.니 旅之時義大矣哉!라

여괘가 조금 통한다 함은, 유한 것이 가운데 자리를 밖에서 얻어 강한 것에 순종하고 머물러서 밝은 것에 붙는다는 것이다. 그러므로 조금 통한다. 여괘는 마음이 곧고 바르면 좋다.

여괘의 때와 의의가 크도다.

주해

ㅇ旅(여)―'기려(羈旅)' 또는 여행의 뜻.

해 설

여괘의 괘상이 조금 통한다 하는 것은, 이 괘의 외괘인 육오의 음기가 가운데 자리에서 구사의 양기에 순종하고, 또 내괘인 육이의 음기가 육오의 음기와 서로 응하지 못하므로 그 자리에 머물러서 빛을 발하게 되기 때문이다. 그러므로 조금 통한다 한다. 어떻든, 이 점괘를 얻은 사람은 마음을 곧고 바르게 가지면 좋을 것이다.

이 여괘에 있어서 시간성과 그 의의는 매우 큰 것이다.

57. 손괘(巽卦 ☴☴)

중 손　　이 신 명　　　강　　손 호 중 정 이 지 행　　　유 개 순
重巽,으로 以申命.하나니 剛이 巽乎中正而志行.하며 柔皆順

호 강　　　시 이 소 형　　　이 유 유 왕　　　이 견 대 인
乎剛.이라 是以小亨.하니 利有攸往,하며 利見大人.하니라

중복된 손괘(巽卦)로 명령을 거듭한다. 강한 것이 중정의 자리에서 유순하여 뜻이 행해지고, 유한 것이 강한 것에 순종한다. 그러므로 조금 통한다. 갈 데가 있어 이롭고, 대인을 보는 것이 이롭다.

(주해)

○巽(손) – '순(順)' 또는 '복(卜)'의 뜻.

해 설

이 괘는 상하괘가 다 손괘다. 그러므로 중복된 손괘라 한다. 손은 유순의 뜻이 있다. 그러므로 재삼 유순하다는 도(道)로 구오의 자리에 있는 임금이 명령을 백성에게 편다.

구오의 자리에 있는 임금이 정당한 가운데 자리에서 마음을 유순하게 가지고 또 의지의 작용이 실행되면, 그 아래에 있는 백성들도 다 거기에 순응한다. 비록 호응하는 신하가 없더라도 조금은 통하게 된다.

그러므로 정치를 해나가는 데 있어서 이로우니, 우선 도덕이 있는 대인 군자를 만나는 것이 이롭다.

58. 태괘(兌卦 ☱☱)

兌,는 說也.니 剛中而柔外,하여 說以利貞.이라 是以順乎天
而應乎人,하여 說以先民,하면 民忘其勞,하고 說以犯難,하면
民忘其死,하나니 說之大, 民勸矣哉!라

태괘는 희열의 상이다. 강한 것은 가운데 있고, 유한 것은 밖에 있어 기뻐함으로 마음을 곧고 바르게 가지는 데 이롭다. 그러므로 하늘에 순종하고 사람에게 순응하여 기쁜 마음으로 백성에게 먼저 하면 백성이 그 수고로움을 잊고, 기쁜 마음으로 어려운 일을 범하여 백성이 그 죽음을 잊는다. 기뻐함의 큼이란 백성들이 권장한다.

주해

○ 兌(태) — '열(悅)' 또는 '상업(商業)'의 뜻.

해설

태괘는 기쁨의 상이다. 구오와 구이의 양기는 가운데 자리를 차지하고 있고, 상륙과 육삼의 유한 음기는 밖의 자리를 차지하고 있으면서 서로 기뻐하니, 마음을 곧고 바르게 가져야 이롭다. 그러므로 구오의 위치에 있는 하늘에 순종하고, 구사의 위치에 있는 사람에게 순응하여 기쁜 마음으로 백성들에게 혜택을 베풀어 주면, 백성들이 어떤 일을 하더라도 그 수고를 다 잊어버린다. 또, 기쁜 마음으로 일을 당하게 되면 백성들은 죽음을 무릅쓰고 잊고 해 나간다.

이렇게 보면, 임금이 정치를 할 때에 백성의 마음을 기쁘게 한다는 것은 중대한 의의를 가질 뿐 아니라, 백성들이 서로 좋아서 권장한다.

59. 환괘(渙卦 ☴☵)

渙, 亨,은 剛이 來而不窮,하고 柔得位乎外, 而上同.할세라
王假有廟,는 王乃在中也.요 利涉大川,은 乘木하여 有功也.라

환괘는 형통하는 상이다. 강한 것이 한없이 오고, 유한 것이 밖에서 자리를 얻어서 위와 같다. 왕이 종묘를 가지게 된다는 것은 바로 가운데에 있다는 것이다. 큰 냇물을 건너는 것이 이롭다 함은 나무를 타는 데 공(功)이 있다는 것이다.

주해

ㅇ渙(환)－'산(散)' 또는 '세탁'의 뜻.

해 설

환괘는 형통하는 상이다. 상구의 강한 양기가 육삼의 음기와 서로 응하여 아래로 내려오고, 육삼의 유한 음기가 하괘(下卦) 밖에서 자리를 차지하고 있으면서 상구의 양기와 동일하게 되려 한다.

구오의 자리에 있는 왕이 선조에게 제사하는 종묘를 가지게 된다는 것은, 왕이 가운데 자리를 차지하고 있다는 뜻이다.

큰 냇물을 건너는 것이 이롭다고 한 것은, 상괘(上卦)의 손(巽)이 나무이므로, 나무로 만든 뗏목을 타고 물을 건너가면 바로 성공하게 된다는 뜻이다.

60. 절괘(節卦 ☱☵)

節, 亨.은 剛柔分, 而剛得中.할세요 苦節不可貞,은 其道窮
也.일세라 說以行險,하고 當位以節,하고 中正以通.하니라 天地

^절 ^{이 사 시 성} ^{절 이 제 도} ^{불 상 재} ^{불 해 민}
節, 而四時成,하나니 **節以制度**,하여 **不傷財**,하며 **不害民**.하나니라

절괘는 형통하는 상이다. 강한 것과 유한 것이 나뉘어서 강한 것이
가운데 자리를 차지하고 있다. 괴로운 절약은 마음을 곧고 바르게 가
질 수 없다 함은, 그 도가 궁함이다. 기쁨으로 험한 것을 행하고, 절
약함으로 자리에 있고, 중정(中正)함으로 통한다.

천지에는 절기가 있어 사시가 이루어지고, 절약하여 제도로 재물을
상하지 않고 백성을 해치지 않는다.

[주해]

○節(절)–유한(有限) 또는 절약의 뜻.

해 설

절괘는 형통하는 상이다. 강한 양기와 유한 양기가 똑같이 세 개씩
나뉘어졌지만, 구오와 구이의 두 양기가 중요한 가운데 자리를 차지
하고 있다.

괴로운 절약생활은 마음을 곧고 바르게 가질 수 없다 함은, 그 절
약의 도가 곤궁하기 때문이다.

구오의 양기는 기쁜 마음으로 험한 가운데 빠졌지만, 절약의 도로
정당하고 또 가운데 자리를 차지함으로 형통하게 된다.

천지자연도 이 절약의 도를 얻음으로써 1년 사계절이 이루어지고,
인간사회도 이 절약의 도로 모든 것을 제도화하고 재물을 낭비하지
않고, 백성의 재산을 해치지 않는다.

61. 중부괘(中孚卦 ☰☱)

^{중 부} ^{유 재 내} ^{이 강 득 중} ^{열 이 손} ^{부 내 화 방 야}
中孚,는 **柔在內**, **而剛得中**.할세니 **說而巽**,할세 **孚乃化邦也**.

니라 **豚魚吉**,은 **信及豚魚也**.요 **利涉大川**,은 **乘木**이고 **舟虛**
也.요 **中孚**,하고 **以利貞**,이면 **乃應乎天也**.리라

중부괘는 유한 것이 안에 있고, 강한 것이 가운데 자리를 얻었다. 기뻐서 유순하니, 노예가 바로 나라에 귀화한다. 물돼지가 좋다 함은, 믿음이 물돼지에 미침이다.

큰 냇물을 건너는 것이 이롭다 함은, 나무를 타서 배는 비어 있다 함이다.

노예는 마음을 곧고 바르게 가져야 이로우니, 바로 하늘에 순응하는 것이다.

주해

o 中孚(중부) –'중실부신(中實孚信)' 또는 '부노(俘奴)'의 뜻.

해 설

중부괘는 육삼과 육사의 유한 기운이 가운데 있으면서 구이와 구오의 강한 양기가 가운데 자리를 차지하고 있다.

상구의 양기와 육삼의 음기가 서로 응하고, 초구의 양기와 육사의 음기가 서로 응함으로써 기쁜 마음으로 순종한다. 육삼과 육사의 위치에 있는 노예가 유순한 모습으로 나라에 귀화된다.

물돼지가 좋다 함은 믿는 도가 지극하므로 그것이 물돼지에까지 미친다는 뜻이다.

큰 냇물을 건너는 것이 이롭다 함은, 사람들이 뗏목만 타고 물을 건너가니, 배는 텅 비어 안전하기 때문이다.

노예가 마음을 곧고 바르게 가져야 이롭다 함은, 구오의 임금에게 순응하기 때문이다.

62. 소과괘(小過卦 ䷽)

小過,는 小者過而亨也.니 過以利貞,은 與時行也.니라 柔得
中,이라 是以小事吉也.요 剛失位, 而不中,이라 是以不可大事
也.니라 有飛鳥之象焉.하니라 飛鳥遺之音, 不宜上宜下, 大
吉,은 上逆而下順也.일세라

소과괘는 작은 것이 지나쳐서 형통하는 것이다. 지나침으로써 마음을 곧고 바르게 가지는 것이 이롭다 함은, 때와 함께 운행함이다. 유한 것이 가운데 자리를 얻는다. 그러므로 작은 일이 좋다. 강한 것이 자리를 잃어 가운데를 차지하지 못한다. 그러므로 큰 일을 할 수 없다. 나는 새의 상이 있다. 나는 새가 소리를 남기고 올라가는 것은 마땅치 못하고, 내려오는 것은 마땅하여 크게 좋다 함은, 올라가는 것은 거슬리고 내려오는 것은 순탄함이라.

주해

ㅇ小過(소과) − '소자과(小者過)' 또는 '불위(不爲)'의 뜻.

해설

소과괘는 작은 것이 지나쳐서 통하는 상이다.

지나침으로써 마음을 곧고 바르게 가지는 데 이롭다 함은, 때와 함께 운행하기 때문이다.

육오와 육이의 음기가 가운데 자리를 차지하고 있다. 그러므로 작은 일을 하는 것이 좋다 한다.

구사와 구삼의 양기가 제자리를 잃어 가운데 자리를 차지하지 못하고 있다. 그러므로 큰 일을 할 수 없다 한다.

구삼과 구사의 양기가 가운데 있고 그밖의 음기가 위아래에 있으므로, 이 괘의 모습은 날아가는 새의 상과 같다.

날아가는 새의 소리가 올라가면 안되고 내려와야 크게 좋다 함은, 그 소리가 올라가면 거슬리게 되어 내기 어렵고, 소리가 내려오면 순탄하여 내기 쉽기 때문이다.

63. 기제괘(旣濟卦 ☵☲)

기제 형 소자 형야 이정 강유정이위당야
旣濟, 亨.은 小者, 亨也.니 利貞,은 剛柔正而位當也.일세라
초길 유득중야 종지즉란 기도궁야
初吉, 柔得中也.요 終止則亂,은 其道窮也.라

기제괘가 형통한다 함은, 작은 것이 형통함이다. 마음을 곧고 바르게 가지는 것이 이롭다 함은, 강한 것과 유한 것의 자리가 정당하다는 것이다. 처음은 좋다 함은, 유한 것이 가운데 차리를 얻었다는 것이다.

나중에 머물면 어지럽다 함은, 그 도가 곤궁하다는 것이다.

주해

○旣濟(기제) – '사지기성(事之旣成)' 또는 '방성(方成)'의 뜻.

해설

기제괘가 형통한다 함은, 세 음기가 각각 정당한 자리에 있고, 세 양기도 정당한 자리에 각각 반씩 차지하고 있기 때문이다.

마음을 곧고 바르게 가지는 것이 이롭다 함은, 강한 양기와 유한 음기가 각각 정당한 제자리에 있기 때문이다.

처음이 좋다 함은, 육이의 음기가 가운데 자리를 차지하고 있기 때

문이다.

나중에 머물면 어지럽다 함은, 구오의 양기가 중정의 자리를 차지하고 있어 좋지 않음은 아니지만, 시대가 이미 지나가서 그 도가 막히게 되었다는 뜻이다.

64. 미제괘(未濟卦 ☲☵)

未濟亨,은 柔得中也.요 小狐汔濟,는 未出中也.요 濡其尾,
无攸利,는 不續終也.라 雖不當位,나 剛柔應也.니라

미제괘가 형통한다 함은, 유한 것이 가운데를 얻었다는 것이다.
어린 여우가 거의 건너갔다 함은 아직 가운데서 나오지 못함이다.
그 꼬리를 적시니 이로울 것이 없다 함은, 계속하여 마치지 못한다는 것이다. 비록 자리가 정당하지 않지만 강한 것과 유한 것이 응한다.

주해

ㅇ未濟(미제)—'사미성지시(事未成之時)' 또는 '미성(未成)'의 뜻.

해 설

미제괘가 형통한다 함은, 육오의 음기가 가운데 자리를 차지하고 있기 때문이다.

어린 여우가 거의 건너갔다 함은, 구이의 양기가 험한 가운데 빠져 미처 나오지 못한다는 뜻이다. 그 꼬리를 적시니 이로울 것이 없다 함은 계속하여 물을 다 건너지 못한다는 뜻이다.

이 미제괘는 육효가 다 정당한 자리에 있지 못하다. 그러나 상하괘가 다 서로 호응하는 관계에 있으므로, 64괘는 이 미제괘로 끝나는 것이다. 여기에 음양 이기(二氣) 순환의 묘미가 있다.

상　사(象辭)

1. 건괘(乾卦 ☰☰)

天行이 健.하니 君子以하여 自疆不息.하나니라 潛龍勿用,은 陽在下也.요 見龍在田,은 德施普也.요 終日乾乾,은 反復道也.요 或躍在淵,은 進无咎也.요 飛龍在天,은 大人造也.요 亢龍有悔,는 盈不可久也.요 用九,는 天德은 不可爲首也.라

천체의 운행이 건실하다. 군자는 그것으로 스스로 쉬지 않고 힘쓴다. '잠복해 있는 용(龍)을 쓰지 말라' 함은 양기(陽氣)가 아래에 있다는 것이다. '나타난 용이 밭에 있다'고 함은 덕을 널리 편다는 것이다. '종일토록 씩씩하다' 함은 도를 반복한다는 것이다. '못에서 뛰놀기도 한다' 함은 허물없이 나아간다는 것이다. '나는 용이 하늘에 있다' 함은 대인이 일어난다는 것이다. '굳센 용이 뉘우침이 있다' 함은 오래 찰〔盈〕 수 없다는 것이다. '구(九)를 사용한다' 함은 하늘의 덕은 머리가 될 수 없다는 것이다.

주해

ㅇ健(건)－건장하다. 건실하다. 쉬지 않고 운행한다는 뜻.
ㅇ疆(강)－힘쓰다. 강하다.
ㅇ造(조)－일어나다. '기(起)'의 뜻.

상전(象傳)의 저자는 건괘(乾卦)의 괘상을 먼저 '건(健)'자의 개념으로 파악했다. '건'은 '건전하다, 건실하다'의 뜻이다. 바로 천체의 운행이 밤낮으로 끊임없이 돌아간다는 것이다. 군자는 이 끊임없이 돌아가는 자연현상을 인간 의식계(意識界)로 끌어들여 '스스로 쉬지 않고 노력한다'는 도덕률을 삼는 것이다. 이것이 바로 건괘의 괘사(卦辭)를 해석한 것이다.

初九 효사에 '물속에 잠긴 용을 쓰지 말라' 함은 효상(爻象)으로 보아 양기가 아직 아래에 있기 때문이다. 바로 잠룡(潛龍)의 시대이다. 그러므로 군자는 이 상을 본떠서 세상에 나타나지 말고 지하에 잠복해 있어야 한다.

九二 효사에 '나타난 용이 논에 있다' 함은 군자가 지상에서 덕을 널리 펼 때라는 것이다.

九三 효사에 '종일토록 씩씩하다' 함은 군자가 세상에 나아가고 물러나고, 움직이고 가만있는 것을 다 도덕률에 어김없이 되풀이한다는 것이다.

九四 효사에 '못에서 뛰놀기도 한다' 함은 때에 맞추어서 세상에 나아가면 실수가 없다는 것이다.

九五 효사에 '나는 용이 하늘에 있다' 함은 도덕이 높은 성인이 세상에서 일어난다는 것이다.

上九 효사에 '굳센 용이 뉘우침이 있다' 함은 모든 사물의 현상은 가득 차면 반드시 넘치는 법이기 때문에 오래 가지 못한다는 것이다.

또 '구(九)를 사용한다' 함은 천(天), 즉 자연 법칙을 도덕률로 삼아 이것을 실행하려면 겸손해야 하고, 사람들의 우두머리가 되어 앞장서서는 안된다는 것이다.

2. 곤괘(坤卦 ☷☷)

地勢坤,이니 君子以하여 厚德으로 載物.하나니라 履霜堅冰,
은 陰始凝也,니 馴致其道,하여 至堅冰也.하나니라 六二之動,
이 直以方也,니 不習无不利는 地道光也.라 含章可貞,이나 以
時發也.요 或從王事,는 知光大也.라 括囊无咎,는 愼不害也.
라 黃裳元吉,은 文在中也.라 龍戰于野,는 其道窮也.라 用六
永貞,은 以大終也.라

지세(地勢)는 곤(坤)이다. 군자는 후한 덕으로 물건을 싣는다. '서
리를 밟으면 굳은 얼음이라' 함은 음기가 비로소 응결한다는 것이다.
그 도에 익고 극진히 하여 굳은 얼음에 이른다. 육이의 움직임이 곧
게 모난다. '익히지 않아도 이롭지 않음이 없다' 함은 지도(地道)가
빛남이다. '빛남을 내포하여 곧고 바를 수 있다' 함은 때로 발한다는
것이다. '왕사(王事)에 좇기도 한다'는 것은 지혜가 빛나고 크다는 것
이다. '주머니를 여미면 허물이 없다' 함은 삼가면 해롭지 않다는 것
이다. '누런 치마가 크게 좋다' 함은 무늬가 속에 있다는 것이다. '용
이 들에서 싸운다' 함은 그 도가 곤궁하다는 것이다. '육(六)을 사용
하는 데는 영원히 곧고 발라야 한다' 함은 큰 것으로 마친다는 것
이다.

해 설

건괘(乾卦)에서 천행건(天行健)이라 했다. 여기 곤괘에서는 지세곤

(地勢坤)이라 했다. 곤(坤)은 넓고 크고 두텁다는 뜻이다. 학문하는 군자는 이 땅의 법칙을 본떠서 도덕률을 만들어 후한 도덕으로 모든 만물을 실어 주고 업어 준다.

初六 효사에 '사람이 서리를 밟으면 굳은 얼음이 언다' 함은 초가을이 되면 천지의 음기가 처음으로 응결되기 때문이다. 군자는 이러한 도리를 알아서 나쁜 징조가 보이면 앞으로의 세계는 소인들이 성하게 된다는 것을 미리 헤아려야 한다.

六二 효사에 '육이의 움직임이 곧게 모난다. 익히지 않아도 이롭지 않음이 없다' 함은 군자가 그러한 땅의 법칙을 본떠서 세상에 빛내야 한다는 것이다.

六三 효사에 '빛을 내포하면 마음이 곧고 바를 수 있다' 함은 군자가 때에 맞추어서 그것을 밖으로 나타내야 한다는 것이다. 또 '왕사(王事)에 좇기도 한다' 함은 군자가 정치에 종사하여 그 지혜를 세상에 크게 빛내야 한다는 것이다.

六四 효사에 '주머니를 여미면 허물이 없다' 함은 육오의 음기에 가까이하지만 별 소득이 없으니, 군자는 마치 주머니를 여미듯이 자기 속에 있는 것을 밖으로 나타내지 말아야 허물이 없다는 뜻이다. 그러므로 남에게 칭찬받을 일도 없다.

六五 효사에 '누런 치마는 크게 좋다' 함은 군자의 미가 안에 함축되어 있다는 것이다.

上六 효사에 '용이 들에서 싸운다' 함은 음기가 쇠멸되고 하나의 양기가 생겨 복괘(復卦)로 넘어가려 하므로 그 도가 곤궁하게 되었다는 것이다.

　　또 '육을 사용하면 길이 곧고 바르다' 함은 군자가 음기를 사용하는 법은 어디까지나 항상 마음을 곧고 바르게 가져 성대한 것으로 끝을 맺어야 한다는 것이다.

3. 둔괘(屯卦 ☵☳)

雲雷屯,이니 君子以하여 經綸.하나니라 雖磐桓,하나 志行正
也,며 以貴下賤하니 大得民也.로다 六二之難,은 乘剛也.요
十年乃字,는 反常也.라 卽鹿无虞,는 以從禽也,요 君子舍之,
는 往吝窮也.라 求而往,은 明也.라 屯其膏,는 施未光也.라
泣血漣如,어니 何可長也.리요

구름과 우레는 어려운 것이다. 군자는 그것으로 경륜(經綸)한다. 비록 머뭇거리더라도 뜻을 바르게 행한다. 귀한 것으로 아랫사람을 접대하니, 크게 백성을 얻는다. 육이의 어려움은 강한 것을 탄 것이요, '10년 만에야 바로 잉태한다' 함은 상정(常情)에 위반한다는 것이다. '사슴을 사냥하러 나아가도 근심이 없다' 함은 새〔禽〕에 종사한다는 것이요, '군자가 이것을 버린다' 함은 부끄러워 곤궁하다는 것이다. '구하러 간다' 함은 밝다는 것이다. '그 혜택이 어렵다' 함은 베푸는 것이 아직 빛나지 않는다는 것이다. '눈물과 피가 흐른다' 함은 어찌 오래 갈 수 있겠느냐 하는 것이다.

해 설

둔괘의 괘상은 구름이 비가 되려 하나 아직 되기 어려운 상이다. 군자는 이러한 자연현상을 관찰하고서 천하를 경륜하는 것이 매우 어렵다는 것을 안다.

初九 효사에 '머뭇거린다. 또는 망설인다' 함은 비록 망설일지라도

의지로 정당하게 실행한다는 것이다. 또 귀한 몸으로 아랫사람들을 잘 대우하니, 크게 백성의 신망을 얻게 된다.

六二 효사에 '어렵다' 함은 강한 초구의 양기를 타고 있어 압력을 받아 어려움을 당한다는 뜻이요, '10년 만에야 잉태한다' 함은 보통사람의 상정에 벗어난다는 것이다.

六三 효사에 '사슴 사냥을 가도 근심이 없다' 함은 새 사냥 갈 마음이 있다는 것이다. 군자는 그런 데 가면 창피를 당하여 수치스럽게 될 것을 미리 알고 그런 것을 버린다.

六四 효사에 '구하러 간다' 함은 구오의 자리에 있는 임금이 육이의 자리에 있는 어진 재상을 구해야 도움이 될 것을 밝게 안다는 것이다.

九五 효사에 '그 혜택을 주는 것이 어렵다' 함은 그 베풀어 주는 것이 아직 빛을 내지 못한다는 것이다.

上六 효사에 '눈물과 피가 흐른다' 함은 오래 가지 못하고 망한다는 것이다.

4. 몽괘(蒙卦 ☶☵)

山下出泉,이 蒙.이니 君子以하여 果行,하며 育德.하나니라 利
用刑人,은 以正法也.라 子克家,는 剛柔接也.라 勿用取女,는
行不順也.라 困蒙之吝,은 獨遠實也.라 童蒙之吉,은 順以巽
也.라 利用禦寇,는 上下順也.라

산 아래에서 샘물이 나오는 것이 몽괘이다. 군자는 그것으로 행위를 과단성 있게 하여 덕을 육성한다. '사람에 형벌을 쓰는 것이 이롭

다’ 함은 그것으로 법을 바로잡는다는 것이다. ‘아들이 집을 다스린다’ 함은 강한 것과 유한 것이 접한다는 것이다. ‘여자를 취하지 말라’ 함은 행실이 불순하다는 것이다. ‘몽매함으로 곤궁을 받으니 부끄러우리라’ 함은 홀로 실(實)에서 멀다는 것이다. ‘몽매한 것이 좋다’ 함은 유순하다는 것이다. ‘도둑을 막는 것이 이롭다’ 함은 상하가 순종한다는 것이다.

해 설

산 아래에서 샘물이 나오는 모습은 바로 몽괘의 상이다. 군자는 이것을 취상(取象)하여 실천의 행위를 과단성 있게 하여 도덕을 키워간다.

初六 효사에 ‘사람에게 형벌을 주는 것이 이롭다’ 함은 몽매한 사람을 깨우쳐 나라의 법을 바로잡는다는 것이다.

九二 효사에 ‘아들이 집안을 다스린다’ 함은 구이의 양기와 육오의 음기가 서로 응하므로 아들이 아버지와 서로 합심하여 집을 다스린다는 것이다.

六三 효사에 ‘여자에게 장가들지 말라’ 함은 그의 행실이 간사하고 순종하지 않기 때문이다.

六四 효사에 ‘몽매함으로 곤란을 받으니 부끄럽다’ 함은 그것이 홀로 성질이 음흉하여 현명한 사람과 멀리 떨어져 있기 때문이다.

六五 효사에 ‘몽매함이 좋다’ 함은 그것이 상구의 양기를 이어받아 자기의 뜻을 낮추고 남에게 순종하기 때문이다.

上九 효사에 ‘도둑을 막는 것이 이롭다’ 함은 그것이 육삼의 음기와 서로 응하여 위에서는 너무 사납지 않고, 아래에서는 그 몽매함을 버리기 때문이다.

5. 수괘(需卦 ☵☰)

雲上於天,이 需.니 君子以하여 飮食宴樂.하나니라 需于郊,는 不犯難行也.요 利用恒, 无咎,는 未失常也.라 需于沙,는 衍在中也.니 雖小有言,하나 以吉로 終也.리라 需于泥,는 災在外也.라 自我致寇,하니 敬愼不이면 敗也.리라 需于血,은 順以聽也.라 酒食貞吉,은 以中正也.라 不速之客來, 敬之終吉,은 雖不當位,나 未大失也.라

구름이 하늘로 올라가는 것이 수괘이다. 군자는 그것으로 마시고 먹고 잔치하고 즐거워한다. '교외에서 기다린다' 함은 어려움을 범하여 행하지 않는다는 것이요, '항구한 것이 이로우니 허물이 없다' 함은 아직 상도(常道)를 잃지 않는다는 것이다. '모래밭에서 기다리고 있다' 함은 여유있게 가운데 있는 것이니, 비록 조금 말이 있으나 좋게 마친다는 것이다. '진흙밭에서 기다린다' 함은 재앙이 밖에 있는 것이다. 내가 도둑을 오게 했으니, 공경하고 근신하면 패하지 않는다는 것이다. '피밭에서 기다린다' 함은 순종하여 듣는다는 것이다. '술과 밥을 차려 놓고 기다린다. 마음을 곧고 바르게 가져야 좋다' 함은 중정(中正)하기 때문이다. '청하지 않은 손님이 오리니, 그를 공경하면 마침내 좋다' 함은 비록 정당치 못한 자리이나 아직 크게 잃지 않는다는 뜻이다.

주해

ㅇ衍(연)－너그럽다. '여유가 있음'을 이른다.

해 설

비가 오기 전에 구름이 하늘로 올라가는 모습이 수괘의 상이다. 군자는 그 현상을 취상(取象)하여 음식으로 그 기운과 몸을 유지하고, 잔치하고 즐거워함으로써 그 마음과 뜻을 평화롭게 한다.

初九 효사에 '교외에서 기다린다' 함은 그것이 육사의 음기와 서로 응하므로 어려운 일을 거슬려 행하지 않는다는 뜻이요, '항구한 태도를 가지는 것이 이로우니, 허물이 없다' 함은 아직 상도를 잃지 않았다는 뜻이다.

九二 효사에 '모래밭에서 기다린다' 함은 그것이 구오와 서로 응하지 아니하여 그대로 가운데 자리에 있는 것이니, 비록 말썽은 조금 있지만 나중에는 좋아지리라는 것이다.

九三 효사에 '진흙밭에서 기다린다' 함은 그것이 상륙의 음기와 서로 응하므로 재앙이 밖에 있다는 것이요, 또 구삼의 양기가 상륙의 음기를 불러온 것이니 마치 내가 도둑을 불러들인 것과 같다는 뜻이다. 이렇게 불러들인 이상, 그것에 대하여 공경하고 근신하면 실패하지 않는다.

六四 효사에 '피밭에서 기다린다' 함은 그것이 비록 험한 가운데 빠져 있으나 초구와 서로 응하므로 그것에 순종하여 말을 잘 들으면 나쁜 것을 모면할 수 있다는 뜻이다.

九五 효사에 '술과 밥을 차려 놓고 기다린다. 마음을 곧고 바르게 가져야 좋다' 함은 그것이 가운데에 정당한 자리에 있기 때문이다.

上六 효사에 '청하지 않은 손님이 올 것이니, 그를 공경하면 마침내 좋다' 함은 그것이 비록 너무 높은 자리에 있어서 정당하지는 못하지만, 아직 크게 잃고 있는 것은 아니라는 뜻이다.

6. 송괘(訟卦 ☰☵)

天與水, 違行이 訟.이니 君子以하여 作事, 謀始.하나니라 不
永所事,는 訟不可長也.니 雖小有言,이나 其辯이 明也.라 不
克訟,하여 歸逋竄也.니 自下訟上,이 患至掇也.리라 食舊德,
하니 從上이라도 吉也.리라 復卽命, 渝安貞,은 不失也.라 訟元
吉,은 以中正也.라 以訟受服,이 亦不足敬也.라

하늘과 물이 어긋나게 운행되는 것이 송괘이다. 군자는 그것으로
일을 하는데, 처음에 도모한다. '오랫동안 송사를 끝내지 못한다' 함은
소송을 오래 할 수 없는 것이니, 비록 조금 말썽이 있으나 그 변명이
똑똑하다는 것이다. '소송에 이기지 못하여 돌아가서 숨는다'는 것은
아래에서 윗사람을 소송하니, 우환이 있어도 수습된다. 옛 은덕을 먹
으니, 윗사람을 따르면 좋다. '돌아와서 천명에 맡기어, 나아가 마음을
편안히, 그리고 곧고 바르다' 함은 잃어버리지 않는다는 것이다. '소송
에 크게 좋다' 함은 중정이기 때문이다. 소송으로 복종의 총애를 받는
것은 역시 존경할 것이 못된다.

주해

○逋(포)─도망하다.
○竄(찬)─도망하다. 숨다.
○渝(투)─변하다.

해 설

이 괘는 상괘가 하늘이요 하괘가 물이므로, 하늘과 물의 운행이 서

로 어긋나는 것은 바로 송괘의 괘상이다. 군자는 이 자연 현상을 본떠서 무슨 일을 할 때에 처음 출발점으로 되돌아가서 소송 사건이 일어나지 않도록 노력한다.

初六 효사에 '오랫동안 송사에 이기지 못한다' 함은 유약한 초륙의 음기가 강경한 구사의 양기에 범할 수 없으니, 소송 사건이 오래 갈 수 없다는 것이다. 왜냐하면, 비록 조금 말썽이 있더라도 그것을 똑똑하게 변명하기 때문이다.

九二 효사에 '소송을 이기지 못하여 돌아가서 숨는다' 함은 구이의 양기가 구오의 양기와 서로 상극되는 것은 아랫사람이 윗사람을 걸어 소송하는 것과 같으니, 비록 우환이 오더라도 곧 수습된다는 것이다.

六三 효사에 '옛날 은덕을 받아먹는다' 함은 육삼의 음기가 상구의 양기와 서로 응하니, 마치 윗사람한테 옛날 식록(食祿)을 받아먹는 것과 같다는 뜻이다. 그러므로 윗사람에게 복종하면 좋을 것이다.

九四 효사에 '돌아와서 명령에 나아가 태도를 변하여 편안히 마음을 곧고 바르게 가진다' 함은 구사의 양기가 초륙의 음기와 서로 응하니, 마치 아랫사람이 윗사람의 명령에 응하여 마음을 곧고 바르게 가짐으로써 자기 자리를 잃지 않는 것과 같다.

九五 효사에 '소송이 크게 좋다' 함은 구오의 양기가 중정의 자리를 차지하고 있는 것은 마치 구이의 위치에 해당하는 아랫사람이 임금을 소송하더라도 정당한 자리에 있는 임금의 덕이 본래 위대하므로 소송할 수 없는 것과 같다.

上九 육삼의 음기와 서로 응하는 것은, 마치 윗사람과의 소송에 패함으로써 복종의 총애를 받는 것과 같으니, 그것은 역시 존경할 것이 못된다.

7. 사괘(師卦 ☷☵)

지 중 유 수　　사　　　군 자 이　　　용 민 휵 중　　　　　　　　사 출 이 율
地中有水, 師.니 君子以하여 容民畜衆.하나니라 師出以律,

실 율 흉 야　　　재 사 중 길　　　승 천 총 야　　왕 삼 석 명　　　　회
이니 失律凶也.리라 在師中吉,은 承天寵也.요 王三錫命,은 懷

만 방 야　　　사 혹 여 시　　대 무 공 야　　　좌 차 무 구　　미 실 상
萬邦也.라 師或輿尸,면 大无功也.리라 左次无咎,는 未失常

야　　장 자 솔 사　　이 중 행 야　　제 자 여 시　　사 부 당 야　　대
也.라 長子帥師,는 以中行也.요 弟子輿尸,는 使不當也.라 大

군 유 명　　이 정 공 야　　소 인 물 용　　필 란 방 야
君有命,은 以正功也.요 小人勿用,은 必亂邦也.라

땅 가운데 물이 있는 것이 사괘이다. 군자는 그것으로 백성을 용납하고, 대중을 양육한다. 군사를 규율있게 출동시킬 것이니, 규율을 잃으면 나쁘리라. '군사를 동원함에 있어서 중도를 지키면 좋다' 함은 하늘의 은총을 이어받는 것이요, '임금이 세 번씩 명령을 내린다' 함은 여러 나라를 회유(懷柔)한다는 것이다. '군사가 시체를 싣고 돌아올지도 모른다' 함은 크게 공이 없다는 것이다. '군사가 물러와서 병사(兵舍)에서 잠자는 것이니 허물이 없다' 함은 아직 상도를 잃지 않았다는 것이다. '맏아들이 군사를 거느린다' 함은 가운데 위치에서 행진하기 때문이라는 것이요, '작은아들이 군사의 시체를 싣고 돌아온다' 함은 시키는 것이 마땅치 못하다는 것이다. '천자의 명령이 있다' 함은 공을 정당하게 하기 때문이란 것이요, '소인을 쓰지 말라' 함은 반드시 나라를 어지럽게 한다는 것이다.

상괘가 땅이요 하괘가 물이므로, 땅속에 물이 있는 것이 바로 사괘의 괘상이다. 군자는 그 모양을 본떠서 민중을 다 포용하여 양육한다.

初六 효사에 '군사를 규율있게 낸다' 함은 초륙의 음기가 구이의 양기를 이어받음으로써, 마치 군사를 규율있게 출동시키는 것과 같다. 그러나 만일 규율을 잃게 되면 적군에게 패할 것이니 나쁘리라.

九二 효사에 '군사를 가운데 위치에 있게 하면 좋다' 함은 마치 가운데 자리에 있는 구이의 양기가 육오의 음기와 서로 응하는 것과 같은 상이다. 그러므로 하늘, 즉 임금의 총애를 받는다 한다. 또 '왕이 세 번 명령을 내린다' 함은 육오의 음기가 상륙, 육사, 육삼의 음기와 함께 구이의 양기와 서로 응하기 때문에 여러 나라를 회유한다는 것이다.

六三 효사에 '군사가 시체를 수레에 싣고 돌아올지도 모른다' 함은 육삼의 음기가 상륙의 음기와 서로 응하지 않는 것과 같이 크게 공이 없다는 뜻이다.

六四 효사에 '군사가 물러와서 병사(兵舍)에서 잠자는 것이니 허물이 없다' 함은 육사의 음기가 초륙의 음기와 서로 응하지 않으므로 앞으로 더 나아가지 않는다는 뜻이다. 그러므로 아직 상도(常道)를 잃지 않는다 한다.

六五 효사에 '맏아들이 군사를 거느린다' 함은 마치 가운데 자리에 있는 육오의 음기가 역시 가운데 자리의 구이의 양기와 서로 응하는 것과 같다. 그러므로 가운데 자리에서 행진하기 때문이요, 또 '작은아들이 군사의 시체를 싣고 돌아온다' 함은 마치 육오의 자리에 있는 임금이 가운데 자리에 있지 않는 작은아들로 군사를 거느리게 하면 패하는 것과 같다.

上六 효사에 '대군(大君)의 명령이 있다' 함은 마치 육오의 음기가 구이의 양기와 서로 응하는 것과 같다. 그러므로 공을 바르게 한다고 한다. 그러나 '소인을 쓰지 말라' 함은 상륙의 음기가 육삼의 음기와 서로 응하지 않는 것과 같다. 그러므로 소인을

쓰면 반드시 나라를 어지럽힌다고 한다.

8. 비괘(比卦 ☵☷)

　　　　지상유수　　비　　　선왕　　　이건만국　　　　친제후　　　　비지
地上有水, 比.니 先王이 以建萬國,하고 親諸侯.하니라 比之
　　초륙　　유타길야　　　　　비지자내　　부자실야　　비지비인
初六,은 有他吉也.니라 比之自內,는 不自失也.라 比之匪人,
　　불역상호　　　　외비어현　　이종상야　　　현비지길　　위
이 不亦傷乎?아 外比於賢,은 以從上也.라 顯比之吉,은 位
　　정중야　　사역취순　　실전금야　　읍인불계　　상사중야
正中也.요 舍逆取順,은 失前禽也.요 邑人不誡,는 上使中也.
　　　비지무수　　무소종야
일세라 比之无首, 无所終也.니라

땅 위에 물이 있는 것이 비괘다. 선왕(先王)은 그것으로 여러 나라
를 세우고, 제후를 친근히 했다. '비괘의 초륙은 다른 좋은 일이 있다'
'비괘가 안에서 한다' 함은 스스로 잃지 않는다는 것이다. 비괘에 사
람이 아니라 하였으니, 역시 마음이 상하지 않겠는가. '밖에서 어진
사람과 친근히 한다' 함은 그것으로 윗사람을 좇는다는 것이다. '친근
성을 나타내어 좋다' 함은 자리가 정당하고 가운데 있다는 것이요,
'거슬리는 것을 버리고 순종하는 것을 취한다' 함은 앞의 새를 잃어버
린다는 것이요, '마을 사람을 경계하지 않는다' 함은 윗사람이 가운데
자리에 있게 한다는 것이다. '비괘가 머리가 없다' 함은 종지(終止)되
는 것이 없다는 것이다.

해 설

　상괘가 물이요 하괘가 땅이므로, 땅 위에서 물이 있는 것이 비괘의
괘상이다. 옛날 선왕들은 이 땅과 물의 친근성이 있는 모양을 본떠서
여러 나라를 세우고 제후들과 친근히 지냈다.

初六 효사에 '비괘의 초륙은 다른 좋은 일이 있다' 함은 초륙의 음기가 육사와 서로 응하지 않으므로 다른 데서나 좋은 일이 있다는 것이다.

六二 효사에 '비괘가 안에서 한다' 함은 육이의 음기가 구오의 양기와 서로 응하는 것은 사람이 임금과 친근하여 정당한 제자리를 잃지 않는 것과 같다는 것이다.

六三 효사에 '비괘에 사람이 아니다' 함은 육삼의 음기가 상륙의 음기와 서로 응하지 않는 것과 같다. 그러므로 역시 마음이 상하지 않겠는가 하는 것이다.

六四 효사에 '밖에서 현인과 친근히 지낸다' 함은 육사의 음기가 구오의 양기를 이어받고 있는 것과 같다. 그러므로 윗사람을 좇기 때문이라 한다.

九五 효사에 '친근성을 나타내니 좋다' 함은 구오의 자리가 정당하고 가운데 있기 때문이다. 또 '앞의 새를 잃었다' 함은 구오의 양기가 육이의 음기와 서로 응하므로 마치 이쪽에서 거슬리어 가는 놈을 버려 두고, 저쪽에서 순순히 날아오는 놈을 잡는 것과 같다. 그러므로 앞의 새를 잃는다 한다. 또 '마을 사람에게 경계하지 않는다' 함은 마치 구오의 양기가 가운데 자리에서 아래의 음기를 조종하는 것과 같다. 그러므로 윗사람이 시키는 것을 '중(中)'이라 한다.

上六 효사에 '비괘가 머리가 없다' 함은 상륙의 음기가 육삼의 음기와 서로 응하지 않는 것과 같다. 그러므로 마침내는 유종의 미가 없다 한다.

9. 소축괘(小畜卦 ☴☰)

풍행천상　　　　　소축　　　　군자이　　　　의문덕　　　　　복
風行天上,이 小畜.이니 君子以하여 懿文德.하나니라 復이

自道,는 其義吉也.라 牽復은 在中,이라 亦不自失也.라 夫妻
反目,은 不能正室也.라 有孚惕出,은 上合志也.라 有孚攣
如,는 不獨富也.라 旣雨旣處,는 德이 積載也.요 君子征凶,은
有所疑也.니라

바람이 하늘에서 부는 것이 소축괘이다. 군자는 그것으로 문예(文藝)와 덕을 아름답게 한다. '법칙에 따라 돌아온다' 함은 그 의의가 좋다는 것이다. '이끌고 돌아온다' 함은 가운데 자리에 있다는 것이다. 역시 스스로 잃지 않는다. '부부가 서로 미워한다' 함은 집안을 바로잡을 수 없다는 것이다. '성실성이 있으면 위험한 데서 뛰쳐나온다' 함은 윗사람과 뜻이 맞는다는 것이다. '사람을 성실성 있게 끈다' 함은 혼자 부자 노릇을 못한다는 것이다. '이미 비가 내려 땅에 괸다' 함은 덕이 가득 찼다는 것이요, '군자가 싸움하러 나가면 나쁘다' 함은 의심스러운 것이 있다는 것이다.

주해

○懿(의) - 아름답다.

해 설

이 괘는 상괘가 손(巽)이요, 하괘가 건(乾)이다. 손은 바람이요 건은 하늘이므로, 바람이 하늘에서 부는 것을 소축괘의 괘상이라 한다. 군자는 이 바람이 하늘에서 부는 모습을 본떠서 인간의 문예와 덕행을 아름답고 착하게 한다. 즉 군자는 사람의 정신 방면에 풍화작용(風化作用)을 일으켜 인간을 선화(善化) 내지는 미화하는 것이다.

初九 효사에 '도덕 법칙에 따라 선한 데로 돌아온다' 함은 그 의의

가 좋다는 것이다.

九二 효사에 '사람을 이끌고 돌아온다' 함은 구이의 양기가 가운데 자리를 차지하고 있어 잃지 않는다는 것이다.

九三 효사에 '부부가 서로 미워한다' 함은 상구의 양기와 서로 응하지 못하는 것은 마치 한 집안에 있어서 부부가 서로 미워하는 것과 같다는 뜻이다.

六四 효사에 '성실성이 있으면 위험한 데서 뛰쳐나온다' 함은 초구의 양기와 서로 응하므로 마치 사람이 위험한 데서 뛰쳐나오는 모습과 같다는 뜻이다. 그것은 윗사람과 뜻이 서로 맞기 때문이다.

九五 효사에 '사람을 성실성 있게 끌어당긴다' 함은 육사의 음기와 친근하므로 사람이 임금의 덕이 아니면 저 혼자 부자가 될 수 없다는 뜻이다.

上九 효사에 '이미 비가 내려 땅에 괴어 있다' 함은 상구의 기덕이 아래 백성들에게 가득 차 있어 그 이상 더 올라갈 수 없다는 뜻이다. 또 '군자가 싸우러 가면 나쁘다' 함은 공이 이미 높은 사람이라 전공(戰功)을 세울지 의심이 간다는 뜻이다.

10. 이괘(履卦 ☰☱)

上天下澤(상천하택),이 履(이).니 君子以(군자이)하여 辨上下(변상하),하여 定民志(정민지).하나니라

素履之往(소리지왕),은 獨行願也(독행원야).라 幽人貞吉(유인정길),은 中不自亂也(중부자란야).라 眇能(묘능)

視(시),는 不足以有明也(부족이유명야).요 跛能履(파능리),는 不足以與行也(부족이여행야).요 咥人之(질인지)

凶(흉),은 位不當也(위부당야).요 武人爲于大君(무인위우대군),은 志剛也(지강야).라 愬愬終吉(소소종길),은

志行也(지행야).라 夬履貞厲(쾌리정려),는 位正當也(위정당야).일세라 元吉在上(원길재상),이 大有慶(대유경)

^야
也. 니라

위는 하늘이요, 아래는 못[澤]이 있는 것이 이괘이다. 군자는 그것
으로 아래위를 분별하여 백성의 뜻을 정한다. '신을 신고 간다' 함은
홀로 지원(志願)을 실행한다 하는 것이다. '고독한 사람이여! 마음을
곧고 바르게 가지면 좋다' 함은 중심이 스스로 어지럽지 않다 하는
것이다. '애꾸눈도 볼 수 있다' 함은 밝게 볼 수 없다는 것이요, '절뚝
발이도 땅을 딛을 수 있다' 함은 함께 걸을 수 없다는 것이요, '사람
을 물면 나쁘다' 함은 자리가 정당하지 못하다는 것이요, '무인(武人)
으로서 제왕이 된다' 함은 의지가 굳세다는 것이다. '두려워하는 모습
을 가지면 마침내 좋다' 함은 의지가 실행된다는 것이다. '결단코 이
행하고 만다. 마음을 곧고 바르게 가져도 위태하다' 함은 자리가 정당
하다는 것이다. '크게 좋다' 함은 위에 있어서 크게 경사가 있다는 것
이다.

해 설

이 괘는 상괘가 건(乾)이요, 하괘가 태(兌)이다. 건은 하늘이요, 태
는 못이므로 위에는 하늘이요 아래는 못이 있는 것이 이괘의 괘상이
다. 군자는 그 모습을 본떠서 인간사회에 있어서 상하의 신분을 구별
하여 백성들의 심지를 안정시켜 놓는다.

初九 효사에 '신을 신고 간다' 함은 초구의 양기가 정당한 자리에
　　있어 앞으로 나아갈 기상이 있지만 서로 호응하는 음기가 없
　　기 때문이다. 군자는 이것을 취상하여 자기가 하고 싶은 뜻을
　　혼자 실행한다.
九二 효사에 '고독한 사람이여! 마음을 곧고 바르게 가지면 좋다'
　　함은 구이의 양기가 구오의 양기와 서로 응하지 않기 때문이

다. 고독한 군자는 이 현상을 취상하여 자기 마음을 스스로 산란케 하지 않는다는 뜻이다.

六三 효사에 '애꾸눈도 볼 수 있다' 함은 육삼의 음기가 상구의 양기와 서로 응하기 때문이다. 그러므로 조금은 볼 수 있지만 두 눈을 가진 사람과 같이 잘 볼 수는 없다는 뜻이다. 또 '절뚝발이도 땅을 밟을 수 있다' 함은 육삼의 음기가 역시 상구와 서로 응하기 때문이다. 그러므로 절뚝발이도 땅을 밟을 수는 있지만 두 다리가 성한 사람과 같이 먼 길을 걸을 수 없다는 뜻이다.

九四 효사에 '두려워하면 마침내 좋다' 함은 구사의 양기가 육삼의 음기와 서로 친근하게 지내기 때문이다. 그러므로 군자가 자기의 결단한 의지가 실행된다는 뜻이다.

九五 효사에 '결단코 이행하는 것이니, 마음이 곧고 발라도 위태하다' 함은 구오의 양기가 너무 강하여 정당한 자리에 있기 때문이다.

上九 효사에 '크게 좋다' 함은 상구의 양기가 육삼의 음기와 서로 응하기 때문이다. 그러므로 군자가 매우 높은 자리에 있어서 크게 경사가 있다는 뜻이다.

11. 태괘(泰卦 ☷☰)

天地交, 泰,니 后以하여 財成天地之道,하며 輔相天地之宜,하여 以左右民.하나니라 拔茅征吉,은 志在外也.라 包荒, 得尙于中行,은 以光大也.라 无往不復,은 天地際也.라 翩翩不富,는 皆失實也,요 不戒以孚,는 中心願也.라 以祉元吉,은

^{중 이 행 원 야}
中以行願也.라 ^{성 복 우 황}城復于隍,은 ^{기 명 란 야}其命亂也.라

하늘과 땅이 교접하는 것이 태괘이다. 왕후는 그것으로 천지의 도를 재성(裁成)하고, 천지의 마땅함을 도와 백성을 좌우한다. '잔디풀을 뽑으니, 정벌하러 가면 좋다' 함은 뜻이 밖에 있다는 것이다. '여러 오랑캐 족속을 포섭해서 중용의 덕행을 숭상한다' 함은 그것으로 빛내고 크게 한다는 것이다. '가는 것으로 돌아오지 않는 것이 없다' 함은 하늘과 땅이 교제한다는 것이다. '새가 펄펄 날아 내려오는 모습이다. 자기가 부유하다 생각지 않는다' 함은 다 실(實)한 것을 잃었다는 것이요, '진실된 마음으로 가르침을 받는다' 함은 중심으로 원한다는 것이다. '행복하게 되니, 크게 좋으리라' 함은 중심으로 지원함을 실행하는 것이다. '성(城)이 무너져 다시 웅덩이가 된다' 함은 그 명령이 어지럽다는 것이다.

해 설

이 괘는 상괘가 곤괘(坤卦)요 하괘가 건괘(乾卦)다. 곤은 땅이요, 건은 하늘이므로 하늘과 땅이 서로 교합하는 것이 태괘의 괘상이다. 왕은 그 모습을 본떠서 천지의 법칙을 이루어 놓고, 천지의 이치를 도움으로써 온 백성을 키워 간다.

初九 효사에 '잔디풀을 뽑는 것이니, 정벌하러 가면 좋다' 함은 초구의 양기가 육사의 음기와 서로 통하므로 이 현상을 본뜨는 임금은 밖으로 정벌하러 갈 뜻을 품는다는 뜻이다.

九二 효사에 '여러 오랑캐 족속을 포섭해서 중용의 덕을 숭상한다' 함은 구이의 양기가 육오의 음기와 서로 통하기 때문이다. 임금은 이것을 본받아서 여러 오랑캐를 포섭해서 중용의 덕을 숭상함으로써 나라를 빛내고 크게 한다.

九三 효사에 '가서 돌아오지 않는 것이 없다' 함은 구삼의 양기가 상륙의 음기와 서로 응하여 합하기 때문이다. 그러므로 군자는 건괘의 양기가 운행하여 다시 곤괘의 음기로 되돌아온다는 이치를 안다.

六四 효사에 '새가 펄펄 날아 내려오는 모습이다. 자기가 부유하다 생각지 않는다' 함은 육사의 음기가 초구의 양기와 서로 응하기 때문이다. 그러므로 자기의 실체를 다 잃었다 한다. 또 '신실하게 경계하지 않는다' 함은 육사의 음기가 초구의 양기와 서로 응하므로 중심으로 원하는 것이니, 구태여 경계하지 않아도 좋다는 것이다.

六五 효사에 '행복되게 하니 크게 좋다' 함은 가운데 자리에 있는 육오의 음기와 구이의 양기가 서로 응하는 것은 마치 두 남녀가 마음속으로 자기들의 소원을 실행하는 것과 같다는 뜻이다.

上六 효사에 '성이 무너져 다시 웅덩이가 된다' 함은 위에 있는 상륙의 음기가 아래에 있는 구삼의 양기와 서로 응하므로 마치 성이 무너져 웅덩이가 되는 상과 같은 것이다. 그것은 윗사람의 명령이 어지럽기 때문이다.

12. 비괘(否卦 ☰☷)

天地不交, 否.니 君子以하여 儉德辟難,하여 不可榮以祿.이나라 拔茅貞吉,은 志在君也.라 大人否亨,은 不亂群也.라 包羞,는 位不當也.일세라 有命이면 无咎,는 志行也.라 大人之吉,은 位正當也.일세라 否終則傾,하니 何可長也?리요

하늘과 땅이 교합하지 않는 것이 비괘이다. 군자는 검소한 덕으로 재난을 피하여 복록으로 영광을 누리지 않는다. '잔디풀의 뿌리를 뽑는다. 마음을 곧고 바르게 가지면 좋다' 함은 뜻이 군왕에게 있다는 것이다. '대인은 나쁘게 되지만 형통한다' 함은 군중에게 어지럽혀지지 않는다는 것이다. '포섭됨은 부끄러운 일이라' 함은 자리가 마땅하지 않다는 것이다. '임금의 명령이 내리시니 허물이 없다' 함은 뜻이 실행된다는 것이다. '대인은 좋으리라' 함은 자리가 정당하다는 것이다. 나쁜 운이 끝나면 기울어진다. 어찌 오래 갈 수 있겠는가?

주해

○辟(피)―'피(避)'의 뜻.

해 설

이 괘는 상괘가 건괘(乾卦)요 하괘가 곤괘(坤卦)이다. 건은 하늘이요, 곤은 땅이므로 하늘과 땅이 서로 교합되지 않는 것이 바로 비괘의 괘상이다. 군자는 이때를 경계하여 검소한 덕으로 모든 재난을 피하고, 호화로운 생활을 하지 않는다.

初六 효사에 '잔디풀의 뿌리를 뽑는다. 마음을 곧고 바르게 가지면 좋다' 함은 초륙의 음기가 구사의 양기와 서로 응하기 때문이다. 군자는 이 현상을 취상하여 대인군자가 될 뜻을 가진다.

六二 효사에 '대인은 나쁘지만 형통한다' 함은 육이의 음기가 구오의 양기와 서로 응하기 때문이다. 그러므로 군자는 이것을 취상하여 다른 여러 소인들에게 휩쓸리어 난폭한 일을 하지 않는다는 것이다.

六三 효사에 '포섭됨은 부끄러운 일이라' 함은 정당치 못한 자리에 있는 육삼의 음기가, 또 정당치 못한 자리에 있는 상구의 양기와 서로 응하기 때문이다. 그러므로 군자는 이것을 취상하

여 정당치 못한 자리에 앉지 않는다는 뜻이다.

九四 효사에 '임금의 명령이 내리시니 허물이 없다' 함은 구사의 양 기가 초륙의 음기와 서로 응하기 때문이다. 그러므로 군자는 이것을 본뜨니 임금을 섬길 뜻이 실행된다는 뜻이다.

九五 효사에 '대인이 좋다' 함은 구오의 양기가 육이의 음기와 서로 응하기 때문이다. 그러므로 이것은 임금과 신하가 서로 정당 한 자리에서 가운데 자리를 차지하고 있다는 뜻이다.

上九 효사는 나쁜 때가 끝나면 기울어져 좋은 때가 된다는 뜻이다. 나쁜 때가 오래 갈 수 없는 것이다.

13. 동인괘(同人卦 ☰☲)

天與火, 同人.이니 君子以하여 類族,으로 辨物.하나니라 出
門同人,은 又誰咎也?리요 同人于宗,이 吝道也.라 伏戎于莽,
은 敵剛也.요 三歲不興,이어니 安行也.리요 乘其墉,은 義弗克
也.요 其吉,은 則困而反則也.라 同人之先,은 以中直也.요 大
師相遇,는 言相克也.라 同人于郊,는 志未得也.라

하늘과 불이 동인괘이다. 군자는 그것으로 겨레를 모으고 물건을 분별한다. '사람을 문밖에서 만나본다' 함은 또 누구를 허물하겠느냐 하는 것이다. '사람과 함께 종주(宗主)께 만나본다' 함은 부끄러운 도 라는 것이다. '군사를 풀밭에 매복시킨다' 함은 대적이 강하다는 것이 요, '3년이나 되어도 일으키지 못한다' 함은 어찌 실행하겠는가 하는 것이다. '그 남의 집 담장을 타고 있다' 함은 그 뜻이 이기지 못한다 는 것이요, '그것이 좋다' 함은 곤궁하여 법칙으로 되돌아온다는 것이다. ‘무리를 모아 놓고 먼저 한다’ 함은 중심이 곧다는 것이요, ‘큰 군사가 서로 만난다’ 함은 서로 이김을 말한다는 것이다. ‘사람을 교외에서 만난다’ 함은 뜻을 아직 얻지 못했다는 것이다.

(주해)

ㅇ類(유)—유집(類集)의 뜻.

해　설

이 괘는 상괘가 건괘(乾卦)요 하괘가 이괘(離卦)이다. 건은 하늘이요, 이는 불이므로 하늘과 불이 동인괘의 괘상이다. 군자는 그 현상을 본떠서 같은 겨레를 한데 모아 놓고 모든 사물을 구별해 놓는다.

初九 효사에 ‘사람을 문밖에서 만나본다’ 함은 초구의 양기가 육이의 음기와 서로 친근성을 가지기 때문이다. 군자는 이것을 본떠서 같은 겨레의 사람들을 문밖에서 만나보니, 또 누가 원망하겠느냐 하는 뜻이다.

六二 효사에 ‘사람과 함께 종주께 만나본다’ 함은 육이의 음기가 구오의 양기와 서로 응하기 때문이다. 그러므로 군자는 이것을 본떠서 자기 겨레 가운데 가장 웃어른 되는 족장(族長)을 만나보는 것은 소인으로서 부끄러워할 줄 아는 도덕이라는 뜻이다.

九三 효사에 ‘군사를 풀밭에 매복시킨다’ 함은 구삼의 양기가 상구의 양기와 서로 응하지 않기 때문이다. 그러므로 이것은 적군이 매우 강한 상이다. 또 ‘3년 동안이나 일어나지 않는다’ 함은 구삼의 양기가 셋째 자리에 있음을 뜻하는 것이니, 어찌 대적을 정벌할 수 있겠는가 하는 것이다.

九四 효사에 ‘남의 집 담장을 타고 있다’ 함은 구사의 양기가 초구의 양기와 서로 응하지 않기 때문이다. 그러므로 이것은 불의

로 정의를 치는 것이 되므로 결국에는 이기지 못한다는 뜻이다. 또 '그것이 좋다' 함은 곤궁한 경지에 빠짐으로써 도리어 정상적인 법칙으로 돌아오기 때문이다.

九五 효사에 '무리를 모아 놓고 먼저 한다' 함은 구오의 양기가 육이의 음기와 서로 응하기 때문이다. 그러므로 이것은 임금과 신하가 서로 정직하다는 뜻이다. 또 '대군(大軍)이 서로 만난다' 함은 임금이 거느린 군사가 구삼과 초구에 해당하는 강한 대적을 이긴다는 뜻이다.

上九 효사에 '사람을 교외에서 만난다' 함은 상구의 양기가 구삼의 양기와 서로 응하지 않으므로 그것은 마치 뜻을 아직 얻지 못한 상과 같다는 뜻이다.

14. 대유괘(大有卦 ☲☰)

火在天上,이 大有.니 君子以하여 遏惡揚善,하여 順天休命.
(화재천상) (대유) (군자이) (알악양선) (순천휴명)

하나니라 大有初九,는 无交害也.라 大車以載,는 積中不敗也.
(대유초구) (무교해야) (대거이재) (적중불패야)

라 公用亨于天子,는 小人害也.리라 匪其彭, 无咎,는 明辨晳
(공용향우천자) (소인해야) (비기팽) (무구) (명변석)

也.라 厥孚交如,는 信以發志也.요 威如之吉,은 易而无備也.
(야) (궐부교여) (신이발지야) (위여지길) (역이무비야)

일세라 大有上吉,은 自天祐也.라
(대유상길) (자천우야)

불이 하늘에 있는 것이 대유괘이다. 군자는 그것으로 악을 막고 선을 드러내, 하늘의 아름다운 명령에 순종한다. 대유괘의 초효 구(九)에 '손해보는 일에 휩쓸리지 않는다' 하였다. '큰 수레로 짐을 싣는다' 함은 가운데 실어서 해가 되지 않는다는 것이다. '제후가 천자에게 조공(朝貢)을 드린다’ 함은 소인은 해가 된다는 것이다. ‘뽐내지 않으면 허물이 없다’ 함은 분명히 분변하는 지혜라는 것이다. ‘잡혀온 포로가 사귀어 보려는 듯하다’ 함은 믿음으로 뜻을 작용시킨다는 것이다. ‘위엄을 베풀어야 길하다’는 것은 부드럽게 하면 방비함이 없다는 것이다. ‘대유괘의 상효(上爻)가 좋다’ 함은 하늘에서 돕는다는 것이다.

주해

○休(휴)─‘미(美)’의 뜻.
○晳(석)─명석, 명지(明智)의 뜻.

해설

이 괘는 상괘가 이괘(離卦)요 하괘가 건괘(乾卦)이다. 이는 불이요, 건은 하늘이므로 불이 하늘에 있는 것이 대유괘의 괘상이다. 군자는 그 광명을 취상하여 인간사회의 악을 막고 선을 천명하여 하늘의 착하고 아름다운 명령에 순종한다.

初九 효사에 ‘대유괘의 초구효는 해로운 일에 휩쓸리지 않는다’ 함은 초구의 양기가 정당한 자리에서 위로 올라가려는 기상이 있기 때문이다. 그러므로 군자는 이것을 본떠서 다른 해로운 사람과 교제하지 않는다는 뜻이다.

九二 효사에 ‘큰 수레로 싣는다’ 함은 구이의 양기가 육오의 음기와 서로 응하기 때문이다. 그러므로 군자는 이것을 본떠서 중용의 덕을 쌓음으로써 실패하는 일이 없다는 뜻이다.

九三 효사에 ‘제후가 천자께 조공을 바친다’ 함은 구삼의 양기가 상구의 양기와 서로 응하지 않기 때문이다. 그러므로 이것은 소인은 해를 보는 상이다.

九四 효사에 ‘뽐내지 않으면 허물이 없다’ 함은 구사의 양기가 육오의 음기와 서로 친근히 지내기 때문에, 군자는 이것을 본떠서 명석한 지혜로 사물을 분명하게 판단한다는 뜻이다.

六五 효사에 '잡혀온 포로가 사귀어 보려 하는 듯하다' 함은 육오의 음기가 구이의 양기와 서로 응하기 때문이다. 군자는 이것을 본떠서 중용의 신실한 덕으로 자기의 의지를 작용시킨다는 뜻이다.

上九 효사에 '대유괘의 상효가 좋다' 함은 육오의 음기가 상구의 양기를 이어받음으로써 하늘이 도와주는 상과 같다는 뜻이다.

15. 겸괘(謙卦 ☷ ☶)

地中有山,이 謙.이니 君子以,하여 裒多益寡,하여 稱物平施. 하나니라 謙謙君子,는 卑以自牧也.라 鳴謙貞吉,은 中心得也. 라 勞謙君子,는 萬民이 服也.라 无不利撝謙,은 不違則也.라 利用侵伐,은 征不服也.라 鳴謙,은 志未得也,니 可用行師,하 여 征邑國也.라

땅속에 산이 있는 것이 겸괘이다. 군자는 그것으로 많은 것을 덜어서 적은 것을 보태되 물건을 다루어 평균하게 베푼다. 겸손하고 또 겸손한 군자는 몸을 낮춤으로써 스스로 처신한다. '남에게 겸손하다는 소문이 난 것이니, 마음을 곧고 바르게 가져야 좋다' 함은 중심에 얻는다는 것이다. '공로와 겸양의 덕이 있는 군자라' 함은 만민이 복종한다는 것이다. '이롭지 않음이 없다. 겸양의 덕을 발휘하리라' 함은 법칙에 어긋나지 않는다는 것이다. '적을 침범하면 이롭다' 함은 복종하지 않는 것을 정벌한다는 것이다. '겸손하다는 소문이 났다' 함은 뜻을 아직 얻지 못했다는 것이니, 행군할 수 있어 영토 안의 나라를

정벌한다는 것이다.

주해

ㅇ裒(부) – 빼다. 덜다. '감(減)'의 뜻.
ㅇ牧(목) – '처(處)'의 뜻.

해 설

이 괘는 상괘가 곤괘(坤卦)요 하괘가 간괘(艮卦)이다. 곤은 땅이요 간은 산이므로 땅속에 산이 있는 것이 겸괘의 괘상이다. 군자는 이 땅속에 산이 있는 모양을 본떠서 많은 것에서 덜어다가 적은 것에 보태 주고, 모든 물건의 무게를 달아보아 가볍고 무거운 것을 안 뒤에 백성에게 골고루 나누어 준다.

初六 효사에 '겸손하고 또 겸손한 군자'라 함은 초륙의 음기가 가장 낮은 자리에 있는 것처럼 군자도 자기 몸을 낮추어서 처세한다는 뜻이다.

六二 효사에 '겸손하다는 소문이 난 것이니, 마음을 곧고 바르게 가져 좋다' 함은 육이의 음기가 가운데 자리에 처하여 기덕이 있으므로 군자는 이 모양을 본떠서 겸양의 덕을 마음속에 체득한다는 뜻이다.

九三 효사에 '공로와 겸손의 덕이 있는 군자'라 함은 구삼의 양기가 상륙의 음기와 서로 응하듯이 군자는 이것을 본떠서 윗사람과 서로 화합하므로 온 백성이 다 그에게 복종한다는 뜻이다.

六四 효사에 '이롭지 않음이 없어 겸양의 덕을 발휘한다' 함은 육사의 음기가 구삼의 양기와 친근하므로 군자는 이것을 본떠서 도덕법칙에 벗어나는 행위를 하지 않는다는 뜻이다.

六五 효사에 '적국을 침범하는 것이 이롭다' 함은 육오의 음기가 육이의 음기와 서로 응하지 않으므로 군자는 이것을 본떠서 복종하지 않는 나라를 정벌한다는 뜻이다.

上六 효사에 '겸손하다는 소문이 났다' 함은 상륙의 음기가 구삼의 양기와 서로 응하기 때문이다. 군자는 이것을 본떠서 자기가 겸손하다는 소문은 아랫사람들에게 알려졌지만, 자기 자신이 너무 높은 자리에 있으므로 만족한 뜻을 얻지 못한다는 뜻이다.

16. 예괘(豫卦 ☰☰)

雷出地奮,이 豫.니 先王이 以하여 作樂崇德,하여 殷薦之上帝,하여 以配祖考.하니라 初六, 鳴豫,는 志窮凶也.라 不終日, 貞吉,은 以中正也.라 盱豫有悔,는 位不當也.일세라 由豫大有得,은 志大行也.라 六五貞疾,은 乘剛也.요 恒不死,는 中未亡也.라 冥豫在上,이어니 何可長也?리요

우레가 땅에서 나와 분발하는 것이 예괘이다. 선왕은 그것으로 음악을 만들고 도덕을 숭상하였다. 은나라에서는 이것을 하느님께 천거하여 조상과 함께 배정시켰다. 초륙에 '미리 기밀을 누설시켰다' 함은 뜻이 곤궁하여 나쁘다는 것이다. '하루를 못가서 풀릴 것이니, 마음이 곧고 발라서 좋다' 함은 중정이기 때문이다. '예비해야 할 것을 미리 걱정하면 후회할 것이다' 함은 자리가 정당치 못하다는 것이다. '예정대로 일을 하면 크게 소득이 있다' 함은 뜻이 크게 실행된다는 것이다. 육오의 효상에 '마음을 곧고 바르게 하고 있으나 질병에 걸렸다' 함은 강한 것을 탔다는 것이요, '영원히 죽지 않는다'는 것은 가운데 자리가 아직 망하지 않았다는 것이다. '준비해야 할 것을 몰랐다' 함은 위에 있다는 것이니, 어찌 장구히 갈 수 있겠는가?

해 설

이 괘는 상괘가 진괘(震卦)요 하괘가 곤괘(坤卦)로 구성되었다. 진은 우레요 곤은 땅이다. 그러므로 우레가 땅에서 나와 진동하는 것이 예괘의 괘상이다. 옛날 선왕은 이 우렛소리가 땅속에 묻혀 있는 벌레와 초목을 움직이게 하는 것을 취상하여 음악을 만들었고, 또 도덕을 숭상하였다. 은나라에서는 이것을 하느님께 바쳤고, 또 조상의 영혼에게도 바쳤다.

初六 효사에 '초륙의 효기(爻氣)는 사전에 기밀을 누설시키는 것이다' 함은 초륙의 음기가 구사의 양기와 서로 응하므로, 소인은 음흉하고 의지가 약해서 기밀을 지키지 못하고 누설한다는 뜻이다.

六二 효사에 '해를 마치지 못하는 것이니, 마음이 곧고 발라서 좋다' 함은 육이의 음기가 정당한 가운데 자리에 있기 때문이다.

六三 효사에 '사전에 예비해 놓을 것을 걱정하면 뉘우침이 있다' 함은 육삼의 음기가 부정당한 자리에 있다는 뜻이다.

九四 효사에 '예정대로 일을 하면 크게 소득이 있다' 함은 구사의 양기가 초륙의 음기와 서로 응하고 있는 상이므로 의지가 크게 실행된다는 뜻이다.

六五 효사에 '육오의 효상(爻象)은 곧고 바르나 질병에 걸렸다' 함은 육오의 음기가 구사의 강한 양기를 타고 있는 상이란 뜻이요, 또 '항구히 죽지 않는다' 함은 육오의 음기가 가운데 자리를 아직 잃지 않고 있다는 뜻이다.

上六 효사에 '사전에 예비할 것을 몰랐다' 함은 상륙의 음기가 너무 높은 자리에 있으므로 얼마 안 있다가는 소멸하게 된다는 뜻이다.

17. 수괘(隨卦 ☱☳)

澤中有雷, 隨.니 君子以하여 嚮晦, 入宴息.하나니라 官有
渝,에 從正이면 吉也.니 出門交有功,은 不失也.라 係小子,는
弗兼與也.리라 係丈夫,는 志舍下也.라 隨有獲은 其義凶也.요
有孚在道,는 明功也.라 孚于嘉吉,은 位正中也.일세라 拘係
之,는 上窮也.라

못 가운데 우레가 있는 것이 수괘이다. 군자는 그것으로 어둠 속을 향해 들어가서 편히 쉰다. 관직은 때에 따라 변하여 마음을 곧고 바르게 가지면 좋을 것이니, '밖에 나아가서 교제하면 공이 있을 것이라' 함은 잃지 않는다는 뜻이다. '아들에게 매인다' 함은 겸하여 함께하지 못한다는 것이다. '남편에게 매인다'는 것은 뜻이 아랫사람을 버린다는 것이다. 수괘에 '사사로이 획득해 오는 일이 있다' 함은 그 의의가 나쁘다는 것이요, '포로가 길바닥에 있다' 함은 명철한 공이 있다는 것이다. '결혼식장에서 전리품을 사용하니 좋으리라' 함은 자리가 정중(正中)에 있다는 것이다. '전리품을 매어 놓는다' 함은 윗자리에서 곤궁하다는 것이다.

주해

o嚮(향)—'향(向)'의 뜻.

해 설

못 가운데 우레가 있는 것이 수괘의 괘상이다. 군자는 우레가 못속

에서 때를 따라 움직이는 상을 본떠서 낮에는 쉬지 않고 노력하고, 밤에는 집안에 들어와서 편안히 쉰다.

初九 효사에 '관직은 때에 따라 변하나 마음을 곧고 바르게 가지면 좋을 것이니, 밖에 나아가 공이 있다' 함은 초구의 양기가 육이의 음기와 가까이하고 있기 때문이다. 군자는 이것을 본떠서 덕 있는 사람에게 나아가 교제함으로써 자기 위치를 잃지 않는다는 뜻이다.

六二 효사에 '아들에게 매인다' 함은 육이의 음기가 초구의 양기를 타지 않고 구오의 양기와 서로 응하기 때문이다. 그러므로 군자는 이것을 본떠서 여자이면 자기 남편을 떠나서 임금을 따르고, 남자이면 아버지를 떠나서 임금에게로 나아간다는 뜻이다.

六三 효사에 '남편에게 매인다' 함은 육삼의 음기가 구사의 양기를 이어받는 상이기 때문이다. 군자는 이것을 본떠서 아랫사람을 버리고 윗사람의 뜻에 순종한다는 뜻이다.

九四 효사에 '수패는 획득하는 것이 있다' 함은 구사의 양기가 초구의 양기와 서로 응하지 않으므로 그 의의가 나쁘다는 것이다. 또 '길바닥에 포로가 있다' 함은 구오의 자리에 있는 임금과 가까이하고 있으므로 이것은 명철한 공을 세우는 상이란 뜻이다.

九五 효사에 '결혼식장에서 전리품을 사용하니 좋다' 함은 구오의 양기가 정당한 가운데 자리에 처하여 있는 것을 본뜬다는 뜻이다.

上六 효사에 '전리품을 매어 놓는다' 함은 상륙의 음기가 너무 높은 자리에 있어 곤궁하다는 뜻이다.

18. 고괘(蠱卦 ☶☴)

산 하 유 풍　　고　　군 자 이　　진 민　　육 덕　　간
山下有風,이 蠱.니 君子以하여 振民,하며 育德.하나니라 幹

父之蠱_{부지고},는 意承考也_{의승고야}.라 幹母之蠱_{간모지고},는 得中道也_{득중도야}.라 幹父之蠱_{간부지고},는 終无咎也_{종무구야}.니라 裕父之蠱_{유부지고},는 往未得也_{왕미득야}.라 幹父用譽_{간부용예},는 承以德也_{승이덕야}.라 不事王侯_{불사왕후},는 志可則也_{지가칙야}.라

산 아래에 바람이 있는 것이 고괘이다. 군자는 그것으로 백성을 진작시키고 덕을 육성한다. '아버지의 잘못을 바로잡는다' 함은 뜻이 그 돌아가신 아버지를 이어받는다는 것이다. '어머니의 잘못을 바로잡는다' 함은 중도(中道)를 얻었다는 것이다. '아버지의 잘못을 바로잡는다' 함은 마침내 허물이 없다는 것이다. '아버지의 잘못을 너그럽게 본다' 함은 가서 아직 얻지 못한다는 것이다. '아버지의 잘못을 바로잡아 예찬(譽讚)을 받는다' 함은 덕을 이어받는다는 것이다. '임금을 섬기지 않는다' 함은 뜻이 본받을 만하다는 것이다.

주해

ㅇ考(고)-'돌아가신 아버지'의 뜻.

해 설

산 아래에 바람이 있는 것이 고괘의 괘상이다. 군자는 산 아래에서 바람이 일어나 초목들을 요동시키는 동작을 취상하여 백성들의 정신을 진작시키고 덕성을 육성시킨다.

初六 효사에 '아버지의 잘못을 바로잡는다' 함은 군자는 초륙의 음기가 구이의 양기를 이어받는 것을 본떠서 돌아가신 아버지의 뜻을 이어받는다는 뜻이다.

九二 효사에 '어머니의 잘못을 바로잡는다' 함은, 군자는 구이의 양기가 육오의 음기와 서로 응하는 상을 본떠서 과불급(過不及)이 없는 중도를 체득한다는 뜻이다.

九三 효사에 '아버지의 잘못을 바로잡는다' 함은 구삼의 효기(爻氣)
　　 가 상구의 효기와 서로 응하지 않으나 육사의 효기와 서로
　　 가까이하고 있으므로 마침내 큰 허물은 없게 된다는 뜻이다.

六四 효사에 '아버지의 잘못을 너그럽게 본다' 함은 육사의 효기가
　　 초륙의 효기와 서로 응하지 않으므로 육오의 효기에 가까이
　　 가나 아직 때를 얻지 못하였다는 뜻이다.

六五 효사에 '아버지의 잘못을 바로잡아 예찬을 받는다' 함은 군자
　　 는 육오의 효기가 구이의 효기와 서로 응하는 상을 본떠서
　　 아버지의 뜻을 덕으로 이어받는다는 뜻이다.

上九 효사에 '왕후(王侯)를 섬기지 않는다' 함은 군자는 상구의 효
　　 기가 육오의 음기의 윗자리에 있음을 본떠서 벼슬을 하지 않
　　 고 자기 소임을 고상하게 여긴다는 뜻이다.

19. 임괘(臨卦 ☱☷)

澤上有地, 臨.이니 君子以하여 敎思无窮,하며 容保民이 无
疆.하나니라 咸臨貞吉,은 志行正也.라 咸臨吉, 无不利,는 未
順命也.라 甘臨,은 位不當也.요 旣憂之,하니 咎不長也.리라
至臨无咎는 位當也.일세라 大君之宜,는 行中之謂也.라 敦臨
之吉,은 志在內也.라

　못 위에 땅이 있는 것이 임괘이다. 군자는 그것으로 교도(敎導)하
는 생각이 다함이 없고, 백성을 용납하여 끝없이 보전한다. '양기가
감동되어 내림(來臨)한다. 마음을 곧고 바르게 가지면 좋다' 함은 바
른 것을 행할 뜻이 있다는 것이다. '양기가 감동되어 내림한다. 좋아

서 이롭지 않음이 없다' 함은 아직 명령을 순종하지 않는다는 것이다. '감언이설(甘言利說)로 임한다' 함은 자리가 마땅치 않다는 것이요, '이미 알고 걱정을 한다' 함은 허물이 길게 가지 않는다는 것이다. '지극한 태도로 임하니, 허물이 없다' 함은 자리가 마땅치 않다는 것이다. '훌륭한 임금의 마땅한 일이라' 함은 중도를 행함을 이른다는 것이다. '독실하게 임하여 좋다' 함은 뜻이 안에 있다는 것이다.

주해

○疆(강)－'한계(限界)'의 뜻.

해 설

못 위에 땅이 있는 것이 임괘의 괘상이다. 군자는 못과 땅이 서로 임접(臨接)해 있는 모양을 취상하여, 사람들을 교도하고, 또 백성들을 다 용납하여 받아들이고, 이것을 영구히 보전하려 한다.

初九 효사에 '기운이 감동되어 내림한다. 마음을 곧고 바르게 가지면 좋다' 함은 군자는 초구의 양기가 육사의 음기와 서로 응하는 상을 본떠서 정의를 행할 뜻을 가진다는 뜻이다.

九二 효사에 '기운이 감동되어 좋으니, 이롭지 않음이 없다' 함은 군자는 구이의 양기가 육오의 음기와 서로 응하는 것을 본떠서 천천히 임금의 명령에 순종한다는 뜻이다.

六三 효사에 '감언이설로 내림한다' 함은 육삼의 음기가 상륙의 음기와 서로 응하지 않고, 또 양기가 있을 자리에 있으므로 그 자리가 정당하지 못하다는 뜻이다. 그러나 '이미 근심한다' 함은, 매우 높은 자리에 있으므로 얼마 안 가서 그 허물이 없어진다는 뜻이다.

六四 효사에 '지극한 내림이니 허물이 없다' 함은 군자는 육사의 음기가 정당한 자리에서 초구의 양기와 서로 응하는 상을 본떠

서 정당한 자리에 앉는다는 뜻이다.

六五 효사에 '대군의 일이 마땅하다' 함은 육오의 음기가 가운데에
서 구이의 양기와 서로 응하는 모양을 본떠서 임금이 백성에
게 중도를 행한다는 뜻이다.

上六 효사에 '돈독한 내림이니 좋다' 함은 상륙의 음기가 위로 올라
오려는 초구 및 구이의 양기와 비록 응하지는 않지만, 뜻이
서로 같음을 군자는 본떠서 내적인 면에서 독실히 힘쓴다는
뜻이다.

20. 관괘(觀卦 ☴☷)

風行地上,이 觀.이니 先王이 以하여 省方觀民,하여 設敎.하
나라 初六童觀,은 小人道也.라 闚觀女貞,이 亦可醜也.니라
觀我生進退,하니 未失道也.라 觀國之光,은 尙賓也.라 觀我
生,은 觀民也.라 觀其生,은 志未平也.라

바람이 땅 위에 부는 것이 관괘이다. 선왕은 그것으로 지방을 살피
고 백성을 관찰하여 교육을 시설하였다. 초륙에 '유치하게 관찰한다'
함은 소인의 도란 것이다. '엿보는 것이니, 여자가 마음을 곧고 바르
게 가져야 한다' 함은 역시 추하게 여겨야 한다는 것이다. '내 생애를
관찰하고 난 뒤에 나아갈 때 나아가고 물러날 때 물러난다' 함은 아
직 도를 잃지 않았다는 것이다. '나라의 광명을 살펴본다' 함은 국빈
(國賓)을 숭상한다는 것이다. '자기 생애를 관찰한다' 함은 백성을 관
찰한다는 것이다. '그 생을 관찰한다' 함은 뜻이 아직 편안하지 않다
는 것이다.

해 설

바람이 땅 위에 부는 것이 관괘의 괘상이다. 옛날 선왕은 바람이 땅 위에 부는 모습을 취상하여 사방을 살펴보고 민정을 시찰한 뒤에, 거기에 맞도록 교육제도를 마련하였다.

初六 효사에 '유치하게 관찰한다' 함은 초륙의 음기가 육사의 음기와 서로 응하지 않으므로, 이것은 소인의 방법이란 뜻이다.

六二 효사에 '가만히 엿보는 것이니, 여자는 마음이 곧고 발라야 한다' 함은 육이의 음기가 구오의 양기와 서로 응하는 것은 마치 한 어리석은 여자가 높은 자리에서 덕 많은 임금을 엿보는 것과 같으니, 역시 추한 행위란 뜻이다.

六三 효사에 '내 생애를 관찰하고 난 뒤에 나아갈 때 나아가고 물러갈 때 물러난다' 함은 육삼의 음기가 상구의 양기와 응하면서 나아가고 물러나는 것을 자유로 할 수 있다는 뜻이다.

六四 효사에 '나라의 광명을 관찰한다' 함은 육사의 음기가 구오의 양기를 이어받으니 이것은 마치 다른 나라 사람이 성왕(聖王)의 조정에 서기를 영광으로 생각하는 것과 같다는 뜻이다.

九五 효사에 '나의 생을 관찰한다' 함은 구오의 양기가 육이의 음기와 서로 응하는 것이 마치 임금이 하층(下層)의 민정을 살피는 것과 같다는 뜻이다.

上九 효사에 '그 생을 관찰한다' 함은 상구의 양기가 육삼의 음기와 서로 응하는 것이 마치 임금의 아버지가 중정의 임금 자리를 얻지 못하여 마음이 편안치 않은 것과 같다는 뜻이다.

21. 서합괘(噬嗑卦 ☲☳)

雷電이 噬嗑.이니 先王이 以하여 明罰勑法.하니라 屨校滅趾,

는 不行也.라 嗌膚滅鼻,는 乘剛也.일세라 遇毒,은 位不當也.

일세라 利艱貞吉,은 未光也.라 貞厲无咎,는 得當也.일세라 何

校滅耳,는 聰不明也.일세라

우레와 번개가 싸운다. 선왕은 그것으로 형벌을 밝히고 법률을 정돈하였다. '발에 고랑을 채워 발꿈치가 잘라진다' 함은 걷지 못한다는 것이다. '살을 물어뜯고 코를 벤다' 함은 강한 것을 탄다는 것이다. '독한 냄새를 맡았다' 함은 자리가 마땅치 않다는 것이다. '힘이 들어도 마음을 곧고 바르게 가지는 것이 이로워 좋다' 함은 아직 빛나지 않는다는 것이다. '마음을 조심하면 위태하나 괜찮다' 함은 정당함을 얻었다는 것이다. '포로의 목에 고랑을 채우고 귀를 자른다' 함은 귀가 밝지 못하다는 것이다.

주해

○勅(칙)―칙서(勅書). 또는 '경계'의 뜻.

해 설

이 서합괘는 번개와 우레가 서로 싸우는 상이다. 선왕은 번개가 밝고 우렛소리가 무서운 것을 취상하여, 백성에게 형벌을 밝히고 법률을 제정하여 칙서(勅書)로 백성에게 선포하였다.

初九 효사에 '발에 고랑을 채워 발꿈치가 잘라진다' 함은 초구의 양기가 구사의 양기와 응하지 않는 것은 마치 사람의 발이 고랑에 채워지고 발꿈치가 잘라져 길을 걷지 못하는 것과 같다는 뜻이다.

六二 효사에 '살을 물어뜯고 코를 벤다' 함은 마치 육이의 음기가 강한 초구의 양기를 타고 있는 것과 같다는 뜻이다.

六三 효사에 '독한 냄새를 맡았다' 함은 마치 육삼의 음기가 상구의
　　양기와 서로 응하나 그 자리가 정당치 못한 것과 같다는 뜻
　　이다.

九四 효사에 '힘이 들어도 마음을 곧고 바르게 가지는 것이 이로워
　　좋다' 함은 마치 구사의 양기가 아직 중정의 자리를 얻지 못
　　하여 빛을 발하지 못하는 상과 같다는 뜻이다.

六五 효사에 '마음을 조심하면 위태하나 허물이 없다' 함은 육오의
　　음기가 육이의 음기와 서로 응하지 않으나 그 자리가 가운데
　　자리를 차지하고 있는 것과 같다는 뜻이다.

上九 효사에 '고랑을 포로의 목에 채우고 귀를 자른다' 함은 상구의
　　양기가 육삼의 음기와 서로 응하는 것은 마치 포로가 귀를
　　잘리어 잘 듣지 못하는 상과 같다는 뜻이다.

22. 비괘(賁卦 ☶☲)

山下有火, 賁.니 君子以하여 明庶政,하되 无敢折獄.하나니라
舍車而徒,는 義弗乘也.라 賁其須,는 與上興也.라 永貞之吉,
은 終莫之陵也.니라 六四,는 當位疑也.니 匪寇婚媾,는 終无
尤也.라 六五之吉,은 有喜也.라 白賁无咎,는 上得志也.라

　산 아래 불이 있는 것이 비괘이다. 군자는 그것으로 서정(庶政)을
밝히고 과감하게 옥사(獄事)를 판결하지 않는다. '수레를 버리고 걸어
간다' 함은 의리상 타지 못한다는 것이다. '자기 수염을 보기 좋게 꾸
민다' 함은 윗사람과 함께 일어난다는 것이다. '길이길이 마음을 곧고
바르게 가지면 좋다' 함은 마침내 업신여길 사람이 없다는 것이다. 육

사는 정당한 자리에서 의심하는 것이다. '도둑이 아니요, 청혼하는 것이라' 함은 마침내 허물이 없다는 것이다. '육오가 좋다' 함은 기쁨이 있다는 것이다. '꾸미지 않은 무덤이다. 허물이 없다' 함은 윗사람한테 뜻을 얻는다는 것이다.

해 설

산 아래 불이 있는 것이 비괘의 괘상이다. 군자는 산 아래 불이 환히 비치는 현상을 본떠서 모든 정사를 밝게 처리하고, 또 감옥의 옥사도 과감하게 처리함으로써 과오를 범하지 않는다.

初九 효사에 '수레를 버리고 걸어서 간다' 함은 초구의 양기가 육사의 음기와 서로 응하여 마땅히 가까이할 육이의 음기와 가까이하지 않는 상을 군자는 본떠서, 마땅히 타고 가야 할 수레를 의리상 타지 않고 걸어간다는 뜻이다.

六二 효사에 '그 수염을 보기 좋게 한다' 함은 육이의 음기가 윗자리에 있는 구삼의 양기를 이어받는 상을 군자는 본떠서 윗사람과 함께 흥한다는 뜻이다.

九三 효사에 '길이 마음을 곧고 바르게 가지면 좋다' 함은 구삼의 양기가 육이, 육사의 두 음기와 서로 친근히 지내는 상은 마치 군자가 이웃사람과 서로 친근히 지냄으로써 누가 그를 업신여기지 못하는 것과 같다는 뜻이다.

六四 효사에 '정당한 자리에서 의심하는 것이니, 도둑이 아니요 청혼하는 것이다' 함은 육사의 음기가 구삼의 양기를 격하여 초구의 양기와 서로 정당한 자리에서 응하는 상은 마치 도둑과 가까이 지내지 않고 정당한 군자와 결혼하는 것과 같다. 그러므로 끝까지 원망이 없다 한다.

六五 효사에 '육오의 효상이 좋다' 함은 육오의 음기가 상구의 양기를 이어받는 상은 마치 유순한 임금이 도덕이 높은 은군자(隱

君子)의 말을 잘 듣는 것과 같다. 그러므로 기쁨이 있다 한다. 上九 효사에 '아무 장식을 하지 않은 무덤이다. 허물이 없다' 함은 상구의 양기가 육오의 음기와 친근히 지내는 상은 마치 고귀한 자리에 앉지는 못하였지만 임금의 총애를 받는 것과 같다.

23. 박괘(剝卦 ☶☷)

山附於地, 剝.이니 上이 以하여 厚下安宅.하나니라 剝牀以足,은 以滅下也.라 剝牀以辨,은 未有與也.일세라 剝之无咎,는 失上下也.일세라 剝牀以膚,는 切近災也.라 以宮人寵,은 終无尤也.리라 君子得輿,는 民所載也.요 小人剝廬,는 終不可用也.라

산이 땅에 붙어 있는 것이 박괘이다. 윗사람은 그것으로 아랫사람을 후하게 하고, 집안을 편안하게 한다. '상을 발부터 갉아먹는다' 함은 아래에서부터 먹어 올라간다는 것이다. '상을 허리에서부터 갉아먹는다' 함은 아직 함께할 친구가 없다는 것이다. '상을 갉아먹어도 허물이 없다' 함은 아래와 위를 잃었다는 것이다. '상을 껍질에서부터 갉아먹는다' 함은 재앙에 절근(切近)하였다는 것이다. '궁인(宮人)들에게 사랑을 받는다' 함은 마침내 허물이 없다는 것이다. '군자가 수레를 얻었다' 함은 백성들이 타고 있다는 것이요, '소인이 집을 헐린다' 함은 마침내 쓸 수 없다는 것이다.

해 설

산이 땅에 붙어 있는 것이 박괘의 괘상이다. 임금은 산이 비록 높

으나 땅을 기반으로 하고 서있는 상을 본떠서 민생을 후히 하고, 백성들의 가정을 편안케 해준다.

初六 효사에 '상을 발부터 갉아먹는다' 함은 초륙의 음기가 아래에서부터 성장해 가는 상이 마치 좀벌레가 상다리부터 갉아먹어 올라가는 것과 같다는 뜻이다.

六二 효사에 '상 허리부터 갉아먹는다' 함은 육이의 음기가 가운데 자리에서 육오의 음기와 서로 응하지 못하는 상은 소인이 때를 만났으나 아직 동무를 얻지 못한 것과 같다는 뜻이다.

六三 효사에 '이것을 갉아먹어도 허물이 없다' 함은 육삼의 음기가 상구의 양기와 서로 응하여 그 아래위에 있는 네 개의 음기와 사이가 나빠진 상은 마치 여러 소인 가운데 한 사람이 군자와 함께 내응(內應)함으로써 자기 동무를 잃어버리는 것과 같다는 뜻이다.

六四 효사에 '상을 껍질에서부터 갉아먹는다' 함은 육사의 음기가 육오의 음기에 가까이 있는 상은 마치 재앙이 사람의 속살에까지 절박하게 미치는 것과 같다는 뜻이다.

六五 효사에 '임금이 첩들에게 사랑을 받는다' 함은 육오의 음기가 자기 아래에 있는 모든 음기를 거느려 가지고 상구의 양기의 뜻을 이어받는 상은 마치 우두머리인 소인이 자기 부하를 거느리고서 도덕이 높은 군자에게로 귀순하여 그의 총애를 받는 것과 같다는 뜻이다. 그러므로 마침내 과실이 없다 한다.

上九 효사에 '군자가 수레를 얻었다' 함은 상구의 양기가 육삼의 음기와 서로 응하는 상은 마치 소인의 세력이 극에 미쳐 백성들의 여론이 군자가 이 세상을 다스렸으면 좋겠다 생각하는 것과 같다는 뜻이다. 또 '소인이 집을 헐린다' 함은 소인은 극에 달한 박(剝)의 시대에 있어서는 어디까지나 그렇게 될 수 없다는 뜻이다.

24. 복괘(復卦 ☳☷)

雷在地中,이 復.이니 先王이 以하여 至日閉關,하여 商旅不行,하며 后不省方.하니라 不遠之復,은 以脩身也.라 休復之吉,은 以下仁也.라 頻復之厲,는 義无咎也.니라 中行獨復,은 以從道也.라 敦復无悔,는 中以自考也.라 迷復之凶,은 反君道也.일세라

우레가 땅속에 있는 것이 복괘이다. 선왕은 그것으로 동지(冬至)에 관문을 닫으니, 행상하는 사람들은 길을 걷지 않고, 후왕(侯王)은 지방을 성찰(省察)하러 가지 않는다. '머지않아 되돌아온다' 함은 몸을 닦기 위함이다. '되돌아오다 쉬는 것이니 좋다' 함은 인(仁)한 것에로 내려가기 위함이다. '자주 되돌아오는 것이니, 위태하다' 함은 의리상 허물이 없다는 것이다. '가운데로 걸어서 혼자 되돌아온다' 함은 도에 좇기 위함이다. '독실하게 되돌아오는 것이니, 후회가 없다' 함은 중도로 자기를 이룩한다는 것이다. '되돌아오는 길을 잃은 것이니, 나쁘다' 함은 임금의 도에 상반된다는 것이다.

주해

ㅇ 考(고) - 이루다. '성(成)'의 뜻.

해 설

우레가 땅속에 있는 것이 복괘의 괘상이다. 옛날 선왕들은 천지의 음기가 다 사라지고 지극히 적은 하나의 양기가 움직일 때에 땅속에

서 우렛소리가 울리는 상을 본떠서 엄숙한 태도와 재계(齋戒)하는 마음으로 이 날을 기념하였다. 그리하여 사방의 관문을 닫아놓고 행상하는 백성들로 하여금 길을 걷지 못하게 하였으며, 임금 자신은 지방제후(諸侯)의 행정구역을 순찰하러 가지 않았다.

初九 효사에 '머지않아 되돌아온다' 함은 초구의 양기가 육사의 음기와 서로 응하는 상을 군자는 본떠서 앞으로의 명랑한 시대를 맞이하기 위하여 멀리 나아가려 하지 않고 몸을 닦고 있다는 뜻이다.

六二 효사에 '되돌아오다 쉬는 것이니 좋다' 함은 육이의 음기가 육오의 음기와 서로 응하지 않고 초구의 양기를 타고 되돌아오다 쉬는 상을 군자는 본떠서, 가운데 자리에서 중용의 인덕(仁德)을 지키고 있다는 뜻이다.

六三 효사에 '자주 되돌아오는 것이니 위태하다' 함은 육삼의 음기가 양기의 자리에 있으므로 자주 되돌아오려 하여 위태하지만, 그 뜻은 선한 데로 되돌아오려 하므로 큰 허물은 없다는 뜻이다.

六四 효사에 '가운데로 걸어서 혼자 되돌아온다' 함은 군자는 육사의 음기가 초구의 양기와 서로 응하는 상을 본떠서 오직 군자의 도에 좇는다는 뜻이다.

六五 효사에 '독실하게 되돌아오는 것이니 뉘우침이 없다' 함은 육오의 음기가 가운데 자리에 있는 상을 본떠서 한편에 치우치지 않는 중도를 이룩한다는 뜻이다.

上六 효사에 '되돌아오다 길을 잃은 것이니 나쁘다' 함은 상륙의 음기가 육삼의 음기와 서로 응하지 않아 육오의 음기에 배반되는 상이니, 마치 임금의 아버지가 임금의 도에 배반되는 행동을 하는 것과 같다는 뜻이다.

25. 무망괘(无妄卦 ☰☳)

天下雷行,하여 物與无妄.하니 先王이 以하여 茂對時,하여 育
萬物.하니라 无妄之往,은 得志也.리라 不耕穫,은 未富也.라
行人得牛,는 邑人災也.라 可貞无咎,는 固有之也.일세라 无妄
之藥,은 不可試也.니라 无妄之行,은 窮之災也.라

하늘 아래에서 우레가 운행하여 물건마다 다 함께 성실하다. 선왕
은 그것으로 힘써서 때에 맞추어 만물을 육성시킨다. '성실성 있게 간
다' 함은 뜻을 얻었다는 것이다. '밭을 갈고도 거둘 생각을 하지 않는
다' 함은 아직 부유하지 않다는 것이다. '길 가던 사람이 소를 얻었다'
함은 마을 사람에게는 재앙이란 것이다. '마음을 곧고 바르게 가져야
허물이 없다' 함은 굳게 지킨다는 것이다. '예기치 않았던 약'이라 함
은 맛보아서는 안된다는 것이다. '예기할 수 없었던 행위'라 함은 이
로울 것이 없다는 것이다.

주해

o 與(여) — 다. '개(皆)'의 뜻.
o 茂(무) — 힘쓰다.
o 對(대) — 맞추다.

해 설

하늘 아래의 음양 두 기운이 서로 화합하여 우렛소리가 진동하는
것이 무망괘의 괘상이다. 옛날 선왕들은 이 우렛소리가 한번 진동하
면 땅속에 칩복(蟄伏)하여 졸고 있던 벌레들이 눈을 뜨고 초목들의

싹이 트는 것을 취상하여 추운 겨울이 지나고 따뜻한 봄날이 오는 때를 맞추어 만물들의 생명을 북돋아 주고 키워 준다.

初九 효사에 '성실성 있게 간다' 함은 초구의 양기가 아래에서 움직이기 시작하여 위로 올라갈 때, 앞에는 두 음기만 있고, 이것에 항거하는 양기가 없기 때문이다. 군자는 이것을 본떠서 자기 뜻대로 성실성 있게 실천해 나아간다는 뜻이다.

六二 효사에 '밭도 갈지 않고 수확도 하지 않는다' 함은 군자는 육이의 음기가 구오의 양기와 서로 응하는 상을 본떠서 천명에 순종할 뿐이요, 사리(私利)를 도모하지 않는다는 뜻이다.

六三 효사에 '길 가던 사람이 소를 얻었다' 함은 군자는 육삼의 음기가 상구의 양기와 서로 응하는 상을 살펴보고서 마을 사람 가운데 반드시 소를 잃어버려 손해를 볼 사람이 있을 것을 안다는 뜻이다.

九四 효사에 '마음을 곧고 바르게 가져야 허물이 없다' 함은 구사의 양기가 초구의 양기와 서로 응하지 않음을 군자는 본떠서 자기가 가지고 있는 덕을 굳게 지키고 있다는 뜻이다.

九五 효사에 '예기치 않았던 약(藥)'이라 함은 구오의 양기가 육이의 음기와 서로 응하는 것처럼 자기 몸의 음양이 잘 조화되면 병이 없으니 약을 쓸 필요가 없다고 하는 뜻이다.

上九 효사에 '예기치 않았던 행위라' 함은 상구의 양기가 육삼의 음기와 서로 응하는 것처럼 지나치게 성실하려 하면 도리어 재앙이 된다고 하는 뜻이다.

26. 대축괘(大畜卦 ☰☶)

천 재 산 중　　　대 축　　　군 자 이　　　다 식 전 언 왕 행　　　　　이
天在山中,이 **大畜**.이니 **君子以**하여 **多識前言往行**,하여 **以**

畜其德.하나니라 有厲利已,는 不犯災也.라 輿說輹,은 中이라
无尤也.라 利有攸往,은 上合志也.일세라 六四元吉,은 有喜
也.라 六五之吉,은 有慶也.라 何天之衢오 道大行也.라

하늘이 산속에 있는 것이 대축괘이다. 군자는 그것으로 이전의 말씀과 지나간 행위를 많이 알아서 그것으로 덕을 키운다. '위태로운 일이 있다. 그만두는 것이 이롭다' 함은 재앙을 범하지 않는다는 것이다. '수레의 바퀴살이 벗겨졌다' 함은 가운데 자리이므로 허물이 없다는 것이다. '갈 데가 있으면 이롭다' 함은 윗사람과 뜻이 맞는다는 것이다. '육사가 크게 좋다' 함은 기쁨이 있다는 것이다. '육오가 좋다' 함은 경사가 있다는 것이다. '하늘의 길을 이고 있다' 함은 도가 크게 행한다는 것이다.

해 설

하늘이 땅속에 있는 것이 대축괘의 괘상이다. 군자는 산이 하늘을 함축하고 있는 상을 본떠서 옛 성인들의 말씀과 행실을 많이 알아 그 지식으로 자기의 덕을 육성해 간다.

初九 효사에 '위태함이 있다. 그만두는 것이 이롭다' 함은 군자는 초구의 양기가 본래 육사의 음기와 서로 응하나 여기서는 도리어 저지되는 상을 본떠서, 앞으로 나아가지 않고 그 자리에 머물러 있어서 재앙을 범하지 않는다는 뜻이다.

九二 효사에 '수레 바퀴살이 벗겨졌다' 함은 구이의 양기가 육오의 음기와 서로 응하기 때문이다. 이것은 바퀴살이 벗겨져 수레가 머물러 있으나 중도를 지키고 있으므로 허물이 없다는 뜻이다.

九三 효사에 '갈 데가 있으면 이롭다' 함은 구삼의 양기가 상구의
　　　양기와 서로 응하지는 못하지만, 그 두 기운이 더 나아가지
　　　않고 머물러 있겠다는 뜻이 서로 맞는다는 뜻이다.

六四 효사에 '육사의 기운이 크게 좋다' 함은 육사의 음기가 초구의
　　　양기와 서로 응하므로 기쁨이 있다는 뜻이다.

六五 효사에 '육오가 좋다' 함은 육오의 음기가 구이의 양기와 서로
　　　응하므로 경사가 있다는 뜻이다.

上九 효사에 '하늘 거리를 이었다' 함은 상구 효사의 양기가 구삼의
　　　양기와 서로 응하지 않으므로 앞으로 더 나아가지 않고 피차
　　　머물러 있어서 축덕(畜德)하고 있으므로 넓은 하늘 거리를
　　　걷는 듯이 도가 천하에 크게 행하게 된다는 뜻이다.

27. 이괘(頤卦 ☶☳)

山下有雷, 頤.니 君子以하여 愼言語,하며 節飮食.하나니라
觀我朶頤,는 亦不足貴也.로다 六二征凶,은 行失類也.라 十
年勿用,은 道大悖也.라 顚頤之吉,은 上施光也.일세라 居貞之
吉,은 順以從上也.일세라 由頤厲吉,은 大有慶也.라

산 아래 우레가 있는 것이 이괘이다. 군자는 그것으로 말을 삼가고
음식을 절약한다. '나를 보고 부러워서 턱을 든다' 함은 역시 귀히 여
길 것이 못된다는 것이다. 육이에 '정벌을 가면 나쁘다' 함은 가면 동
류(同類)를 잃는다는 것이다. '10년 동안 쓰지 말라' 함은 도가 크게
거슬린다는 것이다. '턱을 거꾸로 들고 있으나 좋다' 함은 윗사람이
베풀어 주는 것이 빛난다는 것이다. '마음을 곧고 바르게 가지면 좋다'

함은 윗사람에게 순종한다는 것이다. '사람의 몸은 턱에 말미암아 양육된다. 위태하나 좋으리라' 함은 크게 경사가 있다는 것이다.

산 아래 우레가 있는 것이 이괘의 괘상이다. 군자는 우렛소리가 산 아래에서 진동하면 거기에 있던 모든 생물들의 뿌리가 울리고, 싹이 터서 자라는 것을 본떠서 일상생활에 있어서 말을 삼가고 음식을 절약해 먹음으로써 자기 몸을 보존한다.

初九 효사에 '나를 보고 부러워 턱을 든다' 함은 초구의 양기가 육사의 음기와 서로 응하나 육이와 육삼의 음기가 타고 있는 상은 마치 사람이 비록 지혜와 재능이 있으나 덕이 없어 귀히 여길 것이 못되는 것과 같은 뜻이다.

六二 효사에 '육이는 정벌하면 나쁘다' 함은 육이의 음기가 초구 상구와 응하지 않는 상이 마치 사람이 어디를 가도 다 그의 동류를 잃어버리는 것과 같다는 뜻이다.

六三 효사에 '10년 동안 쓰지 말라' 함은 육삼의 음기가 상구의 양기와 서로 응하나, 그것이 매우 높은 자리에 있기 때문에 마치 군자의 도가 크게 의리에 벗어나는 것과 같다는 뜻이다.

六四 효사에 '턱을 거꾸로 들고 있으나 좋다' 함은 육사의 음기가 초구의 양기와 서로 응하는 상이 마치 윗사람이 아랫사람에게 베풀어 주는 덕이 빛나는 것과 같다는 뜻이다.

六五 효사에 '마음을 곧고 바르게 가지면 좋다' 함은 육오의 음기가 상구의 양기를 이어받고 있는 상이 마치 강직하고 현명한 스승의 뜻을 이어받아 순종하는 임금과 같다는 뜻이다.

上九 효사에 '사람의 몸은 턱에 말미암아 양육된다. 위태하나 좋다' 함은 상구의 양기가 육삼의 음기와 서로 응하는 상이 마치 임금의 스승의 자리에 있으면서 현명한 군자의 도움을 받는

것과 같아서 큰일을 해 나가도 아무 장해 되는 일이 없다는
뜻이다.

28. 대과괘(大過卦 ☱☴)

澤滅木,이 大過.니 君子以하여 獨立不懼,하며 遯世无悶.하
나니라 藉用白茅,는 柔在下也.라 老夫女妻,는 過以相與也.라
棟橈之凶,은 不可以有輔也.일세라 棟隆之吉,은 不橈乎下也.
일세라 枯楊生華,는 何可久也?며 老婦士夫, 亦可醜也.로다
過涉之凶,은 不可咎也.니라

못에 나무가 매몰되는 것이 대과괘이다. 군자는 그것으로써 독립하
여 두려워하지 않고, 세상에서 은둔하여도 고민이 없다. '흰 띠풀을
깔고 있다' 함은 유한 기운이 아래에 있다는 것이다. '늙은 아비가 딸
을 아내로 삼는다' 함은 서로 지나친 행위를 함께한다는 것이다. '대
들보가 꺾이니 나쁘다' 함은 보탬이 있을 수 없다는 것이다. '대들보
가 드높아 좋다' 함은 아래에서 흔들리지 않는다는 것이다. 말라 죽은
버드나무에 꽃이 피었으니, 어찌 오래 갈 수 있겠는가? 늙은 어미와
젊은 아들도 추잡스럽다. '너무 깊은 물을 건너는 것이 나쁘다' 함은
허물할 수 없다는 것이다.

해 설

못에 나무가 매몰되는 것이 대과괘의 괘상이다. 군자는 그것을 본
떠서 독립자주 정신으로 사람을 두려워하지 않고, 세상에서 숨어살아

도 고민하는 일이 없다.

初六 효사에 '흰 띠풀을 깔고 앉는다' 함은 초륙의 음기가 구사의 양기와 서로 응하므로 이것은 유한 기운이 밑에 있다는 뜻이다.

九二 효사에 '늙은 아비가 딸을 아내로 삼는다' 함은 구이의 강한 양기가 유약한 초륙의 음기를 타고 있는 것이 마치 늙은 아비가 딸과 함께 지나친 행위를 하는 것과 같다는 뜻이다.

九三 효사에 '대들보가 꺾이니 나쁘다' 함은 구삼의 양기가 상륙의 음기와 서로 응하는 것이 마치 가옥에 있어서 대들보가 꺾이어 그 집을 지탱할 수 없는 것과 같다는 뜻이다.

九四 효사에 '드높은 대들보니 좋다' 함은 구사의 양기가 초륙의 음기와 서로 응하는 상이 마치 대들보와 그 아래의 기초가 튼튼하여 집을 잘 지탱해 나갈 수 있다는 뜻이다.

九五 효사에 '마른 버드나무에 꽃이 피었다' 함은 구오의 양기가 쇠퇴한 상륙의 음기와 가까이하고 있으니, 그것이 오래 갈 수 없고, 또 늙은 어미가 젊은 아들을 남편으로 삼는 행위와 같으니 아주 추잡하다는 뜻이다.

上六 효사에 '물을 지나치게 건너는 것이 나쁘다' 함은, 상륙의 음기가 구삼의 양기와 서로 응하는 상이 물속으로 너무 지나치게 들어가서 건너가지만 결국에는 빠지지 않으므로 잘못이라고 할 수 없다는 뜻이다.

29. 습감괘(習坎卦 ☵☵)

수 천 지　　습 감　　　군 자 이　　　상 덕 행　　　습 교 사
水洊至, 習坎.이니 君子以하여 常德行.하며 習敎事.하나니라

습 감 입 감　　실 도 흉 야　　구 소 득　　미 출 중 야　　내 지 감
習坎入坎,은 失道凶也.라 求小得,은 未出中也.일세라 來之坎

감　　종 무 공 야　　준 주 궤 이　　강 유 제 야　　감 불 영
坎,은 終无功也.리라 樽酒簋貳,는 剛柔際也.일세라 坎不盈,은

<ruby>中未大也<rt>중 미 대 야</rt></ruby>.라 <ruby>上六失道<rt>상 륙 실 도</rt></ruby>,는 <ruby>凶三歲也<rt>흉 삼 세 야</rt></ruby>.리라

물이 거듭 흘러오는 것이 습감괘이다. 군자는 그것으로 덕행을 항상 행하고, 가르치는 일을 익혀 본다. '겹겹이 둘러싸인 토굴 속으로 들어간다' 함은 길을 잃는 것이니, 나쁘다는 것이다. '구원의 것을 조금 얻었다' 함은 아직 가운데서 나오지 못한다는 것이다. '오고가는 북소리'라 함은 마침내 공이 없다는 것이다. '한 그릇의 술과 한 대그릇의 안주'라 함은 강한 것과 유한 것이 교접한다는 것이다. '토굴에 흙이 채 차지 않았다' 함은 중도가 아직 크지 못하다는 것이다. '상륙이 도를 잃었다' 함은 나쁜 것이 3년 동안이라는 뜻이다.

주해

ㅇ洊(천)−거듭 오다. '재지(再至)'의 뜻.

해 설

물이 거듭 흘러오는 것이 습감괘의 괘상이다. 군자는 물이 흘러와서 바다에 들어가는 상을 본떠서 항상 덕행을 행하고, 또 사람을 교화하는 일을 복습해 본다.

初六 효사에 '겹겹이 둘러싸인 토굴 속으로 들어간다' 함은, 초륙의 음기가 험한 아래에 있는 상이 마치 사람이 토굴 속으로 깊이 들어가서 나올 길을 잃은 것과 같다는 뜻이다.

九二 효사에 '구하는 것을 적게 얻었다' 함은 구이의 양기가 초륙과 육삼의 험한 음기 가운데서 아직 빠져 나오지 못한다는 뜻이다.

六三 효사에 '오고가는 북소리'라 함은 육삼의 음기가 상륙의 음기와 서로 응하지 않으므로 위로 올라갈 수도 없고, 구이의 양기를 타고 있으므로 아래로 내려갈 수도 없기 때문이니, 마치

사람이 진퇴양난에 빠져 마침내 공을 세우지 못하는 것과 같
다는 뜻이다.

六四 효사에 '한 그릇의 술과 한 대그릇의 안주'라 함은 유한 육사
의 음기가 강한 구오의 양기와 서로 교접하는 것이 마치 신
하가 임금을 환영하기 위하여 술과 안주를 가지고 만나는 것
과 같다는 뜻이다.

九五 효사에 '토굴 속의 흙이 채 차지 않았다' 함은 구오의 양기가
구이의 양기와 서로 응하지 못하는 상이 마치 군자의 중도가
아직 크게 나타나지 못하는 것과 같다는 뜻이다.

上六 효사에 '상륙이 길을 잃었다' 함은 상륙의 음기가 극에 이르러
더 올라갈 데가 없어 길을 잃은 모양이 마치 사람이 3년 동
안 헤매어도 나갈 길을 찾지 못하는 것과 같다는 뜻이다.

30. 이괘(離卦 ☲☲)

明兩作, 離.니 大人이 以하여 繼明,하여 照于四方.하나니라
履錯之敬,은 以辟咎也.라 黃離元吉,은 得中道也.라 日昃之
離,는 何可久也.리요 突如其來如,는 无所容也.니라 六五之
吉,은 離王公也.일세라 王用出征,은 以正邦也.라

밝은 것이 두 번 일어나는 것이 이괘이다. 대인은 그것으로 밝은 것
을 이어 사방에 비춘다. '신발들이 한데 뒤섞였으니 존경한다' 함은 그
것으로 허물을 피한다는 것이다. '정오(正午)의 모임이니 크게 좋다' 함
은 중도를 얻었다는 것이다. '저녁의 모임'이라 함은 어찌 오래 할 수
있겠느냐 하는 것이다. '갑자기 오는 듯하다' 함은 용납할 데가 없다는

것이다. '육오가 좋다' 함은 왕공(王公)의 자리에 붙어 있다는 것이다. '임금이 나아가 정벌한다' 함은 그것으로 나라를 바로잡는다는 것이다.

해 설

이 괘는 아래위가 다 불이므로 밝은 빛이 두 번 일어나는 것이 이 괘의 괘상이다. 대인은 그것을 본떠서 밝은 덕으로 사방을 비춘다.

初九 효사에 '신발이 뒤섞이니 존경한다' 함은 초구의 양기가 육이의 음기와 가까이하고, 또 강하고 밝아서 앞으로 나아가지 않는 상이기 때문이다. 이것은 마치 강직하고 현명한 군자가 나아갈 때가 아님을 알고 제자리에 머물러 있어 허물을 저지르지 않는 것과 같다는 뜻이다.

六二 효사에 '정오의 모임이니 크게 좋다' 함은 육이의 음기가 가운데 자리에 처해 있는 상이 마치 군자가 한편에 치우치지 않는 중도를 체득한 것과 같다는 뜻이다.

九三 효사에 '저녁의 모임'이라 함은 구삼의 양기가 가운데 자리에서 지나치게 있는 상이 마치 사람들이 정오를 지나 저녁에 모이는 것과 같아서 오래 갈 수 없다는 뜻이다.

九四 효사에 '갑자기 오는 듯하다' 함은 구사의 양기가 초구의 양기와 서로 응하지 못하고 육오의 음기에 가까이 오는 상이 마치 한 대신이 민중에게 버림 받고 빨리 임금에게로 가까이 가나 역시 용납되지 못하는 것과 같다는 뜻이다.

六五 효사에 '육오가 좋다' 함은 육오의 음기가 육이의 음기와 서로 응하지 못하는 상이 마치 임금이 비록 덕이 있고 높은 자리에 있으나 보필할 신하가 없으므로 근신하고 두려워하는 것과 같기 때문이다. 그럼으로써 도리어 임금 자리를 보전해 갈 수 있는 것과 같다는 뜻이다.

上九 효사에 '임금이 나아가 정벌한다' 함은 상구의 양기가 매우 높

은 자리에서 밝은 빛을 발할 수 있는 상이 마치 강하고 현명한 사람이 유약한 임금의 윗자리에 앉아서 형벌을 밝혀 나라를 바로잡는 것과 같다는 뜻이다.

31. 함괘(咸卦 ☱☶)

山上有澤,이 咸.이니 君子以하여 虛로 受人.하나니라 咸其拇,는 志在外也.라 雖凶居吉,은 順不害也.라 咸其股,는 亦不處也,니 志在隨人,하니 所執下也.라 貞吉悔亡,는 未感害也.요 憧憧往來,는 未光大也.라 咸其脢,는 志末也.일세라 咸其輔頰舌,은 滕口說也.라

산 위에 못이 있는 것이 함괘이다. 군자는 허한 것으로 사람을 받아들인다. '애정이 엄지발가락에서 감동한다' 함은 뜻이 밖에 있다는 것이다. '비록 나쁘나 가만있으면 좋다' 함은 순(順)하면 해롭지 않다는 것이다. '애정이 넓적다리에서 감동된다' 함은 역시 처하지 않는다는 것이요, 뜻이 사람을 따르는 데 있으니 잡은 것이 낮다는 것이다. '감정을 곧고 바르게 가지면 좋아 후회함이 없다' 함은 아직 감정을 해치지 않는다는 것이요, '밀거니 당기거니 하여 일정치 않다' 함은 아직 빛이 크지 못하다는 것이다. '그 등골까지 감동된다' 함은 뜻이 만족하지 못했다는 것이다. '그 광대뼈와 볼과 혀끝까지 감동된다' 함은 입에 올라서 기뻐한다는 것이다.

주해

ㅇ滕(등) — 오르다. '등(騰)'의 뜻.

산 위에 못이 있는 것이 함괘의 괘상이다. 군자는 산과 못의 기운이 서로 통하는 상을 본떠서 마음을 못과 같이 겸허하게 가짐으로써 모든 사람을 다 받아들인다.

初六 효사에 '애정이 엄지발가락에서 감동된다' 함은 초륙의 음기가 밖에 있는 구사의 양기와 서로 응하는 상이, 마치 한 여성의 뜻이 안에 있는 남성에게 있지 않고 밖에 있는 남성에게 있는 것과 같다는 뜻이다.

六二 효사에 '비록 바쁘나 있으면 좋다' 함은 육이의 음기가 구오의 양기와 서로 응하는 상이 마치 한 여성이 임금이 부를 때까지 참지 못하고 먼저 날뛰다가 도리어 나쁘게 되는 것과 같다는 뜻이다. 그러므로 제자리에서 기다리고 있으면 좋다. 그러므로 가만히 순종하고 있으면 해롭지 않다는 뜻이다.

九三 효사에 '애정이 넓적다리에서 감동된다' 함은 구삼의 양기가 상륙의 음기와 서로 응하는 상이 역시 육이의 음기와 마찬가지로 먼저 움직이지 말라는 뜻이다. 구삼의 양기도 밖에 있는 상륙의 음기에 따르는데 그 상은 마치 비천한 남성이 밖에 높은 자리에 있는 한 여성에게 뜻을 두는 것과 같다. 그러므로 그 행동이 비루하다는 뜻이다.

九四 효사에 '마음을 곧고 바르게 가지면 좋아 뉘우침이 없다' 함은 구사의 양기가 초륙의 음기와 서로 응하는 상이 마치 두 남녀가 서로 사랑하는 상인데, 감정을 해쳐서는 안된다는 뜻이다. 또 '밀거니 당기거니 한다' 함은 두 남녀의 사랑이 아직 오고가고 할 뿐이요, 결과를 맺을 때가 아직 오지 않았다는 뜻이다.

九五 효사에 '그 등골까지 감동된다' 함은 구오의 양기가 육이의 음기와 서로 응하는 상으로 보아 두 남녀의 사랑이 서로 만족

할 때가 아직 오지 않았다는 뜻이다.

上六 효사에 '그 광대뼈와 볼과 혀끝까지 감동된다' 함은 상륙의 음
기가 구삼의 양기와 서로 응하는 상이 마치 두 남녀의 열정
이 입안에까지 올라가서 기뻐하는 것과 같다는 뜻이다.

32. 항괘(恒卦 ☳☴)

雷風,이 恒.이니 君子以하여 立不易方.하나니라 浚恒之凶,은
始求深也.일세라 九二悔亡,는 能久中也.라 不恒其德,은 无所
容也.로다 久非其位,어니 安得禽也?리요 婦人貞吉,은 從一而
終也.일세라 夫子는 制義,어니 從婦하면 凶也.라 振恒在上,하니
大无功也.로다

우레와 바람으로 된 것이 항괘이다. 군자는 그것으로 세워 방소(方
所)를 바꾸지 아니한다. '깊은 항구의 도가 나쁘다' 함은 처음에 깊은
것을 구한다는 것이다. 구이가 '뉘우침이 없으리라' 함은 가운데 오래
있을 수 있다는 것이다. '그 덕을 항구히 지키고 있지 못하다' 함은
용납할 데가 없다는 것이다. 오랫동안 제자리에 있는 것이 아니니 어
찌 새를 얻으리요? '부인은 마음이 곧고 바르게 가지면 좋다' 함은 하
나에 좇아서 마친다는 것이요, 사나이는 의(義)로 제재해야 하는데,
부인에게 좇으면 나쁘다. '진동되는 항구의 도'라 함은 위에 있어 크
게 공이 없다는 것이다.

해 설

우레와 바람으로 된 것이 항괘의 괘상이다. 군자는 우레와 바람이

서로 함께 항구불변의 상을 이루는 것을 관찰하여 항구한 덕을 세워 처소를 바꾸지 않는다.

初六 효사에 '깊은 항구의 도가 나쁘다' 함은 초륙의 음효(陰爻)가 구사의 양효(陽爻)와 서로 응하는 상이 마치 군자가 항구의 도가 처음 시작한 때에 그 탐구하는 것이 너무 깊은 것과 같다는 뜻이다.

九二 효사에 '뉘우침이 없으리라' 함은 구이의 양효가 육오의 음효와 서로 응하므로 가운데 자리에 오래 있을 수 있다는 뜻이다.

九三 효사에 '그 덕을 항구히 하지 못한다' 함은 구삼의 양효가 상륙의 음효와 서로 응하는 모양을 볼 때 다같이 극에 도달하였으므로 변하기 쉽다는 뜻이다. 그러한 상이므로 군자가 항구의 도를 변하기 쉬우니, 어찌 용납할 데가 있겠느냐 하는 뜻이다.

九四 효사에 '사냥하여도 새가 없다' 함은 구사의 양효가 초륙의 음효와 서로 응하는 상이 두 효가 다 정당치 못한 자리에 있다는 뜻이다.

六五 효사에 '부인은 마음을 곧고 바르게 가져야 좋다' 함은 육오의 음효가 구이의 양효와 서로 응하는 모양으로 미루어 볼 때, 여자가 한 남편을 종신토록 섬겨야 한다는 뜻이다. 사나이는 집안에 있어서 부인을 의리로 제재해야 한다. 만일 아내가 하자는 대로 덮어놓고 좇아가면 반드시 나쁘다는 뜻이다.

上六 효사에 '진동하는 항구의 도라' 함은 상륙의 음효와 구삼의 양효가 다 윗자리에 있어서 변하기 쉬우므로 군자가 크게 공을 세우지 못한다는 뜻이다.

33. 둔괘(遯卦 ☰☶)

천 하 유 산　　둔　　군 자 이 원 소 인　　불 오 이 엄
天下有山,이 **遯**.이니 **君子以遠小人**,하되 **不惡而嚴**.하나니라

遯尾之厲,는 不往이면 何災也.리요 執用黃牛,는 固志也.라
係遯之厲,는 有疾하여 憊也.요 畜臣妾吉,은 不可大事也.니라
君子는 好遯,하고 小人은 否也.니라 嘉遯이니 貞吉,은 以正志
也.라 肥遯无不利,는 无所疑也.라

하늘 아래에 산이 있는 것이 둔괘이다. 군자는 그것으로 소인을 멀리하되 미워하지 않고 엄격하다. '최초의 은둔생활이 위태하다' 함은 가지 않으면 무슨 재앙이 있겠는가 하는 것이다. '황소를 잡아 써라' 함은 뜻이 견고하다는 것이다. '은둔생활을 하려 하나 매어 있어 위태하다' 함은 질병이 있어 피로하다는 것이요, '신하와 아내를 양육하면 좋다' 함은 큰일은 할 수 없다는 것이다. 군자는 은둔생활을 하는 것이 좋고, 소인은 나쁘다는 것이다. '좋은 은둔생활이니 마음을 곧고 바르게 가지면 좋다' 함은 그것으로 뜻을 바로잡는다는 것이다. '풍성한 은둔생활이니 이롭지 않음이 없다' 함은 의심할 것이 없다는 것이다.

해 설

하늘 아래 산이 있는 것이 둔괘의 괘상이다. 군자는 하늘은 넓으나 무한하고, 산은 높으나 유한한 상을 본떠서 소인을 멀리하되, 그 방법은 미워하지 않으면서도 엄격한 태도를 취한다.

初六 효사에 '최초의 은둔생활이 위태하다' 함은 초륙의 음효가 구사의 양효와 서로 응하니, 이상은 비록 양효가 있을 자리에 있으나 나아가지 않으면 구삼의 양효가 해치지 않을 것이기 때문이다. 그러므로 군자는 이것을 본떠서 조금 더 기다렸다가 은둔생활을 하러 가면 재앙을 받지 않는다는 뜻이다.

六二 효사에 '누런 소를 잡아 써라' 함은 육이의 음효가 구오의 양

효와 서로 응하는 상이 마치 군자가 중도를 지켜 의지를 견
고하게 하는 것과 같다는 뜻이다.

九三 효사에 '매어 있는 은둔생활이 위태하다' 함은 구삼의 양효가
육이의 음효와 가까이하고 있는 상이 마치 군자가 은둔생활
을 하려 하나 몸에 질병이 있어 피로한 것과 같기 때문이다.
그러므로 집에서 종과 첩을 양육하는 데는 괜찮지만, 지조를
지키기 위하여 큰 의의를 가진 은둔생활을 할 수 없다는 뜻
이다.

九四 효사에 '군자는 의리를 지키기 위하여는 은둔생활을 하는 것
이 좋지만 소인은 그렇게 할 수 없다' 함은 구사의 양효가 초
륙의 음효와 응하는 상이기 때문이다.

九五 효사에 '아름다운 은둔생활이니, 마음을 곧고 바르게 가지면
좋다' 함은 구오의 양효가 육이의 음효와 서로 응하는 상이
군자가 중도로 자기의 의지를 바로잡는 것과 같다는 뜻이다.

上九 효사에 '풍성한 은둔생활이니 이롭지 않음이 없다' 함은 상구
의 양효가 구삼의 양효와 서로 응하지 않기 때문에 마치 군
자가 아무 거리낌이 없어 은둔생활을 결심하므로 의심할 것
이 없다는 뜻이다.

34. 대장괘(大壯卦 ☳☰)

雷在天上,이 大壯.이니 君子以하여 非禮弗履.하나니라 壯于
趾,하니 其孚窮也.로다 九二貞吉,은 以中也.라 小人은 用壯,
이요 君子는 罔也.라 藩決不羸,는 尙往也.일세라 喪羊于易,은
位不當也.일세라 不能退, 不能遂,는 不詳也.요 艱則吉,은 咎

不長也_{부 장 야}.일세라

우레가 하늘에 있는 것이 대장괘이다. 군자는 그것으로 예(禮)가
아니면 이행하지 않는다. '성(城) 아래에서 성장해 간다' 함은 그 포로
가 곤궁하다는 것이다. 구이는 '마음을 곧고 바르게 가져야 이롭다'
함은 가운데 자리에 있기 때문이라는 것이다. 소인은 성장한 세력을
쓰지만 군자는 그런 일이 없다는 뜻이다. '울타리가 터져 양(羊)의 뿔
이 휘지 않는다' 함은 오히려 간다는 것이다. '양을 역(易) 땅에서 잃
었다' 함은 자리가 마땅치 않다는 것이다. '물러가지도 못하고 나아가
지도 못한다' 함은 상세하지 않다는 것이요, '어려움을 참으면 좋다'
함은 허물이 오래 가지 않는다는 것이다.

(주해)

○ 罔(망) — 없다. 또는 '곤궁'의 뜻.

해 설

우레가 하늘에 있는 것이 대장괘의 괘상이다. 군자는 우레가 하늘
에서 장엄하게 울리는 상을 본떠서 윤리생활을 할 때에 예의에 벗어
나는 일은 하지 않는다.

初九 효사에 '성 밑에서 성장해 간다' 함은 초구의 양효가 맨 밑에
　　서 성장해 가는 상이기 때문이다. 이것은 마치 이쪽의 세력이
　　점점 왕성해 가면 저쪽에서 잡혀온 포로의 세력이 곤궁하게
　　되는 것과 같다는 뜻이다.

九二 효사에 '마음을 곧고 바르게 가지면 좋다' 함은 구이의 양효가
　　육오의 음효와 서로 응하는 상이 마치 군자가 중도를 지키고
　　있는 것과 같다는 뜻이다.

九三 효사에 '소인은 성장한 세력을 쓰고, 군자는 그런 일이 없다'

함은 구삼의 양효가 상륙의 음효와 서로 응하는 상이 마치 소인은 매우 높은 자리에서 권세를 사용하지만, 군자는 매우 강하면 반드시 약해진다는 이치를 알므로 행동을 삼가 권력을 쓰지 않는 것과 같다는 뜻이다.

九四 효사에 '울타리가 터져 양의 뿔이 휘지 않는다' 함은 구사의 양효가 육오의 음효와 친근하므로 군자가 강한 세력으로 전진할 수 있다는 뜻이다.

六五 효사에 '양을 역(易) 땅에서 잃었다' 함은 육오의 음효가 구이의 양효와 서로 응하지만 그 두 효가 다 정당한 자리에 있지 못하다는 뜻이다.

上六 효사에 '물러올 수도 없고 좇아갈 수도 없다' 함은 상륙의 음효가 구삼의 양효와 서로 응하므로 유순한 상륙이 강건한 구삼을 따라 되돌아올 수도 없고, 또 좇아갈 수도 없어 거취를 분명히 할 수 없다는 뜻이요, 또 '곤란한 것을 참으면 좋다' 함은 상륙의 음효가 이미 극에 도달하였으므로 그 곤란한 일이 얼마 안가서 끝난다는 것이다.

35. 진괘(晉卦 ☲☷)

明出地上,이 晉.이니 君子以하여 自昭明德.하나니라 晉如摧如,는 獨行正也.요 裕无咎,는 未受命也.일세라 受玆介福,은 以中正也.라 衆允之志,는 上行也.라 鼫鼠貞厲,는 位不當也.일세라 失得勿恤,은 往有慶也.리라 維用伐邑,은 道未光也.일세라

밝은 빛이 땅 위에서 나오는 것이 진괘이다. 군자는 그것으로 스스로 밝은 덕을 밝힌다. '진취하는 듯하고, 좌절하는 듯하다' 함은 홀로 바른 것을 행한다는 것이요, '풍족하면 허물이 없다' 함은 아직 명령을 받지 못하였다는 것이다. '이에 큰 복을 받는다' 함은 중정의 자리에 있기 때문이란 것이다. '무리들이 진실하다' 함은 올라가서 행한다는 것이다. '생쥐와 같으니, 마음을 곧고 바르게 가져도 위태하다' 함은 자리가 마땅치 않다는 것이다. '잃고 얻는 것을 근심하지 말라' 함은 가면 경사가 있다는 것이다. '오직 다른 고을을 친다' 함은 도가 아직 빛나지 않았다는 것이다.

(주해)

ㅇ昭(소)－밝히다.

해 설

밝은 빛이 땅 위에서 나오는 것이 진괘의 괘상이다. 군자는 그 밝은 빛이 지상에 환히 비치는 것을 본떠서 스스로 밝은 덕을 천하에 비추게 한다.

初六 효사에 '진출하는 듯하고 좌절되는 듯하다' 함은 초륙의 음효가 육이와 육삼의 음효를 뛰어넘어서 구사의 양효와 서로 응하기 때문이다. 마치 군자가 여러 사람 가운데서 혼자 정의를 행하는 것과 같다는 뜻이다. 또 '유족하면 허물이 없다' 함은 초륙과 구사가 진취하려 하나 아직 그 자리가 정당치 못하다는 것이니, 마치 군자가 아직 임금의 명령을 받지 못한 것과 같다는 뜻이다.

六二 효사에 '이 큰 복을 받는다' 함은 육이의 음효가 육오의 음효와 뜻을 같이하는 상이 마치 군자가 위의 임금과 함께 바른 중도를 행하는 것과 같다는 뜻이다.

六三 효사에 '뭇 사람의 진실한 뜻이라' 함은 육삼의 음효가 초륙과

육이의 음효와 함께 상구의 양효와 서로 응하는 상은 마치 군자가 여러 사람과 함께 임금의 뜻을 받들어 행하는 것과 같다는 뜻이다.

九四 효사에 '생쥐와 같으니 마음이 곧고 바르나 위태하다' 함은 구사의 양효가 비록 초륙의 음효와 서로 응하나 음효가 있을 자리에 있으므로 그 자리가 마땅치 않다는 뜻이다.

六五 효사에 '잃고 얻는 것을 근심하지 말라' 함은 육오가 강직한 상구를 이어받고 있으니 유순한 덕이 있는 임금이 강직 현명한 부군(父君)의 뜻을 이어받는 것과 같으므로 무슨 일을 해 나가든지 다 경사스러운 일이 있을 것이라는 뜻이다.

上九 효사에 '오직 마을을 정벌한다' 함은 상구의 양효가 아래로 육삼의 음효와 서로 응하여 마치 군자가 밖으로 진출하지 않고 나라 안의 복종하지 않는 마을을 정벌하는 상이기 때문이다. 그러므로 군자의 도가 아직 나라 밖에까지 빛나지 않은 것과 같다는 뜻이다.

36. 명이괘(明夷卦 ䷣)

明入地中,이 明夷.니 君子以하여 莅衆,에 用晦而明.하나니라
君子于行,은 義不食也.라 六二之吉,은 順以則也.일세라 南狩
之志,를 乃大得也.로다 入于左腹,은 獲心意也.라 箕子之貞,
은 明不可息也.라 初登于天,은 照四國也.요 後入于地,는 失
則也.라

밝은 빛이 땅속으로 들어가는 것이 명이괘이다. 군자는 그것으로

무리에게 임할 적에 어두움을 밝힌다. '군자가 길을 떠나는 것'이라 함은 의리상 먹지 않는다는 것이다. '육이가 좋다' 함은 순종함으로써 법칙을 삼는다는 것이다. '남쪽으로 사냥가는 뜻'이라 함은 바로 크게 얻는다는 것이다. '왼쪽 배로 들어간다' 함은 마음의 뜻을 얻는다는 것이다. '기자(箕子)의 마음이 곧고 바르다' 함은 밝은 빛이 쉴 수 없다는 것이다. '처음에 하늘에 오른다' 함은 사방 나라에 비친다는 것이요, '다음에 땅으로 들어간다' 함은 법칙을 잃었다는 것이다.

해 설

밝은 빛이 땅속으로 꺼지는 것이 명이괘의 괘상이다. 군자는 밝은 빛이 땅속으로 감추는 상을 본떠서 일반 군중에 대하여 너무 분명하게 살펴보지 않고, 안으로는 명철하고 밖으로는 조금 어리석은 듯한 태도로 백성의 허물을 눈감아 주면서 나라를 다스려 차츰 백성을 밝은 데로 이끌어 나아간다.

初九 효사에 '군자가 떠난다' 함은 초구의 양효가 가까운 육이를 버리고 육사의 음효와 서로 응하는 상은 마치 군자가 의리상 밥을 먹지 않는 것과 같다는 뜻이다.

六二 효사에 '순종함으로 법칙을 삼는다' 함은 육이의 음효가 구삼의 양효를 이어받고 있는 상은 마치 군자가 윗사람에게 순종하는 것을 도덕법칙으로 삼는 것과 같다는 뜻이다.

九三 효사에 '남쪽으로 사냥가는 뜻이라' 함은 구삼의 양효가 상륙의 음효와 서로 응하는 상이 마치 군자가 남쪽으로 가서 크게 뜻을 얻는 것과 같다는 뜻이다.

六四 효사에 '왼쪽 배로 들어간다' 함은 육사의 음효가 육오의 음효와 가까이 있으면서 초구의 양효와 서로 응하는 상이 마치 소인이 강직한 사람의 힘을 빌어서 어두운 임금의 마음을 얻는 것과 같다는 뜻이다.

六五 효사에 '기자(箕子)의 마음이 곧고 바르다' 함은 육오의 음효
가 육이의 음효와 서로 응하지 않는 상이 마치 마음이 곧고
바른 기자가 어두운 임금과 뜻이 맞지 않으나 중도를 정지시
킬 수 없는 것과 같다는 뜻이다.

上六 효사에 '처음으로 하늘에 올라간다' 함은 상륙의 음효가 구삼
의 양효와 서로 응하는 상이 군자가 하늘과 같이 높은 자리
에서 그 덕을 사방에 비추는 것과 같다는 뜻이다. 또 '뒤에
땅속으로 들어간다' 함은, 밝은 빛이 극에 도달한 상륙의 음
효가 얼마 안 있다가는 땅속으로 들어가서 어두워지는 상이
기 때문에 군자가 그 도덕법칙을 잃어버리는 것과 같다는 뜻
이다.

37. 가인괘(家人卦 ☴☲)

風自火出,이 家人.이니 君子以하여 言有物, 而行有恒.하나
니라 閑有家,는 志未變也.라 六二之吉,은 順以巽也.일세라 家
人嗃嗃,은 未失也.요 婦子嘻嘻,는 失家節也.라 富家大吉,은
順在位也.일세라 王假有家,는 交相愛也.라 威如之吉,은 反身
之謂也.라

바람이 불에서 나오는 것이 가인괘이다. 군자는 그것으로 말을 하
는 데는 물건이 있고, 행하는 데는 항구적인 것이 있다. '한 집안의
어지러움을 법도로 막는다' 함은 뜻이 아직 변치 않았다는 것이다.
'육이가 좋다' 함은 순종함으로써 몸을 낮춘다는 것이다. '한 집안에서
사나이들이 성이 나서 꽥꽥 소리를 낸다' 함은 아직 잃지 않았다는

것이요, ‘부녀자들이 좋아서 호호 소리를 낸다’는 것은 집안의 예절을 잃었다는 것이다. ‘부잣집이 크게 좋다’ 함은 순종함으로 자리에 있다는 것이다. ‘왕이 한 가정을 가지게 되었다’ 함은 사귀어 서로 사랑한다는 것이다. ‘위엄있는 듯이 하여 좋다’ 함은 몸에 돌이켜봄을 이르는 것이다.

해 설

바람이 불에서 나오는 것이 가인괘의 괘상이다. 군자는 바람이 불에서 나오는 상을 본떠서 말을 하면 반드시 물적(物的)인 것에 근거를 두고, 행동을 할 때에는 반드시 항구불변의 법칙을 따른다.

初九 효사에 ‘집안의 어지러움을 법도로 막는다’ 함은 초구의 양효가 육사의 음효와 서로 응하는 상이 마치 집안을 다스리는 군자의 심지가 발라서 변하지 않는 것과 같다는 뜻이다.

六二 효사에 ‘육이가 좋다’ 함은 육이의 음효가 구오의 양효와 서로 응하는 상이 마치 부인이 자기 남편을 섬길 때에 순종하는 덕으로 몸을 낮추는 것과 같다는 뜻이다.

九三 효사에 ‘집안에 사나이들이 성이 나서 엄숙하게 꽥꽥 소리를 낸다’ 함은 구삼의 양효가 상구의 양효와 서로 응하지 않아 마치 한 사나이가 집을 다스릴 때에 꽥꽥 소리를 내는 것과 같다는 말인데, 이것은 그래도 아직 가도(家道)를 다 잃지 않았다는 뜻이 있다.

六四 효사에 ‘부잣집이 크게 좋다’ 함은 육사의 음효가 초구의 양효와 서로 응하기 때문에 마치 부잣집이 정당한 자리에서 백성들의 뜻에 순종하는 것과 같다는 뜻이다.

九五 효사에 ‘왕이 가정을 가지게 된다’ 함은 구오의 양효가 육이의 음효와 서로 응하는 상이 마치 한 나라의 임금이 덕성 있는 여자와 결혼하여 아들딸을 낳아 서로 사랑하는 가정을 이루

는 것과 같다는 뜻이다.

上九 효사에 '위엄있는 듯이 하는 것이 좋다' 함은 상구의 양효가 구삼의 양효와 서로 응하지 않으므로 임금의 아버지가 포로에게 대하여 위엄있는 태도를 가져야 한다는 것이다.

38. 규괘(睽卦 ☲☱)

上火下澤,이 睽.이니 君子以하여 同而異.하나니라 見惡人,은 以辟咎也.라 遇主于巷,이 未失道也.라 見輿曳,는 位不當也.요 无初有終,은 遇剛也.일세라 交孚无咎,는 志行也.리라 厥宗噬膚,는 往有慶也.리라 遇雨之吉,은 群疑亡也.라

위는 불이요, 아래는 못이 있는 것이 규괘이다. 군자는 그것으로 같으나 다르다. '나쁜 사람을 보면 허물이 없으리라. 임금을 골목에서 만난다' 함은 아직도 도를 잃지 않았다는 것이다. '그 수레가 끌리는 것을 본다' 함은 자리가 마땅치 않다는 것이요, '처음은 없고 나중은 있다' 함은 강한 것을 만났다는 것이다. '포로를 교환하여 허물이 없다' 함은 뜻이 실행된다는 것이다. '그 종족들이 살을 서로 합하듯이 친근히 지낸다' 함은 가서 경사가 있다는 것이다. '비를 만나서 좋다' 함은 모든 의심이 없어진다는 것이다.

위에는 불이 있고 아래에는 못이 있는 것이 규괘의 괘상이다. 군자는 불과 못이 서로 다른 상을 본떠서 물건이 각각 다른 가운데 같은 것이 있고, 다 같은 가운데 다른 것이 있다는 진리를 관찰한다.

初九 효사에 '악한 사람을 봄으로 허물을 피한다' 함은 초구의 양효가 구사의 양효와 서로 응하지 않으므로 마치 군자가 악한 사람을 보고 경계하여 과오를 범하지 않는 것과 같다는 뜻이다.

九二 효사에 '임금을 골목에서 만났다' 함은 구이의 양효가 육오의 음효와 서로 응하는 상이 마치 누추한 골목에서 사는 미천한 선비가 귀하고 높은 자리에 있는 여왕을 만난 것과 같아서 아직 군신의 도를 잃지 않았다는 뜻이다.

六三 효사에 '수레가 끌리는 것을 본다' 함은 육삼의 음효가 상구의 양효와 서로 응하나 정당한 자리에 있지 못한 상이 마치 굴러가던 수레가 길이 막혀 뒤로 끌리는 것과 같다는 뜻이다.

九四 효사에 '포로를 교환하여 허물이 없다' 함은 구사의 양효가 서로 응하지 않고 육삼과 육오 사이에 있는 상은 마치 포로를 임금에게 드리는 것과 같아서 충성스러운 신하의 뜻이 실행되었다는 뜻이다.

六五 효사에 '그 종족들이 살이 서로 합하듯이 친근히 지낸다' 함은 육오의 음효가 구이의 양효와 서로 화합하는 상과 같아서 무슨 일을 해 가든지 반드시 경사가 있으리라는 뜻이다.

上九 효사에 '비를 만나서 좋다' 함은 상구의 양효가 육삼의 음효와 서로 응하는 상이 마치 가뭄에 비를 만난 것과 같아서 모든 근심과 의심이 다 풀리는 것과 같다는 뜻이다.

39. 건괘(蹇卦 ☶☵)

山上有水, 蹇.이니 君子以하여 反身修德.하나니라 往蹇來譽,는 宜待也.니라 王臣蹇蹇,은 終无尤也.리라 往蹇來反,은 內喜之也.일세라 往蹇來連,은 當位實也.일세라 大蹇朋來,는

^{이중절야}
以中節也.라 ^{왕건래석}往蹇來碩,은 ^{지재내야}志在內也.요 ^{이견대인}利見大人,은 ^{이종귀}以從貴
^야也.라

산 위에 물이 있는 것이 건(蹇)이다. 군자는 이를 본받아 몸을 돌이켜보고 덕을 닦는 것이다. '가면 어려워지고 오면 기림이 있으리라' 함은 마땅히 기다려야 한다는 것이다. '임금과 신하가 애쓴다' 함은 끝내 허물이 없으리라는 뜻이다. '가면 어려워지고 오면 돌이켜진다' 함은 그것을 기뻐하기 때문이다. '가면 어려워지고 오면 연결된다' 함은 맡은 자리에 충실하기 때문이다. '큰 어려움을 당하니 친구가 온다' 함은 알맞은 절도로써 하기 때문이다. '가면 어려움을 당하고 오면 커진다' 함은 뜻이 안에 있기 때문이다. '위대한 사람을 보는 것이 이롭다' 함은 그럼으로써 귀함을 따르기 때문이다.

해 설

산 위에 물이 있는 것이 건괘이다. 군자는 험한 산 위에 또 움푹한 물이 있는 상을 관찰하여 험하고 어려운 일을 당할 때에 자기 자신으로 돌아와서 반성하여 덕을 닦는다.

初六 효사에 '가면 험하고 오면 예찬을 받는다' 함은 초륙의 음효가 육사의 음효와 응하지 않는 상이 마치 앞으로 가면 어려운 일을 당하고, 오면 예찬을 받는 것과 같다는 뜻이다.

六二 효사에 '왕의 신하가 발을 절룩거린다' 함은 육이의 음효가 구오의 양효와 서로 응하나 구삼의 양효에 가로막힘이 되는 상이 마치 왕의 신하가 강한 대부에게 방해를 당하는 것과 같다. 그러나 마침내는 허물이 없을 것이다.

九三 효사에 '가면 험하고 오면 되돌아오는 것이다' 함은 구삼의 양효가 상륙의 음효와 응하는 상이 마치 앞으로 나아가면 길이

험하고, 뒤로 되돌아오면 육이와 친근해지는 것과 같다. 그러므로 안에서 그것을 기뻐한다는 뜻이다.

六四 효사에 '가면 험하고 오면 동지자들이 있다' 함은 육사의 음효가 올라가려면 구오의 양효가 가로막고, 돌아오면 구삼의 양효와 서로 친근하게 되는데, 이것은 그 두 효가 다 정당한 자리에서 진실하기 때문이라는 뜻이다.

九五 효사에 '크게 험난하지만 벗이 온다' 함은 구오의 양효가 육이의 음효와 서로 응하는 상이 마치 매우 험난한 일을 당할 때에 정당한 자리에서 중정의 덕이 있는 벗이 찾아오는 것과 같다는 뜻이다.

上六 효사에 '가면 험하고 오면 크다' 함은 상륙의 음효가 구삼의 양효와 서로 응하는 상이 마치 앞으로 더 나아가면 험하고, 되돌아오면 구오의 양효에 좇게 되므로 뜻이 안에 있다는 말이다. 또 '대인을 보는 것이 이롭다' 함은 상륙의 음효가 구오의 양효에 가까이 있게 되는 것과 같이 임금을 만나서 귀히 된다는 뜻이다.

40. 해괘(解卦 ☵☳)

雷雨作,이 解.니 君子以하여 赦過宥罪.하나니라 剛柔之際,라 義无咎也.니라 九二貞吉,은 得中道也.일세라 負且乘은 亦可醜也,며 自我致戎,이어니 又誰咎也.리요 解而拇,는 未當位也.일세라 君子有解,는 小人이 退也.라 公用射隼,은 以解悖也.라

우레와 비가 일어나는 것이 해괘이다. 군자는 그것으로 허물을 사

해 주고, 죄를 용서한다. 강한 것과 유한 것이 교제하는 것이니, 마땅하여 허물이 없다. 구이가 '곧고 바르면 좋다' 함은 중도를 얻는다는 것이다. '짐을 지고 또 탄다' 함은 역시 추악스럽다는 것이요, 나에게서 오랑캐를 이르게 했으니 또 누가 허물하겠는가? '엄지발가락을 풀어 놓는다' 함은 아직 자리가 마땅치 못하다는 것이다. '군자만이 해방된다' 함은 소인이 물러간다는 것이다. '공작 벼슬하는 사람이 새매를 쏜다' 함은 거슬림을 풀어 놓는다는 것이다.

해 설

우레와 비가 일어나는 것이 해괘의 괘상이다. 군자는 우레와 비가 천지에 응결되었다가 기운을 풀어 놓는 상을 본떠서 사람의 허물과 죄를 용서해 준다.

初六 효사에 '허물이 없다' 함은 초륙의 유한 음효가 구사의 강한 양효와 서로 잘 교제하기 때문이다.

九二 효사에 '구이가 곧고 발라서 좋다' 함은 구이의 양효가 육오의 음효와 서로 가운데 자리에서 응하기 때문이다.

六三 효사에 '지고 또 왔다' 함은 육삼의 음효가 구사의 양효를 이어받으면서 구이의 양효를 타고 있으므로 그 모습이 더럽다는 뜻이다. 또 '나에게서 오랑캐를 오게 했다' 함은 육삼의 음기가 양효의 자리에 있기 때문이다. 이것은 마치 소인이 군자 행세를 하는 것과 같아서 자기 스스로 자기를 해칠 도둑을 부르는 행위이니 누구를 탓하겠느냐 하는 뜻이다.

九四 효사에 '엄지발가락을 풀어 놓는다' 함은 구사의 양효와 초륙의 음효가 아직 정당한 자리에 있지 못하다는 뜻이다.

六五 효사에 '군자가 풀린다' 함은 육오의 음효가 구이의 양효와 서로 응하는 상이 마치 군자의 억울함이 풀리고 소인은 물러가는 것과 같다는 뜻이다.

上六 효사에 '공작 벼슬하는 사람이 새매를 쏘았다' 함은 상륙의 음
효가 육삼의 음효와 서로 응하지 않기 때문에 마치 공작 벼
슬하는 사람이 사나운 새매를 쏘아 떨어뜨리는 것과 같다는
뜻이다.

41. 손괘(損卦 ☶☱)

山下有澤,이 損.이니 君子以하여 懲忿窒欲.하나니라 已事遄
往,은 尙合志也.일세라 九二利貞은 中以爲志也.라 一人行은
三이면 則疑也.리라 損其疾,하니 亦可喜也.로다 六五元吉,은
自上祐也.라 弗損益之,는 大得志也.라

산 아래 못이 있는 것이 손괘이다. 군자는 그것으로 분노를 징계하
고, 의욕을 질식시킨다. '일을 그만두고 빨리 간다' 함은 숭상함이 뜻
에 합한다는 것이다. '구이는 곧고 바르면 이롭다' 함은 중도로 뜻을
삼기 때문이란 것이다. '한 사람이 가는 것이다' 함은 셋이면 의심한
다는 것이다. '그 질병을 덜어 버린다' 함은 역시 기뻐할 만하다는 것
이다. '육오가 크게 좋다' 함은 위에서 돕는다는 것이다. '손해보지 않
고 유익하게 한다' 함은 크게 뜻을 얻었다는 것이다.

해 설

산 아래 못이 있는 것이 손괘의 괘상이다. 군자는 못이 낮고 깊음
으로 산을 더 높게 하는 상을 본떠서 자기의 분노를 막고 욕망을 막
아 버린다.

初九 효사에 '일을 그만두고 빨리 간다' 함은, 초구의 양효가 육사

　　의 음효와 서로 응하는 상이 마치 윗사람과 아랫사람의 뜻이
　　서로 맞는 것과 같다는 뜻이다.

九二　효사에 '구이가 곧고 바른 것이 이롭다' 함은, 구이의 양효가
　　육오의 음효와 서로 응하는 상이 마치 군자가 마음이 곧고
　　발라서 중도(中道)로 뜻을 삼는 것과 같다는 뜻이다.

六三　효사에 '한 사람이 가야 한다' 함은, 육삼의 음효가 상구의 양
　　효와 서로 응하면 구이를 잃는 상이 마치 군자가 자기 혼자
　　길을 가면 벗을 얻고, 세 사람이 같이 가면 한 사람의 벗을
　　잃는 것과 같다는 뜻이다.

六四　효사에 '그 질병을 덜어 버린다' 함은, 육사의 음효가 육삼을
　　버리고 초구의 양효와 서로 응하는 상이 마치 군자가 질병을
　　물리치는 것과 같아서 역시 기뻐할 만하다는 뜻이다.

六五　효사에 '육오가 크게 좋다' 함은, 육오의 음효가 구이의 양효
　　와 서로 응하는 상이 마치 군자가 임금의 도움을 받는 것과
　　같다는 뜻이다.

上九　효사에 '손해보지 않고, 유익하게 한다' 함은, 상구의 양효가
　　육사의 음효와 서로 응하는 상이 마치 매우 높은 자리에 있
　　는 군자가 아랫사람의 뜻을 크게 얻는 것과 같다는 뜻이다.

42. 익괘(益卦 ☴☳)

風雷, 益.이니 君子以하여 見善則遷,하고 有過則改.하나니라

元吉无咎,는 下不厚事也.일세라 或益之,는 自外來也.라 益用

凶事,는 固有之也.일세라 告公從,은 以益志也.라 有孚惠心,

이라 勿問之矣.며 惠我德, 大得志也.라 莫益之,는 偏辭也.요

혹 격 지　　　　자 외 래 야
或擊之,는 **自外來也**.라

바람과 우레로 된 것이 익괘다. 군자는 그것으로써 선함을 보면 옮기고, 허물이 있으면 고친다. ‘크게 좋아서 허물이 없다’ 함은 아랫사람이 일을 후하게 하지 못한다는 것이다. ‘보람이 있을는지 모른다’ 함은 밖에서 온다는 것이다. ‘유익한 것을 나쁜 데 쓴다’ 함은 본래 이것이 있다는 것이다. ‘공후(公侯)에게 일러서 따르게 한다’ 함은 그렇게 하여 뜻을 유익하게 한다는 것이다. ‘포로가 고마운 마음을 가진다. 묻지 않아도 크게 좋다. 나의 덕을 고맙게 여긴다’ 함은 크게 뜻을 얻는다는 것이다. ‘그를 유익하게 하지 말라’ 함은 편벽된 말이란 것이요, ‘그를 쳐야 할는지도 모른다’ 함은 밖에서 온다는 것이다.

해 설

바람과 우레로 된 것이 익괘의 괘상이다. 군자는 바람이 맹렬하면 우레가 빠르고, 우레가 격동하면 바람이 성을 내어 서로 유익하게 하는 상을 본떠서, 선한 것을 보면 선한 데로 옮아가고, 허물이 있으면 곧 그것을 고친다.

初九 효사에 ‘크게 좋아서 허물이 없다’ 함은, 초구의 양효가 육사의 음효와 서로 응하는 상이 마치 군자가 맨 아랫자리에서 윗사람이 맡기는 일을 감당하지 못하는 것과 같다는 뜻이다.

六二 효사에 ‘그것을 유익하게 할는지도 모른다’ 함은, 육이의 음효가 구오의 양효와 서로 응하는 상이 마치 외부에 있는 임금이 군자를 도와 줄는지도 모른다는 것이다.

六三 효사에 ‘유익하게 하여 나쁜 일에 쓴다’ 함은, 육삼의 음효가 상구의 양효와 서로 응하는 상이 마치 군자가 매우 높고 정당치 못한 자리에 있는 사람에게 이용만 당하는 것과 같다는

뜻이다.

六四 효사에 '공후에게 밀려서 좇는다' 함은, 육사의 음효가 초구
　　의 양효와 서로 응하는 상이 마치 군자가 자기의 뜻을 공후
　　벼슬을 하는 사람에게 일러주어 보탬이 되는 것과 같다는
　　뜻이다.

九五 효사에 '포로가 고마워하는 마음을 가지는 것이니, 그에게 묻
　　지 말 것이요, 나의 덕을 고마워한다' 함은, 구오의 양효가 육
　　이의 음효와 서로 응하는 상이 마치 잡혀온 포로가 임금의
　　덕을 고맙게 여기는 뜻을 품는 것과 같다는 뜻이다.

上九 효사에 '보태는 일이 없다' 함은, 상구의 양효가 매우 높고 정
　　당치 못한 자리에 있으면서 육삼의 음효와 서로 응하는 상이,
　　마치 마음이 곧지 못한 윗사람이 덕이 있는 군자에게 편벽된
　　말을 하는 것과 같다는 뜻이다. 또 '이것을 배격할는지도 모
　　른다' 함은, 바깥 육삼의 자리에 있는 공후가 그 두 사람의
　　관계를 배척할는지도 모른다는 뜻이다.

43. 쾌괘(夬卦 ☰☱)

^{택 상 어 천} ^쾌 ^{군 자 이} ^{시 록 급 하} ^{거 덕 즉 기}
澤上於天,이 夬.니 君子以하여 施祿及下,하며 居德則忌.하
^{불 승 이 왕} ^{구 야} ^{유 융 물 휼} ^{득 중 도 야} ^군
나니라 不勝而往,이 咎也.라 有戎勿恤,은 得中道也.일세라 君
^자 ^{쾌 쾌} ^{종 무 구 야} ^{기 행 차 저} ^{위 부 당 야} ^{문 언}
子는 夬夬,라 終无咎也.니라 其行次且,는 位不當也.요 聞言
^{불 신} ^{총 불 명 야} ^{중 행 무 구} ^{중 미 광 야} ^{무 호 지 흉}
不信,은 聰不明也.라 中行无咎,나 中未光也.라 无號之凶,은
^{종 불 가 장 야}
終不可長也.니라

못물이 하늘에 오르는 것이 쾌괘다. 군자는 그것으로 녹(祿)을 베

풀어 아래에 미치니, 덕을 쌓아두기를 꺼린다. '이기지 못할 것을 간다' 함은 허물이 된다는 것이다. '전쟁이 있을지라도 근심하지 말라' 함은 중도를 얻는다는 것이다. '군자는 과단성이 있다' 함은 마침내 허물이 없다는 것이다. '그 가는 모습이 꾸물거린다' 함은 자리가 마땅치 못하다는 것이요, '말을 들어도 믿지 않는다' 함은 귀가 밝지 못하다는 것이다. '중도의 길을 밟으면 허물이 없다' 함은 중도가 아직 빛나지 않는다는 것이다. '부르짖지 말라. 나쁘리라' 함은 마침내 오래 갈 수 없다는 뜻이다.

주해

ㅇ居德(거덕) – '거(居)'는 저축의 뜻.

해 설

못물이 하늘로 올라가는 것이 쾌괘의 괘상이다. 군자는 못물이 높이 위로 올라갔다가 아래로 내려 붓는 상을 본떠서 자기의 복록을 아래 백성들에게 베풀어 주지만, 덕을 자기 몸에 쌓아두는 것은 꺼린다.

初九 효사에 '이기지 못할 것을 간다' 함은, 정당한 자리에 있는 초구의 양효가 구사의 양효와 서로 응하지 않는 상이 마치 군자가 앞으로 나갈 힘이 있으나 응해 주는 사람이 없는데 억지로 가는 것과 같아서 허물이 있게 되는 것과 같다는 뜻이다.

九二 효사에 '전쟁이 있어도 근심하지 말라' 함은, 구이의 양효가 구오의 양효와 서로 응하지 않으면서 가운데 자리를 차지하고 있는 상이 마치 군자가 중도를 지키고 있는 것과 같다는 뜻이다.

九三 효사에 '군자는 결단성이 있다' 함은, 구삼의 양효가 상륙의 음효와 서로 응하고 있는 상이 마치 강직한 군자가 황태후와 화합하는 것과 같아서 결국에는 아무 허물이 없다는 뜻이다.

九四 효사에 '그 가는 모습이 머뭇거린다' 함은, 구사의 양효가 음

효의 자리에 있으므로 정당치 못하다는 뜻이다. 또 '말을 들
어도 믿지 않는다' 함은, 초구의 양효와 서로 응하지 않는 상
이 마치 귀가 먹은 사람과 같다는 뜻이다.

九五 효사에 '가운데로 가서 허물이 없다' 함은, 구오의 양효가 구
이의 양효와 서로 응하지 않아 비록 가운데 자리에 있지만
임금의 덕이 천하에 빛나지 않는 것과 같다는 뜻이다.

上六 효사에 '부르짖지 말 것이니 나쁘다' 함은, 상륙의 음효가 구
삼의 양효와 서로 응하지 않는 상이 마치 군자가 비록 나쁜
일을 당했지만 그것이 극에 도달하여 얼마 가지 않아 없어진
다는 뜻이다.

44. 구괘(姤卦 ☰☴)

天下有風,이 姤.니 后以하여 施命, 誥四方.하나니라 繫于金
梔,는 柔道牽也.일세라 包有魚,는 義不及賓也.라 其行次且,는
行未牽也.라 无魚之凶,은 遠民也.일세라 九五含章,은 中正
也.요 有隕自天,은 志不舍命也.일세라 姤其角, 上窮吝也.라

하늘 아래 바람이 있는 것이 구괘다. 후왕(后王)은 그것으로 명령
을 베풀어 사방에 일러준다. '구리로 만든 수레 멈춤대에 매여 있다'
함은 유한 도(道)가 끌린다는 것이다. '부엌에 생선 한 마리가 있다'
함은 그것이 손님에게까지 미치지 못한다는 뜻이다. '그 가는 모습이
머뭇거린다' 함은 가는 것을 아직 끌지 못한다는 것이다. '생선이 없
으니 나쁘다' 함은 백성에게 멀어지게 된다는 것이다. '구오가 아름다
운 맛을 지니고 있다' 함은 가운데 자리에 있어서 정당하다는 것이다.

하늘에서 도와주니 뜻은 항상 천명을 저버리지 말아야 한다. ‘그 뿔에서 만나게 된다’ 함은 위가 곤궁하여 부끄럽다는 것이다.

해 설

하늘 아래 바람이 있는 것이 구괘의 괘상이다. 임금은 바람이 천하에 널리 부는 상을 본떠서 명령을 사방 백성에게 선포한다.

初六 효사에 ‘구리로 만든 수레 멈춤대에 매어 놓는다’ 함은, 초륙의 음효가 양효의 자리에서 구사의 양효와 서로 응하는 상이 마치 강직한 군자가 유약한 방법으로 진출하려는 소인을 견제하는 것과 같다는 뜻이다.

九二 효사에 ‘부엌에 생선 한 마리가 있다’ 함은, 구이의 양효가 구오의 양효와 서로 응하지 않고 초륙의 음효와 가까이하는 상이, 마치 부엌에 있는 생선이 아직 요리가 되지 않아 손님상에 오르지 못하는 것과 같다.

九三 효사에 ‘그 가는 모습이 머뭇거린다’ 함은, 구삼의 양효가 상구의 양효와 서로 응하지 않고, 초륙의 음효에 마음이 있는 상이 마치 길 가는 사람을 아직 견제하지 못하는 것과 같다는 뜻이다.

九四 효사에 ‘부엌에 생선이 없는 것이니 나쁘다’ 함은, 구사의 양효가 초륙의 음효와 서로 응하지만 그것이 이미 구이의 양효와 서로 가까이하고 있는 상이, 마치 백성을 잃어버린 공경(公卿)과 같다는 뜻이다.

九五 효사에 ‘구오가 아름다운 맛을 함축하고 있다’ 함은, 구오의 양효가 구이의 양효와 서로 응하지는 못하지만 가운데 자리에 있는 상이 마치 중정의 덕을 함축하고 있는 군자와 같다는 뜻이다.

上九 효사에 ‘그 뿔에서 만나게 된다’ 함은, 상구의 양효가 너무 높

은 자리에 있는 상이 마치 사람이 위로 더 올라갈 수 없어서
부끄러움을 당하는 것과 같다는 뜻이다.

45. 췌괘(萃卦 ☱☷)

澤上於地, 萃.니 君子以하여 除戎器,하여 戒不虞.하나니라
乃亂乃萃,는 其志亂也.일세라 引吉无咎,는 中하여 未變也.일
세라 往无咎,는 上이 巽也.일세라 大吉无咎,는 位不當也.일세라
萃有位,는 志未光也.일세라 齎咨涕洟,는 未安上也.라

못물이 땅에 오르는 것이 췌괘다. 군자는 그것으로 병기(兵器)를
수선하여 뜻밖의 일을 경계한다. '바로 어지럽히고 소와 양, 돼지를
잡는다' 함은 그 뜻이 어지럽다는 것이다. '데리고 가면 좋아서 허물
이 없다' 함은 가운데서 아직 변하지 않는다는 것이다. '가서 허물이
없다' 함은 윗사람이 순하다는 것이다. '크게 좋아야 허물이 없다' 함
은 자리가 마땅치 않다는 것이다. '여러 사람이 모이는 데는 자리가
있다' 함은 뜻이 아직 빛나지 않는다는 것이다. '슬퍼서 눈물이 눈과
코에서 나온다' 함은 아직 윗자리에서 편안치 못하다는 것이다.

주해

○除(제)—다스리다. '치(治)'의 뜻.
○不虞(불우)—뜻밖의 일.

해 설

못물이 땅으로 올라가서 모이는 것이 췌괘의 괘상이다. 군자는 그
물이 모여 있는 상을 본떠서 병기를 한데 모아 잘 수리함으로써 뜻하

지 않은 어려움을 미리 대비해 놓는다.

初六 효사에 '바로 어지럽히고 바로 모여 소와 돼지를 잡는다' 함은, 초륙의 음효가 구사의 양효와 서로 응하나 두 음효가 방해하는 상이 마치 군자의 뜻이 어지러운 것과 같다는 뜻이다.

六二 효사에 '당기면 좋아서 허물이 없다' 함은, 육이의 음효가 구오의 양효와 서로 응하는 상이 마치 군자가 아직 변하지 않고 중도를 지키고 있는 것과 같다는 뜻이다.

六三 효사에 '가서 허물이 없다' 함은, 육삼의 음효가 구사의 양효를 이어받고 있는 상이 마치 윗자리에 있는 사람이 마음이 순하여 군자를 받아들이는 것과 같다는 뜻이다.

九四 효사에 '크게 좋아야 허물이 없다' 함은, 구사의 양효와 초륙의 음효가 정당치 못한 자리에서 서로 응하는 상이 마치 자리가 정당치 못한 자리에 앉은 군자와 같다는 뜻이다.

九五 효사에 '모이는 데 자리가 있다' 함은, 구오의 양효가 육이의 음효와 서로 응하나 아직 구사와 가까이하는 육삼이 있는 상이 마치 군자의 뜻이 아직 널리 빛나지 않은 것과 같다는 뜻이다.

上六 효사에 '슬퍼서 눈물이 눈과 코에서 나온다' 함은, 상륙의 음효가 너무 높은 자리에서 구오의 양효를 타고 있는 상이 마치 너무 높고 위태한 자리에 있는 군자와 같다는 뜻이다.

46. 승괘(升卦 ䷭)

地中生木,이 升.이니 君子以하여 順德,하여 積小以高大.하나니라 允升大吉,은 上合志也.라 九二之孚,는 有喜也.라 升虛邑,은 无所疑也.라 王用亨于岐山,은 順事也.라 貞吉升階,는

大得志也.리라 冥升在上,하니 消不富也.라

땅속에서 나무가 나오는 것이 승괘다. 군자는 그것으로 덕에 따라서 작은 것을 쌓음으로써 높고 커진다. '성실한 마음으로 제사를 올리는 것이니, 크게 좋다' 함은 윗사람과 뜻이 합한다는 것이다. 구이의 '포로'라 함은 기쁨이 있다는 것이다. '빈 마을에 제사를 올린다' 함은 의심할 것이 없다는 것이다. '왕이 기산(岐山)에서 제사를 올린다' 함은 순한 일이라는 것이다. '마음을 곧고 바르게 가지어 행복되리라. 섬돌에서 제사를 지낸다' 함은 크게 뜻을 얻었다는 것이다. '어두운 제사'라 함은 위에서 사라져 부(富)하지 않다는 것이다.

해 설

땅속에서 나무가 나오는 것이 승괘의 괘상이다. 군자는 이와 같이 나무가 땅속에서 나와 자라는 상을 본떠서 도덕률에 따라 작은 일을 쌓아 올라감으로써 높고 커진다.

初六 효사에 '진실한 제사이니 크게 좋다' 함은, 초륙의 음효가 구이의 양기를 이어받는 상이 마치 군자가 윗사람과 뜻을 합하는 것과 같다는 뜻이다.

九二 효사에 '구이의 포로라' 함은, 구이의 양효가 육오의 음효와 서로 응하는 상이 마치 포로가 덕이 있는 임금을 만나는 것과 같이 기쁨이 있다는 뜻이다.

九三 효사에 '빈 마을에 제사를 지낸다' 함은, 구삼의 양효가 자리 없는 상륙의 음효와 서로 응하는 상이 마치 신(神)이 없는 마을에 제사를 지내는 것과 같으니, 의심할 것이 없다는 뜻이다.

六四 효사에 '왕이 기산(岐山)에서 제사를 지낸다' 함은, 육사의 음효가 구삼의 양효를 타고[乘] 있는 상이 마치 문왕이 때를 타서 일을 하는 것과 같다는 뜻이다.

六五 효사에 '마음이 곧고 발라야 계단에서 제사를 올린다' 함은, 구삼의 양효가 상륙의 음기와 서로 응하는 상이 마치 군자가 윗사람과 크게 뜻을 얻은 것과 같다는 뜻이다.

上六 효사에 '명랑치 못한 제사라' 함은, 상륙의 음효가 구삼의 양효와 서로 응하는 상이 마치 제사하는 일이 거의 끝나서 그 이상 더 풍성치 못한 것과 같다는 뜻이다.

47. 곤괘(困卦 ☱☵)

澤无水, 困.이니 君子以하여 致命遂志.하나니라 入于幽谷,은 幽不明也.라 困于酒食,은 中有慶也.라 據于蒺藜,는 乘剛也.일세라 入于其宮, 不見其妻,는 不祥也.라 來徐徐,는 志在下也,니 雖不當位,나 有與也.니라 劓刖,은 志未得也.요 乃徐有說,은 以中直也.요 利用祭祀,는 受福也.리라 困于葛藟,는 未當也.요 動悔有悔,는 吉行也.라

못에 물이 없는 것이 곤괘다. 군자는 그것으로 목숨을 바쳐 뜻을 이룬다. '깊은 골짜기에 들어간다' 함은 깊어서 밝지 못하다는 것이다. '술과 밥을 먹기에 곤란하다' 함은 가운데 자리에서 경사가 있다는 것이다. '질려풀에 의지한다' 함은 강한 것을 탄다는 것이다. '그 궁에 들어가도 그 아내를 보지 못한다' 함은 상서롭지 못하다는 것이다. '천천히 온다' 함은 뜻이 아래에 있다는 것이니, 비록 자리가 마땅치 않으나 함께할 사람이 있다는 것이다. '코를 베고 다리를 자른다' 함은 뜻을 아직 얻지 못하였다는 것이요, '바로 천천히 기쁨이 있다' 함

은 곧은 마음으로 한다는 것이요, '제사를 지내는 것이 이롭다' 함은 복을 받는다는 것이다. '칡덩굴이 위태한 곳에서 곤란하다' 함은 아직 마땅치 못하다는 것이요, '움직이면 뉘우치리라 하여 뉘우침이 있다' 함은 가는 것이 좋다는 것이다.

해 설

못에 물이 없는 것이 곤괘의 괘상이다. 군자는 못에 물이 없는 상을 본떠서 곤란할 때에 목숨을 바쳐 자기의 뜻을 이루고야 만다.

初六 효사에 '깊은 골짜기에 들어간다' 함은, 양위(陽位)에 있는 초륙의 음효가 음위(陰位)에 있는 구사의 양효와 서로 응하는 상이 마치 깊은 골짜기에 들어가서 밝은 빛을 잃어버린 것과 같다는 뜻이다.

九二 효사에 '술과 밥에 곤궁하다' 함은, 구이의 양효가 구오의 양효와 서로 응하지 못하고 초륙과 육삼의 음효 가운데 빠져 있지만 가운데 자리를 차지하고 있는 상이, 마치 군자가 술과 밥이 없어서 곤궁하지만 마음 속에 중도(中道)의 덕이 있어 행복된 것과 같다는 뜻이다.

六三 효사에 '질려풀에 의지한다' 함은, 육삼의 음효가 구이의 양효를 타고 있는 상이 마치 군자가 강한 기운을 타고 있는 것과 같다는 뜻이다. 또 '그 궁에 들어가도 그 아내를 보지 못한다' 함은, 육삼의 음효가 상륙의 음효와 서로 응하지 않는 상이, 마치 자기 집에 들어가도 아내가 없는 것과 같아서 상서롭지 못하다는 것이다.

九四 효사에 '천천히 온다' 함은, 구사의 양효가 초륙의 음효와 서로 응하는 상이 마치 군자의 뜻이 윗사람에게 있지 않고 아래 백성들에게 있는 것과 같다는 뜻이다. 또 구사의 양효가 음효의 자리에 있지만 초륙의 음효와 서로 응하는 상이 마치

정당치 못한 자리에 있는 군자이지만 뜻을 같이할 친구가 있는 것과 같다는 뜻이다.

九五 효사에 '코를 베고 다리를 자른다' 함은, 구오의 양효가 구이의 양효와 서로 응하지 않는 상이 마치 군자가 뜻을 얻지 못하는 것과 같다는 뜻이요, '바로 천천히 기쁨이 있다' 함은, 구오의 양효가 가운데 자리에 있는 모양이 마음이 정직한 군자와 같다는 것이요, '제사를 하는 것이 이롭다' 함은, 군자가 임금 자리에 있으므로 하늘에 제사를 지내야 복을 받는다는 뜻이다.

上六 효사에 '칡덩굴이 곤궁하다' 함은, 상륙의 음효가 음위에 있는 상이 군자가 정당치 못한 자리에 있는 것과 같다는 뜻이요, '동할 때마다 뉘우치어 뉘우침이 있다' 함은, 상륙의 음효가 너무 높은 자리에 있는 상이 마치 군자가 동할 때마다 뉘우치는 마음이 있으면 아무리 곤궁하다 하더라도 그곳에서 벗어나게 되어 좋다는 것이다.

48. 정괘(井卦 ☵☴)

木上有水, 井.이니 君子以하여 勞民勸相.하나니라 井泥不食,은 下也.일세라 舊井无禽,은 時舍也.라 井谷射鮒,는 无與也.일세라 井渫不食,은 行을 惻也.요 求王明,은 受福也.라 井甃无咎,는 修井也.일세라 寒泉之食,은 中正也.일세라 元吉在上,이 大成也.라

나무 위에 물이 있는 것이 정괘다. 군자는 그것으로 백성을 수고롭

게 하여 돕는 것을 권한다. '우물이 흐려서 마시지 못한다' 함은 밑에 있기 때문이란 것이다. '옛 우물에 새가 없다' 함은 때가 버린다는 것이다. '우물 구멍의 물을 붕어에 부어 준다' 함은 함께할 사람이 없다는 것이다. '우물을 쳐도 먹지 못한다' 함은 길 가는 사람을 측은히 여긴다는 것이요, '왕이 총명하기를 구한다' 함은 복을 받는다는 것이다. '우물에 돌을 쌓아 올리면 허물이 없다' 함은 우물을 수리한다는 것이다. '차가운 샘물을 먹는다' 함은 가운데 자리가 정당하다는 것이다. '크게 좋다' 함은 위에서 크게 이룬다는 것이다.

주해

ㅇ相(상)—돕다. '조(助)'의 뜻.

해 설

나무 위에 물이 있는 것이 정괘의 상이다. 군자는 나무로 만든 두레박으로 물을 퍼내어 사람에게 먹게 하는 상을 본떠서 백성들에게 일을 시키어 서로 도와주도록 권고한다.

初六 효사에 '우물물이 흐리어 먹지 못한다' 함은, 초륙의 음효가 밑에 있는 상이 마치 물이 우물 밑에 있는 것과 같다는 뜻이다. 또 '옛 우물에 새가 없다' 함은, 초륙의 음효가 위로 응하는 효가 없는 상이 마치 옛 우물에 물을 마시러 오는 새가 없는 것과 같다는 뜻이다.

九二 효사에 '우물 구멍의 물을 붕어에 부어 준다' 함은, 구이의 양효가 위로 응하는 효가 없는 상이 마치 임금이 협력해 주지 않는 군자와 같다는 뜻이다.

九三 효사에 '우물 돌을 쌓아 올려도 마시지 못한다' 함은, 구삼의 양효가 상륙의 음효와 서로 응하는 상이 마치 우물이 너무 높은 곳에 있어서 물을 마시지 못하고, 길 가는 사람과 같기 때문에 측은히 여긴다는 뜻이다.

또, '왕이 총명하기를 구한다' 함은, 구삼의 양효가 가운데
자리에 있는 명랑한 구오의 양효를 부러워하는 상이 마치 군
자가 현명한 임금을 만나면 복을 받게 되는 것과 같다는 뜻
이다.

六四 효사에 '우물 돌을 쌓아 올리면 허물이 없다' 함은, 육사의 음
효가 구오의 양효를 가까이하면서 구삼의 양효를 타고 있는
상이 마치 우물을 수리하면 마실 수 있는 것과 같다는 뜻이다.

九五. 효사에 '찬 샘물을 마신다' 함은, 구오의 양효가 정당한 가운
데 자리에 있는 상이 마치 군자가 중도(中道)를 지키고 있는
것과 같다는 뜻이다.

上六 효사에 '크게 좋다' 함은, 상륙의 음효가 구삼의 양효와 서로
응하는 상이 마치 맨 윗자리에 있는 군자가 크게 공을 이루
는 것과 같다는 뜻이다.

49. 혁괘(革卦 ☱☲)

澤中有火, 革.이니 君子以하여 治曆明時.하나니라 鞏用黃
牛,는 不可以有爲也.일세라 己日革之,는 行有嘉也.라 革言三
就,어니 又何之矣.리요 改命之吉,은 信志也.일세라 大人虎變,
은 其文炳也.라 君子豹變,은 其文이 蔚也.요 小人革面,은 順
以從君也.라

못 가운데 불이 있는 것이 혁괘다. 군자는 그것으로 역수(曆數)를
다스리고 때를 밝힌다. '황소 가죽을 굳게 사용한다' 함은 할 일이 있
을 수 없다는 것이다. '기일(己日)에 가서야 비로소 혁명을 일으킨다'

함은 행하는 데 아름다운 경사가 있다는 것이다. ‘혁명을 일으켜야 한다는 말이 세 번 성취한다’ 함은 또 어디를 가겠느냐 하는 것이다. ‘혁명을 일으키면 좋다’ 함은 뜻을 믿는다는 것이다. ‘대인이 범같이 변한다’ 함은 그 무늬가 빛난다는 것이다. ‘군자가 표범같이 변한다’ 함은 그 무늬가 진한 빛이라는 것이요, ‘소인이 얼굴빛을 고친다’ 함은 순종함으로 임금을 따른다는 것이다.

주 해

ㅇ 蔚(위)―성야(盛也). 심밀야(深密也).

해 설

못 가운데 불이 있는 것이 혁괘의 괘상이다. 군자는 물과 불이 서로 상극(相剋)되어 변화를 일으키는 상을 본떠서 천지의 역수(曆數)를 정리하고 사시(四時)를 분명히 한다.

初九 효사에 ‘누런 황소 가죽을 견고하게 사용한다’ 함은, 초구의 양효가 구사의 양효와 서로 응하지 않는 상이 마치 견고한 황소 가죽을 사용하는 것과 같아서 일하기가 어렵다는 뜻이다.

六二 효사에 ‘기일이라야 비로소 혁명을 일으킨다’ 함은, 육이의 음효가 구오의 양효와 서로 응하는 상이 마치 군자에게 경사스러운 일이 있는 것과 같다는 뜻이다.

九三 효사에 ‘혁명의 말이 세 번 성취한다’ 함은, 구삼의 양효가 상륙의 음효와 서로 응하는 상이 마치 군자의 혁명적 인사가 지당하니 또 어디를 가서 무엇하겠느냐 하는 뜻이다.

九四 효사에 ‘명령을 개혁하여 좋다’ 함은, 구사의 양효가 구오의 양효와 가까이하고 있는 상이 마치 군자가 자기의 뜻을 믿는 것과 같다는 뜻이다.

九五 효사에 ‘대인이 범같이 변한다’ 함은, 구오의 양효가 육이의 음효와 서로 응하는 상이 마치 군자가 사리에 밝아서 인격이

빛나는 것과 같다는 뜻이다.

上六 효사에 '군자가 표범같이 변한다' 함은, 군자가 사리에 치밀하다는 것이요, '소인이 얼굴빛을 고친다' 함은, 상륙의 음효가 구삼의 양효와 서로 응하는 상이 마치 소인이 겉모양만이라도 태도를 고쳐 임금에게 순종하는 것과 같다는 뜻이다.

50. 정괘(鼎卦 ☲☴)

木上有火, 鼎.이니 君子以하여 正位하여 凝命.하나니라 鼎顚趾,는 未悖也.요 利出否,는 以從貴也.라 鼎有實,은 愼所之也.니 我仇有疾,은 終无尤也.리라 鼎耳革,은 失其義也.일세라 覆公餗,하니 信如何也.요 鼎黃耳,는 中以爲實也.라 玉鉉在上,은 剛柔節也.일세라

나무 위에 불이 있는 것이 정괘다. 군자는 그것으로 위치를 바로잡고 천명을 소중히 여긴다. '솥발이 엎어진다' 함은 아직 거슬리지 않는다는 것이다. '나쁜 것을 버리는 것이 이롭다'는 것은 귀한 것을 따르기 때문이다. '솥에 실물이 있다' 함은 가는 것을 삼간다는 것이요, '내 짝에게 질병이 있다' 함은 마침내 허물이 없다는 것이다. '솥귀가 변혁된다' 함은 그 의(義)를 잃었다는 것이다. '임금의 진찬(珍饌)을 엎지른다' 함은 믿음이 어떠하냐 하는 것이다. '솥의 누런 귀라' 함은 가운데 자리로 실덕(實德)을 삼는다는 것이다. '옥으로 만든 솥귀가 위에 있다' 함은 강한 것과 유한 것이 절(節)에 맞는다는 것이다.

주해

ㅇ凝(응)-'안중(安重)'의 뜻.

해 설

나무 위에 불이 있는 것이 바로 정괘의 괘상이다. 군자는 솥이 안정되고 무거운 상을 본떠서 자기의 위치를 바로잡고, 또 나면서부터 타고난 천명을 소중히 여긴다.

初六 효사에 '솥발이 엎어진다' 함은, 초륙의 음효가 구사의 양효와 서로 응하는 상이 아직 군자가 도에 거슬리지 않는다는 뜻이다.

九二 효사에 '솥에 실물이 있다' 함은, 구이의 양효가 육오의 음효와 서로 응하는 상이 마치 군자가 임금에게로 나아가는 것을 매우 삼간다는 뜻이다.

九三 효사에 '솥귀가 변혁된다' 함은, 구삼의 효사가 상구의 양효와 서로 응하지 않는 상이 마치 군자가 임금과의 의리를 잃은 것과 같다는 뜻이다.

九四 효사에 '임금의 진찬을 엎지른다' 함은, 이 효가 구이의 양효와 서로 응하는 상이 마치 군자와 윗사람 사이에 서로 믿는 마음이 어떨까 의심이 난다는 뜻이다.

六五 효사에 '솥의 누런 귀라' 함은, 이 효가 구이의 양효와 서로 응하는 상이 마치 군자가 중도(中道)로 실덕(實德)을 삼는 것과 같다는 뜻이다.

上九 효사에 '솥귀가 옥으로 만든 것이라' 함은, 이 효가 맨 위에 있는 상이 마치 강한 양효와 유한 음효가 서로 절(節)에 맞는 것과 같다는 뜻이다.

51. 진괘(震卦 ☳☳)

천뢰 진 군자이 공구수성 진래혁혁
洊雷, 震.이니 君子以하여 恐懼脩省.하나니라 震來虩虩,은

공치복야 소언아아 후유칙야 진래려 승강야
恐致福也.요 笑言啞啞,는 後有則也.라 震來厲,는 乘剛也.일

세라 **震蘇蘇**,는 **位不當也**.일세라 **震遂泥**,는 **未光也**.로다 **震往**
來厲,는 **危行也**.요 **其事在中**,하니 **大无喪也**.니라 **震索索**,은
中未得也.일세라 **雖凶无咎**,는 **畏鄰戒也**.일세라

거듭 오는 우레가 진괘다. 군자는 그것으로 두려워하여 수양하고 반성한다. '우렛소리가 진동해 온다' 함은 두려워하나 복이 이른다는 것이요, '웃는 말소리가 아아 한다' 함은 그런 뒤에야 법칙이 있다는 것이다. '우렛소리가 진동해 오니 위태하다' 함은 강한 것을 탔다는 것이다. '우렛소리가 진동하니, 무서워 떨고 있다' 함은 자리가 마땅치 않다는 것이다. '진동하는 우렛소리가 드디어 침체하게 된다' 함은 아직 빛나지 않는다는 것이다. '진동하는 우렛소리가 가고 오니 위태하다' 함은 가는 것이 위태하다는 것이요, 그 일이 가운데 있으니, 크게 잃어버리는 일이 없다는 것이다. '우렛소리가 계속하여 끊어지지 않는다' 함은 가운데 자리를 아직 얻지 못했다는 것이요, '비록 나쁘나 허물이 없다' 함은 이웃의 경계를 두려워한다는 것이다.

주해

ㅇ洊(천)－거듭 이르다.

해 설

거듭 울려 오는 우렛소리가 진괘의 괘상이다. 군자는 우레와 번개의 진동하는 위엄을 관찰하여 두려워하는 모습으로 몸을 바로잡고 허물을 반성한다.

初九 효사에 '우렛소리가 진동할 때에 두려워한다' 함은, 이 효가 맨 밑에 있으므로 우렛소리가 처음 일어날 때이기 때문에 군자는 첫 우렛소리를 듣고 두려워하는 몸가짐을 가지면 도리

어 복을 받게 된다는 뜻이요, 또 '웃는 말소리가 아아 한다'
함은, 그러한 뒤에 군자가 도덕법칙을 세우게 되므로 기쁨을
느끼게 된다는 뜻이다.

六二 효사에 '우렛소리가 진동해 오니 위태하다' 함은, 이 효가 초
구의 강한 기운을 타고 있다는 뜻이다.

六三 효사에 '우렛소리가 진동하니 무서워 떨고 있다' 함은, 이 효
가 양효가 있을 자리에 있으므로 그 자리가 마땅치 않다는
뜻이다.

九四 효사에 '진동하는 우렛소리가 드디어 침체된다' 함은, 이 효가
육삼과 육오의 두 음효 사이에 있는 상이 마치 번갯불이 번
쩍거리지 않는 것과 같다는 뜻이다.

六五 효사에 '진동하는 우렛소리가 가고 오니 위태하다' 함은, 이
효가 가운데 자리에 있으므로 위로 올라가는 것은 위태하지
만 그 자리에 머물러 있으면 크게 실패하는 일은 없다는 뜻
이다.

上六 효사에 '우렛소리가 계속하여 끊어지지 않는다' 함은, 이 효가
너무 높은 자리에 있으므로 가운데 자리를 차지하지 못하였
다는 뜻이요, 또 '비록 나쁘나 허물이 없다' 함은, 이 효가 육
오의 음효와 가까이하고 있는 상이 마치 자기와 가까이 지내
는 친지들의 말을 듣고 위로 더 올라가지 않으면 위태한 것
을 모면할 수 있는 군자의 모습과 같다는 뜻이다.

52. 간괘(艮卦 ☶☶)

겸산   간   군자이   사불출기위   간기지
兼山,이 艮.이니 君子以하여 思不出其位.하나니라 艮其趾,는
미실정야   부증기수   미퇴청야   간기한   위훈
未失正也.라 不拯其隨,는 未退聽也.일세라 艮其限.이라 危薰

心也_{심야}.라 艮其身_{간기신},은 止諸躬也_{지저궁야}.라 艮其輔_{간기보},는 以中_{이중}으로 正也_{정야}.라
敦艮之吉_{돈간지길},은 以厚終也_{이후종야}.일세라

겹쳐진 산이 간괘다. 군자는 그것으로써 생각하여 제 위치에서 벗어나지 아니한다. '그 몸의 힘이 발가락에서 머문다' 함은 아직 바른 것을 잃지 않았다는 것이다. '그 발가락을 들지 못한다' 함은 물러가서 아직 듣지 못한다는 것이다. '몸의 힘이 넓적다리에 머물러 있다' 함은 위태로운 생각이 마음을 태운다는 것이다. '힘이 몸에 머물러 있다' 함은 몸의 힘이 몸에서 정지하고 있다는 것이다. '힘이 볼〔頰〕에 머물러 있다' 함은 중도로 바로잡는다는 것이다. '힘이 돈독하게 머물러 있는 것이니 좋다' 함은 후(厚)한 것으로 끝을 마친다는 것이다.

주해

○薰(훈)─불로 태우다.

해 설

산에 산이 겹친 것이 간괘의 괘상이다. 군자는 이와 같이 산과 산이 겹치어 제자리에 머물러 있는 모습을 본떠서 자기 영역 밖의 일을 생각지 않는다.

初六 효사에 '몸의 힘이 그 발가락에 머물러 있다' 함은 초륙의 음효가 맨 밑에 있는 상이 마치 군자가 비록 정당치 못한 자리에 있으나 아직 일에 실수를 하지 않는다는 뜻이다.

六二 효사에 '그 발가락을 들지 못한다' 함은, 육이의 음효가 육오의 음효와 서로 응하지 않는 상이 마치 군자가 벼슬을 그만두고 물러나와 임금의 말을 듣지 못하는 것과 같다는 뜻이다.

九三 효사에 '몸의 힘이 넓적다리에 머물러 있다' 함은, 구삼의 양효가 상구의 양효와 서로 응하지 못하고 육이와 육사의 음효

사이에 머물러 있는 상이 마치 군자가 무슨 일을 그 이상 더
진행하지 않고 위험한 생각에 사로잡히어 마음을 태우는 것
과 같다는 뜻이다.

六四 효사에 '몸의 힘이 그 몸에 머물러 있다' 함은, 육사의 음효가
구삼의 양효를 타고 있는 상이 마치 군자의 힘이 천하를 위
하는 데 머물지 못하고 다만 자기 일신상에 머물러 있다는
뜻이다.

六五 효사에 '몸의 힘이 볼에 머물러 있다' 함은, 육오의 음효가 가
운데 자리를 차지하고 있는 상이 마치 군자가 중도(中道)로
자기 몸을 바로잡는 것과 같다는 뜻이다.

上九 효사에 '힘이 돈독하게 머물러 있다' 함은, 상구의 양효가 맨
위에 머물러 있는 모양이 마치 군자가 끝까지 머물러 있을
자리에 돈후(敦厚)한 모습으로 머물러 있는 것과 같다는 뜻
이다.

53. 점괘(漸卦 ☶☴)

山上有木,이 漸.이니 君子以하여 居賢德하여 善俗.하나니라
小子之厲,나 義无咎也.니라 飮食衎衎,은 不素飽也.라 夫征
不復,은 離群하여 醜也.요 婦孕不育,은 失其道也.요 利用禦
寇,는 順相保也.라 或得其桷,은 順以巽也.일세라 終莫之勝
吉,은 得所願也.라 其羽可用爲儀吉,은 不可亂也.일세라

산 위에 나무가 있는 것이 점괘다. 군자는 그것으로써 현명한 덕의
자리에서 풍속을 선량케 한다. '어린아이가 위태하다' 함은 옳은 일에

허물이 없다는 것이다. '화락한 모습으로 먹고 마신다' 함은 부질없이 배불리지 않는다는 것이다. '남편이 정벌하러 가서 돌아오지 않는다' 함은 군거(羣居) 생활을 떠나서 사니 추한 일이라는 것이요, '아내가 아이를 배어도 키우지 못하리라' 함은 그 도(道)를 잃었다는 뜻이요, '도둑을 막는 것이 이롭다' 함은 유순한 태도로 서로 보전한다는 것이다. '평평한 나뭇가지를 얻을는지도 모른다' 함은 유순한 태도로 겸손하다는 것이다. '종당에 가서는 이것을 이길 수 없어 행복하다' 함은 바라는 일을 얻을 수 있다는 것이다. '그 털을 의식(儀式) 때에 사용할 수 있어 좋다' 함은 어지럽힐 수 없다는 것이다.

주해

○素(소)—공(空) 또는 도(徒)의 뜻.

해 설

산 위의 나무가 점점 커 가는 것이 이 점괘의 괘상이다. 군자는 그 나무가 점점 보기 좋게 커 가는 모양을 본떠서 좋은 도덕을 지키면서 백성들의 풍속을 선량케 한다.

初六 효사에 '어린아이가 위태하다' 함은, 초륙의 음효가 정당치 못한 자리에 있으나 위로 올라가려는 기운이 있는 상이 마치 어린 군자가 비록 불우한 환경에 있으나 옳은 일을 하려고 하기 때문에 과실이 없는 것과 같다는 뜻이다.

六二 효사에 '화락한 모습으로 마시고 먹는다' 함은, 육이의 음효가 구오의 양효와 서로 응하는 상이 마치 군자가 살기 위해서 마시고 먹는 것이요, 쓸데없이 마시고 먹는 것이 아니라는 뜻이다.

九三 효사에 '남편이 정벌하러 가서 돌아오지 않는다' 함은, 구삼의 양효가 상구의 양효와 서로 응하지 않는 상이 마치 군자가 집안 식구들과 군거(群居) 생활을 떠나서 혼자 추한 독신 생

활을 하는 것과 같고, 아내가 아이를 임신하고도 키우지 못하
여 여자의 도리를 잃는 것과 같다. 그러나 강직한 기질이 있
으므로 밖의 도둑을 유순한 태도로 막으면 서로 보전할 수
있다는 뜻이다.

六四 효사에 '그 평평한 나뭇가지를 얻을는지도 모른다' 함은, 육사
의 음효가 구오의 양효와 가까이하고 있는 상이 마치 군자가
유순한 태도로 임금을 섬기는 것과 같다는 뜻이다.

九五 효사에 '마침내는 이길 수 없어 행복하다' 함은, 구오의 양효
가 육이의 음효와 서로 응하는 상이 마치 군자가 중도(中道)
로 임금을 섬기어 아무도 그것을 방해할 수 없어 소원대로
일을 할 수 있는 것과 같다는 뜻이다.

上九 효사에 '그 털을 의식에 사용할 수 있다' 함은, 상구의 양효가
낮은 데서 점점 올라가서 높은 자리에까지 도달하는 상이 마
치 군자가 매우 높은 자리에까지 올라가서 쓰일 데가 없지만
그 지조를 어지럽힐 수 없는 것과 같다는 뜻이다.

54. 귀매괘(歸妹卦 ☱☳)

澤上有雷, 歸妹.니 君子以하여 永終知敝.하나니라 歸妹以
娣,는 以恒也.요 跛能履吉,은 相承也.일세라 利幽人之貞,은
未變常也.라 歸妹以須,는 未當也.일세라 愆期之志,는 有待而
行也.라 帝乙歸妹, 不如其娣之袂良也,는 其位在中,하여 以
貴行也.라 上六无實,은 承虛筐也.라

못 위에 우레가 있는 것이 귀매괘다. 군자는 그것으로써 종말을 영

원히 하여 낡아지는 물건을 안다. '누이동생을 시집 보내는 데 첩을
딸려 보낸다' 함은 항구히 살게 하기 위함이란 것이요, '절뚝발이가
신발을 신을 수 있어 좋다' 함은 서로 뜻을 이어받는다는 것이다. '숨
어사는 사람의 마음이 곧고 발라야 이롭다' 함은 아직 상도(常道)를
면치 않았다는 것이다. '누이동생을 시집 보내는 데 기다리고 있다'
함은 아직 합당하지 않다는 것이다. '누이동생 시집 보낼 시기를 늦춘
다' 함은 사람을 기다리는 뜻이 있어 그렇게 한다는 것이다. '은나라
의 임금 제을(帝乙)이 누이동생을 시집 보낸다. 그 아가씨의 옷소매
가 그 첩의 옷소매만큼 좋지 못하다' 함은 그 위치가 가운데 자리에
서 고귀하게 행한다는 것이다. '상륙은 실물이 없다' 함은 빈 광주리
를 이어받는다는 것이다.

해 설

못 위에 우레가 있는 것이 귀매괘다. 군자는 아래에 있는 못물이
위에 있는 우레와 서로 응하는 상과 남녀가 서로 화합하는 모습을 본
떠서 물건이 오래 되면 반드시 낡아지는 이치를 안다. 그러므로 사물
을 영구히 시종여일(始終如一)하게 한다.

初九 효사에 '누이동생을 시집 보내는 데 첩을 딸려 보낸다' 함은,
　　　초구의 양효가 육오의 음효와 화합하는 구이의 양효와 가까이
　　　하는 상이 마치 제을이 누이동생을 시집 보내는 데 첩을 딸려
　　　보내는 것과 같아서 그 결혼이 항구성이 있다는 뜻이다. 또
　　　'절뚝발이가 신발을 신을 수 있다' 함은, 그 첩이 육오의 자리
　　　에 있는 임금의 뜻을 이어받아 서로 도울 수 있다는 뜻이다.

九二 효사에 '숨어사는 사람의 마음이 곧고 발라야 이롭다' 함은,
　　　구이의 양효가 육오의 음효와 서로 응하는 상이 마치 숨어사
　　　는 군자가 상도를 아직 변치 않고 있는 것과 같다는 뜻이다.

六三 효사에 '누이동생을 시집 보내는 데 기다리고 있다' 함은, 육

삼의 음효가 상륙의 음효와 서로 응하지 않고 있는 상이 마치 시집갈 자리가 아직 합당하지 않은 것과 같다는 뜻이다.

九四 효사에 '누이동생을 시집 보내는 시기를 늦춘다' 함은 구사의 양효가 초구의 양효와 서로 응하지 않는 상이 마치 시집갈 만한 데를 따로 기다리는 것과 같다는 뜻이다.

六五 효사에 '은나라의 임금 제을이 누이동생을 시집보낸다. 그 아가씨의 옷소매가 그 첩의 옷소매만큼 좋지 못하다' 함은, 육오의 음효가 구이의 양효와 서로 응하는 상이 마치 본부인과 그 첩이 각각 제 위치에서 중도의 덕을 지키어 몸가짐을 고귀하게 하는 것과 같다는 뜻이다.

上六 효사에 '실물이 없다' 함은, 상륙의 음효가 육삼의 음효와 서로 응하지 않는 상이 마치 시집간 여자가 아무것도 없는 빈 광주리를 이어받는 것과 같다는 뜻이다.

55. 풍괘(豐卦 ☳☲)

雷電皆至, 豊.이니 君子以하여 折獄致刑.하나니라 雖旬无咎,니 過旬災也.리라 有孚發若은 信以發志也.라 豊其沛,라 不可大事也.요 折其右肱,이라 終不可用也,라 豊其蔀,는 位不當也.일세라 日中見斗,는 幽不明也.일세요 遇其夷主,는 吉行也.라 六五之吉,은 有慶也.라 豊其屋,은 天際翔也.요 闚其戶, 闃其无人,은 自藏也.라

우레와 번개가 다 함께 일어나는 것이 풍괘다. 군자는 그것으로 옥사

(獄事)를 판단하여 형벌을 준다. '비록 같을지라도 허물이 없으리라' 함은 같은 것에서 지나치면 재앙이 있으리란 것이다. '포로가 발작하는 듯하다' 함은 믿음으로 뜻을 분발케 한다는 것이다. '가시덤불이 무성하다' 함은 큰일을 하는 데는 불가하다는 것이요, '그 오른팔을 꺾는다' 함은 마침내 쓸 수 없다는 것이다. '가시덤불이 무성하다' 함은 자리가 마땅치 않다는 것이다. '해 속에서 북두(北斗)를 본다' 함은 어두워서 밝지 않다는 것이다. '육오가 좋다' 함은 경사가 있다는 것이다. '그 집을 훌륭하게 한다' 함은 하늘가에 날아가는 듯이 한다는 것이요, '그 문을 엿보니 고요하여 사람이 없다' 함은 스스로 간직한다는 것이다.

(주해)

ㅇ折(절) ― 판단하다.

해 설

우레와 번개가 함께 일어나는 것이 풍괘의 괘상이다. 군자는 우렛소리가 위엄스럽고, 번갯불이 번쩍 빛나는 현상을 본떠서 감옥에서 일어나는 소송을 판단하여 백성들에게 형벌을 내린다.

初九 효사에 '비록 다 같을지라도 허물이 없다' 함은, 초구의 양효가 구사의 양효와 서로 응하지 않지만 하나는 양위(陽位)에 있고 하나는 음위(陰位)에 있으므로, 마치 두 사람의 군자가 세력이 서로 균형을 이루면 괜찮지만 균형을 잃으면 서로 재앙을 받는 것과 같다는 뜻이다.

六二 효사에 '포로가 발작하는 듯하다' 함은, 육이의 음효가 음위에 있고 육오의 음효가 양위에 있는 상이, 마치 자기의 신실성(信實性)으로 임금의 뜻을 감동시키는 것과 같다는 뜻이다.

九三 효사에 '가시덤불이 무성하다. 해 가운데서 흙비를 본다' 함은, 구삼의 양효가 상륙의 음효와 서로 응하는 상이 마치 윗사람이 세력이 없으므로 군자가 그와 함께 큰일을 할 수 없는 것

과 같다는 뜻이다.

九四 효사에 '그 가시덤불이 무성하다' 함은, 구사의 양효가 음효의 자리에 있는 상이 마치 군자가 정당치 못한 자리에 앉아 있는 것과 같다는 뜻이요, '해 가운데서 북두(北斗)를 본다' 함은, 구사의 양효가 초구의 양효와 서로 응하지 않고, 육오의 음효에 가까이하고 있는 상이, 마치 군자가 어두운 임금과 잘 만나지 않는 것과 같다는 뜻이요, '그 오랑캐 임금을 만나면 좋다' 함은, 구사의 양효가 상륙의 음효와 서로 응하므로 군자가 중국의 어두운 임금보다 현명한 오랑캐 임금을 만나보는 것은 좋은 일이란 뜻이다.

六五 효사에 '육오가 좋다' 함은, 육오의 음효가 구사의 양효와 서로 가까이하는 상이 마치 군자가 비록 어두운 임금이지만 자기를 가까이하니, 경사스러운 일이란 뜻이다.

上六 효사에 '그 집을 훌륭하게 한다' 함은, 상륙의 음효가 구삼의 양효와 서로 응하는 상이 마치 군자가 높은 자리에서 활약하는 것과 같다는 뜻이요, '그 집 문안을 엿보니 고요하여 사람이 없다' 함은, 상륙의 음효가 너무 높은 자리에 있는 상이 마치 군자가 자기의 자리가 쓸데없이 높을 때에는 몸을 숨기는 것과 같다는 뜻이다.

56. 여괘(旅卦 ☲☶)

山上有火, 旅.니 君子以하여 明愼用刑,하며 而不留獄.하나
니라 旅瑣瑣,는 志窮하여 災也.라 得童僕貞,은 終无尤也.리라
旅焚其次,하니 亦以傷矣.요 以旅與下,하니 其義喪也.라 旅于

處_처,는 未得位也_{미득위야},요 得其資斧_{득기자부},는 心未快也_{심미쾌야}.라 終以譽命_{종이예명},은 上_상
逮也_{체야}.일세라 以旅在上_{이려재상},은 其義焚也_{기의분야}.요 喪牛于易_{상우우역},하니 終莫之_{종막지}
聞也_{문야}.로다

산 위에 불이 있는 것이 여괘다. 군자는 그것으로 밝게 삼가 형벌을 사용하고 옥에 머물러 있게 하지 않는다. '여행할 때에 사소한 일에 구속된다' 함은 뜻이 궁하여 재앙을 받는다는 것이다. '아이종의 마음이 곧고 바르다' 함은 마침내 허물이 없다는 것이다. '여행하다가 들어간 그의 숙소가 불타 버린다' 함은 역시 상처를 받는다는 것이요, 아랫사람과 여행을 함께하는 것은 그 의의를 잃는다는 것이다. '여행하다가 한곳에 처해 있다' 함은 아직 자리를 얻지 못하였다는 것이니, 그 여비와 도끼를 얻었으나 마음이 아직 불쾌하다는 것이다. '마침내 예찬과 복록이 있으리라' 함은 위에서 준다는 것이다. 여괘에서 윗자리에 있으니 그 뜻이 불사른다는 것이요, 소를 역(易) 땅에서 잃었으니 마침내 듣지 못한다는 것이다.

해 설

산 위에 불이 있는 것이 여괘의 괘상이다. 군자는 산 위의 불이 사방을 밝게 비추고, 또 불이 산에 오래 머물러 있지 않는 상을 본떠서, 현명하고 근신하는 태도로 형벌을 사용하고, 또 죄수들을 오랫동안 옥중에 머물러 두지 않는다.

初六 효사에 '여행할 때에 사소한 일에 구속된다' 함은, 하괘 밑에 있는 초륙의 음효가 상괘 밑에 있는 구사의 양효와 서로 응하는 상이 마치 군자가 향상할 뜻이 없어 곤궁한 것과 같다는 뜻이다.

六二 효사에 '아이종의 마음이 곧고 바르다' 함은, 육이의 음효가

가운데 자리에 처하여 있는 상이 마치 군자가 충성스러운 아
이종을 얻어 아무 잘못됨이 없는 것과 같다는 뜻이다.

九三 효사에 '여행하다가 들어간 그의 숙소가 불타 버린다' 함은,
하괘 위에 있는 구삼의 양효가 상구의 양효와 서로 응하지
않는 상이 마치 여행하던 군자의 숙소가 불타는 것과 같아서
역시 피해를 본다는 것이요, 또 아이종과 함께 여행하는 것도
본래 그 의의가 옳지 못하다는 뜻이다.

九四 효사에 '여행하다가 한곳에 처해 있다' 함은, 구사의 양효가
육오의 음효에 가까이 있고 가운데 자리를 차지하지 못하고
있는 상이 마치 군자가 정당한 자리에 있지 못하는 것과 같
다는 뜻이다.

六五 효사에 '마침내는 그 때문에 예찬과 복록이 있으리라' 함은,
육오의 음효가 상구의 양효를 타고 있는 상이 마치 매우 높
은 자리에 있는 왕이 초야에 묻혀 사는 군자의 말을 이어받
는 것과 같다는 뜻이다.

上九의 양효가 위에 있는 상은 마치 물건이 위에서 타는 것과 같은
뜻이라는 것이다. 또 그 효사에 '소를 역(易) 땅에서 잃었다' 함
은, 군자가 나중까지 아무것도 듣고 아는 것이 없다는 뜻이다.

57. 손괘(巽卦 ☴☴)

수풍　　　손　　　　군자이　　　　신명행사　　　　　진퇴　　　지
隨風,이 巽.이니 君子以하여 申命行事.하나니라 進退,는 志
의야　　　이무인지정　　　지치야　　　분약지길　　　득중야
疑也.요 利武人之貞,은 志治也.라 紛若之吉,은 得中也.일세
라 頻巽之吝,은 志窮也.라 田獲三品,은 有功也.라 九五之吉,
위정중야　　　　손재상하　　　상궁야　　　상기자부　　　정
은 位正中也.일세라 巽在牀下,는 上窮也.요 喪其資斧,는 正

<ruby>乎<rt>호</rt></ruby>아 <ruby>凶也<rt>흉 야</rt></ruby>.라

좇아가는 바람이 손괘다. 군자는 그것으로 명령을 거듭하여 일을 행한다. '앞으로 나아가려 하기도 하고, 뒤로 물러 나오려 하기도 한다' 함은 뜻에 의심한다는 것이요, '마음이 곧고 바른 무인(武人)이 이롭다' 함은 뜻이 다스려진다는 것이다. '많이 사용하여 좋다' 함은 중도(中道)를 얻었다는 것이다. '자주 무꾸리하여 부끄럽다' 함은 뜻이 곤궁하다는 것이다. '사냥을 하러 가서 세 가지 물건을 잡아 왔다' 함은 공이 있다는 것이다. '구오가 좋다' 함은 자리가 바르고 가운데 있다는 것이다. '상 밑에서 무꾸리한다' 함은 올라가서 곤궁하다는 것이요, '그 가지고 있는 도끼를 잃었다' 함은 바르겠는가. 나쁘리라 하는 것이다.

주해

ㅇ申(신) - 거듭하다. 재삼(再三)의 뜻.

해　설

바람이 바람을 좇아가는 것이 손괘의 괘상이다. 군자는 바람이 이와 같이 아래위에서 서로 순응하는 것을 본떠서 위에서 백성들에게 명을 내리면 백성들은 아래에서 순종하도록 가르친다.

初六 효사에 '나아가려다가 물러온다' 함은, 초륙의 음효가 맨 밑에서 강한 구이의 양효를 이어받고 있는 상이 마치 음성적인 소인이 현명한 군자의 뜻을 받고도 의심이 나서 앞으로 나아가려다 뒤로 물러오는 것과 같다는 뜻이다.

또 '마음이 곧고 바른 무인이 이롭다' 함은, 그러한 소인은 무인의 강직한 의지력을 이용하여야 뜻을 세우게 된다는 뜻이다.

九二 효사에 '많이 사용하여도 좋다' 함은, 구이의 양효가 가운데 자리에서 초륙의 음효와 가까이하고 있는 상이 마치 군자가 중도(中道)로 아래에 있는 여러 사람들에게 신임을 받는 것과 같다는 뜻이다.

九三 효사에 '자주 무꾸리하여 부끄럽다' 함은, 구삼의 양효가 상구의 양효와 서로 응하지 못하고 구이의 양효 위에 있는 상이 마치 군자의 능력이 그 뜻을 실행할 수 없는 것과 같다는 뜻이다.

六四 효사에 '사냥을 하러 가서 세 마리를 잡아 왔다' 함은, 육사의 음효가 구삼의 양효를 타고서 구오의 양효와 가까이하고 있는 상이 마치 군자가 사냥하러 감으로써 세 가지 이득을 보는 것과 같다는 뜻이다.

九五 효사에 '구오가 좋다' 함은, 구오의 양효가 가운데 자리에서 육사의 음효와 가까이하고 있는 상이 마치 군자가 정당한 가운데 자리를 차지하고 있는 것과 같다는 뜻이다.

上九 효사에 '상 밑에서 무꾸리하여 그 가지고 있는 도끼를 잃었다' 함은, 상구의 양효가 너무 높은 자리에서 구삼의 양효와 서로 응하지 못하는 상이 마치 군자가 위로 더 향상할 수 없고, 마음을 곧고 바르게 가지려 하나 어찌할 수 없어 나쁜 것과 같다는 뜻이다.

58. 태괘(兌卦 ☱☱)

여택이 兌니 君子以하여 朋友講習하나니라 和兌之吉은 行未疑也일세라 孚兌之吉은 信志也일세라 來兌之凶은 位不當也일세라 九四之喜는 有慶也라 孚于剝은 位正當也라

일세라 上六引兌_{상륙인태},는 未光也_{미광야}.라

두 못이 붙어 있는 것이 태괘다. 군자는 그것으로 친구들과 강습한다. '화목하게 장사를 하는 것이니 좋다' 함은 행위가 아직 의심스럽지 않다는 것이다. '포로가 장사를 하니 좋다' 함은 뜻이 신실되다는 것이다. '와서 장사를 하니 나쁘다' 함은 자리가 마땅치 않다는 것이다. '구사가 기쁘다' 함은 경사가 있다는 것이다. '포로가 박(剝) 땅에서 사로잡힌다' 함은 자리가 정당하다는 것이다. '상륙이 끌어당기어 장사를 한다' 함은 아직 빛나지 않는다는 것이다.

해 설

두 개의 못물이 서로 붙어 있는 것이 태괘의 괘상이다. 군자는 두 못물이 서로 유익을 주는 상을 본떠서 친구들과 함께 공부한다.

初九 효사에 '화목하여 장사하니 좋다' 함은, 초구의 양효가 맨 밑에 서로 응하는 효가 없는 상이 마치 상인이 자기 몸을 낮추어 의심없이 장사하는 것과 같다는 뜻이다.

九二 효사에 '포로가 장사를 하여 좋다' 함은, 구이의 양효가 육삼의 음효와 서로 가까이하는 상이 마치 장사하는 포로의 의지가 퍽 신실된 것과 같다는 뜻이다.

六三 효사에 '와서 장사하는 것은 나쁘다' 함은, 육삼의 음효가 위로는 서로 응하는 상이 없고 자리가 정당하지 못한 상이 마치 장사하는 자리가 좋지 못하여 나쁜 것과 같다는 뜻이다.

九四 효사에 '구사가 기쁘다' 함은, 구사의 양효가 구오의 양효와 가까이하고 있는 상이 마치 군자가 임금을 가까이하는 것과 같아서 경사스럽다는 것이다.

九五 효사에 '포로가 박(剝) 땅에서 사로잡혔다' 함은, 구오의 양효

가 아래로는 서로 응하는 효가 없고 위로는 상륙의 음효를
타고 있는 상이, 마치 임금이 정당한 자리에 앉아 박 땅에서
포로를 사로잡는 것과 같다는 뜻이다.

上六 효사에 '끌어당기어 장사를 한다' 함은, 상륙의 음효가 너무
높은 위태한 자리에서 구오의 양기에 가까이하고 있는 상이
마치 상운(商運)이 이미 다한 상인이 임금의 힘을 끌어당기
는 것과 같아서 반드시 왕성할 수 없는 것과 같다는 뜻이다.

59. 환괘(渙卦 ☴☵)

풍행수상　　환　　선왕　이　　향우제　　입묘
風行水上,이 渙.이니 先王이 以하여 享于帝,하며 立廟.하니라

초륙지길　　순야　　환분기궤　　득원야　　환기궁
初六之吉,은 順也.일세라 渙奔其机,는 得願也.라 渙其躬,은

지재외야　　환기군　원길　　광대야　　왕거무구　　정
志在外也.일세라 渙其群, 元吉,은 光大也.라 王居无咎,는 正

위야　환기혈　　원해야
位也.라 渙其血,은 遠害也.라

바람이 물 위에 부는 것이 환괘다. 선왕은 그것으로 천제(天帝)에
게 제향(祭享)을 지내고 종묘를 세운다. '초륙이 좋다' 함은 순종한다
는 것이다. '짐승 잡는 상으로 달려가서 씻는다' 함은 소원을 얻는다
는 것이다. '그 몸을 씻는다' 함은 뜻이 밖에 있다는 것이다. '자기의
군중을 숙청하는 것이니, 크게 좋다' 함은 빛이 크다는 것이다. '왕의
거처가 씻은 듯이 깨끗하다' 함은 정당한 자리란 것이다. '그 피를 씻
는다' 함은 해를 멀리한다는 것이다.

해 설

바람이 물 위에 부는 것이 환괘의 괘상이다. 옛날 선왕들은 바람이

물 위에 부는 것을 본떠서 덕행으로 천하의 백성을 감화시키고 종묘를 세워 하느님과 조상에게 제사를 지냈다.

初六 효사에 '초륙이 좋다' 함은, 초륙의 음효가 구이의 양효를 이어받는 상이 마치 소인이 강직한 군자의 뜻에 순종하는 것과 같다는 뜻이다.

九二 효사에 '짐승 잡는 상으로 달려가서 씻는다' 함은, 구이의 양효가 위험한 가운데서 초륙의 음효를 타고 있는 상은 마치 군자가 소인에게 편안하기를 구하는 것과 같다는 뜻이다.

六三 효사에 '그 몸을 깨끗이 씻는다' 함은, 육삼의 음효가 위에 있는 상구의 양효와 서로 응하는 상이 마치 군자의 뜻이 천하 국가에 있는 것과 같다는 뜻이다.

六四 효사에 '자기의 군중을 숙청하는 것이니 크게 좋다' 함은, 육사의 음효가 구오의 양효와 가까이하고 있는 상은 마치 군자가 임금의 은총을 받아 크게 성공하는 것과 같다는 뜻이다.

九五 효사에 '왕의 거처가 허물이 없다' 함은, 구오의 양효가 정당한 가운데 자리를 차지하고 있는 상이 마치 군자의 자리가 정당한 것과 같다는 뜻이다.

上九 효사에 '그 피를 깨끗이 씻었다' 함은, 상구의 양효가 육삼의 음효와 서로 응하는 상이 마치 군자가 비록 소인에게 더럽혔으나 그 피를 깨끗이 씻어 버리는 것과 같다는 뜻이다.

60. 절괘(節卦 ☵☱)

澤上有水, 節.이니 君子以하여 制數度,하며 議德行.하나니라

不出戶庭,은 知通塞也.니라 不出門庭凶,은 失時極也.일세라

不節之嗟,는 又誰咎也.리요 安節之亨,은 承上道也.라 甘節

^{지 길} ^{거 위 중 야} ^{고 절 정 흉} ^{기 도 궁 야}
之吉,은 居位中也.일세라 苦節貞凶,은 其道窮也.일세라

못 위에 물이 있는 것이 절괘다. 군자는 그것으로 도수(度數)를 만들고 덕행을 논평한다. '문밖 뜰에 나아가지 않는다' 함은 통한 것과 막힌 것을 안다는 것이다. '문안 뜰에 나아가지 않는다. 나쁘다' 함은 너무 때를 잃었다는 것이다. '절약하지 않으면 슬프리라' 함은 또 누구를 탓하겠느냐 하는 것이다. '절약생활에 편안히 있으니, 형통한다' 함은 윗사람의 도(道)를 이어받는다는 것이다. '절약생활을 달갑게 여기는 것이니, 좋다' 함은 있는 자리가 가운데 있다는 것이다. '괴로운 절약생활이니, 마음이 곧고 발라도 나쁘다' 함은 그 도가 곤궁하다는 것이다.

해 설

못 위에 물이 있는 것이 절괘의 괘상이다. 군자는 물이 너무 많으면 넘치는 것을 본떠서 도수를 만들어 물건의 크기와 무게를 정하고, 사람의 좋은 덕행을 논평한다.

初九 효사에 '문밖 뜰에 나아가지 않아야 한다' 함은, 초구의 양효가 육사의 음효와 서로 응하는 상이 마치 강직한 군자가 밖에서 후원하는 사람이 있어서 나아가 활동하다가 잘못되는 일이 있으므로 그래서는 안된다는 뜻이다.

九二 효사에 '문안 뜰에도 나아가지 않는다. 나쁘다' 함은, 구이의 양효가 구오의 양효와 서로 응하지 않고 육삼의 음효와 가까이하는 상은 마치 군자가 임금에게 쓰이지 못하고 소인과 가까이하여 제 때를 잃어버리는 것과 같다는 뜻이다.

六三 효사에 '절약하지 않으면 슬픈 일이라' 함은, 육삼의 음효가 상륙의 음효와 서로 응하지 않는 상이 마치 소인이 낭비를

하여 생활이 파탄의 지경에 이르는 것과 같으니 누구를 원망하겠는가. 그러나 만일 절약생활을 하면 허물이 없게 된다는 뜻이다.

六四 효사에 '절약생활에 편안한 것이니, 형통한다' 함은, 육사의 음효가 초구의 양효와 서로 응하는 상이 마치 소인이 강직한 군자의 도움을 받아 임금에게 가까이하는 것과 같다는 뜻이다.

九五 효사에 '절약생활을 달게 여기는 것이니, 좋다' 함은, 구오의 양효가 가운데 자리를 차지하고 있는 상이 마치 군자가 중도(中道)로 절약생활을 하는 것과 같다는 뜻이다.

上六 효사에 '괴로운 절약생활이니, 마음이 곧고 발라도 나쁘다' 함은, 상륙의 음효가 너무 높은 자리에 있는 것이 마치 소인이 절약생활의 방법이 곤궁한 것과 같다는 뜻이다.

61. 중부괘(中孚卦 ☴☱)

澤上有風,이 中孚니 君子以하여 議獄하며 緩死하나니라 初九虞吉은 志未變也일세라 其子和之는 中心願也라 或鼓或罷는 位不當也일세라 馬匹亡는 絶類하여 上也라 有孚攣如는 位正當也일세라 翰音登于天이니 何可長也리요

못 위에 바람이 있는 것이 중부괘다. 군자는 그것으로 옥사(獄事)를 논의하여 사형을 늦춘다. '초구에 택우(澤虞)란 새는 좋다' 함은 뜻이 아직 변하지 않았다는 것이다. '그 새끼가 화답한다' 함은 중심(中心)으로 바란다는 것이다. '북을 치기도 하고 그만두기도 한다' 함은 자리가 마땅치 않다는 것이다. '짝말이 없어졌다' 함은 동류와 절

교하고 위로 올라간다는 것이다. '구속된 포로가 있다' 함은 자리가 정당하다는 것이다. '택우가 날개를 치며 우는 소리가 하늘까지 올라간다' 함은 어찌 장구할 수 있겠느냐 하는 것이다.

못 위에 바람이 있는 것이 중부괘의 괘상이다. 군자는 바람이 못물 속으로 들어가는 상을 본떠서 옥사에 충성을 다하여 될 수 있는 대로 백성들의 사형을 완만히 한다.

初九 효사에 '택우(澤虞)란 새는 좋다' 함은, 초구의 양효가 육사의 음효와 서로 응하는 상이 마치 군자가 도(道)를 믿는 마음이 아직 변하지 않았다는 뜻이다.

九二 효사에 '그 새끼가 화답한다' 함은, 구이의 양효가 구오의 양효와 서로 응하는 상이 마치 학(鶴)의 새끼가 중심(中心)으로 그 어미에게 화답하는 것과 같다는 뜻이다.

六三 효사에 '북을 치기도 하고 그만두기도 한다' 함은, 육삼의 음효가 상구의 양효와 서로 응하는 상이 마치 정당치 못한 자리에 앉아서 북을 치고 그만두기도 하는 것과 같다는 뜻이다.

六四 효사에 '짝말이 없어졌다' 함은, 육사의 음효가 초구의 양효와 서로 응하면서 구오의 양효와 가까이하는 상이 마치 군자가 자기의 동류와 절교하고 임금에게 가까이하는 것과 같다는 뜻이다.

九五 효사에 '구속된 포로가 있다' 함은, 구오의 양효가 정당한 자리에 있는 상이 마치 군자가 정당한 자리에 있어 덕이 있다는 뜻이다.

上九 효사에 '날갯죽지를 치는 소리가 하늘에 올라간다' 함은, 너무 높은 자리에 있는 상구의 양효가 육사의 음효와 서로 응하는 상이 마치 닭이 날갯죽지를 치는 소리가 하늘에 올라가는 것

과 같아서 군자가 그 자리에 오래 앉을 수 없다는 뜻이다.

62. 소과괘(小過卦 ䷽)

山上有雷, 小過.니 君子以하여 行過乎恭,하며 喪過乎哀,하며 用過乎儉.하나니라 飛鳥以凶,은 不可如何也.라 不及其君,은 臣不可過也.라 從或戕之,는 凶如何也.요 弗過遇之,는 位不當也.요 往厲必戒,는 終不可長也.일세라 密雲不雨,는 已上也.일세라 弗遇過之,는 已亢也.라

산 위에 우레가 있는 것이 소과괘다. 군자는 그것으로써 행위는 공경에 지나치고, 상사(喪事)는 비애(悲哀)에 지나치고, 비용(費用)은 검약(儉約)에 지나친다. '나는 새이므로 나쁘다' 함은 어찌할 수 없다는 것이다. '그 임금에게 미치지 못한다' 함은 신하가 지나칠 수 없다는 것이다. '따라서 그것에 해를 입을는지도 모른다' 함은 어떻게 나쁠까 하는 것이다. '지나가지 않고 그를 만난다' 함은 자리가 마땅치 않다는 것이요, '가면 위태하다. 반드시 경계해야 한다' 함은 마침내 오래 갈 수 없다는 것이다. '된구름이 떠돌아도 비가 오지 않는다' 함은 이미 올라갔다는 것이다. '만나지 않고 지나간다' 함은 이미 높아졌다는 것이다.

해 설

산 위에 우렛소리가 있는 것이 소과괘의 괘상이다. 군자는 이 우렛소리가 보통 때보다 조금 지나치는 것을 본떠서 도덕적 행위는 보통 사람보다 조금 지나치게 하고, 부모상을 당해서는 보통사람보다 조금

지나치게 슬퍼하고, 경제적 생활에 있어서는 보통사람보다 조금 지나
치게 검약한다.

初六 효사에 '나는 새이므로 나쁘다' 함은, 맨 밑에 있는 초륙의 음
효가 갑자기 구사의 양효와 서로 응하는 상이 마치 땅 위에
있던 새가 갑자기 공중으로 날아 올라가는 것과 같이 너무
지나치게 빨라서 나쁘다는 것이다.

六二 효사에 '그 임금에 미치지 못한다' 함은, 육이의 음효가 구삼
의 양기를 이어받더라도 육오의 음기와 서로 응하지 못하는
상이 마치 한 소녀가 조금 덕행이 있어 한 군자의 뜻을 이어
받더라도 덕행이 있는 여왕에게는 미치지 못하는 것과 같다
는 뜻이다.

九三 효사에 '따라서 그것의 해를 받을는지도 모른다' 함은, 강한
구삼의 양효가 상륙의 음효와 서로 응하므로 초륙과 육이의
음기와 서로 떠나게 되는 상이 마치 정당한 자리에 있는 강
직한 군자가 지위 높은 여성과 서로 좋게 지내므로 그 곁에
있는 지위가 낮은 여성들에게 질투를 사서 해가 될는지도 모
른다는 뜻이다.

九四 효사에 '지나치지 않고 그를 만난다' 함은, 구사의 양효가 음
효가 있을 자리에 있으면서 초륙의 음효와 서로 응하는 상이
마치 강직한 군자가 겸손한 마음으로 제일 낮은 계급에 있는
한 여성과 서로 좋아하는 것과 같다는 뜻이요, 또 '가면 위태
하다. 반드시 경계해야 한다' 함은, 군자가 그 여성과 그 이상
의 관계를 가져서는 오래 갈 수 없다는 뜻이다.

六五 효사에 '된구름이 떠돌아도 비가 오지 않는다' 함은, 육오의
음효가 제자리에 있지 못하는 구사의 양효를 타고 있는 상이
마치 구름이 너무 높이 올라가서 아무리 한데 쌓여 있더라도
찬 기운을 만나지 못하여 비가 되지 못하는 것과 같다는 뜻

이다.

上六 효사에 '만나지 않고 지나친다' 함은, 너무 높은 자리에 있는
상륙의 음효가 구사의 양효와 서로 잘 응하지 못하는 상이
마치 나는 새가 너무 높이 올라가서 도리어 해를 받는 것과
같다는 뜻이다.

63. 기제괘(旣濟卦 ☵☲)

水在火上,이 旣濟.니 君子以하여 思患而豫防之.하나니라 曳
其輪,은 義无咎也.니라 七日得,은 以中道也.라 三年克之,는
憊也.라 終日戒,는 有所疑也.라 東隣殺牛, 不如西隣之時
也,니 實受其福,은 吉大來也.라 濡其首라 厲,하나라 何可久
也.리요

물이 불 위에 있는 것이 기제괘다. 군자는 그것으로 환난을 생각하
여 미리 방비한다. '그 수레바퀴를 끈다' 함은 의리에 있어서 허물이
없다는 것이다. '7일 만에 얻는다' 함은 중도(中道)이기 때문이다. '3
년 만에 이긴다' 함은 피로하다는 것이다. '종일토록 경계한다' 함은
의심할 것이 있다는 것이다. '동쪽 이웃집에 소를 잡는 것이 서쪽 이
웃집의 때를 맞추는 것만 못하니, 참으로 그 복을 받는다' 함은 좋은
일이 크게 온다는 것이다. '그 머리를 적신다. 위태하다' 함은 어찌 오
래 갈 수 있느냐 하는 것이다.

해 설

물이 불 위에 있는 것이 기제괘의 괘상이다. 군자는 물과 불이 서

로 상극되는 상을 본떠서 장차 올 환난을 생각하고 미리 방비한다.

初九 효사에 '그 수레바퀴를 끈다' 함은, 초구의 양효가 육사의 음효와 서로 응하는 상이 마치 앞으로 나아가려는 수레바퀴를 잡아당기는 것과 같아서 앞으로 나아가면 위험한 줄을 알고 제자리에 머물러 있는 군자는 허물이 없다는 뜻이다.

六二 효사에 '7일 만에 얻는다' 함은, 육이의 음효가 가운데 자리에서 구오의 양효와 서로 응하는 상이 한 괘에 육효가 있는데 일곱 번째 자리에 가서는 변하므로 7일 만에 중도(中道)를 얻는 군자와 같다는 뜻이다.

九三 효사에 '3년 만에 이긴다' 함은, 구삼의 양효가 상륙의 음효와 서로 응하는 상이 마치 은나라 고종(高宗)임금이 북방 나라를 쳐서 3년 만에 겨우 이기는 것과 같아서 몹시 피곤하다는 뜻이다.

六四 효사에 '종일토록 경계한다' 함은, 육사의 음효가 초구의 양효와 서로 응하는 상이 마치 군자가 장차 환난이 올까 의심하고 종일토록 경계하는 것과 같다는 뜻이다.

九五 효사에 '동쪽 이웃집에서 소를 잡는 것이 서쪽 이웃집의 때를 맞추는 것만 못하니, 참으로 그 복을 받는다' 함은, 기덕이 있는 구오의 양효가 때를 만난 육이의 음효와 서로 응하는 상이 마치 은나라의 훌륭한 제사보다 주나라의 때를 맞추어 간소한 제사를 지내는 것만 못하다. 그러므로 주나라는 참으로 복을 많이 받아 장차 길운이 크게 온다는 뜻이다.

上六 효사에 '그 머리를 적신다. 위태하다' 함은, 상륙의 음효가 구삼의 양효와 서로 응하는 상이 마치 깊은 물을 건너다가 머리를 적시는 것과 같아서 장구히 갈 수 없다는 뜻이다.

64. 미제괘(未濟卦 ☲☵)

火在水上,이 未濟.니 君子以하여 愼辨物,하여 居方.하나니라
濡其尾,는 亦不知極也.라 九二貞吉,은 中以行正也.일세라 未
濟征凶,은 位不當也.일세라 貞吉, 悔亡,는 志行也.라 君子之
光,은 其暉吉也.라 飮酒濡首, 亦不知節也.라

불이 물 위에 있는 것이 미제괘다. 군자는 그것으로 삼가서 물건을 분변(分辨)하여 제자리에 놓는다. '그 꼬리를 적신다' 함은 역시 그 극(極)을 모른다는 것이다. '구이가 곧고 발라 좋다' 함은 중도(中道)로 바른 것을 행한다는 것이다. '미제괘는 정벌하면 나쁘다' 함은 자리가 마땅치 않다는 것이다. '마음이 곧고 바르면 좋아서 뉘우침이 없으리라' 함은 뜻이 행해진다는 것이다. '군자의 덕이 빛난다' 함은 그 빛남이 좋다는 것이다. '술을 마시는 것과 머리를 적시는 것'이라 함은 역시 절약함을 모른다는 것이다.

해 설

불이 물 위에 있는 것이 미제괘의 괘상이다. 군자는 물과 불이 서로 구제할 수 없는 상을 본떠서 근심하는 태도로 물건을 분변하여 각각 제자리에 있도록 한다.

初六 효사에 '그 꼬리를 적신다' 함은, 초륙의 음효가 위로 올라가서 구사의 양효와 서로 응하는 상이 마치 위험한 줄을 모르고 몹시 깊은 물을 건너가다가 그 꼬리가 젖는 것과 같다는 뜻이다.

九二 효사에 '마음이 곧고 발라서 좋다' 함은, 구이의 양효가 육오의 음효와 서로 응하는 상이 마치 군자가 중도(中道)의 덕으로 올바르게 행하는 것과 같다는 뜻이다.

六三 효사에 '미제괘는 정벌하러 가면 나쁘다' 함은, 양효가 있을 자리에 있는 육삼의 음효가, 또 음효가 있을 자리에 있는 상구의 양효와 서로 응하는 상이 마치 군자가 정당치 못한 벼슬에서 정벌하러 가는 것과 같다는 뜻이다.

九四 효사에 '마음이 곧고 바르면 좋아서 뉘우침이 없으리라' 함은, 구사의 양효가 초륙의 음효와 서로 응하는 상이 마치 정벌하러 가려는 군자의 뜻이 행해지는 것과 같다는 뜻이다.

六五 효사에 '군자의 빛이라' 함은, 육오의 음효가 구이의 양효와 서로 응하는 상이 마치 군자의 덕이 쌓여서 빛이 나는 것과 같아서 좋다는 뜻이다.

上九 효사에 '술을 마시고 머리를 적신다' 함은, 상구의 양효가 너무 높은 자리에서 역시 높은 자리에 있는 육삼의 음효와 서로 응하는 상이 마치 포로가 술을 너무 마시고, 깊은 물을 건너는 짐승이 머리를 적시는 것과 같아서 절약할 줄 모르는 것과 같다는 뜻이다.

계사전(繫辭傳) 상·하

상(上)

天尊地卑,하니 乾坤이 定矣.요 卑高以陳,하니 貴賤이 位矣.
요 動靜有常,하니 剛柔斷矣.요 方以類聚,하고 物以群分,하니
吉凶生矣.요 在天成象,하고 在地成形,하니 變化見矣.라 是故
로 剛柔相摩,하여 八卦相盪,하여 鼓之以雷霆,하며 潤之以風
雨,하며 日月이 運行,하며 一寒一暑,하여 乾道成男,하고 坤道
成女,하니 乾知大始,요 坤作成物.이라 乾以易知,요 坤以簡
能,이니 易則易知,요 簡則易從,이요 易知則有親,이요 易從則
有功,이요 有親則可久,요 有功則可大,요 可久則賢人之德,이
요 可大則賢人之業,이니 易簡而天下之理得矣,니 天下之理,
得而成位乎其中矣.니라

하늘은 높고 땅은 낮으니 건괘(乾卦)와 곤괘(坤卦)가 정해지고, 낮
은 것과 높은 것이 베풀어지니 귀한 것과 천한 것이 자리 잡히고, 움
직이는 것과 고요한 것이 있어 강한 것과 유한 것이 판단되고, 방향

으로 동류를 모으고 물건으로 떼를 갈라놓아 좋은 것과 나쁜 것이 생기고, 하늘에서는 현상을 이루고 땅에서는 형상을 이루어, 변화가 나타난다.

그러므로, 강한 것과 유한 것이 서로 마찰되고 팔괘가 서로 이행(移行)되어, 이것을 우레로 고동시키고 이것을 바람과 비로 적시며, 해와 달이 운행되고 춥기도 하고 덥기도 하여, 건도(乾道)는 남성을 이루고 곤도(坤道)는 여성을 이루니, 건도는 광대한 시초를 차지하고, 곤도는 물건을 작성한다. 건도는 간이(簡易)한 것으로 알고, 곤도는 간단한 것으로 할 수 있다.

간이하면 알기 쉽고 간단하면 좇기 쉽다. 알기 쉬우면 친근성이 있고 좇기 쉬우면 공덕이 있으며, 친근성이 있으면 오래 갈 수 있고, 공덕이 있으면 커질 수 있다. 오래 갈 수 있는 것은 현인의 도덕이요, 커질 수 있는 것은 현인의 사업이다. 간이하고 간단하여 천하의 이치가 얻어지니, 천하의 이치가 얻어지면 자리가 그 가운데서 이루어진다.

주해

o天(천)·地(지)—하늘과 땅의 실체.
o乾坤(건곤)—순음(純陰)과 순양(純陽)을 상징하는 괘 이름.
o常(상)—상도(常道), 상리(常里). 항구일정(恒久一定)의 뜻.
o方(방)—방향.
o類(유)—동류.
o象(상)—짓. 동작. 현상.
o摩(마)—갈다. 마찰의 뜻.
o盪(탕)—움직이다. 추이(推移)의 뜻.
o雷霆(뇌정)—빠른 우레.
o知(지)—차지한다. 주(主)의 뜻.

해 설

이것은 건(乾)·곤(坤) 두 괘로 천지 만물의 현상을 설명한 것이다.

하늘과 땅이란 것은 무형한 음양 두 기운의 실체요, 건·곤이란 것은 순음(純陰)과 순양(純陽)을 상징하는 괘 이름이다. 낮고 높다는 것은 천지와 만물의 상하위(上下位)를 말한 것이다. 귀하고 천하다는 것은 괘(卦)와 효(爻)의 아래위 자리를 말한 것이다. 동(動)하다는 것은 항구 불변하는 양기의 모습이요, 고요하다는 것은 항구불변하는 음기의 모습이다. 강하고 유하다는 것은 음효와 양효를 말하는 것이다. 방향이란 것은 사물 발전의 방향성을 말한 것이니, 방향성이 같은 종류의 물건을 한데 모아 한 떼 한 떼씩 갈라놓으면, 거기서 비로소 좋고 나쁜 일이 생긴다는 것이다. 하늘에서는 해와 달, 별 같은 것들이 쉬지 않고 돌아가서 하나의 현상을 이루고, 땅에서는 산천과 동식물들이 하나의 형상을 이룬다. 변화한다는 것은 음효가 변하여 양효가 되고, 양효가 화(化)하여 음효가 된다는 것이다.

그러므로 강한 양효와 유한 음효가 서로 마찰되고, 팔괘(八卦), 즉 건(乾)·곤(坤)·이(離)·감(坎)·진(震)·손(巽)·간(艮)·태(兌)가 서로 이행(移行)한다. 바로 음양 두 효가 서로 마찰하여 사상(四象), 즉 태양(太陽)·소양(少陽)·태음(太陰)·소음(少陰)이 되고, 사상이 서로 마찰하여 팔괘가 되고, 팔괘가 서로 이행하여 64괘가 된다. 음양 두 기운은 만물을 우렛소리로 고동시키고, 바람과 비로 그것들을 적셔 준다. 해와 달이 운행함으로써 추워지기도 하고 더워지기도 한다.

강한 건괘(乾卦)의 양기는 이 세계의 남성적인 물건을 생성하고, 유한 곤괘(坤卦)의 음기는 이 세계의 여성적인 물건을 생성한다.

건괘의 이치로 모든 물건의 대근원(大根源)을 알고, 곤괘의 이치로 모든 물건의 생성을 안다.

건괘의 공리(公理)는 매우 간이하여 누구나 알기 쉽고, 곤괘의 공리도 매우 간단하여 누구나 알 수 있다. 사람의 하는 일이 건괘의 공리와 같이 간이하면 누구나 알기 쉽고, 또 간단하면 누구나 따르기 쉽다. 알기 쉬우면 사람들이 친근성을 가지고, 따르기 쉬우면 공(功)

을 이루게 된다. 친근성을 가지면 안으로는 자기의 위치를 오래 지킬 수 있고, 밖으로는 공을 이루어 인물이 위대해질 수 있다. 오래 있을 수 있으면 그것이 바로 현인군자의 도덕이요, 위대할 수 있으면 그것이 바로 현인군자의 사업이다. 건곤 두 괘의 공리가 간이하고 간단하여 천하 사람들의 생활원리를 체득할 수 있다. 사람들이 생활원리를 체득할 수 있으면 하늘과 땅 사이에서 사람의 위치를 차지하게 되어 천지화육(天地化育)에 참여할 수 있다.

천(天)·지(地)·인(人)의 삼재(三才) 사상을 설명한 것이다.

聖人設卦,하여 觀象繫辭焉,하여 而明吉凶.하며 剛柔相推,하여 而生變化,하니 是故로 吉凶者,는 失得之象也.요 悔吝者,는 憂虞之象也.요 變化者,는 進退之象也.요 剛柔者,는 晝夜之象也.요 六爻之動,은 三極之道也.니 是故로 君子所居而安者,는 易之序也.요 所樂而玩者,는 爻之辭也.니 是故로 君子居則觀其象,而玩其辭,하고 動則觀其變而玩其占,하나니 是以自天祐之,하여 吉无不利.니라

성인이 괘를 베풀어 상(象)을 관찰하고 말을 붙여 좋고 나쁜 일을 밝혔다. 강한 양효와 유한 음효가 서로 추이(推移)하여 변화가 생겼다.

그러므로 좋고 나쁘다는 것은 잃고 얻는 상이요, 뉘우치고 부끄러워한다는 것은 근심하고 기뻐하는 상이다. 변화란 것은 나아가고 물러오는 상이요, 강하고 유한 것은 낮과 밤의 상이요, 육효가 움직인다는 것은 삼극(三極)의 도(道)다.

　그러므로, 군자가 편안하게 거처하는 것은 역(易)의 질서요, 완미(玩味)하여 즐거워하는 것은 효(爻)의 말이다.

　그러므로, 군자는 거처할 때에는 그 상을 관찰하여 그 말을 완미하고, 동작할 때에는 그 변화를 관찰하여 그 점괘를 완미한다. 그러므로 하늘에서 그를 도우니, 좋아서 이롭지 않음이 없다.

주해

○憂虞(우우)―근심과 기쁨.

○三極(삼극)―천(天)·지(地)·인(人)의 지극한 이치.

○玩(완)―완미(玩味)의 뜻.

해　설

　우주의 최고원리를 체득한 성인은 이것을 획(畫)으로 나타내기 위하여 먼저 건(乾)·곤(坤)·이(離)·감(坎)·진(震)·손(巽)·간(艮)·태(兌)의 팔괘를 그어놓고, 다시 이것을 거듭하여 64괘를 세워 놓았다. 그 다음 괘상을 관찰하여 효사를 붙여 어느 괘가 좋고 어느 괘가 나쁘다는 이치를 밝혀 놓았다.

　관상(觀象)이란 말은 사물의 현상을 상징하는 괘상을 관찰한다는 뜻이다. 상(象)이란 말은 우리말에 있어서 '저 사람의 하는 짓을 보라'고 하는 '짓'의 뜻이다. '짓'은 '하는 꼴'의 '꼴'과 서로 반대되는 말이니, 사물의 동작을 말하는 것이다. 이 상의 개념을 제일 먼저 제출한 사람은 노자서(老子書)의 저자다. 그러나 이 계사전(繫辭傳)의 저자는 인간의 관점에서 도덕적으로 해석하였다. 관상한다는 말은 괘효(卦爻)를 추상(抽象)한다는 말이 아니요, 바로 그것을 취상(取象)한다는 뜻이다.

　그러므로 한 괘에 있어서 강한 양효와 유한 음효가 시공(時空)의 양상에 따라 서로 이행하여 양효가 음효로 변하기도 하고, 음효가 양효로 화하기도 하는 변화의 상이 생기는 것을 관찰한다.

그러므로 괘사나 효사에서 말하는 좋고 나쁘다[吉凶]고 하는 것은 바로 무엇은 잃고 무엇은 얻었다는 상을 이르는 것이요, 뉘우치고 부끄러워한다[悔吝]는 것은, 어떤 일이 잘 되어 가지 않는 것을 근심하고, 잘 되어 가는 것을 기뻐한다는 뜻이다.

또 괘의 변화란 것은 어떤 물건의 동작은 전진하기도 하고 후퇴하기도 하는 상을 말하는 것이요, 강하고 유하다는 것은 바로 명랑성(明朗性)을 띤 양효와 혼암성(昏暗性)을 띤 음효의 교체로 말미암아 낮과 밤의 현상이 일어나는 것과 같다는 뜻이요, 한 괘에 있어서 육효가 서로 움직여 위에 있기도 하고 가운데 있기도 하고 아래에 있기도 한 것은, 마치 위에 있는 하늘과 아래에 있는 땅, 그 사이에 있는 사람의 도리를 극진히 하는 것과 같다는 뜻이다.

그러므로, 역학(易學)의 이치를 배우는 군자가 자기가 거처하고 있는 위치에 안주(安住)하고 있는 까닭은 역괘(易卦)의 질서를 지키기 위함이요, 괘상을 완미해 보고 마음으로 즐거워하는 까닭은 괘마다 있는 효사를 잘 관찰하여 이해하기 때문이다.

그러므로, 군자는 집에 거처해 있을 때에는 괘상을 관찰하고 효사를 완미해 보며, 밖에 나아가서 행동할 때에는 자기의 변화상을 관찰하고 점을 쳐서 좋고 나쁜 것을 완미해 본다. 그러므로, 이러한 군자는 하늘이 도와주어 일마다 잘 되어서 이롭지 않은 것이 하나도 없다.

象者,는 言乎象者也.요 爻者,는 言乎變者也.요 吉凶者,는 言乎其失得也.요 悔吝者,는 言乎其小疵也.요 无咎者,는 善補過也,니 是故로 列貴賤者,는 存乎位,하고 齊小大者,는 存乎卦,하고 辯吉凶者,는 存乎辭.하고 憂悔吝者,는 存乎介,하고

震无咎者,는 存乎悔.하니 是故로 卦有小大,하여 辭有險易.하

니 辭也者,는 各指其所之.니라

단(彖)이란 것은 상을 말하는 것이요, 효(爻)란 것은 변화를 말하는 것이요, 좋고 나쁘다는 것은 그 잃고 얻는 것을 말하는 것이요, 뉘우치고 부끄러워한다는 것은 그 작은 흠을 말하는 것이요, 허물이 없다는 것은 허물을 잘 보충한다는 것이다.

그러므로 귀함과 천함을 배열한 것은 자리에 있고, 작은 것과 큰 것을 가지런히 한다는 것은 괘에 있고, 좋고 나쁜 것을 말하는 것은 언사에 있고, 뉘우치고 부끄러워함을 근심한다는 것은 경계에 있다는 것이요, 진동하여 허물이 없다는 것은 뉘우침에 있다는 것이다. 그러므로 괘에는 작은 것과 큰 것이 있고, 말에는 위험한 것과 안이한 것이 있다는 것이요, 말이란 것은 각각 그 가는 곳을 가리킨다는 것이다.

주해

○小大(소대) − 음양.
○介(개) − 한계. 미처(微處)의 뜻.
○之(지) − 가다. 왕(往)의 뜻.

해 설

단사(彖辭), 즉 괘사(卦辭)란 것은 괘상(卦象)을 말한 것이요, 효사(爻辭)란 것은 괘의 변화를 말한 것이다. 또 괘상이 좋고 나쁘다 하는 것은 무엇을 잃고 얻는다는 것을 말한 것이요, 뉘우치고 부끄럽다는 것은 그 괘의 작은 흠이 있는 것을 말한 것이요, 허물이 없다는 것은 잘못된 것을 보충시킨다는 뜻이다.

그러므로 귀한 자리와 천한 자리를 배열한다는 것은 육효의 위치가 위에 있느냐 아래에 있느냐에 따라서 그렇게 된다는 것이요, 작은 것

〔陰〕과 큰 것〔陽〕을 가지런히 한다는 것은 괘에 따라서 그러하다는 것이다. 좋고 나쁜 것을 논한다는 것은 바로 괘사에 따라서 그러하다는 것이요, 뉘우치고 부끄러운 것을 근심한다는 것은 좋은 것과 나쁜 것의 경계에서 갈라진다는 것이다. 마음이 떨리어 허물이 없다 하는 것은 잘못을 뉘우치면 그렇게 된다는 것이다.

그러므로 괘에는 소괘(小卦)와 대괘(大卦)가 있고, 말에는 위험한 것과 타당한 것이 있으니, 말이란 것은 본래 각각 그 귀추(歸趨)를 가리키는 것이다.

易與天地準.이라 故로 能彌綸天地之道.하나니 仰以觀於天文,하고 俯以察於地理.라 是故로 知幽明之故,하며 原始反終.이라 故로 知死生之說,하며 精氣爲物,이요 遊魂爲變.이라 是故로 知鬼神之情狀.하나니라 與天地相似.라 故로 不違.하나니 知周乎萬物, 而道濟天下.라 故로 不過.하며 旁行而不流,하여 樂天知命.이라 故로 不憂.하며 安土하여 敦乎仁.이라 故로 能愛.하나니라 範圍天地之化而不過,하며 曲成萬物而不遺,하며 通乎晝夜之道而知.라 故로 神无方而易无體.하니라

역(易)은 천지와 비준(比準)한다. 그러므로 천지의 도를 미봉(彌縫)하고 섭리(攝理)할 수 있다. 우러러서는 천문을 관찰하고, 굽어서는 지리를 고찰한다. 그러므로 어둠과 밝음의 까닭을 알 수 있고, 처음을 근원으로 하여 나중으로 돌아온다. 그러므로 살고 죽는 설(說)을 안다. 정기(精氣)는 물건이 되고, 유혼(遊魂)은 변화한다. 그러므로 귀신의

정상을 안다. 천지와 서로 같으므로 어긋나지 않고, 지혜는 만물에 보편되고, 도는 천하를 구제한다. 그러므로 허물되지 않고, 옆으로 가도 흐르지 아니하여 하늘을 즐거워하고, 명(命)을 안다. 그러므로 근심하지 않고 땅에서 편안히 있어 인(仁)에 돈독(敦篤)하다. 그러므로 사랑할 수 있다. 천지의 변화를 모범하여 둘러싸도 허물되지 않고, 만물을 곡진(曲盡)하여도 남김이 없고, 주야(晝夜)의 도를 통하여 안다. 그러므로 신(神)은 방소(方所)가 없고, 역(易)은 형체가 없다.

주해

○彌綸(미륜) — 미(彌)는 미봉(彌縫), 윤(綸)은 섭리(攝理)의 뜻.
○原(원) — 본원, 근원의 뜻.
○周(주) — 보편(普遍)의 뜻.
○範圍(범위) — 모범하여 둘러싸다.
○曲(곡) — 일부분의 뜻.

해 설

역(易)은 천지와 같이 높고도 넓다. 그러므로 천도와 지도를 보충하여 섭리할 수 있다. 위로는 천문을 관찰하여 밤과 낮이 있는 것을 알 수 있고, 아래로는 지리를 고찰하여 높고 깊음이 있는 것을 알 수 있다. 그러므로 어둡고 밝은 유명(幽明)의 두 세계가 있는 것을 알 수 있다. 만물의 근원을 미루어 보아 그 종말로 돌아가는 것을 관찰한다. 그러므로 사람이 살고 죽는 이유를 알 수 있다. 정기는 모여서 물건이 되고 사람의 혼은 흩어져 귀신이 되는 정상도 다 알 수 있다.

본성을 극진히 하는 성인의 도는 천지와 같이 높고도 넓다. 그러므로 사람의 도덕률인 인(仁)과 서로 어긋남이 없다. 그 지혜는 모든 사물의 보편성이 있고, 그 도는 천하의 백성을 구제할 수 있다. 그러므로 과오를 범하는 일이 없고, 권도를 부려도 한편으로 치우치지 않고, 천명이 어떠한 것인지 알고 즐거워한다. 그러므로 언제든지 근심하는

일이 없고, 항상 가는 곳마다 마음이 편안하여 인(仁)의 도를 독실히
지키고 있으므로 모든 물건을 널리 사랑할 수 있다.

　천지가 변화하는 현상을 모범하여 만물을 다 포괄하여도 도무지 과
오를 범하지 않고, 만물을 남김없이 작은 부분까지 이루어 놓고, 밝은
낮과 어두운 밤의 도리를 다 통하여 안다. 그러므로 신(神)은 있지 않
는 데가 없어 일정한 장소에 있는 것이 아니요, 역(易)의 변화란 눈에
보이게 형체가 있는 것이 아니다.

一陰一陽之謂道,니 繼之者,는 善也.요 成之者,는 性也.요
仁者見之,에 謂之仁.하며 知者見之,에 謂之知.요 百姓은 日
用而不知.라 故로 君子之道鮮矣.니라 顯諸仁,하며 藏諸用.하
며 鼓萬物而不與聖人同憂.하나니 盛德大業이 至矣哉.라 富
有之謂大業.이요 日新之謂盛德.이요 生生之謂易.이요 成象
之謂乾.이요 效法之謂坤.이요 極數知來之謂占.이요 通變之
謂事.요 陰陽不測之謂神.이라

　음기로 되기로 하고 양기로 되기도 하는 것을 도(道)라 한다. 이것
을 계속하는 것이 선(善)이요, 이것을 이룩하는 것이 본성(本性)이다.
인자(仁者)는 이것을 보고 인(仁)이라 하고, 지자(智者)는 이것을 보
고 지혜라 하나, 백성들은 날마다 사용하여도 모른다. 그러므로 군자
의 도는 아는 사람이 드물다. 이것을 인(仁)에서 나타내고, 이것을 활
용하는 데서 간직하여 만물을 고동(鼓動)시켜도 성인(聖人)과 함께
근심하지 않으니, 성대한 덕과 위대한 사업이 지극하게 된다. 풍부하
게 소유하는 것을 위대한 사업이라 하고, 날마다 새로워지는 것을 성

대한 덕이라 한다. 생(生)하고 또 생하는 것을 역(易)이라 하고, 상(象)이 이루어지는 것을 건(乾)이라 하고, 그 법칙을 본받는 것을 곤(坤)이라 한다. 수리(數理)를 극진히 하여 미래를 아는 것을 점(占)이라 하고, 변화에 통달하는 것을 일[事]이라 하며, 음양(陰陽)을 헤아릴 수 없는 것을 신(神)이라 한다.

주해

ㅇ一(일)~一(일)-혹(或)~혹(或).
ㅇ諸(저)-지어(之於). 이것을 ……에서.

해 설

우주에 가득 차 있는 원기(元氣)가 움직여 때로는 음기가 되기도 하고 양기가 되기도 하는 것을 도(道)라 한다. 사람이 이 음양의 두 기운을 이어받아 끊임없이 계속하여 키우는 것을 선(善)이라 하고, 이것을 이룩해 놓은 것을 타고난 본성(本性)이라 한다.

마음이 인(仁)한 사람은 이것을 보고 천지가 만물을 생성하는 인의 근본이라 하고, 지혜로운 사람은 이것을 보고 천지가 만물을 생성하는 지혜의 근본이라 한다. 그러나 어리석은 백성들은 일상생활에서 그것을 날마다 사용하지만 그것이 무엇인지 모른다. 그러므로 현인군자의 도는 이해하는 사람이 매우 적다.

천지는 본래 무심하지만 만물을 생성하는 인도(仁道)에서 나타내고, 만물을 생성하는 지혜를 간직해 가지고서 만물을 빨리 성장하도록 고동시키지만, 유심(有心)한 성인(聖人)과 함께 도가 행해지지 않는다고 근심하지 않는다. 이야말로 천지가 만물을 화육(化育)하는 성대한 덕(德)이요, 위대한 사업의 극치이기 때문이다.

이렇듯이 성대한 사업은 결국에 가서는 우주를 다 차지하게 되는 것이요, 성대한 덕은 날로 새롭고 새로워서 무궁무진한 것이다.

도(道)는 일(一)을 생(生)하고, 일은 이(二, 陰陽)를 생하고, 이는 사(四, 太陰·太陽·少陰·少陽)를 생하고, 사는 팔(八, 乾·坤·離·坎·震·巽·艮·兌)을 생하고, 팔은 64괘(卦)를 생성하는 이치를 적어 놓은 것이다. 역(易)이란 책이 그것이요, 만물의 동작을 취상(取象)한 것이 바로 건괘(乾卦)요, 이것의 법칙을 본뜬 것이 바로 곤괘(坤卦)요, 역의 수리(數理)를 극진히 하여 미래를 아는 것이 바로 점치는 것이다. 또 사물의 변화하는 현상을 다 통달하는 것을 우리의 일〔事〕이라 하고, 음양의 이치를 사람의 지혜로 헤아려 알 수 없는 것을 신(神)이라 한다.

夫易,이 廣矣大矣.라 以言乎遠則不禦,하고 以言乎邇則靜而正,하고 以言乎天地之間則備矣.라 夫乾,은 其靜也專,하고 其動也直.이라 是以大生焉.하며 夫坤,은 其靜也翕,하고 其動也闢.이라 是以廣,이 生焉.하나니 廣大는 配天地,하고 變通은 配四時,하고 陰陽之義는 配日月,하고 易簡之善,은 配至德.하니라

대개 역(易)이란 넓고 크다. 그것으로 먼 데를 말하면 바로 막히지 않고, 가까운 데를 말하면 고요하여 바르고, 천지의 사이를 말하면 갖추어 있다. 대개 건괘(乾卦)는 고요할 때에는 전일(專一)하고, 움직일 때에는 바르고 곧다. 그러므로 크기가 생긴다. 대개 곤괘(坤卦)는 그것이 고요할 때에는 닫고 있고, 움직일 때에는 열어 놓는다. 그러므로 넓이가 생긴다. 넓고 큰 것은 천지와 배합되고, 변하고 통하는 것은 사시(四時)에 배합되고, 음양의 의(義)는 해와 달에 배합되고, 편하고 간단한 선(善)은 지극한 덕에 배합된다.

주해

ㅇ翕(흡)─닫다. 여미다. '염(斂)'의 뜻.

해 설

대체로 역(易)의 도는 무한히 넓고 무한히 크다. 그러므로 고원(高遠)한 데까지 소급해 올라가도 무궁무진하고, 낮고 가까운 데까지 다가와도 고요하고 발라서 이치가 존재하고, 천지 사이의 모든 물건에 비추어 보아도 구비되어 있지 않는 것이 하나도 없다.

대개 건괘(乾卦)란 고요히 가만히 있을 때에는 유일무이(唯一無二)하여 홀로 존재해 있고, 움직여 나아갈 때에는 바르고 곧다. 그러므로 높고 크게 된다. 대개 곤괘(坤卦)는 움직이지 않고 가만히 있을 때에는 굳게 닫혀 있고, 움직일 때에는 크게 열어 놓는다. 그러므로 가로 넓어진다.

역의 도가 넓고 크기로 말하면 천지와 같고, 변화하고 통하는 현상은 운행하는 사시와 같고, 음양의 의(義)는 해와 달이 교체하는 것과 같고, 편하고 간단한 선(善)은 최고지상(最高至上)의 덕과 같다.

子曰, 易其至矣乎!인저 夫易,은 聖人所以崇德而廣業也,니 知는 崇,하고 禮는 卑,하니 崇은 效天,하고 卑는 法地.하니라 天地設位,어든 而易行乎其中矣,니 成性存存,이 道義之門.이라

공자(孔子)는 말씀하셨다. '역(易)은 지극한 것이로다. 대체 역은 성인(聖人)이 도덕을 숭상하고, 공업(功業)을 광대하게 하기 위한 것이다. 지혜는 높이는 것이요, 예법은 낮추는 것이니, 높이는 것은 하늘을 본뜬 것이요, 낮추는 것은 땅을 본뜬 것이다. 하늘과 땅이 위치를 베풀어 놓으면 역은 그 가운데서 행해진다. 이루어진 본성을 보존

하고 또 보존하는 것이 도의(道義)의 문(門)이다.'

주해

o子曰(자왈)—'자(子)'는 공자가 아니고 순자(荀子)의 제자들이 순자를 가리키는 것인지도 모른다는 설도 있다.

해 설

공자는 역(易)이란 책의 내용에 대하여 말씀하셨다. '대체 역이란 책은 옛날 성인이 도덕을 숭상하고, 공업을 광대하게 하기 위하여 지으신 것이다. 성인의 지혜는 정신을 숭고하게 가지는 것이요, 예법은 몸을 겸손하게 가지는 것이니, 숭고하게 가지는 것은 높고 큰 하늘을 본뜬 것이요, 겸손하게 가지는 것은 낮고 넓은 땅을 본뜬 것이다.

이와 같이 높고 큰 하늘의 위치는 위에 있고, 낮고 넓은 땅의 위치는 아래에 있으며, 사람은 역의 도를 그 사이에서 행한다. 그리하여 이루어진 본성을 잃지 않고 길이 보전하는 것이 바로 사람으로서 도의(道義)의 문으로 들어가는 첫걸음이다.'

聖人有以見天下之賾,하여 而擬諸其形容,하며 象其物宜.라
是故로 謂之象.이요 聖人有以見天下之動,하여 而觀其會通,
하여 以行其典禮,하며 繫辭焉,하여 以斷其吉凶.이라 是故로
謂之爻.니 言天下之至賾,하되 而不可惡也.며 言天下之至
動,하되 而不可亂也.니 擬之而後에 言,하고 議之而後에 動,이
니 擬議하여 以成其變化.하니라

성인은 천하의 번잡한 것을 보는 방법이 있어, 이것을 형상에 모의

하여 그 물건의 마땅한 것을 본뜬다. 그러므로 상(象)이라 한다. 성인은 천하의 움직임을 보는 방법이 있어, 그 모이고 통하는 것을 관찰하여 그 전례(典禮)를 행하고, 말을 붙이어 그 좋고 나쁜 것을 판단한다. 그러므로 이것을 효(爻)라 한다.

천하의 지극히 심원한 것을 말하여도 싫어할 수 없고, 천하의 지극히 움직이는 것을 말하여도 어지럽힐 수 없다. 이것을 모의(模擬)한 후에 말하고 이것을 논의한 뒤에 행동하니, 모의하고 의논하여 그 변화를 이룬다.

해 설

옛날 성인은 천하의 번잡한 물건을 보는 방법이 있었으니, 물건의 형상을 모의하여 괘의 획을 만들고 사물의 동작을 본떴으니, 이것을 괘상(卦象)이라 하였다.

성인은 또 천하 만물의 동작을 보는 방법이 있었으니, 그 움직임이 한곳으로 모이는 조리와 이곳에서 저곳으로 통하는 법칙을 관찰하여 질서있는 상례(常禮)와 상법(常法)에 옮기어 행하였고, 또 이것을 말로만 듣고 좋고 나쁜 것을 판단하였다. 그러므로 이런 것을 본받는다는 뜻에서 효(爻)라 하였다.

그러므로 성인이 천하 만물의 지극히 복잡한 형상, 즉 순수형상을 말하여도 사람들이 그것을 싫어할 수 없었고, 또 천하의 지극한 동작, 즉 순수동작을 말하여도 그것을 어지럽힐 수 없었다. 이러한 순수형상을 모의한 뒤에야 말을 하고, 이러한 순수동작을 논의한 뒤에야 행동하였으니, 모의하고 논의함으로써 비로소 괘효(卦爻)가 변화하는 현상을 이룰 수 있었다.

명 학 재 음 　　 기 자 화 지 　　 아 유 호 작 　　 오 여 이 미

鳴鶴在陰,이어늘 　 **其子和之**.로다 　 **我有好爵**,하며 　 **吾與爾靡**

之,라 하니 子曰, 君子居其室,하여 出其言에 善,이면 則千里
之外應之.하나니 況其邇者乎?아 居其室出,하여 其言에 不善,
이면 則千里之外違之.하나니 況其邇者乎?아 言出乎身,하여
加乎民,하며 行發乎邇,하여 見乎遠.하나니 言行,은 君子之樞
機,니 樞機之發,이 榮辱之主也.라 言行.은 君子之所以動天
地也,니 可不愼乎?아

'우는 학이 그늘에 있으니, 그 새끼가 화답하도다. 내가 좋아하는
벼슬이 있으니, 내 너와 함께 이것을 하겠다' 하였다. 공자는 말씀하
였다. '군자가 그 집에 있으면서 그 말을 내는 것이 착하면 천리 밖에
까지 거기에 응한다. 하물며 그 가까운 데 있는 사람이겠느냐? 그 집
에 있으면서 그 말을 내는 것이 착하지 못하면 천리 밖에까지 그에게
위반한다. 하물며 가까운 데 있는 사람이겠느냐? 말이 제 몸에서 나
와 백성에게 미치고, 행실이 가까운 데서 나와 먼 데까지 나타난다.
말과 행실은 군자의 계기(契機)이다. 계기가 발하는 것은 영광과 굴
욕의 주요한 원인이 된다. 말과 행실로 군자는 천지를 움직이게 되니,
삼가지 않을 수 있겠느냐?'

주해

○樞機(추기) – '추(樞)'는 문 지도리요, '기(機)'는 활촉이니, '계기(契機)'
 의 뜻.

해 설

이것은 중부괘 구이의 효사를 공자가 해석한 것이다. 음지에 있는
학이 울면 양지에 있는 새끼까지 따라서 우는 것과 같이, 군자가 자

기 집 은밀한 골방에서 한 말이 멀리 천리 밖에 있는 사람의 귀에까지 들린다. 만일 그 말이 불선하면 천리 밖에 있는 사람까지 그것을 반대한다. 하물며 가까운 데 있는 사람이겠느냐? 말이 자기 몸에서 나와 법령이 되어 백성들에게 시행되고, 행실이 가까운 가족에서 시작되어 먼 곳에 있는 사람들에게까지 영향력을 준다.

그러므로 말과 행동이란 군자의 모든 행위의 계기가 되고, 계기를 어떻게 만드느냐에 따라서 영광과 굴욕의 주요한 원인이 되는 것이다. 그러므로 군자의 일거일동은 천지를 움직이게 된다. 어찌 언행을 삼가지 않을 수 있겠는가.

同人,이 先號咷而後笑.라 하니 子曰, 君子之道, 或出或處, 或默或語,나 二人,이 同心,하니 其利斷金.이로다 同心之言,이 其臭如蘭.이로다

동인괘(同人卦)에 '먼저 울고, 나중에 웃는다' 하였다. 이에 대해 공자는 '군자의 도는 나오기도 하고 처해 있기도 하며, 침묵을 지키기도 하고 말을 하기도 하나, 두 사람의 마음이 같으면, 그 예리함이 금(金)이라도 끊고, 마음이 같은 말은 그 냄새가 난초와 같다'고 말씀하셨다.

해 설

이것은 공자가 동인괘 구오의 효사를 해석한 것이다. 세상에 나아가서 벼슬을 하기도 하고, 집에서 도를 닦고 있기도 하며, 침묵을 지키고 있기도 하고, 남과 함께 말을 하기도 하지만, 두 사람이 마음이 맞으면 그 예리한 것이란 금이라도 끊어 놓을 수 있고 마음이 서로

맞는 말은 그 냄새가 난초보다도 더 향기롭다.

初六, 藉用白茅,니 无咎.라 하니 子曰, 苟錯諸地,라도 而可矣,어늘 藉之用茅,하니 何咎之有?리오 愼之至也.라 夫茅之爲物,이 薄而用,은 可重也.니 愼斯術也,하여 以往,이면 其无所失矣.리라

초륙에 '흰 띠풀을 깔고 앉는다. 허물이 없다' 하였다. 공자는 말씀하시기를 '적어도 이것을 땅에 놓아두면 좋은데, 흰 띠풀을 깔고 있으니, 무슨 허물이 있겠느냐? 지극히 삼가는 것이다. 대개 흰 띠풀의 물건 됨됨이는 엷어도 귀중하여 쓸 만하니, 이 술법을 삼가서 해 나가면 잃을 것이 없다'라 하였다.

해 설

이것은 대과괘(大過卦) 초륙의 효사를 공자의 말에 의탁하여 해석한 것이다. 대체 모든 물건은 평지에 놓아 두면 다 무사하다 할 수 있다. 그런데 그 위에 또 흰 띠풀을 깔고 앉는다는 것은 아주 근신하는 태도이다. 모든 사물은 너무 지나치면 다 안되지만 오직 근신한다는 것만은 아무리 근신하여도 실패하는 일이 없다.

勞謙,이니 君子, 有終,이니 吉.이라 하니 子曰, 勞而不伐,하며 有功而不德,이 厚之至也,니 語以其功下人者也.라 德言盛,이요 禮言恭,이니 謙也者,는 致恭하여 以存其位者也.라

'공로와 겸양의 덕이 있는 군자로다! 끝까지 좋은 일이 있으리라' 공자가 말씀하시기를 '공로가 있어도 자랑하지 않고, 공이 있어도 덕으로 여기지 않는 것은 지극히 후한 것이니, 자기의 공을 남에게 낮추는 것이다. 덕은 성대한 것을 말하는 것이요, 예는 공경하는 것을 말하는 것이다. 겸손이란 것은 공경을 이르게 함으로써 그 자리를 보존하는 것이다'라 하였다.

해 설

이것은 겸괘(謙卦) 구삼의 효사를 공자의 말에 의탁하여 해석한 것이다. 공로가 있어도 자기 자랑을 하지 않고, 공이 있어도 자기가 덕이 있다고 말하지 않으면 이것은 덕이 지극히 후한 것이다. 이것은 자기의 공을 남 앞에서 겸손해하는 사람을 두고 한 말이다. 대체 사람의 덕이란 매우 성대한 태도를 말하는 것이요, 예란 공손한 태도를 말하는 것이니, 겸손이란 것은 바로 자기가 공경하는 태도를 가짐으로써 자기 위치를 보존하는 것이다.

亢龍有悔.라 하니 子曰, 貴而无位,하며 高而无民,하며 賢人이 在下位而无輔.라 是以動而有悔也.니라

'높고 굳센 용이니, 뉘우침이 있으리라' 공자가 말씀하시기를 '귀하여도 지위가 없고, 높은 자리에 있어도 백성이 없고, 현인이 아랫자리에 있어도 보조하는 일이 없다. 그러므로 움직이면 뉘우침이 있다 하였다'라 하셨다.

해 설

이것은 건괘(乾卦) 상구 효사를 공자의 말에 의탁하여 해석한 것이

다. 높고 굳센 용이 뉘우침이 있다 함은 마치 군자가 매우 고귀한 자리에 있지만 벼슬을 하지 않고, 높은 지위에 있어서 자기 밑에 지배하는 백성이 없고, 또 현명한 사람이 아랫자리에 있어도 자기를 도와주지 않는 것과 같다. 그러므로 가만히 있지 않고, 한 번 나아가 행동하면 바로 후회가 있을 뿐이다.

不出戶庭,이면 无咎.라 하니 子曰, 亂之所生也, 則言語以爲階.니 君不密則失臣,하며 臣不密則失身,하며 幾事不密則害成.하나니 是以君子愼密而不出也.하나니라

‘문밖 뜰에 나아가지 않으면 허물이 없으리라’ 공자가 말하기를 ‘난(亂)이 일어날 때에는 언어가 단서가 된다. 임금이 비밀히 하지 않으면 신하를 잃고, 신하가 비밀히 하지 않으면 몸을 잃고, 기밀(機密)의 일을 비밀히 하지 않으면 해가 된다. 그러므로 군자는 비밀을 삼가서 문밖에 나아가지 않는다’라 하셨다.

주해

○階(계) — 화란(禍亂)의 단서.
○幾(기) — 기밀(機密).

해 설

이것은 절괘(節卦) 초구 효사를 공자의 말에 의탁하여 해석한 것이다. 나라가 어지러울 때에는 말 한마디를 실수함으로써 화(禍)의 단서가 되기 쉽다. 그러므로 임금이 나라의 비밀을 지키지 않으면 수족과 같은 신하를 잃게 되고, 신하가 비밀을 지키지 않으면 생명을 빼앗기게 되고, 군사(軍事) 기밀을 누설하면 해가 비친다. 그러므로

군자는 나라가 어지러울 때에는 몸가짐을 근신하여 문밖을 나가지
않는다.

子曰, 作易者, 其知盜乎!인저 易曰, 負且乘.이라 致寇至.
라 하니 負也者,는 小人之事也.요 乘也者,는 君子之器也.니
小人而乘君子之器,라 盜思奪之矣,며 上을 慢하고 下를 暴.라
盜思伐之矣.니 慢藏이 誨盜,며 冶容,이 誨淫.이니 易曰, 負
且乘致寇至.라 하니 盜之招也.라

공자가 말씀하시기를 '역(易)을 지은 이는 도둑을 아는 사람이로다!
역에 말하기를 "등에 지고 또 말을 타면 도둑을 오게 한다" 하였다.
등에 진다는 것은 소인의 일이요, 말을 탄다는 것은 군자의 기구(器
具)이다. 소인이 군자의 기구를 타면, 도둑은 이것을 빼앗으려 생각한
다. 윗사람에게 교만하고 아랫사람에게 난폭하면, 도둑은 그를 치려
생각한다. 간직해 두는 물건을 소홀히 하면 도둑을 가르치는 일이 되
고, 얼굴을 모양내는 것은 음탕한 것을 가르치는 일이 된다. 역에 이
르기를 "지고 또 타면 도둑을 오게 하는 것이라"하니 도둑을 부른다
는 것이다'라 하셨다.

해 설

이것은 해괘(解卦) 육삼 효사를 공자의 말에 의탁하여 해석한 것이
다. 공자는 역(易)을 지은 사람은 도둑이 어떤 사람인지 잘 아는 사람
이라 하였다. 왜냐하면 해괘 육삼 효사에 '짐을 등에 지고 또 말을 탔
다. 도둑이 오게 된다'고 하였기 때문이다. 대체로 짐을 등에 진다는

것은 소인이 하는 일이요, 말을 탄다는 것은 군자가 하는 일이니, 그 말과 수레는 군자가 타고 다니는 물건이다. 그런데 만일 한 소인이 외람되이 군자가 타고 다니는 말이나 수레를 타고 다닌다면, 도둑은 그것을 빼앗을 생각을 가진다.

또 어떤 사람이 자기 임금에게 교만하고 하급 관리가 백성들에게 난폭한 행동을 할 때에는 도둑이 군사를 일으켜 그를 정벌할 생각을 가진다.

그 다음 또 자기 집 창고에 간직해 둔 보물을 소홀히 하여 자물쇠로 잘 채워 두지 않으면, 도둑에게 물건을 훔쳐 가라고 가르치는 것이나 다름없고, 또 한 여성이 얼굴에 화장을 하고 좋은 옷을 입는 것은 뭇 남성들에게 음탕한 마음을 일으키도록 가르쳐 주는 것이나 다름없다. 그러므로 역에 이르기를 '등에 물건을 지고, 또 말을 타면 도둑을 오게 하는 것'이라 한 것은 도둑을 불러오는 것이나 다름없다는 뜻이다.

天一地二, 天三地四, 天五地六, 天七地八, 天九地十.이니 天數五,요 地數五,니 五位相得,하며 而各有合,하니 天數二十有五.요 地數三十.이라 凡天地之數, 五十有五,니 此所以成變化하며 而行鬼神也.라 大衍之數五十,이니 其用은 四十有九.라 分而爲二하여 以象兩,하고 掛一하여 以象三,하고 揲之以四,하니 以象四時,하고 歸奇於扐하여 以象閏,하나니 五歲에 再閏.이라 故로 再扐而後에 掛.하나니라 乾之策이 二百一十有六,이요 坤之策이 百四十有四.라 凡三百有六十,이니

當期之日,하고 二篇之策,이 萬有一千五百二十,이니 當萬物
之數也.하니 是故로 四營而成易,하고 十有八變而成卦,하니
八卦而小成,하며 引而伸之,하며 觸類而長之,하면 天下之能
事畢矣.이리니 顯道하고 神德行.이라 是故로 可與酬酢,이며 可
與祐神矣.니 子曰, 知變化之道者, 其知神之所爲乎!인저

천수(天數)는 1이요, 지수(地數)는 2이다. 천수는 3이요, 지수는 4
이다. 천수는 5요, 지수는 6이다. 천수는 7이요, 지수는 8이다. 천수는
9요, 지수는 10이다.

천수가 다섯이요, 지수도 다섯이다. 다섯 자리가 서로 얻어서 각각
합하게 되니, 천수가 25요, 지수가 30이다. 모두 천수와 지수가 55니,
이것은 변화를 이루고 귀신의 수(數)를 행하기 위함이다.

대연(大衍)의 수가 50이요, 그것을 사용하는 것은 49이다. 나누어
둘이 되어 두 개〔天地〕를 본뜨고, 하나를 걸어〔掛〕 삼재(三才)를 본
뜨고, 이것을 4로 셈하여 사시(四時)를 본뜨고, 남은 수를 손가락 사
이에 끼워 윤달을 본뜨니, 5년 만에 다시 윤달이 되므로 다시 손가락
사이에 끼워서 걸어 놓는다.

건책(乾策)이 216이요, 곤책(坤策)이 144이다. 모두 360이니, 1주년
에 해당시킨다. 두 편의 책(策)이 11,520이 됨은 만물의 수에 해당한
다. 그러므로 네 번 운영하여 역(易)을 이루고, 18번 변하여 괘를 이루
니, 팔괘에서 소괘(小卦)를 이루고, 이것을 확대하여 동류에 접촉시키
어 성장시키면 천하의 가능한 일이 끝나니, 도를 나타내고, 덕행을 신
기롭게 한다. 그러므로 같이 응대할 수 있어 함께 신을 도울 수 있다.

공자가 말씀하시기를 '변화의 도를 아는 이는 신이 하는 것을 안다'

고 하셨다.

주해

o揲(설) ─ 짚다. 무엇을 가지고 셈하다.
o奇(기) ─ 남은 수. 여수(餘數).
o扐(늑) ─ 손가락 사이에 끼다.
o期之日(기지일) ─ 1주년.

해 설

이것은 하도(河圖)를 해석한 것이다. 정자(程子)는 이에 대하여 말하기를 '천수에서 지수 10에 이르기까지 모두 천수가 5요, 지수도 5다. ……천수 1은 생하는 수요, 지수 6은 이루어지는 수이다. 위에 다섯이 있으면 바로 아래에도 다섯이 있는 것은 2와 5가 합하여 음양의 공(功)과 만물이 변화하는 귀신의 작용을 이룬다'고 하였다.

주자(朱子)도 이에 대하여 말하기를, '이것은 천지의 수가 양(陽)은 기수(奇數)요, 음(陰)은 우수(偶數)를 말한 것이니, 이것이 바로 하도라는 것이다. 1과 6의 자리는 하위(下位)에 있고, 2와 7은 상위에 있다. 3과 8은 왼쪽에 있고, 4와 9는 오른쪽에 있다. 또 5와 10은 가운데 자리에 있다. 이 장(章)에 대하여 말하면, 가운데 자리에 있는 5는 부연된 수의 어미요, 다음 10은 부연된 수의 아들이요, 그 다음 1과 2, 3과 4는 사상(四象)의 자리요, 또 그 다음 6과 7, 8과 9는 사상의 수이다. 노음(老陰)과 노양(老陽) 두 개는 서쪽과 북쪽에 자리를 잡고 있고, 소음(少陰)과 소양(少陽) 두 개는 동쪽과 남쪽에 자리 잡고 있다. 그 수는 각각 동류끼리 바깥쪽에 교착(交錯)하고 있다' 하였다.

천수가 5란 것은 1, 3, 5, 7, 9의 기수요, 지수가 5란 것은 2, 4, 6, 8, 10의 우수를 말하는 것이다. 서로 얻는다[相得]고 하는 것은 1과 2, 3과 4, 5와 6, 7과 8, 9와 10이 각각 기수와 우수로서 동류가 되어 서로 얻는다는 것이요, 합한다는 것은 1과 6, 2와 7, 3과 8, 4와 9, 5

와 10이 다 두 개씩 합한다는 것이다. 25란 것은 다섯 개의 기수가 쌓였다는 것이요, 30이란 것은 다섯 개의 우수가 쌓인 것이다. 변화란 것은 1이 변하여 수기(水氣)가 생기면 6이 화하여 이것을 이루어 놓고, 2가 변하여 화기(火氣)가 생기면 7은 변하여 이것을 이루어 놓고, 3이 변하여 목기(木氣)가 생기면 8은 화하여 이것을 이루어 놓고, 4가 변하여 금기(金氣)가 생기면 9는 변하여 이것을 이루어 놓고, 5가 변하여 토기(土氣)가 생기면 10은 변하여 이것을 이루어 놓는다는 것이다. 귀신이란 것은 기수와 우수가 생성할 때 굽히기도 하고 펴기도 하고, 가기도 하고 오기도 하는 것을 말한 것이다.

크게 부연한 수가 50이란 것은, 하도(河圖)의 중궁(中宮) 천수 5가 지수 10을 승(乘)하여 얻은 것이다. 서법(筮法)을 사용하는 데 있어서는 다만 49를 사용한다. 왜냐하면, 다 이세(理勢)의 자연성에서 나온 것이요, 사람의 지력(智力)으로 가감할 것이 못된다. 두 개란 것은 하늘과 땅을 말하는 것이요, 건다[掛]는 것은 그 하나를 왼쪽 손 작은 손가락 사이에 끼운다는 것이다. 3이란 것은 삼재(三才)요, 설(揲)이란 것은 그 사이에 끼워 가지고서 이것을 셈한다는 것이다. 기(奇)란 것은 넷씩 세고 남은 수요, 늑(扐)은 왼손 셋째 손가락과 둘째 손가락 사이에 끼워 놓는다는 것이다. 윤(閏)은 한 달에 남은 날짜가 쌓여 한 달을 이룬다는 것이니, 5년 만에 날짜가 쌓여 또 한 달이 된다는 것이다. 그러므로 5년 사이에 모두 두 번 윤달이 있은 다음에야 따로 쌓인 분수(分數)를 셈하는 것은 한 번 손가락 사이에 건 뒤에 양쪽 손에 각각 한 번씩 끼웠다가 한 번씩 손가락에 걸어 놓는 것과 같다. 그러므로 5년 만에 모두 두 번 걸어 놓은 다음에야 따로 한 괘(卦)가 시작되는 것이다.

건괘(乾卦)가 성립되는 데는 서죽(筮竹)의 수가 216책(策)이요, 곤괘(坤卦)가 성립되는 데는 서죽의 수가 144책이다. 그러므로 모두 합하여 360이니, 이것은 1년 12개월을 뜻하는 것이다.

역 상하(上下) 두 편 가운데 서죽의 수가 모두 11,520이니, 이것은 만물의 수에 해당시킨 것이다.

그러므로 모두 네 번 운영하여 역이 성립되고, 18번 변화하여 하나의 괘가 성립된다. 이것을 대성(大成)의 괘라 한다. 소성(小成)의 괘는 3효(爻)로 된 것이다. 이것을 곱하여 대성괘, 즉 중괘(重卦)가 성립되면 동류의 괘를 서로 접촉시켜 보태 가면 인간생활에 있어서 어떤 일에든지 다 사용할 수가 있다. 이것으로 역의 도를 나타내고, 도덕적 행위를 신성하게 한다. 그러므로 상대상응(相待相應)하여 천지신명을 도울 수 있다.

그러므로 공자는 말씀하시기를 '역의 변화의 도를 아는 이는 우주를 섭리하는 신명(神明)이 경영하는 천지행정(天地行政)을 알 것이라' 하였다.

易有聖人之道四焉,하니 以言者尙其辭,하고 以動者는 尙其變,하고 以制器者는 尙其象,하고 以卜筮者는 尙其占.하나니 是以君子將有爲也,하며 將有行也,에 問焉而以言,하거든 其受命也如嚮,하여 无有遠近幽深,이 遂知來物,하나니 非天下之至精,이면 其孰能與於此?리요 參伍以變,하며 錯綜其數,하여 通其變,하여 遂成天地之文,하며 極其數,하여 遂定天下之象,하니 非天下之至變,이면 其孰能與於此?리요 易无思也,하며 无爲也,하여 寂然不動,이라가 感而遂通天下之故,하나니 非天下之至神,이면 其孰能與於此?리요 夫易,은 聖人之所以極

深而研幾也.니 唯深也, 故로 能通天下之志,하며 唯幾也, 故로 能成天下之務,하며 唯神也, 故로 不疾而速,하며 不行而至.하나니 子曰, 易有聖人之道四焉者, 此之謂也.라

역에는 성인의 도가 네 가지 있다. 역을 사용하여 무엇인가 말하려는 자는 그 언사(言辭)를 숭상하고, 역으로써 행동하려는 이는 그 음양(陰陽) 변화를 숭상하고, 역으로써 무엇인가 기구를 만드는 이는 역의 상(象)을 존중하고, 역으로 미래를 점치려는 자는 그 점괘를 숭상하여야 한다. 그러므로 군자는 장차 하려 하는 일이 있고, 행하려는 일이 있을 때에 그 일을 물어보아서 말씀하면 그가 명령을 받을 때에 향응하는 듯이 하여 멀고 가깝고, 깊고 그윽함이 없이 드디어는 미래의 물건을 안다. 천하의 지극한 정밀함이 아니면 그 누가 여기에 참여할 수 있겠는가? 셋과 다섯으로 변화시키고, 그 수를 착종(錯綜)하여 드디어는 천지의 법칙을 이룬다. 그 수를 다하여 드디어는 천하의 현상을 정해 놓는다. 천하의 지극한 변화가 아니면 그 누가 여기에 참여할 수 있겠는가? 역은 생각도 없고, 하는 것도 없어 고요히 움직이지 않다가 느끼어 드디어는 천하의 일을 통한다. 천하의 지극한 신비로움이 아니면 그 누가 여기에 참여할 수 있겠는가? 대체 역은 성인이 심원한 것을 극진히 하고 기밀을 연구하기 위함이다. 오직 심원하기 때문에 천하 사람의 뜻을 통할 수 있고, 오직 미묘하기 때문에 천하의 일을 이룰 수 있고, 오직 신비롭기 때문에 빠르지 않고도 신속하고, 가지 않고도 이른다. 공자가 말씀하시기를 '역에 성인의 도가 네 가지 있다는 것은 이것을 이름이라' 하였다.

주해

○參伍(참오)―3과 5의 수가 서로 변화함을 이른다. 설문(說文)에는 '삼인

상잡왈참(三人相雜曰參) 오인상잡왈오(五人相雜曰伍)’라 하고, 순자(荀子)는 ‘참오유착잡(參伍猶錯雜)’이라 하였다.

○ 錯綜(착종)―‘착잡종합(錯雜綜合)’의 뜻.
○ 深(심)·幾(기)―‘심(深)’은 사물의 배후에 깊이 은폐되어 있는 이치요, ‘기(幾)’는 사물의 현상이 겉으로 나타나기 이전의 기밀을 이른다.

해 설

역이란 책에 성인이 그것을 사용하는 방법이 네 가지 있다. 그것은 사(辭)·변(變)·상(象)·점(占)이다. 사(辭)란 것은 체계가 서고 조리가 있는 말을 이른다. 성인은 일상 언어생활에 있어서 역 가운데 실려 있는 말을 존중히 여긴다는 것이다. 변(變)이란 것은 역에 64괘 384효의 변화상을 존중하여 거기에 따라 행동한다는 것이다. 상(象)이란 것은 역 가운데에 있는 괘상과 효상을 말하는 것이다. 성인이 기구를 만들 때에는 반드시 그 괘상과 효상을 본뜬다는 것이다. 그 다음 점(占)이란 것은 무꾸리하는 것을 말한다. 성인이 사물의 좋고 나쁜 것을 무꾸리할 때에는 점괘를 존중한다는 것이다.

그러므로 군자는 무슨 일을 행하려 할 때에는 먼저 성인에게 물어 본 뒤에 역에 기재된 말에 좇아서 말하고, 또 성인에게 명령을 받을 때에는 거기에 향응하여 좇는다. 그러므로 먼 곳에 있는 사물이든지 가까운 곳에 있는 사물이든지, 또는 그 배후에 깊이 숨어 있는 사물이든지 다 통찰하여 마침내는 미래의 사물까지 다 알 수 있게 된다. 이것이야말로 이 세상에 지극히 순수한 이가 아니고서는 이런 일에 참여할 수 없는 것이다.

참(參)이란 것은 서죽을 세 번 셈한다는 것이요, 오(伍)란 것은 서죽을 다섯 번 셈한다는 것이다. 또 착(錯)이란 것은 서죽을 서로 바꾼다는 것이요, 종(綜)이란 것은 서죽을 종합한다는 것이다. 이런 방법으로 건일(乾一)·태이(兌二)·이삼(離三)·진사(震四)·손오(巽五)·

감륙(坎六)·간칠(艮七)·곤팔(坤八)의 변화하는 수를 알고, 또 건천(乾天)·태택(兌澤)·이화(離火)·진뢰(震雷)·손풍(巽風)·감수(坎水)·간산(艮山)·곤지(坤地)의 천지자연 법칙을 이루고, 마침내는 64괘의 모든 현상을 정해 놓는다. 이와 같은 지극한 변화의 이치를 모르고서야 어떻게 여기에 참여할 수 있겠는가?

역괘(易卦)를 만들 때에 그 서죽은 본래 하나의 댓개비에 지나지 못하므로 거기에는 아무런 생각도 없고 움직임도 없어 적연부동(寂然不動)의 상태에 있다. 그러나, 한 번 사람의 직관력이 미쳐서 취상작용(取象作用)이 일어날 때에는, 그것에 느끼어 효를 이루고 괘를 이루어 마침내는 인간 만사의 길흉화복을 판단할 수 있다. 지극히 불가사의한 정신력이 아니고서는 누가 여기에 참여할 수 있겠는가?

대개 역이란 것은 옛날 성인이 사물의 배후에 깊이 숨어 있는 진리를 관찰하고, 순수동작을 연구하기 위하여 만들어 낸 책이다. 진리는 탐구하면 탐구할수록 점점 깊어지므로 천하 만민의 뜻을 다 통달할 수 있고, 순수동작은 연구하면 연구할수록 천하 만사를 다 이룩할 수 있고, 물자체(物自體)를 관찰하면 관찰할수록 점점 불가사의하므로 빨리 가지 않아도 이 세계의 어떤 물건의 속력보다도 더 신속하고 움직여 가지 않아도 이 세계의 어디든지 다 갈 수 있다.

그러므로 공자는 말씀하시기를, '역이란 책에 성인의 도가 네 가지 있다 함은 이것을 이름이라' 하였다.

子曰, 夫易,은 何爲者也?오 夫易은 開物成務,하여 冒天下之道,하나니 如斯而已者也.라 是故로 聖人以通天下之志,하며 以定天下之業,하며 以斷天下之疑.하나니라 是故로 蓍之德,은 圓而神.이요 卦之德,은 方以知.요 六爻之義,는 易以貢.이니

聖人이 以此로 洗心,하여 退藏於密,하며 吉凶,에 與民同患,하

여 神以知來,하고 知以藏往,하나니 其孰能與於此哉?리요 古

之聰明叡知, 神武而不殺者夫!인저 是以明於天之道, 而察

於民之故,하여 是興神物,하여 以前民用,하니 聖人이 以此齋

戒,하여 以神明其德夫!인저 是故로 闔戶를 謂之坤,이요 闢戶

를 謂之乾,이요 一闔一闢,을 謂之變,이요 往來不窮,을 謂之

通,이요 見을 乃謂之象,이요 形을 乃謂之器,요 制而用之,를 謂

之法,이요 利用出入,하여 民咸用之,를 謂之神.이라

　　是故로 易有太極,하니 是生兩儀,하고 兩儀生四象,하고 四

象,이 生八卦,하니 八卦定吉凶,하고 吉凶이 生大業.하나니라

是故로 法象이 莫大乎天地,하고 變通이 莫大乎四時,하고 縣

象著明,이 莫大乎日月,하고 崇高莫大乎富貴,하고 備物致用,

하며 立成器,하여 以爲天下利, 莫大乎聖人,하고 探賾索隱,하

며 鉤深致遠,하여 以定天下之吉凶,하며 成天下之亹亹者, 莫

大乎蓍龜.하니라 是故로 天生神物,이어늘 聖人이 則之,하고 天

地變化,어늘 聖人이 效之,하며 天垂象,하여 見吉凶,이어늘 聖

人이 象之,하며 河出圖,하며 洛出書,어늘 聖人이 則之,하니 易

有四象,은 所以示也,요 繫辭焉,은 所以告也,요 定之以吉凶,

은 **所以斷也**.라

공자가 말씀하셨다. '대체 역은 어떤 것이냐? 대체 역은 물건을 열어 놓고 일을 이루어 놓아, 천하의 도를 덮어 놓는 것뿐이다. 그러므로 성인은 그것으로 천하의 뜻을 통달하고, 천하의 사업을 정해 놓고, 천하의 의심된 것을 판단해 놓는다. 그러므로 시초(蓍草)의 덕은 원만하고도 신기롭고, 괘덕(卦德)은 방정함으로써 지혜롭고, 육효의 뜻은 변역(變易)함으로써 일러준다. 성인은 이것으로 마음을 씻어 물러가서 비밀리에 간직해 두고 좋은 일과 나쁜 일은 백성과 함께 걱정하여 신비한 것으로 올 것을 알고 지혜로운 것으로 가는 것을 아니, 그 누가 여기에 참여할 수 있겠는가? 옛날 총명하고 예지(叡智)로운 이는 신비로운 무용(武勇)으로써 죽이지 않는 이로다. 그러므로 하늘의 도에 밝고, 백성의 일에서 살핀다. 이것에서 신비로운 물건을 일으켜 백성의 쓰임에 앞장선다. 성인은 이 때문에 재계하여 그 덕을 신비롭고 밝게 한다. 그러므로 문호를 닫는 것을 곤(坤)이라 하고, 문호를 여는 것을 건(乾)이라 하고, 닫기도 하고 열기도 하는 것을 변한다 하고, 가고 와서 다하지 않는 것을 통한다 하고 나타나는 것을 현상이라 하고 형성되는 것을 기구(器具)라 하고, 만들어 쓰는 것을 본뜬다 하고, 쓰임을 이롭게 하고 나아가서나 들어와서 다 이것을 쓰는 것을 신기하다 한다.

그러므로 역에 태극(太極)이 있으니, 이것이 양의(兩儀)를 낳고, 양의는 사상(四象)을 낳고, 사상은 팔괘를 낳는다. 팔괘는 좋고 나쁜 일을 정해 놓고, 좋고 나쁜 일은 큰 사업을 낳는다. 그러므로 법상(法象)은 천지보다 더 큰 것이 없고, 변통하는 것은 사시(四時)보다 더 큰 것이 없고, 달려 있는 상(象)이 저명한 것은 일월보다 더 큰 것이 없고, 숭고한 것은 부귀보다 더 큰 것이 없고, 물건을 갖추어 놓아 쓰임을 다하고 상을 세워 기구를 만들어 천하를 이롭게 하는 것은 성인보다 더 큰 것이 없고, 깊숙한 것을 탐구하고 은밀한 것을 탐색하여 깊은 것을 낚아 내고 먼 것을 극치케 하여 천하의 좋고 나쁜 것을 정해 놓음으로써 천하의 근면성을 이루어 놓는 것은 시귀(蓍龜)보다 더 큰 것이 없다. 그러므로 하늘이 신비로운 물건을 낳으면 성인은 이것을 본뜨고, 천지가 변화하면 성인은 이것을 본받고, 하늘이 상을 드리워 좋고 나쁜 일을 나타내면 성인은 이것을 본뜨고, 하수(河水)에서 그림이 나오고 낙수(洛水)에서 글이 나오면 성인은 이것을 본뜬다. 역에 사상이 있는 것은 보이기 위함이요, 말을 붙인 것은 일러주기 위함이요, 이것을 좋고 나쁜 것으로 정해 놓는 것은 판단하기 위함이다.'

주해

o 冒(모)−덮다. '복(覆)'의 뜻.

o 蓍(시)−시초(蓍草). 점치는 풀 이름. 나중에는 서죽(筮竹)을 사용하였다.

o 貢(공)−이르다. '곡(告)'의 뜻.

o 故(고)−일. '사(事)'의 뜻.

o 兩儀(양의)−음양(陰陽).

o 四象(사상)−태음(太陰)·태양(太陽)·소음(少陰)·소양(少陽).

o 八卦(팔괘)−건(乾)·곤(坤)·이(離)·감(坎)·진(震)·손(巽)·간(艮)·태(兌).

o 賾(색)−깊숙하다. '유심(幽深)'의 뜻.

o 亹亹(미미)−힘쓰다. '강면(强勉)'의 뜻.

해　설

공자가 말씀하였다. '대체 역이란 책은 어떠한 것이냐? 역이란 책은 본래 중국 고대사회에 있어서 아직 지식이 발달되지 못하여 사물의 좋고 나쁜 것을 판단하지 못하는 사람에게 무꾸리를 하게 한 하나의 점서(占書)이다. 그러므로 진시황(秦始皇) 때에 천하의 모든 서적을 다 불살랐지만, 이 책만은 점치는 책이라 하여 그 화를 면하였다

한다. 어떻든 이 책은 사람이 점을 침으로써 자기의 운명을 개척해 나아가도록 하고 무슨 일을 하여 성공하도록 하는 것이니, 하나의 인생 안내서라 말할 수 있다. 그러므로 성인은 이 책에 기재된 괘사와 효사를 통하여 천하 사람들의 뜻한 바를 달성해 줄 수 있고, 천하 사람들이 하는 사업을 정해 줄 수 있고, 천하 사람들의 모든 의문을 다 판단해 줄 수 있다.

그러므로 점칠 때에 사용하는 50개의 서죽의 성능은 아주 원만하고도 신비롭고 괘의 성능은 방정하여 사물의 이치를 알 수 있고, 한 괘를 구성한 육효의 뜻은 여러 가지로 변화화여 사람에게 좋고 나쁜 것을 말로 일러줄 수 있다. 또 성인은 이 책을 통하여 자기의 마음을 깨끗이 씻을 수 있다. 자기가 혼자 있을 때에는 역의 도를 마음 속에 비밀히 간직하고, 점을 쳐서 좋고 나쁜 것을 알 때에는 백성들과 함께 즐거워하고 걱정할 수 있다. 역의 신비성은 미래의 일을 알 수 있고, 그 지식은 지나간 일을 경험하여 간직할 수 있다. 이런 일을 누가 성인과 함께할 수 있겠는가? 옛날부터 총명하고 예지있는 성인은 역의 괘덕을 체득하여 신비로운 무력을 지녔다. 그리하여 아무리 악한 백성이라도 이것을 살리는 방향으로 인도하고, 사형을 주지 않는다.

그러므로 성인은 천도에 밝고 민정을 잘 살펴 무슨 일을 시작하기 전에 먼저 신비로운 서법(筮法)과 귀복(龜卜)으로 점을 쳐서 백성들을 가르친다. 성인은 이때에 목욕재계한 뒤에 괘상을 잘 고찰하여 그 괘덕을 신성하게 한다.

그러므로 천지의 문을 고요히 닫아 놓는 것을 곤괘(坤卦)라 하고, 천지의 문을 열어 놓는 것을 건괘(乾卦)라 한다. 이와 같이 천지의 문이 닫혔다가 열리는 것을 괘의 변화라 하고, 괘가 움직여 다함없이 가고 오는 것을 변통한다 하고, 겉에 나타나는 동작을 현상이라 하고, 형상을 백성들이 날마다 사용하는 것을 기구라 한다. 기구를 만들어 백성들이 사용하는 것을 천지의 도를 본뜬다 하고, 밖에서나 안에서 나 그것을 이용하여 백성들이 다 사용하는 것을 신기하다고 한다.

그러므로 천지 만물이 변역하는 가운데는 모든 것의 대근원인 태극이 있으니, 이것은 바로 우주 사이에 충만해 있는 원기(原氣)이다. 이것이 둘로 나뉘어 음기와 양기가 되고, 또 이 음기와 양기는 넷으로 나뉘어 태음·태양과 소음·소양의 상을 이루고, 또 이것은 여덟으로 나뉘어 건·곤·이·감과 진·손·간·태의 괘를 이룬다. 이와 같이 팔괘가 이루어지면, 이것을 다시 거듭하여 64괘가 성립된다. 이것으로 좋고 나쁜 일이 정해지고, 또 여기서 큰 사업을 성공할 수 있다.

그러므로 건괘와 곤괘의 동작을 나타내고, 그 법칙을 본뜨는 데는 하늘과 땅보다 더한 것이 없고, 변화하고 변통하는 현상은 춘하추동의 사시보다 더한 것이 없다. 또 하늘에 달려 있으면서 광명을 나타내는 것은 해와 달보다 더한 것이 없고, 숭고한 모습을 나타내는 것은 부귀한 생활보다 더한 것이 없고, 모든 물건을 다 갖추어 놓고 작용을 극진히 하고 기구를 만들어 천하를 이롭게 하는 것은 성인보다 더한 것이 없다. 사물의 배후에 깊이 숨어 있는 이치를 탐색하고 심원한 근원을 지적해 내어 천하의 좋고 나쁜 일을 정해 놓아 천하의 큰 사업을 이룩해 놓는 것은 서법과 귀복으로 무꾸리하는 것보다 더한 일이 없다.

그러므로 하늘이 점괘로 무꾸리하는 법을 내놓으면 성인이 이것을 본뜨고, 천지의 현상이 변화하면 성인이 이것을 본뜨고, 하늘이 현상을 나타내어 좋고 나쁜 일을 나타내면 성인이 이것을 본뜨고, 하도(河圖)와 낙서(洛書)가 나오면 성인이 이것을 본뜬다.

역이란 책에 태음과 태양, 소음과 소양의 사상이 있는 것은 사람에게 계시하기 위함이요, 괘효에 말을 달아 준 것은 사람에게 일러주기 위함이요, 좋은 일과 나쁜 일을 정해 주는 것은 사람이 제 스스로 결단을 내리게 하기 위함이다.'

易曰, 自天祐之,라 吉无不利.라 하니 子曰, 祐者는 助也.니
天之所助者順也.요 人之所助者는 信也.니 履信思乎順,하고
又以尙賢也.라 是以自天祐之, 吉无不利也.니라 子曰, 書不
盡言,하며 言不盡意,니 然則聖人之意,를 其不可見乎?아 子
曰, 聖人이 立象하여 以盡意,하며 設卦하여 以盡情僞,하며 繫
辭焉,하여 以盡其言,하며 變而通之하여 以盡利,하여 鼓之舞
之,하여 以盡神.하니라 乾坤,은 其易之縕耶,인저 乾坤,이 成
列, 而易이 立乎其中矣.니 乾坤이 毀則无以見易,이요 易不
可見, 則乾坤이 或幾乎息矣.리라 是故로 形而上者,를 謂之
道,요 形而下者,를 謂之器,요 化而裁之를 謂之變,이요 推而
行之,를 謂之通,이요 擧而措之天下之民을 謂之事業.이라 是
故로 夫象,은 聖人有以見天下之賾,하여 而擬諸其形容,하여
象其物宜.라 是故로 謂之象,이요 聖人이 有以見天下之動,하
여 而觀其會通,하여 以行其典禮,하며 繫辭焉,하여 以斷其吉
凶.이라 是故로 謂之爻.니 極天下之賾者는 存乎卦,하고 鼓天
下之動者,는 存乎辭,하고 化而裁之는 存乎變,하고 推而行之
는 存乎通,하고 神而明之,는 存乎其人,하고 默而成之,하며 不
言而信,은 存乎德行.하니라

역에 이르기를 '하늘에서 보우(保祐)하니 좋아서 이롭지 않음이 없다' 하였다. 공자가 말씀하시기를 '보우한다는 것은 도와주는 것이다. 하늘이 도와주는 것은 순종하기 때문이요, 사람이 도와주는 것은 신실하기 때문이다. 신실함을 이행하여 순종할 것을 생각하고, 또 그것으로 어진이를 숭상한다. 그러므로 하늘에서 도와주니, 좋아서 이롭지 않음이 없다'라 하였다.

또 공자가 말씀하시기를 '글은 말을 극진히 하지 못하고, 말은 뜻을 극진히 하지 못한다' 하였다. 그러면 성인의 뜻을 볼 수 없는가? 공자가 말씀하였다. '성인은 상(象)을 세움으로써 뜻을 극진히 하고, 괘를 베풂으로써 정위(情僞)를 다 극진히 하고, 말을 여기에 붙임으로써 그 말을 극진히 다하고, 변화하여 이것을 통달함으로써 이익을 극진히 다하고, 이것을 고무함으로써 신비로움을 다 극진히 한다. 건괘와 곤괘는 역의 온축(蘊蓄)이다. 건괘와 곤괘가 열(列)을 이루어 역이 그 가운데서 성립된다. 건괘와 곤괘가 무너지면 역을 볼 수 없고, 역을 볼 수 없으면 건괘와 곤괘가 거의 멸식될지도 모른다.

그러므로 형이상자를 도(道)라 하고, 형이하자를 기(器)라 하고, 화하여 제재하는 것을 변한다 하고, 추진하여 운행하는 것을 통한다 하고, 들어서 천하의 백성을 조치하는 것을 사업이라 한다. 그러므로 대체 상이란 것은 성인이 천하의 깊숙한 것을 보는 방법이 있어 그 형용에 모의(模擬)하고 그 물건의 마땅한 것을 본뜬다. 이런 까닭에 이것을 상(象)이라 한다.

성인이 천하의 움직임을 보는 방법이 있어 그 모임과 통하는 것을 관찰함으로 그 전례(典禮)를 행하고, 그것에 말을 붙임으로 그 좋고 나쁜 것을 판단한다. 이런 까닭에 이것을 효(爻)라 한다. 천하의 깊숙함을 극진히 하는 것은 괘에 있고, 천하의 움직임을 고취하는 것은 말에 있고, 화하여 이것을 제재하는 것은 변하는 데 있고, 추진하여 이것을 운행하는 것은 통하는 데 있고, 신성하게 이것을 밝히는 것은 그 사람에게

있고, 묵묵히 이루어 놓고 말하지 않으면서 신실한 것은 덕행에 있다.'

주 해

○僞(위)─인위(人爲)의 뜻.

해 설

역경(易經) 가운데 있는 대유괘(大有卦) 상구 효사에 말하기를 '하늘에서 보우하니, 이롭지 않음이 없다' 하였다. 공자는 여기에 대하여 말씀하시기를 '보우한다는 말은 도와준다는 것이다. 하늘이 도와주는 것은 사람이 자연법칙에 순종하기 때문이요, 사람이 도와주는 것은 그 사람이 신실하기 때문이다. 신실한 마음을 이행하여 자연법칙에 순종할 것을 생각하고, 또 어진이를 숭상하기 때문이다. 이러므로 하늘에서 보우하니, 이롭지 않음이 없다 한다' 하였다.

공자는 또 말하기를 '글은 말을 다 표현할 수 없고, 말은 뜻을 다 표현할 수 없다' 하였다. 왜냐하면 문자란 것은 무형한 말을 볼 수 있도록 공간화한 것이요, 또 언어란 것은 볼 수도 없고 들을 수도 없는 사람의 심리작용을 시간화한 것이기 때문이다. 그러면 옛날 주역을 지은 성인의 의지작용은 우리가 알 수 없는 것인가? 공자는 또 이 문제에 대하여 말하였다. '옛날 성인은 여기서 사물의 배후에 숨어 있는 순수동작인 상(象)을 취하여 의미를 다 드러냈고, 64괘를 만들어 사람의 복잡한 심리작용, 즉 지의정(知意情)의 작용을 다 표현하였고, 또 효마다 말을 붙여 그 말씀을 다 드러냈고, 괘효의 변화 현상을 통하여 모든 사물의 이로운 점을 다 드러냈고, 또 이것을 고무시켜 그 신비성을 남김없이 다 발휘하였다.

64괘의 주간(主幹)인 건괘와 곤괘는 참으로 역의 도를 다 함축하고 있다. 건괘와 곤괘에 속하는 여러 괘가 질서정연하게 열을 지으면 역이 그 가운데서 성립하게 된다. 그러므로 만일 건괘와 곤괘가 무너지면 변하는 현상을 볼 수 없고, 변역하는 현상을 볼 수 없으면 건괘와 곤괘는 아주 멸식(滅息)하게 되는지도 모른다. 이러므로 사물의 형상이 있기 이전의 것을 무형한 도라 하고, 형상이 갖추어진 이후의 것을 도를 담아 놓은 그릇[器]이라 한다. 도는 모든 사물, 즉 기구를 변화시켜 이것들을 제재하는 것을 역에서 말하는 변(變)이라 하고, 이것들을 추진시켜 운행하게 하는 것을 막히지 않고 통한다 하고, 천하의 백성들을 잘 조종하는 일을 성인의 사업이라 한다.

그러므로 사물의 순수동작인 상이란 것은 옛날 성인이 천하 사물의 배후에 깊이 숨어 있는 무형한 순수한 동작을 공간화하여 형상을 모의하고, 사물의 적응성을 취상(取象)한다. 그러므로 이런 방법을 관상(觀象)한다 하고, 또 성인은 천하 사물의 순수동작을 취상하여 그 움직임이 한데 모이고 막혔던 것이 통하는 것을 관찰하여 인간사회에 있어서 질서정연한 예법을 만들어 내고, 효마다 말을 붙여 사람의 좋고 나쁜 일을 판단해 준다. 그러므로 이런 것을 효사(爻辭)라 한다.

천하 사물의 배후에 깊이 숨어 있는 순수동작을 극진히 하는 것은 괘사에 있고, 천하 사물의 안전(眼前)에서 움직임을 고취하는 것은 효사에 있다. 또 사물을 변화시켜 이것을 제재하는 것은 괘효가 변화하는 데 있고, 괘효를 추진시켜 이것을 운행하는 것은 막혔던 괘상이 통하는 데 있고, 또 이것을 신비화하여 밝혀 놓는 것은 무꾸리하는 사람에게 달려 있고, 그 사람이 겉에 나타나지 않고, 배후에서 조종하여 일을 이루어 놓고 말이 없으면서 신실성이 있는 것은 그 사람의 덕행에 달린 것이다.'

하(下)

팔 괘 성 렬
八卦成列,하니　象在其中矣.요　因而重之,하니　爻在其中

矣.요　剛柔相推,하니　變在其中矣.요　繫辭焉而命之,하니　動在

其中矣.라 吉凶悔吝者,는 生乎動者也.요 剛柔者,는 立本者
也,요 變通者,는 趣時者也.라 吉凶者,는 貞勝者也.니 天地之
道,는 貞觀者也.요 日月之道,는 貞明者也.요 天下之動,은 貞
夫一者也.라 夫乾,은 確然하니 示人易矣.요 夫坤,은 隤然하니
示人簡矣니 爻也者,는 效此者也.요 象也者,는 像此者也.라
爻象은 動乎內,하고 吉凶은 見乎外,하고 功業은 見乎變,하고
聖人之情은 見乎辭.하니라 天地之大德曰生,이요 聖人之大寶
曰位,니 何以守位오 曰仁,이요 何以聚人고 曰財,니 理財正
辭,하며 禁民爲非曰義.라

팔괘가 열(列)을 이루니 상이 그 가운데 있고, 그것에 따라 곱하니
효가 그 가운데에 있고, 강한 것과 유한 것이 서로 추진하니 변함이
그 가운데 있고, 말을 거기에 붙여 명령하니 움직임이 그 가운데 있
다. 좋고 나쁘고 뉘우치고 부끄러움이란 것은 움직이는 데서 나오는
것이요, 강하고 유한 것이란 근본을 세우는 것이요, 변하고 통하는 것
이란 때에 좇는 것이요, 좋고 나쁜 것이란 바르게 이기는 것이다. 천
지의 도는 바르게 관찰하는 것이요, 일월의 도는 바르게 밝은 것이요,
천하의 움직임이란 하나에서 바른 것이다. 대체 건괘는 씩씩하여 사
람에게 평이하게 보이고, 곤괘는 온순하여 사람에게 간단하게 보인다.
효란 것은 이것을 본받는다는 것이요, 상이란 것은 이것을 본뜬다는
것이다. 효와 상은 안에서 움직이고, 좋고 나쁜 것은 밖에서 나타나고,
공업은 변(變)에서 나타나고, 성인의 심정은 말에서 나타난다. 천지의
큰 덕을 생(生)이라 하고, 성인의 큰 보물을 위(位)라 한다. 무엇으로

위를 지키는가? 인(仁)으로 한다 하고, 무엇으로 사람을 모으는가? 재물로 한다고 한다. 재물을 다스리고 말을 바르게 하여 백성의 그른 일을 금하는 것을 의(義)라 한다.

주해

ㅇ趣(취)-좇다. '종(從)'의 뜻.
ㅇ貞(정)-바르다. '정(正)' 또는 '상(常)'의 뜻.
ㅇ確然(확연)-씩씩한 모습.
ㅇ隤然(퇴연)-온순한 모습.

해 설

건·곤·이·감과 진·손·간·태의 팔괘가 배열되니, 괘상이 그 가운데 나타난다. 이것을 다시 곱하여 64괘를 이루어 놓으니, 괘마다 육효가 있고, 모두 384효가 있게 된다. 강한 양효와 유한 음효가 서로 추진해 나아가니, 변화의 현상이 그 가운데 있고, 성인이 효마다 말을 붙여 사람에게 좋고 나쁜 일을 명명해 주니, 백성들이 그 말씀에 따라 행동하게 된다.

성인이 괘효가 좋고 나쁘고 뉘우치고 부끄러운 것이라 명명하는 것은 다 괘효가 움직인 뒤에 그렇게 판단을 내리는 것이요, 괘효의 성질이 강하기도 하고 유하기도 하다는 것은 도덕의 근본을 세우는 것이요, 괘가 변하기도 하고 통하기도 하는 것은 때에 따라 그러하다는 것이요, 괘상이 좋고 나쁘다는 것은 양효와 음효가 때에 따라 승부를 결단한다는 것이다.

천지의 법칙이란 본래 마음을 곧고 바르게 가진 뒤에 관찰하는 것이요, 일월의 법칙이란 마음으로 곧고 바르게 가진 뒤에 밝히는 것이요, 천하 사물의 움직임이란 다 하나의 기(氣)에서 바르게 근거되는 것이다.

대체 건괘의 상은 건실하여 사람에게 그렇게 어렵지 않고 아주 평이하게 보여 주고, 또 곤괘의 상은 온순하여 사람에게 그렇게 복잡하지 않고 아주 간단하게 보여 준다. 본래 효란 것은 자연의 현상을 본받는다는 뜻이요, 상이란 것은 자연의 동작을 본뜬다는 것이다. 괘효와 괘상은 괘 안에서 움직이고, 일이 좋고 나쁜 것은 괘 밖에서 나타나고, 공업은 괘의 변화에서 나타나고, 성인의 심정은 바로 괘사와 효사에서 나타난다.

천지의 큰 덕은 바로 만물을 생성하는 것이요, 성인의 큰 보물은 바로 임금의 자리에 오르는 것이다. 그러면 성인이 임금 자리를 무엇으로 지키느냐 하면, 바로 백성을 사랑하는 인심(仁心)으로 지키는 것이요, 또 무엇으로 사람을 한곳에 모으느냐 하면 바로 백성의 생활을 풍부하게 하는 재물로 모으는 것이다. 그리하여 백성의 재산을 잘 관리하고 언사를 바르게 하여 백성의 나쁜 행위를 금지하는 것을 의(義)라 한다.

古者包犧氏之王天下也,에 仰則觀象於天,하고 俯則觀法於地,하며 觀鳥獸之文,과 與地之宜,하며 近取諸身,하고 遠取諸物,하여 於是에 始作八卦,하여 以通神明之德,하며 以類萬物之情,하니 作結繩而爲網罟,하여 以佃以漁,하니 蓋取諸離.하고 包犧氏沒,하거늘 神農氏作,하여 斲木爲耜,하고 揉木爲耒,하여 耒耨之利,로 以敎天下,하니 蓋取諸益.하고 日中爲市,하여 致天下之民,하며 聚天下之貨,하여 交易而退,하여 各得其所,하게 하니 蓋取諸噬嗑,하고 神農氏沒,하거늘 黃帝堯舜氏作,하여 通其變,하여 使民不倦,하며 神而化之,하여 使民宜之,하니 易이

窮則變,하고 變則通,하고 通則久.라 是以自天祐之,하여 吉无

不利,니 黃帝堯舜,이 垂衣裳而天下治,하니 蓋取諸乾坤,하고

刳木爲舟,하고 剡木爲楫,하여 舟楫之利,로 以濟不通,하여 致

遠以利天下,하니 蓋取諸渙,하고 服牛乘馬,하여 引重致遠,하여

以利天下,하니 蓋取諸隨,하고 重門擊柝,하여 以待暴客,하니

蓋取諸豫,하고 斷木爲杵,하고 掘地爲臼,하여 臼杵之利,로 萬

民이 以濟,하니 蓋取諸小過,하고 弦木爲弧,하고 剡木爲矢,하

여 弧矢之利,로 以威天下,하니 蓋取諸睽,하고 上古에 穴居而

野處,러니 後世聖人,이 易之以宮室,하여 上棟下宇,하여 以待

風雨,하니 蓋取諸大壯,하고 古之葬者,는 厚衣之以薪,하여 葬

之中野,하여 不封不樹,하며 喪期无數,러니 後世聖人,이 易之

以棺槨,하니 蓋取諸大過,하고 上古엔 結繩而治,러니 後世聖

人,이 易之以書契,하여 百官以治,하며 萬民이 以察하니 蓋取

諸夬.니라

옛날 포희씨(包犧氏)가 천하에서 임금 노릇을 할 때, 우러러서는 하늘에서 상(象)을 관찰하였고, 굽어서는 땅에서 법칙을 관찰하였으며, 새 짐승들의 무늬와 땅의 마땅함을 관찰하였고, 가까이는 몸에서 취하고 멀리는 물건에서 취하였다. 여기서 비로소 팔괘를 지어 신명(神明)의 덕에 통하고, 만물의 정상(情狀)을 유별하였다. 노끈으로 매

듭을 지어 맺어 그물을 만들어 새 사냥과 고기잡이를 하였으니, 대개 이괘(離卦)에서 취하였다.

포희씨가 죽고 신농씨(神農氏)가 일어나서, 나무를 깎아 보습을 만들고 나무를 휘어 굽정이를 만들어 굽정이와 보습의 이익으로 천하를 가르치니, 대개 익괘(益卦)에서 취하였다. 낮이 되어 시장을 열어 천하의 백성을 오게 하고, 천하의 재화를 모아 교환하여 가지고 물러가서 각각 그 처소를 얻게 하였으니, 대개 서합괘(噬嗑卦)에서 취하였다.

신농씨가 죽고 황제(黃帝)와 요순씨(堯舜氏)가 일어나서, 그 변함을 통하여 백성을 게으르지 않게 하고, 그것을 신화(神化)하여 백성들을 마땅하게 하였으니, 역이 궁하면 변하고, 변하면 통하고, 통하면 오래 간다. 그러므로 하늘에서 그를 도와주어 좋아서 이롭지 않음이 없었다. 황제와 요순이 의상(衣裳)을 입고 천하를 다스렸으니, 대개 건괘와 곤괘에서 취하였다.

나무를 쪼개어 배를 만들고 나무를 깎아서 돛대를 만들어, 배와 돛대의 이익으로 통하지 못하는 데를 건너게 하여 먼 데까지 가서 천하를 이롭게 하였으니, 대개 환괘(渙卦)에서 취하였다.

소를 길들이고 말을 타고서 무거운 것을 끌고 먼 데까지 가서 천하를 이롭게 하였으니, 대개 수괘(隨卦)에서 취하였다.

문을 거듭 세우고 목탁을 쳐서 사나운 손〔客〕을 대비하였으니, 대개 예괘(豫卦)에서 취하였다.

나무를 잘라 공이〔杵〕를 만들고 땅을 파서 확을 만들어 확과 공이의 이익으로 만민이 편하게 지냈으니, 대개 소과괘(小過卦)에서 취하였다.

나무를 구부려 활집을 만들고 나무를 깎아 화살을 만들어 활과 화살의 이익으로 천하를 위압하니, 대개 규괘(睽卦)에서 취하였다.

옛날에는 구멍에서 살았고 들에서 거처하였다. 후세에 성인이 이것을 궁실로 바꾸어 위에는 대들보를, 아래에는 서까래를 놓아 바람과 비를 대비하였으니, 대개 대장괘(大壯卦)에서 취하였다.

옛날 장례를 지내는 이는 섶나무로 두텁게 싸서 들 복판에 묻어 놓아 흙으로 봉하지도 않고 나무를 심지도 아니하여 상기(喪期)가 수가 없었다. 후세에 성인이 관으로 바꾸었으니, 대개 대과괘(大過卦)에서 취하였다.

옛날에는 노끈 마디를 맺어 다스렸다. 후세에 성인이 이것을 서계(書契)로 바꾸어 백관(百官)이 그것으로 다스렸고, 만민이 그것으로 살펴보았으니, 대개 쾌괘(夬卦)에서 취하였다.

주 해

○罟(고) ─ 고기 그물.

○斲(착) ─ 깎다.

○耜(사) ─ 보습.

○揉(유) ─ 비비다. 휘다.

○耒(뇌) ─ 굽정이.

○耨(누) ─ 김매다.

○剖(고) ─ 쪼개다.

○剡(염) ─ 깎다.

○弦(현) ─ 휘다.

○弧(호) ─ 활.

○宇(우) ─ 처마 기슭.

○書契(서계) ─ 글로 계약함. 문자시대를 이른다.

해 설

옛날 중국 신화에 전해 오는 태호복희씨(太昊伏羲氏)가 천하에서 임금 노릇을 할 때에 위를 우러러 천문을 관찰하고서는 하늘의 기상을 보았고, 아래를 굽어 지리를 관찰하고서는 땅의 법칙을 살폈으며, 새가 날아다니는 모습과 짐승이 걸어다니는 자취와 지리상 적당한 곳을 관찰하였다. 그뿐 아니라, 가까이는 자기 몸의 생리현상과 멀리는 물건의 문리법칙을 인용하여 도덕법칙을 창조하였다. 여기서 처음으로 건·곤·이·감과 진·손·간·태의 팔괘를 그어 천지신명, 즉 우주정신의 덕에 통달하여 만물의 정상을 하나하나씩 종류에 따라 구별하였다. 노끈을 꼬아 큰일이 있을 때에는 큰 마디를 맺고, 작은 일이 있을 때에는 작은 마디를 맺었다. 또 그물을 떠서 공중에 날아다니는 새도 잡고, 바닷속에 헤엄치는 물고기도 잡았으니, 이것은 바로 64괘 가운데 이괘(離卦☲☲)의 형상에서 취상한 것이다.

그 다음 주로 수렵을 경영하던 태호복희씨가 죽고 신농씨가 임금 노릇을 할 때에는 주로 농경을 경영하였다. 나무를 깎아 밭 가는 보습을 만들고, 나뭇가지를 휘어 가지고는 굽정이 같은 도구를 만들어 백성들이 농사를 짓는 데 편리하게 하였으니, 이것은 익괘(益卦☴☳)의 형상을 본떠서 만든 것이다. 그뿐 아니라 낮에는 시장을 열어 천하 백성들이 자기네가 생산한 농산물을 가지고 와서 서로 물물교환을 해 가게 하였으니, 이것은 서합괘(噬嗑卦☲☳)의 형상을 취상한 것이다.

그 다음 또 신농씨가 죽고 황제와 요순씨가 임금일 때에는, 사회 현상이 오랫동안 태평하면 반드시 어지러워져 변화한다는 이치를 통하여 백성들에게 그럴수록 권태를 느끼지 않게 하고, 또 그들의 마음을 신비화하여 임기응변케 하였으니, 이것이 바로 곤궁하면 변화하게 되고, 변화하면 통달하게 되고, 통달하면 장구하게 된다는 역의 이치이다. 그러므로 하늘에서 그를 도와주니, 좋아서 이롭지 않음이 없다고 하는 것이다. 이와 같이, 황제와 요순씨가 비로소 옷을 입으니, 하는 일이 없이 천하가 저절로 다스려졌다. 이것은 바로 건괘(乾卦☰☰)와 곤괘(坤卦☷☷)의 형상에서 취상한 것이다.

또 나무를 깎아 배를 만들고, 나무를 쪼개어 돛대를 만들어 백성들이 넓고 깊은 강과 바다도 건너다니게 하여 먼 곳까지 가게 하였으니, 이것은 바로 환괘(渙卦☴☵)의 형상에서 취상한 것이다.

또 들소와 들말을 끌어다가 길을 잘 들여 가축으로 만들어 무거운 짐을 먼 곳까지 싣고 가게 하여 백성의 생활을 편리하게 하였으니,

이것은 바로 수괘(隨卦☱☳)의 형상에서 취상한 것이다.

또 문을 거듭 세워 그 위에 목탁을 매달고 사나운 도둑이 침입해 올 때에는 그것을 두드려 경계하였으니, 이것은 바로 예괘(豫卦☳☷)의 형상에서 취상한 것이다.

또 긴 나무를 잘라 곡식을 찧는 절굿공이를 만들고 단단한 땅 구멍을 파서 쌀을 넣는 절구 확을 만들어 백성들의 식생활을 편리하게 했으니, 이것은 바로 소과괘(小過卦☳☶)의 형상에서 취상한 것이다.

또 나무를 휘어 대적을 쏘는 활집을 만들고, 나무를 깎아 화살을 만들어 전쟁도구를 만들어 천하의 난폭한 백성을 위압하였으니, 이것은 바로 규괘(睽卦☲☱)의 형상을 취상한 것이다.

아주 옛날 원시인들은 혈거생활이나 야영생활을 하고 있었다. 그러나 후세에는 성인이 나와서 가옥을 건축하여 위에는 대들보를 놓고 아래에는 서까래를 세워 바람과 비를 피하게 하였으니, 이것은 바로 대장괘(大壯卦☳☰)의 형상에서 취상한 것이다.

또 옛날 사람들은 사람이 죽어 장례를 지낼 때에는 그 시체를 섶나무로 덮어서 들판에 묻었다. 무덤도 만들지 않고 주위에 나무도 심지 않았고, 상기(喪期)도 정한 날짜의 수가 없었다. 그러나 후세의 성인이 나와서 이것을 관에 넣어 묻게 하였으니, 이것은 바로 대과괘(大過卦☱☴)의 형상에서 취상한 것이다.

아주 옛날 원시인들은 노끈을 꼬아 큰 일이 있을 때에는 큰 마디를 맺고, 작은 일이 있을 때에는 작은 마디를 맺어 표시해 두었다. 그러나 후세의 성인이 나와서 문자를 만들어 내어 백관들이 그것으로 백성을 다스렸고, 또 백성들도 그것을 잘 적어 두어 잊지 않았으니, 이것은 바로 쾌괘(夬卦☱☰)의 형상에서 취상한 것이다.

是故(시고)로 易者(역자)는 象也(상야)니, 象也者(상야자)는 像也(상야).요 彖者(단자)는 材也(재야).요

爻也者는 效天下之動者也.니 是故로 吉凶이 生而悔吝이 著
也.니라

그러므로 역이란 것은 짓〔象〕이요, 짓이란 것은 꼴이요, 단(彖)이
란 것은 재료요, 효(爻)란 것은 천하의 움직임을 본받는 것이다. 그러
므로 좋고 나쁜 일이 생겨 뉘우침과 부끄러운 일이 나타난다.

주해

ㅇ象(상) - 짓. 동작.

해 설

우리가 앞에서 본 바와 같이, 옛날 복희씨가 자연과 사람의 생리현
상을 관찰하여 팔괘를 그었고, 또 이것을 곱하여 64괘를 만들어 냈다.
그후 신화 및 전설에 나오는 역대 제왕들은 그 시대의 생활상 필요에
따라 이 괘상을 본떠서 도구를 만들어 냈다. 예를 들면, 어렵시대(漁
獵時代)의 임금이었던 복희씨는 이괘(離卦)의 괘상을 본떠서 그물을
만들었고, 농경시대의 임금이었던 신농씨는 익괘(益卦) 괘상을 본떠
서 보습과 굽정이 같은 농기구를 만들어 냈고, 또 서합괘(噬嗑卦) 괘
상을 본떠서 낮에 물건을 교환하는 시장을 개척하였다.

그후에 또 황제와 요순씨는 건곤 두 괘의 괘상을 본떠서 천하를 다
스렸고, 환괘(渙卦) 괘상을 본떠서 배와 돛대를 만들었으며, 수괘(隨
卦) 괘상을 본떠서 소와 말을 길들였고, 예괘(豫卦) 괘상을 본떠서 대
적을 수비하는 목탁을 만들었고, 소과괘(小過卦) 괘상을 본떠서 쌀
찧는 공이와 확을 만들었고, 규괘(睽卦) 괘상을 본떠서 전리품인 활
과 화살을 만들었다.

그뿐 아니라, 그후 성인들이 나와서 대장괘(大壯卦) 괘상을 본떠서
바람과 비를 막는 가옥을 만들었고, 또 대과괘(大過卦) 괘상을 본떠

서 관곽(棺槨)을 만들었고, 또 쾌괘(夬卦) 괘상을 본떠서 문자를 발명하였다.

이것으로 보면 역(易)이란 책은 다른 것이 아니라 사물의 변화하는 현상을 본뜬 것이다. 상(象)이란 것은 본래 노자(老子) 책의 저자가 가장 먼저 제출한 관념(觀念)으로 사물의 동작, 즉 '짓'의 뜻이다. '짓'은 우리말에 '저 사람의 하는 짓을 보라'하는 '짓'과 같은 뜻이다. 서구철학(西歐哲學)은 대개 사물을 의식(意識)의 영역 안으로 끌어들이어 추상(抽象) 개념화하지만, 이 역의 철학은 이에 반하여 사람의 직관력(直觀力)이 사물 속으로 들어가서 사형(捨形) 취상화(取象化)하는 것이다. 그러므로 '역이란 것은 상(象)이라' 하였다.

또 다음, 상(像)이란 것은 무엇인가? 사물의 '짓'을 상(象)이라 하면 상(像)이란 것은 사물의 형상, 즉 '꼴'의 뜻이다. '꼴'이란 말은 우리말에 '저 사람의 생긴 꼴을 보라'하는 '꼴'과 같은 것이다. 상(象)은 사물의 움직이는 모습이요, 상(像)은 사물의 생김새를 말하는 것이다. 플라톤은 순수형상(純粹形相)으로 실체를 삼았지만, 역은 순수동작(純粹動作)으로 실체를 삼는다. 전자를 시간적이라 하면, 후자는 공간적이다.

그 다음, 단(彖)이란 것은 판단한다는 뜻이다. 즉 괘상을 직관(直觀)한 뒤에 사물의 좋고〔吉〕 나쁜〔凶〕 것을 판단하는 것이다. 역의 단사(彖辭)는 바로 이것을 언어문자로 나타낸 것이다. 재(材)란 것은 바로 직관의 대상이 되는 괘재(卦材)를 말하는 것이다. 또 효(爻)란 것은 본받는다는 뜻이다. 천하 사물의 움직이는 상(象)을 본받고, 또는 본뜬다는 뜻이다. 이것을 취상작용(取象作用)이라 한다. 그러므로 사물의 움직이는 상을 직관하여 이것으로 괘를 만든다. 괘는 모두 64괘이다. 괘를 만들면 좋고 나쁜 현상을 판단할 수 있고, 거기서 또 이미 한 일에 대하여 반성을 하면 뉘우치는 일도 있고, 부끄러운 일도 나타나게 된다.

陽卦多陰,하고 陰卦,는 多陽.하니 其故는 何也?오 陽卦,는
奇,요 陰卦는 耦.일세라 其德行은 何也?오 陽一君而二民,이니
君子之道也.요 陰二君而一民,이니 小人之道也.라

양괘(陽卦)는 음효(陰爻)가 많고, 음괘는 양효가 많다. 그 까닭은
무엇인가? 양괘는 기수(奇數)요, 음괘는 우수(偶數)이기 때문이다. 그
덕행(德行)은 어떠한가? 양괘는 한 임금에 두 백성이니, 군자의 도요,
음괘는 두 임금에 한 백성이니 소인의 도이다.

해 설

팔괘 가운데 진(震☳), 감(坎☵), 간(艮☶)괘와 같은 것은 본래 다
양성적인 괘이지만, 어느 것이나 다 하나의 양효와 두 개의 음효로
구성되었다. 또 손(巽☴), 이(離☲), 태(兌☱)괘와 같은 것은 본래 다
음성적인 괘지만, 어느 것이나 다 하나의 음효와 두 개의 양효로 구
성되었다. 그러므로 양괘는 음효가 많고 음괘는 양효가 많다 한다. 왜
그런가 하면 양괘는 음효가 둘이요 양효가 하나이므로 기수요, 음괘
는 양효가 둘이요 음효가 하나이므로 우수인 까닭이다.

그 덕행은 어떠한가? 양괘는 임금을 상징하는 양효가 하나요, 백성
을 상징하는 음효가 둘이므로 이것은 군자의 도요, 음괘는 임금을 상
징하는 양효가 둘이요 백성을 상징하는 음효가 하나이므로 소인의 도
이다.

易曰, 憧憧往來,면 朋從爾思.라 하니 子曰, 天下何思何
慮?리오 天下同歸而殊塗,하며 一致而百慮니 天下何思何慮?

리요 日往則月來,하고 月往則日來,하여 日月相推而明生焉,하
니 寒往則暑來,하고 暑往則寒來,하여 寒暑相推而歲成焉往者
는 屈也,요 來者는 信也.니 屈信이 相感而利生焉.하니라 尺蠖
之屈,은 以求信也.요 龍蛇之蟄,은 以存身也.요 精義入神,은
以致用也.요 利用安身,은 以崇德也.니 過此以往,은 未之或
知也,니 窮神知化, 德之盛也.라 易曰, 困于石,하며 據于蒺
藜.라 入于其宮,이라도 不見其妻,니 凶.이라 하니 子曰, 非所
困而困焉,하니 名必辱,하고 非所據而據焉,하니 身必危하리니
旣辱且危,하여 死期將至,어니 妻其可得見邪?아 易曰, 公用
射隼于高墉之上,하여 獲之니 无不利.라 하니 子曰, 隼者는 禽
也.요 弓矢者,는 器也,요 射之者는 人也.니 君子藏器於身,하
여 待時而動,이면 何不利之有?리요 動而不括.이라 是以出而
有獲,하나니 語成器而動者也.라 子曰, 小人은 不恥不仁,하며
不畏不義,라 不見利면 不勸,하며 不威면 不懲,하나니 小懲而
大誡, 此小人之福也.라 易曰屨校하여 滅趾,니 无咎.라 하니
此之謂也.라 善不積,이면 不足以成名,이요 惡不積,이면 不足
以滅身,이니 小人이 以小善,으로 爲无益而弗爲也,하며 以小
惡,으로 爲无傷而弗去也.라 故로 惡積而不可掩,이며 罪大而

不可解.니 易曰, 何校,하여 滅耳,니 凶.이라 하니 子曰, 危者는

安其位者也.요 亡者는 保其存者也.요 亂者는 有其治者也.라

是故로 君子安而不忘危,하며 存而不忘亡,하며 治而不忘亂.

이라 是以身安而國家를 可保也.니 易曰, 其亡其亡,이라야 繫

于包桑.이라 하니라 子曰, 德薄而位尊,하며 知小而謀大,하며

力小而任重,하면 鮮不及矣.하나니 易曰, 鼎折足,하여 覆公餗하

니 其形이 渥,이라 凶.이라 하니 言不勝其任也.라 子曰, 知幾

其神乎!인저 君子上交不諂,하며 下交不瀆,하나니 其知幾乎!

인저 幾者는 動之微,니 吉之先見者也.니 君子見幾而作,하여

不俟終日,이니 易曰, 介于石.이라 不終日,이니 貞吉.이라 하니

介如石焉,하거니 寧用終日,이리요 斷可識矣.로다 君子知微知

彰知柔知剛,하나니 萬夫之望.이라 子曰, 顔氏之子, 其殆庶

幾乎!인저 有不善이면 未嘗不知하며 知之면 未嘗復行也.하나

니 易曰, 不遠復,이라 无祗悔,니 元吉.이라 하니 天地絪縕,에

萬物이 化醇,하고 男女構精,에 萬物이 化生.하나니 易曰, 三

人行,엔 則損一人,하고 一人行,엔 則得其友,라 하니 言致一

也.라 子曰, 君子安其身而後에야 動,하며 易其心而後에야

語,하며 定其交而後에야 求,하나니 君子脩此三者,라 故로 全

也.하나니 危以動,하면 則民不與也,하고 懼以語,하면 則民不
應也,하고 无交而求하면 則民不與也.하나니 莫之與하면 則傷
之者至矣.하나니 易曰, 莫益之,라 或擊之,하리니 立心勿恒,이
니 凶.이라 하니라

역(易)에 이르기를 '밀거니 당기거니 하여 일정치 않다. 여동무가
너의 생각대로 좇으리라' 하였다. 공자가 말씀하시기를 '천하가 무엇
을 생각하고 무엇을 걱정하랴? 천하가 같이 돌아가지만 길이 다르고,
일치하지만 여러 가지로 생각하니, 무엇을 생각하고 무엇을 걱정하
랴? 해가 가면 달이 오고, 달이 가면 해가 온다. 해와 달이 서로 추
진하여 밝은 빛이 생긴다. 추위가 가면 더위가 오고, 더위가 가면 추
위가 온다. 추위와 더위가 서로 추진하여 해가 이루어진다. 가는 것은
굽히는 것이요, 오는 것은 펴는 것이다. 굽히고 펴는 것이 서로 느끼
어 이로움이 생긴다. 자벌레가 굽히는 것은 펴는 것을 구하기 때문이
요, 용과 뱀이 엎드려 있는 것은 몸을 보존하려 하기 때문이다. 뜻을
정밀히 하여 신비로운 데 들어가는 것은 쓰려 하기 때문이요, 쓰는
것을 이롭게 하여 몸을 수월하게 함은 덕(德)을 높이려 하기 때문이
다. 이것을 지나서 가는 것은 알 수 없을는지도 모르니, 신비로움을
다하여 변화함을 아는 것은 덕이 성대함이다'라 하였다.

역(易)에 이르기를 '돌에 차여 곤란하고, 질려풀에 의지한다. 그 궁
(宮)에 들어가도 그 아내를 볼 수 없으니 나쁘다' 하였다. 공자가 말
씀하시기를 '곤란한 것이 아닌데 곤란하니 이름이 반드시 욕될 것이
요, 의지할 데가 아닌데 의지하니 몸이 반드시 위태할 것이다. 이미
욕되고 이미 위태하여 죽을 기한이 장차 오는데, 처(妻)를 볼 수 있겠
느냐?' 하셨다.

역에 이르기를 '공작(公爵) 벼슬하는 사람이 새매를 높은 성 위에서 쏘았다. 이것을 잡았으니 이롭지 않음이 없다' 하였다. 공자가 말씀하시기를 '새매란 것은 새요, 화살이란 것은 기구(器具)요, 쏘는 이는 사람이다. 군자가 기술을 몸에 간직해 두었다가 때를 기다려 움직이면 무엇이 이롭지 않음이 있겠느냐? 움직여 방해되지 않는다. 그러므로 나아가면 얻는 것이 있다. 그릇을 이룬 다음에 움직이라는 것을 말한 것이다' 하였다.

공자가 말씀하시기를 '소인은 인(仁)하지 못한 것을 부끄러워하지 않고, 의롭지 못한 것을 무서워하지 않는다. 이익을 보지 않으면 권하지 않고, 위압(威壓)하지 않으면 징계하지 못한다. 조금 징계하여 크게 경계하는 것은 소인(小人)의 복된 일이다. 역에 이르기를 "발에 고랑을 채워 발꿈치가 잘라져도 괜찮으리라" 한 것은 이것을 이름이다. 선한 일이 쌓이지 않으면 이름을 이룰 수 없고, 악한 일이 쌓이지 않으면 몸을 망칠 수 없다. 소인은 조그마한 선(善)도 보탬이 없다 하여 하지 않고, 조그마한 악도 해됨이 없다 하여 버리지 않는다. 그러므로 악한 일이 쌓이면 가릴 수 없고, 죄가 크면 풀어놓을 수 없다' 하였다.

역에 이르기를 '고랑을 포로의 목에 채우고 귀를 자른다. 나쁘리라' 하였다. 공자가 말씀하시기를 '위태롭게 여기는 이는 그 자리를 안전하게 하는 사람이요, 멸망할까 하는 이는 그 생존을 보전하는 사람이요, 어지러워질까 하는 이는 다스리게 되는 사람이다. 그러므로 군자는 편안하여도 위태함을 잊지 않고, 생존하여도 멸망할 것을 잊지 않고, 다스려져도 어지러울 것을 잊지 않는다. 이 때문에 몸이 편안하여 국가를 보전할 수 있다' 하였다.

역에 이르기를 '망할 것이다, 망할 것이다 하여 튼튼하게 무더기로 난 뽕나무에 붙잡아 맨다' 하였다. 공자가 말씀하시기를 '덕이 박하면서 자리가 높고, 지혜가 작으면서 큰 것을 도모하고, 힘이 작으면서 책임이 무거우면 미치지 않는 일이 적다’ 하였다.

역에 이르기를 ‘솥의 다리가 부러진다. 임금의 진찬(珍饌)을 엎지르니, 그 얼굴에 부끄러워 땀이 나서 젖는다. 나쁘리라’ 하였다. 그 책임을 감당하지 못함을 말한 것이다. 공자가 말씀하시기를 ‘기밀(機密)을 아는 것이 신기하도다! 군자는 윗사람과 사귀어도 아첨하지 않고, 아랫사람과 사귀어도 업신여기지 않도다. 기밀이란 것은 움직임의 미묘한 것이니, 길조(吉兆)가 먼저 나타나는 것이다. 군자는 기밀을 보고 일을 하되 해가 질 때까지 기다리지 않는다’ 하였다.

역에 이르기를 ‘돌〔石〕 사이에 끼어 있는 물건과 같이 기밀을 굳게 지킨다. 하루가 못간다. 마음을 곧고 바르게 가지어 좋다’ 하였다. 돌 사이에 굳게 끼어 있으니 어찌 해가 질 때까지 기다리겠느냐? 판단할 것을 알 수 있을 것이다. 군자는 미묘한 것을 알고 드러난 것을 알며, 유한 것을 알고 강한 것을 아니, 여러 사나이들의 희망이다. 공자가 말씀하시기를 ‘안씨(顏氏)의 아들이 거의 도에 가깝다. 선하지 못한 일이 있으면 일찍이 모른 적이 없었고, 알면 일찍이 또 행하지 않았다’ 하였다.

역에 이르기를 ‘머지않아서 되돌아온다. 뉘우치는 일이 없을 것이다. 크게 좋으리라’ 하였다. 천지의 음양 두 기운이 밀접하게 화합하여 만물이 순화하고, 남성과 여성이 정기(精氣)를 합하여 만물이 변화생성한다.

역에 이르기를 ‘세 사람이 가면 한 사람을 잃고, 한 사람이 가면 자기 동무를 얻는다’ 하였다. 일치되는 것을 말한 것이다. 공자가 말하기를 ‘군자는 그 몸을 편안히 가진 뒤에 움직이고, 그 마음을 수월하게 가진 뒤에 말하며, 그 사귐을 정해 놓은 뒤에 구한다. 군자는 이 세 가지를 닦으므로 온전하다’ 하였다. 위태하게 움직이면 백성들이 참여하지 않고, 무섭게 말하면 백성들이 응하지 않으며, 사귐없이 구하면 백성들이 참여하지 않는다. 참여하는 일이 없으면 해칠 사람이 온다 하였다. 역에 이르기를 '그를 유익하게 하지 말라. 그를 쳐야 할 는지도 모른다. 항심(恒心)을 가지지 말라. 나쁘리라' 하였다.

(주해)

○絪縕(인온)—천지, 음양의 두 기운이 긴밀히 화합하는 것.

해 설

이것은 역 함괘(咸卦) 구사의 효사를 인용하여 해석한 것이다. 본체의 세계에 있어서는 본래 이치가 하나이지만, 현상계에 있어서는 여러 갈래로 발전하는 노선이 다르다는 것을 말한 것이다. 그러므로 이것이 다 자연이니, 사람이 무엇을 생각하고 무엇을 걱정하겠는가 하는 것이다.

예를 들면 해가 동쪽에서 떴다가 서쪽으로 지면 또 그 뒤를 이어서 밝은 달이 동쪽에서 떠온다. 이와 같이 해와 달이 서로 번갈아서 이 세상에 광명을 가져다 준다. 또 추운 겨울이 지나가면 더운 여름이 오고, 더운 여름이 지나가면 또 추운 겨울이 온다. 이와 같이 추위와 더위가 번갈아드는 사이에 한 해가 되고 두 해, 세 해가 된다. 본래 왔다 가고 갔다 오는 것은 사물이 곡선형(曲線形)으로 발전하는 것이다. 이렇게 굴신하는 동안에 서로 이익이 된다.

비유하면, 자벌레가 허리를 굽혔다 폈다 하면서 기어가는 것과 같고, 용과 뱀이 자기 몸을 보존하려고 땅속에 엎드려 때를 기다리는 것과 같다. 사람이 생(生)의 의의를 정밀하게 탐구하여 역사적 사명을 깨닫고 우주정신과 합치되는 것은 현실사회에서 활용하기 위함이요, 활용을 이롭게 하여 몸을 안전하게 가지는 것은 도덕을 숭상하기 위함이다. 더 이상 올라가면 불가지(不可知)의 세계에 도달할는지도 모른다. 그러나 우주의 신비성을 탐구하여 변화의 이치를 아는 것은 도덕이 출중한 사람이어야 한다.

역 곤괘(坤卦) 육삼 효사에 말하기를 '돌부리에 차여 질려풀에 몸을 의지한다. 자기 집에 들어가도 아내를 볼 수 없다' 하였다. 공자는 이에 대하여 말씀하시기를 '곤란한 일이 아닌데 곤란하게 생각하면 그 사람의 이름이 반드시 욕될 것이요, 의지할 것이 못되는데 의지하면 몸이 반드시 위태롭게 될 것이다. 이미 이름이 욕되고 몸은 위태하면 죽을 날이 곧 가까워오는 것인데, 아내를 어떻게 볼 수 있겠느냐?' 하셨다.

역 해괘(解卦) 상륙 효사에 이르기를 '공작 벼슬하는 사람이 새매를 높은 성 위에서 쏘아 잡으니 이롭지 않음이 없다' 하였다. 공자는 이것을 해석하여 말하기를 '새매란 것은 본래 새의 종류요, 화살이란 것은 본래 새나 짐승을 사냥하는 도구요, 새를 쏘는 이는 본래 사람이다. 이와 같이 사람이 재간을 배워 몸에 간직해두고 있다가 때를 기다려서 이것을 활용하면 무엇이 이롭지 않겠는가? 재간을 활용하여 방해되는 일이 없으면 반드시 성공한다' 하셨다. 이것은 바로 사람이 재간을 습득한 뒤에 활동해야 한다는 것을 말한 것이다.

공자는 또 말씀하시기를 '소인은 본래 자기가 도의적으로 인자하지 못한 것을 부끄러워하지도 않고, 또 불의를 거리낌없이 행한다. 소인은 본래 이익을 본질로 생각하기 때문에 이익이 아니면 남에게 하라고 권하지도 않고 권력으로 누르지 않으면 자기 몸을 징계할 줄도 모른다. 될 수 있으면 형벌을 적게 하여 크게 몸을 경계하게 하는 것은 소인으로서의 가장 복된 일이다. 그러므로 역 서합괘(噬嗑卦) 상구 효사에 이르기를 "발에 고랑을 채워 발꿈치가 잘라져도 괜찮다" 함은 바로 이런 것을 두고 한 말이다. 사람은 적선을 하지 않으면 이름을 낼 수 없고, 악을 쌓지 않으면 몸을 망칠 수 없다. 그러나 소인은 조그만 선행위(善行爲)는 아무런 보탬이 없으므로 할 것이 못된다 하고, 조그만 악행위는 아무런 손해가 없으므로 해도 괜찮다 한다. 그러므로 악이 쌓이면 이것을 엄폐할 수 없고, 죄가 크면 풀어 놓을 수 없다' 하였다.

역 서합괘(噬嗑卦) 상구 효사에 이르기를 '고랑을 몸에 채우고 귀를 자른다. 나쁘다' 하였다. 공자가 말씀하시기를 '위태롭지나 않을까 항상 걱정하는 이는 자기 벼슬자리를 안전하게 할 수 있고, 멸망하지나 않을까 항상 걱정하는 이는 자기의 생존을 보전할 수 있다. 질서가 문란해지지나 않을까 항상 걱정하는 이는 질서를 바로잡을 수 있다. 그러므로 군자는 안전지대에 있으면서도 위태해질 것을 잊지 않고, 생존해 있으면서도 멸망할 것을 잊지 않는다. 질서가 바로잡혀 있으면서도 질서가 문란해질 것을 잊지 않는다. 이러기 때문에 몸이 편안하여 국가도 보전할 수 있다' 하였다. 그러므로 역 비괘(否卦) 구오 효사에 '망하리로다, 망하리로다 하여 튼튼하게 무더기로 난 뽕나무에 붙잡아 맨다' 하였다.

공자가 말씀하시기를 '사람의 덕이 부족하면서 벼슬자리만 높고, 지혜가 없으면서 큰일을 계획하고, 힘이 부족하면서 책임이 중대하면 성공하지 못한다' 하셨다. 그러므로 역 정괘(鼎卦) 구사 효사에 말하기를 '밥 짓는 솥발이 부러져 임금의 진지상이 엎어졌다. 그 얼굴이 부끄러워 땀이 나서 젖는다. 나쁘리라' 하였다. 이것은 바로 자기의 맡은 바 책임을 감당치 못한다는 것을 말한 것이다.

공자가 말씀하시기를 '사람이 일의 기밀(機密)을 아는 것은 신기로운 일이다. 군자가 윗사람과 교제하되 아첨하지 않고, 아랫사람과 교제하되 모독하지 않는 것은 일의 기밀을 아는 것이다. 기밀이란 것은 아직 채 나타나지 않은 징조를 이름이니, 좋은 징조가 일에 앞서 나타나는 것이다. 군자는 기밀을 잘 보고 일을 시작하되 해질 때까지 기다리지 않는다' 하였다. 역 예괘(豫卦) 육이 효사에 '돌과 돌 사이에 끼어 있는 물건과 같이 기밀을 굳게 지킨다. 하루가 못간다. 마음을 곧고 바르게 가지면 좋다' 했다. 돌과 돌 사이에 물건이 끼어 있는 듯하니, 어찌 해가 지기를 기다리겠는가? 좋고 나쁜 판단을 알 수 있다. 그러므로 군자가 일의 미묘함을 알고, 드러난 것을 안다. 유한 것을 알고 강한 것을 아는 것이 여러 사나이들의 희망이 된다.

공자가 말씀하시기를 '안씨(顏氏) 집의 아들은 거의 도의 경지에 도달하였다. 불선한 일이 있으면 일찍이 모른 적이 없었고, 이것을 알면 일찍이 다시 행한 적이 없었다' 하셨다. 그러므로 역 복괘(復卦) 초구 효사에 '머지않아 되돌아온다. 뉘우침이 없으니, 크게 좋으리라' 하였다.

천지 사이에 음양 두 기운의 긴밀한 화합으로 만물이 순화하고 남성과 여성의 정기가 화합하여 만물이 변화생성한다. 그러므로 역 손괘(損卦) 육이 효사에 이르기를 '세 사람이 가면 짝이 맞지 않아 한 사람을 잃고, 한 사람이 가면 그 길동무를 얻는다' 하였다. 이것은 두 물건이 일치됨을 말한 것이다.

공자가 말씀하시기를 '군자는 그 몸을 편안히 가진 뒤에 행동하고, 마음을 수월히 가진 뒤에 말하고, 교제의 도가 정해진 뒤에 구한다' 하셨다. 군자는 이 세 가지를 잘 닦으므로 몸이 온전하다. 위태롭게 행동하면 백성들이 참여하지 않고, 무섭게 말하면 백성들이 응하지 않고, 교제하는 일이 없이 구하면 백성들이 참여하지 않는다. 참여하지 않으면 해칠 사람이 온다. 그러므로 역 익괘(益卦) 상구 효사에 이르기를 '유익하게 하지 말 것이니, 공격할는지도 모른다. 항심(恒心)을 가지지 말 것이니 나쁘리라' 하였다.

子曰, 乾坤은 其易之門邪!인저 乾,은 陽物也.요 坤은 陰物也.니 陰陽이 合德,하여 而剛柔有體,라 以體天地之撰,하며 以通神明之德,하니 其稱名也, 雜而不越,하나 於稽其類,엔 其衰世之意耶!인저 夫易은 彰往而察來,하며 而微顯闡幽,하며 開而當名하며 辨物,하며 正言하며 斷辭,하니 則備矣.라 其稱名

也小_{야소},하나 其取類也大_{기취류야대},하며 其旨遠_{기지원},하며 其辭文_{기사문},하며 其言_{기언},이 曲而中_{곡이중},하며 其事肆而隱_{기사사이은},하니 因貳_{인이}하여 以濟民行_{이제민행},하여 以明失_{이명실} 得之報_{득지보}.니라

공자가 말씀하시기를 '건괘(乾卦)와 곤괘(坤卦)는 역의 문(門)이다. 건괘는 양기(陽氣)의 물건이요, 곤괘는 음기(陰氣)의 물건이다. 음기와 양기가 덕성을 합하여 강한 것과 유한 것이 체(體)가 있다. 그것으로 천지의 일을 체(體) 삼고, 신명(神明)의 덕을 통한다. 그 이름을 일컫는 것이 잡다(雜多)하여 벗어나지 않으나, 그 종류를 고찰하는 것에 있어서는 쇠퇴한 세상의 뜻일 것이다. 대체 역은 지난 것을 드러내고 오는 것을 살피며, 나타난 것을 미묘하게 하고 깊숙한 것을 드러내며, 열어 놓아서 이름에 해당케 하여 물건을 가려 놓으며, 말을 바르게 하여 언사를 단정(斷定)하니, 바로 구비된 것이다. 그것이 이름을 일컫는 것은 작은 일이지만, 그것이 동류(同類)를 취하는 것은 큰일이요, 그 뜻은 심원(深遠)하나 그 언사는 수식적(修飾的)이요, 그 말은 간곡하여 들어맞고, 그 일은 벌여 있으면서도 은밀하니 의심함으로 백성들의 행위를 건지고, 잃고 얻는 갚음을 밝혀준다' 하였다.

주해

o撰(찬)―'사(事)'의 뜻.

o稽(계)―생각하다. '고(考)' 또는 '계(計)'의 뜻.

o肆(사)―베풀다. '진(陳)'의 뜻.

o貳(이)―의심하다. '의(疑)'의 뜻.

해 설

공자가 말씀하였다. '건괘와 곤괘는 역의 세계에 들어가는 문(門)이

다. 왜냐하면 건괘와 곤괘의 변화로 팔괘가 되고, 또 팔괘의 변화로 64괘가 되기 때문이다. 건괘는 양효로 된 것이요, 곤괘는 음효로 된 것이다. 음기의 음덕(陰德)과 양기의 양덕(陽德)이 서로 합하여 강한 성질과 유한 성질이 우주의 운행으로 본체를 삼아 우주정신의 덕화(德化)에 통한다.

64괘의 명칭이 번잡하지만, 음양 두 기운의 변화에서 벗어나지 않는다. 여기서 같은 종류의 효사를 고찰해 보면, 괘마다 흥망성쇠의 뜻이 포함되어 있다.

대체 역이란 것은 과거의 일을 드러내고, 미래의 일을 살펴보고, 현저한 일을 미묘하게 하고, 심원한 일을 천명해 놓는 것이요, 괘를 열어 놓아 명칭에 해당시키어 사물을 분변(分辨)해 놓는 것이다. 언어를 정당화하여 괘사와 효사를 단정해 놓으니, 구비되어 있지 않은 것이 하나도 없다.

괘의 명칭이 모든 사물에 비하면 그 수효가 적다고 할 수 있지만, 같은 종류에 포함시키는 것은 막대하게 많고, 괘의 의미는 심원하지만 괘사와 효사는 해석적(解釋的)이요, 괘의 말은 간곡하고도 사리에 다 들어맞는다. 괘와 효를 다 진열해 놓고 보면 그 뜻은 배후에 은폐되어 있다. 백성들의 판단력이 부족하여 의심할 때에는 점을 쳐서 해결해 주어 성공과 실패의 결과를 밝혀 준다.'

易之興也, 其於中古乎!인저 作易者, 其有憂患乎!인저 是

故로 履,는 德之基也.요 謙,은 德之柄也.요 復,은 德之本也.

요 恒,은 德之固也.요 損,은 德之修也.요 益,은 德之裕也.요

困,은 德之辨也.요 井,은 德之地也.요 巽,은 德之制也.라 履,

는 和而至.하고 謙,은 尊而光.하고 復,은 小而辨於物.하고 恒,

은 雜而不厭.하고 損,은 先難而後易.하고 益,은 長裕而不設.

하고 困,은 窮而通.하고 井,은 居其所而遷.하고 巽,은 稱而隱.

하니라 履以和行.하고 謙以制禮.하고 復以自知.하고 恒以一德.

하고 損以遠害.하고 益以興利.하고 困以寡怨.하고 井以辨義.

하고 巽以行權.하나니라

역이 흥한 것은 그것이 중고시대(中古時代)일 것이다. 역을 지은 이는 근심과 걱정이 있었을 것이다. 그러므로 이괘(履卦)는 덕의 기본이요, 겸괘(謙卦)는 덕이 자루〔柄〕요, 복괘(復卦)는 덕의 근본이요, 항괘(恒卦)는 덕이 견고한 것이요, 손괘(損卦)는 덕을 닦는 것이요, 익괘(益卦)는 덕이 유족(裕足)한 것이요, 곤괘(困卦)는 덕을 분변(分辨)하는 것이요, 정괘(井卦)는 덕의 기지(基地)요, 손괘(巽卦)는 덕을 제재(制裁)하는 것이다. 이괘는 화합하면서도 지극하고, 겸괘는 존귀하면서도 빛나고, 복괘는 작지만 물건에서 분변이 되고, 항괘는 번잡하지만 싫지 않고, 손괘는 어려운 일을 먼저 하고 쉬운 일을 나중에 하며, 익괘는 길이 유족하면서 베풀어 놓지 않고, 곤괘는 곤궁하면서도 통하고, 정괘는 제 곳에 있으면서도 옮아가고, 손괘는 칭찬하면서도 은밀하다. 이괘는 행하는 일을 조화하고, 겸괘는 예(禮)를 제재하고, 복괘는 자기 스스로 알고, 항괘는 덕을 한결같이 하고, 손괘는 해를 멀리하고, 익괘는 이익을 일으키고, 곤괘는 원한을 적게 하고, 정괘는 의리를 분변하고, 손괘는 권세를 행한다.

해 설

현상계에서 사물이 변화하는 이치를 말하는 역의 철학은 언제 성하였는가 하면, 아마 은말(殷末) 주초(周初)가 아닌가 한다. 그리고 역이란 책을 지은이는 어지러운 세상을 걱정하는 동기에서 지은 듯하다.

그러므로 64괘 가운데 이괘(履卦)는 도덕을 건설하는 기본이 되고, 겸괘(謙卦)는 도덕을 집행하는 자루〔柄〕가 되고, 복괘(復卦)는 도덕의 근본이 된다. 항괘(恒卦)는 사람의 도덕을 견고케 하는 것이요, 손괘(損卦)는 도덕을 닦게 하는 것이요, 익괘(益卦)는 도덕생활을 유족하게 하는 것이요, 곤괘(困卦)는 사람이 마땅히 행해야 할 도덕을 구별하게 하는 것이요, 정괘(井卦)는 도덕을 세워 놓는 기지(基地)가 되는 것이요, 손괘(巽卦)는 도덕으로 사물을 제재하는 것이 된다.

그러므로 이괘는 사물의 모순을 조종하면서도 아주 지극하고, 겸괘는 사람을 존귀케 하면서도 빛이 나게 하고, 복괘는 양효(陽爻)가 적으면서도 뭇 음효의 어지럽힘을 당하지 않고, 항괘(恒卦)는 번잡한 가운데 처해 있으면서 불변의 상덕(常德)을 지키고 있고, 손괘(損卦)는 어려운 일을 먼저 극복함으로써 도리어 쉽게 되고, 익괘(益卦)는 도덕이 자꾸 자라서 유족하게 되고, 곤괘(困卦)는 처음에는 곤궁하지만 나중에는 통하게 되고, 정괘는 제자리에 있으면서도 선한 것을 보면 다른 데로 옮아가고, 손괘(巽卦)는 사물의 정당성을 칭찬해 주면서도 그 배후에 숨어서 나타나지 않는다.

그러므로 이괘는 사람의 모순된 행위를 조화시키고, 겸괘(謙卦)는 사람의 행위를 예법으로 제재하고, 복괘는 자기 잘못을 알고서 선한 데로 되돌아오고, 항괘는 도덕을 처음부터 끝까지 한결같이 하고, 손괘(損卦)는 자기의 허물을 제거함으로써 해를 멀리하고, 익괘는 도덕을 증가시킴으로써 이익을 얻게 하고, 곤괘는 자기 몸을 곤란케 함으로써 원한을 사지 않고, 정괘는 고요히 있으면서 옳은 일을 구별해 놓고, 손괘(巽卦)는 모든 사물의 경중성(輕重性)을 저울질하여 달아 본다.

易之爲書也, 不可遠.이요 爲道也, 屢遷.이라 變動不居,하

여 周流六虛,하여 上下无常,하며 剛柔相易,하여 不可爲典要,

요 唯變所適.이니 其出入以度,하여 外內에 使知懼,하며 又明

於憂患與故.라 无有師保,나 如臨父母.하니 初率其辭而揆其

方,컨대 旣有典常,이어니와 苟非其人,이면 道不虛行.하나니라

  역의 책됨이 멀리할 수 없고, 도(道)됨이 자주 변천한다. 변동하여 있지 않고, 육허(六虛)에 두루 흘러 오르내리어 무상(无常)하고, 강한 것과 유한 것이 서로 바뀌어 전요(典要 : 일정한 방식)가 될 수 없고, 오직 변화하는 것만이 적당한 것이다. 그 나고 드는 것을 법도로 하여 바깥과 안에서 두려움을 알게 한다. 또 우환(憂患)과 까닭에 밝다. 스승과 부축하는 이가 없지만 내림(來臨)하는 것이 부모와 같다. 처음으로 그 말을 좇아서 그 방행을 헤아리면 이미 전상(典常 : 일정한 방법)이 있었으니, 참으로 그 사람이 아니면 도가 헛되이 행해지지 않는다.

주해

○六虛(육허) – 상하(上下)·좌우(左右)·전후(前後). 여기서는 육효의 위치를 이른다.

○典要(전요) – 일정한 법식.

○師保(사보) – 스승과 보조자.

○揆(규) – 헤아리다.

해 설

  역이란 책은 소홀히 하여 잊어버릴 수 없고, 또 그 역의 도(道)는 자주 변천한다. 항상 변동하여 한곳에 주착(住着)해 있지 않고, 천지의 기운이 육효의 자리에 두루 흘러서 아래위가 일정해 있지 않고, 성질이 강한 양효(陽爻)와 유한 음효가 서로 바뀌어 고정적인 법식이

없고, 다만 변화하는 것만이 가장 적당하다. 상괘(上卦)에서 하괘(下卦)로 내려오고 하괘에서 상괘로 올라가되 법도(法度)에 따라 움직이고, 외괘(外卦)와 내괘(內卦)가 변화함을 따라 인사(人事)의 좋고 나쁜 것을 판단하니, 사람으로 하여금 두려워할 줄 알게 한다. 그뿐 아니라, 미래의 근심되는 일과 현재 당하고 있는 환난과 그 까닭을 다 설명해 주니, 지도해 주는 스승도 없고 부축해 주는 보조자도 없지만, 마치 부모가 와서 보호해 주는 것과 같다.

처음에 그 괘사와 효사에 따라서 괘효가 변화하는 방법을 헤아려 보면, 이미 일정한 법칙이 있는 것이다. 참으로 성인이 아니고서는 역의 도를 함부로 행할 수 없다.

易之爲書也, 原始要終,하여 以爲質也.하고 六爻相雜,은 唯其時物也.라 其初는 難知.요 其上은 易知,니 本末也.라 初辭擬之,하고 卒成之終.하니라 若夫雜物과 撰德,과 辨是與非,는 則非其中爻,면 不備.하리라 噫,라 亦要存亡吉凶,인대 則居可知矣,어니와 知者觀其彖辭,하면 則思過半矣.리라 二與四, 同功而異位,하여 其善이 不同,하니 二多譽,하고 四多懼는 近也.일세니 柔之爲道, 不利遠者,하건만 其要无咎,는 其用柔中也.일세라 三與五, 同功而異位,하여 三多凶,하고 五多功,은 貴賤之等也.일세니 其柔,는 危,하고 其剛은 勝耶!인저

역의 책됨이 시초(始初)에 근원을 두어 종말(終末)을 요구하는 것으로 본질을 삼고, 육효가 서로 섞이는 것은 오직 그 때의 사물일 뿐

이다. 그 초효(初爻)는 알기 어렵고 그 상효(上爻)는 알기 쉬운 것은 근본과 말단이요, 처음의 말은 이것을 모의(模擬)하여 마침내는 끝을 이룬다. 만일 사물을 섞고 덕을 갖추고 옳은 것과 그른 것을 분변(分辨)하는 것은 그 중효(中爻)가 아니고는 구비되지 못한다. 아하! 역시 존망(存亡)과 길흉을 요구한다면 있으면서 알 수 있다. 지자(知者)는 그 단사(彖辭)를 관찰하면 생각이 반을 넘게 된다. 이효와 사효는 공을 같이하면서 자리가 달라서 그 선(善)이 같지 않다. 이효는 예찬(譽讚)이 많고, 사효는 두려움이 많은 것은 가까이 있기 때문이다. 유한 것의 도(道)됨은 먼 것에 이롭지 않지만, 그 요구하는 것이 허물이 없는 것은 그 유한 것이 중도(中道)를 쓰기 때문이다. 삼효와 오효가 공이 같으면서 자리가 다르고 삼효가 나쁜 것이 많고, 오효가 공이 많은 것은 귀천의 등급이 있기 때문이요, 그 유한 것은 위태하고, 그 강한 것은 우승(優勝)하기 때문일 것이다.

해 설

역이란 책의 내용은 시발점에 근거를 두고 종착점을 요구하는 것으로 본질을 삼는다. 한 괘의 육효가 서로 섞여 있는 것은 다만 때에 응하여 해야 할 일을 가르쳐 주는 것뿐이다.

어느 때든지 초효(初爻)의 이치는 알기 어렵고 상효의 이치는 알기 쉬운 까닭은, 초효는 근본이요, 상효는 말단에 관한 말이기 때문이다. 초효의 효사는 사물의 원인을 말하는 것이요, 나중에는 겉에 나타난 결과를 말하는 것이다.

한 괘 가운데 음효와 양효가 서로 섞여 있고, 괘덕(卦德)이 갖추어 있고, 옳고 그른 것을 판단하는 것은 중효, 즉 사효가 아니면 그렇게 될 수 없다.

아하! 어떤 사물이 존속하고 멸망하는 것과 좋고 나쁜 것을 판단하는 것은 점을 치지 않고도 알 수 있다. 지자(知者)는 본래 역 가운데 단사(彖辭)만 한 번 관찰하고서도 괘 전체 뜻을 반 이상 알 수 있다.

한 괘 가운데 이효와 사효는 다 같은 음효이기 때문에 하는 일이 같고, 또 경향성도 같지만, 공간적인 위치가 서로 다르기 때문에 선(善)한 일을 하는 방법이 서로 다르다. 이효는 본래 가운데 자리에 있기 때문에 칭찬하는 말이 많고, 사효는 본래 지나쳐서 가운데 자리를 차지하지 못하였기 때문에 공구(恐懼)스러운 말이 많은 것은 제오효의 자리에 가까이 있기 때문이다. 유한 음효의 도는 먼 데 있는 효를 이롭게 하지 못하지만, 그 요구하는 것이 허물이 없는 것은 성질이 유하여 중도(中道)를 운용하기 때문이다.

삼효와 오효는 다 양효이므로 하는 일과 또 경향성이 같지만, 각각 위치가 달라서 삼효는 나쁜 일이 많고 오효가 공이 많은 것은, 삼효는 상괘와 하괘 사이에 끼어 있어 위태하고 오효는 가운데 자리에 있을 뿐 아니라 양효가 있을 자리에 있기 때문이다. 또 강한 양효가 있을 자리에 유한 음효가 있으면 그 자리는 위태하지만 강한 양효가 있을 자리에 양효가 있으면 그것은 음효보다 훨씬 나은 것이다.

易之爲書也, 廣大悉備.하여 有天道焉,하며 有人道焉,하며 有地道焉,하니 兼三才而兩之,라 故로 六.이니 六者는 非他也,라 三才之道也.니 道有變動,이라 故曰爻.요 爻有等,이라 故로 曰物.이요 物相雜,이라 故로 曰文. 文不當,이라 故로 吉凶生焉.하니라

역의 책됨이 넓고 커서 다 갖추어져 있다. 천도도 있고, 인도도 있고, 지도도 있다. 삼재(三才)를 겸하여 둘로 곱하였으므로 여섯 획이다. 여섯 획이란 것은 다른 것이 아니라, 삼재의 도(道)이다. 도에는

변동이 있으므로 효(爻)라 하고, 효에는 등급이 있으므로 물건이라 하고, 물건이 서로 섞여 있으므로 무늬〔文〕라 하고, 무늬가 마땅치 않으므로 좋고 나쁜 일이 생긴다.

해 설

역이란 책은 그 내용이 넓고 커서 어떤 이치든지 다 구비되어 있다. 그 가운데는 도도 있고 인도도 있고 지도도 있다. 삼재(三才)가 겸비되어 있다. 또 이 삼재를 둘로 곱하면 여섯 획이 되어 하나의 괘를 구성한다. 여섯 획이란 것은 다른 것이 아니라 천(天)·지(地)·인(人) 삼재의 도다. 다시 말하면, 한 괘에 있어서 위에 있는 두 효는 하늘이요, 가운데 있는 두 효는 사람이요, 아래에 있는 두 효는 땅에 해당된다.

역의 도는 고정불변하는 것이 아니요 항상 변동하므로, 이것을 효(爻)라 한다. 효란 것은 천·지·인 삼재의 도가 변동함을 본받는다는 뜻이다. 효에는 공간적으로 멀고 가까운 차이가 있고, 또 가치상으로 보아 귀하고 천한 등급이 있으므로 이것을 본떠서 사물에 비유하여 설명한다. 예를 들면 건괘(乾卦)에 있어서 잠긴 용〔潛龍〕이니, 나타난 용〔見龍〕이니, 나는 용〔飛龍〕이니, 군센 용〔亢龍〕이니 하고 말하는 것과 같다. 이렇게 사물에 비유한 것은 형형색색으로 아주 잡다하므로, 이것을 무늬〔文〕라 한다. '무늬'란 것은 본래 사물을 수식하는 색채를 이름이다. 색채 가운데는 성질이 강한 것도 있고 유한 것도 있다. 이것이 정당한 자리에도 있고 정당치 못한 자리에도 있으므로, 거기서 좋고 나쁜 일이 생기게 된다.

易之興也, 其當殷之末世, 周之盛德耶?인저 當文王與紂之事邪?인저 是故로 其辭危,하여 危者를 使平,하고 易者를 使

傾,하니 其道甚大,하여 百物不廢,하나 懼以終始,면 其要无咎,

리니 此之謂易之道也.라

역이 일어난 때는 그것이 은(殷)나라 말기(末期)와 주(周)나라의 성덕시대(盛德時代)에 해당되는가? 문왕(文王)과 주왕(紂王)의 일에 해당하는가? 그러므로 그 말이 위험스러운 것을 평탄케 하고, 쉬운 것을 기울어지게 하니, 그 도가 매우 커서 온갖 물건을 폐하지 않으나 시종 두려워하면 그 요구하는 것이 허물이 없으리니, 이런 것을 역의 도라 한다.

해 설

역이란 책은 언제 저작되었는가? 생각건대 사회가 혼란하였던 은(殷)나라 말엽(末葉)에서 도덕이 왕성하였던 주(周)나라 초엽, 즉 문왕과 주왕 때인가 한다. 그러므로 책의 내용을 보면 괘사와 효사 가운데는 위험스러운 문구가 많이 있다. 그 사상은 위태한 것은 평탄케 하고, 소홀히 일을 처리하는 사람은 무너뜨렸으니, 이것이 바로 역의 도(道)가 매우 크다고 하는 것이다. 온갖 사물을 내버리는 일이 없고, 처음이나 나중이나 한결같이 항상 조심하고 두려워하는 마음으로 일을 신중히 처리하여 잘못이 없게 하니, 이것이 바로 역의 도란 것이다.

夫乾,은 天下之至健也.니 德行이 恒易以知險.하고 夫坤,은 天下之至順也.니 德行,이 恒簡以知阻.하나니 能說諸心,하며 能研諸慮,하여 定天下之吉凶.하며 成天下之亹亹者,니 是故

로 變化云爲,에 吉事有祥.이라 象事하여 知器,하며 占事하여 知來.하나니 天地設位,에 聖人이 成能,하니 人謀鬼謀,에 百姓 與能.하나니라 八卦는 以象告하고 爻象은 以情言.하니 剛柔雜 居, 而吉凶을 可見矣.라 變動은 以利言,하고 吉凶은 以情遷. 이라 是故로 愛惡相攻, 而吉凶이 生.하며 遠近이 相取. 而悔 吝이 生.하며 情僞相感, 而利害生.하나니 凡易之情,이 近而 不相得,하면 則凶, 或害之,하며 悔且吝.하나니라 將叛者,는 其 辭慙.하고 中心疑者,는 其辭枝,하고 吉人之辭는 寡.하고 躁人 之辭는 多.하고 誣善之人,은 其辭游.하고 失其守者,는 其辭 屈.하나라

대체 건괘(乾卦)는 천하의 지극히 건실한 것이니, 덕행이 항상 간이(簡易)한 것으로 위험한 것을 알고, 대체 곤괘(坤卦)는 천하의 지극히 유순한 것이니, 덕행이 항상 간단한 것으로 저지(沮止)됨을 안다. 마음에서 기뻐할 수 있고 생각에서 연구할 수 있어서 천하의 좋고 나쁜 것을 정하고 천하의 근면성(勤勉性)을 이루는 것이다. 그러므로 변화와 언행(言行)에 있어서 좋은 일은 상서(祥瑞)로운 것이 있다. 사물을 본떠서 기구(器具)를 알고 사물을 점쳐서 미래를 안다. 천지의 위치가 설정되어 성인(聖人)이 재능을 이루고, 사람이 꾀하고 귀신이 꾀하여 백성들이 재능에 참여한다. 팔괘는 물상(物象)을 일러 주고, 효사와 단사(彖辭)는 정황(情況)을 말해 주니, 강한 것과 유한 것이 섞여 있어서 좋고 나쁜 것을 볼 수 있다. 변동은 이로운 것을 말

하고 좋고 나쁜 것은 정황을 옮겨 준다. 그러므로 사랑과 증오가 서로 공격하여 좋고 나쁜 것이 생기고, 먼 것과 가까운 것이 서로 취하여 뉘우침과 부끄러움이 생기고, 진정과 허위가 서로 감동하여 이로운 것과 해로운 것이 생긴다. 모든 역의 정상(情狀)은 가까이하면서도 얻지 못하면 흉하기도 하고 해롭기도 하고 뉘우치기도 하고 부끄럽기도 하다. 장차 모반하려는 자는 그 말이 부끄럽고, 중심에 의심이 있는 자는 말에 가지가 있고, 좋은 사람의 말은 적고, 조급한 사람의 말은 많고, 선한 이를 무고하는 자는 그 말이 유리(遊離)되고, 지조를 잃는 자는 그 말이 비굴하다.

주해

○亹亹(미미)−힘쓰다. ‘근면노력(勤勉努力)’의 뜻.
○枝(지)−가지가 생기다. 갈라지다. ‘분열(分裂)’의 뜻.

해 설

대개 건괘(乾卦)의 성질은 천하에 지극히 건실하고, 그 덕행은 항상 어렵지 않고, 아주 간이한 공리(公理)로 위험한 일을 해결해 나아간다. 또 곤괘(坤卦)의 성질은 천하에 지극히 유순하고, 그 덕행은 항상 번잡하지 않고 아주 간단한 공리로 막히는 일을 처리해 나아간다.

사람이 건괘의 건실한 성질과 간이한 덕행을 자기 마음속으로 기뻐하고, 곤괘의 유순한 성질과 간단한 덕행을 자기 생각 속에서 연마하여 천하의 좋고 나쁜 일을 단정해 놓고, 천하의 백성들을 근면노력하는 사람으로 만들어 놓는다. 그러므로 천지 음양의 변화 현상과 인간계(人間界)의 언어행동에 있어서 좋은 일이 생기려면 상서로운 징조가 나타나고, 나쁜 일이 생기려면 상서롭지 못한 징조가 나타난다. 사물의 본질을 본떠서 백성들이 사용할 기구를 만들어 내고, 점을 쳐서 미래에 일어날 사건을 안다.

천지의 위치가 아래위로 선정되어 있는 대상(大象)을 관찰하고서는 성인이 그것을 본떠서 인간사회에서 자기의 능력을 다하여 역이란 책을 제정해 놓으니, 사람들도 함께 꾀해 보고, 귀신도 함께 꾀해 보고, 비록 어리석은 백성들이라도 함께 거기에 참여할 수 있다. 성인은 건·곤·이·감·진·손·간·태의 팔괘의 괘상(卦象)을 보고서 좋고 나쁜 일을 일러주고, 단사와 효사로 정상을 말해 주니, 성질이 강한 양효와 유한 음효가 괘 가운데 섞여 있어 사람의 좋고 나쁜 일을 다 할 수 있다.

괘효(卦爻)의 변동을 보고서 이로운 것을 말해 주고, 좋고 나쁜 괘상을 보고서 사람의 추이(推移)되는 감정 변화를 일러준다. 그러므로 사랑하는 마음과 미워하는 마음이 서로 공격하여 좋고 나쁜 일이 생긴다. 먼 데 있는 효는 가까이 있는 효를 취하는 수도 있고, 가까운 데 있는 효가 먼 데 있는 효를 취하는 수도 있어, 뉘우치는 일도 생기고 부끄러운 일도 생긴다. 또 진실과 허위의 감정작용이 서로 느끼어 이로운 일도 생기고 해로운 일도 생긴다. 대개 역의 괘정(卦情)은 가까이하면서도 서로 얻지 못하면 나쁘기도 하고 해롭기도 하며, 또 뉘우치기도 하고 부끄러워하기도 한다.

장차 배반하려 하는 사람은 그 말 가운데 부끄러워하는 기색이 보인다. 중심으로 의심을 품는 사람은 그 말에 가지가 생기어 앞뒤가 모순된다. 좋은 사람은 말을 적게 하고, 조급한 사람은 말을 많이 하고, 선한 이를 무고하는 사람은 그 말이 사실과 유리되고, 지조를 지키지 못하는 사람은 그 말이 비굴하다.

설괘전(說卦傳)

昔者聖人之作易也, 에 幽贊於神明而生蓍. 하고 參天兩地

而倚數. 하고 觀變於陰陽而立卦. 하고 發揮於剛柔而生爻. 하니

和順於道德而理於義. 하며 窮理盡性. 하여 以至於命. 하니라

옛날 성인이 역(易)을 지으실 때에, 가만히 신명(神明)께 찬조(贊助)하여 시초(蓍草)를 내시었다. 천수(天數)를 3으로 하고, 지수(地數)를 2로 하여 수(數)를 세우고, 음양에서 변화함을 관찰하여 괘(卦)를 세우고, 강유(剛柔)에서 발휘하여 효(爻)를 내고, 도덕에서 화순(和順)하여 의(義)에 이치가 있고, 이치를 다하고 본성을 극진히 하여 천명에 이른다.

주해

ㅇ蓍(시)—풀 이름. 높이가 2, 3척이고 잎은 길고 갈라졌으며, 꽃은 희거나 붉어 국화와 비슷하다. 한 포기에 대가 50여 본 나온다. 옛날에 이 줄기를 무꾸리하는 데 사용하였다.

해 설

옛날 성인이 주역(周易)을 지으실 때, 가만히 천지를 운영하는 신명을 돕기 위하여 한 포기에 50대씩 나오는 시초를 땅에 심어서 점을 치는 데 재료로 삼으셨다. 그 방법에 있어서는 천수(天數), 즉 양수(陽數)를 3으로 규정하고, 지수(地數) 즉 음수(陰數)를 2로 하여 수

의 기본을 삼았다. 하늘은 원형(圓形)인데, 직경은 1이요 둘레는 3이므로 천수를 3이라 한다. 땅은 방형(方形)인데, 사각형은 상하좌우가 두 개씩 상대하여 있으므로 지수를 2라 한다. 팔괘 가운데 3효가 다 양효인 때에는 건괘(乾卦)다. 또 이것을 3으로 곱하면 9의 수가 되어 태양(太陽)이 된다. 3효가 다 음효인 때에는 곤괘(坤卦)다. 또 이것을 2로 곱하면 6의 수가 되어 태음(太陰)이 된다. 음효가 둘이요 양효가 하나인 진(震)·감(坎)·간(艮)과 같은 양괘(陽卦)는 2와 2와 3이므로 7의 수가 되어 소양(少陽)이 되고, 양효가 둘이요 음효가 하나인 손(巽)·이(離)·태(兌)와 같은 음괘(陰卦)는 3과 3과 2이므로 8의 수가 되어 소음(少陰)이 된다. 이와 같이, 천수를 3으로 하고 지수를 2로 하여 기본적인 음양수가 정해진다.

또, 계사전(繫辭傳)에, '천일(天一), 지이(地二), 천삼(天三), 지사(地四), 천오(天五)'라 하였다. 바로 천수 1과 3과 5를 합하여 9의 수가 되고, 지수 2와 4를 합하여 6의 수가 된다. 이것으로 음양수를 정한다 한다. 무꾸리할 때에 시초의 풀대를 네 개씩 세어서 남는 것이 36개인 때에는 4 9 36으로 9의 수가 되어 태양이요, 24개인 때에는 4 6 24로 6의 수가 되어 태음이요, 28개인 때에는 4 7 28로 7의 수가 되어 소양이요, 32개인 때에는 4 8 32로 8의 수가 되어 소음이다.

음효와 양효가 위치에 따라 변화하는 상을 관찰하고서 64괘 가운데 한 괘를 세워 놓고, 양효의 성질이 강하고 음효의 성질이 유한 것을 발휘함에 따라 괘의 성질이 규정된다. 사람이 천도와 지덕에 조화하고 유순하여 인간사회에 있어서 의리 관계를 세워 놓는다. 다시 말하면, 물리(物理)를 연구하고 인성(人性)을 극진히 하여 모든 것의 근원인 천명(天命)의 세계에 도달한다.

석 자 성 인 지 작 역 야　　장 이 순 성 명 지 리　　시 이 립 천 지 도
昔者聖人之作易也，는 將以順性命之理．니 是以立天之道，

曰陰與陽.이요 立地之道,는 曰柔與剛.이요 立人之道,는 曰仁

與義.니 兼三才而兩之.라 故로 易六畫而成卦.하고 分陰分

陽,하며 迭用柔剛.이라 故로 易이 六位而成章.하니라

옛날 성인이 역(易)을 지으실 때에 장차 성명(性命)의 이치에 순응하려 하였다. 그러므로 하늘의 도를 세워 음과 양이라 하고, 땅의 도를 세워 유와 강이라 하고, 사람의 도를 세워 인과 의라 하였다. 삼재를 겸하여 이것을 곱함으로써 역이 6획이 되어 괘를 이루고 음효와 양효로 나뉘어, 유와 강을 서로 쓴다. 그러므로 역이 여섯 위(位)가 되어 문장을 이룬다.

해 설

옛날 성인이 주역(周易)을 지으실 때에 인성(人性)과 천명(天命)의 이치에 순응하려 했다. 그러므로, 천도(天道)는 바로 하나의 기운을 나누어 음기와 양기의 변화라 하였고, 지도(地道)는 바로 사물의 성질이 유한 것과 강한 것이라 하였고, 인도(人道)를 세워 바로 인(仁)과 의(義)라 하였다. 천지인 삼재를 둘로 곱하여 6획을 그어 한 괘를 이루었고, 음효와 양효가 둘로 나뉘어 서로 자기의 유한 성질과 강한 성질을 발휘하니, 여기서 역(易)은 여섯 자리가 되어 초효와 3효와 5효는 양(陽)의 위치가 되고, 2효와 4효와 6효는 음(陰)의 위치가 되어 하나의 훌륭한 그림이 되고 색채가 되었다.

天地定位,하며 山澤이 通氣,하여 雷風이 相薄,하며 水火不

相射,하여 八卦相錯,하니 數往者는 順,이요 知來者는 逆.하니

是故로 **易**은 **逆數也**.라
^{시 고} ^역 ^{역 수 야}

하늘과 땅이 위치가 정해지고 산과 못이 기운을 통하고, 우레와 바람이 서로 부딪치고, 물과 불이 서로 꺼지지 않고, 팔괘가 서로 섞인다. 가는 것을 셈하는 것은 순서요, 오는 것을 아는 것은 거스르는 것이다. 그러므로 역(易)은 거슬러 셈하는 것이다.

주해

ㅇ薄(박)—부딪치다.
ㅇ射(사)—꺼지다. 해치다.

해 설

이것은 송나라 소강절(邵康節)이 처음으로 말한 복희팔괘(伏羲八卦) 선천(先天)의 그림이란 것이다. 이제 그림을 그려 설명하면, 위에 있는 건(乾)은 하늘이요 아래에 있는 곤(坤)은 땅이므로, 하늘과 땅이 위치가 정해졌다 하는 것이요, 서북(西北) 간방(間方)에 있는 간(艮)은 산이요 동남(東南) 간

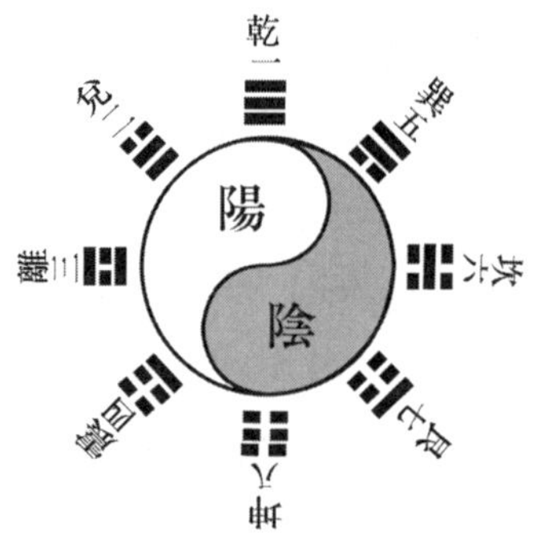

방에 있는 태(兌)는 못이므로, 산과 못이 기운을 통한다 하는 것이요, 동북 간방에 있는 진(震)은 우레요 서남 간방에 있는 손(巽)은 바람이므로, 우레와 바람이 서로 부딪친다 하는 것이요, 서쪽에 있는 감(坎)은 물이요 동쪽에 있는 이(離)는 불이므로, 물과 불이 서로 꺼지지 않는다 하는 것이다. 그리하여 건남(乾南)·곤북(坤北)·이동(離東)·감서(坎西)·태동남(兌東南)·진동북(震東北)·손서남(巽西南)·간서북(艮西北)의 팔괘가 성립되는 것이다. 양기가 진사(震四)에서

출발하여 이삼(離三)과 태이(兌二)를 지나 건일(乾一)에 이르는 것을
순수(順數)라 하고, 음기가 손오(巽五)에서 출발하여 감륙(坎六)과
간칠(艮七)을 지나 곤팔(坤八)에 이르는 것을 역수(逆數)라 한다.

雷以動之,하고 風以散之.하고 雨以潤之,하고 日以烜之.하고
艮以止之,하고 兌以說之.하고 乾以君之,하고 坤以藏之.하나니라

우레로 움직이고, 바람으로 흩어지고, 비로 습하게 하고, 해로 마르
게 한다. 간(艮)으로 머물러 놓고, 태(兌)로 기쁘게 하고, 건(乾)으로
임금 노릇을 하게 하고, 곤(坤)으로 간직하게 한다.

주해

○ 烜(훤) ― 마르다, 말리다.

해설

진(震)은 우레이므로 만물을 움직이게 하고, 손(巽)은 바람이므로
만물을 분산시키고, 감(坎)은 비이므로 만물을 습하게 하고, 이(離)는
해이므로 만물을 마르게 하고, 간(艮)은 산이므로 만물이 너무 발전함
을 정지시키고, 태(兌)는 못[澤]이므로 만물을 기쁘게 하고, 건(乾)은
하늘이므로 만물을 주재하고, 곤(坤)은 땅이므로 만물을 다 간직해 놓
는다.

帝出乎震,하여 齊乎巽,하고 相見乎離,하고 致役乎坤,하고
說言乎兌,하고 戰乎乾,하고 勞乎坎,하고 成言乎艮.하니라 萬
物이 出乎震,하니 震은 東方也.라 齊乎巽,하니 巽은 東南也.니

齊也者는 言萬物之潔齊也라 離也者는 明也니 萬物이 皆相見할새니 南方之卦也니 聖人이 南面而聽天下하여 嚮明而治하니 蓋取諸此也라 坤也者는 地也니 萬物이 皆致養焉할새 故로 曰, 致役乎坤이라 兌는 正秋也니 萬物之所說也일세라 故로 曰, 說言乎兌라 戰乎乾은 乾西北之卦也니 言陰陽相薄也라 坎者는 水也니 正北方之卦也니 勞卦也니 萬物之所歸也일세 故로 曰, 勞乎坎이라 艮은 東北之卦也니 萬物之所成終而所成始也일세 故로 曰, 成言乎艮이라

하느님이 진방(震方)에서 나와서 손방(巽方)에서 가지런히 하고, 서로 이방(離方)에서 보고, 곤방(坤方)에서 부역(賦役)을 하고, 태방(兌方)에서 기뻐한다 하고, 건방(乾方)에서 싸우고, 감방(坎方)에서 수고하고, 간방(艮方)에서 이룬다 한다. 만물이 진방(震方)에서 나오니, 진은 동방이다. 손방에서 가지런히 하니, 손은 동남방이다. 가지런히 한다는 것은 만물이 깨끗하고 가지런하다는 것을 말하는 것이다. 이(離)란 것은 밝은 것이다. 만물이 다 서로 보는 것이니, 남방의 괘다. 성인(聖人)이 남쪽으로 향하여 천하를 듣고, 밝은 데로 향하여 다스리니, 대개 여기서 취한 것이다. 곤(坤)이란 것은 땅이니, 만물이 다 양(養)하게 된다. 그러므로 곤방(坤方)에서 역사하게 된다. 태(兌)는 바른 가을이니, 만물이 기뻐하는 것이다. 그러므로 태방에서 기뻐한다 한다. 건방에서 싸운다는 것은 건은 서북의 괘이니 음양이 서로 부딪친다 한다. 감이란 것은 물이니, 바른 북방의 괘다. 수고로운 괘니, 만물이 돌아가는 것이다. 그러므로 감방에서 수고한다 한다. 간은 동북

의 괘니, 만물이 끝을 이루는 것이요, 처음을 이루는 것이다. 그러므로 간방에서 이룬다 한다.

이것은 소강절(邵康節)이 말한 문왕(文王) 팔괘 후천괘(後天卦)란 것이다.

설괘(說卦)의 저자는 하나의 기운을 신격화(神格化)하여 천지 만물을 주재하는 하느님으로 보았다. 하느님은 만물을 생성하는 봄에 동쪽 진방(震方)에서 나와서, 봄과 여름

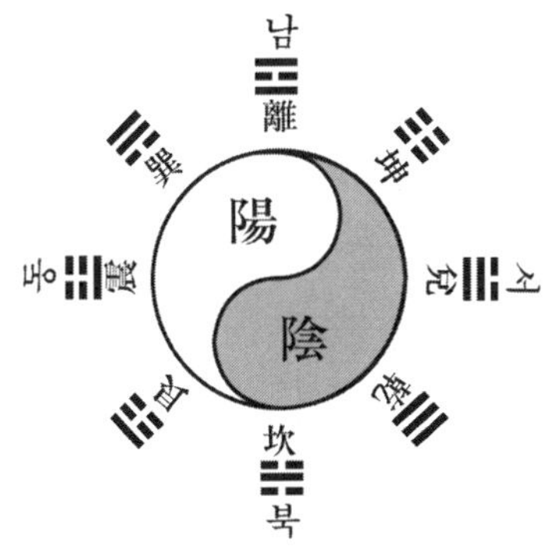

이 교체되는 동남간 손방(巽方)에서 이미 생성된 만물을 가지런히 정돈하고, 만물이 성장하는 여름에 남쪽 이방(離方)에서 형체가 다 이루어진 물건들을 보고, 여름과 가을이 교체되는 서남간 곤방(坤方)에서 일을 하여 만물을 양성해 놓고, 만물이 이미 성숙되는 서늘한 가을에 서쪽 태방(兌方)에서 수확기(收穫期)를 당하여 기뻐하고, 가을과 겨울이 교체되는 서북간 건방(乾方)에서 음기(陰氣)와 양기(陽氣)가 교전(交戰)하는 것을 조화시키고, 만물이 휴식하고 안으로 귀장(歸藏)되는 북쪽 추운 감방(坎方)에서 수고하고, 겨울과 봄이 교체되는 동북간(東北間) 간방(艮方)에서 이미 사멸(死滅)된 만물 가운데서 새 생명의 싹이 이루어지니, 천도(天道)는 이와 같이 순환한다 한다.

만물이 진(震)에서 나온다는 것은 진은 봄에 만물을 생성한다는 것이다. 손(巽)에서 가지런히 한다는 것은 손은 봄과 여름이 교체될 때에 동남간방에서 만물을 깨끗이 정돈한다는 것이다. 이(離)란 것은 남방에서 불〔火〕이 왕성하여 만물이 다 서로 빛을 나타낸다는 것이다. 그러므로 성인(聖人)은 이것을 본받아서 남쪽으로 향하여 앉아

천하의 정치를 듣고 밝은 방향으로 향하여 백성을 다스리는 것은 대개 이 괘상(卦象)을 본뜬 것이다. 곤(坤)이란 것은 바로 흙을 말하는 것이니, 여름과 가을이 교체될 때에 서남간방에서 만물을 다 양성한다는 것이다. 그러므로 곤방(坤方)에서 일을 한다 한다. 태(兌)는 바로 가을에 만물이 성숙하여 기뻐할 때이므로 태방(兌方)에서 기뻐한다 한다. 건(乾)에서 싸운다는 것은 건은 가을과 겨울이 교체되는 서북간방의 괘이니, 음양 두 기운이 서로 충돌한다는 것이다. 감(坎)은 북쪽에서 수기(水氣)가 왕성한 괘다. 그러므로 수고로운 괘이니, 만물이 다 귀장(歸藏)될 때다. 그러므로 감괘(坎卦)에서 수고한다고 한다. 간(艮)은 겨울과 봄이 동북간방(東北間方)에서 교체되는 괘이다. 그러므로 만물이 종말기(終末期)가 되자 발생기(發生期)가 되는 때다. 그러므로 간방(艮方)에서 이루어진다 한다.

神也者,는 妙萬物而爲言者也.니 動萬物者, 莫疾乎雷.하고 撓萬物者, 莫疾乎風.하고 燥萬物者, 莫熯乎火.하고 說萬物者, 莫說乎澤.하고 潤萬物者, 莫潤乎水.하고 終萬物, 始萬物者, 莫盛乎艮.하니 故水火相逮.하며 雷風이 不相悖.하며 山澤이 通氣然後,에야 能變化,하여 旣成萬物也.하니라

신(神)이란 것은 만물을 미묘하게 한다는 것이다. 만물을 움직이게 하는 것은 우레보다 더 빠른 것이 없다. 만물을 흐트리는 것은 바람보다 더 빠른 것이 없다. 만물을 마르게 하는 것은 불보다 더 뜨거운 것이 없다. 만물을 기쁘게 하는 것은 못보다 더 기쁘게 하는 것이 없다. 만물을 윤택하게 하는 것은 물보다 더 윤택하게 하는 것이 없다. 만물을 끝맺고 만물을 시작하게 하는 것은 간(艮)보다 더 나은 것이

없다. 그러므로 물과 불이 서로 건져 주고, 우레와 바람이 서로 거슬리지 않고, 산과 못이 기운을 통한 연후에야 변화할 수 있어 만물을 다 이루어 놓는다.

주 해

ㅇ熯(한)—말리다. 뜨겁다. '건(乾)'의 뜻.

해 설

만물을 주재하는 신(神)은 본래 말이 없지만, 만물을 불가사의(不可思議)하게 생성하는 것으로 언어를 삼는다. 예를 들면 만물을 움직이게 할 때에는 빠른 우레를 울려 움직이게 하는 것과 같다. 만물을 흩뜨리려 할 때에는 빠른 바람을 불게 하여 요동하게 하는 것과 같다. 만물을 건조하게 하려 할 때에는 뜨거운 불을 붙여 마르게 하는 것과 같다. 만물을 기쁘게 하려 할 때에는 못물을 뿌리에 부어 주어 생기가 있도록 자라게 하는 것과 같다. 만물을 윤택하게 하려 할 때에는 서늘하고 습한 수분을 주어 빛이 나게 하는 것과 같다. 만물의 결과를 얻게 한 뒤에 다시 거기서 새로운 생명의 싹이 시작하게 할 때에는 동북간방(東北間方)인 간방(艮方)보다 더 나은 것이 없는 것과 같다.

그러므로 북쪽에 있는 물기운[水氣]과 남쪽에 있는 불기운[火氣]이 서로 힘이 미치지 못하는 것을 구제해 주고, 동쪽 진방(震方)에 있는 우레와 동남간방인 손방(巽方)에 있는 바람이 서로 거슬리지 않고, 동북간방인 간방에 있는 산과 서쪽 태방(兌方)에 있는 못이 서로 기운을 통한 연후에야 모든 것이 변화할 수 있어 만물을 다 육성시킨다.

乾,은 健也.요 坤,은 順也.요 震,은 動也.요 巽,은 入也.요

坎,은 陷也.요 離,는 麗也.요 艮,은 止也.요 兌,는 說也.라

건괘(乾卦)는 건실한 것이요, 곤괘(坤卦)는 유순한 것이다. 진괘(震卦)는 움직이는 것이요, 손괘(巽卦)는 들어가는 것이다. 감괘(坎卦)는 빠지는 것이요, 이괘(離卦)는 부착(附着)하는 것이다. 간괘(艮卦)는 머물러 있는 것이요, 태괘(兌卦)는 기뻐하는 것이다.

해 설

건괘(乾卦)는 초효에서 삼효까지 다 양효(陽爻)이다. 그러므로 적극적이요, 활동적이요, 힘이 강대한 것이다. 여기서 건괘의 성질은 건실하다 한다. 또 곤괘(坤卦)는 소극적이요, 비활동적이요, 힘이 유약(柔弱)한 것이다. 여기서 곤괘의 성질을 유순하다 한다. 진괘(震卦)는 아래에 양효가 하나요, 위에 음효가 두 개다. 아래에 있는 양효가 위로 올라가는 상(象)이므로 활동하고 있다. 그러므로 움직인다 한다. 손괘(巽卦)는 아래에 음효가 하나요, 위에 양효가 둘이므로 아래의 음효가 두 개의 양효 밑에 들어가 있는 상이다. 그러므로 들어간다 한다. 감괘(坎卦)는 아래위에 음효가 있고 가운데 양효 한 개가 있으므로 한 개의 양효가 두 개의 음효 가운데 빠져 있는 상이다. 그러므로 빠진다 한다. 이괘(離卦)는 아래위에 양효가 있고, 그 사이에 음효가 있으므로 아래위의 두 양효 사이에 붙어 있는 상이다. 그러므로 붙어 있다 한다. 그뿐 아니라 불은 무슨 물건에든지 반드시 붙어 있고서야 연소(燃燒)한다. 이것이 이괘(離卦)의 성질이다. 간괘(艮卦)는 위에 양효가 한 개 있고, 아래에 음효가 두 개 있으므로 위에 있는 양효가 꼭대기에 올라가서 더이상 올라가지 못하고 머물러 있는 상이다. 그러므로 머물러 있다 한다. 그뿐 아니라 간괘는 산이므로 움직이지 않고 머물러 있는 성질이 있다. 태괘(兌卦)는 위에 음효가 한 개 있고, 아래에 두 개의 양효가 있다. 그러므로 이것은 한 개의 음효가 두 개의 양효 꼭대기에 올라가서 기뻐하는 상이다. 그뿐 아니라 못물은 초목에게 생(生)의 힘을 주므로 기뻐한다. 그러므로 기뻐한다 한다.

乾爲馬,요　坤爲牛.요　震爲龍,이요　巽爲鷄.요　坎爲豕,요
離爲雉.요　艮爲狗,요　兌爲羊.이라

건괘(乾卦)는 말이요, 곤괘(坤卦)는 소다. 진괘(震卦)는 용이요, 손괘(巽卦)는 닭이다. 감괘(坎卦)는 돼지요, 이괘(離卦)는 꿩이다. 간괘(艮卦)는 개요, 태괘(兌卦)는 양이다.

해 설

이것은 동물에서 괘상(卦象)을 취한 것이다. 말은 성질이 강건하고 발굽이 둥글므로 건괘의 상(象)이요, 소는 성질이 유순하고 발굽이 나뉘어 우수(偶數)이므로 곤괘의 상이다. 진괘는 한 개의 양효가 두 개의 음효 아래에서 위로 올라가는 것은 마치 물 밑에 잠겨 있던 용이 하늘로 올라가는 상과 같다. 손괘의 형상은 한 개의 음효가 두 개의 양효 밑에 있는 것은 날갯죽지는 있지만 높이 날아 올라가지 못하는 닭과 같다. 감괘는 두 개의 음효 가운데 한 개의 양효가 있으니, 그 형상은 마치 우리에 갇혀 있는 돼지 상과 같다. 이괘(離卦)는 두 양효 사이에 한 개의 음효가 있는 형상이니, 그것은 마치 두 날갯죽지로 공중에 나는 꿩과 같다. 그뿐 아니라 이괘는 불이요, 또 영롱(玲瓏)하므로 꿩의 색채와 같다. 간괘는 두 음효 위에 한 개의 양효가 있으니, 그 상(象)은 마치 개가 밖으로는 성질이 강하여 도둑을 잘 지키고 안으로는 유순하여 자기를 키우는 주인에게 순종하는 것과 같다. 태괘는 두 양효 위에 한 개의 음효가 있으니, 그 상은 마치 뿔이 양쪽으로 갈라진 양과 같다. 그뿐 아니라 성질이 유순하여 사람에게 기쁨을 준다.

乾爲首,요　坤爲腹,이요　震爲足,이요　巽爲股,요　坎爲耳,요

^{이 위 목} ^{간 위 수} ^{태 위 구}
離爲目,이요 **艮爲手**,요 **兌爲口**.라

건괘는 머리요, 곤괘는 배다. 진괘(震卦)는 발이요, 손괘(巽卦)는 다리다. 감괘(坎卦)는 귀요, 이괘(離卦)는 눈이다. 간괘(艮卦)는 손이요, 태괘(兌卦)는 입이다.

해 설

이것은 사람의 신체에서 괘상을 취한 것이다. 건괘는 팔괘 가운데서 가장 높은 것이니 머리가 사람의 몸에 가장 높은 곳에 있는 상과 같고, 사람의 머리가 둥근 것은 하늘과 같다. 곤괘는 땅이므로 만물을 간직하고 있는 것과 같이 사람의 배는 오장육부를 속에 간직하고 있다. 진괘는 위에 두 개의 음효가 있고, 그 아래에 한 개의 양효가 있으니, 마치 사람의 발이 몸의 밑에서 움직이는 것과 같다. 손괘는 위에 두 개의 양효가 있고 아래에 한 개의 음효가 있으니, 이것은 마치 사람의 다리가 위에는 한데 잇대어 있지만 아래로는 두 다리가 갈라져 있는 상과 같다. 그뿐 아니라 다리는 머리의 명령에 순종하는 것이다. 감괘는 한 개의 양효가 두 개의 음효 가운데 빠져 있으니, 마치 텅빈 귓구멍이 속에 뚫려 있는 것과 같고, 또 귓속에 액체가 있어 물을 상징한다. 이괘는 두 양효 사이에 한 개의 음효가 있으니 마치 두 눈꺼풀 사이에 밝은 눈동자가 있는 것과 같다. 간괘는 두 개의 음효가 아래에 있고 동적인 양효가 위에 있으니 마치 사람의 신체 상부에서 움직이는 손과 같다. 태괘는 두 개의 양효 위에 한 개의 음효가 있으니, 마치 사람의 신체 상부에 있는 입 모양과 같다. 또 사람이 말을 함으로써 사람의 마음을 기쁘게 하는 수도 있다.

^건 ^{천 야} ^고 ^{칭 호 부} ^곤 ^{지 야} ^고 ^{칭 호 모}
乾,은 **天也**.라 **故**로 **稱乎父**.요 **坤**,은 **地也**.라 **故**로 **稱乎母**.

요 震_진,은 一索而得男_{일색이득남}.이라 故_고로 謂之長男_{위지장남}.이요 巽_손,은 一索而_{일색이}

得女_{득녀}.라 故_고로 謂之長女_{위지장녀}.요 坎_감,은 再索而得男_{재색이득남}.이라 故_고로 謂之_{위지}

中男_{중남}.이요 離_리,는 再索而得女_{재색이득녀}.라 故_고로 謂之中女_{위지중녀}.요 艮_간,은 三索_{삼색}

而得男_{이득남}.이라 故_고로 謂之少男_{위지소남}.이요 兌_태,는 三索而得女_{삼색이득녀}.라 故_고로

謂之少女_{위지소녀}.니라

건괘는 하늘이므로 아버지라 일컫고, 곤괘는 땅이므로 어머니라 일컫는다. 진괘는 첫 번 구하여 남자를 얻으므로 장남이라 하고, 손괘는 첫 번 구하여 여자를 얻으므로 장녀라 한다. 감괘는 두 번째 구하여 남자를 얻으므로 중남(中男)이라 하고, 이괘는 두 번째 구하여 여자를 얻으므로 중녀(中女)라 한다. 간괘는 세 번째 구하여 남자를 얻으므로 소남(少男)이라 하고, 태괘는 세 번째 구하여 여자를 얻으므로 소녀(少女)라 한다.

주해

ㅇ索(색)―구하다. '구(求)'의 뜻.

해 설

건괘는 하늘이다. 하늘은 가장 높으므로 한 집안에 있어서는 아버지와 같다 한다. 곤괘는 땅이다. 땅은 만물을 육성하므로 한 집안에 있어서는 아들딸을 양육하는 어머니와 같다. 진괘는 건부(乾父)와 곤모(坤母)가 처음으로 서로 교접하여 건괘 밑에 있는 양효가 곤괘 밑에 있는 음효에 가서 남성인 장남을 얻는다. 손괘는 곤괘 밑에 있는 음효가 건괘 밑에 있는 양효한테 가서 처음으로 교접하여 여성인 장녀를 얻는다. 감괘는 건괘 가운데 있는 양효가 곤괘 가운데 있는 음

효한테 가서 남성인 차남을 얻는다. 이괘는 곤괘 가운데 있는 음효가 건괘 가운데 있는 양효한테 가서 여성인 차녀를 얻는다. 간괘는 건괘 위에 있는 양효가 곤괘 위에 있는 음효한테 가서 남성인 삼남을 얻는다. 태괘는 곤괘 위에 있는 음효가 건괘 위에 있는 양효한테 가서 여성인 삼녀를 얻는다는 것이다. 이것을 건곤육자(乾坤六子)라 한다.

乾,은 爲天,이요 爲圜,이요 爲君,이요 爲父,요 爲玉,이요 爲金,이요 爲寒,이요 爲冰,이요 爲大赤,이요 爲良馬,요 爲老馬,요 爲瘠馬,요 爲駁馬,요 爲木果.라 坤,은 爲地,요 爲母,요 爲布,요 爲釜,요 爲吝嗇,이요 爲均,이요 爲子母牛,요 爲大輿,요 爲文,이요 爲眾,이요 爲柄,이요 其於地也,에 爲黑.이라 震은 爲雷,요 爲龍,이요 爲玄黃,이요 爲旉,요 爲大塗,요 爲長子,요 爲決躁,요 爲蒼筤竹,이요 爲萑葦,요 其於馬也,에 爲善鳴,이요 爲馵足,이요 爲作足,이요 爲的顙,이요 其於稼也,에 爲反生,이요 其究爲健,이요 爲蕃鮮.이라 巽,은 爲木,이요 爲風,이요 爲長女,요 爲繩直,이요 爲工,이요 爲白,이요 爲長,이요 爲高,요 爲進退,요 爲不果,요 爲臭,요 其於人也,에 爲寡髮,이요 爲廣顙,이요 爲多白眼,이요 爲近利市三倍,요 其究爲躁卦.라 坎,은 爲水,요 爲溝瀆,요 爲隱伏,이요 爲矯輮,요 爲弓輪,이요 其於人也,에 爲加憂,요 爲心病,이요 爲耳痛,이요 爲血卦,요 爲

설괘전(說卦傳) … 569

赤,이요 其於馬也,에 爲美脊,이요 爲亟心,이요 爲下首,요 爲薄蹄,요 爲曳,요 其於輿也,에 爲多眚,이요 爲通,이요 爲月,이요 爲盜,요 其於木也,에 爲堅多心.이요 離,는 爲火,요 爲日,이요 爲電,이요 爲中女,이요 爲甲胄,요 爲戈兵,이요 其於人也,에 爲大腹,이요 爲乾卦,요 爲鱉,이요 爲蟹,요 爲蠃,요 爲蚌,이요 爲龜,요 其於木也,에 爲科上槁.요 艮,은 爲山,이요 爲徑路,요 爲小石,이요 爲門闕,이요 爲果蓏,요 爲閽寺,요 爲指,요 爲狗,요 爲鼠,요 爲黔喙之屬,이요 其於木也,에 爲堅多節.이라 兌,는 爲澤,이요 爲少女,요 爲巫,요 爲口舌,이요 爲毀折,이요 爲附決,이요 其於地也,에 爲剛鹵,요 爲妾,이요 爲羊.이라

건괘(乾卦)는 하늘이요, 원(圓)이요, 임금이요, 아버지요, 옥(玉)이요, 금이요, 추위(寒)요, 얼음이요, 큰 적색(赤色)이요, 좋은 말(馬)이요, 늙은 말이요, 여윈 말이요, 얼룩말이요, 목과(木果)이다.

곤괘(坤卦)는 땅이요, 어미요, 베(布)요, 가마(釜)요, 인색한 것이요, 평균한 것이요, 새끼 딸린 어미소요, 큰 수레요, 무늬요, 무리(衆)요, 자루다. 그것이 땅에서는 검은 것이다.

진괘(震卦)는 우레요, 용이요, 흑황색이요, 꽃이요, 큰길이요, 맏아들이요, 돌진하는 것이요, 푸른 대나무요, 갈대다. 그것은 말(馬)로 말하면 잘 우는 것이요, 왼쪽 뒷다리가 흰 것이요, 다리를 드는 것이요, 흰 이마다. 그것을 농업으로 말하면 새싹이다. 그것을 구경으로 말하면 건실한 것이요, 새로 번성하는 것이다.

손괘(巽卦)는 나무요, 바람이요, 맏딸이요, 곧은 먹줄이요, 직공이요, 흰빛이요, 긴 것이요, 높은 것이요, 진퇴(進退)하는 것이요, 과감하지 않은 것이요, 냄새이다. 그것을 사람으로 말하면 모발(毛髮)이 적은 것이요, 이마가 넓은 것이요, 흰자위가 많은 눈이요, 장사를 하는 데 이익이 3배 되는 것이다. 그것을 구경으로 말하면 강하게 움직이는 괘이다.

감괘(坎卦)는 물이요, 개천이요, 숨어 엎드려 있는 것이요, 굽은 것을 곧게 하는 것이요, 활[弓]과 수레바퀴이다. 그것을 사람으로 말하면 근심을 보태는 것이요, 마음의 병이요, 귓병이요, 피[血]의 괘이다. 그것을 말로 하면 보기 좋은 척골(脊骨)이요, 조급한 마음이요, 머리를 숙이는 것이요, 엷은 발굽이요, 끄는 것이다. 그것을 수레로 말하면 고장이 많은 것이요, 통하는 것이요, 달[月]이요, 도둑이다. 그것을 나무로 말하면 굳고 심(心)이 많은 것이다.

이괘(離卦)는 불이요, 해요, 번개요, 가운데 딸이요, 갑옷이요, 방패와 무기다. 그것을 사람으로 말하면 큰 배[腹]요, 건괘(乾卦)요, 자라요, 게[蟹]요, 소라요, 조개요, 거북이다. 그것을 나무로 말하면 속이 비어 위가 마른 것이다.

간괘(艮卦)는 산이요, 지름길이요, 작은 돌이요, 궁궐 문이요, 과일과 오이요, 문지기요, 손가락이요, 개요, 쥐요, 검은 부리의 무리다. 그것을 나무로 말하면 굳고 마디가 많은 것이다.

태괘(兌卦)는 못이요, 소녀(少女)요, 무당이요, 입과 혀요, 헐어 꺾이는 것이요, 붙었다 결렬(決裂)되는 것이다. 그것을 땅으로 말하면 굳센 것과 짠 것이요, 첩(妾)이요, 양(羊)이다.

해 설

건괘는 순수한 양기(陽氣)이므로 하늘이라 하고, 그 모양은 둥글다 한다. 인간 사회에 있어서 한 나라에서는 가장 높은 임금이라 하고,

한 집안에서는 가장 웃어른인 아버지라 한다. 물건에 있어서는 강한 금(金)이라 한다. 기후에 있어서는 추위라 하고, 겨울의 물건으로는 얼음이라 한다. 빛깔로는 새빨간 빛이라 한다. 짐승에 있어서는 힘이 센 준마(駿馬)라 하고, 나이 많은 늙은 말이라 하고, 여윈 말이라 하고, 붉은 빛이 섞인 얼룩말이라고도 한다. 또 열매에 있어서는 둥글고 단단한 목과(木果)라 한다.

곤괘(坤卦)는 순수한 음기이므로 땅이라 한다. 가정에 있어서는 아버지의 뜻을 받아 아들딸을 양육하는 어머니라 한다. 의복으로는 베〔布〕라 하고, 밥짓는 도구로서는 사람이 먹을 밥을 짓는 가마라 한다. 사람의 성질로는 인색한 것이라 하고, 땅이 만물을 골고루 양육한다는 의미에서 평균(平均)한 것이라 한다. 가축으로는 새끼를 젖먹이는 어미소라 하고, 사람이 타는 물건으로는 땅이 만물을 싣고 있으므로 사람을 태우는 큰 수레라 한다. 땅 위에 여러 가지 빛깔의 꽃이 있는 것과 같이 의복의 꽃무늬라 하고, 땅 위에 여러 가지 물건이 있는 것과 같이 인간사회에 있어서 대중(大衆)이라 하고, 물건에 있어서는 손으로 잡는 자루〔柄〕라 하고, 땅에 있어서는 북방의 빛을 나타내는 흑색이라 한다.

진괘(震卦)는 진동한다는 의미에서 자연물로는 우레라 하고, 동물로는 양성적인 용이라 하고, 빛깔로는 음양이 섞인 검붉은 빛이라 하고, 나무로는 꽃이라 한다. 사람이 아무 장애없이 걸어갈 수 있는 큰 길이라 하고, 아들로서는 아버지의 대(代)를 잇는 큰아들이라 하고, 길을 걸을 때에 돌진하는 것이라 한다. 풀에 있어서는 살아 움직이는 푸른 대나무라 하고, 또 뿌리가 튼튼한 갈대라 한다. 진괘가 말에 있어서는 잘 우는 것이라 하고, 왼쪽이 하얀 발이라 하고, 잘 움직이는 다리〔足〕라 하고, 머리에 있어서는 흰 이마라 한다. 농업에 있어서는 새로 나오는 싹이라 한다. 그것들이 구경에 있어서는 성질이 건실하고 선명하게 번성하는 상(象)이라 한다.

손괘(巽卦)는 속으로 들어간다는 의미에서 땅속으로 뿌리가 잘 들어가는 나무라 하고, 틈구멍으로 잘 들어가는 바람이라 하고, 건괘와 곤괘가 처음으로 교접하여 손괘를 얻는다는 의미에서 부모의 맏딸이라 하고, 곧아서 물건 구멍으로 잘 들어가는 뜻에서 곧은 노끈이라 하고, 곧은 노끈을 잘 사용하는 직공(職工)이라 하고, 흰빛을 상징하는 두 개의 양효(陽爻)가 밖에 있으므로 흰빛이라 하고, 1진(陣)의 바람이 길게 분다는 뜻에서 긴 것이라 하고, 나무의 뿌리는 땅속에 있지만 가지가 높이 뻗으므로 높은 것이라 하고, 바람이 앞으로 나아가기도 하고, 뒤로 물러오기도 하므로 진퇴(進退)라 한다. 바람의 진퇴가 일정치 않아 과단성이 없으므로 과감하지 않다 하고, 바람이 냄새를 사면에 풍긴다는 뜻에서 냄새라 한다. 이 괘가 두 개의 양효와 한 개의 음효이므로 사람에게 있어서는 양(陽)을 상징하는 모발이 적다 하고, 양효가 많고 음효가 적다는 뜻에서 넓은 이마라 하고, 양을 상징하는 흰자위가 많은 눈이라 하고, 손괘는 속이 음적이요, 검으므로 상인이 시장에서 이익을 3배나 탐하는 것이라 한다. 구경에 있어서 이 괘의 성질은 조급한 괘라 한다.

감괘(坎卦)는 위아래가 음효이므로 물을 상징한다. 그러므로 개천도 되고, 또 물의 흐름은 기복(起伏)이 있으므로, 숨어 엎드린다 한다. 물은 지형에 따라서 곧장 흐르기도 하고 굽게 흐르기도 하므로 굽은 것을 바로잡는다 하고, 활[弓]과 수레바퀴도 곧은 나무를 휘어서 만들므로 활과 바퀴라 한다. 사람의 신체에 있어서는 감괘의 아래위가 음효이므로 근심을 보탠다 하고, 또 마음이 병들었다 하고, 귓속이 아프다 하고, 음(陰)을 상징하는 피[血]의 괘라 한다. 또 빛깔에 있어서는 적색이라 한다. 이 괘가 말[馬]에 있어서는 감괘의 가운데 효가 양효이므로 보기 좋은 척주(脊柱)라 하고, 조급한 마음이라 하고, 머리를 숙인다 한다. 아래 효가 음효이므로 엷은 발굽이라 하고, 물건을 끈다 한다. 수레에 있어서는 이 괘의 아래위가 음효이므로 고장이 많다 한다. 그러나 결국 통한다 하고, 물의 정기(精氣)인 달[月]이라 하고, 하나의 양효가 두 개의 음효 가운데 빠져 있으므로 도둑이라 하고, 나무에 있어서는 속이 단단하고 심(心)이 많은 것이라 한다.

이괘(離卦)는 가운데 효가 음효이므로 어둠을 상징한다. 바로 바깥쪽은 밝고 안쪽은 어두우므로 불이라 하고, 태양도 가운데 흑점이 있으므로 해라 한다. 번갯불도 불의 종류이므로 이 괘에 속한다. 이 괘는 갑옷 입은 사람의 형상이다. 겉에 입은 갑옷은 단단하고 사람의 살은 유하므로 역시 이 괘에 속한다. 사람에게 있어서는 속이 빈 큰 배[腹]를 상징한다. 이 괘는 불이므로 건조한 괘라 한다. 어족(魚族)에 있어서는 겉껍질이 단단한 자라나 게나 소라나 조개나 거북 같은 것을 상징한다. 이 괘가 나무에 있어서는 위의 가지가 마른 것이라 한다.

간괘(艮卦)는 위의 효가 양효이므로 높은 산을 상징한다. 산 위의 길이므로 지름길이라 하고, 아래 효는 음효가 두 개이므로 땅을 상징한다. 땅 위에 단단한 물건이 있으므로 작은 돌을 뜻한다. 두 음효 위에 하나의 양효가 있으므로 궁궐의 문을 상징한다. 과일은 가지 위에 열리고 외는 덩굴 끝에 달리므로 역시 이 괘의 모양과 같다. 문지기는 사람이 출입하는 것을 단속하므로 이 괘를 상징한다. 손가락은 물건을 집어서 손 안에 넣으므로 역시 간괘의 상(象)이다. 개[狗]는 집 안에 머물러 있고 쥐도 집안에 머물러 있으므로, 역시 이 괘의 상이다. 어떻든 주둥이가 검은 새나 짐승은 다 이 괘상에 속한다. 또 나무에 있어서는 굳고 마디가 많은 것은 다 이 괘상에 속한다.

태괘(兌卦)는 아래에 양효가 두 개요, 위에 음효가 하나 있으므로 움푹한 못[澤]을 상징한다. 태괘는 곤괘(坤卦)의 삼효가 건괘의 삼효한테 가서 세 번째 막내딸을 얻었으므로 기뻐하는 뜻이다. 신에게 제사 지낼 때에 춤도 추고 노래도 부르고 축문(祝文)도 외는 무당도 여기에 속한다. 사람의 신체에서 아래위로 갈라진 것은 입[口]이요, 혀는 못과 같이 움푹한 입속에 있으므로 역시 이 괘에 속한다. 이 괘는 위의 음효가 둘로 갈라졌으므로 물건을 헐어서 분질러 놓는 이[齒]의 형상과 같다. 이 괘는 불[火]이므로 물건에 붙어서 잘 연소(燃燒)하고 분해시킨다. 이 괘가 땅에서는 지질(地質)이 단단하고 염분(鹽分)이 있는 것이라 하고, 사람에게 있어서는 큰마누라에게 붙어사는 소녀이므로 첩(妾)이요, 가축에 있어서는 성질이 외유내강(外柔內剛)한 염소새끼가 이 괘상에 속한다.

주

순구가역(荀九家易)에는 건괘 밑에 '위룡(爲龍) 위직(爲直) 위의(爲衣) 위언(爲言)'이란 문구가 있고, 곤괘에 '위빈(爲牝) 위미(爲迷) 위방(爲方) 위낭(爲囊) 위상(爲裳) 위황(爲黃) 위백(爲帛) 위장(爲漿)'의 문구가 있고, 진괘에 '위옥(爲玉) 위곡(爲鵠) 위고(爲鼓)'의 문구가 있고, 손괘에 '위양(爲楊) 위관(爲鸛)'의 문구가 있고, 감괘에 '위궁(爲宮) 위율(爲律) 위가(爲可) 위동(爲棟) 위총(爲叢) 위극(爲棘) 위호(爲狐) 위질려곡(爲蒺藜栝) 위질곡(爲桎梏)'의 문구가 있고, 이괘에는 '위빈우(爲牝牛)'의 문구가 있고, 간괘에 '위비(爲鼻) 위호(爲虎) 위호(爲狐)'의 문구가 있고, 태괘에 '위상(爲常) 위보협(爲輔頰)'의 문구가 더 있다.

문언전(文言傳)

제1　건괘(乾卦)　문언

元者,는 善之長也.요 亨者,는 嘉之會也.요 利者,는 義之和也.요 貞者,는 事之幹也.니 君子體仁이 足以長人,이며 嘉會,는 足以合禮,며 利物이 足以和義,며 貞固, 足以幹事.니 君子行此四德者.라 故로 曰, 乾, 元亨利貞.이라

初九　潛龍勿用,은 何謂也?오 子曰, 龍德而隱者也.니 不易乎世,하며 不成乎名,하여 遯世无悶,하며 不見是而无悶,하여 樂而行之,하고 憂則違之,하여 確乎其不可拔,이 潛龍也.라

九二　見龍在田, 利見大人,은 何謂也?오 子曰, 龍德而正中者也.니 庸言之信,하며 庸行之謹,하여 閑邪存其誠,하며 善世而不伐,하며 德博而化.니 易曰, 見龍在田, 利見大人,이라 하니 君德也.라

九三　君子終日乾乾, 夕惕若厲, 无咎,는 何謂也?오 子曰,

君子進德修業, 하나니 忠信所以進德也. 오 修辭立其誠, 이 所以居業也. 라 知至至之, 라 可與幾也, 며 知終終之. 라 可與存義也. 니 是故로 居上位而不驕, 하며 在下位而不憂. 하나니 故로 乾乾, 하여 因其時而惕, 하면 雖危나 无咎矣. 리라

九四 或躍在淵, 无咎, 는 何謂也? 오 子曰, 上下无常, 이 非爲邪也. 며 進退无恒, 이 非離群也. 라 君子進德修業, 은 欲及時也. 니 故로 无咎. 니라

九五 飛龍在天, 利見大人은 何謂也? 오 子曰, 同聲相應, 하며 同氣相求하여 水流濕, 하여 火就燥, 하며 雲從龍, 하며 風從虎. 라 聖人이 作而萬物이 覩, 하나니 本乎天者는 親上, 하고 本乎地者는 親下, 하나니 則各從其類也. 니라

上九 亢龍有悔, 는 何謂也? 오 子曰, 貴而无位, 하며 高而无民, 하며 賢人在下位而无輔. 라 是以動而有悔也. 니라

으뜸이란 것은 잘 자라게 한다는 것이요, 통한다는 것은 아름답게 모인다는 것이요, 이롭다는 것은 옳게 조화한다는 것이요, 곧다는 것은 일의 줄거리란 것이다. 군자는 인(仁)을 체득하여 사람을 자라게 할 수 있고, 모임을 아름답게 하여 예(禮)에 합할 수 있고, 물건을

이롭게 하여 옳은 일에 조화될 수 있고, 곧고 견고하여 일을 주간(主幹)할 수 있다. 군자는 이 네 가지 덕(德)을 행하는 사람이다. 그러므로 건괘(乾卦) 괘사(卦辭)에 으뜸이 되고, 통하고, 이롭고, 곧다고 하였다.

'잠겨 있는 용(龍)이니, 쓰지 말라 함은 무엇을 이름입니까?' 공자(孔子)가 말씀하시기를 '용의 덕이 있으면서 숨어사는 사람이요, 세상을 따라 뜻을 바꾸어 이름을 내지 않고 세상에서 숨어살면서도 걱정이 없고, 옳은 사람으로 보아 주지 않아도 걱정이 없고, 즐거우면 행하고 근심스러우면 피하여, 확호(確乎)히 그의 뜻을 빼낼 수 없는 것이 잠긴 용이요'라 하셨다.

'나타난 용이 논에 있으니, 대인(大人)을 보아야 이롭다 함은 무엇을 이름입니까?' 공자가 말씀하시기를 '용의 덕이 있으면서 바르고도 가운데 자리에 있는 사람이오. 평범한 말을 믿고, 평범한 행위를 삼가며, 간사함을 막고 그 성실함을 보존하며, 세상을 착하게 하지만 자랑하지 않고, 덕을 넓히어 감화하오. 역경(易經)에 이르기를 "나타난 용이 논에 있으니 대인을 보아야 이롭다" 함은 임금의 덕이오'라 하셨다.

'군자가 종일토록 씩씩한 모습으로 저녁까지 근심하면 위태로우나 허물이 없다 함은 무엇을 이름입니까?' 공자가 말씀하시기를 '군자는 덕(德)에 나아가 업(業)을 닦으니 충신(忠信)은 덕에 나아가기 위함이요, 말을 닦고 그 정성을 세우는 것은 업(業)에 있기 위함이요, 이를 데를 알아 이르는 것은 함께 기밀(機密)을 말할 수 있고, 마칠 때를 알아 마치는 것은 함께 의(義)를 보존할 수 있소. 그러므로 윗자리에 있어서는 교만하지 않고, 아랫자리에 있어서는 근심하지 않소. 그러므로 건실하고 씩씩하여 그 때를 따라 걱정하면 비록 위태하나 허물이 없는 것이오'라 하셨다.

'연못에서 뛰놀기도 하니, 허물이 없다 함은 무엇을 이름입니까?'

공자가 말씀하시기를 '아래위가 일정함이 없음은 간사한 짓을 하는 것이 아니요, 나아가고 물러오는 것이 항구성(恒久性)이 없음은 군중(群衆)에서 떠나는 것이 아니요, 군자가 덕(德)에 나아가서 사업을 닦는 것은 때에 미치려 하는 것이오. 그러므로 허물이 없는 것이오'라 하셨다.

'나는 용이 하늘에 있다. 대인을 만나봄이 이롭다 함은 무엇을 이르는 것입니까?' 공자가 말씀하시기를 '같은 소리가 서로 응하고, 같은 기운이 서로 요구되어, 물은 습한 데로 흐르고 불은 건조한 데로 나아가며, 구름은 용을 따르고, 바람은 범을 따르오. 성인이 일어나야 만물이 보이니, 하늘에 근본을 둔 물건은 위와 친근히 하고, 땅에 근본을 둔 물건은 아래와 친근히 하오. 바로 각각 그 종류에 따르는 것이오'라고 하셨다.

'높은 용이 뉘우침이 있다 함은 무엇을 이름입니까?' 공자가 말씀하시기를 '귀하여도 벼슬자리가 없고, 높아도 백성이 없고, 어진 사람이 아랫자리에 있어도 돕는 사람이 없는 것이오. 그러므로 동하면 뉘우침이 있다 하오'라 하셨다.

주해

o 幹(간)—줄거리. '주간(主幹)'의 뜻.

o 易(역)—바꾸다. '변역(變易)'의 뜻.

o 違(위)—'피(避)'의 뜻.

o 庸(용)—'상(常)' '평범(平凡)'의 뜻.

o 閑(한)—물리치다.

o 伐(벌)—자랑하다.

o 幾(기)—'기미(機微)' '기밀(機密)'의 뜻.

o 言幾(언기)—정주본(程朱本)에는 없으나, 우번(虞翻)과 이정조본(李鼎祚本)에는 있다.

o 无常(무상)—일정하지 않음.

o 作(작)—일다. '기(起)'의 뜻.

ㅇ物(물)－인물(人物).

해 설

이 세계에 만물이 생기기 전부터 가장 으뜸으로 존재한 것은 천지 사이에 가득 차 있는 기운, 즉 에너지이다. 이것은 온갖 물건을 잘 자라게 하고, 어디든지 막힘없이 통할 수 있어 온갖 물건을 보기 좋게 모아 놓을 수 있고, 무슨 물건이든지 이롭게 하여 올바르게 조화시킬 수 있고 굽지 않고 곧아서 사물을 주관할 수 있다.

그러므로 군자(君子)는 온갖 물건 가운데서 가장 으뜸 되는 에너지에서 물건을 발생케 하는 인도(仁道)를 본떠서 백성들을 잘 자라게 하고, 그들의 모임을 아름답게 하여 예도(禮道)에 합하게 할 수 있고, 물건을 이롭게 하여 의리에 조화를 이루게 할 수 있고, 마음이 곧고 뜻이 굳어서 모든 일을 주관할 수 있다.

군자란 별다른 사람이 아니라, 바로 이 네 가지 덕을 실행하는 사람이다. 그러므로 건괘(乾卦) 괘사(卦辭)에 '건(乾)이란 것은 으뜸으로 가는 것이요, 통하는 것이요, 이롭게 하는 것이요, 곧은 것이다'라고 한 것이다. 이 문언(文言)은 중국 진한(秦漢) 때에 무명인(無名人)들이 건(乾)·곤(坤) 두 괘의 괘사와 효사(爻辭)를 공자의 말에 의탁하여 문답식으로 해석한 것이다. 초양(初陽) 효사에 '물속에 잠복(潛伏)해 있는 용(龍)이니 쓰지 말라' 하는 말은 우주의 대기(大氣)를 상징한 용과 같은 덕을 온몸에 간직한 군자로서 은둔생활을 하고 있는 위대한 사람이 아무리 시시각각으로 변혁이 잦은 사회현상 속에서도 자기의 굳은 의지가 꺾이지 않고, 자기의 이름이 나타나지 않고, 세상에서 숨어살면서도 걱정하지 않고, 자기가 옳은 사람이라 알려지지 않아도 걱정하지 아니한다.

그리고 뜻대로 되면 즐거이 행하고, 그렇지 않아 근심스러우면 세상을 피하는 것과 같은 꿋꿋한 정신은 태산같이 우뚝 서서 도저히 빼낼 수 없다. 이것이 바로 장차 하늘로 올라가려는 뜻을 품고 물속에 잠복해 있는 용의 씩씩한 모습이란 것이다. 잠룡(潛龍)의 시대는 이미 지나가고 세상에 나타날 현룡(見龍)의 때는 왔다. 이때에 있어서는 미래에 자기의 큰 사업을 도와줄 수 있는 큰인물을 만나는 것이 가장 좋은 일이다. 이러한 사람의 위치는 미래의 임금이 될 수 있는 덕을 갖추고 있으면서 정당하고 중용(中庸)의 덕을 지키는 사람이다.

그러므로 너무 고상하고 오묘하지 않은 평범한 말을 참되게 여기고, 너무 훌륭하고 뛰어나지 않는 평범한 행위를 삼가서 행한다. 간사한 지혜를 막고 성실성 있는 마음을 보존한다. 또 세상 사람을 다 선하게 하더라도 자기 자랑을 하지 않고, 덕이 천하에 널리 퍼져 백성들을 감화시킨다. 그러므로 역경(易經)에 이르기를 '나타난 용이 논에 있으니, 대인(大人)을 만나보는 것이 이롭다' 하였다. 이것은 바로 미래에 성군(聖君)이 될 덕을 말하는 것이다.

도덕군자가 아침부터 저녁까지 온종일 건실하고 씩씩한 태도로 어떻게 하면 도덕규율(道德規律)에서 어긋나지 않는 윤리생활을 할까 하고 근심 걱정을 하면 위태하나 과오가 없다 함은 무엇을 가리키는 말인가?

공자는 이에 대하여 말씀하셨다. '그것은 군자가 욕망 생활에서 도덕적 생활로 지향하여, 나아가서 도덕적 사업을 닦아 놓는 것을 말하는 것이다'라고. 왜냐하면 사람의 충성과 신실성은 도덕적 생활로 지향시키기 때문이다. 또 예모(禮貌)있고 점잖은 말을 사용하여 자기의 성실성을 키우는 것은 도덕적 사업을 진취(進取)시키기 때문이다.

그 다음 이 도덕적 수양과 사업이 구경(究竟)에 가서 어디까지 도달할 수 있는가를 알아서 그 목적에 도달하면 사물의 미묘한 원인을 말할 수 있는 것이다. 또 사물의 종착점인 결과를 알아서 거기에서 끝을 마치면 의리를 보전할 수 있는 것이다.

그러므로 도덕군자는 세상에 나아가서 벼슬할 때에 남보다 윗자리에 있으면서도 자기의 맡은 바 일에 정성을 다할 뿐이요, 아랫사람들에게 교만하지 않는다. 또 남보다 아랫자리에 있으면서도 자기의 책임을 다할 뿐이요, 자기의 직위가 떨어질까 근심하지 않는다. 그러므로 군자는 언제나 건실하고 씩씩한 태도로 그때그때에 따라서 책임을 완수치 못하면 어찌할까 두려워할 뿐이다. 그러면 자기가 앉은자리가 비록 위태할지라도 결국에 가서는 아무런 과오를 범하게 되지 않는 것이다.

하나의 양기가 약동하는 것은 마치 용이 뛰노는 것과 같고, 또 군자가 도덕사회에서 활약하는 모습과 같다.

군자가 아래위로 일정한 장소가 없이 활약하는 것은 어떤 간악(姦惡)한 일을 꾀하는 것이 아니다. 또 군자가 항구성 없이 전진도 하고 후퇴도 하는 것은 군중들과 떠나려 하는 것이 아니다. 다만 도덕 사회로 나아가서 사업을 계획하는 것은 때를 놓치지 않으려 함이다. 그러므로 군자는 아무 과오를 범하지 않는다.

땅 위에서 약동하면 양기가 하늘로 올라가는 것은 마치 못 위에서 약동하던 용이 하늘로 올라가는 것과 같고, 사람이 성군(聖君)이 되어 높은 자리에 앉은 것과 같다. 대인을 만나보는 것이 이롭다 함은 임금을 보필할 어진 재상을 얻어야 좋다는 뜻이다. 이러한 임금과 이러한 신하가 서로 만나는 것은 마치 음(音)과 소리〔聲〕가 서로 조화되고, 음기와 양기가 서로 요청(要請)되고, 물은 습한 곳으로 흘러가고 불은 마른 곳으로 번져 가고, 구름은 용을 따라 일고, 바람은 범을 따라 부는 것과 같다.

그러므로 위대한 성인이 일어나야 만인이 생(生)의 가치를 보람있게 나타낼 수 있다. 그러므로 해와 달과 별과 같은 것들은 다 하늘에 근원을 두고, 산천과 초목과 곤충과 같은 것은 다 땅에 근원을 둔다. 이것은 왜 그런가 하면, 만물은 각각 같은 종류끼리 서로 따르기 때문이다.

강한 양기가 극에 도달한 것은 마치 올라갈 줄만 알고 내려올 줄 모르는 높고 강한 용과 같고, 사람의 경우, 너무 높은 자리에 앉았지만 벼슬자리가 없어 지배할 백성도 없고, 도와줄 사람도 없는 것과 같다. 그러므로 행동하면 반드시 뉘우침이 있다.

潛龍勿用,은 下也.요 見龍在田,은 時舍也.요 終日乾乾,은 行事也.요 或躍在淵,은 自試也.요 飛龍在天,은 上治也.요 亢龍有悔,는 窮之災也.요 乾元用九,는 天下治也.라

잠겨 있는 용이니 쓰지 말라 함은 아래에 있는 까닭이요, 나타난 용이 논에 있다 함은 때로 머물러 있다는 것이요, 종일토록 건실하고 씩씩하다 함은 일을 행한다는 것이요, 못에서 뛰어놀기도 한다 함은 스스로 시험한다는 것이요, 나는 용이 하늘에 있다 함은 위에서 다스린다는 것이요, 높은 용이 뉘우침이 있다 함은 곤궁한 재앙이란 것이요, 건원(乾元)이 구(九)를 쓴다 함은 천하가 다스려진다는 것이다.

주해

ㅇ舍(사)－머물다. '지(止)'의 뜻.

해 설

잠복해 있는 용이니 쓰지 말라 함은, 초구의 양기가 밑에 있는 상(象)이 마치 혁명가가 혁명운동을 지하에서 하는 것 같다는 뜻이다.

나타난 용이 논에 있다 함은, 구이의 양기가 겉에 나타나는 상이 마치 혁명가가 머리를 세상에 내놓았다가 때로는 행동을 멈추는 것과 같다는 뜻이다.

종일토록 건실하고 씩씩하다 함은, 구삼의 양기가 셋째 자리에까지

올라간 상이 마치 혁명가가 사람의 위치에서 뜻을 굽히지 않고 혁명
사업을 행하는 것과 같다는 뜻이다.

못에서 뛰어놀기도 한다 함은, 구사의 양기가 약동하는 상이 마치
혁명가가 세상에서 약동하면서 자기 실력을 시험해 보는 것과 같다는
뜻이다.

나는 용이 하늘에 있다 함은, 구오의 양기가 하늘까지 올라간 상이
마치 혁명가가 혁명사업을 성취하여 높은 자리에 앉아서 천하를 다스
리는 것과 같다는 뜻이다.

높은 용이 뉘우침이 있다 함은, 양기가 너무 높은 데까지 올라간
상이 마치 혁명가가 극렬(劇烈)한 혁명운동을 하여 도리어 민심을 잃
었으므로 그 자리를 물러나게 된다는 뜻이다.

건원(乾元)이 구(九)를 쓴다 함은, 양기가 강하면서도 유(柔)한 상
이 성인이 천도(天道)를 받들어 강유(剛柔)가 겸한 정치로 천하를 다
스린다는 뜻이다.

潛龍勿用,은 陽氣潛藏.이요 見龍在田,은 天下文明.이요 終
日乾乾,은 與時偕行.이요 或躍在淵,은 乾道乃革.이요 飛龍在
天,은 乃位乎天德.이요 亢龍有悔,는 與時偕極.이요 乾元用
九,는 乃見天則.이라

잠복해 있는 용이니 쓰지 말라 함은 양기가 잠기어 간직되었다는
것이요, 나타난 용이 논에 있다 함은 천하가 문명(文明)되었다는 것
이요, 종일토록 건실하고 씩씩하다 함은 때와 함께 행한다는 것이요,
못에서 뛰어놀기도 한다 함은 건도(乾道)가 바로 변혁되었다는 것이
요, 나는 용이 하늘에 있다 함은 바로 천덕(天德)에서 자리를 잡았다

는 것이요, 높은 용이 뉘우침이 있다 함은 때와 함께 극(極)에 도달하였다는 것이요, 건원(乾元)이 구(九)를 쓴다 함은 바로 하늘의 법칙을 보았다는 것이다.

해 설

잠복해 있는 용을 쓰지 말라 함은, 초구의 양기가 맨 밑에 잠재해 있다는 뜻이다.

나타난 용이 논에 있다 함은, 구이의 양기가 겉으로 나타나서 천하 만물을 기화(氣化)한다는 뜻이다.

종일토록 건실하고 씩씩하다 함은, 구삼의 양기가 시간과 함께 운행한다는 뜻이다.

못에서 뛰어놀기도 한다 함은, 구사의 양기가 아래에서 위로 올라가서 모든 사물을 변혁한다는 뜻이다.

나는 용이 하늘에 있다 함은, 구오의 양기가 하늘로 올라가서 자연 법칙에 따라 자리를 잡고 있다는 뜻이다.

굳센 용이 뉘우침이 있다 함은, 상구의 강한 양기가 너무 높이 올라가서 때와 함께 극에 도달했다는 뜻이다.

乾元者,는 始而亨者也.요 利貞者는 性情也.라 乾始能以
美利로 利天下.라 不言所利,하니 大矣哉.라 大哉!라 乾乎,여
剛健中正, 純粹精也.요 六爻發揮,는 旁通情也.요 時乘六
龍,은 以御天也.요 雲行雨施,는 天下平也.라
初九 君子以成德爲行.하나니 日可見之行也.라 潛之爲言
也,는 隱而未見,하며 行而未成.이라 是以君子弗用

九二 君子學以聚之,하고 問而辨之,하며 寬以居之,하고 仁
以行之.하나니 易曰, 見龍在田, 利見大人,이라 하니
君德也.라

九三 重剛而不中,하여 上不在天,하며 下不在田.이라 故로
乾乾,하여 因其時而惕,하면 雖危,나 无咎矣.리라

九四 重剛而不中,하여 上不在天,하며 下不在田,하며 中不
在人.이라 故로 或之,하니 或之者,는 疑之也.니 故로
无咎.라

九五 夫大人者,는 與天地合其德,하며 與日月合其明,하며
與四時合其序,하며 與鬼神合其吉凶,하여 先天而天
弗違,하며 後天而奉天時,하나니 天且弗違,는 而況於
人乎?며 況於鬼神乎?아

上九 亢之爲言也,는 知進而不知退,하며 知存而不知亡,하
며 知得而不知喪.이니 其唯聖人乎?아 知進退存亡而
不失其正者, 其唯聖人乎.인저

건원(乾元)이란 것은 처음으로 시작하여 통하는 물건이요, 이(利)
와 정(貞)이란 것은 성(性)과 정(情)이다. 건시(乾始)란 것은 아름다

운 이(利)로 천하를 이롭게 한다는 것이다. 이롭게 한 것을 말하지 않으니, 크도다! 크도다! 건(乾)이여! 강건하고 중정(中正)하고 순수하여 정밀하다는 것이요, 육효가 발휘한다는 것은 널리 정(情)에 통한다는 것이요, 때로 여섯 용을 타고 하늘에 달리는 것이니 천하가 화평하게 된다는 것이다.

군자는 덕(德)을 이룩하는 것으로 행실을 삼으니, 날마다 볼 수 있는 것이 행실이다. 잠복해 있다는 말은 숨어 있어서 아직 보지 못하는 것이요, 행하여도 아직 이룩하지 못한 것이다. 그러므로 군자는 쓰지 아니한다.

군자는 배워서 모으고 물어서 분변하고, 너그러움으로 살고, 인(仁)으로 행한다. 역경(易經)에 이르기를 '나타난 용이 논에 있으니, 대인을 만나는 것이 이롭다' 함은 바로 임금의 덕이다.

거듭 강하고 맞지 아니하여 위로는 하늘에 있지 못하고, 아래로는 논에 있지 못하다. 그러므로 건실하고 씩씩하여 그 때에 따라 근심하면 비록 위태하나 허물이 없으리라.

겹한 강(剛)으로 맞지 아니하여 위로는 하늘에 있지 않고 아래로는 논에 있지 않으며, 가운데로는 사람에게 있지 않다. 그러므로 하기도 한다. 하기도 한다 함은 의심한다는 것이다. 그러므로 허물이 없다.

대체 대인(大人)이란 이는 천지와 기덕이 합하고, 일월과 그 밝음이 합하고, 사시와 질서가 합하고 귀신과 길흉이 합하여, 하늘보다 앞서도 하늘이 어기지 못하고, 하늘보다 뒤에 있어도 천시(天時)를 받든다. 하늘도 또한 어기지 못하거늘 하물며 사람이겠느냐? 하물며 귀신이겠느냐?

높고 강하다는 말은 나아갈 줄만 알고 물러날 줄은 모른다는 것이요, 생존하는 것만 알고 사망하는 것을 모른다는 것이요, 얻는 것만 알고 잃는 것을 모른다는 것이다. 그것은 오직 성인뿐인가. 나아가는 것과 물러나는 것, 생존하는 것과 사망하는 것을 알면서도 그 바른 것을 잃지 않는 이는 오직 성인이로다!

주해

○旁(방)—널리. '보편(普遍)'의 뜻.

해 설

이것은 건괘(乾卦)의 단사(彖辭)를 해석한 것이다. 이것으로 보아 문언(文言)은 단사 뒤에 나온 것이 확실하다.

건괘에서 말하는 대원기(大元氣), 즉 우주에 가득 차 있고, 한없이 큰 에너지는 천지 만물이 발생하기 이전에 맨 처음으로 시작되어 무슨 물건에든지 막힘없이 다 통하는 것이다.

대원기는 만물을 의롭게 하고 곧고 바르게 하여 성질과 경행성을 부여한다. 그러므로 건원(乾元)의 대기는 생성하는 모든 물건의 시발점이 되어 미(美)와 이(利)로 천하를 이롭게 한다. 그러나 물건을 이롭게 하였다고 말하지 않으니, 참으로 훌륭한 일이다. 그러므로 건원의 대기는 참으로 훌륭하다. 왜냐하면 그것은 본체(本體)로 말하면 강건하고, 작용으로 말하면 한 편에 치우치지 아니하여 똑바르고 순수하여 정밀하기 때문이다.

건괘의 육효는 팔방으로 발휘하여 널리 물정(物情)에 통하지 않는 것이 없다. 성인은 육효의 때를 타고서 넓은 하늘에 달리니, 구름이 일고 비가 내리어 천하가 조화되고 평화롭게 되는 것과 같다.

이것은 건괘 초구의 효사인 '잠복해 있는 용을 쓰지 말라' 한 말을 해석한 것이다. 행실이란 것은 바로 덕이 일에 나타난 것을 말하는 것이다. 그러므로 날마다 그것을 볼 수 있다. 잠복해 있다고 하는 말은 덕이 있기는 있지만 그것이 겉에 나타나지 않아서 눈에 보이지 않는 것이요, 또 비록 행한다 하더라도 아직 성과가 없는 것이다. 그러므로 군자는 이 점사(占辭)로 생활의 원리를 삼지 않는다.

이것은 건괘 구이의 효사를 해석한 것이다. 군자는 학문을 배움으로써 덕을 쌓고, 물어보는 것으로써 옳고 그른 것을 가려낸다. 또 마음을 너그럽게 살아가고, 인(仁)함으로써 행실을 삼는다. 역경(易經)에 이르기를 '나타난 용이 논에 있으니, 대인을 만나는 것이 이롭다' 함은 바로 미래에 임금이 될 덕을 말하는 것이다.

이것은 건괘 구삼 효사에 '건실하고 씩씩하여 두려워하면 위태하나 허물이 없다' 한 것을 해석한 것이다. 양효(陽爻) 셋이 겹쳐 있으니 아주 강한 모습이다. 그러나 가운데 자리에 있지 못하고 하괘(下卦) 위에 있으니 위로는 아직 하늘에까지 못 올라가고 아래로는 이미 땅에서 떠났으니 그 위치가 위태하여 두렵다. 그러므로 이러한 위치에 처해 있는 군자는 항상 전전긍긍하는 태도로 위태함을 막으면 비록 위험하나 과오를 범하지 않게 된다.

이것은 건괘 구사 효사에 '못에서 뛰어놀기도 하니 허물이 없다' 한 것을 해석한 것이다. 이 역시 강한 양기다. 천(天)·지(地)·인(人) 삼재(三才) 가운데서 하늘의 자리에도 있지 않고, 땅의 자리에도 있지 않고, 또 사람의 자리에도 있지 않다. 그러므로 하기도 한다고 한다. 이렇게 하기도 하고 저렇게 하기도 한다는 것은 본래 결정을 짓지 못하고 의심한다는 뜻이다. 그러므로 과오가 없다고 한다.

이것은 건괘 구오 효사에 '나는 용이 하늘에 있으니, 대인(大人)을 만나는 것이 이롭다'는 것을 해석한 것이다. 이 가운데서 대인이란 어떠한 인물인가? 그 사람의 덕은 만물을 생성하는 천지의 덕과 같이 넓고 크다. 그 사람의 총명은 사방에 비치는 해나 달과 같이 밝다. 그 사람의 질서가 있는 생활은 사시와 같이 법칙이 정연하다. 그 사람의 좋고 나쁜 일을 판단하는 것은 귀신과 같이 조화가 무궁하다. 그 사람의 도는 하늘보다 앞서 있어도 하늘이 어기지 못하고 하늘보다 뒤에 있어서 하늘의 때를 받든다. 이와 같이, 하늘도 어기지 못하거늘 사람과 귀신은 더 말할 것도 없다.

이것은 건괘 상구 효사에 '높고 강한 용이니, 뉘우침이 있으리라'

한 말을 해석한 것이다. 높고 강하다는 말은 너무 적극적이어서 전진할 줄만 알고 후퇴할 줄 모르고, 사는 것만 알고 죽는 것을 모르며, 성공하는 것만 알고 실패도 있다는 것을 모른다는 뜻이다. 다만 성인만이 진퇴와 존망의 양면을 다 알면서도 정도(正道)를 잃지 않는다.

제2 곤괘(坤卦) 문언

坤,은 至柔而動也剛,하고 至靜而德方.하니 後得,하여 主而有常.하며 含萬物而化光.하니 坤道其順乎!인저 承天而時行.하나니라

初六 積善之家,는 必有餘慶.하고 積不善之家,는 必有餘殃.하나니 臣弑其君,하며 子弑其父, 非一朝一夕之故.라 其所由來者漸矣,니 由辯之不早辯也.니 易曰 履霜堅冰至.라 하니 蓋言順也.라

六二 直,은 其正也.요 方,은 其義也.니 君子敬以直內,하고 義以方外하여 敬義立而德不孤,하나니 直方大, 不習无不利,는 則不疑其所行也.라

六三 陰雖有美,나 含之,하여 以從王事,하여 弗敢成也.니 地道也,며 妻道也,며 臣道也.니 地道,는 無成而代有終也.라

六四 天地變化,하면 草木,이 蕃하고 天地閉,하면 賢人,이

隱.하나니 易曰, 括囊,하면 无咎无譽.라니 蓋言謹也.라

六五 君子黃中通理,하여 正位居體하여 美在其中, 而暢於

四支,하며 發於事業,하나니 美之至也.라

上六 陰疑於陽,하면 必戰,하나니 爲其嫌於无陽也.라 故稱

龍焉,하고 猶未離其類也.라 故로 稱血焉.하니 夫玄黃

者,는 天地之雜也.니 天玄而地黃.하니라

곤(坤)은 지극히 유(柔)하면서 동하여 강하고, 지극히 고요하면서 덕이 방정(方正)하다. 뒤에 하면 얻으리니, 이(利)를 주로 하여 상도(常道)가 있고, 만물을 포함하여 변화가 빛이 난다. 곤도(坤道)는 순종함으로 천명을 이어받아 때로 운행한다.

선(善)을 쌓은 집안에는 반드시 남은 경사가 있고, 불선(不善)을 쌓은 집안에는 반드시 남은 재앙이 있다. 신하가 임금을 죽이고, 아들이 아버지를 죽이는 일은 일조일석의 변고(變故)가 아니다. 그 유래한 것이 점차로 그렇게 된 것이요, 말해야 할 것을 일찍이 말하지 않은 데서 유인(由因)된 것이다. 역경에 이르기를 '서리를 밟고서 굳은 얼음이 얼 것을 안다' 함은 대개 근신할 것을 말한 것이다.

정직한 것은 바른 것이요, 방정한 것은 옳은 것이다. 군자는 공경으로 내적 면을 정직하게 하고, 의리로 외적 면을 방정하게 하여 공경과 의리가 서서 덕이 외롭지 않다. 정직하고 방정하고 커서 학습하지 않아도 이롭지 않음이 없으니, 바로 행하는 것을 의심하지 않는다.

음덕(陰德)이 비록 아름다움이 있으나 이것을 함축함으로 왕사(王事)에 종사하여 감히 이루지 않으니, 땅의 도리요 아내의 도리요 신하의 도리다. 땅의 도리는 이루는 일이 없고 대신하여 일을 마감한다.

천지가 변화하면 초목이 번성하고, 천지가 폐쇄되면 현인(賢人)이 숨는다. 역경에 이르기를 '주머니를 여미듯이 하면 허물이 없고, 칭찬도 없다' 한 것은 대개 근신할 것을 말한 것이다.

군자는 누른 빛에 맞추어 옷을 입고, 이치에 통하여 자리를 바로잡고 거기에 몸소 있다. 아름다움이 그 가운데 있어 사지(四肢)에 유창(流暢)하여 사업에 나타나니 아름다움이 지극한 것이다.

음기(陰氣)가 양기(陽氣)인가 의심되면 반드시 싸우게 되니, 그것은 양기가 없는가 혐의(嫌疑)를 받게 되기 때문이다. 그러므로 용(龍)이라 일컫고, 아직 그 종류에서 떠나지 않는다는 것이다. 그러므로 피〔血〕라 일컫는다. 대개 검고 누르다는 것은 천지의 잡색(雜色)이니 하늘빛이 검고 땅빛이 누르다는 것이다.

주해

○順(순) – '신(愼)'의 뜻.

해 설

이것은 건괘의 단사를 해석한 것이다. 곤(坤)은 순수한 음기(陰氣)를 말하는 것이다. 그것은 지극히 부드러우면서도 움직이어 강하고, 지극히 고요하면서 덕이 아주 방정하다. 항상 양기(陽氣)보다 뒤에 서서 도(道)를 체득하여 주로 만물을 이롭게 한다. 어떤 물건이든지 자기 품안에 포용하여 이것을 변화시키어 빛나게 한다. 그러므로 땅의 법칙은 하늘의 법칙을 이어받아 때를 따라서 운행한다.

이것은 건괘 초륙의 효사를 해석한 것이다. 천지의 기운이 차가워져서 하늘에서 서리가 내리면 그 뒤에는 얼마 안되어 개천의 물이 얼어 얼음이 된다. 이와 같이 사회현상에 있어서도 한 집안의 가족들이 매일 조금씩 착한 일을 쌓아 가면 반드시 그 집안에는 경사스러운 일이 생기게 되고, 이에 반하여 악한 일을 쌓아 가면 반드시 그 집안에는 불행한 일이 생기게 된다.

예를 들면 한 나라에 있어서 신하가 그 임금을 죽이고, 한 집안에 있어서 아들이 그 아버지를 죽이는 일과 같은 불상사는 일조일석에 갑자기 일어나는 사건이 아니요, 여러 해 여러 날에 걸쳐 점차적으로 유래된 것이요, 일찍부터 미리 말해 두어야 할 것을 말하지 않은 데서 다 유인된 것이다. 그러므로 역경에 '서리를 밟고서 장차 굳은 얼음이 얼 것을 안다' 함은 바로 처음부터 삼가야 한다는 것을 뜻하는 것이다.

이것은 곤괘(坤卦) 육이의 효사를 해석한 것이다. 사람이 정직하다는 것은 마음이 바른 것을 말하는 것이요, 품행이 방정하다는 것은 그 행실이 의리에 맞는다는 것이다. 군자는 공경하는 마음으로 내적 면을 정직하게 하고 의리에 맞는 행실로 외적 면을 방정케 하여, 공경과 의리가 서서 덕이 있는 친구들과 모이어 고독하지 않다. 그러므로 마음이 정직하고 품행이 방정하고 도덕이 훌륭해져 별로 학습하지 않아도 저절로 도덕적 규범에 맞지 않는 일이 없으니, 그가 행하는 일을 의심할 수 없다.

이것은 곤괘 육삼의 효사를 해석한 것이다. 군자의 음덕은 비록 착하고 아름다우나 이것을 겉에 나타내지 않아 함축성이 있다. 그러나 미래에 임금이 될 사람의 사업을 도와주되 성공은 다 임금에게 돌리고 자기 개인의 성과는 나타내지 않는다. 이것이 바로 땅이 땅된 도리요, 아래가 아래된 도리요, 신하가 신하된 도리다. 땅의 도리는 이룩하는 일이 없고, 하늘을 대신하여 유종(有終)의 미(美)가 있다.

이것은 곤괘 육사의 효사를 해석한 것이다. 천지 사이에 음양 두 기운이 조화되어 변화하면 온갖 초목이 다 무성하고, 만일 천지 사이에 음양 두 기운이 조화되지 못하여 폐쇄되면 인간 사회에 있어서도 소인들은 날뛰고 현인군자들은 은둔생활을 한다. 그러므로 역경에 말하기를 '주머니를 여미는 괘상(卦象)이니, 허물도 없고 칭찬도 없다' 함은, 대개 군자가 어지러운 세상에서는 언어와 행동을 매우 삼가야 한다는 것을 의미한 것이다.

이것은 곤괘 육오의 효사를 해석한 것이다. 군자는 평상시에 중도(中道)를 상징하는 옷을 입고, 이치에 통하도록 생활을 하여 자리를 똑바로 잡고, 거기에 몸소 있다. 아름다운 덕이 그 생활 가운데 있어서 사지에까지 흘러 화창하여 저절로 그가 하는 일에 향기를 뿜게 되니, 이야말로 미(美)가 지극한 경지에 이른 생활이다.

이것은 곤괘 상륙의 효사를 해석한 것이다. 여기서 '의심한다'는 것은 음양 두 기운의 세력이 서로 비등하여 작고 큰 차이가 없으면 서로 싸우게 된다는 것이다. 곤괘(坤卦)에 비록 양효가 없지만, 양기가 전혀 없을 수 없다. 그러므로 같은 종류라 한다. 피〔血〕는 본래 음(陰)에 속하는 것이다. 그러나 대개 기운과 피를 놓고 말하면 기운은 양(陽)이요, 피는 음(陰)이라고 한다. 검은빛과 누른빛은 본래 하늘빛은 검고 땅빛은 누르다는 것을 뜻한 것이다.

서괘전(序卦傳)

有天地然後,에야 萬物,이 生焉.하니 盈天地之間者, 唯萬
物.이라 故로 受之以屯.하니 屯者는 盈也,니 屯者는 物之始生
也.라 物生必蒙,이라 故로 受之以蒙,하니 蒙者는 蒙也,니 物
之穉也.라 物穉不可不養也.라 故로 受之以需,하니 需者는 飮
食之道也.라 飮食必有訟.이라 故로 受之以訟,하고 訟必有衆
起.라 故로 受之以師,하고 師者는 衆也.니 衆必有所比.라 故
로 受之以比,하고 比者는 比也,니 比必有所畜.이라 故로 受之
以小畜,하고 物畜然後,에 有禮.라 故로 受之以履,하고 履而
泰然後에 安.이라 故로 受之以泰.니라

천지가 있은 연후에 만물이 생성한다. 천지 사이에 차 있는 것은
오직 만물일 뿐이다. 그러므로 이것을 둔괘(屯卦)로 받는다. 둔(屯)이
란 것은 차 있다는 것이다. 차 있다는 것은 물건이 처음으로 난다는
것이다. 물건이 나면 반드시 어리다. 그러므로 이것을 몽괘(蒙卦)로
받는다. 몽(蒙)이란 것은 물건이 어리다는 것이다. 물건이 어리면 키
우지 않을 수 없다. 그러므로 이것을 수괘(需卦)로 받는다. 기다린다
는 것은 음식의 도(道)이다. 음식에는 반드시 소송이 있게 된다. 그러

므로 이것을 송괘(訟卦)로 받는다. 소송에는 반드시 뭇 사람이 일어
난다. 그러므로 이것을 사괘(師卦)로 받는다. 군사란 것은 뭇 사람이
다. 뭇 사람은 반드시 친근하게 된다. 그러므로 이것을 비괘(比卦)로
받는다. 비(比)란 것은 친근하게 지내는 것이다. 친근히 하는 데는 반
드시 저축하는 것이 있다. 그러므로 이것을 소축괘(小畜卦)로 받는다.
물건은 저축이 된 연후에 예(禮)가 있다. 그러므로 이것을 이괘(履卦)
로 받는다. 예(禮)가 있은 연후에 편안하다. 그러므로 이것을 태괘(泰
卦)로 받는다.

해 설

우주의 본체인 태극(太極)의 운행으로 천지, 곧 건곤(乾坤) 두 괘
가 생기고, 천지가 있은 뒤에 만물을 부호화(符號化)한 64괘가 성립
된다. 천지 사이에 가득 차 있는 것은 바로 만물뿐이다. 차 있다는 의
미에서 바로 건곤 두 괘 다음에 이것을 둔괘(屯卦)로 받는다. 둔(屯)
이란 것은 차 있다는 뜻이 있을 뿐 아니라, 또 물질이 처음으로 생긴
다는 뜻이 있다. 모든 물질이 처음으로 생기면 반드시 어리다. 그러므
로 어리다는 뜻이 있는 몽괘(蒙卦)로 받는다. 모든 유치(幼稚)한 물
건은 먹을 것을 주어 반드시 키워 주기를 기다린다. 몸을 키워 주기
를 요구하는 것은 바로 음식의 도(道)이다. 음식은 본래 살기 위하여
먹는 것이지만, 만일 먹기 위하여 산다면 사람은 많고 음식이 부족하
게 되어 반드시 서로 다투게 된다. 그러므로 이것을 송괘(訟卦)로 받
는다. 소송을 하게 되면 반드시 여러 사람이 관련하게 된다. 이러한
의미에서 이것을 사괘(師卦)로 받는다. 군사란 것은 여러 사람이 있
고, 또 서로 친근히 지내게 된다. 이런 의미에서 친근의 뜻이 있는 비
괘(比卦)로 받는다. 친근히 지내는 데는 반드시 물건을 약간 저축하
여야 한다. 이런 의미에서 이것을 소축괘(小畜卦)로 받는다. 물건이
저축되면 사람이 서로 사양하는 예의가 있게 된다. 그러므로 이것을

예의의 뜻이 있는 이괘(履卦)로 받는다. 사람이 예의가 있은 연후에 편안히 살게 되고, 편안히 살게 되므로 마음이 서로 통한다는 뜻이 있는 태괘(泰卦)로 받는다.

泰者,는 通也,니 物不可以終通.이라 故로 受之以否,하고 物不可以終否.라 故로 受之以同人,하고 與人同者,는 物必歸焉.이라 故로 受之以大有,하고 有大者,는 不可以盈.이라 故로 受之以謙,하고 有大而能謙,이 必豫.라 故로 受之以豫,하고 豫必有隨.라 故로 受之以隨,하고 以喜隨人者,는 必有事.라 故로 受之以蠱,하고 蠱者,는 事也,라 有事而後,에 可大.라 故로 受之以臨,하고 臨者는 大也.라 物大然後에 可觀.이라 故로 受之以觀,하고 可觀而後,에 有所合.이라 故로 受之以噬嗑,하고 嗑者는 合也,니 物不可以苟合而已.라 故로 受之以賁,하고 賁者飾也,니 致飾然後,에 亨則盡矣.라 故로 受之以剝,하고 剝者는 剝也,니 物不可以終盡,이니 剝窮上反下.라 故로 受之以復.하고

태(泰)란 것은 통하는 것이나 물건은 나중까지 통할 수 없다. 그러므로 이것을 비괘(否卦)로 받는다. 물건은 나중까지 막힐 수 없다. 그러므로 이것을 동인괘(同人卦)로 받는다. 사람과 같이하는 이는 물건이 반드시 돌아온다. 그러므로 이것을 대유괘(大有卦)로 받는다. 크게

소유한다는 것은 채울 수 없다. 그러므로 이것을 겸괘(謙卦)로 받는 다. 크게 소유하고서 겸양(謙讓)할 수 있으면 반드시 기뻐한다. 그러 므로 이것을 예괘(豫卦)로 받는다. 기쁘면 반드시 따르는 사람이 있 다. 그러므로 이것을 수괘(隨卦)로 받는다. 기뻐서 사람을 따르는 이 는 반드시 일이 있다. 그러므로 이것을 고괘(蠱卦)로 받는다. 고(蠱) 란 것은 일이니, 일이 있은 뒤에 클 수 있다. 그러므로 이것을 임괘 (臨卦)로 받는다. 임(臨)이란 것은 큰 것이니, 물건이 커진 연후에 볼 만하다. 그러므로 이것을 관괘(觀卦)로 받으니, 볼 만한 뒤에 합하는 것이 있다. 그러므로 이것을 서합괘(噬嗑卦)로 받으니, 합(嗑)이란 것 은 합하는 것이다. 물건은 참으로 합할 수 없을 뿐이다. 그러므로 이 것을 비괘(賁卦)로 받으니, 비(賁)란 것은 수식(修飾)하는 것이다. 수 식한 연후에 형통하면 다한다. 그러므로 이것을 박괘(剝卦)로 받는다. 박(剝)이란 것은 박탈하는 것이다. 물건은 나중까지 다할 수 없으니, 박탈하는 것이 위에서 다하여 아래로 돌아온다. 그러므로 이것을 복 괘(復卦)로 받는다.

해 설

태(泰)란 것은 본래 통한다는 뜻이다. 그러나 물건이 언제까지 절 대적으로 통할 수는 없다. 통하는 것이 극에 도달하면 막히게 된다. 또 막히는 것도 극에 도달하면 사람들이 힘을 합하여 난국을 개척해 나아가려 한다. 이와 같이 사람들이 서로 합하게 되면 모든 물건이 반드시 나에게로 돌아오게 된다. 물건이 다 돌아오면 그것을 많이 소 유하게 된다. 그러나 일단 소유하면 그것을 오래 차지하지 못하고, 반 드시 잃어버리게 된다. 그러므로 사람은 많이 가지고 있으면 교만하 지 말고 반드시 겸양하는 마음을 가져야 한다. 사람이 만일 물건을 많이 가지고 있으면서도 겸양할 수 있으면 사람들이 기뻐한다. 사람 들이 나를 기뻐하면 반드시 나를 따르는 사람이 있다. 사람들이 기쁜 마음으로 나를 따르면 그 사람들과 함께 일을 할 수 있다. 함께 일을 할 수 있으면 인물이 커질 수 있고, 커지면 훌륭한 인물이 될 수 있다. 훌륭하면 사람의 힘으로 모을 수 있다. 그러나 오랫동안 모을 수 없고, 화려하여 흩어지게 된다. 화려한 것이 극에 도달하면 반드시 쇠진(衰盡)하여 박탈을 당하게 된다. 그러나 또 어디까지나 박탈되어 없어질 수 없다. 위가 다하게 되면 반드시 아래로 되돌아오게 된다.

復則不妄矣.라 故로 受之以无妄,하고 有无妄然後에 可畜.이라 故로 受之以大畜,하고 物畜然後에 可養.이라 故로 受之以頤,하고 頤者는 養也,니 不養則不可動.이라 故로 受之以大過,하고 物不可以終過.라 故로 受之以坎,하고 坎者는 陷也,니 陷必有所麗.라 故로 受之以離,하고 離者는 麗也.라

되돌아오면 망령되지 않다. 그러므로 이것을 무망괘(无妄卦)로 받는다. 망령됨이 없은 연후에 저축할 수 있다. 그러므로 이것을 대축괘(大畜卦)로 받는다. 물건이 저축된 연후에 키울 수 있다. 그러므로 이것을 이괘(頤卦)로 받는다. 이(頤)란 것은 키우는 것이다. 키우지 않으면 움직일 수 없으므로 이것을 대과괘(大過卦)로 받는다. 물건은 나중까지 지나칠 수 없으므로 이것을 감괘(坎卦)로 받는다. 감(坎)이란 것은 빠지는 것이다. 빠지면 반드시 부속되어 있는 데가 있으므로 이것을 이괘(離卦)로 받는다. 이(離)란 것은 부속되어 있는 것이다.

해 설

사물이 극도로 발전되었다가 다시 근본으로 되돌아오면 그것은 진

실되어 망령됨이 없다. 망령된 마음이 없으면 물건을 쌓아 놓을 수 있다. 물건을 쌓아 놓을 수 있으면 그것들을 키울 수 있다. 만일 키울 수 없으면 움직일 수 없고, 움직일 수 없으면 너무 지나치게 된다. 그러나 물건은 나중까지 너무 지나칠 수 없고 결국에는 빠지게 된다. 모든 빠지는 물건은 반드시 부속되어 있는 데가 있다. 그러므로 이괘(離卦)는 부속되어 있다는 뜻이다.

이상은 상편 30괘의 순서를 풀이한 것이다. 대개 천지 자연 현상을 변증법적으로 해석한 것이다. 다시 말하면 발생·성장·쇠멸의 과정을 말한 것이다. 다음 34괘는 인간의 사회 현상을 또 변증법적으로 해석하였다.

有天地然後,에 有萬物,하고 有萬物然後,에 有男女,하고 有男女然後,에 有夫婦,하고 有夫婦然後,에 有父子,하고 有父子然後,에 有君臣,하고 有君臣然後,에 有上下,하고 有上下然後,에 禮義有所錯.이라 夫婦之道,는 不可以不久也.라 故로 受之以恒.하고

천지가 있은 연후에 만물이 있고, 만물이 있은 연후에 남녀가 있고, 남녀가 있은 연후에 부부가 있고, 부부가 있은 연후에 부자가 있고, 부자가 있은 연후에 군신이 있고, 군신이 있은 연후에 상하가 있고, 상하가 있은 연후에 예의가 있게 되었다.

부부의 도는 오래지 않을 수 없다. 그러므로 항괘로 받는다.

해 설

우주의 본체인 태극(太極)의 운행에 따라 천지가 생성하게 되고,

천지가 생성한 뒤에 만물이 생성 발전하게 되고, 만물이 생성 발전한 뒤에 인류사회가 성립하게 된다. 원시 모계사회(母系社會)에는 다만 부부만 있고, 부자의 관계가 없었다. 부계사회(父系社會)에는 부자의 관계만 있고, 군신의 관계는 없었다. 그후 국가가 성립되어 군신의 관계가 있으면서부터 아래위의 차별이 있고, 예의가 발생하게 되었다. 사회 구성의 한 단위인 부부의 관계는 잠깐 만났다가 떨어지는 것이 아니요, 남녀의 감정이 서로 느끼어〔咸〕 건전한 사회를 건설하려면 부부의 생활이 항구적이어야 한다. 그러므로 역(易)의 저자는 함괘(咸卦) 다음을 항괘(恒卦)로 받았다.

恒者는 久也니, 物不可以久居其所라. 故로 受之以遯하고

遯者는 退也니, 物不可以終遯이라. 故로 受之以大壯하고

物不可以終壯이라. 故로 受之以晉하고 晉者는 進也니, 進

必有所傷이라. 故로 受之以明夷하고 夷者는 傷也니, 傷於外

者는 必反其家라. 故로 受之以家人하고 家道는 窮必乖라.

故로 受之以睽하고 睽者는 乖也니, 乖必有難이라. 故로 受之

以蹇하고 蹇者는 難也니, 物不可以終難이라. 故로 受之以

解하고 解者는 緩也니, 緩必有所失이라. 故로 受之以損하고

損而不已면 必益이라. 故로 受之以益하고 益而不已면 必

決이라. 故로 受之以夬하고 夬者는 決也니, 決必有所遇라.

故로 受之以姤하고 姤者는 遇也니, 物相遇而後에 聚라. 故

로 受之以萃,하고 萃者는 聚也,니 聚而上者,는 謂之升.이라
故로 受之以升,하고 升而不已,면 必困.이라 故로 受之以困,하
고 困乎上者,는 必反下.라 故로 受之以井.하고

항(恒)이란 것은 오래 가는 것이니, 물건은 오랫동안 제자리에 있을 수 없다. 그러므로 이것을 둔괘(遯卦)로 받는다. 둔(遯)이란 것은 물러가는 것이니, 물건은 끝까지 물러갈 수 없다. 그러므로 이것을 대장괘(大壯卦)로 받으니, 물건은 끝까지 장성할 수 없다. 그러므로 진괘(晉卦)로 받는다. 진(晉)이란 것은 나아가는 것이니, 나아가면 반드시 해로운 것이 있다. 그러므로 이것을 명이괘(明夷卦)로 받는다. 이(夷)란 것은 해로운 것이니, 밖에서 해를 본 이는 반드시 자기 집으로 돌아온다. 그러므로 이것을 가인괘(家人卦)로 받는다. 가도(家道)가 궁하면 반드시 어긋나니, 어긋나면 반드시 곤란한 일이 있다. 그러므로 이것을 건괘(蹇卦)로 받는다. 건(蹇)이란 것은 곤란한 것이니, 일이란 끝까지 곤란할 수 없다. 그러므로 이것을 해괘(解卦)로 받는다. 해(解)란 것은 완만(緩慢)한 것이니, 완만하면 반드시 잃어버리게 된다. 그러므로 이것을 손괘(損卦)로 받으니, 손해를 자꾸 보면 반드시 유익하게 된다. 그러므로 이것을 익괘(益卦)로 받는다. 이익을 자꾸 보면 반드시 결렬된다. 그러므로 이것을 쾌괘(夬卦)로 받는다. 쾌(夬)란 것은 결렬되는 것이니, 결렬하면 반드시 만나게 된다. 그러므로 이것을 구괘(姤卦)로 받는다. 구(姤)란 것은 만나는 것이니, 물건이 서로 만난 뒤에 모이게 된다. 그러므로 이것을 췌괘(萃卦)로 받는다. 췌(萃)란 것은 모인다는 것이니, 모여서 올라가는 것을 오르는 것이라 한다. 그러므로 이것을 승괘(升卦)로 받는다. 자꾸 오르면 반드시 곤궁하게 된다. 그러므로 이것을 곤괘(困卦)로 받으

니, 위에서 곤궁한 사람은 반드시 아래로 돌아온다. 그러므로 이것을
정괘(井卦)로 받는다.

해 설

항(恒)이란 것은 항구적(恒久的)이란 뜻이다. 그러나 사물은 변하
지 않고 오래도록 제자리에 있을 수 없다. 반드시 쇠퇴하게 된다. 그
러나 사물이 끝까지 쇠퇴할 수도 없다. 쇠퇴기가 극에 도달하면 장성
하게 된다. 그러나 그 자리에서만 장성할 수 없고 앞으로 나아가게
된다. 그러나 자꾸 나아가게 되면 반드시 몸을 다치게 된다. 밖에서
몸을 다친 사람은 반드시 자기 집으로 돌아온다. 그러나 처음에는 집
안 사람이 반가워하지만, 오랫동안 앓아 누워 있으면 가족이 싫어하
고 가정이 파괴된다. 가정이 파괴되면 반드시 곤란하게 된다. 곤란이
극에 달하면 긴장되었던 마음이 그만 해이하게 된다. 해이하면 반드
시 손해를 본다. 그러나 자꾸 손해보면 도리어 유익하게 된다. 또 자
꾸 이익만 취하면 반드시 결렬된다. 그러나 오랫동안 결렬되면 반드
시 서로 만날 때가 온다. 이렇게 만나면 반드시 한데 모이게 된다. 한
곳에 자꾸 모이면 위로 올라가게 되고, 또 자꾸 올라가면 곤궁하게
된다. 그러나 위에서 곤궁하면 반드시 아래로 되돌아오게 된다.

井道는 不可不革.이라 故로 受之以革,하고 革物者,는 莫若
鼎.이라 故로 受之以鼎,하고 主器者,는 莫若長子.라 故로 受
之以震,하고 震者는 動也.니 物不可以終動,하여 止之.라 故로
受之以艮,하고 艮者는 止也,니 物不可以終止.라 故로 受之以
漸,하고 漸者는 進也,니 進必有所歸.라 故로 受之以歸妹,하고

得其所歸者는 必大.라 故로 受之以豊,하고 豊者大也,니 窮大
者,는 必失其居.라 故로 受之以旅,하고 旅而无所容.이라 故로
受之以巽,하고 巽者는 入也,니 入而後에 說之.라 故로 受之
以兌,하고 兌者는 說也,니 說而後散之.라 故로 受之以渙,하고
渙者는 離也,니 物不可以終離.라 故로 受之以節,하고 節而信
之.라 故로 受之以中孚,하고 有其信者,는 必行之.라 故로 受
之以小過,하고 有過物者는 必濟.라 故로 受之以旣濟,하고 物
不可窮也.라 故로 受之以未濟하여 終焉.하니라

우물의 도는 혁신하지 않을 수 없다. 그러므로 이것을 혁괘(革卦)
로 받으니, 물건을 혁신하는 것으로는 솥만한 것이 없다. 그러므로 이
것을 정괘(鼎卦)로 받으니, 기구를 주관하는 사람으로는 받아들일 만
한 이가 없다. 그러므로 이것을 진괘(震卦)로 받는다. 진(震)이란 것
은 움직이는 것이니, 물건은 끝까지 움직일 수 없어 머물게 된다. 그
러므로 이것을 간괘(艮卦)로 받으니, 간(艮)이란 것은 머무는 것이다.
물건은 끝까지 머물 수 없다. 그러므로 이것을 점괘(漸卦)로 받으니,
점(漸)이란 것은 나아가는 것이다. 나아가면 반드시 돌아오게 된다.
그러므로 이것을 귀매괘(歸妹卦)로 받으니, 그 돌아갈 데를 얻는 이
는 반드시 크게 된다. 그러므로 이것을 풍괘(豊卦)로 받으니, 풍(豊)
이란 것은 커지는 것이다. 커지는 것이 궁하면 반드시 제자리를 잃는
다. 그러므로 이것을 여괘(旅卦)로 받으니, 여행을 가서 용납할 데가
없다. 그러므로 이것을 손괘(巽卦)로 받으니, 손(巽)이란 것은 들어오
는 것이다. 들어온 뒤에 기뻐하므로 이것을 태괘(兌卦)로 받으니, 태

(兌)란 것은 기뻐하는 것이다. 기뻐한 뒤에 흩어지므로 이것을 환괘(渙卦)로 받으니, 환(渙)이란 것은 떠나는 것이다. 물건은 끝까지 떠날 수 없으므로 이것을 절괘(節卦)로 받으니, 절약하여 믿으므로, 이것을 중부괘(中孚卦)로 받는다. 그 믿음이 있는 이는 반드시 행하므로 이것을 소과괘(小過卦)로 받는다. 물건보다 지나치는 사람은 반드시 구제하므로 이것을 기제괘(旣濟卦)로 받으니, 물건은 궁할 수 없으므로 이것을 미제괘(未濟卦)로 받아서 끝을 마친다.

사람이 물을 길어 마시는 우물의 도(道)는 때때로 이것을 수리하지 않으면 안된다. 그러므로 두레박이 위로 올라갔다가 아래로 내려오는 우물의 뜻을 표시하는 정괘(井卦)를 혁신의 뜻이 있는 혁괘(革卦)로 받는다.

또 물건을 혁신하는 데는 물건을 넣고 끓이는 솥만한 것이 없다. 그러므로 이것을 정괘(鼎卦)로 받는다.

제물(祭物)을 장만할 때에 솥과 같은 기구를 관리하는 사람으로는 조상의 제사를 차지한 맏아들만한 사람이 없다. 그러므로 이 괘를 맏아들이라는 뜻이 있는 진괘(震卦)로 받는다.

진(震)이란 것은 또 움직이는 뜻이 있다. 그러나 물건은 언제까지나 움직일 수 없고, 반드시 정지할 때가 오게 된다. 그러므로 이 괘를 정지하는 뜻이 있는 간괘(艮卦)로 받는다.

그러나 또 물건은 언제나 정지되어 있을 수 없고, 앞으로 나아간다. 그러므로 이 괘를 앞으로 나아가는 뜻이 있는 점괘(漸卦)로 받는다.

그러나 자꾸 나가면 반드시 돌아올 때가 있다. 그러므로 이 괘를 돌아오는 뜻이 있는 귀매괘(歸妹卦)로 받는다.

밖으로 나갔다가 안으로 들어오는 사람은 반드시 큰 소득이 있다. 그러므로 이 괘를 크다는 뜻이 있는 풍괘(豐卦)로 받는다.

그러나 소득이 많은 것을 다 써버리면 반드시 자기가 거처할 자리를 잃어버리게 된다. 그러므로 이 괘를 일정한 주소가 없는 나그네의 뜻이 있는 여괘(旅卦)로 받는다.

그러나 밖에서 나그네로 떠돌아다니다 누구 하나 용납해 줄 사람이 없으면 집안으로 들어온다. 그러므로 이 괘를 들어오는 뜻이 있는 손괘(巽卦)로 받는다.

이렇게 밖으로 여행만 하던 사람이 집을 찾아 들어오면 가족이 다 기뻐한다. 그러므로 이 괘를 기뻐하는 뜻이 있는 태괘(兌卦)로 받는다.

그러나 사람은 기쁨이 만족하면 반드시 서로 싫어지고, 싫어지면 서로 흩어지게 된다. 그러므로 이 괘를 떠나는 뜻이 있는 환괘(渙卦)로 받는다.

그러나 그렇다고 해서 물건이 언제나 분산되어 있을 수는 없다. 영구히 분산되지 않도록 몸가짐을 단속하고, 재물을 절약하여 하나로 단결하게 한다. 그러므로 이 괘를 절약의 뜻이 있는 절괘(節卦)로 받는다.

절약생활을 하면 사람들이 그를 신실성이 있다고 믿는다. 그러므로 이 괘를 믿는 뜻이 있는 중부괘(中孚卦)로 받는다.

이렇게 신실성 있는 사람은 반드시 믿고만 있지 않고 반드시 실행하므로 남보다 조금 뛰어나게 된다. 그러므로 이 괘를 조금 뛰어나다는 뜻이 있는 소과괘(小過卦)로 받는다.

또 남보다 뛰어난 사람은 반드시 곤란에 빠진 천하 백성을 건져낼 수 있다. 그러므로 이 괘를 건져낸다는 뜻이 있는 기제괘(旣濟卦)로 받는다.

그러나 물건을 하나도 남김없이 다 건져낼 수는 없다. 그러므로 아직 다 건지지 못하였다는 뜻이 있는 미제괘(未濟卦)로 역(易)을 끝마친다.

잡괘전(雜卦傳)

乾剛坤柔.요 比樂師憂.라 臨觀之義,는 或與, 或求.라 屯은
見而不失其居,요 蒙雜而著.라 震은 起也,요 艮,은 止也.라
損益은 盛衰之始也.라 大畜은 時也,요 无妄,은 災也.라 萃는
聚, 而升은 不來也.라 謙은 輕, 而豫,는 怠也.라 噬嗑은 食
也,요 賁는 无色也.라 兌는 見, 而巽은 伏也.라 隨는 无故也,
요 蠱則飾也.라 剝은 爛也,요 復은 反也.라 晉은 晝也,요 明
夷는 誅也.라 井은 通, 而困은 相遇也.라 咸은 速也,요 恒은
久也.라 渙은 離也,요 節은 止也.라 解는 緩也,요 蹇은 難也.
라 睽는 外也,요 家人은 內也.라 否泰,는 反其類也.라 大壯則
止,요 遯則退也.라 大有는 衆也,요 同人은 親也.라 革은 去故
也,요 鼎은 取新也.라 小過는 過也,요 中孚는 信也.라 豐은
多故也,요 親은 寡旅也.라 離는 上, 而坎은 下也.라 小畜은
寡也,요 履는 不處也.라 需는 不進也,요 訟은 不親也.라 大過는
顚也.라 姤는 遇也,니 柔는 遇剛也.요 漸은 女歸,니 待男行

也.라 頤는 養正也,요 旣濟는 定也.라 歸妹는 女之終也.요 未

濟는 男之窮也.라 夬는 決也.라 剛決柔也,니 君子道長,이요

小人道憂也.라

　건괘(乾卦)는 강하고, 곤괘(坤卦)는 유하다. 비괘(比卦)는 즐겁고, 사괘(師卦)는 근심스럽다. 임괘(臨卦)와 관괘(觀卦)의 뜻은 주기도 하고 구하기도 하는 것이다. 둔괘(屯卦)는 나타나는 것이지만 제자리를 잃지 않고, 몽괘(蒙卦)는 섞여 있지만 현저하다. 진괘(震卦)는 일어나는 것이요, 간괘(艮卦)는 머무는 것이다. 손괘(損卦)와 익괘(益卦)는 성장하는 것과 쇠퇴하는 것의 시초다. 대축괘(大畜卦)는 때〔時〕요, 무망괘(无妄卦)는 재앙이다. 췌괘(萃卦)는 모이는 것이요, 승괘(升卦)는 오지 않는 것이다. 겸괘(謙卦)는 가벼운 것이지만 예괘(豫卦)는 게으르다. 서합괘(噬嗑卦)는 먹는 것이요, 비괘(賁卦)는 색이 없는 것이다. 태괘(兌卦)는 나타나지만 손괘(巽卦)는 들어가서 엎드려 있는 것이다. 수괘(隨卦)는 옛것이 없고, 고괘(蠱卦)는 수식하는 것이다. 박괘(剝卦)는 뭉그러지는 것이요, 복괘(復卦)는 돌아오는 것이다. 진괘(晉卦)는 낮이요, 명이괘(明夷卦)는 상(傷)하는 것이다. 정괘(井卦)는 통하는 것이요, 곤괘(困卦)는 서로 만나는 것이다. 함괘(咸卦)는 신속한 것이요, 항괘(恒卦)는 영구한 것이다. 해괘(解卦)는 완만(緩慢)한 것이요, 건괘(蹇卦)는 곤란한 것이다. 규괘(睽卦)는 바깥이요, 가인괘(家人卦)는 안이다. 비괘(否卦)와 태괘(泰卦)는 그 종류와 반대된다. 대장괘(大壯卦)는 머무는 것이요, 둔괘(遯卦)는 물러가는 것이다. 대유괘(大有卦)는 많은 것이요, 동인괘(同人卦)는 친근한 것이다. 혁괘(革卦)는 낡은 것을 버리는 것이요, 정괘(鼎卦)는 새 것을 취하는 것이다. 소과괘(小過卦)는 지나치는 것이요, 중부괘(中孚卦)는 신실한 것이다. 풍괘(豊卦)는 옛친구가 많은 것이요, 친구가 적

은 것은 여괘(旅卦)이다. 이괘(離卦)는 올라가고, 감괘(坎卦)는 내려오는 것이다. 소축괘(小畜卦)는 적은 것이요, 이괘(履卦)는 처해 있지 않는 것이다. 수괘(需卦)는 나아가지 않는 것이요, 송괘(訟卦)는 친근하지 않은 것이다. 대과괘(大過卦)는 엎드러지는 것이다. 구괘(姤卦)는 만나는 것이니 유한 것이 강한 것을 만나는 것이요, 점괘(漸卦)는 여자가 시집가는 것이니, 남자를 기다려서 행한다. 이괘(頤卦)는 바른 것을 양하는 것이요, 기제괘(旣濟卦)는 정하는 것이다. 귀매괘(歸妹卦)는 여자의 종말이요, 미제괘(未濟卦)는 남자의 곤궁한 것이다. 쾌괘(夬卦)는 결단하는 것이다. 강한 것이 유한 것을 결단하는 것이니, 군자의 도는 장구하고, 소인의 도는 근심스럽다.

해 설

건괘(乾卦☰☰)의 구오(九五)는 나는 용이므로 강하고, 곤괘(坤卦☷☷)의 육이(六二)는 지도(地道)이므로 유하다.

비괘(比卦☵☷)의 구오는 임금으로서 백성과 친근히 하므로 즐겁고, 사괘(師卦☷☵)의 구이(九二)는 임금의 명령을 받들어 군사를 동원하므로 근심한다.

임괘(臨卦☱☷)와 관괘(觀卦☴☷) 두 괘는 육오(六五)의 임금과 육이의 신하는 혜택을 서로 주고받는 뜻이 있다.

둔괘(屯卦☵☳)의 구오는 위에서 나타나지만 임금의 자리를 잃지 않고, 몽괘(蒙卦☶☵)의 구이효는 두 음효 사이에 섞여 있지만 가운데 자리를 차지하고 있으므로 현저하다.

진괘(震卦☳☳) 육오효는 우레가 아래에서 일어나고, 간괘(艮卦☶☶) 육이효는 산이 위에서 막힌다.

손괘(損卦☶☱)와 익괘(益卦☴☳) 두 괘는 육오의 임금이 손해를 보는 때는 백성의 이익이 시작되는 것이요, 육이의 백성이 아랫자리에서 이익을 보는 때는 임금의 손해가 시작되는 것이다.

대축괘(大畜卦☰☶) 육오는 유순한 임금이 가운데 자리를 차지하고 있으니 복(福)을 받을 때요, 무망괘(无妄卦☰☳)의 육이는 밭을 갈아 수확(收穫)하지 않으니 밖으로부터 재앙을 받는 상이다.

췌괘(萃卦☱☷) 구오는 높은 자리에서만 물을 다 모아 놓는 상(象)이지만, 승괘(升卦☷☴) 구이는 포로(捕虜)가 오지 않는 상이다.

겸괘(謙卦☷☶) 육오는 복종하지 않는 것을 정벌하니 적(敵)을 가볍게 여기는 상이요, 예괘(豫卦☳☷) 육이는 중정(中正)의 자리에서 만족하고 있으니, 태만한 상이다.

서합괘(噬嗑卦☲☳) 육오는 정당한 자리에서 건육(乾肉)을 먹는 상이요, 비괘(賁卦☶☲) 육이는 구삼의 양효와 함께 일어나니, 무색(无色)한 상이다.

태괘(兌卦☱☱) 구오는 박(剝) 땅에서 포로가 되었으니 나타난 상이요, 손괘(巽卦☴☴) 구이는 상(牀) 아래에 있으니, 엎드려 있는 상이다.

수괘(隨卦☱☳) 구오는 중정의 자리에 있으니, 변고(變故)가 없는 상이요, 고괘(蠱卦☶☴) 구이는 중도(中道)를 얻어 몸을 수식(修飾)하는 상이다.

박괘(剝卦☶☷) 육오는 물고기가 뭉그러진 상이요, 복괘(復卦☷☳) 육이는 초구의 양효로 내려오니, 되돌아오는 상이다.

진괘(晉卦☲☷) 육오는 이괘(離卦)의 해가 중천(中天)에 떴으니 낮이요, 명이괘(明夷卦☷☲) 육이는 이괘(離卦)의 해가 땅속으로 들어갔으니 밝은 빛이 어두워져 상하는 상이다.

정괘(井卦☵☴) 구오는 우물물이 가운데서 뚫려 나오는 상이요, 곤괘(困卦☱☵) 구이는 서로 만나서 술과 밥을 먹는 상이다.

함괘(咸卦☱☶) 구오는 등살〔背肉〕에서 감응하니, 느끼는 감정이 정당한 상이요, 항괘(恒卦☳☴) 구이는 가운데 자리에 있으니 항구적(恒久的)이다.

환괘(渙卦☰☵) 구오는 임금 자리에서 백성에게 재물을 분리(分離)시키는 상이요, 절괘(節卦☱☵) 구이는 위로 응하는 효(爻)가 없어 통할 줄을 모르고 절약할 줄 모르니, 머물러 있는 상이다.

해괘(解卦☳☵) 육오는 군자가 험한 가운데에서 풀리니, 완만한 상이요, 건괘(蹇卦☵☶) 육이는 임금의 신하가 앞으로 나아가기가 어려운 상이다.

규괘(睽卦☲☱) 육오는 밖으로 나아가면 경사가 있고, 가인괘(家人卦☴☲) 육이는 안에서 순종하는 상이다.

비괘(否卦☰☷) 구오는 자리가 정당하고, 태괘(泰卦☷☰) 구이는 빛이 큰 상이니, 그 종류가 정반대에 속한다.

대장괘(大壯卦☳☰) 육오는 자리가 정당치 못하니 머물러 있는 상이요, 둔괘(遯卦☰☶) 구오는 굳은 결심을 가졌으니, 물러가는 상이다.

대유괘(大有卦☲☰) 육오는 높은 자리에서 신실한 마음으로 의지를 작용하니 대중을 얻고, 동인괘(同人卦☰☲) 육이는 중정(中正)의 자리에서 사람들과 함께하니, 친근성이 있는 상이다.

혁괘(革卦☱☲) 구오는 그 문채가 빛나니 낡은 것을 버린 상이요, 정괘(鼎卦☲☴) 육오는 가운데 자리에서 충실하니, 새것을 취하는 상이다.

소과괘(小過卦☳☶) 육오는 밀운(密雲)이 일면서 비가 오지 않으니, 너무 지나치게 높은 상이요, 중부괘(中孚卦☴☱) 구이는 중심으로 원하는 것이니 신실한 상이다.

풍괘(豐卦☳☲) 육오는 경사가 있으니 친구가 많고, 여괘(旅卦☲☶) 육이는 재산과 아이 종이 있으니, 친구가 적은 상이다.

이괘(離卦☲☲) 육오는 왕공(王公)에 속해 있으니 윗자리요, 감괘(坎卦☵☵) 구이는 물이 가운데서 나오지 못하니, 밑으로 내려가는 상이다.

소축괘(小畜卦☴☰) 구오는 홀로 부자 노릇을 못하니 적게 가진 상이요, 이괘(履卦☱☰) 구이는 가운데서 질서가 어지럽지 않으니, 앞으로 나아가고 한곳에 처해 있지 않는 상이다.

수괘(需卦☵☰) 구오는 중정의 자리에 있으니 앞으로 나아가지 않는 상이요, 송괘(訟卦☰☵) 구이는 아랫사람이 윗사람을 걸어 소송하니, 친근하지 않은 상이다.

대과괘(大過卦☱☴) 구오는 오래 갈 수 없으니 엎어지는 상이다.

구괘(姤卦☰☴) 구오는 높고 크고 단단한 산버드나무로 연한 외를 쌌으니, 유한 것이 강한 것을 만난 상이요, 점괘(漸卦☴☶) 육이는 소찬(素餐)을 화락(和樂)하게 마시고 먹고 하지만 배를 불리지 않는 상은 여자가 시집가서 남편과 화할 수 있는 일이다.

이괘(頤卦☶☳) 육오는 유순한 태도로 윗사람에게 좇는 것은 정당하게 부양하기 위함이요, 기제괘(旣濟卦☵☲) 육이는 7일 만에 중도를 얻었으니, 그 자리가 정해진 상이다.

귀매괘(歸妹卦☳☱) 육오는 중도를 지키는 것으로 행실을 귀히 여기는 것은 본부인(本夫人)으로서 일생토록 할 일이요, 미제괘(未濟卦☲☵) 구이는 중도로 바른 일을 행하는 것은 남편으로서 다할 일이다.

쾌괘(夬卦☱☰)는 단사(彖辭)에 '쾌괘는 결단하는 것이니, 강한 것이 유한 것을 결단하는 것이다' 하였다. 구이는 중도를 얻었으니 군자의 도(道)는 자라는 것이요, 소인의 도는 근심스러운 것이다.

ㄷ

ㅎ

주 역 (周易)

초판 발행 ― 2011년 4월 10일
6 쇄 발행 ― 2025년 10월 15일

저 자 ― 金 敬 琢
발행인 ― 金 東 求
발행처 ― 명 문 당(1923. 10. 1 창립)
　　　　 서울시 종로구 윤보선길 61(안국동)
　　　　 우체국 010579-01-000682
　　　　 전화 02) 733-3039, 734-4798, 733-4748(영)
　　　　 팩스 02) 734-9209
　　　　 Homepage www.myungmundang.net
　　　　 E-mail mmdbook1@hanmail.net
　　　　 등록 1977. 11. 19. 제1~148호

• 낙장 및 파본은 교환해 드립니다.
• 불허 복제

정가 **25,000**원
ISBN 978-89-7270-979-4 (94140)
ISBN 978-89-7270-052-5 (세트)